Herbert A. und Elisabeth Frenzel:
Daten deutscher Dichtung

Chronologischer Abriß
der deutschen Literaturgeschichte

Band II
Vom Biedermeier bis zur Gegenwart

Deutscher
Taschenbuch
Verlag

1. Auflage August 1962
17. Auflage Februar 1980: 391. bis 415. Tausend
Deutscher Taschenbuch Verlag GmbH & Co. KG,
München
© 1953 Verlag Kiepenheuer & Witsch, Köln
Umschlagentwurf: Celestino Piatti
Gesamtherstellung: C. H. Beck'sche Buchdruckerei,
Nördlingen
Printed in Germany · ISBN 3-423-03102-6

Inhaltsverzeichnis

1890–1920 Gegenströmungen zum Naturalismus

1910–1925 Expressionismus

1925–1950 Dichtung der verlorenen und der verbürgten Wirklichkeit

Seit 1945 Faszination durch Abbild, Zerrbild, Vexierbild

Junge Moderne der Gegenwart

Register

Verzeichnis der Abkürzungen

Eine Ziffer hinter Dr., Tr. usw. bedeutet die Anzahl der Akte, Verdoppelung des letzten Buchstabens = Mehrzahl. Zwei durch einen Schrägstrich getrennte Erscheinungsdaten bedeuten für das Mittelalter die sog. termini post quem und ante quem.

1820–1850 Biedermeier *Anfang 19. Jh.*

In den 20er Jahren begann die Auseinandersetzung der dt. Lit. mit dem eigentlich Neuen des 19. Jh.: mit Realismus und Materialismus. Der vorangegangenen Epoche hatten politisch die Karlsbader Beschlüsse 1819 und die Wiener Schlußakte 1820 ein Ende gesetzt. Goethes Tod (1832), der Hegels (1831) und Schleiermachers (1834) kennzeichneten auch äußerlich den Abschluß des idealistischen klassisch-romantischen Zeitalters. Die junge Generation hat zu einem Teil versucht, an dem als Vorbild erkannten Erbe festzuhalten, aber mit der Aufnahme und Fruchtbarmachung realistischer Elemente wurde auch ihr Abstand immer deutlicher.
Die Vertreter dieser Gruppe hatten keinen Willen zur Kreisbildung, die ein Programm vorausgesetzt hätte. Lange hat man an ihnen nur das Außenseitertum und das Unzeitgemäße gesehen und sich von dem parteiischen Bild, das ihre zeitgenössischen Gegner entwarfen, beeinflussen lassen.

Die ältere Lit.-Gesch. hat sie einzeln an den Rand der vordergründigen Lit.-Strömungen gestellt, ohne sie gemeinsam einzuordnen; erst neuere Forschung hat sich darum bemüht. Ältere Epochenbezeichnungen wie »Die Dg. des Vormärz«, »Zwischen Juli- und Märzrevolution« (Oskar Walzel) trennten diese traditionsgebundene Gruppe nicht ausreichend von den Jungdeutschen, Hugo Bieber *(Der Kampf um die Tradition)* behandelte die Zeit von 1830 bis 1880 als Einheit. Die Bezeichnung »Realidealismus« (Heinz Kindermann) betonte den Übergangscharakter der Epoche.

Aus der Kunst- und Kulturgesch. stammt der von Paul Kluckhohn, Wilhelm Bietack, Günther Weydt angewandte Begriff Biedermeier, der Leistung wie Grenzen der damaligen Lebenshaltung und Kunstübung kennzeichnen möchte. Unter Biedermeier soll nicht Ausweichen vor der Wirklichkeit, sondern deren Erhöhung und Stilisierung verstanden werden.

Das Wort »Biedermeier« tauchte zuerst auf als parodierende Bezeichnung für die Schwächen der Zeit in Eichrodts *Gedichte des schwäbischen Schullehrers Gottlieb Biedermeier und seines Freundes Horatius Treuherz* (in *Fliegende Blätter*, 1850; unter dem Titel *Biedermeiers Liederlust* als Buch 1865). Die Bezeichnung streifte allmählich das Parodistische ab und wurde zum Kennzeichen einer schlichten, genügsamen, bürgerlichen Kultur. In den ersten Jahren des 20. Jh. wurde sie zunächst auf die Innenarchitektur und auf die bildende Kunst der Zeit übertragen. Zum kulturgesch. Begriff wurde sie durch Max von Boehns Buch *Biedermeier, Deutschland von 1815–1847* (1911) und Georg Hermanns Dokumentenslg. *Das Biedermeier im Spiegel seiner Zeit* (1913).

In der Klassik war zum letztenmal der Hof kultureller Mittelpunkt, in der Romantik der Adel erneut schöpferische Kraft. Kultur und Lit. des Biedermeier sind bürgerlich. Die durch die Restauration getragenen adligen Schriftsteller fühlten den Zwiespalt ihres Standes mit der Zeit, den sie manchmal durch Annahme bürgerlicher Namen zu überbrücken suchten (Lenau, Halm, Grün).

Das Bürgertum des Biedermeiers war nach der Revolutions- und Kriegszeit, nach den vergeblichen Versuchen, das absolutistische Regiment zu lockern, tief enttäuscht und müde. Es sehnte sich nach Zurückgezogenheit und Privatleben, und es fügte sich willig Ganzheiten wie Religion, Staat, Heimat, Familie. Man glaubte, politisch einen Mittelweg zwischen reaktionären und revolutionären Tendenzen gehen zu können. Restauration in überpolitischem Sinn bildet »die quantitative und qualitative Dominante« (Friedrich Sengle).

Die Karlsbader Beschlüsse, die Wiener Schlußakte und die Demagogenverfolgungen gaben dieser Neigung des Bürgertums Nahrung. Die Möglichkeit einer Mitarbeit am Staate wurde verweigert, die Stein-Hardenbergschen Reformen waren annulliert, die absolutistische Regierungsform des 18. Jh. lebte wieder auf. Seit der Julirevolution 1830 wurde es jedoch immer schwerer, die Augen vor der politischen Alternative Reaktion oder Fortschritt zu schließen.

Die biedermeierliche Haltung dem Staat gegenüber stützte sich vor allem auf die Philosophie Friedrich Hegels (1770–1831). Durch ihn wurde der romantische Volksbegriff vom Begriff des Staates abgelöst (*Grundlinien der Philosophie des Rechts oder Naturrecht und Staatswissenschaft im Grundrisse*, 1821; H.s Vorlesungen über *Die Philosophie der Gesch.*, erschienen in der Gesamtausg. 1832 ff.). Der von Hegel vorgestellte Staat ist der bestmögliche, also ein sittlicher, ein Rechtsstaat, dem sich zu beugen und für den zu arbeiten Verpflichtung sei. Diese konservative Interpretation geschah durch die biedermeierlichem Denken nahestehenden Rechtshegelianer, während die sog. Linkshegelianer den jungdt. Ideen vorarbeiteten.

Die auf Savigny fußende, wissenschaftlich maßgebende sog. Historische Schule, deren Hauptvertreter Leopold von Ranke (1795 bis 1886) ist, unterstützte ihrerseits die Verehrung von hist. Gegebenheiten und Überlieferungen, erzog zu einem starken Traditionsbewußtsein und zu konservativer Haltung.

Immermann rückte 1836 den Begriff des Epigonentums ins Bewußtsein, bot damit zugleich den Ansatz zur Überwindung spätromantischer Nachklänge. Die wachsende Kritik von liberaler Seite nötigte zu einer Klärung und Straffung der biedermeierlichen Dg. (Spätwerk von Stifter, Grillparzer, Mörike).

Während die Romantik sich häufig den Realitäten des Lebens gegenüber verschlossen oder sie im Fluge der Gedanken übersehen hatte, während die Jungdeutschen den Idealismus ablehnten und sich den fortschrittlichen Gedanken anvertrauten, versuchte das Biedermeier eine Synthese (Realidealismus), aber nur vorübergehend gelangte es jeweils zur Harmonisierung von Ideal und Realität. Der Künstler des Biedermeiers wehrte sich dagegen, reiner Nachzeichner der Vorgänge zu sein, die das 19. Jh. immer mehr als von rationalen, kau-

salen, mechanischen, psychologischen oder politischen Gesetzen bestimmt entdeckte, obgleich das bürgerliche Element dieser »bürgerlich gewordenen dt. Bewegung« (Paul Kluckhohn), wie schon in früheren Epochen, eine gewisse Rationalisierung und Realisierung förderte. Das Biedermeier beugte sich unter den Dualismus des Lebens, den Klassik und Romantik hatten überwinden wollen. Wenn man die Geisteshaltung weniger auf die unmittelbar vorangehende als auf die vorklassische Epoche bezieht, erscheint sie als »der letzte konsequente Versuch, die christlich-universalistische Kultur zu retten« (Friedrich Sengle). Die Ideale wurden bewahrt, aber der Gegensatz zur Wirklichkeit stark empfunden und zugegeben. Die Anerkennung des sittlichen Ideals führte zu Resignation und Entsagung im realen Bezirk: Bändigung der Leidenschaften und dämonischen Kräfte (Stifter, Grillparzer, Droste, Mörike), Verzicht auf das große Leben, das Sichausleben der Jungdeutschen; statt dessen Schätzung des inneren Friedens, der Ordnung, des eingezogenen Glückes (vgl. den Schluß von Grillparzers *Traum ein Leben*, Mörikes »Holdes Bescheiden«, Stifters »Das, was die Dinge fordern«, Raimunds *Hobellied*). Unter Männern der Gesch. wird der Schwache, aber sittlich Reine bevorzugt (Grillparzers Bancbanus und Rudolf II.).
Hier lagen die Gefahren der biedermeierlichen Geisteshaltung: die Scheu vor der Tat (vgl. Grillparzers *Bruderzwist*), die Neigung zum Quietismus, zur Unterordnung, zum Weg des geringsten Widerstandes. Die Begegnung mit der Realität spielte sich nicht im Raum der großen Spannungen ab, sondern in der Enge, im Alltag. Dort wurde sie als Kraftquelle bejaht, es wurde ihr nicht ausgewichen (vgl. die Auseinandersetzung mit dem Brotberuf bei Mörike, Stifter, Grillparzer). Das Ideal biedermeierlicher Lebenserfüllung war, im engen Bezirk fruchtbar zu wirken. Auf religiösem Gebiet ist dafür das Wiedererstehen des Pietismus bezeichnend. Stifters ästhetischem Ideal von der »Andacht zum Kleinen« entsprachen auf geisteswissenschaftlichem Gebiet Jakob Grimms Ausspruch von der »Andacht zum Unbedeutenden« und Rankes Methode, »aus dem Besonderen ins Allgemeine aufzusteigen«. Das Biedermeier war die Epoche des »Sammelns und Hegens«, der sachlich betonten Quellenslgg., die nicht nur hist. Dokumente, sondern auch die Gegenwart erfaßten (Eckermann).
Die starken Kämpfe, die es kostete, von der idealistischen Sicht aus mit den Realitäten der Zeit fertig zu werden, machten aus den Dichtern des Biedermeiers häufig Schwermütige, Fliehende, Verzweifelte, Hypochonder. Wenn auch nur bei Lenau die Lebensangst – das Biedermeier ist die Zeit, in der Kierkegaards Philosophie entstand – bis in sein Schaffen vorbrach, bildete sie den Untergrund auch bei den übrigen. Während die Jungdeutschen sich den Zeitproblemen verschrieben, wurde ihnen die Zeit selbst zum Problem. Lenau starb

im Wahnsinn, Raimund und Stifter durch Selbstmord, Mörike und Grillparzer waren beherrscht von Hypochondrie und Verbitterung, die Droste ein Leben lang gequält von Krankheit und unerfüllten Lebenshoffnungen. Die Philosophen der neuen Zeit, Strauß, Feuerbach, Schopenhauer, bedeuteten ihnen Gefährdung ihrer Lebenshaltung. Eine Grenzerscheinung ist der Byronismus, in dem der Weltschmerz offen zum Ausdruck kam (Lenau).

Der Grundzug der biedermeierlichen Lit. ist als »Heiterkeit auf dem Grunde der Schwermut« bezeichnet worden (Paul Kluckhohn). Während in der Triviallit. die Heiterkeit überwiegt, ist der schwermütige Unterton bei den dichterischen Persönlichkeiten stark spürbar. Die Heiterkeit war nicht ursprüngliche Anlage, nicht Harmlosigkeit, sondern eine schwer erkämpfte Harmonisierung von Gegensätzen. Die Dichter waren übersensible Naturen, die vor jedem Anruf der Wirklichkeit mimosenhaft zurückschreckten und sich ihr doch immer wieder stellten.

Bei Stifter zeigt sich dieses Bemühen um Harmonisierung von Ideal und Realität in dem Ausspruch, Kunst sei »Arbeit an dem Himmlischen dieser Erde«, Grillparzer formulierte: »Was die Lebendigkeit der Natur erreicht und doch durch die begleitenden Ideen sich über die Natur hinaus erhebt, das und auch nur das ist Poesie.«

Alles, was die Harmonie sprengt, das Dämonische im Leben, die großen Leidenschaften, wurde nicht als schön und erhaben, sondern als schmerzlich und zerstörend empfunden (vgl. Mörikes *Maler Nolten*, Grillparzers *Sappho* und *Traum ein Leben*). Aus Stifters und Gotthelfs Werk scheinen die erotischen Leidenschaften verbannt, Mörike mied sie nach dem Peregrina-Erlebnis. Ähnliche Ablehnung fanden lautes Heroentum, Exzentrizität und Schwärmerei.

Gefühl und Phantasie waren stark ausgeprägt. Im Gegensatz zur Romantik sah man aber die künstlerische Aufgabe in der Bindung des Phantasiemäßigen an konkrete Lebenserscheinungen. »Der Detail-Realismus ist bei allen diesen Dichtern groß, aber das Ergebnis ist vorgegeben« (Friedrich Sengle); er charakterisiert in der Art des christlichen Naturalismus im wesentlichen die negativen Kräfte. Titanisches Bezwingen der Welt sowie das romantische Mittel der Wirklichkeitsüberwindung, die romantische Ironie, war den Dichtern des Biedermeiers fremd. Witz fehlte ihnen.

Dagegen hatten sie Humor, aus der Liebe zum Unscheinbaren. Tiefsinniger Humor war eins ihrer stärksten Mittel zur Wirklichkeitserfassung, bei Mörike und Raimund erhob er manche Dgg. zu schwereloser Anmut. Aber noch in der Lokalposse zeigte sich die melancholische Wurzel dieses Humors (Niebergall). In ihr können die Aufhebung der grotesken Ordnungsstörung durch höhere Mächte und die Belehrung des Menschen unbedenklich durchgeführt werden (Raimund).

In den Dingen und vor allem in der Natur gingen Ideal und Wirklichkeit in eins auf. Das Biedermeier brachte die stärksten Naturdgg., seine Dichter haben ein inniges und sehr reales Verhältnis zur Natur. »Die Betrachtung des Menschenlebens in seinen mannigfachen Erscheinungen ist mir der größte Reiz, nach dem Reiz, den die Natur für mich hat. Sie bleibt doch meine beste Freundin« (Lenau). Die dargestellten Landschaften sind viel spezifischer und realer als in der Romantik und haben ihre größte dichterische Stärke, wo sie vom Realen ins Mythische vorstoßen (vgl. Stifter, *Bergkristall*, die Märchen und Balladen Mörikes, die Balladen der Droste, die Zaubergestalten Raimunds). Das Gefühl für Stimmungen, für das Ineinandergreifen von Sinneswahrnehmungen, von Klang, Duft, Vision verband das Biedermeier mit der Romantik und wies schon auf den Impressionismus (Droste).

Auch das Interesse für Gesch. ist gekennzeichnet durch das Gefühl für das atmosphärische Eigenleben einer Epoche, durch eine realistische Freude an der Vergangenheit, besonders der engeren Heimat. Konservativismus im Sinne eines Bewahrens des Überkommenen, das weiterwirken soll: Bewußtsein des Transitorischen der Erscheinungen und des notwendigen Verzichts.

Das Politische, das ihnen als Vordergründiges, Einmaliges, Lautes erschien, und die aufkommenden materialistischen Ideen lehnten die Dichter des Biedermeiers ab. Sie glaubten nicht mehr daran, die Führerstellung der Dg. des 18. Jh. aufrechterhalten zu können. Sie begnügten sich damit, Seismographen der Bewegungen und Gefährdungen ihrer Zeit zu sein. »Deutschland hat angefangen, sich auf das praktische Interesse zu werfen. Es ist mit der Kunst nichts mehr anzufangen, sie fängt an, nachdem sie theoretisch geworden, didaktisch werden zu wollen, und das war immer ihr, wenigstens momentaner, Untergang« (Grillparzer). Stifter lehnte die Jungdeutschen ab, weil sie »Tagesfragen und Tagesempfindungen in die schöne Lit. mischen«. Lenau wandte sich gegen sie in *Dichters Klagelied*, Immermann karikierte Entartungen des Zeitgeistes in *Münchhausen*, die Droste verurteilte die von den Jungdeutschen befürwortete Frauenemanzipation in *Die beschränkte Frau*, Gotthelf lehnte die politische Lösung der sozialen Frage ab. Immer wieder brach durch die harmonische Klarheit der Dgg. die melancholische Unterstimmung durch, der Gedanke des Entsagens, der Vergänglichkeit, der unerfüllten Wünsche. Oft wurde die Dg. Flucht in Erinnerung, Bild alter Zeiten, Märchen, Idylle. Es herrschte die Blickrichtung »wehmütig aufs Vergangene« (Mörike). Rückerinnernde Erzz. (Stifter), Kindheitsgeschichten, Wunschträume (Mörikes Orplid-Mythus), Sehnsucht nach einfachem Leben (Immermann, Gotthelf, Stifter, Grillparzer), Vorliebe für Einsame, Käuze und Sonderlinge (vgl. **Grillparzer**, *Der arme Spielmann*) belegen das. Zur Wahrung der Harmonie begrenzt man das Blickfeld, Stifter z. B. auf Haus und Garten, Gotthelf auf das Berner Oberland. Die Familie als Abbild einer höheren Ordnung ist wesentlicher Handlungsraum.

Sprachlich baute das Biedermeier auf dem klassisch-romantischen Erbe auf, der Ausdruck bleibt noch stark typisierend, klischeehaft, ist unartistisch, jedoch empfindungsreich und vielgestaltig. Es war die Zeit des gepflegtesten Durchschnittsstils in der dt. Lit.-Gesch. Die Empfänglichkeit für Reiz und Stimmung förderte die von der Romantik übernommene Verbindung zu den anderen Künsten.

Besonders die bildende Kunst arbeitete mit der Dg. Hand in Hand (Richter, Schwind). Stifter und Mörike waren selbst bildkünstlerisch tätig. Die Lyrik gab der Musik besonders dankbare Liedervorlagen (Schumann, Silcher, Brahms, Hugo Wolf).

Das Biedermeier war eine Zeit der Kleinkunst, behielt die Zweckformen und didaktischen Formen des 18. Jh. bei. Die Vorliebe der Zeit für überlieferte Formen und den Vers bewirkte ein Aufblühen der Verserz. (Immermann, Lenau, Droste, Mörike). Diese Form barg die Gefahr der Verniedlichung, die man fälschlich für biedermeierlich gehalten hat. Am Ende der Epoche stehen die süßlichen Modewerke: Gottfried Kinkels *Otto der Schütz* (1846), Redwitz' *Amaranth* (1849), Roquettes *Waldmeisters Brautfahrt* (1851), Scheffels *Trompeter von Säckingen* (1853). Die Prosa war für die Epik noch immer nicht voll anerkannt. Unter den Erzählformen in Prosa zunächst Skizze, Kurzerz., Stimmungsbild, Märchen vorherrschend. Allmählich hob sich von diesen die Nov. als entwicklungsfähigste Gattung ab. Sie hatte zunächst noch eine unfeste Form, erstrebte Unmittelbarkeit, wollte dramatisch sein, gehörte der Unterhaltungslit. an, bildete den Hauptinhalt der Almanache. In Österreich wurde Josef Schreyvogel, Hrsg. des Almanachs *Aglaja* (1819–1832), auch durch eigene Beispiele schulebildend (Betty Paoli); er brachte einen gewissen Einfluß Weimars nach Wien (Entsagungsthema). Das Taschenbuch *Iris* (1840–1848, Mitarbeiter: Stifter, Grillparzer) bildete den Übergang zur Zs. Seit den vierziger Jahren gewann die Nov. eine geschlossenere Form (Stifters Umarbeitungen für die *Studien*).

Der R. war zunächst von der Nov. nicht deutlich geschieden. Mörike bezeichnete seinen in der Nachfolge des romantischen Künstler- und Entwicklungs-R. stehenden *Maler Nolten* als *Nov. in zwei Teilen.* Der R. Immermanns und Gotthelfs ist, wie der gleichzeitige R. der Jungdeutschen, z. T. bewußt formlos, mit Reflexionen und Didaktischem durchsetzt. Die geschlosseneren Rr. des späten Stifter haben schon die Erzählkunst des Realismus zur Voraussetzung. Stifter lieferte mit *Witiko* auch einen entscheidenden Beitrag für die Entwicklung des hist. dt. R., für den die *Waverley-Novels* Walter Scotts (1771–1832), deren Übss. seit 1815 in Dld. erschienen, die erste Anregung gaben. Die Wurzeln des hist. R. lagen in der Wendung der

Romantik zum MA. (vgl. Arnims *Kronenwächter*). Scott stand unter dem Einfluß der dt. Romantik und wurde außerdem angeregt durch eine dt. Schriftstellerin des 18. Jh., Benedikte Naubert.

Eine bevorzugte Stellung genoß die Ballade, in der sich Lyrisch-Stimmungshaftes und knappe Erzählkunst vereinen (Droste, Mörike, Lenau). Die Balladen haben im Gegensatz zu der der klassischen Zeit heimische, meist nicht heroische Themen. Volkstümliche Balladen im Gefolge von Bürger, schwankhafte anekdotische und für Kinder verfaßten im Gefolge von Goethes *Hochzeitslied* August Kopisch (1799–1854), Robert Reinick (1805–1852) u. a.

Auch in der Lyrik machten sich epische Züge bemerkbar (Lenau). Im Zusammenhang damit steht die lyrische Zyklenbildung (Mörike, Rückert, Droste, Lenau). Von antiken und ausländischen Vorbildern löste sich die Lyrik allmählich, nur Platens Formkunst stand noch unter deren Gesetz. Platen verwandte auch als einziger den reinen Reim. Fortwirken der Lyrik Goethes und der Romantik, die in ihren späten Vertretern (Eichendorff, Fouqué, Uhland) selbst schon biedermeierliche Züge hatte. Neben den lyrischen Leistungen Mörikes und der Droste, die in ihrer Zeit kaum Echo fanden, steht die große Beliebtheit des Kleingedichts zum Einfangen einer Idylle, eines Naturbildes, einer Lebensweisheit (Rückert). Das Versemachen fiel dieser Epoche außerordentlich leicht, der Stammbuchvers blühte. Die lyrische Kleinkunst diente vielfach geselligen Zwecken. Die erste Publikation geschah häufig in Taschenbüchern, Almanachen, Familienzss. Die Liedtradition der Romantik wirkte fort, die Beziehung zur Musik war eng.

Dieselbe Neigung zum Kleinwerk herrschte auf dem Gebiete des Theaters, das artistische Blüte und breite Publikumswirkung hatte. Der einzige namhafte Dramatiker des Biedermeiers ist Grillparzer; er setzte vor allem durch die geschlossene Form das Dr. der Klassik fort, nahm aber auch österreichisch-barocke Elemente auf und schuf eine auf feinnervigen Charakteren beruhende Tr., die sich immer mehr von Harmonisierungsbestrebungen entfernte.

Als Verf. wirksamer – auch hist. – Schspp. war Ernst Raupach (1784–1852) Grillparzers Konkurrent. Außerdem sind die Schiller-Epigonen durch Uechtritz (1800–1875) und Halm (1806–1871) vertreten. Die Neigung zur »dram. Kleinigkeit« machte sich schon stark bei den Vertretern des bürgerlichen Rührstücks und Lsp., bei Charlotte Birch-Pfeiffer (1800–1868) und Roderich Benedix (1811–1873), bemerkbar. Das Biedermeier war die Blütezeit des Vaudevilles (Karl von Holtei, 1798–1880), des Gesellschaftslsp. (Eduard von Bauernfeld, 1802–1890) und vor allem der Lokalposse, die in Wien (Nestroy, Kaiser), Berlin (Kalisch, Angely), Hamburg (Jakob Heinrich Jacob), Frankfurt (Malß), Darmstadt (Niebergall) beachtliche Vertreter aufzuweisen hat.

Der nach 1815 einsetzende Zerfall Dlds. in Einzelstaaten, die Ablösung Österreichs unterstützten die stammes- und landschaftsmäßige

Verkapselung der Dichter und beschränkten ihre Wirkung. Die Ver-
wurzelung im Heimatlichen – vor allem im österreichischen und
schwäbischen Raum – war jedoch Ausgangspunkt, nicht Ziel der
Kunst, wie später in der sog. Heimatdg. Die Dichter lebten oft in
ländlicher Zurückgezogenheit, während sich die Jungdeutschen
von großen städtischen Zentren angezogen fühlten.
Es gibt kaum Gruppen biedermeierlicher Künstler, keine Kunst-
kreise, Zss. von Gruppen, keine Programme. Die Dichter lebten in
der Vereinzelung und hatten keine Verbindung untereinander, der
gesellige Kreis war oft kein künstlerischer. Während die heitere
Oberfläche der biedermeierlichen Triviallit. breiten Widerhall fand,
war die Wirkung der dichterischen Persönlichkeiten in ihrer Zeit
gering. Auf Mörike hat erst Storm hingewiesen, und erst die Ver-
tonungen Hugo Wolfs haben ihn in ganz Dld. bekannt gemacht.
Ähnlich unerkannt stand die Droste in ihrer Zeit. Stifter und Grillparzer vereinsamten nach anfänglichen Erfolgen und setzten sich
erst am Ausgang des Jh. durch. Gotthelf gelangte im 20. Jh. zu voller
Würdigung.

Die wichtigsten Dichter des Biedermeier:

Droste-Hülshoff, Annette von, geb. 1797 auf Hülshoff bei
Münster. Strenge, konservative Erziehung, vielseitige Bildung. Nach
dem Tode des Vaters 1826 Übersiedlung in den mütterlichen Wit-
wensitz Rüschhaus. Abgeschiedenheit des Landlebens, nur unterbrochen von Reisen nach Koblenz, Köln und Bonn, die A. v. D.-H.
in Verbindung mit den dortigen lit. Kreisen brachten. Seit 1840 herz-
liches Verhältnis zu dem Schriftsteller Levin Schücking (1814 bis
1883), der auch als Bibliothekar 1841–1842 auf Schloß Meersburg
am Bodensee weilte, nachdem die Dichterin aus Gesundheitsgrün-
den diesen Besitz ihres Schwagers, des Freiherrn von Laßberg, zum
zeitweiligen Wohnsitz gewählt hatte. Entfremdung durch Schückings
Heirat und seinen Anschluß an die Jungdeutschen. Gest. 1848 in
Meersburg.

Grillparzer, Franz, geb. 1791 in Wien als Sohn eines Advokaten.
Nach kurzer Tätigkeit als Hofmeister und Bibliothekar 1814 Beginn
seiner Beamtenlaufbahn durch Eintritt in die Finanzhofkammer.
1818 nach dem Erfolg der *Sappho* vom Burgtheater als Hoftheater-
dichter verpflichtet (bis 1823). Nach dem Selbstmord der Mutter
1819 Reise nach Italien. 1821 Bekanntschaft mit Kathi Fröhlich,
mit der er sein Leben lang verlobt blieb. 1823 Reise nach Dld., Begegnung mit Goethe in Weimar. 1832 Direktor des Hofkammer-
archivs. 1838 nach dem Mißerfolg von *Weh dem, der lügt* zog G. sich
aus dem lit. Leben zurück. 1856 mit dem Titel Hofrat in den Ruhe-
stand. Gest. 1872 in Wien.

Immermann, Karl, geb. 1796 in Magdeburg. Seit 1813 stud. jur. in Halle, Teilnahme am Feldzug 1815. 1817 Eintritt in den preuß. Staatsdienst: Aschersleben, Münster, Magdeburg, 1829 Landgerichtsrat in Düsseldorf. 1832 Gründung eines Theatervereins, 1834 bis 1837 Leitung des Stadttheaters. Gest. 1840 in Düsseldorf.

Lenau, Nikolaus, eigentlich Nikolaus Niembsch, Edler von Strehlenau, geb. 1802 in Csatád/Ungarn. Stud. jur. und med., 1831 durch Herausgabe seiner Gedichte Beziehung zum schwäbischen Dichterkreis. 1832 enttäuschende Reise nach Amerika. Zwischen 1833 und 1843 abwechselnd in Wien und Schwaben. Immer stärkeres Hervortreten nervöser Reizbarkeit, seit 1844 geistig umnachtet. Gest. 1850 im Irrenhaus Oberdöbling bei Wien.

Mörike, Eduard, geb. 1804 in Ludwigsburg. Jugendfreundschaften mit Friedrich Theodor Vischer, David Friedrich Strauß, Wilhelm Waiblinger. 1822–1826 stud. theol. im Tübinger Stift, Freundschaft mit Ludwig Bauer. 1823 Liebe zu Klara Meyer (»Peregrina«). 1826–1834 Vikariatszeit in kleinen württembergischen Flecken, vergebliche Bemühungen um Lösung aus dem Pfarrberuf. 1829–1833 Liebe zu Luise Rau. 1834–1843 Pfarrer in Cleversulzbach, 1844–1851 in Mergentheim. 1851 Heirat mit Margarete von Speeth. 1851–1867 in Stuttgart. Engere Beziehungen zu Moritz von Schwind, Paul Heyse, Theodor Storm. 1867 Pensionierung. Altersjahre in Lorch, Nürtingen, Stuttgart. Gest. 1875 in Stuttgart.

Raimund, Ferdinand, geb. 1790 in Wien. Ging 1808 in Preßburg zum Theater, seit 1813 Schauspieler in Wien: 1813–1817 am Theater in der Josephstadt, seit 1817 am Theater in der Leopoldstadt. 1823 Beginn seiner schriftstellerischen Tätigkeit. 1830 löste R. den Vertrag mit dem Leopoldstädtischen Theater und gastierte an verschiedenen Bühnen. Gest. 1836 in Pottenstein durch Selbstmord.

Stifter, Adalbert, geb. 1805 in Oberplan/Böhmen als Sohn eines Leinewebers. Seit 1818 Schulbesuch in der Benediktinerabtei Kremsmünster. 1826 stud. jur. in Wien, wandte sich später der Malerei, Philosophie, Gesch., Mathematik und Naturwissenschaft zu. Nach vollendetem Studium Lehrer und Erzieher, u. a. des Fürsten Richard Metternich. 1848 Übersiedlung nach Linz. 1850 Schulrat für Oberösterreich, 1865 wegen Kränklichkeit pensioniert. Gest. 1868 in Linz durch Selbstmord.

1817 Franz Grillparzer
(Biogr. S. 356):
Die Ahnfrau

Tr. 5, in Trochäen. Auff. 31. 1. in Wien, Theater an der Wien. Buchausg. im gleichen Jahr.

Entst. August 1816 innerhalb von drei Wochen.

Quelle: Gesch. des frz. Räubers Louis Madrin, der 1755 auf dem Schafott endete, ver-
flochten mit dem R. des Engländers Matthew Lewis *Ambrosio or the Monk* (1795), dt.
Bearbg. als *Die blutige Gestalt mit Dolch und Lampe* (1799). Vorbilder: Schiller, E. T. A.
Hoffmann, Zacharias Werner, Adolf Müllner, Calderon (Trochäus).

Selbstzerstörung einer dem Fluch der Erbschuld und der eigenen
Willensschwäche erliegenden Familie. Schon hier Grundthema G.s:
Zwiespalt zwischen Erlebnisdrang und der Wahrung des inneren
Friedens. »Haßt sie die vergangne Sünde, / liebt sie die vergangne
Glut.«
Schließt die Gattung der Schicksalstr. ab. Die Schicksalselemente
wurden auf Anregung des Burgtheaterleiters Schreyvogel noch ver-
gröbert. Einheit des Ortes und der Zeit. Ganz vom Theater her ge-
schrieben, grobe Effekte. Großer Publikumserfolg, doch von der
Kritik als Schicksalstr. heftig abgelehnt.

1818   Franz Grillparzer
         (Biogr. S. 356):
         Sappho

Tr. 5, in Jamben. Auff. 21. 4. in Wien, Burgtheater.

Ursprünglich konzipiert als Operntext für den Kapellmeister Weigl. Niederschrift
1817 innerhalb von drei Wochen.
Quelle: Fragmente von Sapphos Gedichten, von denen G. das an die Liebesgöttin
übersetzte und in sein Dr. aufnahm. Beziehung zu Frau von Staëls R. *Corinne* (1807),
der auch den Zwiespalt zwischen Leben und Kunst zum Thema hat.

Sappho muß erkennen, daß der von ihr geliebte Jüngling Phaon in
ihr nur die Dichterin verehrt und seine Neigung ihrer Sklavin Me-
litta zuwendet. Sie ist schon bereit, ein Verbrechen zu begehen, um
sich Phaon zu erhalten, als sie erkennt, daß sie ihr Lebensgesetz, den
Dienst an der Kunst, verletzt hat. Sie stürzt sich ins Meer.
G.s Grundthema: Zwiespalt zwischen Erlebnisdrang und künstlerischer Verpflichtung; ähnliche Gestaltung bereits in dem Frühwerk
Scylla.
Eröffnet die Reihe von G.s klassizistischen Drr. Wechsel von realistischer Sparsamkeit und Überschwang der Rede. Großer Erfolg.

Buchausg. 1819.

1821   Franz Grillparzer
         (Biogr. S. 356):
         Das Goldene Vlies

Dram. Gedicht in drei Abteilungen: *Der Gastfreund, Die Argonauten,
Medea*. Auff. 26. und 27. 3. in Wien, Burgtheater.

Herbst 1818 entstanden *Der Gastfreund* und 3 Akte von *Die Argonauten*, Unterbrechung
durch den Tod der Mutter und Italienreise, Abschluß 1819/20. Anregung durch den
Medea-Artikel in Hederichs Mythologischem Lexikon; ausführliche Studien antiker
Schriftsteller.

Die Trilogie behandelt die Rückeroberung des Goldenen Vlieses durch Jason, der die Kolcherin Medea mit sich nimmt, sie aber in Griechenland um der Kreusa willen verläßt. Aus Rache tötet Medea die Nebenbuhlerin und die eigenen Kinder. Entscheidend ist der dritte Teil. Medeas Entwicklung von der liebenden Frau zur Rächerin. Tr. zweier Menschen, bedingt durch die Verschiedenheit ihrer Herkunft und Kultur; bis in den Unterschied der Sprache hinein durchgeführt: für die Rollen des Jason und der Griechin ist der Blankvers, für Medea und die Kolcher sind freie Rhythmen verwendet.

Buchausg. 1822.

1824 Ferdinand Raimund
(Biogr. S. 357):
Der Diamant des Geisterkönigs

Zaubersp. 2. Auff. 17. 12. in Wien, Theater in der Leopoldstadt. Musik: Josef Drechsler. Raimund in der Rolle des Florian.

Quelle: Gesch. des Prinzen Sein el-Asnam und Gesch. der beiden Schwestern, die ihre jüngste Schwester beneideten, aus *Tausend und eine Nacht*. R.s Werke stehen in der Tradition der Wiener Volkstheaters, das durch Josef Stranitzky, Kurz-Bernardon, Philipp Hafner, Emanuel Schikaneder, Joachim Perinet, Karl Friedrich Hensler, Josef Alois Gleich, Karl Meisl entwickelt wurde.

Ein Diamant soll Eduard zuteil werden, wenn er dem Geisterkönig ein schönes Mädchen zuführt, ohne sich ihr zu nähern. Für seine Selbstüberwindung erhält er statt des Diamanten das Mädchen. Hebung der Wiener Posse: die Frau, die bisher nur als böses Weib auftrat, hat veredelnden Einfluß, der Diener, bislang nur eine dumme oder böse Figur, ist hier der treue Florian Waschblau, ein Vorgänger des Valentin im *Verschwender*. Mischung von realistischen Wiener Szenen und phantastischer Geisterwelt.
Nach R.s gleichfalls erfolgreichem, aber zeitgebundenem Erstling *Der Barometermacher auf der Zauberinsel* das erste Stück von lit. Format.

Buchausg. 1837 in *Sämtliche Werke*.

1825 August Graf von Platen-Hallermünde
(1796–1835, Ansbach, München, Italien):
Sonette aus Venedig

Entst. bei einem Herbstaufenthalt in Venedig 1824.

17 Sonette, in denen diese romantische Kunstform auf ihre sprachliche Höhe geführt wird. P. betrachtete sich später, als er sich klassischen Formen (Ode) zuwandte, als Überwinder der Romantik. In der Tradition elegischer Venedig-Dg.; Magie der dem Untergang geweihten Schönheit (vgl. auch das Gedicht *Tristan*, 1825).

1825   Franz Grillparzer
(Biogr. S. 356):
König Ottokars Glück und Ende

Tr. 5, in Jamben. Buchausg.; Auff. 19. 2. in Wien, Burgtheater.

Das 1822–1823 entstandene Werk hatte zwei Jahre bei der Zensur gelegen.
Plan zu einem Epos *Die Schlacht auf dem Marchfelde* schon 1818, etwa 50 vierzeilige
Strophen erhalten. Dr.-Plan 1819, ursprünglicher Titel *Eines Gewaltigen Glück und Ende.*
Quelle: Ottokar von Steiermarks *Österreichische Reimchronik* (um 1320).

Das Dr. umfaßt den Zeitraum von der Scheidung des Königs von
Margarethe (1261) bis zu seinem Tod (1278). Der selbstherrliche
Tatmensch Ottokar, der für G. Napoleon ähnelte, wird von Rudolf
von Habsburg, dem Vertreter des Rechts und der Ordnung, überwunden. Ottokars Schicksal Sinnbild der Vanitas.
G.s erstes hist. Dr. Anlehnung an Shakespeare. Charakterdarstellung,
knappe Diktion, straffe Handlung im Gegensatz zu den früheren
Seelendrr. Der Einfluß der Staatstr. des Barocks ist schon im Titel
ersichtlich.

1826   Wilhelm Hauff
(1802–1827, Stuttgart):
Lichtenstein

Ritter-R. um die Ermordung Hans von Huttens durch Herzog Ulrich von Württemberg (1515). Erster im engeren Sinne hist. R.;
Studium der schwäbischen Heimatgesch., Einfluß Walter Scotts
(erste dt. Übss. seit 1815).

1826   Ferdinand Raimund
(Biogr. S. 357):
Das Mädchen aus der Feenwelt
oder Der Bauer als Millionär

»Romantisches Originalzaubermärchen mit Gesang« 3. Auff. 10. 11.
in Wien, Theater in der Leopoldstadt. Raimund als Wurzel.
Ein armes Mädchen soll sich bis zu seinem 18. Jahre mit einem
armen braven Manne verbinden, um ihre Mutter zu erlösen. Im
Gegeneinander versuchen gute und böse Geister ihr den passenden
Liebhaber zuzuführen bzw. zu entfremden.
Frei erfundener Stoff von ernstem Grundcharakter, in den R. jedoch
»viele täppische Kleinigkeiten« hineinbrachte, aus Furcht, »das Publikum möchte ihn zu ernsthaft finden« (R.). Im Mittelpunkt einer
wirren traditionell-allegorischen Rahmenhandlung die Charakterstudie des reich gewordenen Bauern Fortunatus Wurzel, der zum
Schluß ein armer »Aschenmann« ist. Kritik an der sozialen Um-

schichtung und den Parvenüs. *Brüderlein fein* und das *Aschenlied* wurden Volkslieder.

Buchausg. 1837 in *Sämtliche Werke.*

1826 **August Graf von Platen-Hallermünde**
(1796–1835, Ansbach, München, Italien):
Die verhängnisvolle Gabel

Lsp. 5, in Versen. Buchausg.
Lit.-Satire in der Nachfolge Tiecks. Gegen die Verflachung der Auffassung des Tragischen bei den Schicksalsdramatikern und bei Kotzebue, Clauren, Friedrich Kind, Theodor Hell u. a. Stellte der romantischen Mischung Shakespeare – Calderon die Klarheit des Sophokles gegenüber.
Strenge metrische Form des Aristophanes, antike Parabasen (Chor in der Kom.) wieder eingeführt.

1828 **Franz Grillparzer**
(Biogr. S. 356):
Ein treuer Diener seines Herrn

Tr. 5, in Jamben. Auff. 28. 2. in Wien, Burgtheater.

Geplant 1825 für die Krönung der Kaiserin Karoline Augusta zur Königin von Ungarn. Studium der ungar. Gesch. Niederschrift 1826–1827.

Der König setzt für die Zeit seiner Abwesenheit Bancbanus zum Reichsverweser ein. Bancbanus' Treue und Großmut dem Herrscherhaus gegenüber wird auf eine harte Probe gestellt. Er verliert seine Frau durch die Nachstellungen Ottos von Meran, eines Verwandten des Königs. Dennoch steht er zu seiner Aufgabe, ist ihr aber in den Wirren eines Aufstandes nicht gewachsen und kann nur den Königssohn für die Zukunft retten. Verwandtschaft von Bancbanus' Bewährungsprobe mit dem geistlichen Barockdr. »Man hat dem Stücke vorgeworfen, daß es eine Apologie der knechtischen Unterwürfigkeit sei; ich hatte dabei den Heroismus der Pflichttreue im Sinn, der ein Heroismus ist, so gut als jeder andere« (G.).

Das Werk wurde auf Befehl des Kaisers vom Spielplan abgesetzt.
Buchausg. 1830.

1828 **Ferdinand Raimund**
(Biogr. S. 357):
Der Alpenkönig und der Menschenfeind

Originalzaubersp. 2. Auff. 17. 10. in Wien, Theater in der Leopoldstadt. Musik: Wenzel Müller. Raimund als Rappelkopf.

Vorbilder: Molières *Misanthrop*, Josef Alois Gleichs *Der Berggeist.*

Der Menschenfeind wird dadurch geheilt, daß der Alpenkönig zuerst seinen Verfolgungswahn durch Wassersnot und Feuersbrunst sowie die Erscheinung der drei früheren Frauen zum Äußersten steigert, dann in Rappelkopfs Gestalt ihm dessen tobendes, menschenfeindliches Wesen vorspielt. Selbstzeichnung R.s.
Zauberhafte Rahmenhandlung und realistische Kernhandlung zu einem Ganzen verwachsen. Höhepunkt realistischer Milieudarstellung: Elend und Verkommenheit der Leute in der Köhlerhütte. Bekanntes Lied *So leb denn wohl, du stilles Haus*.

Größter Erfolg R.s zu seinen Lebzeiten.
Buchausg. 1837 in *Sämtliche Werke*.

1829   August Graf von Platen-Hallermünde
         (1796–1835, Ansbach, München, Italien):
         Der romantische Ödipus

Lsp. 5, in Versen. Buchausg.
Lit.-Satire im Gefolge Tiecks. Angriff gegen Heine und gegen Immermanns *Trauerspiel in Tirol* und *Cardenio und Celinde*, Immermann erscheint als »Schlimmermann«.

Immermann hatte Heine auf dessen Wunsch 36 Xenien als Beitrag für den 2. Teil der *Reisebilder* geschickt; 5 der Xenien, die Heine am Abschluß von *Norderney* veröffentlichte, hatten sich unter dem Titel *Östliche Poeten* gegen P., besonders gegen dessen Spezialform und *Ghaselen* (1821–1824, 4 Slgg.) gerichtet: »Von den Früchten, die sie aus dem Gartenhain von Schiras stehlen, / essen sie zu viel, die Armen, und vomieren dann Ghaselen.«
Auff. 4. 6. 1855 in München, Augsburger Hof, durch Studenten.

1831   Franz Grillparzer
         (Biogr. S. 356):
         Des Meeres und der Liebe Wellen

Tr. 5, in Jamben. Auff. 5. 4. in Wien, Burgtheater.
Die griech. Sage von Hero und Leander beschäftigte G. seit 1819. Entwurf 1825, Beginn der Arbeit 1827, Abschluß 1829.

Der Fischerjüngling Leander durchschwimmt aus Liebe zu der jungen Priesterin Hero des Nachts das Meer und erklettert ihr Turmgemach. Ihre Lampe soll ihm auch in der nächsten Nacht den Weg erhellen. Der Oberpriester, der das Vergehen ahnt, sorgt dafür, daß die Lampe erlischt. An der Leiche des ertrunkenen Leander bricht Hero zusammen.
Seelendr. Im Mittelpunkt steht das Erwachen der Gefühle Heros. »Der etwas pretiös klingende Titel . . . sollte im voraus auf die romantische oder vielmehr menschlich allgemeine Behandlung der antiken Fabel hindeuten« (G.). Die Gestalt des Priesters ist das personifizierte Schicksal: »ebenso verhüllt, kurz, kalt« (G.).

Buchausg. 1840.

1832   Nikolaus Lenau
     (Biogr. S. 357):
     Gedichte

Früheste Gedichte, angeregt durch den Tod der Mutter (1829). Die eigene Note pathetischer Melancholie fand L. durch die enttäuschende Liebe zu Lotte Gmelin (1831) und die Begegnung mit dem Werk Byrons.

Führendes Motiv: Natursymbolik, »poetische Durchdringung und Abspiegelung der Natur und ihres Verhältnisses zur Menschheit, ihres Ringens nach dem Geist« (L.). Einheit von Landschaftsbild und Seelenzustand (Schilflieder, Heidebilder). Starkes musikalisches Element, Formenreichtum von der Melodik bestimmt.

Balladen und Romanzen, entst. aus der zunächst statistenhaften Belebung seiner Naturbilder: *Drei Zigeuner, Werbung, Heideschenke.* Episch-lyrischer Grundzug.

1832   Karl Leberecht Immermann
     (Biogr. S. 357):
     Merlin. Eine Mythe

Dr., eingeteilt in Zueignung, Vorspiel, Der Gral, Merlin der Dulder.

Quelle: *Gesch. des Zauberers Merlin* (1804), hgg. Dorothea Schlegel unter dem Namen von Friedrich Schlegel.

Der Zauberer Merlin ist nach keltischer Sage der Sohn eines Inkubus und einer bretonischen Königstochter; schon in afrz. Dg. erscheint Merlin als Artus' Erzieher.

Merlin sucht mit den Rittern der Tafelrunde den Gral. Satan tötet ihn, da er ihn nicht von Gott abtrünnig machen und die Weltherrschaft durch ihn nicht gewinnen kann. Eine Synthese von Sinnenwelt und göttlicher Welt scheint unmöglich.

Unter dem Einfluß der Romantik stehendes Weltanschauungsdr. über den Zwiespalt von Satanischem und Göttlichem im Menschen. Auseinandersetzung mit Hegel und Goethes *Faust* (Goethe in der Gestalt des nur an die Natur glaubenden Klingsor). Gedankenüberladen, theaterfern.

Auff. 4. 9. 1918 in Berlin, Volksbühne.

1832   Eduard Mörike
     (Biogr. S. 357):
     Maler Nolten

Nov. in 2 Teilen, Fragment.

Entst. zum größten Teil 1828–1830 in Owen, dann 1831–1832 in Eltingen und Ochsenwang. M. hat bis zum Tode an diesem Werk gefeilt und geändert, die geplante 2. Fassung erschien 1877 aus dem Nachlaß, bearbeitet und hgg. von seinem Freunde Julius Klaiber.

Der junge Maler Theobald Nolten löst die Verlobung mit der scheinbar untreuen Agnes und verfällt der Liebe zur Gräfin Constanze. In Wahrheit hat die Zigeunerin Elsbeth (M.s Peregrina-Erlebnis!), die selbst Nolten liebt, Agnes verdächtigt. Noltens Freund, der Schauspieler Larkens, setzt an Noltens Stelle den Briefwechsel mit Agnes fort, um sie ihm zu erhalten. Das bringt Nolten zwar zu Agnes, aber auch zu den dunklen Mächten seiner Jugend zurück. Agnes wird über seiner Untreue irrsinnig und stirbt, Larkens hat sich aus Lebensüberdruß umgebracht, auch Nolten stirbt nach einer geheimnisvollen Begegnung mit der Zigeunerin.

Ähnliche Stellung im Leben M.s wie *Werther* in dem Goethes: Überwindung der romantischen Wollust zum Tode, der Faszinierung durch die Dämonen, des »Subjektiven«. Wenig später, in *Lucie Gelmeroth* (als *Miss Jenny Harrower* im *Taschenbuch Urania*, 1834, dann im Sammelband *Iris*, 1839), wird die Heldin vor ähnlicher Selbstzerstörung gerettet.

Die 2. Fassung milderte die Unwahrscheinlichkeiten in Psychologie und Handlung, besonders des Charakters der Constanze und der von Larkens ersonnenen Intrige.

Stofflich und stilistisch ganz unter dem Einfluß des *Wilhelm Meister* und der Romantiker, E. T. A. Hoffmann, Eichendorff, Brentano, Tieck (sprachlich), auch Jean Paul. Ungefähr 30 eingestreute Gedichte, darunter die *Peregrina-Lieder* (entst. 1824, in Überarbg.) und die Sonette an Luise Rau (entst. 1829–1830). Ein eingeschobenes, von Larkens aufgeführtes Schattensp. *Der letzte König von Orplid* gehört den Orplid-Phantasien der Tübinger Zeit an. Rückblicke, Kunstgespräche, Gemäldebeschreibungen. Romantische Motive: Doppelgängertum, Somnambulismus, Magie, Zigeuner.

Über die Romantik hinaus weist die psychologische Durchführung der Gestalten, die der magischen Verknüpfung, auf deren schicksalhafte Bedeutung M. Wert legte, eigentlich nicht bedürfen. Einfluß von Schelling und von Schuberts *Ansichten von der Nachtseite der Naturwissenschaft*. M.s Personen haben lebende Vorbilder gehabt; die verschiedenen sozialen Sphären sind lebenswahr gezeichnet.

Das Werk hatte zunächst nur geringe Wirkung.

1833   Johann Nestroy
        (1801–1862, Wien):
        **Der böse Geist Lumpazivagabundus
        oder Das liederliche Kleeblatt**

Zauberp. mit Gesang 3. Auff. 10. 4. in Wien, Theater an der Wien. N. als Knieriem.

Quelle: Erz. aus der Novv.-Slg. *Das große Los* von Weisflog.

Von seiner Quelle übernahm N. die Handlung von den drei leichtsinnigen Handwerksburschen, die zusammen das Große Los gewinnen. Aber nur einer von ihnen wird »solid«, es gelingt ihm nicht, die andern in bürgerliche Bahnen zu lenken. Diese realistische, fast sozialkritische Fabel gemäß der Wiener Tradition in den Rahmen einer Wette zwischen der Fee Fortuna und dem bösen Geist Lumpazivagabundus eingespannt. Typus des Besserungsstückes. Verwandtschaft des Themas mit Raimunds *Verschwender*.

Buchausg. 1835.

Forts.: *Die Familien Zwirn, Knieriem und Leim oder Der Weltuntergangstag* (1834).

1834   Ferdinand Raimund
         (Biogr. S. 357):
         Der Verschwender

Originalzaubermärchen 3. Auff. 20. 2. in Wien, Theater in der Josephstadt. Musik: Konradin Kreutzer. Raimund als Valentin.

Ursprünglicher Titel: *Bilder aus dem Leben eines Verschwenders*. Vorbild: Destouches *Le Dissipateur*; häufiges Vorkommen des Verschwendertyps im Wiener Volksstück.

Die Fee Cheristane will ihren Schützling, den Verschwender Flottwell, vor den Folgen seines Leichtsinns schützen. Ihr Diener Azur naht sich Flottwell in Bettlergestalt und zugleich als dessen 50. Lebensjahr und bewahrt alle Gaben, die er dem in Not Geratenen dann an seinem 50. Geburtstag wiedergibt. Gegenfigur zu Flottwell der treue Diener Valentin, der als einziger seinen ehemaligen Herrn aufnimmt *(Hobellied)*. Gelungene Ineinanderarbeitung von Feen- und Menschenwelt.
R.s Meisterwerk. Durch Nestroys wachsende Erfolge überschattet.

Buchausg. 1837 in *Sämtliche Werke*.

1834   Franz Grillparzer
         (Biogr. S. 356):
         Der Traum, ein Leben

Dram. Märchen 4, in Trochäen. Auff. 4. 10. in Wien, Burgtheater.

Quelle: Voltaires Nov. *Le blanc et le noir*, nach deren Lektüre G. das Dr. 1817 begann. Ursprünglicher Titel: *Traum und Wahrheit*. Wiederaufnahme der Arbeit 1829, Abschluß 1831. Stilistisches Vorbild: Calderons *Das Leben ein Traum* und *Alles ist Wahrheit und alles ist Lüge*.

Der Jäger Rustan erfährt im Traum, wie ihn seine Ruhm- und Abenteuersucht in Schuld verstrickt, und erkennt das wahre Glück: »Des Innern stiller Frieden und die schuldbefreite Brust.«
In der Tradition des Wiener Volks- und Zauberstückes, durch das G. mit dem Barocktheater verbunden ist; Besserungsstück.

Buchausg. 1840.

1835   Franz Grillparzer
        (Biogr. S. 356):
        Tristia ex Ponto

Slg. von 17 Gedichten. Im Taschenbuch *Vesta*.

Plan und Titel schon 1812. Als Gegenstück zu Ovids *Tristien* gedacht. Wiederaufnahme 1826, aber ohne Beziehung zu Ovid. Gedichte entst. 1824–1833.

Keine Klagelieder an das Schicksal wie im ursprünglichen Plan,
doch insofern elegisch, als G. über das Mißverhältnis zwischen Dg.
und Leben klagt. U. a. *Böse Stunde*; *Der Fischer*; *Verwünschung*; *Jugend-
erinnerungen im Grünen* (Lebensrückblick G.s, 1824).

Erste Slg. aller Gedichte G.s erst aus dem Nachlaß in der Gesamtausg. der Werke
1872.

1835   Nikolaus Lenau
        (Biogr. S. 357):
        Faust. Ein Gedicht

Teildruck in L.s *Frühlingsalmanach*.

Beginn der Arbeit 1833.

Gegenbild zum Goetheschen *Faust*, Absage an den Idealismus, an
transzendentale Bindungen und soziale Einordnung. Faust wird
durch Mephisto von Gott und Natur abgezogen und ganz zum Vertreter einer individualistisch-nihilistischen Weltanschauung.
Weltanschaulicher und formaler Einfluß von Lord Byrons *Kain* und
Manfred.
Lose Bilderfolge in episch-dramatischer Mischform: dramatische
Partien (mit Rollenangabe und szenischen Anweisungen) durch lyrisch-epische Beschreibungen verbunden. Keine Akteinteilung, epische Überschriften.

Vollständige Buchausg. 1836. 2., um *Waldgespräch* und *Verschreibung* vermehrte
Aufl. 1846.

1835   Johann Nestroy
        (1801–1862, Wien):
        **Zu ebener Erde und erster Stock
        oder Die Launen des Glücks**

Lokalp. mit Gesang 3. Auff. 24. 11. in Wien, Theater an der Wien.
N. als spitzbübischer Diener Johann.
Durch die Technik der geteilten Bühne wird dem Publikum das
Übereinander vom armen Leben im Erdgeschoß und dem prächtigen
Leben in der Beletage vor Augen geführt. Durch äußere Schicksals-
schläge trifft oben das Unglück, unten das Glück ein, so daß zuletzt
die Familien die Stockwerke tauschen.

Realistische Gesellschaftsschilderung, Vorwegnahme des naturalistischen Vorderhaus-Hinterhaus-Motivs, aber ohne anklagende oder
reformatorische Tendenz. Lösung von den traditionellen Zauber-
motiven. Nach acht unbedeutenden Stücken, die *Lumpazivagabundus*
folgten, der zweite große Erfolg N.s.

Buchausg. 1838.

1836   Karl Leberecht Immermann
         (Biogr. S. 357):
         Die Epigonen

R. ›Familienmemoiren in neun Büchern aus den Jahren 1823–35‹.

Entst. seit 1824.

Entwicklungs-R. eines bürgerlichen jungen Mannes (Hermann), der
nach mancherlei romantischen, galanten, politischen Abenteuern in
Adelskreisen (denen er selbst durch illegitime Abkunft angehört)
zum bürgerlichen Leben zurückfindet. Gebildetes Bürgertum, revolutionäre Studentenschaft, Kaufmannsstand und der Adel werden
gegeneinander abgesetzt. Nicht nur die Stände, auch die Individuen
sind durch Epigonentum gekennzeichnet. Diagnose der Zeit: »Wir
sind, um mit einem Wort das Elend auszusprechen, Epigonen.«
Trotz Erkenntnis des Epigonentums noch Ablehnung des Kommenden: »Mit Sturmesschnelligkeit eilt die Gegenwart einem trok-
kenen Mechanismus zu. Wir können ihren Lauf nicht hemmen, sind
aber nicht zu schelten, wenn wir für uns und die Unsrigen ein
grünes Plätzchen abzäunen und diese Insel so lange als möglich
gegen den Sturz der vorbeirauschenden industriellen Wogen befestigen.« Hermann wendet sich schließlich dem Ackerbau zu.
Inhaltlich erster dt. Zeit-R., formal und in der Handlungsführung
abhängig von *Wilhelm Meister* und dem romantischen R.: eingeschobene Erzz., Tagebuchblätter, Briefe. Sogar parallele Gestalten:
Mignon–Flämmchen, Natalie–Kornelie.

1836/39   Friedrich Rückert
            (1788–1866, Erlangen, Berlin):
            Die Weisheit des Brahmanen

In Sprüche, Gleichnisse und Erzz. gekleidete Lebensweisheit orientalischen Stils. Nicht Übs., sondern Original-Dg.
Einfluß des Wiener Orientalisten Hammer-Purgstall und von Goethes *Divan*. Vorarbeiten Übss.: *Die Makamen des Hariri* (1826).
Schmeidigung der dt. Sprache durch die komplizierten und viel-
fältigen Formen und Metren der arabischen, persischen und ind.
Sprache.

Wirkung auf Bodenstedt *Mirza Schaffy* (1851).

1838   Annette von Droste-Hülshoff
(Biogr. S. 356):
Des Arztes Vermächtnis

Versepos. In der ersten Slg. der *Gedichte*, die im wesentlichen geist-
liche Gedichte und die drei Versepen *Das Hospiz auf dem großen St.
Bernhard* (entst. 1828–1834), *Des Arztes Vermächtnis* (entst. 1834),
Die Schlacht im Loener Bruch (entst. 1837–1838) enthielt. Von den
Freunden Christof Bernhard Schlüter und Wilhelm Junkmann zu-
sammengestellt.

Anregung wahrscheinlich ein motivverwandtes Gedicht Schellings: *Die letzten Worte
des Pfarrers zu Drottning auf Seeland* (1802). Eine erste Fassung *Theodora*, die stärker
autobiographische Züge getragen haben soll, ist als verloren anzusehen.

Nach Erprobung der Form in der rührend-beschaulichen Verserz.
Das Hospiz auf dem großen St. Bernhard Durchbruch zu einer balladesk-
sprunghaften, visionären Darbietungsweise. Rahmenerz. Ein Arzt,
der nachts zu dem sterbenden Anführer einer im Böhmerwald lebenden Räuberbande geholt wird, verirrt sich auf dem Rückweg und
erlebt zwischen Traum und Wachen die Ermordung der Geliebten
des Toten, Theodora. Die ausgestandene Angst und die Mitwisser-
schaft bewirken in ihm eine Verwischung der Grenzen zwischen
Traum und Wirklichkeit sowie allmähliche seelische Verdüsterung.
Die Sprache der fünftaktigen Reimverse schwankt zwischen Klischees, visionären Stimmungsbildern und Detailrealismus.

Die im 30jährigen Krieg spielende *Schlacht im Loener Bruch* gehört zur Westfalen-Dg.
der Verfn.

1838   Eduard Mörike
(Biogr. S. 357):
Gedichte

Slg. der von der Tübinger Stiftszeit bis zur Cleversulzbacher Zeit
entstandenen Gedichte.
In die früheste Zeit gehören 5 Lieder an Peregrina (entst. 1824, zurückgehend auf M.s Liebe zu Klara Meyer). In ihnen fand M. den
eigenen lyrischen Ton. Ein zweiter Zyklus Liebesgedichte sind die
Sonette an Luise Rau (entst. 1829–1830 in Owen).
Den stärksten Anteil haben die Naturgedichte; u. a. *Gesang zu zweien
in der Nacht* (Tübinger Zeit); *An einem Wintermorgen vor Sonnenauf-
gang* (Tübinger Zeit); *Er ist's*; *Besuch in Urach* (1827); *Um Mitternacht*;
Septembermorgen; *Im Frühling*; *Mein Fluß* (1828). Hierher gehört auch
Gesang Weylas, der sich auf die von M. zus. mit seinem Tübinger
Freunde Ludwig Bauer erträumte Fabelinsel Orplid bezieht.
Geistliche Gedichte: *An eine Äolsharfe*; *Auf eine Christblume*; *Zum
neuen Jahre*; *Neue Liebe*.

Antikisierende Gedichte: *Erinna an Sappho*; *Auf eine schöne Lampe*; *Auf eine Uhr mit den drei Horen*. Beruhend auf unmittelbarer Kenntnis der römischen Elegiker und griech. Idyllendichter, deren Übss. M. sammelte und später bearbeitet herausgab (*Klassische Blumenlese*, 1840; *Theokritos, Bion und Moschos*, 1855; *Anakreontische Lieder*, 1864).

Volkstümliche Lieder und Balladen, bei denen der Einfluß der Romantik und des *Wunderhorn* deutlich ist: *Die Geister am Mummelsee*; *Die traurige Krönung*; *Schön-Rohtraut*; *Agnes*; *Das verlassene Mägdlein*. Idyllen und humoristische Gedichte (entst. meist in Cleversulzbach; in späteren Aufll. vermehrt): *Scherz*; *An meinen Vetter*; *Märchen vom sicheren Mann*; *Erbauliche Betrachtung*; *Häusliche Szene*; *Der alte Turmhahn*.

Vereinigung der besten Elemente Goethes und der Romantik. Naturmystik, die über das zerfließende Naturbild der Romantik hinausgeht. Starkes Betonen nächtlicher, dämmriger, zwiegesichtiger Stimmungen. Auch in der Aussage verschleiernd, andeutend, sich eindeutiger Analyse entziehend.

Häufige Umarbeitung der Gedichte, einige der besten in mehreren Fassungen enthalten.

Geringe zeitgenössische Wirkung. 2. Aufl. 1848, 3. Aufl. 1856, 4. Aufl. 1867.

1838   Franz Grillparzer
        (Biogr. S. 356):
        Weh dem, der lügt

Lsp. 5, in Jamben. Auff. 6. 3. in Wien, Burgtheater.

Quelle: Gregor von Tours *Historia Francorum* (6. Jh.), die G. seit 1818 wiederholt las. Beginn der Niederschrift 1834, abgeschlossen 1837. G. trieb dazu germanistische Studien.

Grundfabel von der Quelle übernommen: der Küchenjunge Leon befreit den Neffen seines Herrn, eines fränkischen Bischofs, aus der Gefangenschaft bei den heidnischen Germanen. In den Mittelpunkt stellte G. die Forderung des Bischofs, die Befreiung ohne jede Lüge durchzuführen. Leon erfüllt sie zunächst rein äußerlich; er sagt die Wahrheit, weil er weiß, daß man sie als Lüge auffaßt. Er lernt erst in der Liebe zu dem Heidenkind Edritha den Wert der Wahrhaftigkeit kennen. Der Bischof nähert bei Leons Rückkehr seine absolute Forderung dem Maß menschlicher Schwäche an.

Tradition des Wiener Volkstheaters, Leon eine Fortführung des Hanswurst. Der moralisierende Titel weist auf Zusammenhang mit dem Barocktheater.

Die Auff. war ein Mißerfolg, G. zog sich von dieser Zeit an völlig von der Bühne zurück.

Buchausg. 1840.

1838/39   Karl Leberecht Immermann
           (Biogr. S. 357):
           Münchhausen

R., 8 Bücher. ›Eine Gesch. in Arabesken‹.

Entst. November 1837 – April 1839.
Quelle: Bürgers dt. Übs. des *Münchhausen* von Rudolf Erich Raspe (1786).

Grundanlage: Zeitkritik, Zeitsatire. Münchhausen erzählt seine Geschichten auf dem Schlosse eines alten Barons inmitten degenerierter
Aristokraten und anderer abenteuerlicher Gestalten. In dem Erzähler und seinen Hörern wollte I. die Modetorheiten und den Un-
und Lügengeist moderner Literaten versinnbildlichen. Zahllose verschlüsselte Angriffe auf Pückler-Muskau (= Münchhausen), Gutzkow, Raupach, Kerner, Wolfgang Menzel, Platen, David Friedrich
Strauß.
Als Gegenstück zu dieser Scheinwelt ist die Gesch. vom *Oberhof* eingeschoben, in der die bäuerliche Welt als Hort der Sitte und Zuflucht
gepriesen wird (vgl. *Die Epigonen*). Realismus im Detail, romantische
Idee. Lisbeth, die Heldin des *Oberhof*, ist die Tochter Münchhausens und des adligen Fräuleins von Schnickschnackschnurr. Von I.
als Symbol einer besseren Zukunft gedacht.
Formal abhängig von der Romantik und von Jean Paul: der R. beginnt mit dem 11. Kapitel, was dann durch einen Briefwechsel mit
dem Setzer geklärt wird. Am Schluß tritt der Dichter selbst unter die
den Gang der Handlung kritisierenden Personen. Ironie nicht mehr
schöpferische Freiheit, sondern kritisches Regulativ. Romantische
Ironie als Herrschaft des denaturierten Geistes bekämpft, die von
der Romantik geschätzten exzentrischen Menschen als krankhaft, die
normalen als außerordentlich angesehen.

1841   Ernst Elias Niebergall
           (1815–1843, Darmstadt):
           Datterich

Lokal-P., 6 Bilder. Buchausg.
Tragikom. des Aufschneiders, der sich und seine Umwelt mit der
Pose von Vornehmheit, Tapferkeit und Bildung zu belügen sucht
und in Wirklichkeit nichts ist als ein armseliger Spieler und Trinker,
in dessen pathetisch-sentimentaler Geste aber noch der Schein einer
höheren Welt wirkt, von der seine kleinbürgerliche Umgebung
nichts ahnt.
Charakterkom. Zeit- und Lokalkolorit, Darmstädter Mundart.
Volkstümlich, aber von lokal begrenzter Wirkung.

Auff. 1862 in Darmstadt, Sommertheater im Chausseehaus.

1841   Jeremias Gotthelf
(eigentlich Albert Bitzius,
1797–1854, Pfarrer im Kanton Bern):
Wie Uli der Knecht glücklich wird

Erz.

Entst. 1840, ursprünglich als Abhandlung geplant. Vorbild: Pestalozzis *Lienhard und Gertrud* (1781–1789).

Uli wird durch Anleitung seines Dienstherrn aus einem faulen und liederlichen ein tüchtiger Knecht. Statt der reichen, verstädterten Elisi heiratet er Vreneli – eine der für G. typischen rechtschaffenen, selbstlosen Frauengestalten. »Bauernstand zum ersten Male nicht von außen, sondern von innen gesehen« (Werner Kohlschmidt). Zusammenhang mit Volks-R. und Erbauungslit., Predigteinlagen.

Forts.: *Uli der Pächter* (1849). Der gute Knecht ist nicht gleich ein guter Herr. Freude am Besitz wird zu Geiz und unsozialem Verhalten gegenüber dem Gesinde. Der Einfluß Vrenelis und das Gottesgericht eines Hagels führen zur Umkehr.

Fortsetzung der in *Der Bauernspiegel oder Lebensgesch. des Jeremias Gotthelf* (1837) umrissenen volkserzieherischen Tätigkeit mit dichterischen Mitteln: Idealbild des bäuerlichen Lebens, die Charaktere durch Unterdrückung bzw. Hervorhebung bestimmter Züge ins Typische gesteigert, »Weltverklärung« (Walter Muschg). Daneben Realismus als Mittel zur Sichtbarmachung des Schlechten. Wirtschaftliche Lage in Beziehung zum moralischen Verhalten gesetzt. Für patriarchalische Ordnung und christliche, nicht politisch-revolutionäre Lösung der sozialen Frage.

1841/42   Adalbert Stifter
(Biogr. S. 357):
Die Mappe meines Urgroßvaters

Erz. In der Wiener *Zs. für Kunst, Lit., Theater und Mode.*

Diese erste Fassung neu hgg. 1923.
Hervorgegangen aus dem Plan einer Reihe von Lebensläufen aus dem Geschlecht der Scharnast (so noch der Name des Obristen in dieser Fassung). In der Entstehung mit *Die Narrenburg* (1841) und *Prokopus* (1848) verbunden. An dem Stoff hat St. sein ganzes Leben lang gearbeitet.

Die 1. Fassung (1841) erzählt in drei Kapiteln die Gesch. der unglücklichen Liebe des wilden Studenten Augustinus, die beispielgebende Jugendgesch. der Eltern der Geliebten (*Nachsommer*-Motiv), das übermütige Leben Augustinus' in Prag, im letzten Kapitel die Vereinigung des gereiften, besonnenen Mannes mit der Geliebten. Die drei Kapitel sind nur notdürftig verbunden, die Entwicklung Augustinus' wird nicht dargestellt.

In der sog. *Studien*-Fassung (in *Studien*, Bd. 3, 1847) fehlt das zweite Kapitel (Prager Aufenthalt) ganz; Straffung im Sinne des Novellistischen, Entscheidung zum klassischen Stil.

Die 3., nachgelassene Fassung, geändert hgg. Johann Aprent 1870; vollständig und originalgetreu erst 1939 als Bd. 12 der Prager Gesamtausg. Fragment. Als R. angelegt. Nimmt das zweite Kapitel der Urfassung geändert wieder auf, zeigt Augustinus' menschliches und berufliches Reifen in Pirling, bringt als letzten alten Baustein die Jugenderz. des Obristen, schließt mit einem neuen klagenden Kapitel. Vom 2. Buch nur das erste Kapitel teilweise ausgeführt. Gegenüber der *Studien*-Fassung Verknappung, Abrücken vom Stimmungshaften, psychologische Verfeinerung, Ordnung der Ereignisse in zeitlicher Reihenfolge.

Grundidee: Erziehung des Menschen zu Mäßigung und Einordnung. Darstellung des Menschen in seiner beruflichen Wirklichkeit: »Wie ein Mensch neben dem andern bestehe und seine menschliche Bahn gehen könne.« Die Vorbildlichkeit und Sinnbildlichkeit auf jeder Stufe des sozialen Seins, die jede ihren Wert in sich hat, sollte gezeigt werden (Einfluß Leibniz'). Im Gegensatz zum Schicksal des alten Paares im *Nachsommer* Vereinigung der Liebenden. Das Ganze fingiert als nachgelassene Papiere von St.s Großvater Augustinus Fundator. Entwicklung des Stoffes zu sachlicher Verhaltenheit, Abstraktion von allem Zufälligen und Individuellen.

1842   Jeremias Gotthelf
(eigentlich Albert Bitzius,
1797–1854, Pfarrer im Kanton Bern):
Die schwarze Spinne

Erz. Zus. mit drei weiteren Erzz. G.s als *Bilder und Sagen aus der Schweiz*, Bd. 1.
Bauern sichern dem Teufel als Lohn für seine Hilfe beim Frondienst ein ungetauftes Kind zu. Der um seinen Lohn Betrogene schickt eine Spinnenplage, der Mensch und Vieh zum Opfer fallen, bis die mutige Tat einer Mutter Befreiung bringt. Jahrhunderte später bricht die Spinnenplage durch die Gottlosigkeit der Menschen noch einmal aus. Rahmenerz. Stimmungsmäßiger Gegensatz von Haupt- und Rahmenhandlung, die durch das Motiv der Kindtaufe verbunden sind.

Oper von Heinrich Sutermeister. Auff. 16. 2. 1949 in St. Gallen, Stadttheater.

1842   Johann Nestroy
(1801–1862, Wien):
Einen Jux will er sich machen

P. mit Gesang 4. Auff. 10. 3. in Wien, Theater an der Wien. N. als Commis Weinberl.

Ein Commis will aus Freude über seine Ernennung zum Associé noch einmal einen Jugendstreich begehen und zieht mit dem Lehrbuben nach Wien ins große Abenteuer, das ihm alsbald über den Kopf wächst. Damit verquickt die alte Harlekinaden-Fabel vom Vormund, der die Heirat seines Mündels nicht erlaubt und selbst auf Freiersfüßen geht.

Reine P., ganz ohne Zauberelemente. Lokalgebunden. Situations- und Charakterkomik mit vielen Elementen des Stegreiftheaters. N.s meistgespieltes Stück.

Buchausg. 1844.

1842   Annette von Droste-Hülshoff
         (Biogr. S. 356):
         Die Judenbuche

Nov. In Cottas *Morgenblatt*.

Beginn der Arbeit 1837, mehrfach geändert, 1842 abgeschlossen.
Angeregt durch ein Ereignis des Jahres 1782 in Paderborn.

Aus Anlage und sozialen Umständen heraus wird ein schwacher Mensch zum Mörder an einem Juden. Die Judenschaft ritzt ein bannendes Zeichen in den Mordbaum; nach Jahren zieht es den Mörder zum Tatort zurück; von magischer Gewalt getrieben, erhängt er sich an der Buche. Die breit erzählte Vorgesch. zeigt, wie das Böse Macht über den Mörder Friedrich Mergel gewinnt; im Augenblick der Entscheidung zum Negativen erwächst ihm ein Doppelgänger, Johannes Niemand, der sich erst nach dem Mord von ihm löst und den man zunächst für den Selbstmörder hält.

Realismus, der dem Unerklärbaren und Geheimnisvollen weiten Raum läßt. Sparsamste Mittel. Stilistische Nähe zu Kleists Novv.

1843   Jeremias Gotthelf
         (eigentlich Albert Bitzius,
         1797–1854, Pfarrer im Kanton Bern):
         Geld und Geist oder Die Versöhnung

R., 1. Teil. Als *Bilder und Sagen aus der Schweiz*, Bd. 2.
Die aus Gutgläubigkeit entstandenen Schulden des reichen Bauern Christen führen zu Zwistigkeiten zwischen ihm und seiner Frau Änneli und zum Unfrieden der ganzen Familie, bis Änneli durch eine Predigt zur Umkehr und zum ersten guten Wort bewegt wird.

Das ursprünglich als Erz. geplante Werk erhielt erst nach seinem Erscheinen eine kontrapunktische Forts.: 2. und 3. Teil, ebenfalls als *Bilder und Sagen aus der Schweiz*, Bd. 4 (1844) bzw. 5 (1844). Der Hoferbe Resli weigert sich, um seiner Liebe willen einen Ehevertrag zu unterschreiben, der Eltern und Geschwister enteignen würde.

Aber der bessere Geist des Liebiwylhofes zieht schließlich die gekränkte Braut aus der
habgierigen Familie des Dorngrüthofes zu Reslis Familie hinüber, und Änneli kann
das junge Paar noch sterbend segnen.

Zusammenhang mit der Erbauungslit., dem christlichen Volks-R.
und der alem. Moralsatire.

1844   Annette von Droste-Hülshoff
        (Biogr. S. 356):
        Gedichte

Unter Mithilfe Levin Schückings zusammengestellte Slg.

Hauptfülle der Gedichte entst. in der Zeit des Zusammenseins mit Levin Schücking
1841–1842, als der Durchbruch zur Lyrik erfolgte.

Die Slg. enthält: *Zeitbilder*; *Heidebilder*; *Fels, Wald und See*; *Gedichte
vermischten Inhalts*; *Scherz und Ernst*; *Balladen und erzählende Gedichte*.
Im wesentlichen Naturlyrik. Nicht gefühlsmäßige, sondern aus Versenkung und Hingabe an die Landschaft und vor allem an die einzelnen Dinge entstandene Naturdarstellung (durch A. v. D.s Kurz-
sichtigkeit physiologisch gefördert). Nicht realistische Schilderung,
sondern impressionistisches Erfassen des Atmosphärischen, von
Farbe, Hauch, Geräusch und Seelenregung. »Physiologischer Impressionismus.« Einbeziehung des Übernatürlichen in die natürliche
Welt. Die verhaltene Liebeslyrik *(Die Taxuswand; Brennende Liebe)*
und die wenigen persönlichen Gedichte der Meersburger Zeit
1841/42 und 1844 zeigen die Dichterin auf der Höhe ihres lyrischen
Schaffens. In den Balladen *(Geierpfiff; Der Knabe im Moor; Der Fundator)* besonders stark das Übersinnliche, Visionäre, das Dämonische
der Natur. Einfluß Bürgers. Höhepunkt die mehrteilige, epos-nahe
Ballade *Der Spiritus familiaris des Roßtäuschers* (entst. 1842), anknüpfend an die *Dt. Sagen* der Brüder Grimm. Teufelsbündner-Motiv;
der Roßtäuscher befreit sich durch Opferung seines Lebens von dem
höllischen Helfer.

Die Slg. wurde 1862 aus dem Nachlaß ergänzt durch: *Letzte Gaben* (entst. seit 1844),
hgg. Levin Schücking.

1844/50   Adalbert Stifter
        (Biogr. S. 357):
        Studien

Slg. in 6 Bd. Die Erzz., einzeln seit 1840 in Zss. und Almanachen erschienen, wurden
für die *Studien* überarbeitet.

Die *Studien* enthalten: *Der Kondor* (zuerst erschienen 1840); *Feldblumen* (1841); *Das Heidedorf* (1840); *Der Hochwald* (1842); *Die Mappe
meines Urgroßvaters* (1841/42); *Die Narrenburg* (1843); *Abdias* (1843);

Das alte Siegel (1844); *Brigitta* (1844); *Der Hagestolz* (1845); *Der Wald-steig* (1845); *Zwei Schwestern* (1846); *Der beschriebene Tännling* (1846).
Die ältesten *Studien, Der Kondor* und *Feldblumen,* unter dem stilisti-schen Einfluß Jean Pauls und seines Gefühlskultes. Dazu trat für die Naturschilderungen das Vorbild Fenimore Coopers (1789 bis 1851), für die hist. Erzz. das Scotts.
Zu den einzelnen Erzz. oft kurze Einleitungen; stimmungsmäßige Einführung des Lesers in sachlichem, fast aufklärerischem Ton.
Die Grundthemen St.s angeschlagen. Junge, edle und zurückhal-tende Menschen in zarten Beziehungen zueinander, die leicht durch ein Zuviel an Stolz, Eigensinn, Leidenschaft und Eifersucht zer-stört werden *(Das Heidedorf, Der Kondor, Das alte Siegel)*. Der um das Glück betrogene Mensch vereinsamt *(Der Hagestolz, Der Hoch-wald, Der beschriebene Tännling)*. Wiederholt taucht das von St. er-lebte Schicksal der Kinderlosigkeit auf. Das Problem der geistig und künstlerisch interessierten Frau wird angeschnitten *(Der Kondor, Feldblumen, Zwei Schwestern)*. Der Mensch vor allem in seiner Bin-dung an die Familie; Eltern- und Geschwisterliebe *(Der Hochwald, Zwei Schwestern, Abdias, Die Mappe meines Urgroßvaters)*. Als Aufgabe und Erfüllung des Menschen die gute Ehe *(Der Waldsteig, Die Nar-renburg)*. Glaube an Reifen und Bändigung des Gefühls *(Feldblumen, Die Mappe meines Urgroßvaters, Brigitta, Zwei Schwestern)*. Die gerühm-ten Naturschilderungen St.s sind vom Standpunkt des Beobachters aus geschrieben, die Natur hat das Dämonische der Romantik ein-gebüßt, sie steht in Beziehung zu menschlichem Leben und mensch-licher Arbeit, ist Offenbarung von Gottes Ordnung.

In äußerer und innerer Form läßt sich bei der Entwicklung von den Erstfassungen zu den *Studien*-Fassungen eine Bewegung »in Richtung auf das Maß« (Hermann Kunisch) feststellen.

1846   Eduard Mörike
        (Biogr. S. 357):
        Idylle vom Bodensee

Idyllisches Epos in 7 Gesängen, Hexameter.

Ursprünglich geplant als idyllisches Einschiebsel in die schwankhafte Erz. *Meister Martin und die Glockendiebe,* die in der endgültigen Fassung, der sie den Untertitel gab, zur Rahmenerz. zusammenschmolz.

Fischer Martin erinnert sich anläßlich eines Schabernacks, den er einem habgierigen Schneider spielt, eines Jugendstreichs: er rächte seinen Freund Tone an der untreuen Liebsten, indem er ihr in der Hochzeitsnacht den Brautwagen entführte. Tone wird in einer neuen Liebe zur Schäferin Margarete (Name von M.s Frau) geheilt.

In der Tradition von Goethes *Hermann und Dorothea.*

1847 **Franz Grillparzer**
(Biogr. S. 356):
Der arme Spielmann

Nov. Im Taschenbuch *Iris* für 1848 neben *Prokopus* von Stifter, zu dem G. in dieser Zeit Beziehungen hatte.

Begonnen 1831, abgeschlossen um 1844. Abwandlung eines geplanten Ich-R. Angeregt durch einen armen Geiger, den G. jahrelang in einem Gasthaus traf.

Gesch. eines armen Musikanten, der durch Unbeholfenheit und Mißgeschick jede Beziehung zur Außenwelt verloren und sich auf eine durch musikalische Illusion gestützte Innenwelt zurückgezogen hat. Symbol der Kontaktlosigkeit: das nach eigenen Gesetzen durchgeführte, für die Außenwelt unverständliche, stümperhafte Geigenspiel. Der Spielmann endet sein einsames Leben im Opfertod für seine Mitmenschen. Die mimosenhafte Gestalt hat viel von G.s eigenem Wesen.
Ich-Erz. des Spielmanns, innerhalb einer gleichfalls als Ich-Erz. (des Erzählers) gebotenen Rahmen-Erz.

1848 **Moritz Graf Strachwitz**
(Auslfg. (1822–1847, Schweidnitz, Breslau, Berlin,
1847) Peterwitz/Schlesien):
Neue Gedichte

Slg. der reifen Gedichte; schon 1842 Jugendgedichte *Lieder eines Erwachenden*.

Stilistisch unter dem Einfluß von Eichendorff, Platen, Heine, Freiligrath, Herwegh, Grün, in den Balladen und Romanzen jedoch an Bürger, engl.-schottische (Chevy-Chase-Strophe) und nordische Vorbilder anknüpfend. In *Den Männern* gewidmeten Gedichten stellte sich St., obwohl selbst unter der Mattigkeit der allgemeinen Verhältnisse leidend, gegen die »Tyrannenvertreiber«, die der Kunst nicht dienen, sondern sie in ihren Dienst stellen. *Den Frauen* gelten Liebesgedichte in romanischen, orientalischen und antiken Formen. Bedeutender als diese Lyrik sind die Balladen: phantasievoll, bilderreich, rhetorisch, formsicher; Neigung zur Pointe wie auch die Jungdeutschen. Bekannteste: *Das Herz von Douglas*, *Frau Hilde*, *Helges Treue*, *Hie Welf!* Subjektivismus. Sehnsucht nach einer abenteuerlicheren Welt, einem romantisch gesehenen MA. Unmittelbare Wirkung auf die Mitglieder des »Tunnels über der Spree«, später auf die Balladendg. von Theodor Fontane, Liliencron, Münchhausen, Agnes Miegel, Lulu von Strauß und Torney.

In späteren Gesamtausgaben aus dem Nachlaß vermehrt, besonders um den im Bewußtsein nahen Todes entstandenen Zyklus *Venedig*.

1851   Annette von Droste-Hülshoff
(Biogr. S. 356):
Das Geistliche Jahr

Zyklus geistlicher Gedichte, aus dem Nachlaß. Religiöse Betrachtungen, die an die Evangelien der einzelnen Sonntage anknüpfen.

Die frühesten schon 1819 für die Großmutter geschrieben. 1. Teil, 25 Gedichte für
die Zeit vom Neujahrstag bis Ostermontag, 1820 beendet. Wegen Mißbilligung durch
die Mutter nicht fortgeführt; 1839 wiederaufgenommen und, wenn auch nicht druck-
fertig, abgeschlossen. 2. Teil umfaßt 47 Gedichte, schließend mit einem Gedicht für
Silvester. Nach dem korrigierten Ms. hgg. Christof Bernhard Schlüter.

Ursprünglich in der Art geistlicher Volkslieder, aber 1820 unter dem
Eindruck einer unglücklichen Jugendliebe zu religiösen Beichten
ausgeweitet: »Ich habe ihm (dem *Geistlichen Jahr*) die Spuren eines
vielfach gepreßten und geteilten Gemütes mitgeben müssen, und
ein kindliches, in Einfalt frommes wird es nicht einmal verstehen.«
Das Religiöse als Zentrum von A. v. D.s dichterischem Schaffen.
Bis zu pathologischen Zuständen geht das Ringen um Gott, um der
Vereinsamung des »trockenen Herzens« zu entgehen. Ästhetische
Gesichtspunkte dem religiösen Gehalt nachgeordnet. Bekenntnis-
sprüche, Eindringlichkeit und Überzeugungscharakter.

1852   Eduard Mörike
(Biogr. S. 357):
Das Stuttgarter Hutzelmännlein

Märchen.
Zur Zeit Eberhards des Greiners schenkt das Hutzelmännlein einem
Schuhmachergesellen ein Stück Hutzelbrot und zwei Paar Glücks-
schuhe. Das eine Paar soll er anziehen, das andere an den Weg stellen.
Die schöne Vrone, die die Schuhe findet, wird schließlich des Ge-
sellen Lebensgefährtin.
Eingeschoben die *Gesch. von der schönen Lau*, einer Donaunixe, die im
Blautopf bei Blaubeuren haust und ein lebendes Kind erst gebären
kann, wenn sie fünfmal gelacht hat. Sie lernt es im Umgang mit der
Landbevölkerung.
M.s Märchen setzen die Bemühungen der Romantik um Erneuerung
des Märchens fort. Sie kommen dem Volksmärchen näher, weil sie
»naiver«, weniger gewollt, theorie- und philosophiebeladen sind als
die romantischen Märchen.

1853   Adalbert Stifter
(Biogr. S. 357):
Bunte Steine

Slg. von Erzz., ursprünglich als Kinderbuch geplant.

Die Erzz. erschienen vorher einzeln unter anderen Titeln in Zss.; St. glich die Titel
metaphorisch an den Sammeltitel an.

Enthält: *Granit* (als *Die Pechbrenner* 1849 erschienen), angeregt durch Kindheitserinnerungen und »eine wirkliche Begebenheit aus der Zeit der letzten Pest im südl. Böhmen«; *Kalkstein* (als *Der arme Wohltäter*, 1848); *Turmalin* (als *Der Pförtner im Herrenhause* erschienen 1852); *Bergkristall* (ursprünglich *Der Heilige Abend*, 1845; angeregt durch den Alpenforscher Friedrich Simony); *Katzensilber* (entst. 1852); *Bergmilch* (ursprünglich *Die Wirkung eines weißen Mantels*, 1843). Die programmatische Vorrede eine Antwort auf Hebbels Verse »Die alten Naturdichter und die neuen« (in *Europa*, 1849): »Wißt ihr, warum euch die Käfer, die Butterblumen so glücken? / Weil ihr die Menschen nicht kennt, weil ihr die Sterne nicht seht! ... / Aber das mußte so sein; damit ihr das Kleine vortrefflich / liefertet, hat die Natur klug euch das Große enträckt.«
»Andacht zum Kleinen«: »Ein ganzes Leben voll Gerechtigkeit, Einfachheit, Bezwingung seiner selbst, Verstandesgemäßheit, Wirksamkeit in seinem Kreise, Bewunderung des Schönen, verbunden mit einem heiteren gelassenen Streben, halte ich für groß ... Wir wollen das sanfte Gesetz zu erblicken suchen, wodurch das menschliche Geschlecht geleitet wird« (St.).

1855   Eduard Mörike
(Biogr. S. 357):
Mozart auf der Reise nach Prag

Nov. Im *Morgenblatt für gebildete Stände*.
Ein Tag aus dem Leben Mozarts. Der Komponist des *Don Juan* fährt zur Erstauff. seiner Oper nach Prag und gerät unterwegs auf einem Schloß in eine adlige Gesellschaft, die ihm huldigt. Er erscheint auf dem Gipfel des Ruhmes und der Lebensfreude, hinter der immer wieder die Schatten des frühen Todes spürbar werden, besonders in der Szene, in der sein Vortrag des Chorals *Dein Leben endet vor der Morgenröte* eine unheimlich erschütternde Wirkung hervorbringt. Die Nov. klingt aus in dem Gedicht: *Ein Tännlein grünet wo, wer weiß, im Walde* ... M.s Nov. erwuchs unter dem lebenslangen starken Eindruck von Mozarts als wesensverwandt empfundener Kunst, besonders des *Don Juan*: »Was wäre denn der Unterschied / O bester, zwischen dir und jenen? / Sie singen froh ein traurig Lied / Und du ein fröhlichs unter Tränen.«
In Motiven und Handlung deutlich von der romantischen Künstlernov. herkommend, doch ist mit der Festlegung des Helden und der Zeit auf eine hist. Person und ein hist. Ereignis die Überwindung des nur Romantischen vollzogen.

Buchausg. 1856.

1857   Adalbert Stifter
(Biogr. S. 357):
Nachsommer

R., 3 Bdd.

Keime des R.: das von St. 1848 an den Verleger Heckenast gesandte Bruchstück *Der alte Hofmeister* (veröffentlicht 1937) und das Bruchstück *Der Vogelfreund* von 1848 (veröffentlicht 1942). Sie enthalten den »Rückblick« – die Erzählung der Jugendliebe des alten Mannes (Baron Risach) – und die Einkehr des jungen Mannes im Rosenhaus. Plan eines ein- bis zweibändigen R. 1852, Beginn der Arbeit 1853.

Zwei Menschen, die in ihrer Jugend den Irrtum begingen, ihrer Liebe nicht die Erfüllung zu geben, kommen im Alter wieder zusammen und finden in der Liebe der jungen Generation ein verwandeltes Glück. Der auf dem Lande lebende Risach lenkt die Seelenbildung des jungen Wieners Heinrich Drendorf durch Familiengeist, Naturanschauung und geistig-künstlerische Bildung. Bildungs-R., Vorbild Goethes *Wilhelm Meister*. Versuch, den Zwiespalt des 19. Jh. auf der Ebene hoher Bildung aufzuheben. Beschränkung auf den Raum reiner Humanität. Das Böse und die Leidenschaften fehlen. Sittlich untadelige Welt. Das Alltägliche ist zugleich das Erhabene, das Kleine ist das Große, das Einfache in der Kunst ist das Bedeutende. Daher der von Hebbel empfundene Eindruck der »Enge« des St.schen Weltbildes. So kommen auch St.s plastisch-minuziöse Schilderungen der Natur und der Dinge aus einem anderen Geist als bei den Realisten. Hinwendung zum Gegenständlichen, zu den »Dingen«, deren »Angesicht zu erkennen« St.s Ziel war. Erst die in sich vollkommen ausgebildete Persönlichkeit hat auch Wert für die Allgemeinheit.
Einfluß Leibniz-Wolffscher Aufklärungsgedanken, die St. durch seine Erziehung bei den Benediktinern, die im Zeichen des Josephinismus stand, kennengelernt hatte. Die Vorstellung von der bestmöglichen der Welten, der prästabilierten Harmonie, der Monade als Teil Gottes im Menschen. St. spricht häufig vom »Licht der Vernunft«. Erst nach 1848 wurde St. bewußt Darsteller dessen, was sein soll, nicht dessen, was ist. Vorbildlichkeit und Typik der Figuren; Zeitlosigkeit an Stelle des Gegenwärtigen; rückwärtsgewandtes, antiquarisches Interesse.
Ich-Erz.; Heinrich Drendorf ein ernstes, naturwissenschaftlich registrierendes, pedantisches und unpersönliches Erzähler-Ich. Form des epischen Erinnerns, Rückblick auf einen Lebensabschnitt, ohne Spannung.

1865/67   Adalbert Stifter
            (Biogr. S. 357):
            Witiko

R., 3 Bdd.

Geplant 1855 als Trilogie aus der ma.-böhmischen Gesch.: Wok – Witiko – Zewisch.
Bd. 1 abgeschlossen 1862, Bd. 2 April 1867.
Anregung: Scott und die hist. Rr. der Caroline Pichler (1769–1843). Auf das MA.
wurde St. durch Anton Ritter von Spaun verwiesen. Quellenstudium im Staatsarchiv.

Kampf um die Thronfolge in Böhmen. Bürgerkrieg, in dem Witiko
zum Führer der Ordnungspartei wird. Witiko Typ der selbstlosen
Treue und Redlichkeit. Im Gegensatz zum früheren *Nachsommer*
bezog hier St. alle Stände, nicht nur die oberen, in sein menschliches
und ethisches Ideal ein. Eine Familie, ein Land und das Reich selbst
werden schrittweise einer reineren Existenzform zugeführt.
St. stellte den Ergebnissen des Jahres 1848, die er als unheilvoll betrachtete, sein eigenes christliches Ideal des ständischen, föderalisti-
schen ma. Staates entgegen, dessen Reste er in der Habsburgermonarchie sah. Einfluß der Gesch.-Philosophie Herders und der romantischen Staatsauffassung Adam Müllers. In der Gesch. soll das
göttliche Weltgesetz sichtbar gemacht werden.
Gegenständliche Schilderung, betont epische Breite. Verzicht auf
alle starken Akzente. Formelhafte, sich wiederholende Wendungen.
Erzählform des reihenden Berichts. Verwandtschaft mit den romantischen Theorien über epischen Stil, Schulung an *Bibel*, Homer,
Nibelungen. »Die gewollte Naivität des *Witiko*-Stils entspricht der
philologischen Romantik« (Curt Hohoff).

1869   Adalbert Stifter
          (Biogr. S. 357):
          Erzählungen

Aus dem Nachlaß hgg. Johann Aprent.
Enthält: *Prokopus* (zus. mit Grillparzers *Armem Spielmann* bereits in
Iris, 1848); *Die drei Schmiede ihres Schicksals* (bereits in *Wiener Zs.*,
1844); *Der Waldbrunnen* (bereits 1866, entst. seit 1857); *Nachkommen-*
schaften (bereits in *Heimgarten*, 1864); *Der Waldgänger* (bereits 1848);
Der fromme Spruch; *Der Kuß von Sentze* (erschienen bereits 1866).
Am wichtigsten *Prokopus*, zu den Scharnast-Erzz. gehörig (vgl.
Mappe meines Urgroßvaters). Ehenov., die die Einordnung des Menschen in das »sanfte Gesetz« des Naturnotwendigen fordert: »Die
natürlichen Dinge gehen ihren Lauf, wir mögen noch so großen
Schmerz darüber empfinden. Es ist aber in unsere Macht gegeben,
die Wesenheit dieser Dinge zu ergründen und sie nach derselben zu
gebrauchen. Dann gehorchen uns die Dinge.«

1872   Franz Grillparzer
(Biogr. S. 356):
Libussa

Tr. 5, in Jamben. Aus dem Nachlaß in der Gesamtausg. der Werke.

Anregung: Musäus' *Volksmärchen*, Brentanos *Die Gründung Prags*, G.s Beschäftigung
mit der böhmischen Gesch. anläßlich des *Ottokar*. Erste Tagebuchnotiz 1822, Gesamtplan 1825/26, entst. 1837 bis vor 1848. Auff. von Akt 1 schon 1840, Druck 1841.

Libussa, die von Überirdischen stammt, regiert das böhmische Volk
mit Güte, ist aber den Streitigkeiten der Männer nicht gewachsen
und entschließt sich, einen Mann zu wählen. Mit Primislaus kommt
Gerechtigkeit und Strenge zur Herrschaft, sie gipfelt in der Gründung Prags. Libussa löst sich von der Tat- und Machtwelt, warnt
sterbend vor Selbstsucht, Utilitarismus, Nivellierung und erhofft
für die ferne Zukunft eine Synthese.
Ideendr., Entwicklung des Menschengeschlechtes aus dem goldenen
Zeitalter heraus in eine neue Ordnung, vom Matriarchat zum Patri-
archat. Unter Libussas Herrschaft bildete das Volk eine große Familie, Primislaus macht aus der Familie einen Staat. Als Beweis der
neuen staatsbürgerlichen Ordnung, die jetzt auf Recht und Macht
gegründet ist, entsteht die Stadt.
Einfluß der Matriarchatsideen Johann Jakob Bachofens (1815–1887)
und von Platos Ideenlehre, nach der aus den beiden Hälften Mann
und Weib die Ganzheit entsteht.

Auff. 21. 1. 1874 in Wien, Burgtheater.

1872   Franz Grillparzer
(Biogr. S. 356):
Die Jüdin von Toledo

Tr. 5. Aus dem Nachlaß in der Gesamtausgabe von G.s Werken.
Auff. 22. 11. in Prag.

Tagebucheintragung über den Stoff im Winter 1815/16. 1824 Lektüre von Lope de
Vega *La Judía de Toledo*, danach die ersten beiden Szenen in Trochäen, Forts. in
Jamben 1839. Neue Anregung durch das dem Thema verwandte Verhältnis Ludwigs
von Bayern zu der span. Tänzerin Lola Montez. Fortgeführt 1848, in den 50er Jahren
vollendet.

Alfonso von Spanien verfällt der Liebe zu der schönen Jüdin Rahel
und vergißt darüber seine Herrscherpflichten. Seine Granden lassen
das Mädchen ermorden, an der Leiche findet Alfonso zu seiner
Pflicht zurück: »Besiegter Fehl ist all der Menschen Tugend.«
Staatstr., im Mittelpunkt die Charakterentwicklung Alfonsos, der
durch das Erlebnis zum Herrscher und zum Manne reift. Das Dr.
wurde zunächst als Tr. Rahels aufgefaßt und ist erst durch die Darstellung Josef Kainz' in der Auff. des Deutschen Theaters in Berlin
1888 in seiner eigentlichen Idee erkannt worden.

1872   **Franz Grillparzer**
    (Biogr. S. 356):
    Ein Bruderzwist in Habsburg

Tr. 5, in Jamben. Aus dem Nachlaß in der Gesamtausg. der Werke.
Auff. 24. 9. in Wien, Stadttheater.

Ursprünglich geplant als Teil eines Zyklus von Habsburgerdrr. Festlegung des
1. Aktes 1825. 1826 Lokalstudien in Prag. Gesamtplan 1827, Abschluß 1848, Ver-
besserungen noch in den 60er Jahren.

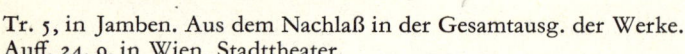

G.s Hauptanliegen wie auch im *Ottokar* nicht Darstellung der
Gesch., sondern das Charakterbild Kaiser Rudolfs. Am Vorabend
des Dreißigjährigen Krieges erahnt Rudolf das Anbrechen einer
neuen, chaotischen, gewaltsamen Epoche. Er ist zu rein, zu taten-
scheu und zu pessimistisch, um der Gewalt zu begegnen. Antinomie
von Erkennen und Handeln. Rudolf ist der Vertreter der geordneten
Welt, sein Sohn Don Cäsar vertritt das zerstörende Element.
G.s Grundthema: Entscheidung für den Frieden des Innern gegen
Handeln, das in Schuld stürzt; Rudolf trägt viele Züge G.s. Entscheidung auch für die Dynastie gegen die revolutionären Kräfte.

1830–1850 Das Junge Deutschland
             und die politische Dichtung des Vormärz

Ende der 20er Jahre setzte sich bei einem Teil der jungen Generation das Gefühl durch, daß die Lit. stagniere und daß ein Kontakt
mit dem Leben, und zwar mit dem politischen und gesellschaftlichen,
hergestellt werden müsse. »Jetzt gilt es die höchsten Interessen des
Lebens selbst, die Revolution tritt in die Literatur!« (Heinrich
Heine) Diese Tendenzen und die Gruppierung ihrer Vertreter wurden ausgelöst durch die frz. Julirevolution 1830 und fanden ihr Ende
mit dem Scheitern der dt. Revolution 1848.
Auf Vorstellungen des preußischen Gesandten auf dem Bundestag
in Frankfurt/Main stellte der österreichische Gesandte am 10. 12.
1835 den Antrag auf gemeinsames Vorgehen gegen eine Gruppe
von Schriftstellern Junges Deutschland. Sie sei »antichristlich, got-
teslästerlich und alle Sitte, Scham und Ehrbarkeit mit Füßen tre-
tend«. Das gleiche hatte kurz zuvor der Schriftsteller Wolfgang
Menzel anläßlich des Erscheinens von Gutzkows *Wally* in seinem
Lit.-Blatt unter der Überschrift *Unmoralische Lit.* ausgesprochen. Die
Bundesversammlung beschloß, die Verbreitung der Schriften von
Heine, Gutzkow, Wienbarg, Mundt und Laube zu unterbinden, nachdem in Preußen schon seit 1833 Schriften dieser Autoren, schließlich
1835 *Wally* und eine von Gutzkow und Wienbarg geplante Zs. *Dt.
Revue* verboten worden waren. Seitdem wurde »Junges Deutsch-
land« die Bezeichnung für eine Gruppe von Schriftstellern, die nur
in losem Kontakt miteinander gestanden hatten.

Vorher tauchte die Bezeichnung auf im Zusammenhang mit Giuseppe Mazzini, der die dt. Emigranten in der Schweiz zu einem Verband »Junges Deutschland« sammelte, einer Sektion des von ihm geplanten revolutionären Geheimbundes »Das Junge Europa«. In Gutzkows und Laubes Briefen taucht die Bezeichnung 1833 in frz. Form »La jeune Allemagne«, 1834 in dt. Form auf. Wienbarg begann seine *Ästhetischen Feldzüge* 1834: »Dem jungen Dld. widme ich diese Reden und nicht dem alten«; er verstand unter dem jungen Dld. die akademische Jugend. Schließlich hatte Gutzkow 1835 in seiner *Wally* Wienbarg, Laube und Mundt geradezu Vertreter des jungen Dld. genannt.

Als Junges Dld. im engeren Sinne bezeichnet man heute die Gruppe Börne, Heine, Wienbarg, Mundt, Laube, Gutzkow, die Kennzeichnung »jungdt.« wird auch häufig auf die anderen, meist als Lyriker hervorgetretenen politischen Dichter des Vormärz, die mit dieser Gruppe durch ihre fortschrittliche, allerdings stärker revolutionäre Haltung verbunden sind, ausgedehnt (Grün, Herwegh, Freiligrath u. a.).

Die Julirevolution, »welche unsere Zeit gleichsam in zwei Hälften auseinandersprengte« (Heinrich Heine), hatte bei den fortschrittlich Gesinnten die Hoffnung erweckt, daß die Ära der Reaktion vorüber sein werde. Besonders im Südwesten Dlds., der noch kurz vorher durch den Rheinbund in enger Fühlung mit Frankreich gestanden hatte, fanden die sozialen, politischen und philosophischen Gedanken des frz. Liberalismus Boden. Die Vermittlung geschah vor allem durch Börnes *Briefe aus Paris* (1831–1834).

Die Ideen des Vormärz zielten auf politische Machtergreifung des Bürgertums. Das Programm des Liberalismus hieß – bei verschieden starker Betonung der beiden Punkte – territoriale Einheit und verfassungsmäßige Freiheit; abgelehnt wurden der bisherige Staat und die bisherige Gesellschaft, der Adel und die Kirche, die sozialen und nationalen Schranken. Die Liberalen glaubten jedoch an Evolution und an die Erreichung ihrer Ziele durch geistige Beeinflussung. Daher war ihnen Breitenwirkung ihrer Publikationen wichtig und Freiheit der Meinungsäußerung, Pressefreiheit, eine grundlegende Forderung. Die Presse wandelte sich damals aus einem berichterstattenden Organ zu einem meinungsbildenden. Der anonyme Berichterstatter wurde zum Schriftsteller mit künstlerischem Ehrgeiz. In der Presse verschmolzen politische und künstlerische Tendenzen. Bekannte Publizisten waren: Börne *(Iris)*, Laube *(Zeitung für die elegante Welt)*, Müllner *(Mitternachtsblatt)*, Saphir *(Berliner Schnellpost* und *Berliner Courier)*, Gutzkow *(Telegraph für Deutschland)*, Duller *(Phönix)*, Hell *(Abendzeitung)*.

Kenntnis und Verständnis der Philosophie Hegels war bei den Jungdeutschen oberflächlich und zwiespältig. Hegels »System« stieß bei ihrem Subjektivismus auf Abwehr. Erst die sich seit etwa 1838 formierenden Junghegelianer betonten im Gegensatz zu den konservativen Rechtshegelianern, die biedermeierlichem Denken nahestan-

den, Hegels rationalistischen Gedankenbau, seine Dialektik. H.s
Staatslehre (*Grundlinien der Philosophie des Rechts*, 1820) »Was ver-
nünftig ist, das ist wirklich, und was wirklich ist, das ist auch ver-
nünftig« wurde von ihnen als revolutionäres Postulat formuliert:
da die derzeit bestehende Gesellschaftsordnung unvernünftig sei,
müsse sie aus der Wirklichkeit verschwinden und durch eine ver-
nünftige ersetzt werden, die durch den Liberalismus zu schaffen sei
(Wilhelm Weitling: *Die Menschheit, wie sie ist und wie sie sein soll*, 1839).
Indem man an die rationalistischen Elemente Hegels anknüpfte,
schloß man sich der rationalistischen Ausrichtung des 18. Jh. an, die
für das 19. Jh., vor allem über erneute frz. Einflüsse, bestimmend blieb.
Claude-Henri de Saint-Simon (1760–1825) hatte die Philosophie
Voltaires und Rousseaus fortgeführt. Individual- und Sozialethik,
auf Vernunft und Natur gegründet: Emanzipation des Individuums,
Emanzipation des Weibes, Emanzipation des Fleisches. S. formulierte schon den Gegensatz von Arbeitgeber und Arbeitnehmer und
wandte sich gegen die Ausnutzung des Menschen durch den Menschen. Überwindung dieses Gegensatzes durch die Bruderliebe des
Christentums. S. verwarf jedoch die Lehre von der Erbsünde und
die Trennung von Geist und Fleisch. Seine verstreuten Gedanken
wurden erst von seinen Schülern zu einem System ausgebaut; unter
ihnen Armand Bazard (1791–1832) und Barthélemy Prosper Enfantin (1796–1864), von dem der Ruf nach Emanzipation der Frau ausging. Unter dem Einfluß dieser frz. Richtung interpretierte und erweiterte Ludwig Feuerbach (1804–1872), die damals einflußreichste
Persönlichkeit der Junghegelianer, die Hegelsche Philosophie. Für
Hegel war die Natur noch »das anders sein des Geistes«, für F.
wurde sie »der Grund des Geistes«. F. rückte die Natur an die Stelle
Gottes, er setzte das Wissen und die Vernunft an die Stelle des
Glaubens. Für ihn war es »eine welthistorische Heuchelei«, am
kirchlichen Dogma festzuhalten, das den wissenschaftlichen und
politischen Überzeugungen widerspreche. Gott und die Religion
seien nur Wunschbilder, Hypostasen des Besten in uns. Homo
homini deus. (*Das Wesen des Christentums*, 1841.)
Ging Feuerbach vom psychologischen Gesichtspunkt gegen das
Christentum vor, so David Friedrich Srauß (1808–1874) vom kri-
tisch-hist. Standpunkt (*Das Leben Jesu*, 1835). Einen großen Teil des
christlichen Dogmas bezeichnete er als Mythus und Allegorie.
In die gleiche Zeit fallen auch die ersten Wirkungen von Karl Marx
(1818–1883), der, zuerst den Junghegelianern angehörend, sich bald
von diesen und dem bürgerlichen Liberalismus trennte und 1848
die Proletarier aller Länder zur Vereinigung aufrief (*Manifest der
kommunistischen Partei*, zus. mit Friedrich Engels).
Im Gefolge der politischen Ideen übte auch die schöne Lit. Frankreichs einen großen Einfluß aus. Der offizielle Boykott der ein-

heimischen modernen Lit. in Dld. trug dazu bei, daß ein großer Teil des lit. Bedürfnisses aus dem Ausland gedeckt wurde. So kehrten die von der dt. Romantik auf Frankreich übergegangenen geheimnisvollen, bizarren und grausigen Elemente – teilweise als Schauerromantik – nach Dld. zurück. Victor Hugo (1802–1885) wirkte vor allem durch seine Rr. und hist. Drr., vereinzelt durch seine farbenprächtige Lyrik, Honoré de Balzac durch die Technik des Nebeneinander im R. (*Comédie humaine*, 1829/50). Stärker noch ist der Einfluß der weit weniger künstlerischen, spannenden Rr. von Eugène Sue (1804–1857) *Die Geheimnisse von Paris* (1842/43) und *Der Ewige Jude* (1844/45), die ein Sittenbild der Zeit gaben und von denen der erste viele Übss. und Nachahmungen fand, die die Geheimnisse der Hauptstädte Europas ans Licht bringen wollten. Für frauenrechtlerische Ideen wirkte George Sand (d. i. Aurore Dupin, 1803–1876), die das Recht des Herzens gegenüber staatlichem und patriarchalischem Zwang verkündete.

Der Weltschmerz Lord Byrons (1788–1824) verschmolz in der jungdt. Lit. mit der romantischen Ironie zu einem weltverachtenden Zynismus. Byrons Verachtung des Philistertums, sein genialisches Gebaren lebten weiter in der Kampfstellung des Jungen Dld. gegen Reaktion und moralische Enge.

Die künstlerischen Ziele der Jungdeutschen, die in vielen programmatischen Aufsätzen und Bemerkungen niedergelegt sind, traten zuerst in den kritischen Abhandlungen Ludwig Börnes hervor (zunächst in eigenen Zss. *Zeitschwingen*, 1817, und *Die Waage*, 1821, später in Cottas *Morgenblatt*). Doch war ihm die Kunstkritik vor allem ein Mittel, politische Kritik zu üben, so daß man aus seinen Arbeiten kein geschlossenes Kunstprogramm entwickeln kann. Als Theoretiker des Jungen Dld. gilt im allgemeinen Ludolf Wienbarg (1802 bis 1872) mit *Ästhetische Feldzüge* (1834; ursprünglich ein Kolleg über Ästhetik an der Universität Kiel 1833), *Zur neuesten Lit.* (1835) und *Menzel und die junge Lit.* (1835). Auch W. bot keine systematische Ästhetik, sondern nur »flüchtige Ergüsse wechselnder Aufregungen«, beeinflußt von Jean Pauls *Vorschule der Ästhetik*. Für W. war die politische Freiheit Voraussetzung für eine dt. Nationallit. Von der liberalistischen zur konsequent materialistischen Lit.-Theorie hinüber führte Friedrich Engels (1820–1895), der nach anfänglichem Zusammengehen bald die Jungdeutschen als Idealisten und Liberale ablehnte. Diesen Standpunkt nahm auch die spätere marxistische Literaturkritik (Franz Mehring) ein.

Die Jungdeutschen traten mit dem Anspruch auf, eine neue Epoche einzuleiten und in ihrem Schaffen den »Zeitgeist« zu repräsentieren. Schon aus Gegensatz zur sog. »Hist. Schule« ahistorisch gesinnt, verurteilten sie alles Vorhergegangene, besonders die von Heine als »Kunstperiode« bezeichnete Goethezeit, als abgelebt. Allen Fort-

schrittlichen gemeinsam war die Gegnerschaft zu der als weltanschaulich und künstlerisch rückschrittlich empfundenen Romantik
(vor allem Heine: *Die romantische Schule*, 1838). Schon Georg Gottfried Gervinus (1805–1871) und Julian Schmidt (1818–1886) sahen
in dem durch die Julirevolution hervorgerufenen geistigen Umbruch die Überwindung der romantischen Geisteshaltung und Lit.
Auch Goethe wurde von einem Teil der Jungdeutschen (Börne,
Menzel, Heine, Engels, Gervinus) aus politischen wie aus ästhetischen Gründen abgelehnt.
Schön ist, was »den nationalen Formen der jedesmal herausgetrete-
nen Weltanschauung einer Zeit und eines Volkes gemäß und har-
monisch ist« (Mundt). Schönheit sei nur in der Einheit von Geist
und Körper. Die christlich-bürgerliche Scham vor dem Körperlichen und Natürlichen müsse überwunden werden. Das Leben
wurde von transzendentalen Zwecken gelöst und erhielt Eigenwert:
»Das Leben ist des Lebens höchster Zweck.« Der Individualismus
wandte sich »in Fragen der Moral gegen jede Form des Idealisch-
Postulierten, dem nicht das Prinzip der persönlichen Freiheit zugrunde liegt« (Jost Hermand).
Wienbarg sah die Aufgabe der Dg. in der Darstellung des Schönen
im wirklichen Leben an dem besonderen Einzelfall. Für die Darstellung des Wirklichen waren politische, soziale und naturwissenschaftliche Kenntnisse Voraussetzung, sie ergab aber keinen Realismus, keine objektive Wiedergabe des Bestehenden, sondern aus
Kritik entstandene rationalistische, oft sogar utopische Konstruktion. Die jungdt. und junghegelianische Revolutionierung der Ästhetik half jedoch den Realismus vorbereiten.
Für die meisten Jungdeutschen waren das Politische und die Sozialkritik Ausgangspunkt ihrer lit. Tätigkeit. »Auf dem Wege politischer Exaltation wurde ich mit der schönen Lit. bekannt« (Gutzkow). »Bewegungslit.« erschien Mundt, »Littérature engagée«
Börne das Charakteristische der jungdt. Bestrebungen. B. wollte die
Lit. als Propaganda- und Agitationsmittel, sie habe der Verbreitung
politischer, weltanschaulicher, sozialer und wirtschaftlicher Gedanken zu dienen.
Nicht mehr das Innere des Menschen mit seinen Problemen, nicht
mehr Seelenleben, Stimmung, Entwicklung, sondern revolutionäre
Taten und Gedanken behandelte der jungdt. Schriftsteller. Nicht
Charaktere schuf die jungdt. Dg., sondern Träger und Vorkämpfer
von Ideen. »Der Zweck unserer Zeit ist der Bürger, nicht der
Mensch« (Gutzkow). Nationalgefühl und Weltbürgertum, Christentum und rationalistische Kritik, Individualismus und Sozialismus,
Tradition und Fortschritt, bürgerliche Moral und Emanzipation des
Fleisches waren die Gegensätze, mit denen sich die Lit. auseinander-
setzte. Wienbarg, der von der Ästhetik her an die Lit. herangetreten

war, führte sie aus dem Bezirk des Ästhetischen hinaus: »Die Dichter stehen nicht mehr . . . allein im Dienst der Musen, sondern auch im Dienst des Vaterlandes, und allen mächtigen Zeitbestrebungen sind sie Verwandte. Ja, sie finden sich nicht selten im Streit mit jenem schönen Dienst, dem ihre Vorgänger huldigten, sie können die Natur nicht über der Kunst vergessen machen.« Die Schriftsteller betrachteten sich als engagierte Publizisten und ihre Literaturepoche insofern als republikanisch, als in ihr außerordentliche Leistungen seltener hervorträten. »Hier nach Dichtung zu suchen, wäre von vornherein verfehlt« (Jost Hermand).

Die Jungdeutschen waren optimistisch, gegenwartsfroh. Sie hofften, mit reformatorischen und aufklärerischen Mitteln die Gesellschaftsordnung, das Leben, den Menschen zu bessern. Die Lebensangst, die Weltflucht, der Zug in die Einsamkeit des Biedermeiers fehlte ihnen. Die von Byron herrührenden menschenverachtenden Züge sind hier mehr Überlegenheit über den spießerhaften Mitbürger, der in der alten Ordnung, Moral und Kunstanschauung verharrt und die größere Zukunft nicht sieht. »Du hast ja den Schiller und Goethe / Schlafe, was willst du mehr?« (Herwegh) Man betonte die Gegenwart, drängte aufs Zukünftige, man wollte neu sein und modern (Gutzkow: *Über Goethe im Wendepunkte zweier Jahrhunderte*, 1836). Jedoch »objektiv spielen die Jungdeutschen öfter die Rolle von Epigonen, . . . als sie sich selbst eingestehen wollen« (Walter Dietze).

Börne und Heine kamen noch von der romantischen Fragmentendg. her, die nun nicht mehr entgrenzenden Charakter hat, sondern mit der Neigung zur Pointe zusammenhängt. Mit aphoristischer Prägung von Ideen ließ sich am ehesten auch der Einschnürung durch die Zensur begegnen, Meinungen wurden nur angedeutet, nur halb ausgesprochen. Diese Tendenz trug dazu bei, die Lit. zu feuilletonisieren und das Feuilleton zu literarisieren. Die Jüngeren, besonders Mundt, wandten sich gegen die aphoristische Manier. Gutzkow klagte über die »erschrecken machende Formlosigkeit«, alles sei »scherbenartig aufgelesen«. Man strebte nach einer geschlosseneren Form. Und so führte die Entwicklung von den tagebuchblattartigen Skizzen Heines zu den dickleibigen Rr. Gutzkows. Als gemäßeste Form für den modernen wirklichkeitsnahen Gehalt wurde die Prosa empfunden, die sich zur künstlerischen Sprache des 19. Jh. entwikkelte. Als Muster galt hier zunächst Jean Paul (für Wienbarg auch Goethe), dann vor allem Heines beweglichere, brillante Prosa (Theodor Mundt: *Kunst der Prosa*, 1837).

Die erzählende Lit. hatte bei den Jungdeutschen das Übergewicht. Der Reisebrief, angewandt zunächst von Heine, Pückler-Muskau, Börne, erschien besonders für die Publikation in Zss. und Ztgg. geeignet. Er kam der Beweglichkeit der Zeit entgegen und spiegelte das Interesse für die gesellschaftlichen Zustände im engeren und weiteren Bereich. Seine Möglichkeiten reichten vom poetischen Einfall bis zur kulturhist. und sozialkritischen Studie.

Beliebteste Erzählform des Vormärz war die Nov. »Die Nov. ist ein herrliches Ährenfeld für politische Allegorie ... man muß große Lebensgebilde erträumen und sie in Nov.-Form den Deutschen aufs Zimmer schicken« (Mundt). Der jungdt. Nov. haftete etwas Skizzenhaftes an, Laubes *Junges Europa* und Mundts *Madonna* sind noch der Brief-Nov. nahe. Bevorzugter Typ war die von Ludwig Tieck geschaffene Diskussions-Nov.

Stärker vorwärtsgetrieben haben die Jungdeutschen die Entwicklung des R., für dessen aus Frankreich kommende Form des Fortsetzungs-R. die Zeitungen immer mehr als Abnehmer auftraten. Der von der Romantik bevorzugte hist. R. trat zurück, das Junge Dld. schuf (neben Immermann) den Zeit-R. Gutzkow, sein wichtigster Vertreter, gab im Vorwort zu den *Rittern vom Geist* eine R.-Theorie: der R. solle »Panorama der Zeit« sein. Dem Nacheinander miteinander verbundener Handlungen und auf einen Zielpunkt gesammelter Effekte wurde das Nebeneinander, die Korrelation, des modernen R. gegenübergestellt: »wechselseitige Befruchtung eines Menschenzustandes durch den andern«. Der Dichter »sieht aus der Perspektive des in den Lüften schwebenden Adlers herab und hat eine Weltanschauung, neu, eigentümlich«. Es entstand eine schwer zu verfolgende Verknüpfung der einzelnen Schichten. Einfluß von Jean Pauls zwischen Realismus und Phantastik schwankendem Stil. Geringes Formbemühen und Formvermögen. In der Praxis blieben die Leistungen in der neuetablierten Gattung weit hinter dem Anspruch der Theorie zurück.

Das Drama hatte seine großen Vertreter in Grabbe und Büchner, die von den Jungdeutschen durch ihre Illusionslosigkeit geschieden waren und in ihren Stilelementen über sie hinaus zum Naturalismus und Expressionismus wiesen. Grabbe, Realist in seinen Milieuszenen, übersteigerte seine nihilistischen Kraftmenschen ins Triviale und Groteske. Auch Büchner schwankte zwischen pathetischer und ironischer Sprache. Er war konsequenter Materialist und Realist: unerbittliche Darstellung der Wirklichkeit im sozialen Leben der Gegenwart und auch der Gesch.; für ihn war – im Gegensatz zu Lessing – der Dramatiker »nichts als ein Geschichtsschreiber«. Die Dramatik Gutzkows und Laubes, die schon in die Zeit ihrer Anpassung an die bestehende Ordnung fiel, erhob sich nicht über die Sphäre des wirksamen Theaterstückes und unterlag dem Einfluß des frz. Gesellschaftsstückes und hist. Lsp.

In der Lyrik stand Heine mit seinen frühen, noch durch die Romantik bestimmten subjektiven Gedichten vereinzelt. Um so einflußreicher wurden die in seiner späten Lyrik und in seinen Verserzz.

hervortretenden politischen Züge. Er ersetzte das ältere Epigramm durch neue Kleinformen der Lyrik. Die von ihm beeinflußten Lyriker des Vormärz waren – nach den Ansätzen bei Schubart, Klopstock und Kleist – die Schöpfer der politischen dt. Lyrik. Sie setzte mit Anastasius Grün ein und hatte ihren Höhepunkt in Herwegh und Freiligrath. Die politische Lyrik erschien in zahlreichen Sammelbänden der einzelnen Autoren und in Anthologien, die bekannteste: *Politische Gedichte aus Dlds. neuerer Zeit*, hgg. Hermann Marggraff 1847. In dieser politischen Lyrik ist stärker als in den anderen Gattungen der mitreißende Schwung des Liberalismus von 1848 zu erkennen. In ihr kam auch erstmals die Zukunftsbedeutung der Technik zum Ausdruck; es wurde eine »geradezu spezifische Poetik der Eisenbahnen und Dampfmaschinen« (Walter Dietze) ausgebildet. Ihr Formenreichtum umgriff Klassik und Romantik (auch die frz.), bei Anastasius Grün tauchte sogar die Nibelungenstrophe auf (*Nibelungen im Frack*, 1843).

1835 planten Wienbarg und Gutzkow die Zusammenfassung der fortschrittlichen Kräfte in der Zs. *Dt. Revue* (verboten, nur die Korrekturbogen des 1. Heftes erhalten), an der u. a. Varnhagen van Ense, Börne, Heine, Büchner, Bettina von Arnim mitarbeiten sollten. Als Gruppe Junges Dld. wurden die im Bundesratsbeschluß genannten Autoren erst durch diesen vereinigt. Ähnlich verbindend wirkte bei den politischen Dichtern des Vormärz die gemeinsame Verfolgung und Landflüchtigkeit. Als der Druck des Staates nachließ und verschiedene Autoren ihrer Opposition müde wurden, brachen die Gegensätze auf. Entzweit wurden die fortschrittlichen Autoren vor allem auch durch die Stellungnahme für oder gegen Heine bzw. Börne, die Heine durch sein Buch *Heine über Börne* (1840) ausgelöst hatte. Laube, Mundt, Dingelstedt u. a. lenkten politisch ein.

Die lit. Ereignisse spielten sich in den Großstädten Berlin, Frankfurt, Bremen, Hamburg ab. Die Träger der Lit. entstammten hauptsächlich dem Kleinbürgertum. Fortschrittliche Verleger waren besonders Löwenthal in Mannheim und Hoffmann und Campe in Hamburg. Eine Fülle von Zss. mit durch die Zensur erschwerten Schicksalen dienten den jungdt. Tendenzen.

Das Lit.-Blatt, Beilage des *Morgenblatt für gebildete Stände*, red. Wolfgang Menzel 1825–1849, Stuttgart. Vertrat bis zu Menzels Aufsatz über Gutzkows *Wally* (1835) die fortschrittliche Richtung. Mitarbeit vor allem Gutzkows.

Gutzkow redigierte 1835 das Lit.-Blatt der Frankfurter Ztg. *Phönix* (fortgesetzt von Eduard Duller 1835–1838) und von 1835–1842 den *Telegraph für Dld.* (Frankfurt, später Hamburg).

Die einflußreiche *Ztg. für die elegante Welt*, Leipzig, die das Organ der Berliner Gruppe der Jungdeutschen (Laube, Kühne, Mundt) war, wurde 1832–1834 und wieder ab 1843 von Heinrich Laube, 1835–1842 von Gustav Kühne redigiert.

Unter den zahlreichen Zs.-Plänen und -Gründungen Theodor Mundts ist am wichtigsten: *Lit. Zodiakus, Journal für Zeit und Leben, Wissenschaft und Kunst* (1835), seit 1836 als *Dioskuren* (bis 1837).
Gemäßigt war die verbreitete Zs. *Europa*, hgg. August Lewald 1835–1846, Gustav Kühne 1846–1859. Mitarbeiter: Heine, Laube, Auerbach, Dingelstedt, Geibel.
Organ der radikalen Junghegelianer war *Hallische Jahrbücher für dt. Wissenschaft und Kunst* (1838–1841), hgg. Arnold Ruge und Theodor Echtermeyer. Fortgesetzt 1843 als *Deutsche Jahrbücher für Wissenschaft und Kunst.*

Die wichtigsten Autoren des Jungen Dld. und der politischen Dichtung des Vormärz:

Büchner, Georg, geb. 1813 in Goddelau/Hessen als Sohn eines Arztes. Schulbesuch in Darmstadt, seit 1831 stud. med. in Straßburg, ab 1833 in Gießen. Durch Friedrich Ludwig Weidig in revolutionäre Kreise gezogen, gründete B. eine Gesellschaft für Menschenrechte und schrieb 1834 heimlich die politische Flugschrift *Der Hessische Landbote*, nach deren Entdeckung B. sich 1835 durch Flucht der Verhaftung entzog. Erneutes Studium in Straßburg, Dr. med. der Universität Zürich, Habilitation geplant. Herbst 1836 Probevorlesung in Zürich. Gest. 1837 in Zürich an Gehirnentzündung.
Freiligrath, Ferdinand, geb. 1810 in Detmold als Sohn eines Kaufmanns. Wurde Kaufmann, daneben Studium der engl. und frz. Lit. Hielt sich zunächst revolutionären Strömungen fern, bezog eine Pension von Friedrich Wilhelm IV. Politische Wandlung 1843/44. Nach Veröffentlichung von *Ein Glaubensbekenntnis* 1844 Flucht ins Ausland: Brüssel, Schweiz, London, 1848 Rückkehr nach Düsseldorf, 1851 wegen staatsfeindlicher Umtriebe verhaftet; ging nach bald erfolgter Freilassung wieder nach London. Rückkehr 1866. Gest. 1876 in Cannstatt.
Grabbe, Christian Dietrich, geb. 1801 in Detmold als Sohn eines Zuchthausverwalters. 1820 stud. jur. in Leipzig, seit 1822 in Berlin. 1823 Abbruch des Studiums, Reise nach Leipzig und Dresden zu Tieck, um Schauspieler zu werden. Nach Scheitern des Planes Rückkehr nach Detmold. 1824 Nachholung des Staatsexamens, Advokat und Militär-Auditeur. Nach dem Erscheinen von G.s Werken im Verlag seines Freundes Kettembeil 1827 Höhepunkt des dichterischen Schaffens. Zerrüttung durch die 1833 geschlossene Ehe mit der Schriftstellerin Luise Klostermeyer und durch Trunksucht; erhielt 1834 den Abschied. 1834–1836 in Frankfurt und in Düsseldorf bei Immermann. 1836 Rückkehr des an Rückenmarksschwindsucht Erkrankten nach Detmold. Gest. 1836 in Detmold.
Gutzkow, Karl, geb. 1811 in Berlin als Sohn eines prinzlichen Bereiters. Stud. theol. in Berlin. Seit 1831 in Stuttgart Mitarbeiter Menzels am *Lit.-Blatt*. Nach Erwerbung des Doktorgrades der Universität Jena 1833 endgültig zum Schriftstellerberuf entschlossen.

Wegen seines R. *Wally* 1835 zu einem Monat Gefängnis verurteilt. Nach Entlassung Redakteur des *Telegraph* in Frankfurt/M., dann in Hamburg. 1842 wieder in Frankfurt, 1846–1861 in Dresden, bis zur Revolution als Dramaturg des Hoftheaters. In den letzten Jahren Wanderleben. Gest. 1878 in Sachsenhausen.

Heine, Heinrich, geb. 1797 in Düsseldorf als Sohn eines Kaufmanns. Wurde Kaufmann, seit 1816 in Hamburg im Bankhaus seines Onkels Salomon H. tätig. Seit 1819 stud. jur. in Bonn und Göttingen, 1821 in Berlin, Verkehr im Kreis Rahel Varnhagens. 1825 Promotion in Göttingen. 1831 Übersiedlung nach Paris, durch eine Jahresrente des Onkels, später auch eine Pension der frz. Regierung unterstützt. Anschluß an die emanzipatorische und frühsozialistische Doktrin des Saint-Simonismus, dessen »Père« Enfantin H. 1835 sein Buch *De l'Allemagne* widmete. 1843–45 Verkehr mit Karl Marx. Mehrere Reisen nach Dld. In den letzten Jahren durch ein Rückenmarksleiden an die »Matratzengruft« gefesselt. Gest. 1856 in Paris.

Herwegh, Georg, geb. 1817 in Stuttgart. Gab sein Theol.-Stud. um der Schriftstellerlaufbahn willen auf. 1839 Übersiedlung nach der Schweiz. Nach den *Gedichten eines Lebendigen* (1841) triumphale Reise durch Dld., Empfang bei Friedrich Wilhelm IV. Infolge eines Briefes an den König aus Preußen ausgewiesen, Übersiedlung nach Paris. Verkehr mit Marx und Arnold Ruge. 1848 Führer des Republikanischen Komitees der Deutschen in Paris, das in den badischen Aufstand eingriff. Bis 1856 in Genf, Zürich, Verbindung mit Lassalle. 1866 Rückkehr nach Baden. Gest. 1875 in Baden-Baden.

Laube, Heinrich, geb. 1806 in Sprottau als Sohn eines Maurers. Stud. theol. in Halle, Burschenschaftsführer. 1832 Leitung der *Ztg. für die elegante Welt* in Leipzig. 1834 in Berlin verhaftet, verbüßte 2½jährige Festungsstrafe auf den Besitzungen des Fürsten Pückler-Muskau. Seit 1840 theaterkritische Tätigkeit in Leipzig; Teilnahme am Frankfurter Parlament. 1849–1867 artistischer Leiter des Burgtheaters in Wien, 1869 Leiter des Leipziger, 1871–1874 des Wiener Stadttheaters. Gest. 1884 in Wien.

1826   Heinrich Heine
         (Biogr. S. 391):
         Die Harzreise

Reiseschilderung.

Entst. 1824 unter dem Eindruck einer vierwöchigen Fußreise durch den Harz. Vorbilder: Thümmels Reise-Rr., der romantische R., Washington Irving (1783–1859).

Frühestes von H.s Reisebildern in Prosa. »Im subjektivsten Stile« geschrieben, »eine Mischung von Naturschilderung, Witz, Poesie, Washington Irvingscher Beobachtung« (H.). Nicht objektive Berichte, sondern aneinandergereihte Impressionen; eingestreut sind

Gedichte, gedankliche Exkurse, politische und gesellschaftskritische Betrachtungen. Zusammengehalten von gemeinsamer Grundstimmung.

Im gleichen Jahre noch einmal zus. mit mehreren Gedichtzyklen (*Die Heimkehr*; *Die Nordsee*, 1. Abt.) unter dem Titel *Reisebilder* erschienen. Weitere Reisebilder: *Das Buch Legrand* (1827); *Reise nach München und Genua, die Bäder von Lucca* (1830); *Stadt Lucca, Englische Fragmente* (1831). Dt., frz., engl., ital. Verhältnisse unter dem Gesichtspunkt des liberalen Fortschritts beleuchtet.

1827   Heinrich Heine
         (Biogr. S. 391):
         Das Buch der Lieder

Gedichte.
Die Slg. faßte den wesentlichen Ertrag früherer Lyrikslgg. H.s zusammen: *Junge Leiden* (entst. 1816–1821, Druck 1821); *Lyrisches Intermezzo* (entst. 1822, Druck 1823); *Die Heimkehr* (entst. 1823, Druck 1826 im 1. Bd. der *Reisebilder*); *Aus der Harzreise*; *Die Nordsee* (1. Abt. in Bd. 1 der *Reisebilder* 1826, 2. Abt. in Bd. 2 der *Reisebilder* 1827). Die drei ersten Teile beziehen sich auf H.s unglückliche Liebe zu Amalie Heine und enthalten die bekanntesten Liebesgedichte und Balladen H.s *(Junge Leiden: Die beiden Grenadiere, Belsazar, Don Ramiro; Lyrisches Intermezzo: Sie saßen und tranken am Teetisch, Lehn deine Wang, Auf Flügeln des Gesanges, Aus meinen Tränen sprießen, Ein Jüngling liebt ein Mädchen; Heimkehr: Du bist wie eine Blume, Ich weiß nicht, was soll es bedeuten, Das Meer erglänzte weit hinaus, Ratcliff, Almansor, Die Wallfahrt nach Kevlaar).*
Beherrschung der romantischen Stimmungs- und Stilmittel. Die Natur durchdrungen von den subjektiven Gefühlen des Dichters. Motiv der Traumbilder: die Gefühle sind in Bilder, Visionen verwandelt. Verwendung wirksamer Antithesen. Einfluß des Volksliedes: unreine Reime als bewußtes Stilmittel.
Weltschmerzliche Grundhaltung: Einfluß Lord Byrons. Der häufig durchbrechende stimmungauflösende Witz Weiterführung der romantischen Ironie. Entst. aus der Aufgeschlossenheit für die Wirklichkeit und aus Abwehr gegen das eigene Gefühl, auch aus der Situation des zwischen »Übersouveränität« (Ernst Simon) und Scham schwankenden getauften Juden.
Häufig Gedichte ohne Überschriften, die auf diese Weise fragmentarisch oder als Teil eines Größeren wirken, z.T. zu Zyklen geordnet.

1827   Christian Dietrich Grabbe
         (Biogr. S. 390):
         Herzog Theodor von Gotland

Tr. 5. In Bd. 1 der *Dramatischen Dgg.*, eingeleitet durch den kritisch fördernden Brief Tiecks von 1822.

Begonnen 1818 in Detmold, fortgesetzt in Leipzig, vollendet 1822 in Berlin. Auf die nordischen Sagas durch Lektüre der Drr. Oehlenschlägers hingewiesen; stoffliche Grundlage die Sage von Harald Harfagr.

Herzog Theodor von Gotland wird aus Gerechtigkeitsfanatismus zum Brudermörder. Statt Reue beherrscht ihn verzweifelter Trotz, er wird zum Verbrecher.

Literarisch gespeistes Jugendwerk unter dem Vorzeichen von Shakespeare *(Titus Andronicus)*, Schiller *(Räuber)*, Kleist *(Familie Schroffenstein)*, Klingemann *(Faust)*, der Schicksalstr., der Dramatik des Sturm und Drangs und der frz. Romantik (Hugo).

Gegen den Ästhetizismus; Häufung von Lastern und Untaten. Vorliebe für Kraftgenies. Entlarvung des Bestialischen im Menschen: »Allmächtige Bosheit regiert die Welt.« Psychologisch gewaltsam.

Verse, gemischt aus Blankversen, Reimpaaren, strophischen Partien.

Von Heine und Tieck als genial angesehen. »Ich möchte Sie warnen, diesem Zerstörungsprozesse des Lebens (dem Zynismus) nachzugeben, der sich Ihnen in der Maske seiner geborenen Feindin, der Poesie, aufdrängen will« (Tieck).
Auff. 7. 2. 1892 in Wien.

1827   Christian Dietrich Grabbe
   (Biogr. S. 390):
   Scherz, Satire, Ironie und tiefere Bedeutung

Lsp. 3, Prosa. In *Dramatische Dgg.*

Entst. 1822.

Der Teufel ist auf die Erde gekommen, wird halb erfroren in das Schloß eines Barons gebracht und genießt dort Gastfreundschaft, wird zum Schluß von seiner Großmutter in die Hölle zurückgeholt. Diese Handlung nach Art der romantischen Lit.-Satire benutzt, um das Leben im allgemeinen, die Lit. im besonderen zu verspotten. Die Gesellschaft des Schlosses spiegelt G.s Berliner Kreis, der Dichter Rattengift ist der Typ des modischen Literaten, der für Calderon schwärmt und Sonette macht. Auch hier wieder Entlarvung der Gemeinheit der Menschen in der Trinkszene des 3. Aktes. Folgerichtig erscheint der Dichter am Schluß selbst karikiert und damit seine eigene Weltanschauung karikierend. Skepsis auch gegenüber der eigenen Skepsis ist die tiefere Bedeutung.
Einfluß E. T. A. Hoffmanns.

Auff. 1876 in Wien, Akademietheater (Privatvorstellung); 1. öffentliche Auff. 27. 5. 1907 in München (Bearbg. von Max Halbe).

1827   Christian Dietrich Grabbe
       (Biogr. S. 390):
       Marius und Sulla

Tr. 5, Fragment. In *Dramatische Dgg*.

Begonnen 1823 in Dresden, die ersten 3 Akte Tieck vorgelegt, in Hannover bis zur
Hälfte umgearbeitet, 1827 die Skizze des fehlenden Teils hinzugefügt. Quelle: Plutarchs Biographie des Marius, Sulla und Sertorius.

Das Fragment setzt ein mit der Rückkehr des Marius nach Rom und
endet mit dem endgültigen Sieg Sullas nach seinem Feldzug gegen
Mithridates. G. raffte die historischen Fakten, indem Sulla noch zu
Lebzeiten des Marius zurückkehrt. Die beiden Gegner, in denen sich
Demokratie und Aristokratie verkörpern – Marius ein Usurpator
aus politischem Ressentiment, Sulla ein glaubensloser Vabanque-
spieler –, treten sich nie gegenüber.
Neben den beiden Helden wollte G. das Rom der Revolution, die
Tr. eines ganzen Volkes gestalten. Nicht konsequent durchgeführt,
die großen Charaktere im Stile Shakespeares noch im Vordergrund.
Unausgeglichen, phantastische Reflexion neben realistischer Dar-
stellung. Entwurf in Jamben, das Fragment halb Vers, halb Prosa.

1829   Christian Dietrich Grabbe
       (Biogr. S. 390):
       Don Juan und Faust

Tr. 4, in Jamben. Auff. 29. 3. in Detmold durch die Pichlersche
Truppe. Buchausg. im gleichen Jahr.

Konzipiert 1823, nach der Veröffentlichung der *Dramatischen Dgg*. und der Bekanntschaft mit dem Verleger Kettembeil wiederaufgenommen, 1828 vollendet. Einfluß
von Byrons *Manfred*, Klingemanns *Faust* und *Don Juan*, Spohrs Oper *Faust*.

Die zwei Seelen in Goethes Faust auf zwei Personen verteilt. Die
beiden Charaktere dem eigenen Ich verfallen, der eine im Sinnlichen,
der andere im Gedanklichen befangen, beide bleiben im Grunde unerlöst. Eigentlich zwei Drr., die Inbeziehungsetzung der beiden
Helden nicht gelöst.
Abwendung von den Jugendwerken. Auch an dem Aufsatz über
Shakespearomanie (1827) ablesbar, in dem G. im Gegensatz zu Tieck
die Loslösung des dt. Dr. von Shakespeare fordert. G. datierte den
Aufsatz nach 1822, in die Zeit seiner Jugenddrr., zurück, um vor-
zutäuschen, daß er diese damals theoretisch schon überwunden hatte.

1829/30   Christian Dietrich Grabbe
         (Biogr. S. 390):
         Die Hohenstaufen

Doppeldr.: *Kaiser Friedrich Barbarossa*, Tr. 5, und *Kaiser Heinrich VI.*,
Tr. 5, in Jamben, einzelne Szenen in Prosa.

Entst. 1827–1829. Quelle: Friedrich Raumers *Gesch. der Hohenstaufen und ihrer Zeit* (1824–1826).

Grundthema der Werke sollte der Konflikt Kaiser–Papst sein. Das Barbarossa-Dr. setzt ein mit der Schlacht bei Legnano und endet mit einem erfundenen Zweikampf zwischen Barbarossa und Heinrich dem Löwen, für die in Dld. zu gleicher Zeit kein Raum ist. Dieser innerdt. Konflikt schiebt sich in den Vordergrund. Das Heinrich-Dr. zeigt kein deutliches Hauptproblem. Heinrich geht am Übermaß des Wollens, der Kraftentfaltung zugrunde.

Stoff stark zusammengedrängt; für den Zeitraum von G.s zwei Drr. brauchte der Historien-Dramatiker Ernst Raupach sechs fünfaktige Drr. Nicht mehr romantische Sicht der Gesch.; realistisch-wissenschaftlich; Vernachlässigung der dram. Struktur zugunsten des Historischen. Das Charakteristische der dt. Stämme und Landschaften herausgearbeitet. Nähert sich schon der Aneinanderreihung dialogisierter hist. Szenen ohne innere Einheit.

Auff. 8. und 10. 12. 1875 in Schwerin.

1830/31 Hermann Ludwig von Pückler-Muskau
(1785–1871, aus Muskau, ausgedehnte Reisen):
Briefe eines Verstorbenen

Entst. aus Tagebuchaufzeichnungen, die P.-M. zunächst als Briefe an seine geschiedene Frau gedient hatten, der er von seinen Reisen durch die britischen Inseln Bericht erstatten wollte. Nach der Heimkehr wurden die Berichte für die – anonyme – Veröffentlichung erneut stilisiert.

Drei sich ergänzende Schichten der Darbietung: Chronik, Briefe, Reisejournal, in denen Handeln und Reflexion verschmelzen. Unbestechliche Registrierung der Außen- und Innenwelt. Das offene Eingeständnis der eigenen Schwächen von den Zeitgenossen oft als Charakterlosigkeit aufgefaßt. Exzentrischer, faszinierender Erzähler, dem die Autobiographie Mittel der Selbststilisierung, der Selbstbewahrung und Selbstbezweiflung war: ein »Verstorbener«. Trotz aristokratischer Grundhaltung Neigung zum Liberalismus.

Die *Briefe* von Goethe gelobt; P.-M. zu seiner Zeit beliebtester Vertreter des Reiseschrifttums. Von Börne, Immermann *(Münchhausen)*, Herwegh *(Gedichte eines Lebendigen)* und dem Freiherrn von Ungern-Sternberg *(Tutu,* 1849) als snobistisch angegriffen.

Weitere Reisebeschreibungen: *Vorletzter Weltgang von Semilasso* (1835), *Semilasso in Afrika* (1836) u. a.

1831   Anastasius Grün
          (d. i. Anton Alexander Graf Auersperg, 1806–1876, Wien):
          Spaziergänge eines Wiener Poeten

Anonym, im Gegensatz zu den früheren unpolitischen und den
späteren meist politischen Gedichten, die unter dem Pseudonym
Anastasius Grün erschienen.

Schon 1832 unerlaubter Nachdruck bei Hoffmann und Campe.

Erste politische Lyrik neuerer Zeit. Gegen Klerikalismus und Reak-
tion (Metternich), für Pressefreiheit, großdt. Zum Schluß direkte
Wendung an den Kaiser.
Vierzeilige Strophen in trochäischen achthebigen Langzeilen.

Weiterführung der Gedanken in *Schutt* (1836). Gegen die Weltverneinung des Christentums. Ursprünglicher Titel: *Vier Ostern*; »Vier poetisch aufgefaßte Momente aus
den Schicksalen Jerusalems nach seiner Zerstörung« (G.).

1831   Christian Dietrich Grabbe
          (Biogr. S. 390):
          Napoleon oder Die hundert Tage

Dr. 5, Prosa.

1829 konzipiert, 1830 und 1831 unter dem Eindruck der Julirevolution umgeschrie-
ben. Studium von Quellenwerken.

G. wollte in dem Werk »alle Ideen, die ich je über Revolution gehabt« unterbringen. Nicht Heroenkult, sondern realistische Darstellung Napoleons. Napoleon ist nur insofern groß, als er gegen eine
kleine Zeit gestellt erscheint. »Er ist kleiner wie die Revolution,
nicht er, die Revolution lebt noch in Europa.« Das Zeitkolorit, die
realistischen Details schieben sich vor, das Volk, die Masse wird
zum Träger der von einem politischen Schauplatz zum andern hin-
überwechselnden Handlung.
Die Schlachtendarstellungen, besonders in der zweiten Hälfte des
Dr., lassen den epischen Grundzug in G.s Schaffen deutlich werden
(eine Armee auf dem Marsch). »Das jetzige Theater taugt nichts,
meines sei die Welt.«

Auff. 12. 8. 1869 mit verstümmeltem Text in Wien, Theater an der Wien, originalgetreu 2. 9. 1895 in Frankfurt/M.

1832/34 Ludwig Börne
          (1786–1837, Frankfurt/M., Paris):
          Briefe aus Paris

In 3 Slgg. 1832 (48 Briefe), 1833 (31 Briefe), 1834 (36 Briefe).
Berichte aus Paris, wo B. nach seiner endgültigen Übersiedlung
(1830) geistiger Mittelpunkt der dt. politischen Flüchtlinge war.
Zugrunde lag ein Briefwechsel mit seiner Freundin Jeannette Wohl.

Im Mittelpunkt der Betrachtungen steht die frz. Julirevolution und ihre Folgen. Vergleiche mit den rückständigen dt. Zuständen. Die Berichte wollen die Notwendigkeit einer dt. Revolution beweisen. Stilistisches Vorbild Jean Paul. Scheinbar zwanglose, treffsichere Form.

1833/37   Heinrich Laube
(Biogr. S. 391):
Das junge Europa

R. in 3 Teilen.

Ursprünglich gedacht als Nov. mit dem Titel *Notre jeune Allemagne* (Brief vom 28. 4. 1833). Titel anklingend an die damaligen Bestrebungen politischer Verbände »Giovine Italia«, »Das junge Deutschland«.

Teil I, *Die Poeten*, stellte in lockerer Form die Vorbereitung einer sozialen Revolution dar: »Improvisierung eines neuen gesellschaftlichen und religiösen Verbandes«, gegen alle »Auctoritätsrichtungen«. Jungdt. Gedanken über Liebe und Ehe, Einfluß des Saint-Simonismus. Personen des Breslauer Studentenkreises als Vorbilder.

Teil II, *Die Krieger* (1837), der nach Laubes Haftzeit und seinem Entschluß, sich »in die Gleise des Bestehenden einzuordnen«, liegt, schildert die Teilnahme des R.-Helden an der polnischen Revolution und seine Enttäuschung.

Teil III, *Die Bürger* (1837), bringt die resignierende Einordnung in das bürgerliche Leben in Dld. und Hoffnung auf eine bessere Zukunft.

1835   Christian Dietrich Grabbe
(Biogr. S. 390):
Hannibal

Tr. in 5 Abschnitten mit Überschriften (»Hannibal ante portas« u.a.).

1834 begonnen. Quellen: Polybios, Plutarchs Lebensbeschreibung der Scipionen, Livius und einige zeitgenössische Darstellungen.

Hannibal, der geniale Einzelne, unterliegt der Masse. Seinem Werk bleibt der Erfolg versagt, er geht unter nicht durch eigene Schuld, sondern durch die Macht der Verhältnisse (wie G. sein eigenes Scheitern der Umwelt zur Last legte).

Pessimistisch, häufig satirisch. Das Pompöse, Effekthascherei gemieden, nüchtern. Raffung der hist. Ereignisse, Karthagos Fall noch vor Hannibals Tod verlegt. Kein straffer Aufbau, dialogisierte Szenen, nach äußeren Gesichtspunkten geordnet.

G. brachte das fast fertige Ms. mit nach Düsseldorf. Auf Immermanns Rat aus lockeren Jamben in Prosa umgearbeitet, dadurch Entstehung des G. gemäßen realistischen Stils.

Auff. 20. 12. 1918 in München, Nationaltheater.

1835   Theodor Mundt
(1808–1861, Berlin, Hamburg):
Madonna. Unterhaltungen mit einer Heiligen

R. »Ein Buch der Bewegung«.

Der Untertitel hindeutend auf »Partei der Bewegung«, die demokratische Partei des Jahres 1832. Vorabdrucke im *Literarischen Zodiakus* 1835. Angeregt durch ein Erlebnis auf der Reise nach Böhmen 1834.

Ein Schriftsteller lernt auf einer Reise in Böhmen ein einfaches Mädchen kennen, dem er nach einer Abendunterhaltung so viel Vertrauen einflößt, daß sie ihm brieflich ihre Lebensgeschichte beichtet, während er ihr seine Reisebriefe schickt.
Der reisende Schriftsteller tritt in die enge Welt des böhmischen Mädchens als Prediger gegen »die Legitimen, Katholischen, Mittelalterlichen, Absolutisten, die Retter des Bestehenden, die Poeten der Vergangenheit und die Feinde der Zukunft«. Er tritt ein für die Emanzipation des Weibes und der Sinne. »Die Welt und das Fleisch müssen wieder in ihre Rechte eingesetzt werden.« Einfluß des Saint-Simonismus und von Heines heidnisch-weltfreudigem »Hellenismus«. M.s »Weltheilige« trug Züge seiner Freundin Charlotte Stieglitz. Den Erfolg des Buches steigerte das von M. im gleichen Jahre hgg. Werk *Charlotte Stieglitz, ein Denkmal,* in dem er auszugsweise Briefe der inzwischen durch sensationellen Selbstmord geendeten Ch. St. mitteilte. Mit ihrem Selbstmord hatte sie das vermeintliche dichterische Talent ihres Mannes Heinrich St. anfeuern wollen.

M.s *Madonna* wurde, ebenso wie seine *Charlotte Stieglitz,* im Sommer 1835 durch die preußische Zensur verboten.

1835   Karl Gutzkow
(Biogr. S. 390/391):
Wally, die Zweiflerin

R.

Hervorgegangen aus dem Plan, durch Neuherausgabe der freigeistigen *Reimarus-Fragmente* (1774) für David Friedrich Strauß einzutreten. Da sich für den Druck kein Verleger fand, wurden die beabsichtigten Tendenzen unter Verwertung des Schicksals der Charlotte Stieglitz in dreiwöchiger Arbeit in eine R.-Handlung gekleidet, die schon entworfene Vorrede zu den *Fragmenten* ging als Cäsars *Geständnisse über Religion und Christentum* in den R. ein.

Wally, ein junges dt. Mädchen aus vornehmer Familie, heiratet auf Wunsch ihres Vaters den sardinischen Gesandten, vermählt sich aber an ihrem Hochzeitstage »geistig« mit dem geliebten Cäsar, indem sie sich ihm auf seinen Wunsch nackt zeigt – ein ausdrücklich an den *Jüngeren Titurel* anknüpfendes Motiv. Als Wally erfährt, daß ihr Mann ihre Anziehungskraft dazu benutzt, seinen Bruder um sein Vermögen zu bringen, und dieser sich erschießt, flieht sie mit Cäsar

aus Paris. Dieser verläßt sie jedoch und heiratet eine aufgeklärt erzogene Jüdin. Wally erschießt sich; ihr Tagebuch erklärt ihren Zusammenbruch mit religiösen Zweifeln.
G. bezeichnete den R. als »die Frucht eines total mit der Welt zerfallenen und namentlich seine Entwicklung hassenden« Gemüts.
Proklamierung des Rechts auf Sinnlichkeit. Die Verschmelzung von
erotischer und religiöser Problematik ist nicht gelungen, Wallys
innere Entwicklung erscheint unglaubwürdig. Wienbarg, Laube und
Mundt werden als Vertreter des Jungen Deutschland genannt
(1. Buch, 3. Abschnitt).

Das Buch wurde im Sommer 1835 durch die preußische Zensur verboten und gab
den Anlaß zum Eingreifen des Bundestages gegen die Jungdeutschen.

1835   Georg Büchner   *Fatalismus*
        (Biogr. S. 390):
        Dantons Tod

Dr. 4, Prosa. Von Gutzkow in mit Rücksicht auf die Zensur geänder-
ter Form in der Zs. *Phönix* veröffentlicht. Buchausg. im gleichen
Jahr.

Erste Anregungen Ende 1833 durch die Beschäftigung mit der Frz. Revolution.
Quellen: hist. Darstellungen von Mignet, Thiers, Mercier, Riouffe, Strahlheim. 1834
wahrscheinlich hinsichtlich Motiv und Stil Beeinflussung durch Mussets *Lorenzaccio*.
Während der Vorbereitungen zum Examen aus Furcht vor Verhaftung und vor dem
Vater verborgen am Seziertisch niedergeschrieben in etwa 5 Wochen Januar–Februar
1835.

Studium der Gesch. der Frz. Revolution: »Ich fühle mich wie zer-
nichtet unter dem Fatalismus der Geschichte . . . Der Einzelne nur
Schaum auf der Welle, die Größe ein bloßer Zufall, die Herrschaft
des Genies ein Puppenspiel, ein lächerliches Ringen gegen ein eher-
nes Gesetz, es zu erkennen das Höchste, es zu beherrschen unmöglich.« Die Grundstimmung solcher brieflichen Äußerungen wörtlich
im Dr. wiederkehrend. Die fatalistische, antirevolutionäre Haltung
bewahrt, obgleich B. zur Zeit der endgültigen Niederschrift sich
selbst revolutionär einsetzte.
B.s Danton glaubt nicht mehr an die Revolution, in seinen Augen
kann sie die materielle und ethische Frage nicht lösen, denn alles
Handeln überhaupt ist sinnlos, die Menschen sind »Puppen, von
unbekannten Gewalten am Draht gezogen«. Danton sieht seine Bemühungen, dem Blutvergießen ein Ende zu machen, mißdeutet und
verdächtigt. Passiv und pessimistisch sieht er sein Ende kommen,
das er gelassen, ja zynisch erträgt. Danton, das Genie, erscheint als
Verschwendung der Natur an die Roheit, Mittelmäßigkeit und Beschränktheit seiner Umwelt.
Erstes bewußt realistisches dt. Dr. Naturwissenschaftlich-materiali-
stische Grundhaltung im Sinne von B.s Bruder Ludwig B. (*Kraft und*

Stoff, 1855). Bewußte Abkehr vom dt. Idealismus. Gegen die frei-
heitlichen Helden in der Art Schillers stellt B. den passiven Helden,
der erst im Naturalismus beherrschend wird. Frühe Fin-de-siècle-
Stimmung.
Neben Fetzentechnik Shakespeares, der Stimmungswelt der Romantik (die Liebesszenen Desmoulins–Lucile) und der Einfärbung
durch den sarkastischen Nihilismus Mussets realistischer Doku-
mentarstil. Übernahme ganzer Partien aus Reden vor dem frz. Na-
tionalkonvent nach den hist. Darstellungen. Freie Erfindung der
Nebenfiguren und der Pariser Volksszenen.

Auff. 5. 1. 1902 in Berlin, Belle-Alliance-Theater, durch den Verein Freie Volksbühne.
Oper von Gottfried von Einem. Auff. 6. 8. 1947 in Salzburg.

1838   Christian Dietrich Grabbe
        (Biogr. S. 390):
        Die Hermannsschlacht

Dr., eingeteilt in »Eingang«, 3 »Tage« und »Nächte«, »Schluß«.
Prosa. Postum, mit Änderungen von G.s Frau.

Begonnen 1835 in Düsseldorf, beendet 1836 in Detmold. Quellen: Tacitus' *Annalen*
und die Schrift von G.s Schwiegervater Klostermeyer: *Wo Hermann den Varus schlug*.

»Der Gedanke an die Heimat hat mich auf etwas aufmerksam gemacht, was mir so nahe lag: Nämlich ein großes Dr. aus der Her-
mannsschlacht zu machen; alle Täler, all das Grün, alle Bäche des
lippischen Landes, das Beste der Erinnerungen aus meiner . . . Kindheit und Jugend soll darin grünen, rauschen und sich bewegen.«
Stärke im Episodischen und Zuständlichen, im Landschaftlichen
und der Wesensart des nddt. Menschen. Im Mittelpunkt das Volk,
Hermann und Thusnelda sind nur seine Wortführer. Das Dr.
schließt mit der Todesstunde des Augustus, der eine neue christlich-
germ. Welt heraufkommen sieht.
Größte Bühnenferne (Schlachtenszenen!).

Auff. 12. 9. 1936 in Düsseldorf.

1839 · Georg Büchner
        (Biogr. S. 390):
        Lenz

Erz., Fragment. Im *Telegraph für Dld.* mit einem Vorwort und einem
Nachwort hgg. Karl Gutzkow.

Begonnen 1835 für die Gutzkow-Wienbargsche Zs. *Dt. Revue*, für die Gutzkow B.
um Mitarbeit gebeten hatte, aber wegen Verbots der Zs. durch die Zensur abgebro-
chen.
Quelle für die Erz., die das Ende des dem Wahnsinn verfallenden Sturm-und-Drang-
Dichters Michael Reinhold Lenz behandelt, waren Briefe von Lenz und das Tagebuch
des Pfarrers Oberlin im Steintal, bei dem Lenz sich 1778 aufhielt. Der detaillierte Tat-

sachenbericht über Lenz' Aufführung und Gemütszustand diente schon als Grundlage für eine Aufsatzreihe über Lenz, die B.s Freund August Stöber 1831 in Cottas *Morgenblatt* erscheinen ließ.

Wurzel von Lenz' Wahnsinn ist bei B. das Leiden am Leid der Welt, das zum Atheismus führt. Mischung von exaktem Krankheitsbericht und dichterischer Vision. Unterbauung dichterischer Arbeit durch Medizin und Psychologie. Die Erz. enthält in den Unterhaltungen mit dem Freunde Kaufmann ein Bekenntnis B.s zur naturalistischen Kunstauffassung: »Der liebe Gott hat die Welt wohl gemacht, wie sie sein soll, und wir können wohl nicht was besseres klecksen . . . Dieser Idealismus ist die schmählichste Verachtung der menschlichen Natur. Man versuche es einmal und senke sich in das Leben des Geringsten und gebe es wieder in den Zuckungen, den Andeutungen . . .«

Buchausg. 1842 in *Mosaik, Novv. und Skizzen*, hgg. Karl Gutzkow; 1850 in *Nachgelassene Schriften*, hgg. Ludwig Büchner.

1840   Heinrich Heine
         (Biogr. S. 391):
         Der Rabbi von Bacharach

R., Fragment. In *Der Salon*, Bd. 4.

Begonnen schon vor 1824. 1827 vermutlich fast fertig, 1832 von H. zum großen Teil vernichtet. 1840 wieder notdürftig ergänzt dem Verleger übergeben.

Langes eingehendes Quellenstudium. Stoff von aktueller Bedeutung: Unterdrückung der Juden. Das Problem jedoch in die Vergangenheit verlegt, belebt durch Einflechtung von Beobachtungen aus dem gegenwärtigen Leben. Unter Zurückdrängung der sonst betonten Subjektivität gebändigte historisch-gedämpfte Schilderung.

1840/41   August Heinrich Hoffmann von Fallersleben
            (1798–1874, Hannover, Breslau, Corvey):
            Unpolitische Lieder

Gedichtslg. in 2 Bdd.
In den *Unpolitischen Liedern*, die in Wirklichkeit politische Lieder waren, vertrat H. seine nationalen und liberalen Anschauungen. Sie wandten sich gleichzeitig gegen die reaktionäre Haltung der Regierungen wie gegen den Mangel an politischem Interesse im Volke. Motive um den Grundgedanken der Einheit und Freiheit werden wiederholt und variiert. Obgleich die Gedichte ohne besondere Schärfe geschrieben waren, kosteten sie H. seinen germanistischen Lehrstuhl in Breslau.

In Bd. 2 das zunächst als Flugblatt veröffentlichte *Deutschlandlied*. Am
26. 8. 1841 auf Helgoland verfaßt und in H.s tagebuchartig geführte
Gedichtslg. eingetragen. Auf Haydns Melodie der alten österreichischen Kaiserhymne.

Seit 1870 immer mehr gesungen, wurde das Lied durch Verordnung des Reichs-
präsidenten vom 11. 8. 1922 zur offiziellen dt. Nationalhymne erklärt.

1841   Georg Herwegh
         (Biogr. S. 391):
         Gedichte eines Lebendigen

Titel nach *Briefe eines Verstorbenen* von Pückler-Muskau, der H. als Aristokrat ver-
haßt war. Formaler Einfluß von Platen, Alphonse de Lamartine (1790–1869) und
Pierre-Jean de Béranger (1780–1857), dem Lyriker der frz. Demokratie.

Politische Lyrik, die nicht so sehr kritisch-satirisch als unmittelbar
aggressiv-revolutionär sein wollte. Wirkliche Barrikadenlyrik von
leidenschaftlichem Pathos. Zentralbegriff die Freiheit. Volkstümliche Wirkungsmittel: Bildersprache, Kehrreim. Besonders bekannt
sind: *Der Freiheit eine Gasse*; *Das Lied vom Hasse*. Großer Erfolg, der
sogar bis zu einer Audienz bei Friedrich Wilhelm IV. führte, in der
das bekannte Wort von der »gesinnungsvollen Opposition« fiel.
H. ließ anschließend *Posa-Worte* drucken.

1843 *Gedichte eines Lebendigen, 2. Teil.* Weit geringere Wirkung, von mehr satirischem
Charakter.

1841   Franz Dingelstedt
         (1814–1881, Kassel, Stuttgart, München, Weimar, Wien):
         Lieder eines kosmopolitischen Nachtwächters

Politisch-satirische Gedichte, Titel anklingend an Chamissos nach
Béranger gestaltetes *Nachtwächterlied*. Eigentlich politisch nur der
mittlere Teil *Nachtwächters Weltfahrt*, eine kritische Reise durch Dld.
in 7 »Stazionen«.

1841   Charles Sealsfield
         (eigentlich Carl Postl, 1793–1864, geb. in Mähren, 1823 als
         Ordensgeistlicher aus Prag entflohen, bis 1831 im Süden
         Nordamerikas, gest. in Solothurn):
         Das Kajütenbuch oder nationale Charakteristiken

Die »Kajüte« ist der Landsitz eines ehemaligen Kapitäns und Treffpunkt einer Tischrunde wohlhabender Südstaatler, aus deren Diskussionen und Erzz. ein Bild dieses subtropischen Teils der Neuen Welt,
seiner Landschaft, Menschen und politischen Entwicklung erwächst. Zeitpunkt: Loslösung Texas' von Mexiko (1836). Glanz-
stück: *Die Prärie am Jacinto*. Stoffliche Bevorzugung des Elemen-

taren sowie der ungebrochenen Kraft bei Mensch und Natur, im Gegensatz zu Kultur und Tradition. Exotismus. Im Kampf um die Freiheit ist selbst der Verbrecher willkommen, der seine Mordtaten durch soldatischen Einsatz und Tod abbüßt.
Verherrlichung der amerikan. Demokratie, gegen Imperialismus Spaniens und Englands, gegen Klerikalismus.
Stärke in der Wiedergabe des Atmosphärischen, in der Charakterzeichnung, im Sprechstil der Personen. Für die vorrealistische Erz. typische Formverwilderung: die Komposition mischt Anekdotisches, Novellistisches, Romanhaftes; die Form des auf verschiedene Erzähler verteilten Erzählzyklus im letzten Drittel zugunsten der Rahmenhandlung aufgegeben, die in einer sentimentalen Liebesgesch. ausläuft.

S., dessen Ziel in politisch-publizistischem Wirken lag und der als Publizist (*Austria as it is*, 1828) und Dichter (*Tokeah or the White Rose, an Indian Tale*, 1828) in engl. Sprache begann, gilt als bedeutendster Vertreter der dt. ethnographischen Belletristik des 19. Jh.

1842   Georg Büchner
          (Biogr. S. 390):
          Leonce und Lena

Lsp. 3, Prosa. In *Mosaik, Novv. und Skizzen*, hgg. Karl Gutzkow. Auszugsweise schon 1838 von Karl Gutzkow im *Telegraph für Dld.* abgedruckt.

Entst. für ein Preisausschreiben des Verlages Cotta vom 3. 2. 1836; ungeöffnet zurückgeschickt, da die Einsendefrist überschritten war.

Romantisches Märchendr. Einfluß Shakespeares (Figur des Narren), von Brentanos *Ponce de Leon* und Alfred de Mussets *Fantasio* (1833).
Die beiden Königskinder sind von ihren Eltern füreinander bestimmt, fliehen vor der ihnen angekündigten unromantischen Ehe und finden einander auf der Flucht.
Stimmungsvoll, spielerisch, witzig, stark vom Literarischen geprägt. Der melancholische, sich langweilende Prinz (Einfluß Byrons) ist von der Art Dantons und Desmoulins'. Stark satirische Züge: König Peter und sein Hof, die Bauernszene. Die Figuren sind denen der Commedia dell'arte verwandt.
Das Motto: »Alfieri: E la fama? Gozzi: E la fame?« stellt mit dem Hinweis auf die Bedeutung des Hungers der idealistischen Haltung die materialistische gegenüber.

1850 in *Nachgelassene Schriften*, hgg. Ludwig Büchner.
Auff. 31. 5. 1885 durch die Münchener Liebhabertruppe »Intimes Theater« im Park des Redakteurs Holz bei München auf Anregung Max Halbes, der den Leonce spielte.

1843   **Heinrich Heine**
(Biogr. S. 391):
Atta Troll. Ein Sommernachtstraum

Lit.-satirisches Epos, vierzeilige Strophen in reimlosen Trochäen.
In Laubes *Zt. für die elegante Welt.*

Entst. 1842, angeregt durch den Aufenthalt Freiligraths in der Hütte eines Bären-
jägers in den Pyrenäen. Parodiert Herders *Cid*-Romanzenform, zugleich das biedermeierliche Versepos.

Geschichte des Tanzbären, der seinem Führer entläuft, in die Pyre-
näenheimat zurückkehrt, dort politische Vorträge hält und zuletzt
erschossen wird. Der Tanzbär ist der »Tendenzbär«, seine Kunst-
stücke sind die plumpe politische Tendenzpoesie, gegen die *Atta
Troll* sich vorwiegend richtet. Des Bären Erlebnisse geben Anlaß
zur Verspottung nahezu aller zeitgenössischen politischen und lit.
Richtungen. Reimlose trochäische vierzeilige Strophen, gegen Freiligraths reimklingelnde »Janitscharenmusik«.
»Das letzte freie Waldlied der Romantik«, – »nur, daß oft moderne
Triller gaukeln durch den alten Grundton« (H.).

Umgearbeitete und erweiterte Buchausg. 1847.

1844   **Heinrich Heine**
(Biogr. S. 391):
Neue Gedichte

Geplant 1837 als Anhang zum *Buch der Lieder*, dann 1839 als *Buch der Lieder*, 2. Bd.
H. hielt das Buch auf Anraten Gutzkows, der an dem Zyklus *Verschiedene* moralischen
Anstoß nahm, zurück, auch machte die Zensur Schwierigkeiten.

Inhalt der Slg. großenteils schon vorher in anderen Werken veröffentlicht: *Neuer Frühling* (in *Reisebilder*, 1831); *Verschiedene* (in *Der
Salon*, Bd. 1, 1834); *Romanzen* (z. T. in *Der Salon*, Bd. 4, 1840); *Zeitgedichte* (z. T. in den revolutionären Pariser Zss. *Vorwärts* und *Dt.-
frz. Jahrbücher*).
Neuer Frühling setzt den Ton des *Buches der Lieder* fort. In *Verschiedene* besingt H. Schönheiten des Pariser Boulevards, »abgesetzte
Königinnen«. Saint-Simonistische »Rehabilitation des Fleisches«,
»Hellenentum« gegen den »nazarenischen« Begriff der Fleisches-
sünde *(Auf diesem Felsen bauen wir)*. Die Zeitgedichte, scharfe Sati-
ren, vor allem gegen verschiedene dt. Fürsten *(Der Kaiser von China*
u. a.), mußten zum Teil wegen der Zensur zurückgenommen werden und wurden erst in der *Nachlese* aus dem Nachlaß veröffentlicht
(Die schlesischen Weber; Jammertal; Schloßlegende). Friedrich Engels
kündigte damals einem Freunde einen »Band politischer Dgg.«
von H. an, »worin manche Stücke enthalten sind, die den Kommunismus predigen«. Neben Kritik Töne der Liebe zu Dld.: *Ich
hatte einst ein schönes Vaterland; Denk ich an Deutschland in der Nacht.*

1844   Karl Gutzkow
           (Biogr. S. 390/391):
           Zopf und Schwert

Lsp. 5, Prosa. Auff. 1. 1. in Dresden. Buchausg. im gleichen Jahr.

Entst. 1843. Quelle: *Denkwürdigkeiten* der Markgräfin Wilhelmine von Bayreuth (1810).

Behandelt die Heirat der Prinzessin Wilhelmine, der Schwester
Friedrichs II., mit dem Markgrafen von Bayreuth, die gegen den
Willen Österreichs und Englands von den Geschwistern durch-
gesetzt wird. Intrigenlsp.; Ablehnung des preußischen Militarismus.
Einfluß des in Frankreich mit der Julirevolution aufkommenden
hist. Lsp. (vgl. Eugène Scribe: *Das Glas Wasser*, 1840), das dem hist.
Stoff politische Elemente der Gegenwart zusetzt. Nach frz. Manier
auf Wirkung der Szene und »Stelle« berechnet.

1844   Heinrich Heine
           (Biogr. S. 391):
           Deutschland. Ein Wintermärchen

Politisch-satirisches Versepos. Verschiedenes von der Zensur ge-
strichen; im selben Jahr auch ungekürzt in der Pariser revolutionären Zs. *Vorwärts.*

Entst. 1844 in der Emigration in Paris. Angeregt durch H.s Reise nach Dld. 1843.

Reise über Aachen nach Hamburg; Kritik vor allem an Preußen. In
Vorwort und *Caput I* sozialutopische Ideen des Saint-Simonismus
und Religionskritik Feuerbachs, wohl durch Marx vermittelt (Dolf
Sternberger).
»Da das Opus nicht bloß radikal, revolutionär, sondern auch anti-
national ist, habe ich die ganze Presse natürlich gegen mich« (H.).
Umfaßt 20 Gedichte und einen Schlußhymnus; vierzeilige Strophen
in gereimtem jambischem Versmaß.

1844   Ferdinand Freiligrath
           (Biogr. S. 390):
           Ein Glaubensbekenntnis

Politische Lyrik, mit der F. seine Abwendung von der unpolitischen
exotischen Bilderdg. seiner ersten Slg. *Gedichte* (1838) dokumentierte.

Ursprünglicher Titelplan in Anlehnung an Möser: *Patriotische Phantasien* (1774); infolge der sich 1843–1844 vollziehenden politischen Wandlung F.s Wahl des neuen
Titels.

Noch 1841 hatte F. in dem Gedicht *Aus Spanien* betont: »Der Dichter steht auf einer höhern Warte als auf den Zinnen der Partei.« Die Gedichte der Slg. entstanden, weil F. die Hoffnung aufgegeben hatte, daß eine Änderung der Zustände von der Regierung ausgehen werde. Sie sind gerichtet gegen Persönlichkeiten der preußischen Verwaltung und Regierung, Zensur und preußische Justiz und das auf reaktionärem Geiste beruhende preußisch-russische Bündnis. U. a. *Am Baum der Menschheit*; *Die weiße Frau*; *Aus dem schlesischen Gebirge* (Weber-Motiv); *Studenten*; *Der Adler auf dem Mäuseturm*. Die Slg. gab Anlaß zu F.s Emigration.

1844   Karl Gutzkow
         (Biogr. S. 390/391):
         Das Urbild des Tartüffe

Lsp. 5, Prosa. Auff. 15. 12. in Oldenburg.
Molière im Kampf gegen Rückschrittlichkeit und kirchliche Engherzigkeit, die die Auff. seines *Tartuffe* verhindern wollen. Schließlich erlangt Molières Geliebte vom König die Erlaubnis.
Einfluß des in Frankreich seit der Julirevolution aufkommenden hist. Lsp.
Buchausg. 1847.

1846   Ferdinand Freiligrath
         (Biogr. S. 390):
         Ça ira

Sechs Gedichte unter dem Einfluß von Karl Marx, mit dem F. in der Emigration in Brüssel 1844/45 zusammentraf.
Entst. in Zürich 1845/46.
Für Revolution und Klassenkampf. »Wir hämmern jung das alte morsche Ding, den Staat, / die wir von Gottes Zorne sind bis jetzt das Proletariat« *(Von unten auf)*. Zum Proletariat gehört auch der geistige Arbeiter *(Requiescat)*.
Die unter dem Eindruck des 1848 erfolgten Scheiterns der liberalen Ideale entstandene Slg. *Neuere politische und soziale Gedichte* (1849 und 1851) zeigte ein noch verstärktes Bekenntnis F.s zur Revolution.

1846   Heinrich Laube
         (Biogr. S. 391):
         Die Karlsschüler

Schsp. 5, Prosa. Auff. 11. 11. in Dresden, Mannheim, München, Schwerin.
Kampf des jungen Schiller gegen die Widerstände, die Herzog Karl Eugen seinem Schaffen und seinen Plänen entgegensetzte. Gemäßig-

ter Liberalismus: der Herzog kein Tyrann, sondern überzeugter Vertreter des konservativen Prinzips. Schauplatz: das Schloß zu Stuttgart am 16. und 17. September 1782.
An den gleichzeitigen Franzosen geschulte Kunst des Dialogs.

Buchausg. 1847.

1846   Karl Gutzkow
(Biogr. S. 390/391):
Uriel Acosta

Tr. 5, in Jamben. Auff. 13. 12. in Dresden, Hoftheater.

Entst. 1846. Thema schon 1834 in der Nov. *Der Sadduzäer von Amsterdam* behandelt. Erlebnisgrundlage die Auflösung der Verlobung mit Rosalie Scheidemantel, verursacht durch G.s Freigeisterei.

Uriel Acosta, der Lehrer Baruch Spinozas, tritt für eine liberale, unorthodoxe Religiosität ein. Er widerruft aus Rücksicht auf die Familie, wird aber dennoch um sein Lebensglück betrogen und stirbt von eigener Hand.
Toleranzdr. im Gefolge von Lessings *Nathan*. Stilistisch Schillernachfolge. Dankbare rhetorische Rollen. Großer Bühnenerfolg. »In Dld. wurde *Uriel Acosta* ein Witterungsbarometer für die öffentlichen Zustände« (G.).

Buchausg. 1847.

1848/49   Georg Weerth
(1821–1856, Köln, London, Westindien):
Leben und Taten des berühmten Ritters Schnapphahnski

Satirischer R. In der *Neuen Rheinischen Ztg.*, hgg. Karl Marx. Buchausg. mit Kürzungen und Zusätzen 1849.
Behandelt die Abenteuer des von Heinrich Heine in *Atta Troll* »Schnapphahnski« genannten konservativen Fürsten Lichnowsky, der 1848 von revolutionären Bauern erschlagen wurde. Abrechnung mit dem preußischen Junkertum.
Lockere Form, Handlung von zahlreichen witzigen Einfällen und gesellschaftskritischen Betrachtungen durchsetzt. Stilistisch angelehnt an Heinrich Heine.
Der R. trug W. eine Gefängnisstrafe wegen Beleidigung ein.

Außerdem trat W. zwischen 1843 und 1848 mit politischen und satirischen Gedichten hervor (erschienen in fortschrittlichen Zss. und Ztgg.), in denen er sich vor allem gegen die Ausbeutung der Arbeiter wandte. »Der erste und bedeutendste Dichter des dt. Proletariats« (Friedrich Engels).

1850/51   Karl Gutzkow
         (Biogr. S. 390/391):
         Die Ritter vom Geiste

R., 9 Bdd.

Buch 1 und Buch 2 zunächst 1850 als Fortsetzungs-R. in der *Allgemeinen Dt. Ztg.*, nach
dem Muster von Eugène Sues Fortsetzungs-Rr. (*Die Geheimnisse von Paris*, 1842/43;
Der Ewige Jude, 1844/45). Diese neue Publikationsform des Zeitungs-R. zeigt die enge
Verbindung des Jungen Dld. mit dem Journalismus.

Die Erben eines von Tempelrittern stammenden Vermögens wollen
eine Gesellschaftsreform zur Verwirklichung des neuen Zeitgeistes
durchführen. Der Bund greift rettend und lenkend – der R. spielt
hauptsächlich in Berlin und nach 1848 – in die realen Geschehnisse
der Welt ein.
128 Kapitel, 40 Personen. Seit der 5. Aufl. (1868) sehr gekürzt. Einfluß von Immermanns *Epigonen* und der Tendenz-Rr. Sues. Realistische Schilderung der Berliner Gesellschaft und der Verderbtheit
der oberen Schichten. Verteidigung des Sozialismus, »Heiligung der
Arbeit«, Erörterung der Proletarierfrage. Zum Teil Schlüssel-R.
Neben Realismus jedoch noch die über Frankreich zurückströmen-
den romantischen Mystifikationen und grellen Unmöglichkeiten.
Vorrede wesentlich für die R.-Theorie des Jungen Dld.: Darstellung
des Nebeneinanders verschiedener Schichten; die dargestellten Menschen sind Typen, nicht Charaktere.

Einfluß auf Friedrich Spielhagen.

1851   Heinrich Heine
         (Biogr. S. 391):
         Der Romanzero

Gedichtslg. in 3 Büchern: *Historien* (Über die Vergänglichkeit des
Schönen), *Lamentationen* und *Lazarus* (Klagen über die eigene Krank-
heit und das Elend der Welt, Todesgedanken), *Hebräische Melodien*
(Gestalten und Werte aus der jüdischen Gesch.).
Meist auf dem Krankenbett geschrieben, Ausdruck einer schmerz-
lich-pessimistischen Weltanschauung. Rückwendung zum Glauben:
»Alles, was aus der früheren blasphematorischen Periode noch vor-
handen war, die schönsten Giftblumen habe ich mit entschlossener
Hand ausgerissen« (H.). Neigung zum Schauerlich-Grotesken *(Maria Antoinette; Pfalzgräfin Jutta; Vitzliputzli).*

Innerhalb von zwei Monaten 4 Aufll. von je etwa 6000 Exemplaren.

1858/61   Karl Gutzkow
        (Biogr. S. 390/391):
        Der Zauberer von Rom

R., 9 Bdd.

Plan 1851, entst. 1857–1861, Lokalstudien in Westfalen.

Vom freisinnigen Standpunkt aus geschriebene Darstellung der Machtpolitik des Katholizismus. Die Heldin des Buches, die abenteuernde Lucinde, tritt in den Dienst der katholischen Kirche, wird römische Gräfin. Der einzige, an dem ihre Verführungskunst versagt, der Priester Bonaventura, ein gläubiger und reiner Mensch, entdeckt auf der Höhe seiner Laufbahn, daß er ungetauft ist. Er verhilft der Liberalität zum Siege, indem er als neugewählter Papst ein Konzil zur Durchsetzung von Reformen einberuft. Realistische Gesellschaftsschilderung. In Teilen Schlüssel-R.
Tendenz gegen den Ultramontanismus, gegen die Jesuiten.

1879   Georg Büchner
        (Biogr. S. 390):
        Woyzeck

Dr. ohne Akteinteilung. In *Sämtliche Werke und handschriftlicher Nachlaß*, hgg. Karl Emil Franzos; durch einen Lesefehler »Wozzeck« statt Woyzeck.
Das Werk ist in mehreren sich überschneidenden Bruchstücken vorhanden. Die Hauptfassung schließt mit dem Tode Woyzecks, nur fragmentarisch ist ein anderer Ausgang: Rückkehr Woyzecks vom Teich und gerichtliches Nachspiel. Letzte kurz vor B.s Tode fertiggestellte Fassung ebenso wie ein Dr. *Aretino* verloren.

Quelle: das in der *Zs. für Arzneikunde* 1824 und 1826 erschienene Gutachten des Hofrats Clarus über den Fall des Barbiers Woyzeck, der am 21. 6. 1821 in Leipzig seine Geliebte aus Eifersucht erstach und dafür zum Tode verurteilt wurde.

Der Barbier und Soldat Woyzeck liebt Marie mit der ganzen Kraft seines einfachen Herzens. Als er merkt, daß sie ihn mit dem Tambourmajor betrügt, ersticht er sie und ertrinkt, als er das Mordmesser in den Teich wirft.
Soziales Dr., das Geist und Technik Hauptmanns und Wedekinds vorwegnimmt. Einfluß der sozialen Theaterwerke von Michael Reinhold Lenz, Szenentechnik Shakespeares und des Sturm und Drangs. Der Mensch als Leidender, Unterdrückter, von Herkunft und Milieu abhängig im Sinne des späteren naturalistischen passiven Helden. Materialistisch-fatalistische Weltanschauung. Problem der Gebundenheit menschlichen Handelns. »Es liegt in niemands Gewalt, kein Dummkopf oder kein Verbrecher zu werden.« Ausweglose Einsamkeit, die zum Verbrechen führt. Der realistisch gesehenen Welt des

Volkes gegenüber der bequeme Moralismus des karikaturistisch gezeichneten Bürgertums, den B. in dem Ausspruch des Hauptmanns
ironisiert: »Woyzeck, Er ist ein guter Mensch, aber Er hat keine
Moral.«

Auff. 8. 11. 1913 in München, Residenztheater.
1922 kritisch geordnete Ausg. der Bruchstücke durch Fritz Bergemann.
Oper von Alban Berg. Auff. 14. 12. 1925 in Berlin, Staatsoper.

1850–1890 Realismus

Nach dem Einschnitt in der geistigen Entwicklung des 19. Jh., den
das Fehlschlagen der Revolution von 1848 hervorrief, kennzeichnete
der Realismus, den sowohl das Biedermeier wie die Jungdeutschen
nur in beschränktem Ausmaß zum Prinzip ihrer Dg. gemacht hatten,
die folgende Lit.-Epoche. Sie hat ihn selbst als ihr Ziel und Merkmal
angesehen und sich nach ihm genannt. Neuere Forschung pflegt den
Realismus der Jahre 1850–1890 als »poetischen«, »psychologischen«, »bürgerlichen« Realismus zu bezeichnen, um eine genauere
Abgrenzung des Realismus als Epochenbezeichnung gegenüber dem
Realismus als einer schon wiederholt aufgetauchten und immer wieder möglichen Kunsttendenz zu gewinnen.

In der seit längerem geführten Diskussion um den Realismus-Begriff betonte Erich
Auerbach den Mimesis-Charakter: Wirklichkeitsdarstellung sei Nachahmung der
»alltäglichsten Vorgänge«. Nach Georg Lukács erzeugen die ökonomisch-gesell-
schaftlichen Verhältnisse zwangsläufig die ihr angemessene Widerspiegelung; für den
echten Realisten sei Wirklichkeit das, was durch die Dialektik der Entwicklung als
Fortschritt und Ziel erkennbar ist. Richard Brinkmann forderte, neben nur inhaltlichen Gesichtspunkten auch den der Struktur zu berücksichtigen; er wandte sich gegen
die Gleichsetzung von Realismus und Objektivismus, da mit dem fortschreitenden
Erfassen von Wirklichkeit diese Wirklichkeit die Form der Subjektivität annehme
und die Dg. bei einer »Objektivierung des Subjektiven« ende. Fritz Martini sah diese
Entwicklung zum Subjektivismus nicht als spezifisches Kennzeichen des Realismus
an, sondern der modernen Lit. überhaupt. Er stellte für die Erzählformen der Zeit
nach 1848 eine gegen die bis dahin vorherrschende Subjektivierung gerichtete Wendung zur Objektivierung fest und bezeichnete für die zweite Jh.-Hälfte ein »Bemühen um Gleichgewicht zwischen dem Objektiven und Subjektiven« als charakteri-
stisch. Eine ähnliche Position nahm Friedrich Sengle ein, der von einer »gelassenen
Welthaftigkeit«, einem »Immanentismus« sprach, »der sich von der bloßen Verneinung der alten Mythen ebenso fernhält wie von der bewußten Produzierung neuer
und damit wirklich zu sich selbst gekommen ist«. Wolfgang Preisendanz, dem es besonders um den Begriff des »poetischen Realismus« und den aus ihm resultierenden
Humor ging, kennzeichnete den realistischen Dichter als denjenigen, der »weder in
die Gewalt des Objekts noch seiner subjektiven Gefangenheit« gerät.

Politisch mündet der Zeitabschnitt in die Ära Bismarcks. Seine
Anschauungen und seine Maßnahmen waren den geistig und künstlerisch führenden Zeitgenossen oft nicht gemäß und schienen ihnen
keine Lösungen von Bestand. Die Dg. der Zeit zeigt, daß nur eine

Beruhigung an der Oberfläche eingetreten war. Die Haltung der Realisten ihrer Zeit gegenüber war kühl, abwartend, bisweilen resignierend.

In den 50er Jahren setzte der große Aufschwung der Naturwissenschaften ein. Er brachte die schnelle Entwicklung der Technik, die schon dem damaligen Beobachter bedrohlich erschien. Die mit ihr zusammenhängende Industrialisierung und der wachsende Kapitalismus führten zur Proletarisierung weiter Schichten, die nur ihre Arbeitskraft besaßen. Der Gegensatz der Klassen und der Gegensatz von Stadt und Land traten ins Bewußtsein. Nachdem schon 1840 der Franzose Pierre-Joseph Proudhon die Frage »Was ist Eigentum?« gestellt hatte und Karl Marx zus. mit Friedrich Engels 1848 das *Kommunistische Manifest* herausgegeben hatte, erschien 1867 der erste Band von Marx' Hauptwerk *Das Kapital*. Probleme waren aufgeworfen, die dringend der Antwort bedurften.

Die Wirkung Ludwig Feuerbachs blieb auch für den Realismus noch entscheidend. Seine Auflösung der Religion in Anthropologie, seine Wendung zu einer diesseitigen, sinnlich erfaßbaren Wirklichkeit schlossen damit alle falsche »Poesie«, die das Leben von außen her schmücken wollte, aus. Einfluß vor allem auf Hebbel und Keller.

Eine wesentliche Festigung erhielt die materialistische Philosophie durch entscheidende naturwissenschaftliche Erkenntnisse. Der aus einer Medizinerfamilie stammende Bruder Georg Büchners, Ludwig Büchner, gab 1855 seine wissenschaftlich unterbaute, aber allgemeinverständlich geschriebene materialistische Naturlehre *Kraft und Stoff* heraus. Die systematische Begründung der deterministischen Naturauffassung erfolgte durch den Engländer Charles Robert Darwin (1809–1882) in seinem Hauptwerk *Über den Ursprung der Arten durch natürliche Zuchtwahl* (1859). Neben ihm wirkte bahnbrechend sein Landsmann Thomas Henry Huxley (1825–1895) mit *Über die Stellung des Menschen in der Natur* (1863). Der bedeutendste Schüler Darwins in Dld. war Ernst Haeckel (1834–1919), dessen Wirkung mit *Natürliche Schöpfungsgesch.* (1868) damals begann.

Der einzelne wurde als Objekt größerer naturgegebener Kräfte erkannt. Auch die seelischen Regungen erschienen als mechanische, kausalen Gesetzen unterworfene Funktionen.

Während die Philosophie Feuerbachs und der Materialisten einen gewissen Fortschrittsglauben auslöste, wurde das Werk des zu seiner Zeit fast ohne Widerhall gebliebenen Arthur Schopenhauer (1788 bis 1860) nun für die Formulierung von Resignation und Pessimismus in Anspruch genommen: *Die Welt als Wille und Vorstellung* (1819), *Die Freiheit des Willens* (1839), *Das Fundament der Moral* (1840). Nach Schopenhauer war die Welt Äußerung einer unvernünftigen und blinden Kraft; in ihr zu leben heiße leiden. Der Wille zum Leben entspringe der Begierde, dem Unbefriedigtsein, erst mit diesem

Willen zum Leben werde auch das Leid überwunden. Die begierde-
und wunschlose Wendung zum Nichts (Nirwana) hebe das Leiden
auf. Eine Vorbereitung dazu bedeute schon das Mitleid, das die
Schranken der Individualität durchbricht. Manchen Zeitgenossen
gab diese Philosophie Schopenhauers die Möglichkeit, sich dem
Kausalzwang der materialistischen Anschauung zu entziehen. Einfluß Schopenhauers vor allem auf Busch, Raabe, v. Saar.
Bedeutender Ästhetiker der Zeit war der Hegel-Schüler Friedrich
Theodor Vischer (1807–1887), der einen letzten, scheiternden, Versuch eines Systems der Ästhetik unternahm (*Ästhetik oder Wissen-
schaft des Schönen*, 1847–1858). In seinem Spätwerk verzichtete er
dann auf die Vorstellung einer metaphysischen, aus sich seienden
Objektivität des Schönen und setzte statt dessen eine subjektive Produktion des Schönen durch die Phantasie der mythenschaffenden
Einbildungskraft. Kritische Vernunft sowie personales und soziales
Gewissen bleiben ethische Verpflichtung des Menschen.

Die 1859 zwischen Lassalle, Verf. des idealistisch-individualistischen Revolutionsdr.
Franz von Sickingen (1858), und Marx sowie Engels brieflich ausgetragene »Sickingen-
Debatte« gilt der materialistischen Lit.-Kritik als Grundmodell.

Das Bürgertum huldigte einem auf Pflichterfüllung beruhenden
Optimismus, der die Problematik des Lebens verdeckte. Daher ver-
flüchtigte sich die Ethik beim gebildeten Durchschnitt vielfach zu
einem theoretischen Ideal, während die tieferen geistigen Strömungen der Epoche durch viel Pessimismus, Resignation und Glaubens-
losigkeit gekennzeichnet sind. Andere Länder sind den Weg des
Realismus schneller gegangen als Dld., das immer noch stark im
Banne des von ihm geschaffenen Idealismus stand. So wirkten die
realistischen Rr. des Auslands auf den dt. realistischen R.
Neben die anhaltende Wirkung Balzacs trat die Stendhals (1783 bis
1842), des Schöpfers des psychologischen R.: »Je serais compris
vers 1880.« An Gustave Flaubert (1821–1880) ließ sich die Präzision
des Stils, die Objektivierung der Dg. und die Kritik des Bürgertums
lernen; *Madame Bovary* (1857), das Schicksal der unverstandenen
Frau, wurde auch in Dld. der berühmteste R. der Zeit.
Die eindringliche Wirkung des Engländers Charles Dickens (1812
bis 1870) lag in der Schilderung des engl. Alltags, auch des traurigen,
der Typen des kleinbürgerlichen Lebens und der Verbrecher (*Die
nachgelassenen Papiere des Pickwick-Clubs*, 1836; *Oliver Twist*, 1837/38;
David Copperfield, 1849/50). D. fand, besonders auch wegen seines
Humors, in Dld. Nachahmer, man entdeckte die »dt. Pickwickier«,
der Genre-R. entstand. Die russ. Realisten hatten vorläufig nur geringe Wirkung auf Dld. (Turgenjew).
Vorbild für das Theater war das frz. Gesellschaftsstück von Dumas
d. J. (1824–1895), Sardou (1831–1908) und Feuillet (1821–1890).

Der Realismus wollte die ihm faßbare Welt unparteiisch beobachten und schildern. Ausgeschaltet wurde, was jenseits des Realen liegt, ebenso wie Gefühl und Meinung des Dichters selbst. Voraussetzung dafür war der Glaube an eine klare Scheidung von Subjekt- und Objektsphäre. Die Wirklichkeit an sich sollte gezeigt werden. Gut und böse, schön und häßlich, groß und klein seien gleich schildernswert. Der realistische Dichter will nicht klüger sein als das Leben, er wendet sich gegen jede die Wirklichkeit verfälschende Tendenz, er ist, wie Otto Ludwig formulierte, gegen Schiller genauso wie gegen die Jungdeutschen. Er haßt das Pathos und ist skeptisch gegenüber dem Heroischen. So ist der Realismus gekennzeichnet durch »die gelassene Welthaftigkeit, die durch den Verzicht auf alle Ideologie und durch Anerkennung der verschiedensten individuellen und kollektiven Substanzen möglich wird« (Friedrich Sengle).

Als Voraussetzung galten daher Kenntnis und Schilderung der gesellschaftlichen Verhältnisse, bei hist. Stoffen auch der vergangenen. Das Milieu war freilich noch nicht Ziel wie im späteren Naturalismus, es diente dazu, den Menschen in seiner Spannung zur Umwelt zu zeigen. Wichtige Themen der realistischen Lit. waren die soziale Frage, das Staatswesen, der Gemeinschaftsgedanke. Selbst bei dem scheinbar so gegenwartsfernen Hebbel scheint häufig die politische Gegenwart durch, etwa in der Idylle *Mutter und Kind*.

Mittelpunkt der realistischen Dg. wurde der Mensch. Auf dem Erfahrungswege suchte man das Wesen der seelischen Funktionen und ihre Beziehung zum Leib zu ergründen; von der menschlichen Seele her erschien die gesamte wirkliche Welt erreichbar, und die Spannung zwischen menschlicher Seele und der den Menschen umgebenden Welt war das eigentliche Thema der Dg. Den Menschen sah man in seinen Alltag, in seine – bürgerliche – Arbeit gestellt. »Bürger« war im Gegensatz zur Romantik und zu späteren Epochen ein Ehrentitel. Da, wo der Mensch ohne Prätention auftritt, fühlte man sich dem Natürlichen, Menschlichen am nächsten. Bildung erschien nicht mehr als wichtiges Element der Menschenformung, wie noch bei Stifter, sondern als künstlich und lebensfern. Der Blick für die Bedeutung der sozialen Lage schärfte sich, geistige Ansprüche und finanzielles Vermögen wurden in Abhängigkeit voneinander gebracht. Indem das Individuum sich zum Dienst an der Gemeinschaft entwickeln sollte, verband sich dem idealistischen Gedanken der Ich-Entfaltung ein altruistischer und demokratischer.

Da die Religion nicht mehr über die Dissonanzen des Daseins hinwegzuhelfen schien, wandte man sich von ihr ab. Der Mensch wurde ohne Beziehung zum Transzendenten gesehen. Als illusionsloser Beobachter der Wirklichkeit erkannte der Realist im Leben eine Macht, der die menschlichen Vorstellungen von Schuld und Unschuld fremd sind und der der Mensch ausgeliefert ist. An die Stelle

der Gottheit und des unfaßbaren Schicksals war die Welt selber getreten. Ihr erliegt Hebbels tragisches Individuum, weil sein Handeln
die Ordnung stört. Auch Storm nannte den allertragischsten Untergang den schuldlosen im Kampf mit den Mächten der Umwelt und
der eigenen menschlichen (ererbten) Begrenztheit. Das Leben, die
Gesellschaft schreitet bei Hebbel und Fontane über die tragisch ver-
wickelten Individuen ebenso hinweg wie über die komisch an-
maßenden etwa bei Keller.

Entsagung und Resignation waren Grundzüge des Realismus. Sie
verbinden die Epoche mit dem Biedermeier, von dem sie sich durch
ihre Illusionslosigkeit unterscheidet. Der Begriff Innerlichkeit und
seine dichterische Ausformung sind kennzeichnend. Am wenigsten
sichtbar ist die Resignation bei Keller. Seine realistischen Darstellungen haben die Ausgewogenheit echter Idyllen, was auf die besondere
politische Struktur der Schweiz zurückgeführt worden ist (Georg
Lukács). Die von Wilhelm Raabe geschaffenen Außenseiter suchten
in einer noch dem Biedermeier verwandten Haltung ihre Seele in die
Einsamkeit zu retten. Der junge Storm begegnete der Lebensproble-
matik mit einer »lyrischen Selbstbeschränkung auf eine Novellistik
der Erinnerungen« (Lukács). Im Spätwerk Raabes und Storms ist
jedoch eine schonungslosere Darstellung des Schicksals und eine
größere Herbheit und Härte der Charaktere festzustellen. Fontane
vermied es, der Frage nach dem Warum des erbarmungslosen Lebensweges auf den Grund zu gehen: »Das ist ein zu weites Feld.«
Die Autoren unterscheiden sich durch einen mehr objektivierenden
oder mehr subjektivierenden Darstellungsstil, jedoch gehört ein gewisser Sentimentalismus zu den formbildenden Elementen.

Humor stand fast allen großen Realisten zu Gebote, am wenigsten
vielleicht Storm. Nach Fontane hat der Humor »das Darüberstehen,
das heiter souveräne Spiel mit den Erscheinungen des Lebens zur
Voraussetzung«. Humor ist die Waffe gegen die Bedrohung des
Daseins. Die Bedeutung des Humors innerhalb des bürgerlichen
Realismus hängt mit dessen verstehender Haltung, seinem Achsel-
zucken den Zuständen gegenüber, dem Nicht-Partei-Ergreifen zusammen. Der Humor lebt aus der Spannung des Objektiven und
Subjektiven, ermöglicht Relativierung und Distanz und dient sowohl
schonungsloser Demaskierung wie einem bittere Einsichten über-
windenden Lebensvertrauen. Komische Züge sind in den Charakteren
oft mit tragischen gemischt.

Der poetische Realismus stellte den Menschen noch nicht, wie der
Naturalismus, als Produkt der materiellen Kräfte dar, sondern zeigte
ihn im Kampf mit ihnen. Dieser Kampf ist von vornherein – dem
Kämpfenden auch erkennbar – gegen das Individuum entschieden,
das sich zu ihm verpflichtet fühlt. Dem als autonom betrachteten Individuum wird die Möglichkeit der Auflehnung und inneren Un-

abhängigkeit gegenüber den realen Zuständen und Determinationen zugesprochen. Das hängt mit der Aufrechterhaltung gewisser ethischer Normen, mit der noch gültigen Bindung an das Sittengesetz der klassischen Zeit zusammen. Es war das letzte Gefecht des bürgerlichen Humanismus (Georg Lukács). »Was ewig gleich bleiben muß, ist das Bestreben nach Humanität« (Keller). Raabe formulierte: »Sieh nach den Sternen.« Fontane ging es um die Wahrung des inneren Anstandes, um das Sittengesetz als Ordnungsmacht im menschlichen Leben, vor allem gegenüber den Leidenschaften: »Ehe ist Ordnung.« Zu ihr bekannte sich auch Hebbel im Gegensatz zu den jungdt. Emanzipationsrufen. Insofern stand die Dg. der Realisten in einer Abwehrstellung gegen die immer stärker werdenden Tendenzen des Utilitarismus, des Gewinn-, Erfolgs- und Machtdenkens.

Die Dg. des Realismus war beherrscht von dem »Bemühen, Mensch und Dinge durch einen Zusammenhang der Dinge zusammenzuhalten, der eine Ordnung und Notwendigkeit über dem Einzelnen und Zufälligen, also eine ›Ganzheit‹ wenigstens erahnen ließ« (Fritz Martini). Von hier aus versteht sich wohl auch das »Poetische« dieses Realismus, den Fontane mit Bezug auf ein Werk Turgenjews formulierte: ». . . eigentlich langweilt es mich, weil es . . . so grenzenlos prosaisch, so ganz unverklärt die Dinge wiedergibt. Ohne diese Verklärung gibt es aber keine eigentliche Kunst, auch dann nicht, wenn der Bildner in seinem bildnerischen Geschick ein wirklicher Künstler ist.«

Der Stil der Realisten zeigt gegenüber den vorangegangenen Epochen eine größere Sach- und Dinggebundenheit. Er vermied Extreme wie Pathos und Exaltation, war gedämpft, nüchtern und gefeilt und zeigte innerhalb dieser mittleren Lage eine große, an den Persönlichkeitsstil geknüpfte Variationsbreite. Anknüpfung an die Tradition, vor allem der Spätprosa Goethes.

Die Dg. des Realismus war fast ausschließlich episch. Die Beliebtheit der Nov., die zu einer vorher nicht erreichten Höhe entwickelt wurde, hielt an. »Die heutige Nov. ist die Schwester des Dr. und die strengste Form der Prosa-Dg. Gleich dem Dr. behandelt sie die tiefsten Probleme des Menschenlebens. Gleich diesem verlangt sie zu ihrer Vollendung einen im Mittelpunkt stehenden Konflikt, von welchem aus das Ganze sich organisiert, und demzufolge die geschlossenste Form und die Ausscheidung alles Unwesentlichen« (Storm). Das ist eine Nov.-Theorie im Sinne Goethes. Im Realismus, der besondere Charakterzüge und Milieu geschildert wissen wollte, gewann die Nov. gegenüber der ital. Ursprungsform, die mit feststehenden Typen arbeitete und gesellschaftliche und künstlerische Wirklichkeit voraussetzen konnte, größere Breite, Detailliertheit und verfeinerte Psychologie. Sie entsprach der in den realistischen

Kunsttendenzen liegenden Spannung zwischen Objektivem und
Subjektivem, »indem sie in der objektivierten Form von einem zum
Subjektiven hin pointierten Geschehen erzählte. In der Nov. prägt
sich die geistes- und dichtungsgeschichtliche Lage dieser Zeit nach-
drücklich aus« (Fritz Martini).
Versenkung ins Detail zeigte sich besonders in der von Keller, Auerbach, der Ebner-Eschenbach gepflegten, von Arnim und Immermann eingeführten Sondergruppe der Dorfgesch. Sie erschien jetzt
landschaftlich gebunden.
Der erstrebten Entsubjektivierung der Nov. diente ebenso die Form
der Chronik wie die dem Handelnden selber in den Mund gelegte
Erz. oder die Zwischenschaltung eines fingierten Erzählers. Die
Nov., die den Anspruch auf strenge künstlerische Disziplin erhob,
hat sich im besonderen der Technik eines Symbol-Überbaus über der
realen Handlung bedient.
Gegenüber der Nov. nahm die – in der europäischen Lit. führende –
Gattung des Romans in Dld. die zweite Stelle ein.
Der realistische R. vermied alles Lyrische, Subjektive, das in der
Nov. noch gelegentlich hervortrat. Stärkere Beachtung noch
schenkte er der Umwelt, dem Detail, der Entwicklung der Charaktere. Der realistische R. (Raabe, *Hungerpastor*; Keller, *Grüner
Heinrich*) setzte die geistige Entwicklung des Helden in Beziehung
zu seinen materiellen Verhältnissen, die der vorangegangene Bildungs-R. unberücksichtigt gelassen hatte.
Gegenüber der Leistung der großen realistischen R.-Autoren blieb
Friedrich Spielhagens R.-Theorie wesentlich zurück. Sie vereinigte
die Tradition der klassischen Ästhetik mit einem modernen Pragmatismus und forderte eine Objektivität im vordergründig stofflichen Sinne. Um der vollständigen und getreuen Abbildung willen
solle der Erzähler aus dem Erzählten ausgeschaltet werden. Der für
unentbehrlich gehaltene Held solle das Auge sein, durch das Dichter
und Leser die Welt sehen, und erweise sich damit als objektiv gefärbte Maske der Subjektivität.
Eingehende Beachtung des äußeren Daseins griff besonders bei hist.
Stoffen Platz, wo mit dem Interesse des Lesers am Ungewöhnlichen
gerechnet werden konnte. Die Entwicklung des hist. R. und der
hist. Erz. im 19. Jh. erreichte im Realismus ihren Höhepunkt. Von
den großen politischen Ereignissen und Persönlichkeiten wandte
man sich – vor allem unter dem Einfluß von Wilhelm Heinrich Riehl
– dem Milieu der Vergangenheit, der Kulturgesch., dem Durchschnittsmenschen zu. Nur C. F. Meyer bevorzugte das große, maß-
lose Individuum. Im Zuge dieser Entwicklung übernahm der hist.
und archäologische sog. Professoren-R. allmählich eine ähnliche
Kenntnis vermittelnde Funktion wie der heroisch-galante im 17. Jh.:
auch er wollte gelehrt sein und belehren, hatte einen Zug zum

Abenteuerlichen und endete mit dem Sieg der Tugend. Der Tri-
vial-R. hielt sich als hist. R. an das Anekdotische sowie Effektvolle
und im Gewand des ethnographischen R. an Buntheit sowie Detek-
tivisches (Gerstäcker, Karl May).

Der epische Grundzug der Zeit, die Gelassenheit und die Neigung
zu Milieu- und Zustandsschilderungen waren dem Drama ungünstig.
Heyse, die Ebner-Eschenbach, Meyer bemühten sich vergeblich um
dram. Gestaltung. Otto Ludwig, bedeutsam in seinen *Shakespeare-
Studien* (1871), erwies sich als Dramatiker von untergeordnetem
Rang. Nur Hebbel gelang die Weiterführung der Tradition des dt.
Dr. In seiner *Maria Magdalene* machte er das Milieu zum Motor des
Ganzen. Später sah er in der Milieudarstellung die Gefahr des bürgerlichen Dr., das zu erneuern er eigentlich plante, und wandte sich
bekannten historischen, mythischen Stoffen zu. In ihnen konnte er
die Menschen im Kampf mit ihrer Umwelt zeigen, ohne das Milieu
schildern zu müssen, dessen Kenntnis er voraussetzte. H.s Schuld-
Vorstellung ist durch das Problem der sittlichen Verantwortung vor
einer metaphysischen Ordnung noch mit dem Idealismus verbunden:
»Das böse Gewissen des Menschen hat die Tr. erfunden« (H.). Indi-
viduation führe notwendig zur Verletzung des Persönlichkeitsrechts
anderer. Pantragismus. H. zeichnete Konflikte am Wendepunkt
zweier Zeiten, wo der außergewöhnliche Mensch im Kampf zwischen dem noch nicht Überwundenen und dem noch nicht Durch-
gesetzten scheitert. Im Anschluß an Hegels Dialektik gab er am
Schluß den Ausblick auf eine kommende Synthese. H.s Realismus
zeigt sich in der detaillierten psychologischen Analyse.

Die Krisensituation des Dr. wird sichtbar einerseits an dem kon-
struktiven Versuch Richard Wagners, das Sprechdr. durch das Mu-
sikdr. als den Ausdruck der totalen Kultur zu ersetzen, und andererseits an dem Pragmatismus Gustav Freytags, dessen *Technik des Dramas* (1863) das Wesen des Dr. in einem System von Einzelregeln umschrieb.

Hebbels Trr. fanden in ihrer Zeit wenig Beachtung, in der die epigonalen Werke von
Geibel, Rudolf Gottschall und Adolf Wilbrandt (1837–1911; *Der Meister von Palmyra*,
1889) den Vorzug erhielten. Das Theater der Zeit lebte vor allem von Dumas, Sardou,
Feuillet u. a. und ihren dt. Nachfolgern Oskar Blumenthal (1852–1917), Gustav
Kadelburg (1856–1910), Gustav von Moser (1825–1903), Franz von Schönthan (1849
bis 1913), Adolf L'Arronge (1833–1908), Hugo Lubliner (1846–1911).

Für das hist. Dr. wurde der von dem Meininger Hoftheater und seinen Gastspielen ausgehende, das Prinzip der hist. »Echtheit« be-
tonende Freskenstil entscheidend.

Für die Lyrik ist das Auslaufen von zwei Traditionssträngen bezeichnend: dem des »Erlebnisgedichts« und dem der »Stimmungslyrik«, die durch seit der Romantik bestehende Beziehungen zur
Musik geprägt ist. Für beide war Storm letzter Repräsentant. Je mehr

der Einklang von Ich und Natur schwand, um so stärker wurde das Stimmungshafte zu Monolog und Andeutung subjektiviert (Alters-lyrik von Storm und Fontane) und um so mehr verselbständigte sich die Welt der Dinge. In C. F. Meyers Dinggedichten, die schon zum Symbolismus hinweisen, ist die Symbolisierung der Außenwelt ein Mittel indirekter Aussage. Für die meisten Autoren der Epoche war die Lyrik eine Sache der Jugend oder poetischer Nebenstunden. Systematische, wenn auch epigonale Pflege erfuhr die Lyrik um die Mitte des 19. Jh. durch den sog. Münchener Dichterkreis.

Die Dichter des Realismus waren fast durchweg Angehörige des mittleren und kleinen Bürgertums, wenige Ausnahmen stammten aus adligen (Luise von François, Marie von Ebner-Eschenbach) oder großbürgerlichen, patrizischen Kreisen (C. F. Meyer).

Der Realismus war nicht landschaftlich gebunden, sondern über den ganzen dt. Sprachraum verbreitet. Stark vertreten sind Nd.-Dld. (Hebbel, Raabe, Busch, Storm, Groth, Reuter), die Mark (Alexis, Fontane), andererseits die Schweiz (Keller, Meyer), weniger stark Österreich (Ebner-Eschenbach, Rosegger); auch Thüringen (Otto Ludwig, Luise von François), Schwaben (Auerbach, Scheffel), Schlesien (Freytag) waren beteiligt.

Die führenden Persönlichkeiten des Realismus standen ähnlich wie die des Biedermeier ihrer Zeit mit Reserve gegenüber. Diese war jedoch nicht bedingt durch Festhalten an der Tradition, sondern durch das Gefühl, die Zeit hinter sich gelassen zu haben oder außerhalb von ihr zu stehen, nicht zeitgemäß zu sein. Dem Publikumsgeschmack war ohnehin ihr Realismus zu hart oder zu wenig attraktiv. Den Zeitgeschmack bestimmten gefällige Talente wie Heyse, Geibel und Scheffel. Der dieser lit. Neben- oder Unterströmung eigene Hang zu Formschönheit, starken Farben und erhabenen Gestalten gewann nach der Reichsgründung 1871 im Zuge des sich geltend machenden Selbstgefühls, Machtbewußtseins und Prunkes neuen Aufschwung und äußerte sich vor allem auf dem Gebiet des hist. Dr. und R. (Felix Dahn, Georg Ebers, Rudolf Gottschall, Robert Hamerling, Wilhelm Jordan, Albert Lindner, Adolf Friedrich v. Schack, Julius Wolff). An diesen Autoren wird die für ihre künstlerische Bewertung bezeichnende Kluft zwischen dem Hang zur traditionellen großen Kunst und der Problemsituation der Zeit ebenso deutlich wie bei den Idyllikern von Bodenstedt bis Heinrich Seidel, bei denen Ästhetisches und Ethisches in anderer Weise auseinanderklaffte.

Auch die Lit.-Kreise waren mehr von diesen Talenten bestimmt als von den eigentlichen Realisten, die sich nicht zu einer gesonderten Gruppe zusammenschlossen. In den 50er Jahren hatte der von Gottlieb Moritz Saphir 1827 gegründete »Tunnel über der Spree« seine lit. Bedeutung durch die Mitgliedschaft von Heyse, Storm, Fontane, Felix Dahn. Er vertrat einen gemäßigten Realismus. Seit 1854 erschien sein Jahrbuch *Argo*. Der seit 1852 um Maximilian von Bayern versammelte »Münchener

Dichterkreis« oder die »Gesellschaft der Krokodile« umfaßte die Formkünstler und idealisierenden Traditionalisten (Geibel, Heyse, Bodenstedt, Wilbrandt, Graf Schack, Leuthold, Lingg, Hertz). Als Parallelgründung zu den um Leconte de Lisle gescharten frz. »Parnassiens« vertrat man den Grundsatz L'art pour l'art gegen Tendenzpoesie, gegen die Verwahrlosung der Form.

Von schon bestehenden Zss. vertraten *Die Grenzboten* während ihrer Leitung durch Julian Schmidt und Gustav Freytag (1848–1857) die künstlerischen Tendenzen des Realismus.

Für die Publikation von Rr. und Novv. waren folgende Revuen und Familienblätter von Bedeutung:

Die Gartenlaube, seit 1843, hgg. Ernst Keil bis 1890. Großer Bildungs- und Geschmackseinfluß, im lit. Teil jedoch Repräsentant pseudoromantischer Triviallit. (Eugenie Marlitt, Wilhelmine von Hillern, Wilhelmine Heimburg).

Westermanns Monatshefte, seit 1856, hgg. Adolf Glaser 1865 ff.

Über Land und Meer, seit 1858, gegründet von Friedrich Wilhelm Hackländer.

Daheim, seit 1864, hgg. Robert König, später Hans von Zobeltitz.

Die Gegenwart, seit 1872, gegründet von Paul Lindau, hgg. Theophil Zolling 1881 bis 1901.

Dt. Rundschau, seit 1874, hgg. Julius Rodenberg bis 1914. 1919–1942 und 1946–1961 Rudolf Pechel. Starke Förderung der Nov., der fast die Hälfte jedes Heftes zur Verfügung stand (Beiträge von Auerbach, Heyse, Storm, Keller, Meyer, Fontane). Bedeutsam auch für die Einbürgerung des Essays als lit. Gattung.

Die wichtigsten Dichter des Realismus:

Fontane, Theodor, geb. 1819 in Neuruppin, entstammte einer Refugié-Familie. Wurde in Berlin Apotheker, Fühlung mit den lit. Kreisen Berlins, Mitglied des »Tunnels über der Spree«. 1849 Heirat und Aufgabe des Apothekerberufs. 1855–1859 Berichterstatter in England, in den Kriegen der Bismarck-Ära Kriegsberichterstatter. 1870–1890 Theaterkritiker der *Vossischen Ztg.* für das Kgl. Hoftheater. Schrieb erst seit etwa 1870 Rr. Gest. 1898 in Berlin.

Hebbel, Friedrich, geb. 1813 in Wesselburen in Dithmarschen als Sohn eines Maurers. 1827–1835 untergeordnete Schreibertätigkeit. 1835 nach Hamburg, durch Unterstützung von Gönnern Vorbereitung zum Studium. Bekanntschaft mit Elise Lensing. 1836–1839 an den Universitäten Heidelberg und München. Aufgabe des Jurastudiums und damit der Stipendien. Depression durch den Tod der Mutter und des Freundes Emil Rousseau. Winter 1839 zu Fuß nach Hamburg zurück. 1842/43 in Kopenhagen, dänisches Reisestipendium für zwei Jahre: 1843/44 in Paris, 1844/45 in Rom und Neapel. 1845 in Wien, wo H. 1846 die Schauspielerin Christine Enghaus heiratete. Reisen nach München, Weimar, Hamburg, Paris, London. Wichtige Quelle die seit März 1835 geführten Tagebücher H.s. Gest. 1863 in Wien.

Keller, Gottfried, geb. 1819 in Zürich als Sohn eines Drechslermeisters. Infolge Verweisung von der kantonalen Industrieschule

1834 von der höheren Bildung ausgeschlossen, Autodidakt. 1840 nach München. Der Plan, Maler zu werden, scheiterte an der Erkenntnis der eigenen Unzulänglichkeit. 1842 Rückkehr nach Zürich, Wendung zum Schriftstellerberuf. Nach Erscheinen der *Gedichte* (1846) Stipendium der Stadt Zürich zur Ausbildung in Dld. 1848 Heidelberg, Einfluß Feuerbachs. 1850–1855 Berlin, dann Rückkehr nach Zürich. 1861–1876 Staatsschreiber von Zürich. Gest. 1890 in Zürich.

Meyer, Conrad Ferdinand, geb. 1825 in Zürich als Sohn eines Staatsmannes und Historikers. 1843 Schulbesuch in Lausanne, von da an unter Einfluß der frz. Lit. Von Jugend auf schwermütig, schon 1852 in einer Heilanstalt. Danach Beginn als Übersetzer aus dem Frz., dann auch ins Frz. Durch den Krieg 1870/71 Wendung zur dt. Lit. 1891 geistiger Zusammenbruch durch Überarbeitung. Gest. 1898 auf seinem Landsitz Kilchberg.

Raabe, Wilhelm, geb. 1831 in Eschershausen/Braunschweig als Sohn eines Justizaktuars. 1849 Buchhändlerlehrling. 1855 stud. phil. in Berlin. 1856 nach dem Erfolg der *Chronik der Sperlingsgasse* Aufgabe des Studiums; lebte von da an als Schriftsteller, zunächst in Wolfenbüttel, 1862–1870 in Stuttgart, seitdem in Braunschweig. Gest. 1910 ebd.

Storm, Theodor, geb. 1817 in Husum als Sohn eines Advokaten. 1837 stud. jur. in Kiel, seit 1847 Advokat in Husum. Nach der Einverleibung Holsteins in Dänemark Aufgabe der Advokatur. 1853 bis 1856 Assessor am Kreisgericht Potsdam, Verbindung mit den Berliner lit. Kreisen. 1856 Kreisrichter in Heiligenstadt auf dem Eichsfeld. 1864 Rückkehr nach Husum, 1880 Übersiedlung nach Hademarschen. Gest. 1888 ebd.

1840   Friedrich Hebbel
        (Biogr. S. 419):
        Judith

Tr. 5, Prosa. Auff. 6. 7. in Berlin, Königliches Hoftheater; durchgesetzt von der durch Amalie Schoppe auf das Werk hingewiesenen Schauspielerin Auguste Stich-Crelinger.

Geschrieben von Oktober 1839 bis Januar 1840.

Das Motiv für den blutigen Mord der biblischen Judith an dem feindlichen Feldhauptmann Holofernes ist anfänglich Vaterlandsliebe, im eigentlichen Augenblick der Tat aber verletzter weiblicher Stolz. Judiths Gefühl, das sich dem Holofernes zuwandte, empfand sich erniedrigt, als er es – und damit auch sie – wie Kriegsbeute entgegennahm. Die von den Ihren dann umjubelte Heldin ist belastet von dem Bewußtsein gebrochenen Stolzes und unreiner Tat. »Die Gottheit selbst, wenn sie zur Erreichung großer Zwecke auf ein In-

dividuum unmittelbar einwirkt und sich dadurch einen willkürlichen
Eingriff ins Weltgetriebe erlaubt, kann ihr Werkzeug vor Zermal-
mung durch dasselbe Rad, das es einen Augenblick aufhielt und
anders lenkte, nicht schützen.« Mit diesen 1838 formulierten, auf die
von H. abgelehnte idealisierende Haltung Schillers in der *Jungfrau
von Orleans* zielenden Sätzen war bereits der Grundgedanke der
Judith und H.s Auffassung vom Tragischen überhaupt ausgesprochen. In Holofernes gingen Züge Napoleons aus einem geplanten
Napoleon-Dr. ein; der Subjektivismus und Nihilismus sind den Gestalten Grabbes und der Jungdeutschen verwandt.
Zugleich gegen die jungdt. Gedanken der Frauenemanzipation: die
Frau zum Dulden, nicht zum Tun bestimmt.

Buchausg. 1841.

1840   Emanuel Geibel
(1815–1884, Lübeck, München):
Gedichte

Mit Blick auf die klassische Dg., insbesondere Goethes, entstandene,
im Formalen noch durch Beherrschung auch schwieriger Vers-
formen ansprechende, geistig aber epigonale Formkunst. Reiner
Schönheitskult, gegen Tendenzpoesie. Dem realistischen Zeitgeschmack fern, ohne ihm neue Ideen gegenüberzusetzen. »Was schön
ist, ist schon dagewesen, / Und nachgeahmt ist, was uns glückt.«
(Bildhauer des Hadrian.)

Großer Erfolg, 1884 100. Aufl. – Zweite Slg. reiferer Gedichte *Juniuslieder* (1848).
Außerdem: *Neue Gedichte* (1856), *Gedichte und Gedenkblätter* (1864), *Heroldsrufe* (1871),
Spätherbstblätter (1877).

1843   Wilhelm Meinhold
(1797–1851, Pfarrer auf Usedom):
Die Bernsteinhexe

Chronikalische Erz., anonym ersch. unter dem verschleiernden Titel
»Maria Schweidler, die Bernsteinhexe, der interessanteste aller bisherigen Hexenprozesse, nach einer defekten Handschrift ihres Vaters,
des Pfarrers Abraham Schweidler in Coserow auf Usedom«.

Teil-Vorabdrucke 1841 und 1842 in *Christoterpe*.

Um zu beweisen, wie unzuverlässig die moderne Textkritik (Bibel-
kritik) sei, fingierte M. eine Aufzeichnung aus dem 17. Jh. und
ahmte die Sprache so geschickt nach, daß man sie für echt hielt. Die
»Fälschung« wurde 1844 von M. selbst aufgeklärt.

Entscheidend für die Entstehung des kulturhist. R. in der zweiten Hälfte des 19. Jh.

1843   Friedrich Hebbel
(Biogr. S. 419):
Genoveva

Tr. 5, in Jamben.

Angeregt 1839 durch Dr.-Skizze von Maler Müller. Begonnen 1840 unter dem Eindruck von Tiecks *Leben und Tod der heiligen Genoveva*, beendet 1841. Das Nachspiel
entst. 1851 auf Anregung Holteis.

Genoveva wird von ihrem ins Heilige Land ziehenden Gatten Siegfried in den Schutz Golos gestellt. Golo liebt Genoveva und wird
zurückgewiesen. Er bezichtigt sie vor dem heimkehrenden Siegfried
des Ehebruchs. Zum Tode verurteilt, wird sie auf wunderbare Weise
gerettet und lebt mit ihrem Kinde in einer Waldhöhle. Golo sticht
- sich die Augen aus und wird von einem Mitwisser getötet.
H. – in ähnlicher verworrener Seelenlage – gestaltete vor allem die
psychologische Tr. Golos, den das edelste Gefühl zum Verbrechen
treibt. Später drängte sich die Märtyrertr. der Genoveva, die, wie
H.s Agnes Bernauer in dem gleichnamigen Dr., ihrer Schönheit
zum Opfer fällt, stärker vor. Die künstlerische Vereinigung beider
Motive und die Ent-Episierung des Stoffes nicht gelungen. Jungdt.
Stileinflüsse.

Auff. 13. 5. 1849 in Prag in einer tschechischen Übs., 20. 1. 1854 in Wien, Burgtheater,
unter dem Titel *Magellona*, gekürzt, zus. mit dem 1851 geschriebenen Nachspiel, in
dem Siegfried nach sieben Jahren Frau und Sohn wiederfindet.

1843 ff.   Berthold Auerbach
(1812–1882, aus Württemberg, in Weimar, Leipzig, Wien,
Berlin):
Schwarzwälder Dorfgeschichten

Die bekanntesten: *Diethelm von Buchenberg*, *Edelweiß*, *Barfüßle*, *Die
Frau Professorin* (Vorlage für das Dr. der Charlotte Birch-Pfeiffer:
Dorf und Stadt).
Häufiges Motiv: Gegensatz von bäuerlicher Sitte und »höherer Sitt-
lichkeit«. Im Gegensatz zu dem etwa gleichzeitigen Gotthelf ist die
Bauernwelt mehr von außen, sentimentalisch gesehen, auf der Linie
von Immermanns *Oberhof*. A. hat »den Bauern den Mist vom Rock
gewischt«.

Forts.: *Neue Schwarzwälder Dorfgeschichten.*

A. nahm die Gattung der von Arnim und Immermann begründeten
dt. Dorfgesch. auf und bewirkte ein Anwachsen bäuerlicher Stoffe
in der Lit. In der weiteren Entwicklung dieser Gattung traten die
romantischen hinter den realistischen Motiven zurück.

1844   Friedrich Hebbel
(Biogr. S. 419):
Maria Magdalene

Bürgerliches Tr. 3, Prosa.

Angeregt durch Ereignisse in der Familie, bei der H. in München 1837 wohnte. »Klara dramatisch« Tagebuchnotiz Februar 1839. Begonnen 1843 in Kopenhagen, abgeschlossen im Dezember in Paris.

Das Bürgermädchen Klara hat sich – aus trotzigem Schmerz um den verlorenen Jugendgefährten – dem ungeliebten Verlobten hinge-geben, der sie aus kalter Berechnung verläßt. Die Angst, durch ihre »Schande« den strengen und von Schicksalsschlägen geprüften Vater zu töten, treibt Klara in den Selbstmord. Stärkster Charakter ist der Vater, Meister Anton.
Konflikt nicht Gegensatz zweier Schichten, sondern das Milieu der bürgerlichen Welt selbst, ihre Gebundenheit an einen überlebten Sittenkodex. »Im Hintergrunde bewegen sich die Ideen der Familie, der Sittlichkeit, der Ehre, mit ihren Tag- und Nachtseiten, und Kon-sequenzen dämmern auf, die wohl erst nach Jahrhunderten in den Lebenskatechismus Aufnahme finden werden« (H.).
Bemühen um Objektivität und Realismus. »Ganz Bild, nirgends Gedanke . . . Das ist schwerer als man denkt, wenn man gewohnt ist, die Erscheinungen und Gestalten, die man erschafft, immer auf die Ideen, die sie repräsentieren, überhaupt auf das Ganze und Tiefe des Lebens und der Welt zurückzubeziehen.«

H. schrieb 1844 ein Vorwort, in dem er das Werk als bewußte Regeneration des bürgerlichen Tr. rechtfertigte und seine Thesen mit Hegelschen Begriffen stützte. Auff. 13. 3. 1846 in Königsberg, Schsp.-Haus.

1846   Gottfried Keller
(Biogr. S. 419/420):
Gedichte

Erste Slg. von K.s Lyrik. Umfaßt die Gedichte vom Beginn des Schaffens (1843) an. Zum großen Teil politische Gedichte unter dem Einfluß Freiligraths, Herweghs, Grüns: Programmreden, Anklagen. U. a. der Zyklus *Lebendig begraben*. Die unpolitischen Gedichte – später in den Zyklen *Buch der Natur* und *Erstes Lieben* – in der Nach-folge der Romantik und Heines. Formal nicht besonders gepflegt, wenig entwickelte metrische Technik.

1846   Willibald Alexis
(eigentlich Wilhelm Häring,
1798–1871, Breslau, Berlin):
Die Hosen des Herrn von Bredow

Hist. R.
Bekanntester der acht Rr., in denen A. die brandenburg-preußische
Gesch. behandelte. Die ledernen Hosen, die nur gewaschen werden
können, wenn ihr Besitzer seinen Rausch ausschläft, werden zum
Indizium dafür, daß Herr von Bredow nicht an der Verschwörung
gegen Kurfürst Joachim (1499–1535) teilnahm.

A.' brandenburg-preußische Rr. umfassen die Zeit von der Mitte des 14. Jh. bis 1806.
Außer dem genannten: *Cabanis* (1832), *Der Roland von Berlin* (1840), *Der falsche Wolde-*
mar (1842), *Der Werwolf* (1848), *Ruhe ist die erste Bürgerpflicht* (1852), *Isegrimm* (1854),
Dorothea (1856). Unmittelbare Anlehnung an Scott, mit dem A. sich 1821–1823 in den
Wiener Jahrbüchern auseinandergesetzt hatte. Seinen ersten dreibändigen R. *Wallodmar*
ließ A. 1824 als »frei nach dem Englischen des Walter Scott« erscheinen, ebenso
Schloß Avalon (1827).

Verzicht auf die romantischen Elemente Scotts. Fester Schauplatz:
Brandenburg. An Stelle von Scotts dramatischer Spannung epische
Breite, kulturhist. Detail, Landschaft, Episoden, Schicksal des Volkes
an Stelle des Schicksals eines Helden: »Sieg der Objektivität über
die Subjektivität« (A.). Stilistisch beeinflußt durch den jungdt. R.:
sprunghaft, geistreichelnd, unbeholfene Handlungsführung.

A. gilt als Entdecker des »Märkischen« in Stoff und Stimmung. In Gestaltung des
Dialogs und Schilderung von Gesellschaften Vorbild Fontanes.

1847   Friedrich Hebbel
(Biogr. S. 419):
Der Diamant

Kom. 3, Prosa.
Begonnen 1838, beendet 1841. Quelle: Jean Paul, *Leben Fibels*, Kap. 7 und 8.

Von der Auffindung eines Diamanten hängt das Leben der Prinzessin
ab. Ein Jude hat ihn gestohlen und verschluckt und leidet die heftig-
sten Schmerzen, bis schließlich sein Leib den Stein wieder hergibt.
Aber niemand glaubt ihm, daß er den Stein nicht mehr besitzt, die
Tragikom. seiner Verfolgung geht weiter.
Märchenhaftes Lsp. im Gefolge der Romantik. Nebeneinander von
idealisierter Welt (Königshof) und burlesk-realistischer, deren Verbindung zu einer künstlerischen Einheit H. trotz langer Bemühungen um den Stoff nicht glückte.

Auff. 1852 in Kremsier/Böhmen.

1849   Friedrich Hebbel
         (Biogr. S. 419):
         Herodes und Mariamne

Tr. 5, in Jamben. Auff. 19. 4. in Wien, Burgtheater.

Plan Dezember 1846, begonnen Februar 1847, beendet November 1848. Quelle:
Flavius Josephus' *Jüdische Altertümer* und *Geschichte des jüdischen Volkes*.

Mariamne, die ihrem Gemahl Herodes freiwillig gern in den Tod
folgen würde, weigert sich, ihm ein solches Opfer zu versprechen.
Zweimal nacheinander gibt er beim Abschied den Befehl, sie im
Falle seines Todes zu töten, und jedesmal erfährt Mariamne davon.
Tief in ihrer Frauenwürde verletzt – »ich war ihm nur ein Ding und
weiter nichts« –, spielt sie die Ungetreue und zwingt Herodes zum
Bluturteil über sie, das sie ohne Verteidigung hinnimmt. Erst nach
ihrem Tode erfährt Herodes von ihrer wahren Gesinnung. Beide ver-
langen aus übersteigertem Recht der eigenen Individualität die unbedingte Liebe des anderen und vernichten ihre Liebe.
Erstes der Reife-Drr. H.s. Klassisch im Aufbau, Einfluß des Burg-
theater-Stils; der 5. Akt behält etwas Konstruiertes. Realistisch ge-
sehenes Verhältnis des Menschen zur Umwelt: »Die speziellen Ereignisse und Handlungen aus den allgemeinen Zuständen der Welt,
des Volkes und der Zeit hervorgegangen, das Fieber des Herodes
aus der Atmosphäre, in der er atmete, und diese aus dem dampfenden,
vulkanischen Boden, auf dem er stand, entwickelt« (H.).
Einfluß von Hegels Gesch.-Auffassung: Erscheinung der Heiligen
Drei Könige am Schluß soll eine künftige Wertschätzung der
menschlichen Persönlichkeit als Synthese andeuten.

Buchausg. 1850.

1850   Theodor Storm
         (Biogr. S. 420):
         Immensee

Nov. Im Biernatzkischen *Volksbuch für Schleswig, Holstein und Lauenburg.*

Entst. 1849.

Für St.s frühe Schaffensperiode (1847–1856) bezeichnende, stimmungsvolle Erinnerungs-Nov. um eine verlorene Jugendliebe.
Rahmen-Erz.: der »Alte« des Rahmens erinnert sich an Kindheit,
Jugend, die ihm entglittene Geliebte. Bilderreihe, an deren Verknüpfung der Leser mitarbeiten muß. Symbolische Vorgänge (das
Schwimmen nach der Wasserlilie) illustrieren das nur Angedeutete.
An wichtigen Punkten tritt Lyrik an die Stelle der Erz. Nach St.s
eigenen Worten hat sich seine Novellistik »aus der Lyrik entwickelt
und lieferte zuerst nur einzelne Stimmungsbilder oder solche Szenen,

wo dem Verf. der darzustellende Vorgang einen besonderen Keim zu poetischer Darstellung zu enthalten schien; andeutungsweise eingewebte Verbindungsglieder gaben dem Leser die Möglichkeit, sich ein größeres geschlossenes Ganzes vorzustellen.«

Flucht in Erinnerung und Idylle; die Wirklichkeit ihrer Härte und Schwere entkleidet, Aktion und Entscheidung vermieden. In der lockeren Reihung einzelner Situationen und der Resignationsthematik noch der Nov. des Biedermeier zugehörig. Großer Erfolg.

Umgearbeitete Fassung 1851 in *Sommergeschichten und Lieder*, Einzelausg. 1852. Durch Streichung von Berichtspartien, Motivwiederholung und Konzentrierung auf die nun mit Überschriften versehenen Situationen gewonnene größere Dichte der Struktur.

Zu den frühen Erinnerungs-Novv. gehören: *Ein grünes Blatt* (Zs.-Druck 1854, Buchausg. 1855, entst. 1850); *Im Sonnenschein* (Buchausg. 1854, entst. 1854); *Späte Rosen* (Zs.-Druck 1860, Buchausg. 1861, entst. 1859).

1850   Otto Ludwig
           (1813–1865, Leipzig, Dresden):
           Der Erbförster

Dr. 4, Prosa. Auff. 4. 3. in Dresden, Hoftheater.
Zwei Freunde geraten in einen sachlichen Konflikt über die Behandlung eines Waldes. Das übersteigerte Rechtsbewußtsein des Försters führt dazu, daß er seine Tochter in der Verblendung versehentlich erschießt.
Starke Nähe zum Schicksalsdr., kolportagehaft.

Buchausg. 1853 in *Dramatische Werke*, Bd. 1.

1851   Gottfried Keller
           (Biogr. S. 419/420):
           Neuere Gedichte

Zweite Slg. von K.s Lyrik nach der ersten Slg. von 1846.
Ausgesprochene Bekenntnisdg. Weltanschauung unter dem Einfluß Feuerbachs. U. a. der philosophische Zyklus *Sonnwende und Entsagen*. Große Anschaulichkeit, realistische Sicht auf Natur und Volk. Keine Stimmungslyrik. U. a. *Winternacht, Abendlied, Stille der Nacht, Via mala*, der Zyklus *Waldlieder*. Naturfrömmigkeit. Natur als Ruhe und Erlösung bietende Sphäre jenseits des Menschlichen. Starke Annäherung an den Volksausdruck; das Volkstümliche hat die Bedeutung eines ästhetischen Programmpunktes (die Zyklen *Rhein- und Nachbarlieder, Alte Weisen, Wanderlieder*).
Überlieferte, schlichte Vers- und Strophenformen.

Die *Gesammelten Gedichte* (1883) brachten im wesentlichen eine Bereicherung durch patriotische Gelegenheitsdg. (entst. 1855–1861), scharf charakterisierende, unter dem Einfluß von Conrad Ferdinand Meyer stehende Balladen (entst. 1878/79) und durch das Versepos *Der Apotheker von Chamonix*.

1852   Theodor Storm
       (Biogr. S. 420):
       Gedichte

Erste Einzelausg. von St.s Gedichten.

Vorher waren Jugendgedichte im *Liederbuch dreier Freunde* (1843 zus. mit Tycho und Theodor Mommsen), Gedichte der Reifezeit einzeln im *Volksbuch für Schleswig, Holstein und Lauenburg* (Jgg. 1846–1851) und in dem Sammelbd. *Sommergeschichten und Lieder* (1851) erschienen.

Enthalten die entscheidende Natur- und Liebeslyrik St.s. Stark musikalisch, Abstufung der Klangfarben, melancholische Grundstimmung, vor allem in den Liebesgedichten, Sehnsucht, Erinnerung, Selbstbescheidung. Enge Beziehung zwischen Mensch und Natur *(Juli*; *April*; *Meeresstrand*; *Abseits)*. Viele Gedichte um den Tod und um Tote *(Einer Toten*; *Ein Sterbender*; *Im Zeichen des Todes)*. Humoristisches, mit Mörike verwandt *(Sommermittag)*. Heimatliches; Idyllisches. In den Liebesgedichten seit 1843 elementare Intensität. In den Naturgedichten der Reifezeit Eingrenzung des Ich zugunsten einer Durchseelung der Dingwelt.
Einfluß von Heine, Uhland, vor allem Eichendorff, Mörike. »Sobald ich recht bewegt werde, bedarf ich der gebundenen Form. Daher ging von allem, was an Leidenschaftlichem und Herbem, an Charakter und Humor in mir ist, die Spur meist in die Gedichte hinein« (St.).

Vermehrt wurde St.s Lyrik bis zur Ausgabe letzter Hand (1885) um politische Gedichte zur schleswig-holsteinischen Frage (entst. 1850–1864) und die schmerzvollen Gedichte um den Tod seiner Frau (entst. seit 1865, *Begrabe nur dein Liebstes*; *Tiefe Schatten*). Alterslyrik herb, verhalten, nur andeutend, verschwebend.

»Ich weiß, ich bin der größte lebende Lyriker« (St.).

1852   Klaus Groth
       (1819–1899, Heide in Norderdithmarschen, Bonn, Kiel):
       Quickborn

»Volksleben in plattdeutschen Gedichten dithmarscher Mundart.«

Vorbild: Johann Peter Hebel und der Schotte Robert Burns. Die besten Gedichte entst. 1851/52.

Dialektlyrik von sprachlicher Ausgewogenheit und großer Zartheit, auch Humoristisches. Volksliedhaftes, z. T. Überarbg. von Volksliedern *(De Duw)*. Balladen *(Ol Büsum)*. Ziel die Literarisierung des Nddt., betonte Suche nach den echten nddt. Formen und Wörtern im Gegensatz zu Reuters saloppem, mit hdt. Wendungen durchsetztem Nddt.

2. Aufl. 1853, vermehrt um *Dünjens, Elegische Lieder* und *Hist. Gedichte*. Weitere Gedichte laufend bis 1888 aufgenommen.

1852   Friedrich Hebbel
    (Biogr. S. 419):
    Agnes Bernauer

»Ein dt. Tr.« 5, Prosa. Auff. 25. 3. in München, Hoftheater; nach der
Premiere abgesetzt, als man das Dr. auf die Verhältnisse im damaligen
bayrischen Königshaus bezog und politische Demonstrationen veranstaltete. Buchausg. im gleichen Jahr.

Angeregt durch August von Törrings *Agnes Bernauerin* (1780). Geschrieben 1851.
Quellen: Bayrische Landes- und Augsburgische Stadtgeschichten.

Der Bayernherzog Albrecht heiratet die Augsburger Baderstochter
Agnes und schließt sich damit von der Thronfolge aus. Sein Vater
Herzog Ernst läßt das Todesurteil über Agnes aussprechen und vollziehen, als der Bestand des Königshauses gefährdet ist. Sohn und
Vater stehen sich im Bürgerkrieg gegenüber, Albrecht erklärt sich
für überwunden, als der Vater auf den Thron verzichtet, um im
Kloster als Mensch zu büßen, was er als Herrscher um der Staats-
notwendigkeit willen tat.
H.s Grundanschauung von der schuldfreien Tragik: die Schönheit
muß wie jedes Individuelle, das den Gang der Weltgesetze stört, zerbrechen. Die Gesch. der Menschheit kann jedoch nur durch außergewöhnliche Individualitäten vorwärtsgetrieben werden, über die
das »große Rad« nach der Erfüllung ihrer Aufgaben hinweggeht.
Sieg des »positiven« Rechts über das »absolute« Recht, für das auf
Erden kein Raum ist. In *Agnes Bernauer* für den politischen Bereich
angewandt: »Nie habe ich das Verhältnis, worin das Individuum
zum Staat steht, so deutlich erkannt« (H.). Eine bittere Lehre, für
die H. »von dem hohlen Democratismus unserer Zeit keinen Dank«
erwartete.

Der gleiche Stoff behandelt von: Otto Ludwig *Der Engel von Augsburg* (1846), Melchior Meyr *Herzog Albrecht* (1851).

1852   Gustav Freytag
    (1816–1895, Breslau, Gotha, Wiesbaden):
    Die Journalisten

Lsp. 4, Prosa. Auff. 8. 12. in Breslau.

Entst. 1849–1852.

Harmlose Liebeshandlung auf dem Hintergrund parteipolitischer
Auseinandersetzungen. Für Überbrückung politischer Gegensätze
im privaten Leben. »Gemütliche« Grundstimmung des Bürgertums
in der zweiten Hälfte des 19. Jh.; Spiegelung der neu errungenen
Pressefreiheit.

Buchausg. 1854 nach dem für die Auff. in Karlsruhe am 2. 1. 1853 von F. und dem
Theaterleiter Eduard Devrient gekürzten und korrigierten Text.
Endgültige Fassung 1887 in *Gesammelte Werke*.

1853   Fritz Reuter
           (1810–1874, Stavenhagen, Treptow, Eisenach):
           Läuschen un Rimels

»Plattdeutsche Gedichte heiteren Inhalts in mecklenburgisch-vor-
pommerscher Mundart.«
Gereimte Schwänke in der Tradition der adt. Schwanklit. Anekdoten
aus mündlicher Überlieferung, z. T. Kalendern und volkstümlichen
Witzblättern entnommen. Oft an wirkliche, genau bezeichnete Personen und Örtlichkeiten angeknüpft.

2. Bd. 1858.

1854   Hermann Kurz
           (1813–1873, Reutlingen, Tübingen):
           Der Sonnenwirt

R.

Anregung: Schiller, *Der Verbrecher aus verlorener Ehre*; Zusammenhang mit K.' erstem
R. *Schillers Heimatjahre* (1843).

Realistisch-psychologische Schilderung der Lebensgesch. des Räubers Johann Friedrich Schwan auf Grund amtlichen Materials. Die
streckenweise aktenmäßige Darstellung unterscheidet K.' R. sowohl
von der stoffgleichen Nov. Schillers wie von der romantischen Haltung Hauffs und der schönfärbenden Auerbachs, denen K. bei der
Darstellung des schwäbischen Volkscharakters verpflichtet war.

1854/55   Gottfried Keller
              (Biogr. S. 419/420):
              Der grüne Heinrich

R., 4 Bdd.

Geplant 1842/43, begonnen 1846 unter dem Einfluß Jean Pauls. Die Heidelberger
Jahre 1848–1850 führten von der subjektiv-romantischen Anlage weg, Umarbeitung
der Jugenderz.; 1850 Arbeit in Berlin und Druckbeginn. 4. Bd. Frühjahr 1855 beendet. Eine Neufassung empfand K. schon 1853 als notwendig; sie erschien 1879/80.

Heinrich (wegen seiner Kleidung »der grüne«) glaubt ein Maler zu
sein, zieht von der Schweizer Heimat nach München, sein Künstlertum und seine Herzensneigungen scheitern. Sein erfolgloses Leben
vernichtet materiell und seelisch auch das der Mutter, bei seiner
späten Heimkehr trifft er ihren Leichenzug und stirbt bald darauf in
Verzweiflung. Zu Beginn der Münchener Zeit wird die als Autobiographie gefaßte Erz. der Jugendjahre nachgeholt (analytische
Technik, Einfluß von *Wilhelm Meister*). Die zweite Fassung stärker
entsubjektiviert und stilistisch durchgefeilt. Die Jugendgesch. jetzt
am Anfang, die Form der Ich-Erz. für das ganze Werk durchgeführt.

Heinrich findet im öffentlichen Dienst seiner Heimat Erfüllung, die Jugendgeliebte Judith ist ihm als Freundin nah.

Der autobiographische R. spiegelt das Spannungsverhältnis zwischen dem einzelnen und einer nicht mehr wie im *Wilhelm Meister* utopischen, sondern real vorhandenen, schweizerischen, Gemeinschaft. Nach K. entsteht dann ein Tendenz-R., wenn ein Werk das gesellschaftliche Moment für das Scheitern eines Lebensweges verantwortlich mache, es habe dagegen moralischen Charakter, wenn – wie im *Grünen Heinrich* – die Schuld im Individuum liege (Exposé an den Verleger).

Heinrichs Verhängnis ist die »Unverantwortlichkeit der Einbildungskraft« (K.), die ihm die Wirklichkeit – Gesellschaft, die Frauen, Natur – sowie die eigene künstlerische Begabung in falschen Dimensionen erscheinen läßt; durch unverantwortliche Selbsteinschätzung artet der Drang zur Selbstverwirklichung in Selbstsucht aus. Fragwürdigkeit der Beziehung zwischen Phantasie und Wirklichkeit durch Humor verdeutlicht, der Mittel des erzählenden Ichs ist.

Die zweite Fassung führt Heinrich aus der Isolation in die Gemeinschaft zurück: »Er entdeckt endlich, daß der Mensch selbst Gegenstand seiner Anlage ist, und zwar läuft es nicht etwa auf einen Poeten heraus (um das ewige Literaturdichten zu umgehen), sondern auf das reine Gefühl des Menschlichen, das, mit der Persönlichkeit oder individuellen Erfahrung ausgestattet, unter konkretes Menschentum (das vaterländische) tritt oder treten und nach den Gesetzen des Wahren und Einfachen wirken will« (K.).

Weltanschaulich Einfluß Feuerbachs: Abkehr von der Vorherrschaft des Geistes und des Transzendenten, Hinwendung zu Natur, Realität, Diesseits, die bis zum Atheismus führt (besonders deutlich bei der Darstellung des Münchener Künstlerkreises).

1855   Paul Heyse
        (1830–1914, Berlin, München):
        L'Arrabiata

Nov.
Die unter ital. Fischern spielende Erz. begründete H.s in mehreren hundert weiteren Prosa- und Versnovv. gefestigten Erfolg. Von der aital. Nov., von Tieck und E. T. A. Hoffmann beeinflußt, pries H., formal glatt, mehr ästhetisch als realistisch, weniger psychologisch als auf malerische Bildwirkung bedacht, die Schönheit, vor allem der Frau, verfocht das Recht der Persönlichkeit, des genialen Außenseiters, die Künstlermoral.

H.s an Boccaccios *Decamerone* (Giornata V, Nov. 9) entwickelte »Falkentheorie« (1871) sah »eine starke Silhouette« als wesentlich für die Nov. an.

1855   Otto Ludwig
       (1813–1865, Leipzig, Dresden):
       Die Heiterethei und ihr Widerspiel

Erz. In *Kölnische Ztg.*

Entst. Sommer 1854 nach älteren Entwürfen.

Die Hauptrz. *Heiterethei* steht mit der kurz danach entstandenen
kleineren Erz. *Aus dem Regen in die Traufe*, dem »Widerspiel«, in
engem Zusammenhang. Thüringische Dorfgesch., der Trotz eines
Mädchens wird durch die Liebe bezwungen.
Humoristische, behaglich breite realistische Schilderung.

Buchausg. 1857.

1855   Gustav Freytag
       (1816–1895, Breslau, Gotha, Wiesbaden):
       Soll und Haben

R. Das Motto von Julian Schmidt: »Der R. soll das deutsche Volk da
suchen, wo es in seiner Tüchtigkeit zu finden ist, nämlich bei seiner
Arbeit.«
Ein junger Kaufmann, eine Zeitlang durch zu hoch gespannte Gedanken und Sehnsüchte vom Wege abgezogen, bewährt sich dann
und wird in die natürliche Bahn praktischer bürgerlicher Pflichterfüllung zurückgelenkt. Einfluß von Dickens' *Die Pickwickier* und
David Copperfield, besonders auf die Nebenfiguren.
Querschnitt durch die sozialen Schichten und Entwicklungen der
Zeit. Bewußte Parteinahme für das – noch in patriarchalischen Bin-
dungen gesehene – Bürgertum. Realistischer Genre-R. in Fortbil-
dung des jungdt. Zeit-R. unter Zurückdrängung der tendenziösen
Elemente.

Großer, nachhaltiger Erfolg.

1855   Joseph Viktor von Scheffel
       (1826–1886, Karlsruhe, Heidelberg, München):
       Ekkehard

Mit wissenschaftlichen Anmerkungen versehener kulturhist. R.

Angeregt durch den Heidelberger Germanisten Adolf Holtzmann hatte Sch. 1853/54
den lat. *Waltharius* in ein der Nibelungenstrophe ähnliches Versmaß übertragen.
Nach anschließenden Studien über das altalem. Recht zum Zwecke der Habilitation
faßte Sch. den Plan eines R. aus dem 10. Jh., in dem er die in den *Casus Sancti Galli*
erwähnten Ekkeharde zu einer Person zusammenfaßte.

Der Mönch Ekkehard von St. Gallen unterrichtet auf dem Hohen-
twiel die Herzogin Hadwig im Lateinischen. Die Frucht seiner resi-

gnierenden Liebe zu ihr ist sein Waltharilied. Starke Einbeziehung
des Landschaftlichen.

Großer Erfolg. Bis zu Sch.s Tode 90 Aufll. Das 1854 erschienene romantisierende
Versepos *Der Trompeter von Säckingen* brachte es auf 140 Aufll.

1856   Friedrich Hebbel
(Auslfg. 1855)   (Biogr. S. 419):
          Gyges und sein Ring

Tr. 5, in Jamben.

Anregung 1853, beendet 1854.
Quelle: Pierers *Universal-Lexikon* im Anschluß an Herodot und Platon.

Zwischen den Lyderkönig Kandaules, einen aufklärerischen Reformer, und seine Gemahlin Rhodope, für die Pietät eine sittliche, religiöse Kraft ist, tritt der Grieche Gyges, der mit Kandaules die
Freiheit des Denkens, mit Rhodope die Feinheit des Gefühls gemeinsam hat. In primitiver Besitzerfreude will Kandaules sich die Schönheit Rhodopes, die nach alter Sitte kein Mann außer dem Vater und
dem Gatten gesehen hat, bestätigen lassen. Durch den Zauberring
unsichtbar, soll Gyges Rhodope im Schlafgemach belauschen. Gyges
wird von Liebe zu Rhodope ergriffen, Rhodope entdeckt das Verbrechen. Vergeblich versucht Gyges, sich zum Opfer zu bringen,
Rhodope fordert von ihm Kandaules' Leben. Im Zweikampf fällt
Kandaules, Rhodope vermählt sich dem Gyges und gibt sich am
Altar den Tod. Gyges wird König von Lydien.
»Ich hoffe, den Durchschnittspunkt, in dem die antike und die moderne Atmosphäre ineinander übergehen, nicht verfehlt und einen
Konflikt, wie er nur in jener Zeit entstehen konnte und der in den
entsprechenden Farben hingestellt wird, auf eine allgemein menschliche, allen Zeiten zugängliche Weise gelöst zu haben« (H.). »Wie ist
das filtriert!« (Grillparzer).

Auff. 25. 4. 1889 in Wien, Burgtheater.

1856   Otto Ludwig
          (1813–1865, Leipzig, Dresden):
          Zwischen Himmel und Erde

Erz.

Entst. Sommer–Herbst 1855.

Der frivole, leichtsinnige Fritz Nettenmair bringt den Bruder Apollonius um die Braut. Als er nach Jahren Entdeckung seines Betruges
fürchtet, will er den Bruder bei der Dachdeckerarbeit vom Kirch-
turm stürzen, aber er selbst fällt zu Tode. Apollonius, von Skrupeln
geplagt, wagt nicht mehr, das Glück zu ergreifen, Entsagung steht
über dem Rest seines Lebens.

Psychologischer R., realistisch vor allem in der Schilderung des Dachdeckerhandwerks, des Milieus. Die Realismus-Theorien L.s machen sich vordringlich bemerkbar.

1856   Wilhelm Heinrich Riehl
(1823–1897, München):
Kulturgeschichtliche Novellen

Darstellung frei erfundener Charaktere, die als typischer Ausdruck ihrer Zeit aus den Sittenzuständen dieser Zeit erwachsen, an Stelle der bis dahin üblichen Gestaltung großer hist. Persönlichkeiten (vgl. R.s programmatisches Vorwort). Milieutheorie im hist. Bezirk.

Großer Einfluß auf den hist. R. und die hist. Nov. der zweiten Hälfte des 19. Jh. Weitere Slgg. folgten, u. a. *Geschichten aus alter Zeit*, 2 Bdd. (1863).

1856 und 1874   Gottfried Keller
(Biogr. S. 419/420):
Die Leute von Seldwyla

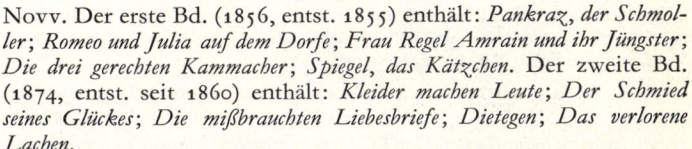

Novv. Der erste Bd. (1856, entst. 1855) enthält: *Pankraz, der Schmoller*; *Romeo und Julia auf dem Dorfe*; *Frau Regel Amrain und ihr Jüngster*; *Die drei gerechten Kammacher*; *Spiegel, das Kätzchen*. Der zweite Bd. (1874, entst. seit 1860) enthält: *Kleider machen Leute*; *Der Schmied seines Glückes*; *Die mißbrauchten Liebesbriefe*; *Dietegen*; *Das verlorene Lachen*.

Die besonderen und zugleich typischen Verhältnisse in dem Ort Seldwyla bilden den Hintergrund für die einzelnen Novv., die von verschiedenen Seiten diese Verhältnisse beleuchten. Jede Nov. in sich abgeschlossen, alle zusammen geben das Gesamtbild eines leicht ironisch gesehenen Gemeinwesens, das in seiner etwas verspielten patriarchalischen Form am Ende des zweiten Bd. gefährdet erscheint. Im Gefolge von Jeremias Gotthelf, aber »entprovinzialisiert«. Stilistisch und kompositorisch mehr durchgeformt als *Der grüne Heinrich*. An Goethe geschulter Stil, in der Wortgebung jedoch stärker individualisierend, aus der Umgangssprache gespeist. »Väterlich liebende Stellungnahme zu den Dingen« (Ricarda Huch).

1857   Wilhelm Raabe
(Biogr. S. 420):
Die Chronik der Sperlingsgasse

R. Unter dem Pseudonym Jakob Corvinus.

Begonnen 1854, teilweise während des Studiums in Hörsälen geschrieben. Trotz des anerkennenden Urteils von Alexis anderthalb Jahre liegengeblieben, bis sich ein Verleger fand.

Realistische Schilderung der Menschen und des Lebens in einer Altberliner Gasse. Tagebuchaufzeichnungen Johannes Wacholders, in

denen Vergangenheit und Gegenwart, Traum und Wirklichkeit,
gesehen aus der Perspektive des alternden Einsamen, sich mischen.
Einfügung früherer Erinnerungsblätter und alter Briefe. Als roter
Faden geht das Schicksal von Johannes' Jugendgeliebter durch das
Werk, die seinen Freund heiratete und ihm nach ihrem und ihres
Mannes Tod eine Tochter hinterließ, die nun selbst verheiratet ist
und in Italien lebt. Die Binnenhandlung reicht in die dritte Generation zurück, deren Schuld durch die jüngste Generation getilgt wird.
Stilistisch Einfluß von Thackeray, verwandt mit Jean Paul, den R.
damals noch kaum kannte. Noch biedermeierlich in Milieu, Raum-
vorstellung und Haltung.

1857   Friedrich Hebbel
       (Biogr. S. 419):
       Gedichte

Gesamtausg. von H.s Gedichten.

Vorher zwei Slgg. *Gedichte* (1842; überwiegend Balladen und Romanzen unter dem
Einfluß Uhlands, abschließend ein Buch Sonette) und *Neue Gedichte* (1848; Ertrag
der Erlebnisse in Frankreich und Italien, stärkeres Hervortreten von Naturgedichten;
Vermischte Gedichte, Sonette, Epigramme).

Ludwig Uhland als »dem ersten Dichter der Gegenwart« gewidmet.
Die Slg. enthält: *Lieder, Balladen und Verwandtes*; *Vermischte Gedichte*;
Dem Schmerz sein Recht; *Des Dichters Testament*; *Sonette, Epigramme
und Verwandtes.*
Grundzug von H.s Lyrik ist nicht Musikalität und Farbe, sondern
ein – oft schwer ringendes – Gefühl und eine Gedanklichkeit, die auf
Weichheit und Schmuck verzichtet. Sprachlich oft prosanah. Auch
die Lyrik vom tragischen Grunderlebnis her geformt. Für die Wessel-
burener Gedankenlyrik entscheidend der Einfluß der Schriften Gott-
hilf Heinrich Schuberts, seiner Traumsymbolik und romantischen
Naturmystik und seines Individuationsproblems *(Gott, Der Mensch,
Proteus, Gott über der Welt)* sowie Ludwig Feuerbachs *Gedanken über
Tod und Unsterblichkeit* (1830) mit der Vorstellung einer metaphy-
sischen Urschuld *(Das Lied der Geister, Die Toten, Naturalismus, Mit-
tag).* Seit der Heidelberger Zeit direkter Einfluß Schellings und des
Problems der Theodizee *(Was ist die Welt?, Das Element des Lebens,
Das abgeschiedene Kind an seine Mutter, Unergründlicher Schmerz).*
Zu den bekanntesten Gedichten gehören: *Sommerbild*; *Nachtlied*;
Herbstbild; *Gebet*; die Ballade *Der Heideknabe*.
»Gefühl ist das unmittelbar von innen heraus wirkende Leben. Die
Kraft, es zu begrenzen und darzustellen, macht den lyrischen Dich-
ter« (H.).

In den späteren Jahren trat die Lyrik in H.s Schaffen zurück, die Slg. wurde nur noch
durch einige Balladen vermehrt.

1857   Fritz Reuter
        (1810–1874, Stavenhagen, Treptow, Eisenach):
        Kein Hüsung

Nddt. Verserz. in vierhebigen Reimpaaren.

Entst. 1856.

Ein Gutsherr verhindert die Heirat des Knechts mit der Magd, die er selbst begehrt. Der Knecht ersticht ihn und flieht, die Magd stirbt und hinterläßt ein Kind, das der Knecht nach Jahren in das freie Amerika hinüberholt.

Soziales Thema. Ernsteste Arbeit R.s, die er selbst als sein bestes Werk ansah.

1859   Friedrich Hebbel
(Auslfg.   (Biogr. S. 419):
1858)   **Mutter und Kind**

»Ein Gedicht in sieben Gesängen«, Hexameter.

Schon 1847 als Nov. geplant. Geschrieben 1856/57.

Ein kinderloses Ehepaar ermöglicht seinen Dienstleuten die Heirat unter der Bedingung, daß sie ihr Kind abtreten. Die Geburt des Kindes und die erwachende Elternliebe läßt die Reichen dann doch auf ihre unmenschliche Forderung, die Armen auf das Geld verzichten. Bürgerliches Epos in der Nachfolge von Goethes *Hermann und Dorothea.*

Humanitäre Lösung der sozialen Frage. Kapitalismus und Kommunismus als entscheidende Faktoren der Zukunft erkannt. Von H. als sein »soziales Glaubensbekenntnis« bezeichnet.

1859/64 Fritz Reuter
        (1810–1874, Stavenhagen, Treptow, Eisenach):
        Olle Kamellen

Autobiographische R.-Trilogie.

1. Teil *Ut de Franzosentid* (1859) schildert die Zeit der frz. Besatzung nach 1806.

2. Teil *Ut mine Festungstid* (1862). Zeit von R.s Festungshaft als politischer Gefangener 1833–1840.

3. Teil *Ut mine Stromtid.* Erlebnisse und Erfahrungen von R.s zehnjähriger Zeit als Landwirt 1840–1850. Farbigster der drei Teile, Fülle von nddt. Typen, vor allem die populär gewordene Gestalt des Inspektors Bräsig.

Die sozialen Gegensätze von *Kein Hüsung* (1857) sind hier gemildert. Humor unmittelbar neben Ernstem und Traurigem. Einfluß von Dickens: freundlich-ironische Behandlung der Gestalten, Neigung zum Anekdotischen und zu philosophischen Betrachtungen.

1861   Friedrich Hebbel
          (Biogr. S. 419):
          Die Nibelungen

»Ein deutsches Trauerspiel.« Jamben. Drei Abteilungen: *Der ge-
hörnte Siegfried* (Vorspiel 1), *Siegfrieds Tod* (Tr. 5), *Kriemhilds Rache*
(Tr. 5). Auff. 31. 1. und 18. 5. in Weimar durch Dingelstedt.

Erste Anregung wahrscheinlich 1847 durch die Burgtheater-Auff. der Raupachschen
Nibelungen mit Christine Hebbel als Kriemhild, rezensiert von H. 1853 in der Zs. *Der
Wanderer.* Einfluß von Friedrich Theodor Vischers *Kritischen Gängen* (1844), die die
Möglichkeit einer dram. Erneuerung des Nibelungen-Stoffes nur der Oper zusprachen.
Gleichzeitig mit der Entstehung der Trr. Auseinandersetzung mit anderen Bearbgg.
in einem Lit.-Brief für die *Leipziger Illustrierte Ztg.*, mit Geibels *Brunhild*, die 1857 den
Schillerpreis erhielt, mit Raupach und Fouqué.
Beginn der Arbeit 1855, Abschluß 1860. Ursprünglich als Doppeldr. geplant, erst
1859 als Trilogie.

Drei Zeit- und Kulturstufen: die mythische, die heidnisch-germani-
sche und die christliche. Brunhild und Siegfried gehören der mythischen an; daß Siegfried dies nicht erkennt und nicht zu Brunhild
findet, sondern sie um Kriemhilds Besitz an Gunther abtritt, ist seine
Schuld. Die mythische Welt erliegt in *Siegfrieds Tod* der heidnisch-
germanischen. Dietrich von Bern, der am Schluß von *Kriemhilds
Rache* im Namen dessen, der am Kreuz verblich, die Herrschaft
übernimmt, ist der Repräsentant des christlichen Zeitalters, das die
antithetischen Prinzipien der Riesenwelt und der germ.-heidnischen
Welt ablöst. »Dem gewaltigen Schöpfer unseres Nationalepos . . .
mit schuldiger Ehrfurcht auf Schritt und Tritt zu folgen, soweit es
die Verschiedenheit der epischen und dram. Form irgend gestattete,
erschien dem Verf. Pflicht und Ruhm zugleich.«

Buchausg. 1862.

1861/62 Friedrich Spielhagen
           (1829–1911, Magdeburg, Hannover, Berlin):
           Problematische Naturen

R. 2 Bdd.
Spielt in der Zeit des Vormärz und endet mit der Revolution von
1848.
Dr. Oswald Stein ist ein Feind des Adels, besitzt aber selbst adlig-
ritterliche Eigenschaften und ist der Liebhaber adliger Frauen. Seine
Erlebnisse als Hauslehrer in einem adligen Hause führen schließlich
dazu, daß er seine eigene uneheliche adlige Abstammung entdeckt.
Unterhaltender Zeit-R. mit stark politischen Tendenzen. Einfluß der
jungdt. Rr., vor allem Gutzkows. Sozialkritik aus bürgerlich-libe-
raler Sicht. Aus einer Art Haßliebe genährte Darstellung des Adels.
Im Detail realistisch, in der Handlung jedoch phantastisch, scheut

vor Effekten und Unwahrscheinlichkeiten nicht zurück. Gebrochene
Charaktere, deren Pläne und Phantasien größer sind als ihre Taten.

S. begleitete in einer Reihe von Rr. die Ereignisse bis 1900, darunter auch die soziale
Frage: *Die von Hohenstein* (1864), fortgesetzt durch *In Reih und Glied* (1866) und *Hammer
und Amboß* (1869). S. verharrte auch nach 1871 bei seiner politischen Haltung: *Sturm-
flut* (1877), *Was will das werden?* (1886), *Der neue Pharao* (1889).
Von den Brüdern Hart angegriffen (*Kritische Waffengänge*, Heft 6, 1884).

1863   Wilhelm Raabe
(Biogr. S. 420):
**Die Leute aus dem Walde, ihre Sterne,
Wege und Schicksale**

R. Ursprünglicher Titelplan: *Robert Wildhahn.*

1859 unter dem unmittelbaren Eindruck von Dickens' *David Copperfield* begonnen,
1862 beendet.

Erziehungs-R. mit den Richtlinien: »Sieh nach den Sternen« – »Gib
acht auf die Gassen«.
Die Vereinigung beider Grundsätze wird gezeigt in dem Lebenslauf
des Waldkindes Robert Wolf und der Helene Wienand, die nach
vielen Wirrnissen zueinander finden. Klar durchgeführte Komposition: die ersten zwölf Kapitel zeigen Wolf voller Ratlosigkeit in
der Großstadt, die zweiten zwölf führen bis zum Abschluß seiner
Jugendbildung; in den letzten erkämpft er sich, auf eigenen Füßen
stehend, sein Lebensglück.
Die Hauptgestalten sind realistische Originale, die Nebenfiguren sind
leicht karikiert (Einfluß von Dickens). Ziel R.s war die Verschmelzung des Erziehungsgedankens von Goethes *Wilhelm Meister* mit
der realistischen Lebensbreite von Dickens. Daneben Einflüsse des
Sensations-R.: Victor Hugo, Friedrich Gerstäcker.

1864   Friedrich Hebbel
(Biogr. S. 419):
Demetrius

Tr. in Jamben. Fragment. Aus dem Nachlaß hgg. Emil Kuh.

Plan 1857, gefördert durch das Schiller-Jubiläum 1859. Bei H.s Tod Dezember 1863
bis zum Anfang des 5. Aktes gediehen.

Das Spiel mit dem falschen Demetrius ist bei H. ein Schachzug der
katholischen Kirche, die sich in ihm einen romtreuen Herrscher erziehen will. Demetrius, der Illegitime, Rechtlose, offenbart eine solche
Fülle wahrhaft fürstlicher Eigenschaften, die ihn zum Herrscher
innerlich berechtigen, daß gerade diese Größe die Ursache seines
Sturzes wird: er unterliegt gegenüber einer politisch verkommenen,
unsauberen, egoistischen, hinterhältigen Welt. Nach H.s Plan sollte

Demetrius das Schicksal ereilen, während er um der Sicherheit seiner Freunde willen noch auf seinem Anspruch beharrte, obwohl er nach Aufdeckung des Betruges entschlossen war, auf die Macht zu verzichten.

Realistisch: »Mein Dr. schöpft seine eigentliche Kraft aus den Zuständen, und Charaktere, die nicht im Volksboden wurzeln, sind Topfgewächse.« »Allerdings kann für mein Dr. nur die große und doch wieder in sich selbst zerrissene slavische Welt den Humus abgeben, während Schiller ohne Zweifel einzig und allein von dem allgemein menschlichen Moment angeregt wurde.«

1864   Wilhelm Raabe
    (Biogr. S. 420):
    Der Hungerpastor

R.

Entst. 1862–1863.

Der Schusterssohn Hans Unwirsch ist getrieben von Erkenntnisdrang und jenem »Hunger nach dem Maß der Dinge, den so wenige Menschen begreifen und welcher so schwer zu befriedigen ist«. Er geht unter großen Schwierigkeiten seinen Weg und endet als Pfarrer auf der Hungerpfarre Grunzenow, ein freier und froher Mensch. Im Gegensatz dazu zielt der Weg des Moses Freudenstein nach äußerem Glanz und Besitz; er endet als Spitzel der preußischen Regierung gegen verbannte Freiheitskämpfer im Ausland.

Der für R. typische Aufbau: die Pyramide. Von den drei Teilen des R. hat jeder seine eigene Pyramide. 1. Entfaltung des Hungermotivs, 2. Auseinandersetzung des Hungers mit der Welt, 3. Erfüllung des Hungers. Die »funkelnde Spitze« der Pyramide, die von der Mitte getragen wird, bringt die Auseinandersetzung der Ideenträger miteinander.

Klare, oft sehr direkte Charakteristik. Realistisches Zeit- und Lokalkolorit: die Jugendgesch. spielt zur Zeit der Judenemanzipation, Schauplätze sind Berlin, Universitätsstädte, mehrere mitteldt. Höfe.

Kritisches Abrücken des späten R.: »Das Volk ist ja völlig befriedigt mit dem mir abgestandenen Jugendquark: *Chronik* und *Hungerpastor* und läßt mich mit allem Übrigen sitzen.«

1864   Gustav Freytag
    (1816–1895, Breslau, Gotha, Wiesbaden):
    Die verlorene Handschrift

R. aus der Welt des dt. Gelehrten.

Der Professor findet auf dem Bauernhof nicht die ersehnte Tacitus-Hs., sondern gewinnt die Bauerntochter als Lebensgefährtin. Pro-

blem des in die Stadt und in Hofkreise verpflanzten Bauernmädchens, themaverwandt mit Auerbachs *Frau Professorin* (1846) und *Regine* in Kellers *Sinngedicht*.
Ergebnisse von F.s kulturhist. Studien *Bilder aus der dt. Vergangenheit* (seit 1859) mitverarbeitet.

1868   Wilhelm Raabe
(Biogr. S. 420):
Abu Telfan oder Die Heimkehr vom Mondgebirge

R.

Plan 1865, beendet März 1867.

Motto: »Wenn ihr wüßtet, was ich weiß, sprach Mahomet, so würdet ihr viel weinen und wenig lachen.«
Gesch. eines aus Afrika Heimkehrenden, der den Anschluß an die heimatliche dt. Enge nicht mehr findet. Nur Durchschnittsmenschen können hier Glück fühlen. Alle edleren Menschen stehen am Schluß vor einem zerstörten Leben, überwinden aber mit Haltung das Leid. Wie *Der Hungerpastor* ein Entwicklungs-R. Der Pessimismus hat hier einen noch stärkeren Grad erreicht. Erkenntnis der Abhängigkeit der geistigen Welt von der Philisterwelt, »daß überall die Katzenmühle liegt und liegen kann und Nippenburg rund umher sein Wesen hat« (R.), daß der Genius ein Drittel seiner Kraft aus dem Philistertum zieht (Wilhelm Fehse).
Von R. mit *Hungerpastor* und dem noch folgenden *Schüdderump* in innerem Zusammenhang gesehen, ohne daß man die drei Rr. deswegen als Trilogie bezeichnen könnte.

1870   Wilhelm Raabe
(Biogr. S. 420):
Der Schüdderump

R. 3 Teile in 3 Bdd.

Plan 1866, beendet 1869.
Vielfach als Quelle benutzt: Wilhelm Görges' *Vaterländische Geschichten und Denkwürdigkeiten der Vorzeit ... der Lande Braunschweig und Hannover* (1843/45).
Anregung: R. fand auf der Durchreise in einem Städtchen einen Schüdderump (Schüttherum) aus dem Jahre 1516, d. h. einen Karren, in dem Pestleichen zum Grabe gefahren wurden. In ihm sah R. das Symbol des Vergänglichen.

Ein elternloses Mädchen, das im Siechenhaus und auf dem Gutshof groß geworden ist, wird von seinem Großvater in eine verderbte Umgebung gebracht. Im Kampf um die Reinerhaltung ihrer Seele geht sie körperlich zugrunde. Die Gemeinheit triumphiert. Dazwischen taucht leitmotivisch der Schüdderump auf, die Erinnerung an das Poltern des Karrens, »dessen Fuhrmann so schläfrig-düster mit dem Kopfe nickt und dessen Begleiter, die Leidenschaften, mit

Zähneknirschen und Hohnlachen die eisernen Stangen und Haken schwingen«.

Einfluß des Pessimismus Schopenhauers. Für R. ist nicht die Gebundenheit des Schönen und Edlen an die Vergänglichkeit entscheidend, sondern der Glanz des Hohen, der die Vergänglichkeit überstrahlt.

1870/80 Theodor Storm
(Biogr. S. 420):
Novellen der Reifezeit in Einzelerscheinungen

Die wichtigsten:

Draußen im Heidedorf (Zs.-Druck 1872, Buchausg. 1873, entst. 1871/ 1872). Ein Bauer wird durch die Liebe zu einem slowakischen Mädchen zugrunde gerichtet. Einbeziehung von Spuk- und Wahnvorstellungen.

Aquis submersus (Zs.-Druck 1876, Buchausg. 1877, entst. 1875/76). Chroniknov. Die Liebesbeziehung eines Malers zur Tochter seines adeligen Gönners führt nicht nur zur Zwangsehe Katharinas mit einem ungeliebten Manne, sondern schließlich auch zum Tode des aus der Liebesbeziehung hervorgegangenen Kindes: culpa patris aquis submersus. Rahmen- und Binnenhandlung durch die Auffindung von drei Gemälden und die Aufhellung ihrer Entstehung verbunden.

Waldwinkel (Zs.-Druck 1874, Buchausg. 1875, entst. 1874). Gesch. der Leidenschaft eines an bitteren Erfahrungen gereiften Mannes zu einem jungen Waisenmädchen dunkler Herkunft, das ihn betrügt und vor der Hochzeit kalt berechnend verläßt.

Carsten Curator (Zs.-Druck und Buchausg. 1878, entst. 1877). Die Verblendung des Curators durch die Schönheit einer leichtsinnigen Frau rächt sich an dem ehrenfesten Manne in der Haltlosigkeit des Sohnes, der des Vaters Ruf und Vermögen ruiniert.

Renate (Zs.-Druck und Buchausg. 1878, entst. 1877/78). Um 1700 spielende Chroniknov. Zerstörung der Liebe zwischen einem jungen Theologen und einer Bauerntochter. Renate gerät in den Verdacht, eine Hexe zu sein, und Josias und seine Familie sind Anhänger des Hexenglaubens.

Eekenhof (Zs.-Druck 1879, Buchausg. 1880, entst. 1879). Hist. Nov. um einen düsteren, habgierigen Ritter, dessen Besitzgier die Familie zerstört und ihn um den einzigen von ihm geliebten Menschen, eine außereheliche Tochter, bringt.

Nach einer Übergangsperiode (1857–1870), in der St.s Realismus in bezug auf Landschafts- und Menschendarstellung zwar gewachsen, die Lösung der Probleme aber noch immer in Ausgleich und Resignation gesucht worden war, setzte mit den genannten Novv.

die Wendung zu tragischen Lösungen ein. Psychologische Probleme, bei denen Verstrickung und Schuld, oft angeborene Charakterschwäche, entscheidend sind, obwohl St. in theoretischen Äußerungen außerpersönliche Mächte als Ursachen des Scheiterns angibt: ». . . die Begrenzung, die Unzulänglichkeit des Ganzen, der Menschheit, von der der . . . Held ein Teil ist.«
Aufgabe der anfänglichen Bildertechnik und Situationsmalerei. Straffe, richtungsbestimmte Handlung. Starke, meist der heimatlichen Landschaft entnommene Atmosphäre. Häufigeres Hervortreten von hist. Stoffen: Gefühl des Hineinreichens der Vergangenheit in die Gegenwart, der Verankerung des eigenen Lebens in der Vergangenheit.

1871   Luise von François
(1817–1893, Merseburg):
Die letzte Reckenburgerin

Hist. R.
In den Jahren zwischen der Frz. Revolution und den Befreiungskriegen spielende Erz. von der Entsagung eines Edelfräuleins, das den von ihr geliebten Mann mit ihrer kleinbürgerlichen Jugendgespielin liebend vereint sieht. Es bleibt ihr nichts, als ihr Geheimnis zu wahren und das Kind der beiden zu erziehen.
L. v. F. trieb ausgedehnte hist. Studien über die Zeit der Frz. Revolution und der Befreiungskriege, deren Gesch. sie auch schrieb.
Mischung von Erz. und tagebuchartigen Bekenntnissen. Rückwärtsgewandte Haltung, spröder, oft etwas altmodisch-moralisierender Stil, aber unsentimentaler Realismus.
Von Gustav Freytag entdeckt, begründete der R. die Berühmtheit der Verfn., es blieb ihr einziges überdurchschnittliches Werk; eine Novv.-Slg. erschien 1862.

1871   Conrad Ferdinand Meyer
(Biogr. S. 420):
Huttens letzte Tage

Verserz., acht Kapitel mit 71 Gedichten in jambischen Zweizeilern.
Entst. 1870/71; Erlebnis von M.s Wendung vom frz. zum dt. Kulturkreis infolge des Krieges 1870/71.
Verherrlichung des Künstlers, der zugleich Kämpfer ist und sein Leben in den Dienst des Vaterlandes stellt. M. reizte der Kontrast »zwischen der in den Weltlauf eingreifenden Tatenfülle der Kampfjahre Huttens und der traumartigen Stille seiner letzten Zufluchtstätte«. Die wesentlichen Persönlichkeiten der Reformationszeit mit Hutten in Verbindung gebracht. Auch hier einer der Grundzüge von M.s gesamter Lyrik: Ausdeutung hist. Persönlichkeiten und Werke.
Bis zur Ausg. letzter Hand 1894 wiederholt geändert.

1872   Gottfried Keller
(Biogr. S. 419/420):
Sieben Legenden

Angeregt durch die *Legenden* Kosegartens (1804). Urfassung 1855–1860 als Teil des *Sinngedichts* gedacht und 1857/58 niedergeschrieben (1918 wiederentdeckt). Legenden als Novv. aufgefaßt und zu thematisch gegensätzlichen Paaren für das Erzählduell des *Sinngedichts* geordnet. Zwischen 1860 und 1862 aus dem *Sinngedicht*-Komplex gelöst und in den Legenden das Wunder-Element wiederhergestellt.

Die *Sieben Legenden* enthalten: drei Legenden, die zu den Heidenchristen nach Alexandria und an den Pontus Euxinus führen: *Eugenia, Der schlimmheilige Vitalis, Dorotheas Blumenkörbchen*; drei Marienlegenden: *Die Jungfrau und der Teufel, Die Jungfrau als Ritter, Die Jungfrau und die Nonne*. Für sich steht *Das Tanzlegendchen*. Bekehrung der Heiligen zur Ehe.
K. versuchte, aus den überlieferten Legenden eine »ehemalige, mehr profane Erzählkunst« wiedererstehen zu lassen, wobei den Gestalten freilich »zuweilen das Antlitz nach einer andren Himmelsgegend hingewendet wurde, als nach welcher sie in der überkommenen Gestalt schauen«. Die Vorgänge werden aus der weltfeindlichen Blickrichtung gelöst, und das Recht des Natürlichen und Sinnlichen wird wiederhergestellt. Thema: Dialektik von Weltlust und Entsagung. Die Wunderwelt ironisch gebrochen, jedoch die Ironie gegenüber K.s Urfassung weniger aggressiv, »skeptischer, resignativ-versöhnlicher« (Karl Reichert).
Einfluß Feuerbachs.

Wirkung auf die Legendendg. Heinrich Federers und Georg Bindings.

1872   Wilhelm Busch
(1832–1908, Wiedensahl, München, Frankfurt/Main, Mechtshausen):
Die fromme Helene

Verserz.

Entst. 1871 unter dem Eindruck des Aufenthalts in Frankfurt.

Einer der Höhepunkte der humoristischen Bildergeschichten B.s. Die Sünderin, die ihre Triebhaftigkeit hinter Sittsamkeit und Frömmelei zu verbergen sucht, muß schließlich in der Hölle büßen. Konstanz des Charakters nach der Lehre Schopenhauers. Antikatholische Tendenz unter Einfluß des Kulturkampfes.
Einheit von Bilderfolge und erklärenden Zweizeilern, die eine ironisch-redensartliche Lehre ziehen: »Das Gute – dieser Satz steht fest – ist stets das Böse, was man läßt.«

Die Entlarvung heuchlerischer Frömmigkeit fortgesetzt in *Pater Filucius* (1872), des bürgerlichen Ehe- und Familienglücks in der dreiteiligen Gesch. *Tobias Knopp* (1875 bis 1877).

1873/81   Gustav Freytag
            (1816–1895, Breslau, Gotha, Wiesbaden):
            Die Ahnen

R.-Zyklus.

Einfluß von Scott, Alexis und Riehls kulturhist. Programm. Beruhend auf F.s hist.
Studien *Bilder aus der dt. Vergangenheit* (seit 1859).

Die Ahnen schildern »die hist. Entwicklung der dt. Volkseigentüm-
lichkeit« am Geschick eines Geschlechtes von den Germanen bis zur
Gegenwart, bezeichnenderweise nur bis 1848. Am stärksten und be-
liebtesten die in der dt. Frühzeit spielenden *Ingo und Ingraban, Das
Nest der Zaunkönige*. F. paßte unter Verwertung seiner germanistischen Kenntnisse auch die Sprache den jeweiligen Epochen an.

Vorbild für den sog. Professoren-R., in dem die gelehrte Kenntnis der Vergangenheit
die lit. Fähigkeit mehr und mehr überwog. Weitere, z. T. sogar archäologische Rr.
schrieben Felix Dahn, Georg Ebers, Ernst Eckstein.

1874   Conrad Ferdinand Meyer
         (Biogr. S. 420):
         Georg Jenatsch

»Eine Geschichte aus der Zeit des Dreißigjährigen Krieges.« In der
Zs. *Die Literatur*, hgg. Wislicenus.

Plan Anfang der 6oer Jahre. 1866, 1867 und 1871 Reisen ins Engadin, Lokalstudien.
1873/74 ununterbrochene Arbeit.
Quelle: Ritter Fortunat Sprecher von Berneggs zeitgenössischer *Gesch. der bündnerischen
Kriege und Unruhen.*

Drei Bücher: *Die Reise des Herrn Waser*; *Lukretia*; *Der gute Herzog*.
Jürg Jenatsch ist ein streitbarer protestantischer Pfarrer, der zur Zeit
der Glaubenskämpfe in Dld., Dalmatien, Venedig zwischen Spaniern
und Franzosen umhergeworfen wird. Sein Leben wird bestimmt
durch leidenschaftlichen Patriotismus, um dessentwillen er auch vor
Verrat und Mord nicht zurückschreckt, und von der Liebe zu Lukretia Planta. Er erliegt auf einem Maskenball der katholischen
Partei und empfängt den Todesstreich von der Geliebten mit dem
gleichen Beil, mit dem er einst ihren Vater erschlug.
In der Darstellung des »Renaissancemenschentums« Einfluß von
Jacob Burckhardt. Historisches Detail in zahllosen Einzelsituatio-
nen. Neigung zum Theatralischen, zu gestellten Szenen. Gefahr der
Historienmalerei.

Durchgefeilte Buchausg. 1876. Seit der 4. Aufl. 1883 *Jürg Jenatsch. Eine Bündnergesch.*
Großer Erfolg, Mode-R.

1875   Theodor Fontane
    (Biogr. S. 419):
    Gedichte

2. Ausg. der lyrischen Produktion aus F.s Jugend und Reifezeit.

Vorher: *Männer und Helden* (1850); *Gedichte* (1851).

Wichtigster Bestandteil Balladen, entst. in der Zeit der Mitgliedschaft im »Tunnel über der Spree« 1844–1854. Anknüpfung an
Strachwitz, Bürger, die altengl. Ballade *(Archibald Douglas)*. 1846/47
Gruppe der Preußenlieder, in volkstümlichem Ton gehaltene, nach
dem Typ des hist.-epischen Preisliedes gestaltete Porträts bedeutender Heerführer unter Betonung des unfeierlich Menschlichen
(Seydlitz, Der alte Ziethen). In späteren Balladen auch Stoffe der Gegenwart *(Die Brück am Tay; John Maynard)*. Politisch-patriotische
Gedichte *(Wo Bismarck liegen soll)*. Stimmungsbilder, Sprüche.

Seit 1885 erneut lyrisches Schaffen. Gelegenheitsgedichte in salopper, prosanaher
Sprache, das Privatleben, den Dichterruhm, Gesellschaft und Alltag Berlins behandelnd; humorvoll-kritisch, resignierend, fragend. 5. Aufl. der Gedichte 1898.

1875   Peter Rosegger
    (1843–1918, Alpl bei Krieglach, Graz):
    Schriften des Waldschulmeisters

Pädagogischer R. Das Handlungsmäßige zurücktretend hinter dem
Didaktischen in Gesprächen, Briefen, Tagebuchnotizen. Ein Leben
im Dienst der Betreuung der Waldleute. Einfluß Stifters.
Der Waldschulmeister trägt viele Züge R.s, dessen Werke fast alle
autobiographischen Charakter haben und aus der Weltferne und
Einsamkeit der steirischen Heimat gespeist sind. Gegen den Einbruch des modernen Geistes in diese Welt.

Außerdem: *Waldheimat* (1877; Autobiographie); *Jakob der Letzte* (1888); *Peter Mayr*
(1893); *Das ewige Licht* (1897).

1876   Ferdinand von Saar
    (1833–1906, Wien):
    Novellen aus Österreich

Enthält die seit 1865 ersch. fünf Novv.: *Innocenz, Marianne, Die
Steinklopfer, Die Geigerin, Das Haus Reichegg.*
Absicht, nach dem Vorbild Turgenjews einen Spiegel des Heimat-
landes, der Zeit und des geselligen Kreises zu geben; getreue Topo-
graphie Wiens. Biographische und autobiographische Novv., die oft
große Zeiträume überspringen, um ein Schicksal zu verfolgen. Beherrschend das Ich des Verf.: häufig Rahmenerzähler, aber auch
Handlungsträger, manchmal in mehreren Figuren einer Erz. verborgen. Vielfach Zeitereignisse seit 1848 Hintergrund, bis auf Ausnah-

men keine bewußte und konsequente Sozialkritik. Hauptgestalten: Resignierende, Duldende, Halbe, Haltlose, Triebhafte, Sonderlinge, Prinzipienreiter, von der Zeit Überholte. Einfluß Schopenhauers.

Eine zweite Slg. gleichen Titels von 14 Erzz. (2 Bdd., 1897) zeigt Überwindung der in der Slg. von 1876 noch vorherrschenden Sentimentalität und einprägsame, in Abgründe des Psychologischen vorstoßende Charakterstudien *(Leutnant Burda, Seligmann Hirsch)*, die sich im Spätwerk *(Herbstreigen* 1897, *Camera obscura* 1904, *Tragik des Lebens* 1906) noch vermehrten.

1876/78   Gottfried Keller
(Biogr. S. 419/420):
Züricher Novellen

Novv.-Zyklus. 1. Teil (Die Rahmenerz. vom Herrn Jacques, *Hadlaub, Der Narr auf Manegg, Der Landvogt von Greifensee*) in *Dt. Rundschau* 1876/77. Buchausg. mit zugefügtem 2. Teil *(Das Fähnlein der sieben Aufrechten, Ursula)* 1878 (Auslfg. 1877).

1860 Plan einer Novv.-Reihe aus der Gesch. Zürichs nach Art der Seldwylaer Erzz., für die *Das Fähnlein der sieben Aufrechten* (1861 in Auerbachs *Volkskalender)* und *Ursula* (konzipiert 1853/55, ausgearbeitet 1877) ursprünglich bestimmt waren. Auch die Erz. der Familiengesch. der Manesse, später in *Hadlaub* und *Der Narr auf Manegg* enthalten, schon vor 1872 konzipiert. Ausarbeitung des 1. Teiles nach K.s Ausscheiden aus dem Amt 1876/77, dabei Ausweitung des mit der Manesse-Gesch. verbundenen Rahmens auf den 1875 als selbständige Nov. konzipierten *Landvogt von Greifensee*. Da der Rahmen sich als zu eng erwies, nicht auf den 2. Teil ausgedehnt.

Dem jungen Zürcher Jacques wird an drei Beispielen aus der Gesch. Zürichs demonstriert, was ein wirkliches, was ein falsches Original ist; die pädagogische Wirkung ist jedoch in Frage gestellt: Jacques entwickelt sich zum Snob. Kulturkritik. Wirkliche Originale kann K. nur im Zürich der Vergangenheit ausfindig machen.
Das Fähnlein der sieben Aufrechten spielt nach Einführung der Schweizer Verfassung von 1848 und war ursprünglich als Höhe- und Endpunkt der Kulturbildreihe gedacht, die den neuen Staatsgedanken hist. legitimieren sollte: Erziehung eines jungen Mannes für die Gemeinschaft, Einreihung in eine politische Tradition, die im Begriff ist zu erstarren und der durch ihn neues Blut zugeführt wird. Die Überwindung der politischen Engherzigkeit der Väter öffnet den Jungen zugleich das Tor zur Erfüllung ihrer Liebe. Ähnliche Absicht wie Freytags *Die Ahnen*. Durch K.s wachsende politische Skepsis Aufgabe der chronologischen Reihenfolge, durch verschiedene sich kreuzende »Baupläne« (Karl Reichert) Uneinheitlichkeit in der Fügung des Ganzen.

1878   Theodor Fontane
(Biogr. S. 419):
Vor dem Sturm

R. in der Zs. *Daheim*. Buchausg. im gleichen Jahr.

Plan und Konzept 1862–1866. Weiterarbeit 1875, beendet 1878.

Einfluß von Walter Scott und von Alexis' *Isegrimm* (1854). Berliner und märkischer R. aus der Zeit vor den Befreiungskriegen. Thema: »Erhebung« ohne staatlichen Auftrag. Frage nach Wert und Aufgabe des preußischen Adels sowie nach Wesen und Grenzen des Patriotismus.
Handlung noch locker gereiht, Charaktere mehr beschrieben als gestaltet, sehr viel Diskussion. Im Landschaftlichen wie im Lokalhistorischen deutlich sichtbar das Nachwirken der *Wanderungen durch die Mark Brandenburg* (4 Bdd., 1862–1882). Der Dichterklub »Castalia« des R. spiegelt die Erfahrungen F.s im »Tunnel über der Spree« (vgl. auch: F.s *Christian Friedrich Scherenberg und das lit. Berlin von 1840 bis 1860*, Buchausg. 1885).

1879   Conrad Ferdinand Meyer
(Biogr. S. 420):
Der Heilige

Nov. In *Dt. Rundschau.*

Ursprünglich Plan eines Dr.; Nov.-Entwurf 1878. Quelle: Augustin Thierry *Histoire de la conquête de l'Angleterre par les Normands* (1825).

König Heinrich verführt die Tochter seines Freundes und Kanzlers Thomas Becket. Sie fällt der Eifersucht der Königin zum Opfer. Scheinbar überwindet in Thomas die Treue zum Herrscher die Rachsucht. Erst als Primas von Canterbury und Diener eines höheren Herrn nimmt er Rache. Als politischer Gegner, als Heiliger, als Vertreter der Kirche wird er dem sinnenfreudigen, leichtsinnigen König gefährlich, bis dieser ihn schließlich am Altar ermorden läßt.
Hohe Objektivität: die Geschehnisse werden berichtet – als Rahmenerz. durch Hans den Armbruster –, ohne daß ihr Sinn ausgedeutet würde. Psychologische Zergliederung der Charaktere wird vermieden.

Buchausg. 1880.

1880   Theodor Fontane
(Biogr. S. 419):
L'Adultera

R. In der Zs. *Nord und Süd.*

Angeregt durch Geschehnisse in der Berliner Gesellschaft. Entst. 1879/80.

Thema des Ehebruchs und der Scheidung. Die von ihrem parvenühaften Mann unverstandene junge Frau findet einen wesensverwand-

ten Partner und eine neue Ehe. Dem bourgeoisen Milieu entsprechend ein versöhnlicher Schluß.
Erster Berliner Gegenwarts-R. F.s. Das Thema Bourgeoisie weitergeführt in *Frau Jenny Treibel*, das des Ehebruchs in *Cécile*, *Unwieder-
bringlich* und *Effi Briest*.
Buchausg. 1882.

1880/88   Theodor Storm
(Biogr. S. 420):
Altersnovellen in Einzelerscheinungen

Entst. seit St.s 1880 erfolgter Übersiedlung nach Hademarschen.

Die wichtigsten:
Hans und Heinz Kirch (Zs.-Druck 1882, Buchausg. 1883, entst.
1881/82). Vater-Sohn-Konflikt. Ein ehrgeiziger Vater verliert seinen
Sohn, als er sich gegen dessen Liebe zu einem Mädchen aus nicht
gut beleumdeter Familie stellt, und verschließt sich einer Versöhnung. Den durch den Tod des Sohnes Gebrochenen umsorgt die
einst von ihm abgelehnte Wieb.
Zur Chronik von Grieshuus (Zs.-Druck und Buchausg. 1884, entst.
1883/84). Chroniknov. Thema der feindlichen Brüder, in der Zeit
Karls XII. spielend. Den Brudermörder trifft nach Jahrzehnten der
Tod an dem gleichen Ort und Tag, an dem er den Bruder erschlug,
und mit ihm seinen geliebten Enkel.
John Riew' (Zs.-Druck und Buchausg. 1885, entst. 1884/85). Ver-
erbungsthema. Ein junges Mädchen wird das Opfer ererbter Trunk-
sucht.
Ein Fest auf Haderslevhuus (Zs.-Druck und Buchausg. 1885, entst.
1885). Thema der ungleichen Ehe und der verbotenen Liebe außer-
halb der Ehe. Der beleidigte Vater des verführten Mädchens lädt den
Verführer zu einem Hochzeitsfest, auf dem Junker Rolf seine Dag-
mar als Tote wiederfindet. Mit ihrer Leiche stürzt er sich vom
Schloßturm.
Ein Bekenntnis (Zs.-Druck und Buchausg. 1887, entst. 1887). »Mein
Thema: wie kommt ein Mensch dazu, sein Geliebtestes zu töten?
Und wenn es geschehen ist, was wird aus ihm?« (St. an Keller). Ein
Arzt tötet seine unheilbar erkrankte Frau und erfährt zu spät, daß
eine Heilung möglich gewesen wäre.
Der Schimmelreiter (Zs.-Druck und Buchausg. 1888, entst. 1888).
Quelle: der in *Lesefrüchte vom Felde der neuesten Lit.* (Jg. 1838) mitgeteilte Reise-
bericht *Der gespenstige Reiter*; St. verlegte das Motiv vom Weichselufer bei Danzig
nach der Nordseeküste.

Kampf und Aufstieg einer ehrgeizigen Herrschernatur bis zum
Deichgrafen. Hauke Haien scheitert an der Bosheit und Beschränktheit der Mitmenschen ebenso wie an den Naturgewalten. Stärkste

Wirkung aus Verbindung von Handlungsdramatik und Landschafts-
stimmung, die bis zur Naturdämonie gesteigert ist. »Hinreißende
Symphonie der Meeresstimmen« (Erich Schmidt).
St. rückte seit 1880 immer stärker von dem Problem der persönlichen
Schuld ab. Der Untergang im Kampf mit der Umwelt und den ererbten Anlagen erschien ihm als der eigentlich tragische, realistische.
Schicksalstrotz und ethische Bewährung in diesem Kampf zeichnen
seine Gestalten aus.
Technisch entwickelte St. die schon früh geübte Kunst der Andeutung zu höchster Stufe: er stellte »das Vorletzte, nicht das Letzte«
dar (Emil Kuh).

1881   Gottfried Keller
         (Biogr. S. 419/420):
         Das Sinngedicht

Novv.-Zyklus. In *Dt. Rundschau*; vermehrte Buchausg. ebenfalls
1881 (mit Datum 1882).

Plan 1851, als Widerlegung der in Berthold Auerbachs *Die Frau Professorin* behandelten
Unversöhnlichkeit von Kultur und Natur konzipiert. Deutlich in der Nov. *Regine*,
die das gleiche hist. Urbild hat wie Auerbachs Professorin und ursprünglich ver-
söhnlich enden sollte. Bis 1855 entstanden der Rahmenbeginn, *Von einer törichten
Jungfrau* und ein Teil von *Regine*, die weiteren Novv. folgten nach 1860, als K. die
Sieben Legenden aus dem Zyklus ausgesondert hatte.

Sechs Novv., durch einen Rahmen verbunden. Die Rahmenhandlung berichtet, wie ein junger Mann auszieht, um die Wahrheit von
Logaus Sinngedicht »Wie willst du weiße Lilien zu roten Rosen
machen? / Küß eine weiße Galathee: sie wird errötend lachen« zu
erleben. Er kommt auf ein Schloß, und hier werden nun die sechs
Novv. von dem Schloßherrn, seiner Nichte Lucie und Reinhart, dem
Reisenden, erzählt und so eine Art geistiges Duell ausgetragen.
Thema der Debatte ist das Wesen der Liebe, besonders die Frage der
geistigen und moralischen Ebenbürtigkeit von Mann und Frau, das
Verhältnis von Sitte und Sinnlichkeit, das in der Rahmenhandlung
als Erröten und Lachen versinnbildlicht ist. Über dem Erzählen der
Geschichten sind sich die beiden jungen Leute innerlich nahege-
kommen, so daß nun der Rahmen mit dem Sichfinden der beiden
schließt. Die Gegensätze der Standpunkte bleiben in ihrer relativen
Berechtigung bewahrt, werden aber auch in der Gefühl und Geist
vereinenden Liebe überwunden. Der tragische Schluß der Nov.
Regine durchbricht die versöhnliche Atmosphäre, aber durch das
Wissen um eine mögliche Tragik erhält der Glaube an Versöhnung
erst Gewicht.
Nach der Erprobung an den *Züricher Novv.* Höhepunkt zyklischer
Rahmennovellistik. Rahmenhandlung als Haupthandlung; die Novv.

durch ihren Beweis-Charakter zweckhaft auf den Rahmen gerichtet.
Je mehr sich die Dialektik des Erzählduells verschärft, desto mehr
werden die Gegensätze zwischen den Erzählenden abgetragen.

1882   Conrad Ferdinand Meyer
         (Biogr. S. 420):
         Gedichte

Die Slg. enthält die seit 1870 entstandenen Gedichte und überarbeitete Gedichte der früheren Slgg.: *Zwanzig Balladen von einem Schweizer*
(1864), *Romanzen und Bilder* (1869). Zyklisch gegliedert, der Aufbau
symbolisch gemeint.
Balladen und Stimmungsbilder. Die vorwiegend hist. Balladen lassen
eine Metaphysik der Gesch. sichtbar werden. Interpretation großer
Gestalten und Zeiten, besonders des 16. und 17. Jh., in bedeutsamen
Augenblicken. Darstellung des Großen, Machtvollen, Aristokra-
tischen. Unter den Stimmungsbildern Deutungen fremder Kunstwerke. Wenig Liebesgedichte. Die Natur nicht als Stimmung, sondern als Symbol *(Schwüle; Nachtgeräusche; Abendwolke)*; gleichnishafte
Dinggedichte, verhüllte Aussage des Ich.
An der Überarbg. der älteren Gedichte das Reifen der Lyrik M.s
ersichtlich. Gefeilt, zusammengezogen, »kristallisiert« (vgl. die beiden Fassungen von *Der römische Brunnen*). Formenstrenge Architektonik. »Intimität« bewußt vermieden. Im Formstreben und in der
Bildhaftigkeit dem Münchener Dichterkreis verwandt, andererseits
auf den Symbolismus vorausweisend.
Nach Gottfried Kellers Urteil »Brokat«.

1882   Theodor Fontane
         (Biogr. S. 419):
         Schach von Wuthenow

»Erz. aus der Zeit des Regimentes Gensdarmes«. In der *Vossischen
Ztg.*

Vermittlung des 1815 spielenden hist. Stoffes – Verlobung und Selbstmord des Majors
von Schack – durch Mathilde von Rohr. Quellenstudium und Planung seit 1878,
intensive Arbeit 1881–1882.

F. verlegte den Stoff in das Jahr 1806, für dessen geistige Atmosphäre
ihm die Titelgestalt exemplarisch schien. Ein Offizier des feudalen
Regiments Gensdarmes heiratet statt der geliebten Frau deren von
ihm nicht geliebte, häßliche Tochter, nachdem er sie verführt hat,
glaubt sich aber durch Erfüllung einer solchen Ehrenpflicht zu einer
Ehe fern der Gesellschaft verdammt und dem Spott der Kameraden
ausgesetzt; er erschießt sich.
Auch hier Thema: preußischer Adel, dessen Unfähigkeit zum Handeln und erstarrter Ehrenkodex in der Zeit um 1806 dargestellt wird.

Psychologische Studie. Handlung und Charaktere erwachsen orga-
nischer aus dem hist. Kolorit als in *Vor dem Sturm*; Skala der Meinungen über einen Krieg mit Napoleon. Moderne Färbung durch
geistreichen Dialog und die Causerien und Reflexionen der eingelegten Briefe.

Buchausg. 1883 (Auslfg. 1882).

1882/83   Conrad Ferdinand Meyer
          (Biogr. S. 420):
          Kleine Novellen

Erste Novv.-Slg. in 4 Bdd., enthält die bisher einzeln erschienenen
Novv.:
Das Amulett (Buchausg. 1873, Plan seit den 60er Jahren, Nieder-
schrift 1872/73). Rahmen-Nov. Rückerinnernde Erz. von der Erret-
tung aus der Bartholomäusnacht. Zu den Charakteren standen
Freunde M.s Modell.
Der Schuß von der Kanzel (ersch. 1878 in *Zürcher Taschenbuch*, Buchausg.
zus. mit *Das Amulett* in *Denkwürdige Tage* 1878, Plan seit etwa 1869,
Niederschrift 1877). Heitere Erz. von dem jagdlustigen Pfarrer, dem
mittels seiner Liebhaberei die Erlaubnis zur Heirat seines Kindes ab-
gelistet wird.
Plautus im Nonnenkloster (ersch. als *Das Brigittchen von Trogen* 1881 in
Dt. Rundschau, entst. 1880/81). Rahmen-Nov. Der Florentiner Hu-
manist Poggio erzählt von den Mißständen in einem Nonnenkloster.
Gustav Adolfs Page (ersch. 1882 in *Dt. Rundschau*, entst. 1882). Der
Page Leubelfing ist ein verkleidetes Mädchen, das für den geliebten
König stirbt. Anregung durch die Gestalt Klärchens in Goethes
Egmont.
In allen Novv. hist. Stoffe. Dabei starke Verwendung eigenen Erle-
bens. Große Geschlossenheit in Aufbau und Stil schon in diesen
Werken. Die von M. häufig benutzte Technik der Rahmenerz. gab
ihm die Möglichkeit der Distanzierung von seinem Stoff, milderte
die bewegte, ernste Handlung.

1883   Conrad Ferdinand Meyer
        (Biogr. S. 420):
        Das Leiden eines Knaben

Nov. Unter dem Titel *Julian Boufflers. Das Leiden eines Knaben* in
Schorers Familienblatt. Buchausg. mit endgültigem Titel im gleichen
Jahr.

Entst. Sommer 1883. Quelle: Memoiren des Herzogs von Saint-Simon (1675–1755).

Ein Knabe wird im Kloster von den Jesuiten zu Tode gequält, weil
sie seinen Vater, der ihnen als Marschall unerreichbar ist, hassen.

Diese Gesch. läßt M. den Leibarzt Ludwigs XIV. dem König an
dem Tag erzählen, an dem Ludwig einen Jesuiten zu seinem Beicht-
vater ernannt hat. M. stellte dadurch eine Beziehung zwischen dem
rein privaten Geschick des Knaben und der großen politischen
Gesch. her. Nachwirken persönlicher Jugenderlebnisse.

1883/84   Conrad Ferdinand Meyer
         (Biogr. S. 420):
         Die Hochzeit des Mönchs

Nov. In *Dt. Rundschau.*

Plan seit Anfang 1881, Niederschrift Ende 1883.

Die Rahmenhandlung zeigt Dante als den Erzähler einer Gesch., zu
deren Gestalten er Personen aus seiner höfischen Umgebung als Vorbilder nimmt. Die Gesch. behandelt das Schicksal des Mönches
Astorre, der dem sterbenden Vater die Rückkehr ins weltliche Leben
verspricht, mit dem Mönchtum aber den sittlichen Halt verliert. Die
Handlung treibt in raschem Tempo auf die Katastrophe zu; effektvolle dramatische Szenen. Kompositorisch unter dem Einfluß von
Kellers *Sinngedicht.*

Buchausg. 1884.

1885   Conrad Ferdinand Meyer
        (Biogr. S. 420):
        Die Richterin

Nov. In *Dt. Rundschau.* Buchausg. im gleichen Jahr.

Erste, teils epische, teils dram. Entwürfe 1881–1883. 1883 Verlegung des Stoffes aus
Sizilien und der Zeit Friedrichs II. von Staufen nach dem heimischen Bünden in die
Zeit Karls des Großen. Geschrieben 1885.

Die Richterin Stemma hat den ihr aufgezwungenen Gatten vergiftet,
die Schuld lastet viele Jahre auf ihr; von Gesichten verfolgt, bekennt
sie schließlich am Grabe des Gatten die Tat. Um ihrer Tochter, die
sie belauscht hat, den Weg in die Zukunft frei zu machen, gibt sie
sich den Tod.
Hauptgewicht im Psychologischen der Gestalten.

1886   Gottfried Keller
        (Biogr. S. 419/420):
        Martin Salander

R. In *Dt. Rundschau.* Buchausg. im gleichen Jahr.

Plan zu Beginn der 80er Jahre.

Das Individuum im Kampf mit den politischen und sozialen Zuständen. Der allzu optimistische, vertrauensselige Salander wird

immer wieder betrogen und beiseite gedrängt, während charakter-
lose Streber einer anderen Familie zu Ansehen und Macht gelangen.
Martins Töchter scheitern in Ehen mit gewissenlosen Politikern.
Das Glück, das Martin nicht erringen konnte, soll sein Sohn Arnold
erkämpfen und bewahren.
Zeitbild der Gründerjahre. Stark ausgeprägter Realismus. Schweize-
rische Verhältnisse sollen, wie schon in den Seldwyler Erzz. angestrebt, als Sinnbild der allgemein-europäischen Zustände angesehen
werden. In Sprache und Aufbau nicht mehr so gefeilt wie die voran-
gehenden Werke. Es fehlt die Spannkraft, auch die des Humors, um
den pessimistischen Gesamteindruck zu heben. Wo K. mit realistischer Unerbittlichkeit das kommende Zeitalter zeichnet, zerfällt
seine aufs Idyllische gerichtete Welt (Georg Lukács). K.s sorgen-
volles politisches Vermächtnis.

Plan eines zweiten R. *Arnold Salander* nicht mehr ausgeführt.

1886   Theodor Fontane
          (Biogr. S. 419):
          Cécile

R. In der Zs. *Universum*.

In Thale/Harz und Krummhübel in den Sommermonaten 1884–1885 geschrieben.

Thema der Mesalliance. Cécile, die einmal die Geliebte eines Fürsten
war, folgt freiwillig einem Verehrer, dem Opfer ihrer Schönheit,
den ihr sie eifersüchtig und ehrempfindlich bewachender Mann erschießt, in den Tod. Scheinehe wie in *L'Adultera*.
Im Harz und in Berlin spielender Gesellschafts-R. Kühle, sachliche,
fast referierende Darstellungsweise. Karge Handlung. Zwei Drittel
der Nov. bestehen aus Idyllik und Milieu.

Buchausg. 1887.

1887   Conrad Ferdinand Meyer
          (Biogr. S. 420):
          Die Versuchung des Pescara

Nov. In *Dt. Rundschau*. Buchausg. im gleichen Jahr.

Entst. 1886–1887. Studium der hist. Darstellungen von Ranke, Gregorovius, Schlos-
ser u. a. sowie von Alfred von Reumonts *Vittoria Colonna* (1881), der ursprünglich
die Hauptrolle in der Nov. zugedacht war.

Unter der Bedingung, vom Kaiser abzufallen und statt dessen einer
Liga zur Befreiung Italiens sein Schwert zu leihen, wird dem sieg-
reichen kaiserlichen Feldherrn Pescara bald nach der Schlacht bei
Pavia die Krone von Neapel angeboten. Er hält jedoch dem Kaiser
die Treue und weiß zudem, daß er an einer bei Pavia erhaltenen
Wunde sterben muß und nur noch die nächste Aufgabe, die Erobe-

rung Mailands, bewältigen kann. Danach bricht er tot zusammen. Versuchung zu Untreue und Verrat konstantes Motiv M.s seit *Das Amulett*. M. reizte an dem hist. Stoff die Unerforschbarkeit der letzten Gründe für Pescaras Ablehnung; sie sicherte ihm volle Gestaltungsfreiheit. Seine Darstellung der hist. Wirklichkeit ist ein Konzentrat aus zahlreichen Motiven seiner Quellen.

1887   Marie von Ebner-Eschenbach
(1830–1916, Mähren, Wien):
Das Gemeindekind

R.
Der auf Gemeindekosten erzogene Sohn minderwertiger Eltern bringt es durch eigene Kraft zu einer sauberen, geachteten Existenz. Volkspädagogische Grundhaltung. Interesse an der sozialen Frage, am Vererbungsproblem, am Gegensatz Dorf–Stadt. Bekanntestes Werk der Verfn.

M. v. E.-E. schrieb u. a.: *Bozena*, R. (1876); *Oversberg*, Nov. (1883); *Dorf- und Schloßgeschichten* (1883/86); *Unsühnbar*, R. (1890); *Glaubenslos*, R. (1893).

1887   Theodor Fontane
(Biogr. S. 419):
Irrungen, Wirrungen

R. In der *Vossischen Ztg.*
1882 konzipiert, 1886 beendet.

Thema des »Verhältnisses«, das gelöst werden muß, weil nach dem Ehrenkodex des preußischen Adels und dem des kleinbürgerlichen Mädchens nur eine Heirat innerhalb des gleichen Standes denkbar ist. Bei aller Freiheit des Urteils und fast poetischer Verklärung des Liebesverhältnisses stellte sich F. auf die Seite der »Ordnung«, gegen den »Lärm in Gefühlen«. Die sozialen Schranken, an denen die Liebe scheitert, sind Ausdruck nicht der Moral, sondern der Konvention und Sitte, die für F. Gültigkeit haben, auch wenn es »mitunter hart« ist, sich ihnen zu beugen. Der Verstoß gegen sie und gegen das Gebot, daß man »nicht Herzen hineinziehen« dürfe (F.), muß gesühnt werden. Tragischer Ausgang, jedoch »an die Stelle einer heroischen Vernichtung den Untergang durch alltägliche Nichtigkeit« gesetzt (Walther Killy).
Realistische Schilderung des kleinbürgerlichen Alltagslebens, berlinischer Örtlichkeiten, der Sprechweise der Offiziere und des Berliner Volkes. Die vorkommenden Realien haben Kunst- und Verweisungscharakter.

Buchausg. 1888.
Großer Erfolg. Das Thema machte F. für seine Zeit zum »modernen Autor«. Reaktionäre Kreise lehnten die »gräßliche Hurengeschichte« ab.

1888   Wilhelm Raabe
          (Biogr. S. 420):
          Das Odfeld

Erz. In *Nationalzeitung*.

Entst. Oktober 1886–November 1887.

Behandelt die Schicksale der Bewohner des ehemaligen Klosters
Amelungsborn am Tage des Gefechts auf dem Odfeld am 5. November 1761. Die genaue hist. Fixierung und Einbettung in hist.
Details nicht mit dem Ziel der Rekonstruktion einer hist. Realität,
sondern zur Sichtbarmachung sich immer wiederholenden menschlichen Elends und der Möglichkeit des Menschen, dennoch in
Menschlichkeit zu bestehen. Das Odfeld hat im Laufe der Gesch. bis
in mythische Zeiten zurück viele Kämpfe gesehen, die Zeit der Erz.
wird transparent für einen tiefen Vergangenheitsraum. In der
Hauptperson des Sonderlings Magister Noah Buchius und seinem
aus antikem und christlichem Bildungsgut erlesenen und erlebten
Wissen wird diese Tiefendimension des Lebens deutlich; über dem
realen Handlungsverlauf ein Bezugssystem aus Bildern, Zitaten,
Symbolen. Streng symmetrischer Aufbau in 25 Kapiteln.

Buchausg. 1889.

1890   Theodor Fontane
          (Biogr. S. 419):
          Stine

R. In der Zs. *Deutschland*. Buchausg. im gleichen Jahr.

Entworfen 1881, beendet bereits vor der das gleiche soziale Thema behandelnden
Nov. *Irrungen, Wirrungen*, deren Erfolg erst auch für *Stine* einen Verleger finden ließ.

Im Gegensatz zu *Irrungen, Wirrungen* will hier der kränkliche, vom
Leben vernachlässigte Graf die Schranken der Konvention brechen,
während die arme Näherin fühlt, wohin sie gehört, und ihn abweist.
Der Graf nimmt Gift.
Neben der Blässe und der etwas gewaltsamen Durchführung der
Haupthandlung steht das farbige, mit Verwendung des Berliner
Dialekts echt getroffene, moralisch weitherzige, aber gesunde Milieu
der Witwe Pittelkow, der Schwester Stines.

1891   Conrad Ferdinand Meyer
          (Biogr. S. 420):
          Angela Borgia

Nov. In *Dt. Rundschau*. Buchausg. im gleichen Jahr.

Ursprünglich Plan eines Dr. Entst. 1889/91.
Quelle: Ferdinand Gregorovius' *Lukrezia Borgia*; an sie lehnte M. sich bei der Schil-

derung der Lukrezia an, hinter der die Gegengestalt Angela streckenweise in den Hintergrund tritt. Im übrigen freie Behandlung der Quelle.

Angela Borgia, eine Verwandte der Lukrezia Borgia, rühmt die schönen Augen Giulios. Sein Bruder, der Angela liebt, läßt Giulio blenden. Angela schenkt dem Blinden dafür ihr Leben. Der gläubige Moralismus des Schlusses wirkt aufgesetzt, widerspricht dem Haß und Grauen der aufgezeigten Welt.

Letztes Werk vor M.s geistigem Zusammenbruch. Spürbares Nachlassen der dichterischen Kraft, doch sprengte auch der Stoff den Rahmen des auf einen Helden und ein Problem konzentrierten Formtyps der M.schen Novv.

1891   Theodor Fontane
        (Biogr. S. 419):
        Unwiederbringlich

R. In *Dt. Rundschau.* Buchausg. im gleichen Jahr.

Entst. 1887–1890. Handlung nach einer Begebenheit, die F. als Anregung für einen R. mitgeteilt wurde; von Strelitz nach Dänemark transponiert.

Graf Holk läßt sich von seiner Frau scheiden und kehrt zu ihr zurück, als die Geliebte ihn von sich weist. Nach wieder vollzogener Trauung ertränkt sich die Frau, weil beide ihre aus verschiedener Veranlagung erwachsenen Lebensansprüche nicht überwinden können. Der Titel des R. bewahrt das Wort, das in F.s Quelle die Heldin ihrem Mann hinterließ und F. im Kontext seines R. durch ein Gedicht Waiblingers ersetzte.

Das Thema der auf Grund entgegengesetzter Temperamente scheiternden Ehe später in *Effi Briest* wiederholt.

1891   Wilhelm Raabe
        (Biogr. S. 420):
        Stopfkuchen. Eine See- und Mordgeschichte

In *Dt. Romanztg.* Buchausg. im gleichen Jahr.

Entst. Dezember 1888–Mai 1890. Für die Ausarbeitung hatte R. sich selbst 17 Monate zur Verfügung gestellt.

Heinrich Schaumann, genannt Stopfkuchen, steht von Jugend auf abseits und sucht Anschluß an die Menschen, die »hinter der Hecke liegengelassen worden sind«. Schwer gewinnt er das Vertrauen des als Mörder verschrienen Bauern auf der »roten Schanze« und seiner verwilderten Tochter. Er kann den Bauern vom Mordverdacht reinigen und heiratet die Tochter; den wirklichen Mörder nennt er erst nach dessen Tode.

Rahmenhandlung: ein von einer Dld.-Reise nach Afrika heimkehrender Freund Stopfkuchens schreibt dessen Bericht nieder. Des

Durchschnittsmenschen Eduard großes Erlebnis in Dld. ist die
Eigenständigkeit Stopfkuchens, der trotz philisterhafter Züge mehr
vom Leben weiß und dem Philisterium seiner Mitmenschen souverä-
ner gegenübertritt als der Weitgereiste. Stopfkuchens Lebensweg
hat viele Parallelen zu R.s eigener Entwicklung.
Die Schopenhauersche Welt- und Menschenfeindschaft im Glauben
an den inneren Reichtum des menschlichen Herzens überwunden.
Humorvoll, breit. R. nannte *Stopfkuchen* sein bestes, sein subjek-
tivstes Buch. Nähe zu Jean Paul.
Der Untertitel als ironische Spitze gegen den Publikumsgeschmack
gemeint.

1892   Theodor Fontane
          (Biogr. S. 419):
          Frau Jenny Treibel oder Wo sich Herz zu Herzen find't

›R. aus der Berliner Gesellschaft‹. In *Dt. Rundschau*. Buchausg. im
gleichen Jahr.

Entst. 1888–1891.

Jenny, aus kleinen Verhältnissen in die wohlhabende Bourgeoisie
aufgerückt, hält sich selbst für eine Idealistin, offenbart aber ihre
materielle Gesinnung, als es sich um die Heirat ihres Sohnes mit
einem mittellosen Mädchen handelt.
Auch hier F.s Prinzip der Ordnung: die kluge, gebildete Corinna
findet zu der äußerlich bescheidenen, aber innerlich reichen Ge-
lehrtenwelt ihres Vaters zurück, und der Sohn Treibel heiratet in die
Kreise, die seine Mutter für angemessen hält. Gegenüberstellung der
Bourgeoisie und der bürgerlichen Gelehrtenstube.
Kritik an der Kulturfeindlichkeit der Bourgeoisie nicht aggressiv,
sondern indirekt. Behaglich-ironische Gesamtstimmung. Milieuschilderung, gut getroffene Atmosphäre. Verwendung des Leit-
motivs, nach F. der »richtige Taktaufschlag« für eine Erz.

1894/95   Theodor Fontane
            (Biogr. S. 419):
            Effi Briest

R. In *Dt. Rundschau*.

Angeregt durch die Nachricht vom Schicksal des Barons Armand Léon von Ardenne
und seiner Frau Elisabeth. Erster Entwurf 1890.

Gesch. einer Ehebrecherin, die aus Unerfülltheit und Langeweile
einem leichtsinnigen Liebhaber anheimfällt. Ihr Mann, Baron von
Instetten, mit dem sie früh verheiratet wurde und der versäumte,
ihrem Leben Erfüllung zu geben, entdeckt diesen Fehltritt erst nach
Jahren und durch Zufall. Nicht aus Leidenschaft und spontaner

Rachsucht, sondern aus Komment und Pedanterie tötet er den Liebhaber im Duell. Effi wird geschieden und aus ihren Kreisen ausge-
schlossen, sie stirbt frühzeitig an Gram und Einsamkeit.
Hinter den Sinn dieser aus Konvention geschlossenen Ehe setzte
F. ein Fragezeichen: »Das ist ein zu weites Feld.« Kein Aufbegehren
aus dem Recht der Leidenschaft oder Grundsätzen der Emanzipation, die F. an Ibsens *Nora* verurteilte: »Ehe ist Ordnung.«
Endgültige Wendung von der äußeren Gesellschaftsschilderung zur
Seelendarstellung, »fast mit dem Psychographen geschrieben« (F.).
»Alle rational erfaßbaren Seelenvorgänge sind durch zarte Andeu-
tungen in Wort und Gebärde sichtbar gemacht« (Julius Petersen).
Technisch von klassischer Klarheit: drei gleich umfangreiche Haupt-
teile, eingeschlossen von einem Einleitungs- und einem Schlußteil,
die zu den Hauptteilen im Verhältnis eins zu zwei stehen.

Buchausg. 1895.

1895 Wilhelm Raabe
(Biogr. S. 420):
Die Akten des Vogelsangs

R. In *Dt. Romanztg.* Buchausg. im gleichen Jahr.

Entst. 1893–1895.

Der Vogelsang ist die Vorstadt eines kleinen norddt. Städtchens, in
dem einige Nachbarkinder zusammen aufwachsen, über deren Le-
bensschicksal die von einem von ihnen niedergeschriebenen »Akten« berichten. Im Mittelpunkt steht die unglückliche Liebe des
Velten Anders, der an allem Glück und Gut der Erde vorbeigeht,
weil die Jugendgeliebte einen amerikanischen Millionär geheiratet
hat. Zu spät erkennt sie ihre Schuld, Velten kann nur noch in ihren
Armen sterben.
R.s leidenschaftlichstes Buch. Das Motiv ins Unmögliche gesteigert,
der Stil teilweise pathetisch.

1895/96 Theodor Fontane
(Biogr. S. 419):
Die Poggenpuhls

R. In *Vom Fels zum Meer.*

Entst. 1890–1894.

Darstellung bescheiden-tüchtigen Aristokratentums, Gegenstück zu
Frau Jenny Treibel. Im Mittelpunkt der sparsamen Handlung, die in
der Sicherung des Lebensunterhalts für die Offizierswitwe und ihre
fünf Kinder resultiert, steht das Familienereignis des Jahres, der
Geburtstag der Majorin.

Im wesentlichen Milieuschilderung und Herausarbeitung des Familiencharakteristikums, der Poggenpuhl-Atmosphäre, das in seinen Nuancen alle Personen der Handlung verbindet. Darstellung des Berliner Lebens; die Schilderung einer Auff. von Wildenbruchs *Quitzows* im Hoftheater spiegelt F.s Erfahrungen als Theaterkritiker.

Buchausg. 1896.

1897   Theodor Fontane
(Biogr. S. 419):
Der Stechlin

R. In *Über Land und Meer*.

Entst. 1895–1897.

Ursprünglicher Plan »Gegenüberstellung von Adel, wie er bei uns sein sollte, und wie er ist«, d. h. ein Erziehungs-R., in dem der junge Woldemar von Stechlin zum Vertreter des Adels, wie er sein sollte, heranzubilden war. In der Ausführung jedoch der Adel, wie er ist, in den Vordergrund getreten, repräsentiert durch den alten Dubslav von Stechlin. Alle Partien, in deren Mittelpunkt Dubslav steht, zeichnen sich gegenüber denen um den Sohn durch größere Farbenfülle aus.

Im Herrenhause Stechlin wird das Alter durch die Jugend, eine Zeit, die sich überlebt hat, durch eine neue abgelöst. In der Gestalt des alten Dubslav von Stechlin viel von F.s eigenem Wesen und seiner Lebensanschauung. Ein liberaler »Frondeur« und doch kein »Moderner«. Wehmütiges, aber tapferes, zukunftsgläubiges Abschiednehmen von einer alten Zeit.

Thematisch, stimmungsmäßig und im Aufbau Nähe zu F.s erstem R. *Vor dem Sturm*. Altersstil. Die Neigung zu Maximen besonders ausgeprägt. Die wenigen handlungsmäßigen Begebenheiten und die Charaktere sind mehr Anlaß für die Formulierung von Gesprächen. Kurze, die Rede und Gegenrede unterbrechende Zwischensätze wirken wie Regieanweisungen. Lange Partien ließen sich in die Druckanordnung eines Dr. umredigieren.

Buchausg. 1899.

1899   Wilhelm Raabe
(Biogr. S. 420):
Hastenbeck

Erz. In *Dt. Romanztg*. Buchausg. im gleichen Jahr.

Entst. August 1895–August 1898.

Behandelt die Schicksale des Blumenmalers Pold Wille von der Herzogl. braunschweigischen Porzellanfabrik Fürstenberg, der von Werbern der englischen Armee zu den Soldaten gepreßt wird und nach der Schlacht bei Hastenbeck 1757 desertiert, sowie seiner Braut, des Pfarrerstöchterleins Bienchen von Boffzen. Beide fliehen unter

Führung einer alten Marketenderin durch die winterliche Landschaft in die neutrale Grafschaft Blankenburg in den Schutz des
Landesherrn.
Thematisch und stilistisch mit *Das Odfeld* verwandt; auch hier das
Geschehen durch den idealen Bereich von Geßners Idylle *Daphnis*
und einer mit dieser kontrapunktisch zitierten protestantischen Er-
bauungsschrift umspielt und überhöht. Durch distanzierenden Humor sind Kriegsgrauen und Rokokogeist, menschliches Elend und
Noblesse des Herzens zu einer Einheit verschmolzen.

1880–1900 Naturalismus

Um 1880 wurde, besonders von der Lit.-Kritik, eine konsequente
Befolgung der realistisch-materialistischen Erkenntnisse gefordert.
Der Beginn des Naturalismus wird im allgemeinen mit den *Kritischen
Waffengängen* (1882) der Brüder Hart angesetzt. Seine konsequente
Form wurde bald abgelöst, nachdem sich schon bei seinem Beginn
Strömungen bemerkbar gemacht hatten, die sich nicht nur gegen
ihn, sondern gegen die gesamte zu ihm hinführende Entwicklung des
19. Jahrhunderts wandten. Die im Realismus der voraufgehenden
Epoche zusammengezwungenen Tendenzen zur subjektivierenden
sowohl wie zur objektivierenden Gestaltungsweise trennten sich am
Ausgange des 19. Jh. voneinander und wurden einerseits im Natura-
lismus, andererseits in seinen Gegenströmungen, dem Impressionis-
mus und verwandten Richtungen, radikalisiert. Die revolutionäre
Stoßkraft des Naturalismus war um 1900 erschöpft, er trat jedoch als
Gestaltungsform in mancherlei Varianten weiterhin auf.
Außer dem bereits von den Kritikern und Dichtern der Epoche be-
nutzten Namen »Naturalismus« wurde für die neue Richtung wieder
das Wort »modern« in Anspruch genommen, wie es schon andere
Richtungen, etwa das Junge Deutschland, für sich gebraucht hatten.
Im Kreise der Berliner Lit.-Kritiker Otto Brahm, Paul Schlenther,
Maximilian Harden, Leo Berg wurde von Eugen Wolff das Substan-
tivum »Die Moderne« geprägt.

Die Naturalisten empfanden ihre Kunst als etwas Neues, als »Revolution der Lit.«,
und sahen die gesamte nachklassische Vergangenheit als »idealistisches Epigonentum« an, obgleich deren realistische Tendenzen doch zu ihnen hingeführt hatten.

Der Naturalismus fiel in die letzten Jahre Bismarcks und die ersten
entscheidenden Regierungsjahre Wilhelms II., also in die Blütezeit
des politischen und wirtschaftlichen Imperialismus. Der erbarmungslose Konkurrenzkampf im Zeichen des Manchestertums beschleunigte die Verarmung weiter Schichten, die sozialen Gegensätze verschärften sich. Die Technisierung prägte das Gesicht der
Großstädte. Die sog. soziale Frage wurde zu einem Hauptproblem
der Innenpolitik. Ihren immanenten revolutionären Kräften suchte

Bismarck zunächst durch das Sozialistengesetz zu begegnen, das 1890 unter dem Druck der politischen Arbeiterbewegung fallenge-lassen wurde. Mit dem Arbeiterschutzgesetz 1891 wollte man ein Mindestmaß an Existenzsicherung schaffen. Die von Bismarck ein-geleitete schutzzöllnerische Wirtschaftspolitik sicherte zwar die dt. Wirtschaft, besonders die Landwirtschaft, vor fremden Konkur-renten, beschleunigte aber noch das Anwachsen des Kapitals in den Händen der Unternehmer und in weiten Kreisen des Bürgertums. Die um die Jh.-Mitte gefundenen Erkenntnisse kamen im 9. Jahr-zehnt erst zu voller Wirkung.

Charles Darwins Abstammungslehre, die die biologischen Arten durch natürliche Auslese entstanden sein ließ, begründete mit dem Glauben an die steigende Durchsetzung der vorteilhaften Eigen-schaften die Hoffnung auf eine Aufwärtsentwicklung des Menschen-geschlechts. Herbert Spencer (1820–1903) lehrte, daß auch die moralischen Vorstellungen sich auf ererbte Erfahrungen, und zwar des Nützlichen, gründen. Gut sei, was der Selbsterhaltung des ein-zelnen und der Gruppe diene, schlecht, was sie schädige. Sowohl er wie auch John Stuart Mill (1806–1873) fanden, daß der Wert oder Unwert der Handlungen von den Folgen abhänge, die sie für die Gesellschaft haben. Ziel habe das größte Glück der größten Zahl zu sein. Ein steigendes Übergewicht der altruistischen gegenüber den egoistischen Motiven sei für die Zukunft zu erhoffen. Die beiden engl. Philosophen gingen auf den Positivismus Auguste Comtes (1798–1857) zurück und betrachteten wie er die Erfahrung als die Basis menschlichen Wissens. Unter den Wissenschaften ließen sie nur die Naturwissenschaften und die ihnen verwandte Soziologie gelten. Auch die psychischen Äußerungen des Menschen seien eine Funktion des körperlichen Mechanismus. Die geistige Welt funk-tioniere wie die natürliche nach Kausalgesetzen.

Starken Einfluß auf die Kunstanschauungen des Naturalismus hatte Hippolyte Taine (1828–1893), der den Positivismus auf die Be-urteilung von Gesch. und Kunst übertrug (*Philosophie de l'art*, 1865 ff.) und den bestimmenden Einfluß von race, milieu, temps herausstellte. Summe dieser Philosophie war Loslösung vom Transzendenten. Nur die Erde und das kurze Leben auf ihr sind dem Menschen ge-geben. Die Sinne und Triebe, allenfalls der Intellekt, der aus Nütz-lichkeitserwägungen handeln kann, regieren den Menschen. Er ist eingespannt in einen naturgesetzlichen, »determinierten« Ablauf der Dinge, es gibt keine Willensfreiheit.

Der Staat des Imperialismus erschien als Unterdrücker des Indivi-duums, vor allem der unteren Klassen. Die von Karl Marx begrün-dete Gesellschafts- und Geschichtslehre gab nicht nur diesen ihre leitende Idee, sondern formte auch das allgemeine Denken. Als Held der Entwicklung galt nicht mehr der einzelne, sondern seine

Gruppe, die Klasse. Sein Individualismus geht auf in einem sozialen Willen, der der Gemeinschaft dient. Die Klasse befreit den Menschen aus der Passivität und läßt ihn handeln, wandelt seinen privaten Pessimismus in altruistischen Optimismus.

Der entstehende dt. Naturalismus konnte sich an die in anderen Ländern bereits weiter fortgeschrittene naturalistische Entwicklung anlehnen. Er tat das bewußt, auch um die dt. Lit. aus ihrer Gebundenheit an den dt. Kulturraum zu lösen und ihr wieder internationale Geltung zu verschaffen.

Aus Frankreich wirkten auch jetzt noch Balzac und Flaubert. Das Neue, die anti-metaphysische Sicht der Welt, die Darstellung des Menschen als Triebwesen, lernte man von Guy de Maupassant (1850 bis 1893). Die Kunst, den »accent fiévreux« des Lebens wiederzugeben, die Behandlung sozialer Probleme (*Germinie Lacerteux*, 1865: Gesch. eines Dienstmädchens) fand man bei den Brüdern Edmond (1822–1896) und Jules Goncourt (1830–1870) vorgebildet. Bestimmend wurde die Wirkung von Emile Zolas (1840–1902) »roman expérimental« (*Les Rougon-Macquart*, 1871/93, 20 Bdd.). Hier war ein Zeit-Gesamtbild bis ins Detail mit wissenschaftlicher Exaktheit wiedergegeben.

Neben die Franzosen traten die großen russischen Realisten. Am wenigsten sichtbar ist eine Wirkung der Gesellschaftsschilderungen Turgenjews (1818–1883), am stärksten die der sozialen Anklage und des Besserungswillens Leo Tolstojs (1828–1910). Im Mittelpunkt seiner großen Rr. stehen nicht Einzelpersonen, sondern das Schicksal einer ganzen Schicht oder Klasse. Vorbildlich wurde vor allem sein Dr. *Macht der Finsternis* (1887). Von den Werken Fjodor Dostojewskijs (1821–1881), der sich selbst einen »Proletarier-Literaten« nannte und in dem die Zeit einen politischen Märtyrer sah, hatte damals den größten Erfolg *Schuld und Sühne* (1867, dt. 1881), die Gesch. eines Proletarier-Studenten, der zum Mörder wird.

Der überraschend starke Einfluß der skandinavischen Lit. ist zum guten Teil auf den dän. Lit.-Historiker Georg Brandes (1842–1927) zurückzuführen, der die seit seinen Kopenhagener Vorträgen (1871) in den nordischen Ländern entstandene sozialkritische Lit. nach Dld. vermittelte. Seit Anfang der 80er Jahre erschienen dt. Übss. der Rr. von Alexander Kielland (1849–1906), Jonas Lie (1833–1908), Arne Garborg (1851–1924), Hans Jaeger (1854–1910) und Christian Krogh (1852–1925). Die Entwicklung eines Charakters aus Umwelt und Vererbung lernte man vor allem von Jens Peter Jacobsen (1847 bis 1885), dessen *Niels Lyhne* (1880) den Typ des »halben Helden« prägte. Von August Strindberg (1849–1912) waren damals nur der Journalisten-R. *Das rote Zimmer* und die Drr. *Der Vater* (1887) und *Fräulein Julie* (1888) von Bedeutung, seine große Wirkung setzte erst mit dem Symbolismus ein. Henrik Ibsen (1828–1906), der in seinen

Gesellschaftsstücken das frz. Konversationsstück weiter entwickelte, lehrte die vorbildliche Form des realistischen psychologischen Dr. Er diskutierte in *Nora* (1879), *Gespenster* (1881), *Wildente* (1884) *Volksfeind* (1882) die modernen Fragen der Frauenemanzipation, der Vererbung, der bürgerlichen Lebenslüge, der Gemeinschaft. Er gab nicht Lösungen, sondern setzte an den Schluß das für den Naturalismus typisch gewordene Fragezeichen. Neben dem Einfluß seiner Drr. konnte sich von denen Björnstjerne Björnsons (1832–1910) nur das *Fallissement* (1875) behaupten.

»Unsre Welt ist nicht mehr klassisch, / Unsre Welt ist nicht romantisch, / Unsre Welt ist nur modern« (Arno Holz). Die Modernität dieser Welt wurde im wesentlichen in ihrer Natürlichkeit und die Modernität der Lit. in der Wiedergabe dieser Natürlichkeit gesehen. Zola formulierte: »L'œuvre d'art est un coin de la nature, vu à travers un tempérament.« Bei Arno Holz hieß dieser Grundsatz: »Kunst = Natur — x« oder »Die Kunst hat die Tendenz, wieder Natur zu sein, sie wird sie nach Maßgabe ihrer jeweiligen Reproduktionsbedingungen und deren Handhabung« (*Die Kunst. Ihr Wesen und ihre Gesetze*, 1890): Reportage wurde Dg. Der Mensch als Produkt seines Milieus schien am ehesten am Durchschnittsmenschen erkennbar. Moderner Nachfolger des traditionellen »Helden« war der passive Held, der unentschlossene und schwankende Charakter, der »halbe Held«. Das Natürliche trat auch auf dem Gebiet des Gefühls- und Seelenlebens in den Vordergrund, die Liebe wurde in ihrer Abhängigkeit vom Trieb gezeigt, und die Wahrheit verlangte, daß auch das Perverse nicht ausgeschlossen blieb. Die Einbeziehung des nach alten Maßstäben Unschönen und Unsittlichen führte in oppositionellem Gegenschlag zu einer einseitigen Bevorzugung des Häßlichen und Niederen: Kranke, Geistesgestörte, Alkoholiker, die Dirne wurden beliebte Handlungsträger. Das Milieu wurde um so interessanter, je mehr es am Rande oder außerhalb der bürgerlichen Gesellschaft lag. Als man die Liebesszene in *Vor Sonnenaufgang* zu poetisch fand, antwortete Hauptmann bezeichnenderweise: »Was kann ich dafür, daß die Natur auch schön ist?«

Die genaue Erfassung der zu schildernden Wirklichkeit verlangte Präzision der schriftstellerischen Technik. Je mehr der Dichter zum Darsteller wurde, je mehr er sich der Deutung enthielt und mit seinen Geschöpfen in ihrem Milieu zu stehen suchte, desto mehr wurde seine Leistung zur wissenschaftsähnlichen Beobachtung. Ibsen suchte die Zeitungen regelmäßig nach Stoff ab und legte sich eine Sammlung von Tatsachenmaterial an. Zola notierte sich seine Beobachtungen über das Leben in Paris und den Industriestädten, und mancher Deutsche, wie etwa Wilhelm Bölsche, ist ihm darin gefolgt. Intuition und Inspiration wurden einer solchen Schriftstellergeneration verdächtig, ebenso der Begriff Genie. Die methodisch fest-

gelegte Arbeitsweise ermöglichte die Zusammenarbeit zweier Autoren wie Holz und Schlaf. Mit der wachsenden Intimität der Beobachtung wuchs das Gefühl für die Nuance und das Streben nach Verfeinerung der Darstellungsmittel. Die erhöhte Sensitivität schuf den
»Nervenkünstler«. Gestik, Mimik, Sprache wurden differenziert. Im
Dr. fielen die alten, »unnatürlichen« Hilfsmittel wie Monolog und
Bei-Seite-Sprechen. Der Vers wurde als unnatürlich abgelehnt, und
wo er, wie in der Lyrik, noch auftrat, war er kaum mehr als solcher
zu erkennen. Richtschnur war die Umgangssprache: Dialekt, abge-
brochene Sätze, ja selbst grammatische Fehler schienen die Natürlichkeit zu erhöhen. Zolas mit phantastischen Elementen durchsetzte
R.-Kunst wurde schließlich als inkonsequent empfunden (vgl. Arno
Holz: *Zola als Theoretiker*); auch an Ibsens Sprache wurde das kon-
struktive Element erkannt.
Als objektiver Darsteller der Wirklichkeit hat der Künstler sich fortschrittlich an die Spitze seiner Zeit zu stellen. Seine Arbeit dient der
Aufklärung, der Erziehung, der ändernden Gestaltung der Zukunft.
So kam Otto Brahm zu der Formulierung, der Naturalismus wolle
nicht »Wahrheit im objektiven (das ist keinem Kämpfer möglich),
sondern im subjektiven Sinn«.
Der Durchbruch des Naturalismus erfolgte zunächst auf dem Gebiete des Romans. Von entscheidendem Einfluß war Zolas Theorie
des roman expérimental, die im Dichter einen wissenschaftlichen
Experimentator sieht. Seine Aufgabe sei, »alle Ereignisse auf den er-
fahrungsgemäß richtigen Beweggrund zurückzuführen«, wie Zola
selbst in den *Rougon-Macquart* durch fünf Generationen die Eigenschaften der Personen aus denen der Vorfahren ableitete und durch
Umwelteinflüsse modifizierte. Nach skandinavischem Muster schuf
man den Bohemien-R., der die Gesellschaftskritik aus der Sicht des
Literaten und Künstlers ansetzte.
Der frühnaturalistische R. war nur in seinen sozialkritischen Themen,
in seiner Betonung psychologisch-pathologischer Züge und in der
Wiedergabe des Details naturalistisch, während Sprache, Stilmittel
und manche Einzelmotive (romanhaft-phantastische Erfindungen,
geniale Kraftweiber und zerrissene Männer) noch eine Verwandt-
schaft mit dem jungdt. R. zeigten. Erst in den Skizzen von Holz und
Schlaf herrschte Einheit von Stoff und Form.
An erster Stelle stand der psychologische R. Neben ihm waren alle
Formen einer Stimmung und Milieu einfangenden Erzählkunst vertreten: Erzz., Skizzen, Studien, Naturschilderungen. Zurück traten
alle gerafften, strengen Formen, die der Realismus ausgebildet hatte;
das Versepos verschwand völlig.
Auf dem Gebiet des Dramas hatte bereits Anzengruber mit der
Tradition des frz. Gesellschaftsstückes und der üblichen Lspp. ge-
brochen. Der endgültige Durchbruch des konsequenten Naturalis-

mus im Theater in den Drr. von Holz, Schlaf und Hauptmann ist verknüpft mit der Gründung der Freien Bühne 1889. Einige Elemente des naturalistischen Dr. stammten aus dem psychologischen Dr. Henrik Ibsens, dessen typische Merkmale, die Figur des Räsoneurs, die geringe Personenzahl (durchschnittlich fünf) und die Rückkehr zur »natürlichen« Einheit von Zeit und Ort, man übernahm. Besonders weist auf Ibsen die Anwendung der analytischen Technik, die vorsichtige Aufdeckung eines zurückliegenden Verbrechens, die unabwendbare Annäherung der Katastrophe. Durch sie bekam der Dialog einen gefährlichen Doppelsinn. »Das Dr. hat vor allem Charaktere zu zeichnen, die Handlung ist nur Mittel« (Arno Holz). Niederschlag dieser Tendenz wurden die ausführlichen szenischen Bemerkungen. Hatte die traditionelle Dramaturgie immer wieder die Möglichkeiten des tragischen Konfliktes vorzüglich bei den »Standespersonen« oder den großen Ausnahmeerscheinungen gesucht, was noch Hebbel nach *Maria Magdalene* zur historisch-mythischen Tr. zurückkehren ließ, so öffnete sich nunmehr die Bühne auch den untersten Schichten. In Hauptmanns Dramatik ist jedoch hinter der sozialen eine existenzielle Problematik zu erkennen: die Unauflöslichkeit der Antinomien des Lebens, die in der göttlichen Welt ihren Ursprung haben. »Die Schuld ist ein übergreifendes Schicksal, dem alles Seiende überhaupt ausgeliefert ist« (Wilhelm Emrich).

Für die naturalistische Lyrik wurden durch die neu formulierte Poetik Pathos, Schönheitsdrang, Mystik ausgeschlossen. Wie die Lyrik des Vormärz verwandte sie Motive aus der Technik und erfaßte erstmals Großstadt und Großstadtmenschen. Formal blieb sie zunächst traditionell, knüpfte vor allem an die des Vormärz an.

Eine typisch naturalistische Lyrikform versuchte Arno Holz zu begründen. Die Übereinstimmung von Form und Gehalt sollte dadurch erreicht werden, daß der innere Rhythmus des Auszusagenden zum Ausdruck gebracht wurde. H. wollte auf »jede Musik durch Worte als Selbstzweck« verzichten, wollte weder Reim noch Strophen noch freie Rhythmen, sondern notwendige Rhythmen, die vom Stoff her sich der Prosa nähern mußten. Diese Gedankengänge (*Revolution der Lyrik*, 1899) fanden erst im Expressionismus Widerhall, während H.' eigene Zeit von der symbolistischen Lyrik bestimmt wurde.

Der größte Teil der naturalistischen Schriftsteller bekannte sich zum Sozialismus und stand im Gegensatz zu der bestehenden Gesellschaftsordnung und dem Bürgertum. Während der Schriftsteller des Realismus noch eine bürgerliche Existenz geführt hatte, betonte der des Naturalismus die Unsicherheit und Unbürgerlichkeit seiner Lebensform, wurde zum Außenseiter der Gesellschaft und fühlte sich darin dem Proletarier verwandt.

Zentren der Lit. waren vor allem München und Berlin, wo sich viele kleine Lit.-Gruppen bildeten.

Die Münchener Gruppe unter Führung von Michael Georg Conrad entstand 1882. Zs.: *Die Gesellschaft* (seit 1885), hgg. Conrad, vom 4.Jg. an zus. mit Karl Bleibtreu, der in *Revolution der Lit.* (1885) mit der gesamten Lit. des 19.Jh. abgerechnet hatte. Wichtiger Kritiker: Konrad Alberti.

Etwa 1883 bildete sich in Berlin ein Kreis um die Brüder Heinrich (1855–1906) und Julius (1859–1930) Hart, die mit den *Kritischen Waffengängen* (1882) Aufsehen erregt hatten. Er umfaßte etwa 20 Personen, vielfach Studenten, darunter: Arno Holz, Hermann Conradi, Karl Henckell, Gerhart Hauptmann. Von den Harts erschien außerdem *Kritisches Jahrbuch* (1889–1890), von Heinrich Hart *Berliner Monatshefte für Lit., Kritik und Theater* (1885).

Eine zweite Berliner Gruppe war der 1886 von Konrad Küster, Leo Berg und Eugen Wolff gegründete Verein »Durch«, dessen Mitglieder sich auch das »Jüngste Dld.« nannten und der die *Akademische Zs.* herausgab.

Entscheidend für den Durchbruch des konsequenten Naturalismus wurde der nach dem Muster des Pariser Théâtre libre gegründete lit. Verein Freie Bühne und das dazugehörige Theater 1889. Die Aufführungen des von Otto Brahm (1856–1912) geleiteten Theaters waren wegen der Zensur nicht öffentlich. Man eröffnete im September mit Ibsens *Gespenstern*, es folgte Hauptmanns *Vor Sonnenaufgang*. Seit 1890 erschien die Zs. *Freie Bühne für modernes Leben* (hgg. 1890–1891 Otto Brahm, red. Arno Holz, Wilhelm Bölsche), seit 1894 als *Neue dt. Rundschau*, 1904–1944 als *Die Neue Rundschau* (hgg. Oskar Bie u. a.). Maximilian Harden (1861–1927), einer der Mitbegründer der Freien Bühne, gab seit 1892 die politische und Kultur-Zs. *Die Zukunft* heraus.

Seit 1890 bestand der Friedrichshagener Dichterkreis, dessen Mitglieder z. T. schon den früheren Berliner Naturalistengruppen angehört hatten. Im Mittelpunkt standen die Häuser von Wilhelm Bölsche (1861–1939) und Bruno Wille (1860–1928), später das der Brüder Hart. Das Hauptwerk des Darwin- und Haeckel-Anhängers Bölsche war *Die naturwissenschaftlichen Grundlagen der Poesie* (1887). Er gründete zus. mit Wille 1890 die Freie Volksbühne.

Bald nach Gründung der Freien Bühne standen die konsequenten Naturalisten im Gegensatz zu den Münchener Frühnaturalisten. Konrad Alberti und Karl Bleibtreu gründeten 1890 in Berlin die Dt. Bühne. Unter Michael Georg Conrads Vorsitz entstand 1890 in München die Gesellschaft für modernes Leben.

Die wichtigsten Autoren des Naturalismus:

Anzengruber, Ludwig, geb. 1839 in Wien. Zuerst Buchhändler, 1860–1867 Schauspieler, 1869 Kanzleibeamter der Wiener Polizei. Mußte 1870 infolge des Aufsehens, das *Der Pfarrer von Kirchfeld* erregte, von seinem Amt zurücktreten. Seit 1871 widmete er sich ganz der Schriftstellerei und gab *Die Heimat* (1882–1884) und das Witzblatt *Figaro* (1884–1889) heraus. Für die Weihnachtskom. *Heimg'funden* (1885) erhielt er 1887 den Grillparzerpreis. Gest. 1889 in Wien.

Halbe, Max, geb. 1865 in Güttland bei Danzig. 1883 stud. jur. in Heidelberg, 1884 in München. 1885–1887 Stud. der Gesch. und Germanistik in Berlin; Dr. phil. Lebte 1888–1894 als freier Schriftsteller in Berlin, 1894/95 in Kreuzlingen/Bodensee, seit 1895 in München. Gest. 1944 in Burg bei Neuötting.

Hauptmann, Gerhart, geb. 1862 in Obersalzbrunn/Schlesien als Sohn eines Hotelbesitzers. Nach dem Besuch der Realschule in Breslau zunächst Ausbildung als Landwirt, 1880–1882 Besuch der Breslauer Kunstschule, wurde Bildhauer. Erste dram. Versuche. 1883/84 als Bildhauer in Rom. Seit 1884 in Berlin, Studium an der Universität, Kontakt mit dem Kreis der Brüder Hart, Beschäftigung mit der zeitgenössischen Lit. Seit *Vor Sonnenaufgang* (1889) Mittelpunkt der naturalistischen Lit. 1894 Reise nach Paris und Amerika. 1896 von Erich Schmidt für den Schillerpreis vorgeschlagen, von Wilhelm II. abgelehnt. Aufenthalt im Winter meist in Berlin, während des Sommers in dem 1900 erworbenen Haus Wiesenstein in Agnetendorf oder auf Hiddensee. Viele Reisen. 1905 Ehrendoktor der Universität Oxford, 1912 Verleihung des Nobelpreises. 1932 zweiter Amerika-Aufenthalt. Gest. 1946 in Agnetendorf, beigesetzt auf Hiddensee.

Holz, Arno, geb. 1863 in Rastenburg/Ostpreußen als Sohn eines Apothekers. Von 1875 an in Berlin, seit 1881 als Redakteur. Erhielt 1885 für *Buch der Zeit* den Schillerpreis. Im Winter 1888/89 Zusammenleben und Zusammenarbeit mit Johannes Schlaf, praktische und theoretische Versuche zu einer konsequent naturalistischen Kunstlehre. Nach den aufsehenerregenden Ergebnissen dieser Zusammenarbeit in seinen späteren Werken eigenwillige Bahnen beschreitend, vielfach übersehen und verkannt. Gest. 1929 in Berlin.

Liliencron, Detlev von, geb. 1844 in Kiel. Seit 1863 preußischer Offizier, Teilnahme an den Kriegen 1866 und 1870/71, mußte 1875 schuldenhalber den Dienst quittieren. 1882 Hardesvogt auf der Insel Pellworm, 1884–1887 Kirchspielvogt in Kellinghusen, mußte abermals schuldenhalber das Amt aufgeben. Lebte als freier Schriftsteller in München, Berlin, Altona, seit 1901 in Alt-Rahlstedt. Gest. ebd. 1909.

1870 Ludwig Anzengruber
(Biogr. S. 465):
Der Pfarrer von Kirchfeld

Vst. m. G. 4. Auff. 5. 11. in Wien, Theater an der Wien. Unter dem Pseudonym L. Gruber.

Angeregt durch den österreichischen Kulturkampf der 60er Jahre, gerichtet vor allem gegen das Vatikanische Konzil von 1870. »Ein anderer wollte sich nicht finden, welcher der Zeit von der Bühne herab das Wort redete, also mußte ich es sein« (A.).

Pfarrer Hell arbeitet in seinem Dorf für ein freies Menschentum und gegen die unduldsame Herrschaft des Klerus, dessen Engherzigkeit er schließlich unterliegt.

Tradition des Altwiener Vst.: Typen, Verbindung des Sprechthea-
ters mit der Musik, Volkssprache. Realistische Allegorien im Gegensatz zu den phantastischen Raimunds, dessen märchenhafte, lyrische
Züge bei A. fehlen. Das Thema und die Hauptgestalt in ihrer Zer-
rissenheit und Schwäche weisen bereits auf Ibsen und Hauptmann,
den Naturalismus.

Buchausg. 1872.

1871   Ludwig Anzengruber
     (Biogr. S. 465):
     Der Meineidbauer

Vst. m. G. 3. Auff. 9. 12. in Wien, Theater an der Wien.

Geschrieben Februar–August 1871.

Tr. des Selbstbetruges. Der Bauer, der ein heimlicher Sünder ist,
sieht sich durch seinen äußeren Erfolg in seiner Auserwähltheit be-
stätigt und dankt sogar Gott für das Gelingen seiner bösen Taten,
»versündigt sich im Gebet«.
Noch weiter gehende Kritik an der Kirche als im *Pfarrer von Kirchfeld* (1870): Während dort der Pfarrer um eine Kirche kämpfte, wie
sie nach seiner Vorstellung sein müßte, wird hier die Verirrung eines
an sich nicht wertlosen Charakters auf kirchliche Erziehung zurückgeführt.

Buchausg. 1872.

1872   Ludwig Anzengruber
     (Biogr. S. 465):
     Die Kreuzlschreiber

Bauernkom. m. G. 3. Auff. 10. 12. in Wien, Theater an der Wien.
Buchausg. im gleichen Jahr.

Der Grundeinfall aus einer Zeitungsnotiz von 1871 übernommen. Geschrieben 1871
bis Juni 1872.

Die Zwentdorfer Bauern haben sich verleiten lassen, ihren Ein-
spruch gegen die Beschlüsse des Vatikanischen Konzils (1870) nach
München zu schicken. Da sie Analphabeten sind, unterzeichnen sie
mit Kreuzeln. Die Frauen, von der Geistlichkeit dazu angehalten,
verweigern ihnen bis zur Zurücknahme des Einspruches ihre ehe-
lichen Rechte, bis sie dann doch nachgeben, da die Männer mit den
Mitgliedern des »Jungfernklubs« zusammen die ihnen auferlegte
Wallfahrt antreten wollen.
Komisches Gegenstück zum *Pfarrer von Kirchfeld* (1870). Themaverwandt mit Aristophanes' *Lysistrata.*

1874   Ludwig Anzengruber
       (Biogr. S. 465):
       Der G'wissenswurm

Bauernkom. m. G. 3. Auff. 19. 9. in Wien, Theater an der Wien.
Buchausg. im gleichen Jahr.

Geschrieben 2.–16. April 1874.

Der reiche Bauer Grillhofer fühlt sein Gewissen von einer Jugend-
sünde belastet, sein Schwager, der Dusterer, nutzt diese Angst aus,
ihn erbschleicherisch zu erpressen. Als Grillhofer die Verlassene der
Jugendzeit aufsucht, findet er statt einer Gebrochenen eine herrsch-
und habsüchtige Bäuerin, so daß seine Gewissensangst einer ge-
sunden Lebensfreude Platz macht.
Charakterkom. gegen asketischen, weltabgewandten Kirchengeist.

1877   Ludwig Anzengruber
       (Biogr. S. 465):
       Das vierte Gebot

Vst. 4. Auff. nach der für den 18. 12. vorgesehenen, aber von der
Zensur verbotenen, am 29. 12. in Wien, Theater in der Josephstadt.

Skizze schon 1864. Ausarbeitung 1877.

Gegen die Unbedingtheit des vierten Gebotes. Die verwahrlosten
Eltern werden zum Untergang der Kinder, die nicht die Kraft haben,
sich von dem verderblichen Vorbild frei zu machen. Schilderung der
Großstadt Wien, deren obere und untere Schichten gleich verderbt
sind.
Die religiöse Kritik der früheren Drr. durch soziale Kritik erweitert.

Buchausg. 1878.
Berühmte Auff. der Freien Bühne in Berlin 2. 3. 1890. Einfluß auf die Berliner Naturalisten.

1881   Ernst von Wildenbruch
       (1845–1909, Beirut, Konstantinopel, Berlin, Weimar):
       Die Karolinger

Tr. 4, in Jamben. Auff. 6. 3. in Meiningen.
Streit um die Thronfolge im Hause Ludwigs des Frommen. Im
Mittelpunkt die Kaiserin Judith, die für ihren Sohn Karl die Erb-
berechtigung erkämpft.
Die Historie als Vehikel des zeitgenössischen Patriotismus. »Das
Schicksal des Volkes ist seine Gesch. Darum ist und bleibt das hist.
Dr. das eigentliche« (W.). Pathetische Schiller-Nachfolge. Theatra-
lisch geschickt.

Buchausg. 1882.
W. versuchte sich erfolglos auch in naturalistischen, sozialen Gegenwartsdrr.: *Die
Haubenlerche* (1890), *Meister Balzer* (1892).

1883   Detlev von Liliencron
(Biogr. S. 466):
Adjutantenritte und andere Gedichte

Erlebnislyrik aus dem Kriege 1870/71. Betonung des Sinnenhaft-Natürlichen, Kreatürlichen gegenüber der idealisierenden Kriegsdg. Die lyrische Stimmung erzeugt durch eng aneinandergereihte minuziöse Momentbilder. Erste Anzeichen des naturalistischen »Sekundenstils« (vgl. *Zwei Meilen Trab*). Betonte Formstrenge im Gegensatz zu den Frühnaturalisten. Weniger schöpferisch als erarbeitet und ausgefeilt. Häufig Übernahme volksliedhafter Formen. Als Gegenschlag gegen die Heyse-Geibelsche Richtung in der Wortwahl bewußt salopp.
Politisch reaktionär.

In L.s späterem Schaffen nahm das Kriegserlebnis weiter einen großen Raum ein. Außerdem realistische Naturlyrik, naiv-sinnliche Liebeslyrik und Balladen, die, anfangs an Fontane und Strachwitz geschult, häufig einen leichten, humoristischen Ton haben. Weitere Slgg.: *Gedichte* (1889), *Der Heidegänger* (1890), *Neue Gedichte* (1893), *Nebel und Sonne* (1897), *Bunte Beute* (1903).

1884   Moderne Dichtercharaktere

Lyrik-Anthologie, hgg. Wilhelm Arent. Vorangestellt *Unser Credo* von Hermann Conradi und *Die neue Lyrik* von Karl Henckell. Motto: »Wir rufen dem kommenden Jahrhundert« und »Der Geist des Künstlers wiegt mehr als das Werk seiner Kunst« (Michael Reinhold Lenz).
Vertreten sind 21 Autoren, u. a. Wilhelm Arent, Heinrich und Julius Hart, Oskar Lincke, Otto Erich Hartleben, Arno Holz, Karl Henckell, Hugo Kralik, Ernst von Wildenbruch, Hermann Conradi.
Während die Einleitungen eine »vom Scheitel bis zur Sohle« moderne Lyrik, die »das Intime, das Wahre, das Natürliche, das Ursprüngliche, das Große und Begeisternde« zu Wort bringen sollte, versprechen, liegt das Neue der formal noch traditionellen Slg. am ehesten im Stoff: die soziale Frage, das Hinterhaus, Vorstadt- und Dirnenmilieu. Ästhetische und politische Programmlyrik, Forts. der Tendenzlyrik des Jungen Dld.

1885   Ludwig Anzengruber
(Biogr. S. 465):
Der Sternsteinhof

R.
Ein armes Mädchen hat sich in den Kopf gesetzt, Herrin des reichen Sternsteinhofes zu werden. Hart und rücksichtslos geht sie diesen Weg, erweist sich jedoch dann wirklich als vorbildliche Bäuerin.

Naturalistische, nicht romantische oder sentimentale Darstellung eines bäuerlichen Charakters. Gegensatz zu Auerbach.

Weitere epische Werke: *Der Schandfleck*, R. 1876; *Dorfgänge*, Novv., 1879.

1885   Arno Holz
        (Biogr. S. 466):
        Das Buch der Zeit

Von 200 Gedichten einige autobiographisch deutbare im Abschnitt *Großstadt*, Mitleidspoesie aus der Dachstube, dem Inbegriff von Armut und Vereinsamung, die proletarische Nachbarschaft den Besitzenden gegenübergestellt. Keimzelle für *Phantasus* (1898/99).
Details und einzelne stimmungsgesättigte Bilder vom Leben in der Großstadt; das neue Thema erkannt und propagiert, selten bewältigt.

1887   Michael Georg Conrad
        (1846–1927, München):
        Was die Isar rauscht

R.

Neben *Die klugen Jungfrauen* (1889; Ibsen gewidmet) und *Die Beichte des Narren* (1890) Teil eines von C. nach dem Vorbild von Zolas *Rougon-Macquart* geplanten zehnbändigen R.-Zyklus über das zeitgenössische München.

Künstler-R. Im Mittelpunkt das Recht auf das »Sichausleben«. Schwabinger Milieu: Maler, Mäzene, Ballettmädchen, Modelle (»Malweiber«). Einbeziehung auch des Häßlichen und Unappetitlichen. Feuilletonistische Technik: Aneinanderreihung von Skizzen und Szenen, von tendenziösen Exkursen unterbrochen. Noch nicht naturalistisch.

1887   Hermann Conradi
        (1862–1890, Berlin):
        Lieder eines Sünders

Gedichte.
Persönliche lyrische Beichte und rücksichtslose Selbstenthüllung, Kampf der niedrigen und der geistigen Kräfte im Menschen. Meist triumphiert die »Sünde«. Wissen um ein verspieltes Leben und einen frühen Tod. Nekrologe auf sich selbst.

1887   Hermann Sudermann
        (1857–1928, Ostpreußen, Berlin):
        Frau Sorge

R.
Lebensweg eines in Not, Bedrückung und Verkennung aufwachsenden ostpreußischen Bauern, der aus Liebe zu seinen Angehörigen

eine große Schuld auf sich nimmt. Er befreit sich dadurch von dem Gespenst seiner Jugend, der Sorge, und gewinnt sich die Liebe von Menschen, die ihn einer besseren Zukunft zuführen.

Nicht eigentlich naturalistisch, in der Nachfolge der älteren sozialpsychologischen Rr. Stofflich Einfluß von Kellers *Martin Salander*, Björnsons *Arne* und Ibsens *Wildente* (die Gestalt des Vaters).

Obgleich der R. auf S. aufmerksam machte, hatte er seine Breitenwirkung erst nach dem Erfolg von S.s Dr. *Die Ehre.*

1888   Max Kretzer
(1854–1941, Berlin):
Meister Timpe

R. der Berliner Gründerzeit.

Wie der Handwerksbetrieb Timpes von der Konkurrenz der Fabriken, so wird sein noch halb ländliches Häuschen von den Hochbauten der wachsenden Großstadt erdrückt. Der Sohn geht zur Konkurrenz über. Der königstreue Handwerksmeister endet als Revolutionär. K. bezeichnete »die soziale Dg. als künstlerische Darstellung der in der ökonomischen Lage gefesselten Persönlichkeit«.

Weiterentwicklung des jungdt. R. Stofflich angeregt durch Zolas *Au bonheur des dames*, in seiner rückwärtsgewandten Haltung aber noch von Dickens und Freytag beeinflußt. Der Kampf ist einseitig dargestellt.

K.s zweiter Berliner sozialer R. *Das Gesicht Christi* (1897) behandelte die Wiederkehr Christi in der Welt des Berliner Proletariats.

1888   Karl Bleibtreu
(1859–1928, Berlin):
Größenwahn

Pathologischer R.

Welt der Großstadtboheme, ihre Überheblichkeit und Scheinprobleme. Milieu: Kaffeehaus (die Kellnerin!), Kneipe, Salon. Behandlung sexueller Fragen. Abkehr vom Literatentum, Bekenntnis zur exakten Naturwissenschaft und zur Tat. Kritik an der jungen Schriftstellergeneration. Schlüssel-R., vor allem gegen den Kreis um die Brüder Hart. Einfluß Zolas und Michael Georg Conrads. Stofflicher, noch nicht stilistischer Naturalismus.

1888   Ernst von Wildenbruch
(1845–1909, Beirut, Konstantinopel, Berlin, Weimar):
Die Quitzows

Schsp. 4. Auff. 9. 11. in Berlin, Kgl. Schsp.-Haus. Buchausg. im gleichen Jahr.

Neben *Der Generalfeldoberst* (1889) und *Der neue Herr* (1891) Teil eines von W. geplanten Dr.-Zyklus über die Gesch. der Hohenzollern. Entst. 1886/87.

Schildert die Kämpfe des ersten Hohenzollern mit dem eingesessenen Adel Brandenburgs. Verwendung von Jamben für die heroischen Partien, von Prosa für die bürgerlich-realistischen.
Stärkster Gegensatz zu den naturalistischen Kunsttendenzen. Mangel an Umwelt- und Charakterzeichnung, Typen statt Charaktere. Pathetische Pose, laute Leidenschaftlichkeit. Hoftheaterstil.

Größter Theatererfolg W.s.

1888   Gerhart Hauptmann
        (Biogr. S. 466):
        Bahnwärter Thiel

»Novellistische Studie aus dem märkischen Kiefernforst«. In *Die Gesellschaft*.

Entst. 1887.

Obgleich in Träumen und Gesichten mit seiner toten ersten Frau verbunden, verfällt Thiel der sinnlichen Ausstrahlungskraft seiner zweiten Frau, die sein Söhnchen mißhandelt und schließlich durch Fahrlässigkeit am Tod des Kindes schuldig wird, das ein Schnellzug überfährt. Thiel, schon vorher von Scham und erwachendem Gewissen gepeinigt, fällt in Wahnsinn und ermordet seine Frau und sein zweites, von ihr stammendes Kind.
Intensive Darstellung einer dumpfen, introvertierten Gefühlswelt im Zusammenspiel mit den düsteren und den glühenden Farben des märkischen Waldes. Der Mann zwischen zwei Frauen durchgehendes Motiv in H.s Dgg.

Buchausg. 1892.

1889   Hermann Conradi
        (1862–1890, Berlin):
        Adam Mensch
R.

Einfluß von *Christiania-Boheme* des Norwegers Hans Jaeger.

Der zukünftige Privatdozent als großsprecherischer, bornierter Nichtstuer, dem nichts fremd ist außer Arbeit und Pflicht. Ein Mensch, der sich aus der Tradition löste, ohne einen neuen Halt zu haben. Seine Überlegenheit ist nur sexuelle Zügellosigkeit. Adam Mensch ist nicht Überwinder, sondern Opfer seiner Zeit.
Die soziale Problematik als sexuelle Problematik gedeutet, bewußte Darstellung des Gemeinen und Untermenschlichen. Einfluß Nietzsches.

Nach dem Erscheinen des R. wurde C. wegen Verbreitung unzüchtiger Schriften zus. mit Wilhelm Walloth und Konrad Alberti in den sog. Realistenprozeß verwickelt. Das Buch wurde verboten.

1889   Arno Holz
(Biogr. S. 466) und
Johannes Schlaf
(1862–1941, Berlin):
Papa Hamlet

Novv.

Als Übs. aus der naturalistisch fortgeschritteneren norwegischen Lit. getarnt, fingierter Lebenslauf des angeblichen Autors Bjarne P. Holmsen von dem »Übersetzer« Bruno Franzius vorausgeschickt.
Einfluß von Arne Garborg.

Enthält: *Papa Hamlet.* Untergang eines alten Schauspielers mit Frau und Kind. *Der erste Schultag.* Leiden eines zartbesaiteten Kindes unter den Roheiten des Schulbetriebes. *Ein Tod.* Letzte Nacht eines unter der Obhut zweier Freunde an den Folgen eines Duells sterbenden Studenten.
Die Novv. werden im Vorwort nur als Studien zu Kunstwerken hingestellt.
Vorwegnahme der Zeitlupentechnik in der Wortkunst: minuziös gezeichnete Eindrücke im Nacheinander des Sekundenstils. Betonung des Akustischen: phonographische Abwandlungen eines Wortes im Munde verschiedener Sprecher und in verschiedenen Situationen. Der größte Teil der Skizzen aus Dialog bestehend. Tendenz zum naturalistischen Dr.

Zus. mit *Die papierne Passion* und *Familie Selicke* in dem Sammelbd. *Neue Gleise* (1892). Diese gemeinsamen Dgg. beider Autoren nicht in Holz' *Das Werk* (1924ff.) aufgenommen.

1889   Gerhart Hauptmann
(Biogr. S. 466):
Vor Sonnenaufgang

»Soziales Dr.« 5, Prosa. Buchausg. im Sommer, Auff. 20. 10. in Berlin, Freie Bühne.

Erstes Dr. des Dichters. Ursprünglicher Titel *Der Säemann.* Geschrieben unter dem Eindruck von Arno Holz' *Papa Hamlet.* Von der Redaktion der *Gesellschaft* abgelehnt, dagegen von Theodor Fontane an Otto Brahm, den Leiter der Freien Bühne, empfohlen.

Das für H. typische, von Ibsen beeinflußte Handlungsschema: ein Bote aus der Außenwelt bringt Verwirrung in eine brüchig gewordene Gemeinschaft, ein Rettungsversuch wird zur Katastrophe. Loth scheint Helene aus ihrer gesunkenen Familie retten zu können. Als er hört, daß sie aus einer durch Trunksucht belasteten Familie stammt, verläßt er sie und gibt ihr damit den Todesstoß.
Deterministische Weltanschauung. Vererbungsproblem (vgl. Ibsens *Gespenster*). Am stärksten die Milieudarstellung der schlesischen

Kohlenreviere, Parteinahme für die entrechteten Arbeiter gegen die Parvenüs (vgl. auch H.s *Weber*). Die Liebesszene Loth – Helene Zeugnis für H.s über den Naturalismus hinausreichende Fähigkeiten. Stilistisch und sprachlich mit den auch von Holz angewandten Mitteln gearbeitet. Die ausführlichen szenischen Bemerkungen entsprechen den verbindenden Erzählpartien zwischen den Dialogpartien in dessen *Papa Hamlet*. Einheit des Ortes und der Zeit.

1889   Hermann Sudermann
    (1857–1928, Ostpreußen, Berlin):
    Die Ehre

Schsp. 4, Prosa. Endgültige Fassung nach den Anweisungen des Theaterleiters Oskar Blumenthal für die Auff. am 27. 11. in Berlin, Lessingtheater.
Die Relativität der Ehrbegriffe von Vorderhaus und Hinterhaus: man akzeptiert im Hinterhaus die Abfindungssumme, die das Vorderhaus der Geliebten des reichen Erben zahlt. Die »ideale Forderung« des aus Indien ins Hinterhaus heimkehrenden Bruders stößt bei beiden Parteien auf Verständnislosigkeit. Dieser Bruder und die Tochter aus dem Vorderhaus, die auch ein Außenseiter ist, schließen den Lebensbund, um sich eine »neue Ehre« zu gründen.
Der Mann aus dem Volke ohne Herablassung, aber auch ohne Verherrlichung gesehen. Beide Welten auch stilistisch geschieden: das Hinterhaus im Stile des Naturalismus, das Vorderhaus im Stile des konventionellen Gesellschaftsstückes dargestellt. Als Schriftsteller der Gesellschaft zeigt S. ihre Probleme auf, macht sie interessant, überspielt sie aber am Schluß wieder und wahrt die Konvention. Die Frage, was Ehre ist, bleibt offen.
Einfluß des frz. Gesellschaftsstückes (der »Räsoneur« Graf Trast) und Ibsens. Vermischung mit Theatereffekten des volkstümlichen Rührstückes (Kotzebue, Birch-Pfeiffer).
Buchausg. 1890. Sensationeller Erfolg.

1890   Arno Holz
    (Biogr. S. 466) und
    Johannes Schlaf
    (1862–1941, Berlin):
    Familie Selicke

Dr. 1, Prosa. Auff. 7. 4. in Berlin, Freie Bühne.
Weihnachtsnacht einer verelendeten, zerrissenen Kleinbürgerfamilie. Die Eltern finden sich auch nicht am Totenbett des jüngsten Kindes. Die Tochter opfert ihr Liebes- und Zukunftsglück für ihre Pflicht gegenüber den Eltern. Über der Weiterentwicklung steht ein Fragezeichen, im Grunde die Gewißheit der Sinnlosigkeit.

Reine Zustandsschilderung. Ausführliche szenische Bemerkungen, die aus den referierenden Teilen der früheren novellistischen Skizzen *Papa Hamlet* (1889) hervorgegangen sind.

Von Theodor Fontane als dram. Neuland noch über *Vor Sonnenaufgang* gestellt. Buchausg. 1891.

1890   Gerhart Hauptmann
(Biogr. S. 466):
Das Friedensfest

Dr. 3, Prosa. Zunächst in Zs. *Freie Bühne*; Auff. 1. 6. in Berlin, Freie Bühne; Buchausg. im gleichen Jahr.

Eine Familie wird in ihrem gegenseitigen Haß, ihrem Verfall, ihrem Pessimismus geschildert. Auch die Verlobung des einen Sohnes, die scheinbar friedliche gemeinsame Feier des Weihnachtsfestes lassen keine Hoffnung aufkommen. In jedem dieser Menschen wird durch das Zusammensein das Negative ausgelöst, das zur allgemeinen Zerrüttung treibt.

Einfluß von Ibsens *Gespenstern*. Reine Zustandsschilderung. »Die Familie ist das moderne Schicksal« (H.). Schließt mit einem Fragezeichen.

Schuldvorstellung, tragische Konstellationen, Szenenfügungen und Affektgestaltungen dieses Frühwerks wiederholen sich in H.s Dgg. bis zur *Atridentetralogie*.

1891   Gerhart Hauptmann
(Biogr. S. 466):
Einsame Menschen

Dr. 5, Prosa. Auff. 11. 1. in Berlin, Freie Bühne. In Zs. *Freie Bühne*, Buchausg. im gleichen Jahr.

Der aus der Enge überkommener Anschauungen strebende, unter dem Einfluß Ernst Haeckels stehende Johannes Vockerath geht an der Verständnislosigkeit seiner Umgebung, an der Macht des Alltäglichen zugrunde. Nachdem ihm durch seine Neigung zu der Zürcher Studentin Anna Mahr seine Einsamkeit erst ganz deutlich wurde und er sich von ihr trennen mußte, bleibt ihm nur noch der Selbstmord. Einfluß von Ibsens *Rosmersholm*.

1892   Gerhart Hauptmann
(Biogr. S. 466):
Die Weber

»Schsp. aus den vierziger Jahren« 5, Prosa. Ursprüngliche Fassung in schlesischem Dialekt als *De Waber*, die hdt. gefärbte Fassung fast gleichzeitig.

Dem Vater gewidmet, dessen Erzählung H. die Kenntnis des Aufstandes der schlesischen Weber 1844 verdankte. Sehr genaue Anlehnung an den Gang der Ereignisse, Übernahme des hist. *Weberliedes*.

Arbeitslosigkeit, hervorgerufen durch die Einführung der maschinellen Weberei, treibt die hungernden schlesischen Weber zum Aufstand gegen die kapitalistischen Arbeitgeber, die von dem Unternehmer Dreißiger (dessen Urbild Zwanziger hieß) repräsentiert werden. Ein Dr. ohne den traditionellen Helden, der durch das Volk, die Weber, abgelöst wird. Die drückende, mit Zündstoff und geheimer Spannung geladene naturalistische Zuständlichkeit wird zum dram. Motor, indem sie die Revolte auslöst. Hinter dem sozialen Problem wird im Tod des alten Hilse, der sich als einziger nicht am Aufstand beteiligt, die von H. aufgeworfene existentielle Frage sichtbar: die nach der Überwindung der irdischen Antagonismen.

Öffentliche Auff. des »Umsturzdr.« anfangs polizeilich verhindert. Geschlossene Auff. durch Verein Freie Bühne 26. 2. 1893 in Berlin, Neues Theater, durch Neue Freie Volksbühne Oktober und Freie Volksbühne Dezember 1893 in anderen Berliner Theatern. Erste öffentliche Auff. 25. 9. 1894 in Berlin, Deutsches Theater.

1892   Johannes Schlaf
         (1862–1941, Berlin):
         Meister Ölze

Dr. 3, Prosa.
Meister Ölze hat vor langem im Einverständnis mit der Mutter den Stiefvater ermordet, um seine Stiefschwester nicht zur Erbin werden zu lassen. Die Schwester kommt nach Jahren zurück. Das Verbrechen ahnend, will sie Ölze das Geheimnis ablisten, aber noch auf dem Totenbett bleibt er hart und ungedemütigt, sie erfährt nichts. Ein überdurchschnittlicher Mensch, den seine kleinbürgerliche Herkunft und Umgebung an der Entwicklung seiner Größe hindern. »Hinter den Trivialitäten der Erbschleicherei, des gemeinen Verbrechens aus elendesten Motiven, steht eine Natur von gewaltiger Größe, unbeugsamer Energie, höhnischer Menschenverachtung« (Paul Ernst).
Auff. 2. 2. 1901 in Berlin, Berliner Theater.

1893   Hermann Sudermann
         (1857–1928, Ostpreußen, Berlin):
         Heimat

Schsp. 4, Prosa. Auff. 7. 1. in Berlin, Lessingtheater. Buchausg. im gleichen Jahr.
Die berühmte Sängerin, die in die Heimat zurückkehrt, wird von ihrem Vater fast gezwungen, den Partner eines verjährten Fehltrittes zu heiraten. Ein Schlaganfall, der den Vater trifft, macht sie frei und bewahrt ihn vor dem Mord an der Tochter.
Verficht das Recht der Frau und Künstlerin auf Selbstgestaltung ihres Schicksals, stellt Wahrheit gegen Konvention. Einfluß von

Ibsens *Hedda Gabler*. Die ersten beiden Akte in ihrer Zustandsschilderung eine Annäherung an die Technik von Arno Holz.

Internationaler Erfolg, besonders durch die Tourneen der Eleonora Duse (1859 bis 1924) bekannt geworden. Erreichte 1903 die 31. Aufl.

1893   Max Halbe
(Biogr. S. 465/466):
Jugend

»Liebesdr.« 3, Prosa. Auff. 23. 4. in Berlin, Residenztheater. Buchausg. im gleichen Jahr.
Der kurze Liebestraum des angehenden Studenten Hans Hartwig und des – von seiner Mutter vorbelasteten – naiv sinnlichen Annchen. Annchens eifersüchtiger, schwachsinniger Stiefbruder Amandus erschießt statt Hans die Schwester.
Lyrische Stimmung: Einklang von erster Liebe und Frühlingslandschaft. Spannung und Atmosphäre verstärkt durch weitere, dem dt.-polnischen Grenzland entnommene Elemente.

Erster und einziger großer Erfolg H.s.

1893   Gerhart Hauptmann
(Biogr. S. 466):
Der Biberpelz

»Eine Diebskomödie« 4, Prosa. Auff. 21. 9. in Berlin, Deutsches Theater. Buchausg. im gleichen Jahr.
Eine Diebskom. aus der Berliner Vorstadt zur Zeit des Septennatskampfes (1887). Der Pelzdiebstahl, den die Wäscherin Mutter Wolffen begangen hat, wird langsam vor dem Zuschauer aufgedeckt. Unwissender bleibt allein der in Arroganz beschränkte Amtsvorsteher Wehrhahn. Die durch ihn repräsentierte Obrigkeit verhindert die Aufdeckung des Verbrechens, sie schützt den Verbrecher und verdächtigt die Ehrlichen.
Analytisch aufgebaut wie Kleists *Zerbrochener Krug*. Das Verbrechen bleibt hier ohne Strafe, entsprechend der naturalistischen Poetik, nach der ein Ausschnitt aus dem wirklichen Leben, aber nicht ausgleichende Gerechtigkeit angestrebt wird.

Das Berliner Vorstadtmilieu, die Gestalt der Mutter Wolffen und des Wehrhahn von H. nach Studien aus seiner Erkner-Zeit gezeichnet.
Forts.: *Der rote Hahn* (1901, Auff. 27. 11. in Berlin, Dt. Theater). Frau Wolff-Fielitz geht zur Brandstiftung über, Darstellung einer ganzen hochstaplerischen Gemeinschaft.

1895   Wilhelm von Polenz
(1861–1903, Oberlausitz, Berlin):
Der Büttnerbauer

R. »Dem dt. Nährstande gewidmet.«
Sozialer Kampf des Bauerntums in der 2. Hälfte des 19. Jh. Der
Bauer kann trotz fleißigster Arbeit den väterlichen Hof gegenüber
der kapitalistischen Wirtschaftsform und der Technisierung nicht
halten und verliert ihn an den Wucherer. Als der Hof versteigert
worden ist, erhängt er sich in seinem Garten.
Charakter- und Milieuzeichnung von stark atmosphärischer Kraft.

1896   Detlev von Liliencron
(Biogr. S. 466):
Poggfred

»Kunterbuntes Epos in 12 Kantussen.« Zwei Teile: *Einkehr in Pogg-
fred*; *Streifzüge um Poggfred*. Verwendung von Stanzen und Terzinen.
Begonnen 1879, beendet 1896.
Poggfred heißt ein fingiertes Dichterheim in der Heide, nahe dem
Meer. Der Herr auf Poggfred ist L. selbst. Dessen »Erinnerung,
Traum, Erlebnis, Phantasie« bilden den Inhalt der einzelnen, durch
keine einheitliche Handlung zusammengehaltenen Gesänge.
Lyrisch-epische Skizzen im Telegrammstil: ». . . Ich kam. Das Her-
renzimmer. Cour d'amour. / Das Bismarcksopha. Stürmisch, zärt-
lich, dreist . . .«. »Leises Protzen mit Derbheit« (Karl Busse).
1904 auf 24, 1906 auf 29 Kantusse erweitert.

1896   Helene Böhlau
(1859–1940, Weimar, München):
Der Rangierbahnhof
R.
Lebensweg einer künstlerisch empfindenden Frau, die am Unver-
ständnis ihrer Mitmenschen und in der erstickenden Welt des Alltags
zugrunde geht.
Naturalistische Darstellung, besonders der psychologischen Vorgänge. Frühe Verwendung symbolischer Mittel: Rangierbahnhof
als Sinnbild des Alltagsdaseins.
Wie auch die späteren Rr. der B. (vgl. *Halbtier*, 1899) im Geist der Frauenemanzipation.

1896   Gerhart Hauptmann
(Biogr. S. 466):
Florian Geyer

»Die Tr. des Bauernkrieges.« Vorspiel und 5 Akte, Prosa. Auff. 4. 1.
in Berlin, Dt. Theater. Mißerfolg. Buchausg. im gleichen Jahr.

Das ins Große, Historische, auf den Hintergrund der Bauernkriege Mai–Juni 1525 projizierte Thema der *Weber*. Florian Geyer, der seiner adligen Abkunft absagte und Führer der Bauern wurde, ist nicht das große Individuum, der Held im alten Sinne, sondern Vertreter der geknechteten, unentschlossenen, leidenden und unterliegenden Bauern. Der Reinheit seines Wollens fehlt die Tatkraft. Das Zeitbild ist in rund 50 Personen abschattiert, wobei Geyers Gegenpartei wenig Akzent bekommt.

Versuch, das hist. Dr. mit naturalistischen Mitteln zu erneuern. Breite Zustandsschilderung, lange Diskussionen, die mit philologischer Gründlichkeit rekonstruierte archaische Sprache hemmen Handlung und Wirkung.

1897   Otto Julius Bierbaum
       (1865–1910, Grünberg, Berlin, Dresden):
       Stilpe

»Ein R. aus der Froschperspektive.«
Schicksal eines größenwahnsinnigen Literaten, der beim Tingeltangel und Café chantant endet und dem der Freitod Erlösung ist. Im Mittelpunkt die Berliner Boheme.
Schlüssel-R. mit autobiographischen Momenten, z. B. Schilderung von B.s Zusammenleben mit Dehmel, Hille, Schlaf, Harden u. a. in Berlin.

Der bänkelsängerische, kabarettistische Ton, auch für diesen ernsten Stoff, beherrschte B.s spätere lyrische und epische Werke.
Die in dem R. geschilderte Gründung des Varieté-Lit.-Theaters hatte Einfluß auf die Gründung des Überbrettls durch Ernst von Wolzogen (1901).

1898   Arno Holz
       (Biogr. S. 466):
       Phantasus

Fortgesetzt mit einem weiteren Heft 1899. Keim des Zyklus: die Phantasus-Gedichte im *Buch der Zeit* (1885). Proben bereits in Zss. und Bierbaums *Musenalmanach* (1893).

Gedichte um die Gestalt des in der Dachstube hungernden Dichters, der sich kraft seines Talents über die Welt erhebt. Sein Weg führt durch eine Anzahl von früheren Leben und Wiedergeburten, durch Erinnerung und Traum, bis zur grundsätzlichen Auseinandersetzung mit den Größen der Lit., die ihn in der Dachkammer besuchen. Autobiographie, Naturgesch. und Universalgesch. zusammengesehen. Ich und Welt identisch, die Natur besteht aus unendlichen Inkarnationen des Ich. Antithetik von Traum und Realität; das Dichterleben bestimmt von den Begriffen »Liebe« und »Schaffen«.
Im Druckbild der Gedichte sind in jeder Zeile die gleiche Zahl von Silben rechts und links von einem gedachten Vertikalstrich, der

Längsachse, angeordnet. H. wollte dadurch die Leser zwingen, rhythmisch zu lesen. Den immanenten Rhythmus dessen, was gesagt werden soll, zum Ausdruck zu bringen, war für H. Aufgabe einer naturalistischen Lyrik (*Revolution der Lyrik*, 1899). Einfluß von Walt Whitman. Verzicht auf Reim und Strophe. Lyrischer Telegrammstil (vgl. Liliencron): »Vor mir, glitzernd, der Kanal, / den Himmel spiegelnd, beide Ufer leise schaukelnd. / Über die Brücke, langsam, Schritt, reitet ein Leutnant.« Wortzusammensetzungen, Assoziationsreihen, die der exakten Wiedergabe äußerer und innerseelischer Phänomene dienen sollen; dem modernen »inneren Monolog« verwandt.

H. änderte seine Gedichte später beliebig durch Zusätze oder Abstriche, ohne damit den immanenten Rhythmus zu ändern – eine Weiterführung der Jean Paulschen »Streckverse«. In den späteren *Phantasus*-Ausgg. schwollen die Gedichte barock an. Aufschwellung der Motivkerne durch Rankenwerk weiterer Stoffbezüge. Einfluß auf den Expressionismus.

Zyklisch durchkomponierte Fassung 1916, erneut erweitert in der dreibändigen Fassung 1925. Nachgelassene erweiterte und überarbeitete Fassung (entst. 1929) 1961/62.

1898   Gerhart Hauptmann
       (Biogr. S. 466):
       Fuhrmann Henschel

Schsp. 5, Prosa. Auff. 5. 11. in Berlin, Dt. Theater. Buchausg. im gleichen Jahr.

Wiederaufnahme des Themas der Nov. *Bahnwärter Thiel* (entst. 1887, ersch. 1888).

Der Fuhrmann Henschel bricht den Schwur, den er seiner ersten Frau getan hat, und heiratet in Sinnenbetörung die herrschsüchtige und raffinierte Hanne Schäl. Er empfindet ihre Lieblosigkeit und Untreue als Strafe für seine Schuld, aus der ihn schließlich der Selbstmord erlöst.

Einer der Höhepunkte der naturalistischen Dramatik H.s. Aus der Zustandsschilderung erwächst eine wirklich dram. Entwicklung. Einsatz aller Mittel des konsequenten Naturalismus: schlesischer Dialekt, Krankenbett, Schwindsucht, Trinker- und Kneipenmilieu, moralische Verkommenheit, die Frau als Fallstrick der Natur.

1900   Otto Erich Hartleben
       (1864–1905, Clausthal, Berlin):
       Rosenmontag

»Offizierstragödie« 5, Prosa. Auff. 3. 10. in Berlin, Dt. Theater, und in München, Kgl. Schsp.-Haus.

Der formelhaft gewordene Begriff der Offiziersehre zerbricht Lieben und Leben zweier Menschen. Ungewöhnlicher Theatererfolg.

1900   Hermann Sudermann
        (1857–1928, Ostpreußen, Berlin):
        Johannisfeuer

Schsp. 4, Prosa. Auff. 5. 10. in Berlin, Lessingtheater.

Geplant als Nov. *Das Notstandskind.*

Georg von Hartwig und Marike, die Tochter eines litauischen
Pracherweibes, wachsen als Notstandskinder des Hungerjahres 1867
in der Pflege des Gutshauses auf. Die Johannisnacht, die für alle die
da ist, denen das Leben die Erfüllung ihrer Wünsche versagte, vereint sie zu kurzem Glück, am nächsten Morgen entscheidet sich
Georg aus Opportunismus und Konvention für die Tochter seiner
Pflegeeltern.
Theaterstück unter dem offensichlichen Einfluß von Ibsens *Rosmersholm* und Hauptmanns *Einsame Menschen.*

1900   Gerhart Hauptmann
        (Biogr. S. 466):
        Michael Kramer

Dr. 4, Prosa. Auff. 21. 12. in Berlin, Dt. Theater. Buchausg. im gleichen Jahr.

Entst. Frühjahr–Herbst 1900 in Agnetendorf. Vorbild der Titelgestalt war der Breslauer Akademie-Prof. Albrecht Bräuer.

Der nur mittelmäßig begabte Maler Michael Kramer hat sein Leben
auf Streben und Pflicht aufgebaut und erlebt in seinem Sohn Arnold
das Genie, das es aus Mangel an Festigkeit und Willen zu keiner Leistung bringt. Die Verachtung seiner Mitmenschen treibt Arnold
in den Tod, und dieser Tod erst weckt im Vater das Verständnis für
den Sohn. Deterministische Gebundenheit des Menschen, der gegenüber alle Erziehung sinnlos ist.

1902   Arno Holz
        (Biogr. S. 466):
        Die Blechschmiede

Entst. aus den satirischen Elementen des *Phantasus*-Komplexes.

Satirisch-parodistische Gedichte, verbunden durch die Fiktion eines
lit. Wettkampfes, bei dem jeder Dichter Proben seines Könnens ablegt. Verspottung der zeitgenössischen Lyrik von Baumbach über
die Naturalisten bis zu George. H. spricht sich selbst als einzigem
auch das Recht zu, über Goethe zu Gericht zu sitzen: »Auch bei
Wolfgang fehlt die Spitze.« Das Ende ist der Sieg der »Makulatur-
brüder« über H., den Außenseiter.
Einteilung in 5 »Akte«. Lyrische Formgebung wie bei *Phantasus*
(1898).

Weitere Fassungen 1917, 1921; endgültige Gestalt 1924.
H.' zweite parodistische Slg. *Lieder auf einer alten Laute* (1903, seit 1904 unter dem
Titel *Dafnis. Ein lyrisches Porträt aus dem 17. Jh.*) enthält fingierte Gedichte eines le-
benslustigen Barockdichters, der im Alter »aufrichtige und reumüthige Buß-Tränen«
vergießt. Vom rein Parodistischen fortschreitend zu einer Darstellung barocken Lebensgefühls.

1903   Gerhart Hauptmann
(Biogr. S. 466):
Rose Bernd

Schsp. 5, Prosa. Auff. 31. 10. in Berlin, Dt. Theater. Buchausg. im
gleichen Jahr.

Angeregt durch einen Kindesmordprozeß, dem H. 1903 als Geschworener in Hirsch-
berg beiwohnte.

Das Bauernmädchen Rose fällt der Gier der Männer zum Opfer.
Sie erkauft das Schweigen des einen über ihr Verhältnis zu dem ver-
heirateten Gutsherrn, indem sie sich ihm hingibt. Sie verstrickt sich
in ein Netz von Lügen, das sie schließlich zum Meineid vor Gericht
und zum Kindesmord führt. Psychologisches Motiv: »Ich hoa mich
geschaamt.« Der tragische Schluß des *Fuhrmann Henschel* wird vermieden, indem die verzeihende Liebe des bisher mißachteten Verlobten der Gefallenen entgegenkommt.
Naturalistische Fortführung des alten Kindsmörderin-Motivs. Neben *Fuhrmann Henschel* Höhepunkt von H.s naturalistischer Dramatik.

1903   Max Halbe
(Biogr. S. 465/466):
Der Strom

Dr. 3, Prosa. Auff. 19. 12. in Berlin, Neues Theater.
Hochwasser und Dammbruch der Weichsel symbolisieren die Katastrophe einer Bauernfamilie, in der der Betrug des Hofbesitzers an
seinen beiden Brüdern offenbar und gesühnt wird.
Als starkes Stimmungsmoment wirkt die in die Handlung eingrei-
fende Stromlandschaft. Erneute Verwendung des von H. schon in
dem früh. Dr. *Eisgang* (1892) für eine soziale Katastrophe verwendeten Symbols.

Buchausg. 1904.

1904   Fritz Stavenhagen
(1876–1906, Hamburg, Berlin):
Mutter Mews

Nddt. Dr. 5, Prosa.

Entst. Sept.–Okt. 1903 in Berlin im Kreise des Theaterleiters Otto Brahm.

Die tyrannische Schwiegermutter, die ein glückliches Familienleben vernichtet, den Mann von der Frau fortzieht und diese in den Tod treibt.
Versuch einer Erneuerung des ernsten nddt. Theaterstücks. Technisch von Hauptmann abhängig. Stark als Charakter- und Milieudarstellung. Von Einfluß auf die sog. Heimatkunst.

Auff. 10. 12. 1905 in Hamburg, Stadttheater.

1905   Hermann Sudermann
(1857–1928, Ostpreußen, Berlin):
Stein unter Steinen

Schsp. 4, Prosa. Auff. 8. 10. in Berlin, Lessingtheater.
Problem der Wiedereingliederung des entlassenen Strafgefangenen in die Gesellschaft. Zusammen mit der auch ausgestoßenen unehelichen Mutter erwirbt er sich die Achtung der Umwelt.
Lösung des sozialen Konflikts durch Rückführung ins Reinmenschliche: der Hilfsbedürftigkeit tritt die Hilfsbereitschaft zur Seite. Im Thema das dem konsequenten Naturalismus am nächsten stehende Stück des Autors. Einfluß von Hauptmanns *Rose Bernd*. Vst.-Charakter. Schluß kolportagehaft.

1907   Ernst von Wildenbruch
(1845–1909, Beirut, Konstantinopel, Berlin, Weimar):
Die Rabensteinerin

Schsp. 4, Prosa. Auff. 13. 4. in Berlin, Kgl. Schsp.-Haus. Buchausg. im gleichen Jahr.

Angeregt durch Rankes *Gesch. im Zeitalter der Reformation*. Begonnen 1905 nach älterem Plan. Studium der Gesch. des Hauses Welser.

Kampf zwischen dem untergehenden Adel (Rabensteiner) und dem erstarkenden Bürgertum (Welser). Verbindung beider Geschlechter durch eine Heirat.
Vst.-Charakter. Großer Erfolg.

1911   Gerhart Hauptmann
(Biogr. S. 466):
Die Ratten

Berliner Tragikom. 5, Prosa. Auff. 14. 1. in Berlin, Lessingtheater. Buchausg. im gleichen Jahr.
Frau Maurerpolier John kauft nach dem Verlust des eigenen Kindes einem Dienstmädchen das neugeborene Kind ab und läßt das Mädchen umbringen, als es später Ansprüche auf das Kind macht. Den Gerichten entgeht sie durch Selbstmord. Ihr Geschick wird von einem Theologiekandidaten erläutert und verteidigt.

Darstellung einer moralisch unterhöhlten Gesellschaft, symbolisiert durch die Ratten, die unten und oben im Hause nagen; die Theaterwelt Symbol für die konventionelle Verfälschung des Menschen. Klischeehaftes Sprechen weist ironisch auf die soziale Bestimmtheit aller, das Aneinandervorbeireden auf ihre Isoliertheit. Der anti-idealistische Standpunkt wird auch unterstrichen, wenn der Theologiekandidat als Verteidiger des naturalistischen Theaters Goethes *Regeln für Schauspieler* als »mumifizierten Unsinn« abtut, wobei H. die Regeln fälschlich nach einem Pamphlet des Goethe-Gegners Karl Reinhold zitiert.

1912   Gerhart Hauptmann
        (Biogr. S. 466):
        Gabriel Schillings Flucht

Dr. 5, Prosa. Auff. 14. 6. in Lauchstädt. In *Die Neue Rundschau.* Buchausg. im gleichen Jahr.

Geschrieben 1905–1906.

Wie in *Einsame Menschen* und *Die versunkene Glocke* das Thema des Mannes zwischen zwei Frauen. Ein willensschwacher Mensch versucht sich vergebens von den Frauen, die seinem Künstlertum verständnislos gegenüberstehen, zu lösen und geht schließlich an ihnen zugrunde.
Beispiel für den typisch naturalistischen »halben Helden«. Im ganzen ein Zurückgreifen H.s, der sich inzwischen dem Symbolismus genähert hatte, auf den Naturalismus. Gehobene, fast rhythmische Prosa.

1914   Karl Schönherr
        (1867–1943, Tirol, Wien):
        Der Weibsteufel

Dr. 5, Prosa.
Naturalistisches Drei-Personen-Stück, das mit sparsamen Mitteln die Dämonie einer die Männer verderbenden Frau beschwört. Bisher Gehilfin ihres schwächlichen Mannes beim Hehlen von Schmugglerware, erwacht sie zu sich selbst, als der Mann sie zwingt, gegenüber einem Grenzjäger als Lockspitzel zu dienen. Sie erprobt ihre Attraktivität an dem Jäger und erreicht ihr Ziel, sich durch den Grenzjäger des Ehemannes zu entledigen, ohne sich an das hoffnungslose Schicksal des Mörders zu binden. Als reiche Erbin wird sie ihre Lebensgier befriedigen können: »Ihr Mannsteufel. Euch ist man noch über.«

Auff. 8. 4. 1915 in Wien, Burgtheater.

1917   Hermann Sudermann
(1857–1928, Ostpreußen, Berlin):
Litauische Geschichten

Novv.-Slg.: *Miks Bambullis, Jons und Erdme, Die Reise nach Tilsit, Die Magd.*

Schon früher, z. T. 1885, geplant und vorbereitet.

Realistische, nicht so sehr naturalistische Erzählkunst. Bildhaft, straff, ohne lyrische und stimmungshafte Abschweifungen. Stark getragen durch Atmosphäre und Menschentum der Memelniederung.

1890–1920 Gegenströmungen zum Naturalismus

Noch während der Naturalismus seinen Durchbruch erlebte, traten aus verschiedenen Quellen gespeiste lit. Strömungen zutage, die nicht nur ihren Gegensatz zum konsequenten Naturalismus, sondern zu der gesamten realistischen Entwicklung des 19. Jh. betonten. Ihren Beginn bezeichnen das Erscheinen der Erstlinge Stefan Georges, Hugo von Hofmannsthals und Ricarda Huchs sowie einiger Programmschriften: Hermann Bahrs *Kritik der Moderne* (1890) und *Überwindung des Naturalismus* (1891) sowie Richard Dehmels Aufsatz *Die neue dt. Alltags-Tr.* (1892 in *Die Gesellschaft*).
Während Kunstanschauungen der Klassik und Romantik und idealistische Geisteshaltung von der sog. Neuromantik und Neuklassik und z. T. in der sog. Heimatkunstbewegung mit aufgenommen wurden, wurde die Wiedergabe feinster Stimmungen von den sog. Impressionisten, die diese Bezeichnung von der zeitgenössischen frz. Malerei übernahmen, als neues Kunstideal aufgestellt.
Als eine allen diesen Gruppen gemeinsame Komponente ist der symbolistische Zug angesehen worden. Nach Werner Milch gibt die Aneignung der Ergebnisse der symbolistischen frz. Lyrik der Lit.-Epoche das Gepräge. Dies sei hauptsächlich die Leistung Georges. »Impressionismus ist ein säkularisierter Symbolismus, d. h. die Verwendung symbolistischer Kunstformen ohne irgendeinen Bezug zur symbolistischen Doktrin ... Die lit. Phase von 1880 bis 1914 ist die letzte Phase der Dg. des 19. Jh. In ihr streiten Naturalismus und Symbolismus, während die eklektische, mit dem Namen Impressionismus freilich recht unscharf gekennzeichnete Dg. das Ergebnis des Ringens beider Doktrinen darstellt« (Werner Milch). Objektivierende und subjektivierende Tendenzen der Dg. des 19. Jh. »brachen« im Naturalismus und Impressionismus »radikalisiert auseinander« (Fritz Martini).
Wie der Naturalismus selbst waren auch seine Gegenströmungen auf dem Boden des zweiten Kaiserreiches, im Zeitalter des Imperia-

lismus, entstanden. Während der Naturalismus die zeiterfüllende Kunstrichtung war und der Weltanschauung des Materialismus entsprach, standen die nur lose miteinander verbundenen Individualitäten der Gegenströmungen dieser Zeit und der Wirklichkeit distanziert gegenüber. Die von ihnen am zeitgenössischen Bürgertum geübte Kritik kam nicht aus ökonomischen Gesichtspunkten, sondern richtete sich gegen philiströse und amusische Gesinnung. Die Dg. am Jh.-Ausgang schied sich »in der Richtung auf ein mehr sozialistisches oder mehr aristokratisches Zukunftsbild. Im Naturalismus führt die Wirkung Nietzsches und das ihr entsprechende Ärgernis an der Zeit nach links, im Symbolismus nach rechts« (Fritz Martini). Allen Gegenströmungen gegen den Naturalismus war die Ablehnung des philosophischen Untergrundes des Naturalismus gemeinsam, dem sie eine Rückwendung zum Irrationalen, zur Metaphysik, zur Seele, zu Mystik und Mythus entgegensetzten. An die Stelle seines kritischen Optimismus trat – vielfach nur zunächst – ein pessimistischer Grundzug, Lebensmüdigkeit, Verherrlichung des Todes, Glaubenssehnsucht.

Der Pessimismus war ein Kennzeichen der frz. Symbolisten. Sie fühlten sich als Erben einer sterbenden Kultur, sie prägten für ihre Geisteshaltung Schlagworte wie »décadence« und »fin de siècle«. Ihre oft sehr jugendlichen oder auch zweitrangigen dt. Nachahmer haben diese Gefühle mehr und mehr posiert.

Von maßgebendem Einfluß war der Pessimismus Arthur Schopenhauers, der in der Vermittlung durch die Musikdrr. Richard Wagners (1813–1883) die romantische, rauschhafte Note bekam, und der Kulturpessimismus Friedrich Nietzsches (1844–1900). Für seine Kulturkritik ist kennzeichnend das Wort von der »Niederlage, ja Exstirpation des dt. Geistes zugunsten des dt. Reiches«. In ihm fand man den Widersacher der materialistischen, positivistischen und der selbstgenügsamen, philiströsen Haltung. In N.s Augen waren die Moralisten Immoralisten, weil sie die Moral sezierten und alle höheren Bestrebungen töteten. Seinen Kulturpessimismus hatte N. durch eine eigene Zukunftsphilosophie ergänzt: »Die Zukunft gebe unserm Heute die Regel.« Der Mensch, der zeitgenössische Bürger, ist etwas, was überwunden werden muß. Es gelte, einen Übermenschen zu schaffen. Dieser Herrenmensch kenne zwar Mitleid im christlichen Sinne nicht, aber sein Schöpfertum sei Güte zugleich. Er werde Herr der Erde sein, die Rangordnung der Menschen werde durch ihren Kulturwert bestimmt. N. wirkte zunächst – auch auf den Naturalismus – mit seiner Ablehnung der zeitgenössischen bürgerlichen Kultur. Der Symbolismus sah in ihm den, der sich selbst in »azurne Einsamkeit« begab und den genialen Einzelnen von der Majorität zu sondern suchte. Besonders faßbar ist N.s Wirkung auf Werk und Lebenshaltung Stefan Georges geworden.

Die zahlreichen allgemeinen kulturellen Erneuerungsbewegungen suchten ihr Ziel meist durch Absonderung einzelner oder von Kreisen, durch »Verinnerlichung«, durch Pflege des Geschmacks und durch Anknüpfung an kulturelle Leistungen der Vergangenheit zu erreichen. Das Stilbemühen der Zeit fand seinen deutlichsten Ausdruck im sog. Jugendstil (Zs. *Die Jugend*, seit 1896) der bildenden Kunst, vor allem der Innenarchitektur und des Kunstgewerbes. Seine antinaturalistische Tendenz, die auf ästhetische Verfeinerung, Erlesenheit, lineare Arabesken und eine kunstvoll arrangierte Naturszenerie abzielte, hatte Parallelen in der Lit. (George, Rilke, Dehmel, Däubler, das Frühwerk von Hofmannsthal und Stadler, der impressionistische Hauptmann), so daß auch von einem lit. Jugendstil gesprochen werden kann (Volker Klotz, Jost Hermand).

Die älteren programmatischen Bücher wie Julius Langbehns *Rembrandt als Erzieher* (1890) und Paul de Lagardes *Dt. Schriften* fanden Nachfolge etwa mit Rudolf Huchs *Mehr Goethe* (1899), Paul Ernsts *Zusammenbruch des dt. Idealismus* (1912) und den national-klassizistischen Veröffentlichungen Friedrich Lienhards. Die Aktivierung der religiösen Bekenntnisse zeigte sich auch in der Gründung konfessioneller Zss. wie der katholischen Zss. *Hochland* (gegr. 1903) und *Gral* (gegr. 1906) und der protestantischen *Der Türmer* (gegr. 1898). Die Reform des künstlerischen Betriebes und die Neubelebung älterer Kunstperioden vertrat der schon 1887 gegründete *Kunstwart*. Buch- und Schriftgestaltung des Jugendstils bestimmten die Ausstattung der Werke Stefan Georges und der *Blätter für die Kunst* durch Melchior Lechter. Die kulturellen Ziele und die neue äußere Form prägten die Verlagsarbeit von Eugen Diederichs, sein Eintreten für agerm. und adt. Kultur und Dg. *(Slg. Thule)*, die Herausgabe bisher vernachlässigter mhd. Werke oder der großen internationalen Märchenslgg. Auch die Jugendbewegung, der Wandervogel mit dem *Zupfgeigenhansl*, gehört in das Hintergrundsbild.

Bei den Hauptvertretern des frz. Symbolismus Charles Baudelaire (1821–1867) und Paul Verlaine (1844–1896) fand man das wollüstige Grauen, das Aufspüren des Leidens, die Melancholie und Ekstase (Übss. von Richard Dehmel und Stefan George), bei Stéphane Mallarmé (1842–1898) war der symbolisierende Ausdruck des Tatsächlichen am meisten vorgeprägt (Übs. Stefan George). Dazu traten noch Arthur Rimbaud (1854–1891), Joris-Karl Huysmans (1848 bis 1907) mit dem antinaturalistischen R. *Là-bas* (1891) und die Belgier Emile Verhaeren (1855–1916) und Maurice Maeterlinck (1862-1949). Mit dem Symbolismus kehrten z. T. Kunstanschauungen der dt. Romantik aus Frankreich nach Dld. zurück.

Der überlegene Zynismus, der Persönlichkeitskult und die ästhetische Lebensbetrachtung des Engländers Oscar Wilde (1854–1900) vor allem in seinem *Bildnis des Dorian Gray* (1891) kamen der vom Idol des Übermenschen ergriffenen dt. Lit. entgegen. Erstmalig wirkte auch amerikanische Lit.: Edgar Allan Poes (1809–1849) bizarre, grausige Erzz. und seine klangfarbigen Gedichte, seine ästhetische Bewertung der Kunst wurden schon von Baudelaire als Be-

ginn der symbolistischen Kunstanschauung bezeichnet; Walt Whitmans (1819–1892) freie Rhythmen begannen vom Formalen her zu
wirken, während ihr Gehalt erst im Expressionismus zur Geltung
kam.
Von der skandinavischen Lit. schenkte man jetzt den symbolhaften
Werken des späten Ibsen sowie den Drr., die vor den Gesellschaftsstücken lagen *(Brand, Peer Gynt, Kaiser und Galiläer)*, stärkere Beachtung. Der Schwede August Strindberg (1849–1912) hatte seine
Wirkung zunächst auf Frank Wedekind, maßgebendes Vorbild
wurde er erst im Expressionismus. Auch die antibürgerliche Haltung
Knut Hamsuns (1859–1952), dessen erster R. *Hunger* noch in der
naturalistischen *Freien Bühne* erschien, hatte wachsenden Einfluß.
Psychologische Zergliederungskunst und mystische Frömmigkeit
des russischen R.-Schriftstellers Dostojewskij blieben von dieser
Lit.-Epoche an unter den am stärksten wirkenden Einflüssen.
Zu den Mustern einer neuen europäischen Formkultur gehörte auch
der Italiener Gabriele d'Annunzio (1863–1938) mit seinem Subjektivismus, seinem schmerzvollen Schönheitskult und seiner musikali-
schen Sprache.
Die Gegenströmungen gegen den Naturalismus diskutierten in erster
Linie die Kunst-Form. Kämpferische Haltung und Tendenzen der
naturalistischen Dichtkunst, ihre Einbettung in das Milieu wurden
aufgegeben. Hermann Bahr sprach vom »Straßenkleid der Wahrheit«
und von der »frechen Despotie der toten Dinge« und sah in der
neuen Kunst »die Rückkehr zum lebendigen Menschen«, den »Einzug des auswärtigen Lebens in den inneren Geist«. Formung des
Wortes, Dichten, war eine bewußte, sich stetig verfeinernde Leistung. Seinen Zwecken widersprach der Gebrauch einer vorgepräg-
ten Sprache, die schon vorhandenen Symbole genügten nicht. Der
Kreis um George sah, nach den Worten eines seiner Mitglieder, seine
Hauptaufgabe darin, »das Wort aus seinem gemeinen alltäglichen
Kreis zu reißen und in eine leuchtende Sphäre zu heben« (August
Hermann Klein). Das Bemühen um das Wort schloß ein Bewußtsein
von der Fragwürdigkeit des Wortes ein, die zum lit. und psycho-
logischen Problem wurde. Leuchtende Sphäre war vor allem der
Vers, der nicht nur mit der bevorzugten Stellung der Lyrik, sondern
auch im Dr. und im Versepos wieder in den Vordergrund rückte.
Auch die Prosa wurde über die normale Sprache hinausgesteigert.
Die antinaturalistischen Kunstströmungen zielten in ihren Anfängen
– mit Ausnahme der sog. Neuklassik – auf Reizwirkung ab. »Car
nous voulons la nuance encore, / Pas la couleur, rien que la nuance!«
Nach diesem von Verlaine in *Art poétique* formulierten Vorbilde
wollte die neue Kunst »keine Erfindung von Geschichten, sondern
Wiedergabe von Stimmungen, keine Betrachtung, sondern Darstellung, keine Unterhaltung, sondern Eindruck« (Stefan George).

Nach Hugo von Hofmannsthal habe der Dichter »die Leidenschaft, alles, was da ist, in ein Verhältnis zu bringen . . . Ein Harmonisieren der Welt, die er in sich trägt«. Die von der Romantik aufgestellte Forderung einer Vermischung der Sinneswahrnehmungen wurde erneuert. Insbesondere trennte der Standpunkt des l'art pour l'art diese Dg. von der des Naturalismus. In den *Blättern für die Kunst* wurde proklamiert: »Eine Kunst frei von jedem Dienst: über dem Leben, nachdem sie das Leben durchdrungen hat.« Wo menschliche Schönheit gerühmt wurde, war es seltener die Schönheit der Stärke als die Schönheit der zarten und interessanten, weil nicht gewöhnlichen Schwäche. Die Neuromantik mischte diesem Kult noch dionysische, orgiastische Elemente hinzu, ein Streben nach Mythisierung, das auf den Einfluß Richard Wagners zurückzuführen ist. Zwiespältige Gestalten, »halbe Helden«, Zwischentöne der Stimmung, gebrochene Farben waren die Kennzeichen der Lit.

Der Standpunkt einer extrem in sich selbst begrenzten künstlerischen Wirkung konnte nur von sehr jungen, noch mit der eigenen Entwicklung kämpfenden Menschen oder von einer Epoche, die äußerlich so befriedet schien wie die wilhelminische, aufrechterhalten werden. Rilke, Stefan George, Hugo von Hofmannsthal haben schon im ersten Jahrzehnt des 20. Jh. diesen Standpunkt verlassen und der Dg. neben ästhetischen ethische und religiöse Aufgaben zugewiesen, bei Paul Ernst verstärkte sich noch die von Beginn an vorhandene pädagogische Tendenz.

Die stärksten Leistungen der Epoche lagen auf lyrischem Gebiet. Die Aneignung der symbolistischen Kunsttheorien wurde in den Frühwerken Georges vollzogen. Fast alle bedeutenden Lyriker der Epoche sind durch seine Schule hindurchgegangen. Im Laufe der Entwicklung trat dann Rilke in den Mittelpunkt.

Bevorzugt wurden gebundene, aber schlichte Formen. Die seltener auftretenden freien Rhythmen knüpften an Hölderlin, den damals Norbert von Hellingrath der Vergessenheit entriß, und an Walt Whitman an. Die ausgesprochene Preziosität der Lyrik liegt weniger in ihrer metrischen Form als in der Wortwahl, die sich besonders im Reimwort zeigt.

Die Wiederbelebung der Ballade durch den Göttinger Kreis (Börries von Münchhausen) und die Balladendichterinnen (Agnes Miegel und Lulu von Strauß und Torney) knüpfte an die Tradition an. Etwa gleichzeitig erfolgte auch eine Erneuerung der Ballade aus dem Geiste des Bänkelsangs im Zusammenhang mit der Entstehung des lit. Kabaretts. Die Song-Ballade hatte ihr Vorbild in François Villon, Rimbaud, Kipling und der frz. Chansondg. des späten 19. Jh. Wedekind trat 1902 als Mitglied des Kabaretts »Die elf Scharfrichter« in München mit schon früher entstandenen Bänkelliedern zur Laute auf. Weitere Beiträge zu der neuen Gattung waren die parodistischen

Gedichte aus Arno Holz' *Blechschmiede* (1902) sowie die *Galgenlieder*
und Groteskballaden Morgensterns.
Der Roman behielt vom Naturalismus die mikroskopische Klein-
arbeit, den sog. Sekundenstil, bei, war jedoch auf der anderen Seite
verschleiernd, andeutend, lyrisch zerfließend. Er richtete sein Haupt-
bestreben auf die differenzierte Darstellung von Seelenzuständen,
die äußere Handlung trat zurück, wurde sprunghaft, durchbrochen
durch eine zweite Wirklichkeit von Träumen und Gesichten. Die
Verschränkungen zwischen Rationalität und Irrationalität sowie die
Entlarvung der Selbsttäuschungen des Menschen gehen auf Nietzsches Einfluß zurück. Thomas Mann gelang die Verschmelzung des
Neuen mit der realistischen Erzähltradition.
Die Nov. verlor ihre im 19. Jh. errungene Vormachtstellung. Für
ihre theoretische Begründung entwickelte Paul Ernst aus dem
Studium der Renaissance-Nov. auf kompresse Form abzielende
Grundsätze.
Auch in der Epik herrschte eine vom Naturalismus abgesetzte Stili-
sierung der Alltagssprache, die bis an rhythmische Prosa heran-
führte.
Das impressionistische und neuromantische Drama ließ wie in der
Romantik die Architektonik in Gefühlen und Stimmungen zer-
fließen. Es nahm lyrische und epische Elemente auf, die Grenzen zu
den anderen Gattungen wurden unscharf. Die Konzeption reichte
nur für den Einakter, den Dialog, das Stimmungsbild. Der Vers
wurde wieder beherrschend, die Sprache gewann an Schönheit und
Melodie. Die eingehenden szenischen Bemerkungen verschwanden.
In den Einaktern des frühen Hofmannsthal, der später dann doch
die große Tr. anstrebte, sah man den Beginn einer neuen Theaterkunst: »Es wird . . . kein Haupt leuchten, das nicht mit einem Trop-
fen Hofmannsthalschen Öles gesalbt wäre« (Hermann Bahr). Die
einzelnen Akte in Schnitzlers Drr. stellen »statt festaneinanderge-
fügte Ringe einer Kette . . . mehr oder minder echte Steine vor – nicht
durch verhakende Notwendigkeit aneinandergeschlossen, sondern
am gleichen Bande nachbarlich aneinandergereiht« (Schnitzler). Ähnliches gilt auch für die Lulu-Tr. Wedekinds. Eine Mischung von
naturalistischen und romantisch-symbolistischen Zügen zeigen die
impressionistischen Drr. Gerhart Hauptmanns.
Im Gegensatz dazu hat sich die sog. Neuklassik, vor allem Paul
Ernst, vorwiegend im Theoretischen, um eine Erneuerung der
inneren und äußeren Struktur der Tr. bemüht. An die Stelle der
Diskussion des Naturalismus und der Stimmungsmalerei des Impressionismus wollte sie die tragische Erschütterung setzen, an die
Stelle des passiven Menschen sollte der kämpfende Held zwischen
zwei tragischen Notwendigkeiten treten. Der Durchschnittsmensch
schien für das Dr. uninteressant, nur der große Einzelne war dem

tragischen Konflikt ausgesetzt. (Paul Ernst, *Weg zur Form*, 1906;
Wilhelm von Scholz, *Gedanken zum Dr.*, 1905.)

Die Neigung zum Einakter, beim späteren Hofmannsthal auch die zum Festsp., entsprang der Abwendung vom normalen Theaterabend, dem Zug zum Kunsterlebnis
im ausgewählten Kreis. Ein aus anderen Wurzeln stammender Ausbruch aus der bisher üblichen Theaterkunst, aus dem normalen Raum und Publikum war die Literarisierung und künstlerische Hebung des Tingeltangels, die aus dem 1881 gegründeten
»Chat noir«, seit 1884 »Mirliton«, der Verkündigung des künstlerischen Tingeltangels in Otto Julius Bierbaums *Stilpe* (1897) und den Versuchen des Dänen Holger
Drachmann (1846–1908) erwuchs. Ernst von Wolzogen gründete 1901 in Berlin das
»Überbrettl«, und im gleichen Jahr entstanden in München »Die elf Scharfrichter«,
die sich zur bekanntesten derartigen Unternehmung entwickelten. Im Mittelpunkt
standen Sketch und Einakter; Song und Ballade waren in diese dramatischen Gattungen eingebaut oder wurden als Einzeldarbietung gebracht.

Die literarischen Zentren der Zeit waren Wien, Berlin und München.
Der Zustrom an Kräften kam von der Peripherie Dld.s (aus Wien,
Prag, dem Rheinland, dem oberalemannischen Raum, Bremen).

Dem Kreis um Stefan George, der sich Anfang der 90er Jahre sammelte, gehörten
eine Zeitlang Dichter wie Hugo von Hofmannsthal, Max Dauthendey, Ernst Hardt,
Karl Wolfskehl, Wissenschaftler wie Friedrich Wolters, Friedrich Gundolf, Ludwig
Klages, Norbert von Hellingrath, Ernst Bertram, Ernst Kantorowicz an. Die Pro-
gramme und Dgg. des George-Kreises erschienen in den *Blättern für die Kunst*,
die in 12 Folgen 1892–1919 zuerst im Selbstverlag für den Kreis, seit 1899 im Verlag
Georg Bondi öffentlich herauskamen. Friedrich Gundolf und Friedrich Wolters
gaben 1910–1912 *Jahrbücher für die geistige Bewegung* heraus.
Die Jung-Wiener Gruppe scharte sich in den 90er Jahren um Hugo von Hofmanns-
thal, Arthur Schnitzler und Hermann Bahr. Sie betonte besonders die Fin-de-siècle-
Stimmung.
Die Neuklassik, die vor allem nach einer Erneuerung des antiken und klassischen dt.
Dr., besonders Hebbels, strebte, ist verbunden mit den Namen Paul Ernst, Wilhelm
von Scholz, Samuel Lublinski.
Zur Neuromantik im engeren Sinne gehörten der junge Hofmannsthal, Ernst Hardt,
Karl Vollmoeller, Eduard Stucken, Herbert Eulenberg, die Frühwerke Jakob Wasser-
manns und Ricarda Huchs, die in *Blütezeit der Romantik* (1899) und *Ausbreitung und
Verfall der Romantik* (1902) die Beziehungen der Zeit zur Romantik dokumentierte.
Die Bezeichnung Neuromantik läßt sich jedoch auch auf einen großen Teil der übri-
gen Autoren bis zu Rudolf Georg Binding, Albrecht Schaeffer und dem auch als
Dante-Übersetzer hervorgetretenen Rudolf Borchardt (1877–1945; *Die Schöpfung aus
Liebe*, Gedichte, 1920; *Der Durant*, Verserz., 1920; *Die halbgerettete Seele*, Verserz.,
1920) ausdehnen.
Der von Friedrich Lienhard (1865–1929) begründeten Heimatkunstbewegung sind
zuzurechnen: Ernst Wachler, Hermann Löns, Adolf Bartels, Lulu von Strauß und
Torney. Zs.: *Heimat*, seit 1900, hgg. Friedrich Lienhard.
Außer den angeführten Zss. sind zu nennen:
Der Kunstwart (1887–1937), hgg. Friedrich Avenarius. Mitarbeiter: Wilhelm Raabe,
Karl Spitteler, Wilhelm Bölsche, Hermann Hesse, Gustav Frenssen, Emil Strauß,
Julius Langbehn. Kunst- und Kulturpropaganda als volkspädagogische Aufgabe;
gegen Unterhaltungslit.

Die Insel (1899–1902). Begründet in München von Alfred Walter Heymel, Rudolf Alexander Schröder und Otto Julius Bierbaum. Mitarbeiter: Hugo von Hofmannsthal, Richard Dehmel, Detlev von Liliencron, Rudolf Borchardt, Rainer Maria Rilke. Aus der Zs. ging 1901 in Leipzig der Inselverlag hervor.
Die Fackel (1899–1936), hgg. Karl Kraus.
Berner Rundschau (1906–1913; seit 1910 unter dem Titel *Die Alpen*), hgg. Franz O. Schmidt. Mitarbeiter: Hermann Hesse, Otto Flake, Karl Friedrich Henckell.
Neue dt. Beiträge (1922–1924), hgg. Hugo von Hofmannsthal.

Die bekanntesten Dichter waren:

Dehmel, Richard, geb. 1863 in Wendisch-Hermsdorf als Sohn eines Försters. Stud. phil. in Berlin und Leipzig. Sekretär einer Versicherungsgesellschaft. Hatte in Berlin zus. mit den Brüdern Hart, Karl Ludwig Schleich, Otto Erich Hartleben, August Strindberg eine Tafelrunde im Schwarzen Ferkel. Seit 1901 in Blankenese. Im Ersten Weltkrieg Soldat. Gest. 1920 in Blankenese.

Ernst, Paul, geb. 1866 in Elbingerode als Sohn eines Grubensteigers. Stud. der Theologie, dann Gesch., Lit., Staatswissenschaften und Volkswirtschaft in Göttingen, Tübingen und Berlin. Promovierte in Bern. Redakteur einer sozialdemokratischen Ztg. Lebte seit 1900 ausschließlich seinem dichterischen Schaffen, vorübergehend als Dramaturg in Düsseldorf tätig. Lange in Weimar, nach dem Weltkrieg auf Gut Sonnenhof in Oberbayern, seit 1925 in St. Georgen/Steiermark. Gest. 1933 ebd.

George, Stefan, geb. 1868 in Büdesheim bei Bingen als Sohn eines Weingutsbesitzers. Seit 1888 Stud. der Philosophie und Kunstgesch. in Paris, Berlin, München. Sammelte seit Beginn der 90er Jahre einen schöngeistigen Kreis um sich und gründete für diesen Kreis 1892 die *Blätter für die Kunst*. Meist in Berlin, München, Heidelberg ansässig, viel im Ausland. Gest. 1933 in Minusio.

Hesse, Hermann, geb. 1877 in Calw. Entstammte einem pietistischen Elternhaus, wurde zum Theologiestudium bestimmt und kam 1891 auf das Seminar nach Maulbronn. Von dort 1894 entlaufen, kam er in eine Uhrmacherlehre nach Calw, 1895 in die Buchhändlerlehre nach Tübingen. 1899 Buchhändler in Basel. Nach dem Erfolg des *Peter Camenzind* (1904) siedelte er nach Gaienhofen/Bodensee über und lebte als freier Schriftsteller. 1911 Reise nach Indien, anschließend in Bern, später in Montagnola bei Lugano ansässig. 1946 Nobelpreis. Gest. 1962 in Montagnola.

Hofmannsthal, Hugo von, geb. 1874 in Wien. Studium in Wien, Dr. phil.; 1891 Begegnung mit Stefan George, dessen Kreis er bis 1905 angehörte. Lebte als freier Schriftsteller, Mitherausgeber der Zs. *Morgen* und Herausgeber der *Neuen dt. Beiträge* (1922–1924). Gest. 1929 in Rodaun bei Wien.

Huch, Ricarda, geb. 1864 in Braunschweig, entstammte einer wohlhabenden Patrizierfamilie. Studierte als eine der ersten Frauen in Zürich Gesch. und Philosophie, promovierte 1891. Bis 1897 Lehrerin in Zürich, dann in Bremen und Wien. 1899 Heirat mit Dr. Ermanno Ceconi, mit dem sie in Triest lebte. Nach der Scheidung dreijährige Ehe mit ihrem Vetter Richard Huch, die ebenfalls geschieden wurde. Lebte bis 1926 in München, dann in Berlin und Jena. Gest. 1947 in Schönberg/Taunus.

Mann, Thomas (vgl. S. 584).

Morgenstern, Christian, geb. 1871 in München als Sohn eines Malers. Stud. der Rechte, Philosophie, Kunstgesch. in Breslau und München. 1894 nach Berlin, wo M. das Studium aufgab und freier Schriftsteller wurde. Reisen nach Norwegen, der Schweiz und Italien. 1903–1905 Leitung der Zs. *Das Theater*. Langjährige Freundschaft mit dem Schauspieler Friedrich Kayßler. Gest. 1914 in Meran.

Münchhausen, Börries Freiherr von, geb. 1874 in Hildesheim. Stud. der Rechte, Philosophie und Naturwissenschaften in Heidelberg, München, Berlin und Göttingen. Teilnahme am Ersten Weltkrieg. Lebte auf seinen Gütern am Solling und in Thüringen. Gest. 1945 auf Windischleuba/Thüringen.

Rilke, Rainer Maria, geb. 1875 in Prag. Besuch der Militärschule, dann Nachholung des Abiturs und Stud. der Philosophie, Kunst- und Lit.-Gesch. in Prag. 1894 Beginn dichterischen Schaffens. 1896 Freundschaft mit Lou Andreas-Salomé in München. 1897 Übersiedlung nach Berlin. 1899 und 1900 zwei Reisen nach Rußland mit Lou Andreas-Salomé. 1900 Übersiedlung nach Worpswede, dort 1901 Heirat mit der Bildhauerin Clara Westhoff, einer Schülerin Rodins. 1902/03 Aufenthalt in Paris, anschließend Reisen nach Rom, Schweden, Dld. 1905/06 Privatsekretär Rodins in Paris. In den folgenden Jahren Reisen durch Dld., Frankreich, Italien, Böhmen, Nordafrika, Spanien. 1911 auf Einladung der Fürstin Marie von Thurn und Taxis auf Schloß Duino an der Adria. 1919 Übersiedlung nach der Schweiz, seit 1921 auf Schloß Muzot. Gest. 1926 in Val Mont/Wallis.

Schnitzler, Arthur, geb. 1862 in Wien als Sohn eines Prof. der Medizin. Wurde praktischer Arzt. Mittelpunkt des Jung-Wiener Dichterkreises. Gest. 1931 in Wien.

Scholz, Wilhelm von, geb. 1874 in Berlin als Sohn des späteren Staatsministers Adolf v. Sch. Schulzeit in Berlin und Konstanz. Stud. der Philosophie und Lit.-Wissenschaft in Berlin, Lausanne, Kiel, München. 1914–1923 Leiter des Schsp. am Hof- und Landestheater Stuttgart. Freier Schriftsteller in Berlin und Konstanz. Gest. 1969.

Wassermann, Jakob, geb. 1873 in Fürth als Sohn eines Kaufmanns. Erlernte den Buchhandel, wurde Redakteur des *Simplizissi-*

mus. Seit 1893 als freier Schriftsteller hauptsächlich in München und Wien tätig. Gest. 1934 in Altaussee/Steiermark.

Wedekind, Frank, geb. 1864 in Hannover als Sohn eines Arztes und einer ungarisch-kalifornischen Schauspielerin. Wuchs in der Schweiz auf, wurde Reklamechef einer Züricher Firma und arbeitete nebenbei als Schriftsteller. In Zürich Verkehr mit Karl Henckell und Carl Hauptmann. Nach einem Aufenthalt in Paris versuchte er sich als Schauspieler und Dramaturg in München, war seit 1906 Mitglied des Dt. Theaters in Berlin. Lebte zuletzt in München. Gest. 1918 ebd.

Zweig, Stefan, geb. 1881 in Wien. Stud. in Berlin und Wien. Lebte als freier Schriftsteller meist in Wien, unternahm lange Auslandsreisen. Wohnte während des Ersten Weltkrieges in der Schweiz, seit 1919 in Salzburg. Emigrierte 1938 nach England, dann nach Amerika, ließ sich 1941 in Brasilien nieder. Gest. 1942 in Petropolis/Brasilien durch Selbstmord.

1890   Isolde Kurz
          (1853–1944, Stuttgart, Italien, München):
          Florentiner Novellen

Entst. aus dem Plan einer wissenschaftlichen Darstellung der Florentiner Renaissance, deren Ideale hier dichterisch verkündet werden. Die kulturgesch. Fakten wurden zum »hochwertigen Plasma, um Menschengeschick daraus zu formen« (I. K.). Die Novv. kreisen um die beiden polaren Gestalten Lorenzo di Medici und Savonarola. Unter dem Einfluß von I. K.' Vater Hermann Kurz. Thematisch und formal verwandt mit Conrad Ferdinand Meyer.

Schneller und durchschlagender Erfolg. Zeitgenössisches ital. Leben gestaltete I. K. in ihrem nächsten Buch *Ital. Erzz.* (1895).

1890   Stefan George
          (Biogr. S. 492):
          Hymnen

Als Privatdruck im Dezember in Berlin.

Entst. Frühjahr–Winter 1890 in Berlin und Paris.

Lobgesänge. Bewußtsein von der Sendung des Dichters. Nach den Anfängen in *Die Fibel* (entst. 1886–1887, ersch. 1901) Maß und Bändigung erstrebende Formgebung, manchmal noch von übertriebener Härte in der Fügung der Worte.

Erste öffentliche Ausg. im Verlag Georg Bondi 1899 in dem Sammelbd. *Hymnen – Pilgerfahrten – Algabal.*

1891   Richard Dehmel
(Biogr. S. 492):
Erlösungen

»Eine Seelenwanderung in Gedichten.«
Gedankenbeschwerte Lyrik, Dehmels Lebenslehre enthaltend. Der
Wert der Sinne für die Entwicklung des einzelnen und der Mensch-
heit: der Mensch soll die Sinne nicht knechten, aber auch nicht
Knecht der Sinne sein.
Formal noch aus der Nachfolge Goethes und Schillers erwachsene,
aber schon selbständige Sprachkunst: Wägen der Worte, Klang-
bilder.

Wesentlich umgearbeitete Fassung 1898.
Spätere Lyrik-Slgg.: *Aber die Liebe* (1893), *Weib und Welt* (1896).

1891   Ricarda Huch
(Biogr. S. 493):
Gedichte

Erste Lyrik-Slg. R. H.s.
Grundgefühl ähnlich wie in den bald danach erscheinenden epischen
Werken: Lebensverlangen, leidenschaftliches Ergreifen des Augen-
blicks, Trauer um die Vergänglichkeit des Lebens. Der Tod erscheint
in vielen Gestalten. U. a. eine größere Anzahl von Liebesgedichten,
besonders kleine achtzeilige Liebesstrophen, die R. H.'s Liebe zu
ihrem Vetter Richard H. spiegeln. Historische Themen weisen in die
Nähe der epischen Werke. Häufige Wiederkehr von Gedichten über
denselben Gegenstand zeigen das Bemühen, ein Gefühl gedanklich
und formal zu erfassen. Bewußt, reflektiert, weniger unmittelbar als
die Prosawerke. Am stärksten im Hymnischen.

1891   Frank Wedekind
(Biogr. S. 494):
Kinder und Narren

Kom. 3, Prosa.

Entst. 1889/90.

Diskussionsstück um die Frauenbewegung, deren Ziele als natur-
widrig abgelehnt werden. Satirisch gegen die Naturalisten, vor
allem gegen Gerhart Hauptmann, gerichtet, deren Forderung der
Wirklichkeitsdarstellung ad absurdum geführt wird.

Seit 1897 umgearbeitet unter dem Titel *Junge Welt*. Auff. 22. 4. 1908 in München.

1891   Frank Wedekind
      (Biogr. S. 494):
      Frühlingserwachen

Kinder-Tr. 3, Prosa.

Entst. Herbst 1890–Ostern 1891.

Tr. zweier junger Menschen in der Reifezeit, die das erwachende Gefühl zusammenführt. Sie scheitern am Sittenkodex der bürgerlichen Welt und enden in Vernichtung und Verzweiflung. Das Mädchen stirbt bei einem Abtreibungsversuch; aus der Korrektionsanstalt wieder entflohen, wird der Junge auf dem Friedhof durch einen vermummten Herrn vom Selbstmord zurückgehalten, zu dem ihn sein toter Freund – den Kopf unter dem Arm – aufforderte.
Versuch, das erotische Problem noch aufklärerisch-pädagogisch zu lösen. Über den Naturalismus sowohl durch seinen ethischen Willen wie formal hinausweisend. Während der Naturalismus noch für die Zeichnung und Sprache der Jugendlichen verwendet wird, haben die Erwachsenen schon die scharfkantigen, karikierten Züge, mit denen der spätere W. arbeitete. Die Schlußszene von romantisch-symbolistischem Gepräge: der vermummte Herr, dem der Schüler folgt, ist das Leben, dessen Preis W.s Werk gilt.
An den Sturm und Drang und Büchners *Woyzeck* erinnerndes Szenar von 19 nur rein äußerlich auf drei Akte verteilten Szenen, das seinerseits Tendenzen des Expressionismus vorwegnimmt.

Auff. 20. 11. 1906 in Berlin, Kammerspiele.

1891   Hugo von Hofmannsthal
      (Biogr. S. 492):
      Gestern

Dram. Studie in Versen, 1.

Veröffentlicht unter dem Pseudonym Theophil Morren, da Gymnasialschülern die Publikation von Druckschriften verboten war.

Skizze aus der ital. Renaissance. Dem Helden Andrea war über der Hingabe an das Heute das Gestern bedeutungslos gewesen. Durch die Untreue der Geliebten wird ihm das Gestern zu einer mahnenden Wirklichkeit, seine impressionistische Lebenshaltung scheitert.
Unter dem Einfluß der Gestalten d'Annunzios stehendes, mit dem Tenor eines älteren, abgeklärten Mannes geschriebenes, schwermütig-nachdenkliches Erstlingswerk des 17jährigen H. »Proverb in Versen mit einer Moral.« (H.)

1892   Ricarda Huch
(Biogr. S. 493):
Erinnerungen von Ludolf Ursleu dem Jüngeren

R.

Entst. in Zürich um 1890.

Zusammenbruch einer norddt. Kaufmannsfamilie, ausgelöst durch die leidenschaftliche Liebe zwischen Galeide und ihrem Vetter Edzard. Übrig bleiben am Schluß nur der kleine Sohn Edzards und der Erzähler dieses Familienschicksals, Galeides Bruder Ludolf, der nach durchstürmter Jugend in ein Kloster geht.
Der R. spiegelt die Liebe R. H.s zu ihrem Vetter und Schwager Richard H. Bewußter Gegensatz zum Naturalismus, symbolistische Stilmittel, starker Stimmungsgehalt, melodiöse Sprache.

1892   Stefan George
(Biogr. S. 492):
Algabal

Gedichte. Als Privatdruck in Paris ersch. Dem Gedächtnis Ludwigs II. von Bayern gewidmet.

Entst. seit Mai 1892 in Lüttich und Paris.

Gesänge um den zum Herrschen bestimmten Menschen. Schönheit und Macht verschmelzen in der Gestalt des Priesterkaisers Algabal (3. Jh. n. Chr.). Verpflichtung und Versuchung der Macht.
Betonter Abstand gegen den Naturalismus. Einfluß der frz. Symbolisten, u. a. Baudelaire: *Fleurs du mal*, jedoch Überwindung der Pariser Fin-de-siècle-Stimmung. Höhepunkt der formalistischen frühen Epoche G.s.

Erste öffentliche Ausg. im Verlag Georg Bondi 1899 in dem Sammelbd. *Hymnen – Pilgerfahrten – Algabal*.

1892   Hugo von Hofmannsthal
(Biogr. S. 492):
Der Tod des Tizian

Dr.-Bruchstück in Versen. Im 1. Heft der *Blätter für die Kunst*.
Gespräche der Schüler Tizians vor seinem Sterbezimmer, in denen sich die Welt dieses Künstlers spiegelt; der Tod als Krönung eines reichen Lebens. In den Jünglingen wird die Dissonanz zwischen Kunst und Leben, die Gefahr des Ästhetentums spürbar, die in der Persönlichkeit des Meisters überwunden ist.
Traumartige Schönheit, durch Sprachmelodie und Bildwirkung beschworen.

Auff. 14. 2. 1901 in München, Künstlerhaus, zur Totenfeier für Böcklin.

1893   Arthur Schnitzler
        (Biogr. S. 493):
        Anatol

Szenenfolge in Prosa.

Vorangestellt der stimmungsvolle *Prolog* von Hugo von Hofmannsthal: ». . . Früh-
gereift und zart und traurig . . .« in dem von Heine übernommenen Kurzvers.

Sieben Gesprächsszenen zwischen zwei, manchmal drei Personen,
im Grunde aneinandergereihte Einakter. Stationen aus dem Liebes-
leben Anatols, der Verkörperung von »Liebe ohne das Bedürfnis
der Treue«. Das schon hier angeschlagene erotische Grundmotiv
blieb in fast allen späteren Werken Sch.s bestimmend. Erotisches
Abenteurertum als unechte Existenzform. Dem lebensgierigen
Anatol gelingt es nicht, sich aus dem Schwanken zwischen Selbst-
erkenntnis und Selbsttäuschung zu befreien, das ihn am echten
Leben hindert.
Herausarbeitung der Stimmungselemente mit den Mitteln des Impressionismus.

Auff. des Gesamtzyklus 3. 12. 1910 in Wien, Dt. Volkstheater, und in Berlin, Lessingtheater.

1893   Gerhart Hauptmann
        (Biogr. S. 466):
        Hannele

»Traumdichtung in 2 Teilen«, Prosa, der Schluß in Versen. Auff.
als *Hannele* 14. 11. in Berlin, Kgl. Schauspielhaus.

Ursprünglicher Titelplan *Hannele Matterns Himmelfahrt.* Das Thema keimartig schon
in dem Gedicht *Die Mondbraut* (in *Das bunte Buch*, entst. um 1885).

Dg. um das Sterben eines gequälten und mißhandelten Kindes, das
aus Furcht vor dem Vater im Winter ins Wasser geht, vom Lehrer
aber gerettet und ins Armenhaus gebracht wird. In den religiös-
mystischen Fieberphantasien, in denen der heimlich geliebte Lehrer
in die Gestalt Christi übergeht, findet Hannele einen Ausgleich für
das, was sie im Leben erlitt.
Über den Naturalismus der Eingangsszenen führt die weitere Handlung mit der Doppelwelt des Diesseits und des Jenseits und der
Traumwirklichkeit hinaus. Die soziale Haltung der naturalistischen
Drr. H.s beibehalten.

Buchausg. als *Hannele* 1894 (Herbst 1893), seit 1896 unter dem Titel *Hanneles Himmelfahrt.*

1893   **Hugo von Hofmannsthal**
         (Biogr. S. 492):
         Der Tor und der Tod

Dr. 1, in Versen.
Der junge Mann des Fin de siècle, der sich selbstsüchtig »an Künst-
liches verlor«, fühlt in der letzten Stunde das von ihm ungelebte
Leben, das er nun nicht mehr erobern kann. Bezeichnend für H. die
Darstellung der »Präexistenz« des Jugendlichen, der, ohne die Wirklichkeit zu kennen, in »früher Weisheit« Welterkenntnis vorwegnimmt. Lyrisch-monologische Beichte eines Frühreifen, der der
Stimmung einer ganzen Generation den Spiegel vorhält. Vgl. H.s
eigene Interpretation in den nachgelassenen Aufzeichnungen *Ad me
ipsum* (1931).

Auff. 30. 3. 1908 in Berlin, Kammerspiele.
Das Werk zus. mit *Der weiße Fächer, Der Kaiser und die Hexe, Die Frau am Fenster* in
dem Sammelbd. *Die kleinen Drr.* (1906); diese zus. mit den *Gedichten* (einzeln zuerst in
Blätter für die Kunst, 1903) in dem Sammelbd. *Die Gedichte und kleinen Drr.* (1911).

1893   **Max Dauthendey**
         (1867–1918, Würzburg, Java):
         Ultra Violett

Gedichte, Dialoge, Prosaskizzen.
Das ultraviolette Licht als Symbol von Einsamkeit und Phantasie
des Dichters. Die für den Symbolismus kennzeichnende Verwendung des Farbengleichnisses schon durch den Titel hervorgehoben.
Der wache Sinn für Eindrücke vervielfältigt ihre Bezeichnung, das
Eigenschaftswort rückt an die erste Stelle im Satz. Die pointillisti-
sche Methode setzt die Sinneswahrnehmungen in enge Beziehung
zueinander, so daß eine Vermengung der Empfindungen von Gehör, Geruch, Gesicht eintritt.
Einfluß Stefan Georges, aus dessen Kreis sich D. bald danach löste.

1895   **Arthur Schnitzler**
         (Biogr. S. 493):
         Liebelei

Schsp. 3, Prosa. Auff. 9. 10. in Wien, Burgtheater. Buchausg. im
gleichen Jahr.
Wienerisches Gegenstück zu Halbes *Jugend*. Tragische Konsequenz
aus Stimmung und Thema des *Anatol*. Enttäuschte Liebe Christines,
des »süßen Wiener Mädels«, zu einem jungen Offizier, der im Duell
um eine andere fällt. Dem dekadenten ein echter Mensch gegenübergestellt.

Erster großer Bühnenerfolg des Autors.

1895   **Frank Wedekind**
(Biogr. S. 494):
Erdgeist

Tr. 4, Prosa.

Ursprünglich Teil der 5aktigen Tr. *Die Büchse der Pandora*, entst. 1892–1894, 1895 in 2 – erweiterte – Trr. geteilt.

Auf Desillusion abzielende Darstellung der sexuellen Triebgebundenheit in symbolischen Gestalten und Handlungsvorgängen. An Lulu, die den reinen Geschlechtstrieb verkörpert, scheitern die Männer und werden ihren höheren Aufgaben entfremdet. Mitschuldig an Lulus Werdegang ist der Redakteur Dr. Schön, der sie liebt und ausbilden läßt, aber aus Rücksicht auf seine bürgerliche Existenz nicht sie, sondern seine Braut heiraten will und Lulus Ehen mit dem alten Medizinalrat Goll, dann mit dem Maler Schwarz vermittelt, bis er dann doch als dritter Lulu heiratet. Sie ermordet ihn und kommt ins Gefängnis.

Die Forts. der Lulu-Tr. *Die Büchse der Pandora* (Tr. 3, Prosa, in *Die Insel* 1902, Buchausg. 1904) setzt ein mit der Befreiung Lulus durch Dr. Schöns Sohn. Der 2. Aufzug, ursprünglich frz. geschrieben, spielt in Paris, wo Lulu von Männern, die ihr Verbrechen kennen, erpreßt wird, so daß sie fliehen muß. Der 3. Aufzug, in engl. konzipiert, spielt in England. Er enthält Lulus Ermordung durch den Lustmörder Jack the Ripper. Der seelenlose verbrecherische Trieb wird durch einen anderen verbrecherischen Trieb vernichtet.

W. will »das wahre Tier, das so schöne, wilde Tier« zeigen. Eine durch die bürgerliche Scheinmoral korrumpierte Gesellschaft soll durch offenes Bekenntnis zum Triebleben geheilt werden. Während Gerhart Hauptmann W.s Dgg. als »Darminhalte« bezeichnete, sah W. das Ziel seiner Gestalten in der Überwindung der passiven Gestalten Hauptmanns.

Aphoristische Verkürzung der Sprache, Reduzierung auf den Gefühlskern. Der Witz als gewendetes, verdecktes Pathos. Einfluß auf den Expressionismus.

Auff. 25. 2. 1898 in Leipzig (W. als Dr. Schön), die der Forts. 1. 2. 1904 in Nürnberg.

1895   **Stefan George**
(Biogr. S. 492):
Die Bücher der Hirten- und Preisgedichte, der Sagen und Sänge und der hängenden Gärten

Im Verlag der Blätter für die Kunst; einzelnes schon vorher in den *Blättern für die Kunst*.

Entst. Herbst 1892–1895.

Rückkehr aus der lebensfernen Welt Algabals zu den Mächten der Natur und Gesch. Drei geschlossene Gedichtkreise, die sich um drei Bildungsmächte der modernen Kultur gruppieren: Antike, MA., Morgenland. Die Formen jeweils dem Charakter des Zeitraums angenähert, in den sie führen. »In diesen drei Büchern Gedichte ist das Leben so völlig gebändigt, so unterworfen, daß unserem an verworrenen Lärm gewöhnten Sinn eine unglaubliche Ruhe und die Kühle eines tiefen Tempels entgegenweht« (Hofmannsthal). Die *Preisgedichte* verherrlichen erstmalig sinnbildlich den George-Kreis in seinen einzelnen Gestalten.

Erste öffentliche Ausg. 1899 im Verlag Georg Bondi.

1896 **Gerhart Hauptmann**
(Biogr. S. 466):
Die versunkene Glocke

»Ein dt. Märchendr.« 5, in Versen. Auff. 2. 12. in Berlin, Dt. Theater. Buchausg. im gleichen Jahr.

Geplant schon während des Amerikaaufenthaltes 1894.

Behandelt die Problematik des künstlerisch schaffenden Menschen, der zwischen die Realität des Alltags und den Ruf urtümlich-magischer Kräfte gestellt ist. Der Glockengießer Heinrich verbindet sich mit Rautendelein, einem »elbischen Wesen«, das ihm seine verlorengegangene Schaffenskraft wiedergibt. Aber er bleibt der alten Welt verhaftet und sühnt die Überschreitung seiner Grenzen durch den Tod.
Der Eindruck des Märchenhaften wird dadurch erreicht, daß die Geister ein reales Leben führen, im Gegensatz zu *Hannele*, wo die unwirklichen Dinge nur im Traum erlebt werden. Einfluß Nietzsches.

Anklänge an Fouqués *Undine* und an die Welt des Dovre-Alten im 2. Akt von Ibsens *Peer Gynt*.

1897 **Jakob Wassermann**
(Biogr. S. 493/494):
Die Juden von Zirndorf

R.
W.s Erstlingswerk. Das Vorspiel berichtet von den Messiashoffnungen der Fürther Juden im 17. Jh., die durch den Übertritt des Propheten Sabbatai Zewi zum Islam betrogen werden. Der Hauptteil erzählt von einem modernen Nachfahren dieser Judengemeinde, die sich in Zirndorf niederließ: Agathon Geyer ist ein echter Prophet und Erlöser, wenn er die »alten Tafeln« in sich selbst zerbricht.

Forts. 1900 mit der *Geschichte der jungen Renate Fuchs*, in der Agathon
noch auf dem Totenbett die Frau findet, die auch auf schmutzigsten
Wegen die Reinheit ihrer »Asbestseele« bewahrte. R. unter dem
Einfluß der Eros-Problematik von Jens Peter Jacobsens *Frau Marie
Grubbe*.

1897   Stefan George
          (Biogr. S. 492):
          Das Jahr der Seele

Gedichte. Im Verlag der Blätter für die Kunst; einzelnes schon vorher in den *Blättern für die Kunst*.

Entst. seit 1894.
Titel nach Hölderlin: »Wo die Gesänge wahr und länger die Frühlinge schön sind
und von neuem ein Jahr unserer Seele beginnt.«

Der Dichter erlebt den Wandel der Liebe im Wechsel des Jahres,
die Liebe nimmt den gleichen Charakter an wie die reifende, vereiste
und aufblühende Natur: *Nach der Lese, Waller im Schnee, Sieg des
Sommers*. Die Geliebte wird nicht besungen, erscheint nicht als Gestalt, sondern nur als das Du, das den Dichter begleitet.
Die Slg. enthält die meisten rein lyrischen Gedichte G.s und wurde
sein größter Erfolg. Klare Form, erlesener, aber nicht preziöser Stil.
Klassische Darstellung besonders des Herbstes. Vokalharmonisie-
rung. Starker Einsatz der Klangfarbe.

Erste öffentliche Ausg. 1899 (Auslfg. 1898) im Verlag Georg Bondi.

1898   Friedrich Nietzsche
          **(1844–1900, Naumburg, Schulpforta, Basel, verschiedene
          Orte in der Schweiz und Italien, Naumburg, Weimar):**
          Gedichte und Sprüche

N. selbst hat die meisten seiner Gedichte im Rahmen seiner philosophischen Schriften
veröffentlicht: den größten Teil der Sprüche unter dem Titel *Scherz, List, Rache* (1882)
als »Vorspiel in dt. Reimen« zur *Fröhlichen Wissenschaft*, die *Lieder des Prinzen Vogelfrei*
als Anhang zur 2. Ausg. der *Fröhlichen Wissenschaft* (1887). Einige schon in *Also sprach
Zarathustra* veröffentlichte Lieder erschienen überarbeitet in dem von N. als *Dionysos-
Dithyramben* gesondert herausgegebenen Gedichtband (1888, entst. 1884–88).

In den Sprüchen Lebensweisheit und Kampfansage an die Gegner;
ihre Prägnanz und Zuspitzung sind der aphoristischen Form der
Prosaschriften verwandt. Die Lieder sehr persönliche Bekenntnisse,
zwischen Stolz und Klage schwankender Ausdruck der Einsamkeit,
Heimatlosigkeit, Vergänglichkeit und des Todesbewußtseins. Häufig
Motiv des Wanderers nach unbekanntem Ziel. Farbenreiche Natursymbolik, impressionistische Stimmungskunst *(Der Wanderer; Venedig; Der neue Kolumbus; Liebeserklärung; Vereinsamt; Aus hohen Ber-
gen)*. Vielfach die Thematik der philosophischen Schriften wieder-

holend, in die Gedichte als überhöhter Ausdruck des Gesagten eingelassen waren.

Die *Dionysos-Dithyramben* sind »die Lieder Zarathustras, welche er sich selber sang, daß er seine letzte Einsamkeit ertrüge«. Hymnisch-pathetische freie Rhythmen, darunter die beiden bekenntnishaften Gedichte der letzten Schaffenszeit: *Die Sonne sinkt*; *Ruhm und Ewigkeit*. Klage mit trotzigem Hohn gemischt.

Einfluß von Klopstock, Hölderlin, Novalis. Suggestiv durch Musikalität in Rhythmus, Tongebung, Wiederholung, durch Wortballungen und Farbakzente.

Später aus dem Nachlaß um verschiedene Stücke, auch um die mit wenigen Ausnahmen *(Dem unbekannten Gotte)* noch unselbständigen Jugendgedichte, vermehrt.

1899   Arthur Schnitzler
(Biogr. S. 493):
Der grüne Kakadu

Dram. Groteske 1, Prosa. Auff. 1. 3. in Wien, Burgtheater. Buchausg. im gleichen Jahr.

Am Vorabend der Frz. Revolution spielen Schauspieler vor einer adligen Gesellschaft das, was nun bald Wirklichkeit sein wird, bis am Schluß diese Wirklichkeit im Bastillesturm hereinbricht und den noch eben gespielten Mord tatsächlich geschehen läßt. Die eindrucksstarke Groteske wird zur Tr.

1900   Arthur Schnitzler
(Biogr. S. 493):
Reigen

Dialoge.

Entst. 1896/97.

Zehn den verschiedensten Gesellschaftsschichten angehörige Paare enthüllen ihre Gefühle vor und nach dem, was auch Sch. nur mit Gedankenstrichen wiedergab; die Dirne und der Soldat, der Soldat und das Stubenmädchen, das Stubenmädchen und der junge Herr, der junge Herr und die junge Frau, die junge Frau und der Ehemann, der Ehemann und das süße Mädel, das süße Mädel und der Dichter, der Dichter und die Schauspielerin, die Schauspielerin und der Graf, der Graf und die Dirne. Der Reigen, zu dem sich das Ganze in der letzten Paarung schließt, dokumentiert die Gleichheit der Menschen unter der Gewalt des Sexus. Die Verwandtschaft dieses Lebensreigens mit dem Totentanz löst die Sehnsucht nach dem aus, »was der Dichter mit Absicht aus seinem Stück ausgeklammert hat: nach der wahren Liebe und dem wahren Leben« (William H. Rey).

Von der Zensur verboten.

Auff. 23. 12. 1920 in Berlin, Kleines Schauspielhaus. An sie knüpfte sich der bekannte »*Reigen*-Skandal«, da der preußische Kultusminister die Auff. in dem in der Staatlichen Musikhochschule gelegenen Theater untersagte.

1900   Frank Wedekind
(Biogr. S. 494):
Der Marquis von Keith

Schsp. 5, Prosa. In *Die Insel*, Buchausg. im gleichen Jahr.
Die beiden Leitprinzipien in W.s Dramatik, bis zum Verbrechen gehender Lebensgenuß und Moral, in zwei Personen, den Hochstapler Keith und den Idealisten Scholz, aufgespalten. Keiths Schwindelprojekte brechen zusammen, aber er ergreift gleich wieder die nächste Chance: »Das Leben ist eine Rutschbahn.« Scholz verzichtet desillusioniert.
Der Außenseiter der Gesellschaft im Gegensatz zu dem – satirisch gezeichneten – Bürgertum. Einfluß auf die Bürgersatire Sternheims.
Auff. 11. 10. 1901 in Berlin, Residenztheater.

1900   Stefan George
(Biogr. S. 492):
Der Teppich des Lebens und die Lieder von Traum und Tod, mit einem Vorspiel

Gedichte. Im Verlag der Blätter für die Kunst, öffentliche Ausg. bei Georg Bondi im gleichen Jahr.

Entst. seit 1897.

Drei Teile mit je 24 Gedichten, die jeweils aus 4 vierzeiligen Strophen bestehen. Im ersten Teil »überwiegt die Bewegung in der Zeit und daher auch das Zeitwort, im zweiten das Geschehen im Raum und daher auch das Dingwort, im dritten das Schweben über Raum und Zeit und daher auch die Eigenschaften und Umstände bezeichnenden Wörter« (Friedrich Wolters).
Nach Friedrich Gundolf hat G. in diesem Werk die Richtlinie seines Schaffens gefunden, »das Leben im Geist unter dem geoffenbarten Gesetz«. Statt der rein optisch-plastischen Schau nun Wesensschau. Vom Formalen durchstoßend zum Sittlichen. Das Schöpfertum des Künstlers, Sichtbarmachen der Formen und Erhöhung der Gehalte, als einzige Rettung im Kampf gegen die einebnende und auflösende Macht des Todes. Die Ganzheit des Lebens in seinen Bildern und Rätseln im Teppich symbolisiert. Einfluß von Nietzsches Lebensphilosophie. In den 24 Gedichten des *Vorspiels* hält der Dichter Zwiesprache mit dem Engel über seine Berufung.

1900/05   Karl Spitteler
(1845–1924, Schweiz):
Olympischer Frühling

Versepos.
Versuch einer Mythisierung der Moderne. Eingeteilt in: *Die Auf-
fahrt*; *Hera, die Braut*; *Die hohe Zeit*; *Ende und Wende*. Wiederbelebung
der antiken Götterwelt durch neue mythische Vorstellungen. Nach
der Herrschaft der Riesen beginnt die Zeit der olympischen Götter;
Gestalt und Schicksal des Herkules lassen hoffen, daß dem olympischen Frühling ein irdischer folgen wird.
Einfluß von Schopenhauers Kulturpessimismus.
Das Versepos der als Verrohung angesehenen naturalistischen Form
entgegengestellt. Pathetischer Stil, dem Symbolismus fernstehend,
eine neue Stilepoche vorbereitend.

Nahezu ohne Nachhall und Einfluß. 1910 umgearbeitet und erweitert.

1901   Börries von Münchhausen
(Biogr. S. 493):
Balladen

Einzeln schon vorher mit Balladen gleichgesinnter Autoren in *Göttinger Musenalmanach* 1898–1901, hgg. B. v. M.

Stoffe vor allem aus dem dt. und frz. MA. und der germ. Vorzeit.
Daneben vereinzelt auch nicht-hist. Stoffe (u. a. *Der Todspieler*). In
Anknüpfung an Strachwitz und Fontane Wiederaufnahme der vom
Naturalismus abgelehnten Kunstform. Bewußt reaktionär gegen-
über den Berliner Lit.-Kreisen und den proletarischen Tendenzen
des Naturalismus.

Seit 1908 mit dem *Ritterlichen Liederbuch* (1903) in *Die Balladen und ritterlichen Lieder*
vereinigt. B. v. M.s Theorie der Ballade in *Meisterballaden* (1923).

1901   Arthur Schnitzler
(Biogr. S. 493):
Leutnant Gustl

Erz.
Ein Leutnant, der beim Verlassen eines Konzerts von einem Bäcker-
meister beleidigt worden ist, sieht sich, da der Beleidiger nicht satis-
faktionsfähig ist, vor die Notwendigkeit gestellt, sich zu erschießen,
und entgeht ihr nur dadurch, daß der Bäcker noch in der gleichen
Nacht vom Schlag getroffen wird. Dies erfährt der Leutnant, nach-
dem er die ganze Nacht hindurch Wien durchstreift und über seine
Lage gegrübelt hat. Durch die Technik des inneren Monologs, die
S. von dem Franzosen Édouard Dujardin übernahm, wird die
Durchschnittlichkeit des Leutnants, seine Angst, Beschränktheit

und Oberflächlichkeit und damit die Leere der Konvention enthüllt. Der Schock löst jedoch keine Besinnung aus, die erlösende Botschaft des Morgens läßt ihn unberührt in die alte Durchschnittsexistenz zurückkehren.

Das Thema mit tragischem Ausgang (Selbstmord) durchgeführt in der Nov. *Spiel im Morgengrauen* (1927).

1901   Gustav Frenssen
   (1863–1945, Barlt in Dithmarschen):
   Jörn Uhl

Heimat-R.
Ein Marschbauer ringt um die Erhaltung seines verschuldeten Hofes. Zwischen Heimatkunst und Unterhaltungskunst. Ungewöhnliche Popularität.

1901   Thomas Mann
   (Biogr. S. 584):
   Buddenbrooks

R. »Verfall einer Familie.«

Angeregt durch den R. *Renée Mauperin* von Edmond und Jules de Goncourt. 1897 zunächst als Knaben-Nov. um Hanno Buddenbrook geplant.

Der Verfall eines hanseatischen Geschlechts im Laufe des 19. Jh. auf dem Hintergrund des soziologischen Umschichtungsprozesses vom Bürgertum zur Bourgeoisie, sichtbar gemacht am Schwinden der bürgerlichen Tüchtigkeit und Zunehmen seelisch-geistiger Über-feinerung. Während Christian das Bürgerliche ablehnt, keine neue Lebensform findet und in Dekadenz sinkt, sucht sein Bruder Thomas durch äußere Haltung die gefährdete Form zu wahren. Schopenhauer bestärkt ihn in seinem Leiden an der Welt, seiner Fin-de-siècle-Stimmung. In Thomas' kleinem Sohn Hanno wird die Sensibilität zur Lebensunfähigkeit; die schon bei Hannos Großvater als Religio-sität zutage tretende Innerlichkeit bei Hanno durch die von der Mutter ererbte Musikalität zu einem dem Vater, der Tradition und der Lebensaufgabe feindlichen Prinzip gesteigert; Musik als Ver-lockung zum Tode.

Geistig-künstlerische Neigungen als Verfallserscheinung des Bür-gerlichen; Gegensatz von bürgerlicher und künstlerischer Lebens-form, Grundthema von M.s Schaffen. Einfluß von Nietzsches Kul-turpessimismus und des von ihm betonten Gegensatzes von Geist und Leben.

Kunstvolle Komposition. Die Familiengesch. erwuchs aus den »Stammbäumen« für Hanno in einer Raum- und Gewichtsverteilung, die den ursprünglichen Schwerpunkt bei den letzten beiden Gene-

rationen bewahrte. Die beiden älteren Generationen, die Zeit von
1835–1855 (bis Ende Teil 4), werden summarischer behandelt als
die kurze Zeit bis 1876 (Teil 5–11), die dem Wirken Thomas Buddenbrooks und dem Heranwachsen Hannos bestimmt ist; zunehmende Ereignisdichte. Die Schicksale der dritten Generation, die
von Thomas, Christian und Toni, ziehen sich durch das ganze Buch
hin. Verwendung von Fakten aus der Gesch. Lübecks und M.s
eigener Familie.
Präziser Stil. Tradition des realistischen R. von Fontane, Dickens,
Thackeray, Zola. Gesellschaftskritik, in den Randfiguren von Sim-
plizissimus-Schärfe. Verwendung von Leitmotiven »nicht als bloßes
Merkwort physiognomischen und mimischen Inhalts«, sondern
»direkt musikalisch« (M.).

1902   **Emil Strauß**
         (1866–1960, Freiburg, Berlin, Südamerika, Freiburg):
         Freund Hein

R.
Bedrängnis und Freitod eines unter dem Zwang der Schule leidenden musischen Jungen. Hölderlinsches Lebensgefühl: »Begeiste-
rung . . . ein selig Grab.« Die Tr. vollzieht sich jenseits von Anklage
und Schuldspruch. Die Spannung zwischen Vater und Sohn erwächst nicht aus ihrer Verschiedenheit, sondern ihrer Ähnlichkeit.
Gedämpfte, betont schlichte Erzählkunst.

1902   **Lulu von Strauß und Torney**
         (1873–1956, Bückeburg, Jena):
         Balladen und Lieder

Themen und Helden der Balladen, die aus der gleichen Erneuerungs-
bewegung wie die B. v. Münchhausens entstanden, sind der ganzen
Weltgesch. und allen Ständen entnommen, nicht wie dessen formal
verwandte dem MA. und der Aristokratie.
Weitere Slgg.: *Neue Balladen und Lieder* (1907); *Reif steht die Saat* (1919).

1902   **Rainer Maria Rilke**
         (Biogr. S. 493):
         Das Buch der Bilder

Gedichte.
Entst. seit 1898.

Die Slg. zeigt, nach den Zweifeln der *Frühen Gedichte* (ersch. erst
1909), den spezifischen Charakter von R.s Frömmigkeit: Heiligung
der Dinge. Jedes Ding ist ihm ein »Gleichnis«, Aufgabe des Künst-

lers sei es, die Dinge zu lieben, zu schmücken und singen zu lassen.
»Gott ist selber viel tausendmal / an alle Straßen gestellt.« Einfühlendes Versenken in Menschen und Landschaften. Differenzierte Klang- und Bildwirkungen impressionistischer Technik.

Erweiterte Ausg. 1906.

1903   Thomas Mann
         (Biogr. S. 584):
         Tonio Kröger

Nov. In dem Sammelbd. *Tristan* zus. mit *Der Weg zum Friedhof,
Tristan, Der Kleiderschrank, Luischen, Gladius Dei.*

Entst. 1902.

In engem Zusammenhang mit den *Buddenbrooks* stehende Künstler-
Nov. Der Bürger lebt das Leben, der Künstler gestaltet es und steht
damit außerhalb des Lebens. Für den »verirrten Bürger« Tonio, den
Sohn eines Lübecker Patriziers, behält das Bürgerliche eine geheime
Anziehungskraft: ». . . das Normale, Wohlanständige und Liebens-
würdige ist das Reich unserer Sehnsucht, ist das Leben in seiner ver-
führerischen Banalität.« Er erkennt in dieser unerfüllbaren Sehnsucht den Nährboden seiner Kunst.
Nach M.s eigenem Geständnis das seinem Herzen am nächsten
stehende Werk. Selbstprüfung, Legitimation der eigenen Daseins-
form. Die Alternative Geist und Leben in der Nachfolge Nietzsches.

Einzelausg. 1914.

1903   Ricarda Huch
         (Biogr. S. 493):
         Vita somnium breve

R. Seit 1913 unter dem Titel *Michael Unger.*
Das Leben geht an Michael Unger vorüber, ohne ihm eine seiner
Hoffnungen zu erfüllen. Dem letzten Glück, der geliebten Frau, ent-
sagt er aus Rücksicht auf seine Familie. Er muß dann erleben, daß
das Opfer umsonst ist, ihm mit Undank gelohnt wird und die
Familie untergeht.
Leidenschaftliche Sehnsucht nach der Schönheit des Lebens. Kon-
flikt zwischen dem individuellen Recht auf Selbstbestimmung und
der Familienbindung. Feinste Stimmungswerte eingefangen und in
Reflexionen gespiegelt. Im Geist der Romantik geschrieben, die R.
H. damals studierte. Thematische Beziehung zu *Buddenbrooks.*

1903   Börries von Münchhausen
(Biogr. S. 493):
Ritterliches Liederbuch

Besingung der ritterlichen Tugenden im Gegensatz zu dem »dekadenten« Weltgefühl der Zeitgenossen: »Reiten, trinken, fechten, küssen die ganze Nacht.« Gegen die »Kleine-Leute-Vergötterei« des Naturalismus. Rittertum, Minnesang, Gräfinnen und Pagen, Landsknechte, Zigeuner.

Seit 1908 mit *Balladen* (1901) als *Die Balladen und ritterlichen Lieder* vereinigt.

1903   Richard Dehmel
(Biogr. S. 492):
Zwei Menschen

Epos in Romanzen.

Begonnen 1897.

Zwei Menschen finden zueinander und erweitern ihr Glück zum Weltglück.
Eingeteilt in drei Umkreise: *Die Erkenntnis, Die Seligkeit, Die Klarheit.* Jeder Umkreis umfaßt 36 Romanzen, jede Romanze 36 Verse. Jede Romanze hat einen Natureingang, aus dem der Dialog der Liebenden erwächst. Auf dem Gipfel des Werkes, der 18. und 19. Romanze des zweiten Umkreises, steht nur je ein Monolog der Frau und des Mannes. Der dritte Umkreis variiert thematisch und metrisch Seelenlage und Handlungsorte des ersten Umkreises.
Von Nietzsches Idee des Übermenschen beeinflußte, jugendstilhaft-pathetische Szenenfolge.

1903   Hugo von Hofmannsthal
(Biogr. S. 492):
Ausgewählte Gedichte

Im Verlag der Blätter für die Kunst. Einzeln schon vorher in Zss. und in den *Blättern für die Kunst.*

Entst. zum großen Teil 1895–1896.

»Eine Ahnung des Blühens, ein Schauder des Verwesens, ein Jetzt, ein Hier und zugleich ein Jenseits, ein ungeheures Jenseits« umschrieb H. das Wesen seiner Gedichte. Alle Dinge werden empfänglich und ergriffen aufgenommen und durch Magie der Sprache in Traum und Wunder verwandelt. Die bekanntesten Gedichte: *Terzinen über Vergänglichkeit, Vorfrühling, Lebenslied, Ballade des äußeren Lebens.*

Seit 1911 in dem Sammelbd. *Die Gedichte und kleinen Drr.*

1903   Hugo von Hofmannsthal
       (Biogr. S. 492):
       Elektra

Tr. 1, in Versen. Auff. 30. 10. in Berlin, Kleines Theater.

Entst. aus der Auseinandersetzung mit dem Hamlet-Problem. Gegensatz zur klas-
sisch-harmonischen Auffassung von der Antike unter dem Einfluß des Griechen-
bildes von Nietzsche und Burckhardt.

Seit dem Mord an Agamemnon liegt über dem Haus der Tantaliden
ein dämonischer Bann. Klytemnästra verfällt der Selbstzerstörung,
ihre Tochter Chrysothemis flieht die Entscheidung zwischen Vater
und Mutter, und Elektra glaubt, dem ermordeten Vater durch Haß
gegen die Mutter die Treue zu wahren. Der Haß straft sie mit der
unfruchtbaren prophetischen Gabe, die sie die Rache nur schauen,
aber nicht vollziehen läßt.
Beginn von H.s Bemühungen um eine Erneuerung der Tr. Bewußte
Überwindung des anfänglichen Lyrismus, die Personen mehr Masken als Charaktere. H.s lyrische Grundhaltung schuf die Verbindung
zur Oper: »Die Franzosen nennen eine Oper un drame lyrique, und
vielleicht waren sie darin instinktiv der Antike näher als wir; sie
vergessen nie ganz, daß die antike Tr. eine gesungene Tr. war«
(H.).

Buchausg. 1904. Von Richard Strauss 1909 als Opern-Libretto verwandt.
Weitere Neuinterpretationen mythischer Stoffe: *Ödipus und die Sphinx* (1906), *Ariadne
auf Naxos* (1910), *Die ägyptische Helena* (1928).

1903/06   Friedrich Lienhard
          (1865–1929, Straßburg, Berlin, Eisenach):
          Wartburg

Dram. Trilogie. Teil 1: *Heinrich von Ofterdingen* (1903, Auff. 29. 9.
1903 in Weimar), Teil 2: *Die Heilige Elisabeth* (1904, Auff. 21. 10.
1905 in Weimar), Teil 3: *Luther auf der Wartburg* (1906, Auff. 30. 10.
1917 in Weimar).
Die Wartburg als Inbegriff der christlichen Tradition Dld.s, die L.
mit dem Geist von Weimar vereinen wollte. Eklektischer Versuch
einer Anknüpfung an den dt. Idealismus.

1904   Hermann Hesse
       (Biogr. S. 492):
       Peter Camenzind

R. in Ich-Form.
Ein junger Mann, der vom Lande in die Stadt kommt, flieht zuletzt
die städtische Kultur und kehrt zur Natur und zum einfachen Leben
zurück.

Weich, lyrisch, von melancholischer Grundstimmung. Die Naturschilderungen steigern sich fast zu rhythmischer Prosa. Romantische
Grundhaltung, jedoch Bemühen um realistische Darstellung nach
dem Vorbild Kellers.
Entwicklungs- und Erziehungs-R. mit autobiographischen Zügen
wie alle folgenden Rr. H.s. Das Thema, die Polarität der Flucht von
und zu den Menschen, ist auch durchgehendes Motiv der folgenden
Werke H.s. Die kulturpessimistische Lösung wird später, seit
Demian (1919), durch Sinnfindung in der Kultur abgelöst. H.s erstes
erfolgreiches Werk.

1904   Richard Beer-Hofmann
            (1866–1945, Wien, New York):
            Der Graf von Charolais

Tr. 5, in Versen. Auff. 23. 12. in Berlin, Neues Theater.

Quelle: Philip Massinger und Nathanael Field *The Fatal Dowry* (1632).

Der Graf von Charolais gewinnt sich durch die Treue, mit der er
sich für die Schulden seines verstorbenen Vaters opfern will, die
Liebe eines wohlhabenden Mädchens, das er später betrügt.
Von der Neuromantik geprägt, lyrisch, zerfließend, die ersten drei
Akte mit den letzten nur locker verbunden.

Buchausg. 1905.

1905   Wilhelm von Scholz
            (Biogr. S. 493):
            Der Jude von Konstanz

Tr. 5, in Versen. Auff. 17. 12. in Dresden. Buchausg. im gleichen Jahr.

Entworfen 1901.

Ein Jude zwischen Christen und Juden im Konstanz des ausgehen-
den MA. Er fühlt sich beiden Welten nicht zugehörig, wird von
beiden angefeindet und geht vom Leben angewidert in den Tod.
Versuch der Erneuerung eines klassizistischen Dr. Einheit des Ortes
und in den ersten vier Akten auch Einheit der Zeit. Der fünfte Akt
ist ein lyrischer Epilog.

Endgültige Fassung 1906.

1905   Christian Morgenstern
            (Biogr. S. 493):
            Galgenlieder

Groteske Gedichte.

Die frühesten schon Mitte der 90er Jahre von M. zur Unterhaltung seines Kreises
ohne den Gedanken an eine Veröffentlichung geschrieben.

M. wollte mit diesen Liedern eine Atmosphäre schaffen, »in der die erdrückende Schwere und Schwerfälligkeit des sog. physischen Planes, der heut mit dem ganzen bitteren Ernst einer gott- und geist-los gewordenen Epoche als die alleinige und alleinseligmachende Wirklichkeit dekretiert wird, heiter behoben, durchbrochen, ja mit-unter völlig auf den Kopf gestellt zu sein scheint«. Die Dinge wer-den aus den Fesseln der Kausalität befreit. Durch »Umwortung aller Worte« absonderliche Neuprägungen und Entdeckung von merk-würdigen Unter- und Nebenbedeutungen von Lauten und gram-matischen Formen.

1932 mit *Palma Kunkel* (1916), *Palmström* (1910) und *Der Gingganz* (1919) vereinigt zu *Alle Galgenlieder.*

1905   Rainer Maria Rilke
(Biogr. S. 493):
Das Stundenbuch

Gedichte, eingeteilt in drei Bücher: *Vom mönchischen Leben, Von der Pilgerschaft, Von der Armut und vom Tode.*

Begonnen im Herbst und Winter 1899 in Berlin unter dem Eindruck des ersten Ruß-landaufenthaltes 1899, der für R. ein entscheidendes religiöses Erlebnis bedeutete. Weitere wesentliche Arbeit 1901 in Worpswede. Abschluß 1903.

Ein russischer Mönch sucht in Bekenntnissen und Gebeten Gott, das Ding der Dinge, zu erfassen. Aus der Brüderlichkeit zu den Dingen erwächst die Brüderlichkeit zu Gott. Mystische Gedanken-gänge: »Was wirst du tun, Gott, wenn ich sterbe? / Ich bin dein Krug, (wenn ich zerscherbe?)«. Mensch und Gott reifen aneinander und miteinander.

1906   Gerhart Hauptmann
(Biogr. S. 466):
Und Pippa tanzt

»Ein Glashüttenmärchen.« Dr. 4, Prosa. Auff. 19. 1. in Berlin, Les-singtheater. Buchausg. im gleichen Jahr.

Entst. 1905 als erstes Stück einer geplanten Tetralogie. Titel nach Robert Brownings *Pippa Passes.*

Geist und Natur, der weise Wann und der alte Huhn kämpfen um das Mädchen Pippa. Weil sie selbst ein Stück Natur ist, kann sie sich der elementaren Gewalt Huhns, vor dem sie zuerst flieht, nicht entziehen. Sie muß tanzen, bis sie tot umfällt.
Enge Verflechtung der realistischen Welt aus H.s frühen natura-listisch-sozialen Drr. mit einer Traumwelt von bewußtem Sinnbild- und Märchencharakter. Pippa symbolisiert Zauber und Vergänglich-keit der Schönheit.

1906   Hugo von Hofmannsthal
(Biogr. S. 492):
Das Bergwerk zu Falun

»Ein Vorspiel« in Versen. In *Kleine Drr.*

Entst. 1899. Quelle: E. T. A. Hoffmann, *Die Bergwerke zu Falun* (in *Die Serapions-brüder*, 1819–1821).

Elis Fröbom, ein heimkehrender Matrose, flieht Welt und Menschen, auch die ehemalige Geliebte, und verbindet sich mit der Berg-königin. Die Handlung versinnbildlicht das Recht des geistigen Menschen auf Einsamkeit und Lösung aller Bindungen, die Ver-einigung des künstlerischen Menschen mit der Schönheit. Das Berg-werk ist das Symbol der verschlungenen Wege des menschlichen Innern.
H.s letzter Einakter, ursprünglich erster Akt einer fünfaktigen Tr. gleichen Titels, zeigt ihn auf dem Wege zur Tr. Das lyrische Schwelgen der früheren Einakter tritt zurück hinter stärkerer dram. Konfliktbildung. Romantisch im Thema und in der Verwendung märchenhafter Gestalten.

Erst aus dem Nachlaß veröffentlicht wurde i. J. 1933 *Das Bergwerk zu Falun*, Tr. 5. Die Tr. führt das Problem des »Vorspiels« breiter aus und stellt Elis in einen neuen Konflikt durch seine Liebe zu Anna, die er verlassen muß. (Auff. 4. 3. 1949 in Kon-stanz.)

1906   Enrica von Handel-Mazzetti
(1871–1955, Wien, Steyr, Linz):
Jesse und Maria

»R. aus dem Donaulande.«
Glaubenskämpfe in der Zeit der Gegenreformation. Der protestanti-sche Graf Jesse von Velderndorff wird von der Förstersfrau Maria bei der katholischen Reformationskommission angezeigt. Vor der Hin-richtung versöhnen sich die Gegner im Glauben an eine höhere Liebe.
Die Verfn. ist nicht nur mit ihren Themen (*Meinrad Helmpergers denk-würdiges Jahr*, 1900; *Stephana Schwertner*, 1912–1914), sondern auch mit ihrem fast ekstatisch erregten Stil im österreichischen Barock beheimatet.

1906   Rainer Maria Rilke
(Biogr. S. 493):
Die Weise von Liebe und Tod des Cornets
Christoph Rilke

Nov.

Durch Familienüberlieferung angeregt, in einer Nacht Herbst 1899 geschrieben.

Lyrisch-monologischer, in fast rhythmischer Prosa abgefaßter Bericht von der ersten Liebe und dem Schlachtentod eines jungen Offiziers zur Zeit der Türkenkriege in Ungarn.
Wegen seiner Stimmungsdichte und bezwingenden Form populärstes Werk des jungen R.

1907   Stefan George
         (Biogr. S. 492):
         Der siebente Ring

Gedichte.

Entst. seit 1900.

Sieben Bücher, um das Mittelbuch *Maximin* geordnet, G.s geistiges und sittliches Gesetz enthaltend. Die *Zeitgedichte* stellen dem »Stroh der Welt« große Gestalten und Werte der Gesch. und Gegenwart gegenüber; in *Gestalten* werden Führer und Verführer der Menschheit behandelt; die *Gezeiten* enthalten Liebesgedichte. Die Gedichte an Maximin gelten dem früh verstorbenen jugendlichen Freund, der für G. seit dem Beginn des Jh. Inbegriff einer besseren Jugend gewesen war und dem er auch das »Gedenkbuch« *Maximin* (1906) gewidmet hatte. Die Gedichte sind eine Vergottung des Lebens und Leibes unter dem Einfluß von Nietzsches Lebensphilosophie. Die letzten drei Bücher *Traumdunkel, Lieder, Tafeln* sind noch bestimmt von der Gläubigkeit des Maximin-Erlebnisses und durch Gegenständlichkeit und Ursprünglichkeit gekennzeichnet. Gelöstere Formen.

1907   Agnes Miegel
         (1879–1964, Königsberg, Bad Nenndorf):
         Balladen und Lieder

Die Balladen nach dem Bekenntnis von A. M. im Gegensatz zu B. v. Münchhausen nicht vom »Ritterballaden-Typus«. Stoffe der ganzen Weltgesch. *(Die Nibelungen, Die Frauen von Nidden, Rembrandt, Die schöne Agnete).* Häufiges Motiv: geheimnisvolle Mächte, die den Menschen berühren und binden. Symbolistische Züge. Schwermutsvolle Stimmungen, dunkle Töne.
Unter den lyrischen Gedichten besonders erste Mädchengedichte von Einsamkeit und verschmähter Liebe. Lyrisch-epische Mischformen. Betont landschaftlich und heimatlich.

Seit 1939 unter dem Titel *Frühe Gedichte.*

1907   Carl Hauptmann
(1858–1921, Obersalzbrunn, Schreiberhau):
Einhart der Lächler

R. 2 Bdd.
Lebensweg eines einsamen, weltfremden Künstlers und Träumers.
Abkehr H.s von der naturwissenschaftlichen Gebundenheit und den
sozialen Themen seiner Frühzeit, Abwendung vom naturalistischen
Stil: Zusammendrängung auf das Wesentliche, Bevorzugung sub-
stantivischer Neubildungen. Symbolistisch und in Ansätzen schon
expressiv.

Der hier ansetzende und dann in H.s späten Drr. (*Die goldenen Straßen*, Trilogie 1916,
1917, 1919; *Der abtrünnige Zar*, 1919) entwickelte Stil wurde von der expressionistischen Generation als Vorbild empfunden.

1907   Ernst Hardt
(1876–1947, Graudenz, Köln, Berlin, Weimar, Ichenhausen):
Tantris der Narr

Dr. 5, in Versen. Auff. 7. 12. in Köln, Stadttheater. Buchausg. im
gleichen Jahr.
Psychologisierende Wiederbelebung des Tristan-Stoffes im Anschluß an ma. nicht-höfische Quellen, u. a. die sog. »Folie«. Tristan kehrt nach seiner Verbannung unerkannt als Narr Tantris an
Markes Hof zurück. Stilisierte, bildersuchende, romantisierende
Sprache.

H. erhielt für das Dr. 1908 die Hälfte des Schillerpreises und den ganzen Volks-
Schillerpreis.
Weitere Versuche der dram. Erneuerung ma. Stoffe: *Gudrun* (1911), *Schirin und Ger-
traude* (1913).

1907/08   Rainer Maria Rilke
(Biogr. S. 493):
Neue Gedichte und **Der neuen Gedichte anderer Teil**

Entst. seit 1903.

In einem Stil, der sich mit dem Seltenen, mit Alleen, Parken, Fon-
tänen, Edelsteinen und kostbaren Stoffen drapiert und die Liebe und
Wertschätzung der »Dinge« betont. Die Symbolkraft am stärksten
in den Tiergedichten aus dem Pariser Jardin des plantes. Der
Dichter lebt im Sich-in-die-Dinge-Einfühlen, er geht in ihnen auf.
Unter dem Einfluß Rodins, der R. das ruhige Anschauen der Natur,
das »Arbeiten und Geduldhaben« gelehrt hatte, näherte der Dichter
sich hier dem Gegenständlichen nach Art des bildenden Künstlers.
Abwendung von dem bisherigen Werk, von der »lyrischen Oberflächlichkeit« und dem »à peu près«. Die neue Arbeitsweise, der die

ganze Welt zur »Aufgabe« geworden ist, ließ R.s Bücher in langen
Zeiträumen entstehen. Vorprägung der Gedanken in R.s Briefen.
Häufige Verwendung der Sonettform.

1908   Arthur Schnitzler
         (Biogr. S. 493):
         Der Weg ins Freie

R.
Darstellung des Ästhetentums als Lebensform und -gefahr. Ein vornehmer junger Lebensgenießer und Künstler wird durch ein Liebeserlebnis, in dem die Geliebte um seiner Laufbahn willen entsagt,
zum reifen Menschen und Künstler geläutert.
Einfluß von Jens Peter Jacobsens *Niels Lyhne*. Neben der schmalen
Haupthandlung eine Fülle von Episodischem und Zeitkritischem
aus dem damaligen Österreich, vor allem Schilderung des jüdischen
Bevölkerungsteils. Schlüssel-R. der Wiener Gesellschaft um 1900;
zahlreiche Porträts von Freunden und Bekannten, der Verf. selbst
in der Figur des Dichters Heinrich Bermann.

1908   Jakob Wassermann
         (Biogr. S. 493/494):
         Caspar Hauser oder Die Trägheit des Herzens

R. um die rätselhafte Gestalt des 1828 in Nürnberg aufgetauchten
und bald darauf ermordeten C. H., der bei W. als der einzig reine
Mensch inmitten einer seelenlosen Menschheit erscheint. W. wollte
in dem R. dt. Wesen darstellen und sah in diesem Problem und dem
der *Juden von Zirndorf* die polaren Punkte seines Schaffens (*Mein Weg
als Deutscher und Jude*, 1921).

1908   Robert Walser
         (1878–1956, Biel, Zürich, Berlin, Biel, Bern,
         seit 1929 in Heilanstalten):
         Jakob von Gunten

R.

Entst. in Berlin. Wie die Rr. *Geschwister Tanner* (1906) und *Der Gehülfe* (1907) Selbst-
spiegelung.

Als Tagebuch stilisierte Gesch. eines Knaben in einem Internat, endend mit einer visionären, Jakob der europäischen Kultur entrük-
kenden Reise.
Das Leben im Institut Benjamenta als Gleichnis der Situation des
Menschen. In den Motiven und der zur Chiffre tendierenden Sprache
war W. Vorläufer Kafkas, der W.s »Konzept . . . weiterdachte und
weiterdrehte« (Walter Höllerer).

1908   Karl Schönherr
(1867–1943, Tirol, Wien):
Erde

»Kom. des Lebens.« 3, Prosa. Auff. 13. 1. in Düsseldorf, Schsp.-
Haus. Buchausg. im gleichen Jahr.
Ein robuster alter Bauer widersteht dem Tode, der wartenden
»Erde«, und wird, seiner Familie und Umwelt zum Trotz, wieder
gesund und Herr seines Hofes.
Einfluß Anzengrubers, dem Naturalismus nahe Heimatkunst.

Erhielt die Hälfte des staatlichen Schillerpreises.

1908   Wilhelm Schmidtbonn
(1876–1952, Bonn, Düsseldorf, Ascona, Godesberg):
Der Graf von Gleichen

Schsp. 3, in Versen. Auff. 3. 2. in Düsseldorf, Schsp.-Haus. Buch-
ausg. im gleichen Jahr.
Neuromantische Behandlung des legendären Stoffes mit tragischem
Ausgang (im Gegensatz zu Ernst Hardt: *Schirin und Gertraude*, 1913).
Die Gattin tötet die morgenländische Geliebte des Mannes und
flieht in die Wälder, als sie das Sinn- und Ruchlose ihrer Tat er-
kennt. Der Mann, der doppeltes Glück erobern wollte, bleibt in
Einsamkeit zurück.

1908   Ludwig Thoma
(1867–1921, Oberammergau, München, Rottach):
Moral

Kom. 3, Prosa. Auff. 21. 11. in München, Schsp.-Haus.
Die Mitglieder eines Sittlichkeitsvereins als heimliche Sünder.
Kritik des Spießbürgertums aus dem Geist des *Simplizissimus*.

Buchausg. 1909.

1909   Thomas Mann
(Biogr. S. 584):
Königliche Hoheit

R.
Der Thronerbe und Stellvertreter des Herrschers eines kleinen deutschen Fürstentums heiratet die Tochter eines amerikanischen Mil-
lionärs, saniert dadurch den Staat und gibt zugleich seiner eigenen,
bisher nur dekorativen Existenz einen Sinn.
»Lustspiel in Romanform« (Thomas Mann) mit bewußt optimisti-
scher, spielerischer Behandlung der sozialen Problematik, die in eine
Märchensphäre entrückt wird. Sympathisierende Ironie. Mit einem
Zentralproblem des M.schen Gesamtwerkes verbunden durch das

Thema der auferlegten – auch den Künstler kennzeichnenden – Sonderexistenz sowie des Verzichts auf ein normales Dasein, der Würde verleiht. Nach M.s Absicht symbolisiert sich im Schicksal der Personen die Krise des Individualismus.

1909   Paul Ernst
          (Biogr. S. 492):
          Brunhild

Tr. 5, in Versen.

Erste Auseinandersetzung mit dem Stoff in einem Ibsen-Essay (1904), dann in *Die Nibelungen, Stoff, Epos und Drama* (in *Weg zur Form*, 1906). Niedergeschrieben 1908.

Das Dr. setzt nach der Brautnacht der beiden Paare Siegfried–Kriemhild und Gunther–Brunhild ein und umfaßt den Zeitraum bis Sonnenuntergang. Siegfried und Brunhild, die nach ihrer höheren Wesensart zusammengehören, sind erst im Tode vereint.
Nach dem Vorbild von Sophokles' *Ödipus* aufgebautes Werk des Neuklassizismus, für den es ein Musterbeispiel ist, das zugleich E.s Theorien deutlich verwirklicht. Da hist. Stoffe nicht restlos zu typisieren seien, im mythischen Bereich spielend. »Alles Atmosphärische zwischen Menschen und Dingen ist entschwunden, daß zwischen ihnen die klare, nichts verhüllende Höhenluft der letzten Fragen und letzten Antworten sei. Die Tr. hat nur eine Ausdehnung: die der Höhe« (Georg Lukács).

Auff. 7. 4. 1911 in München, Residenztheater.

1910   Franz Karl Ginzkey
          (1871–1963, Pola, Wien, Seewalchen/Attersee):
          Balladen und neue Lieder

Erste repräsentative Slg. des seit 1901 als Lyriker hervorgetretenen G. Lieder von Balladen umrahmt, die Stoffe aus Gesch., Sage, Märchen und Selbsterfundenes behandeln. Vielfach heiter, schwankhaft. Volkstümliche sprachliche und klangliche Mittel.

Spätere Slgg.: *Balladenbuch* (1931 und 1948), *Lieder und Balladen* (1951).

1910   Gerhart Hauptmann
          (Biogr. S. 466):
          Der Narr in Christo Emanuel Quint

R. In *Die Neue Rundschau*. Buchausg. im gleichen Jahr.

Begonnen im Winter 1901/02, beendet 1910. Vorbild und Anregung: Dostojewskijs *Großinquisitor* (aus *Brüder Karamasow*).

Emanuel Quint sieht seine Aufgabe darin, das Leben Christi in der modernen Welt noch einmal zu leben. Er steht im Gegensatz zur

Kirche, da er die *Bibel* als irreführend verwirft und als einzige
Offenbarung den Menschen preist, in dem Gott lebendig ist. Er
endet, verfolgt und verlassen, auf dem St. Gotthard.
Rationalistische, von David Friedrich Strauß' *Leben Jesu* mitgeprägte
Auffassung Christi. H. gibt sich als objektiv referierender Chronist,
verschanzt sich hinter Ironie, die sowohl dem Narren wie der auf-
geklärten Gegenpartei gilt.

1910   Rainer Maria Rilke
        (Biogr. S. 493):
        Die Aufzeichnungen des Malte Laurids Brigge

R. in Ich-Form.

Entst. 1904/10, beeinflußt von Jens Peter Jacobsens *Niels Lyhne*.

Bedrängnis und Reifen eines armen, in Paris lebenden Dichters, einer
sensiblen Natur, die sich in Gefühl und Reflexion verströmt, ohne
die Kraft zum Handeln, zum künstlerischen Werk zu besitzen.
Die Erz. hat autobiographischen Charakter und nimmt in des Dichters Leben eine ähnliche Stellung ein wie *Werther* in dem Goethes:
die einer »Wasserscheide«, Gestaltung und zugleich Überwindung
der Dekadenz. »Wer der Verlockung nachgibt und diesem Buch
parallel geht, muß notwendig abwärts kommen«; man müsse »es
gewissermaßen gegen den Strich zu lesen unternehmen« (R.).

1910   Erwin Guido Kolbenheyer
        (Biogr. S. 584):
        Meister Joachim Pausewang

R.
Autobiographie des Breslauer Schuhmachermeisters und Gott-
suchers für seinen Sohn. »Als ein einfältiger Chronist« berichtet er
vor allem von seiner Begegnung mit Jakob Böhme.
Im Sprachstil des beginnenden 17. Jh.

1910   Karl Schönherr
        (1867–1943, Tirol, Wien):
        Glaube und Heimat

Tr. 3, Prosa. Auff. 17. 12. in Wien, Dt. Volkstheater.
Gewissenskonflikt der protestantischen Salzburger Bauern während
der Gegenreformation.
Vst.-Charakter, Heimatkunst. Starke, auch sentimentale Theater-
effekte.

Buchausg. 1911.

1911   Heinrich Federer
(1866–1928, Obwalden, Jonschwil, Zürich):
Lachweiler Geschichten

Entst. um 1905.

In der Nachfolge von Kellers *Die Leute von Seldwyla* stehende Erzz. um Figuren einer Schweizer Dorfgemeinde. Vermischung von Jugenderlebnissen mit Beobachtungen aus der Kaplanszeit in Jonschwil.

Das Lachweiler Milieu auch in *Jungfer Therese* (R. 1913) und *Papst und Kaiser im Dorf* (R. 1925).

1911   Stefan Zweig
(Biogr. S. 494):
Erstes Erlebnis

Folge von Novv. Enthält: *Geschichte in der Dämmerung, Die Gouvernante, Brennendes Geheimnis, Sommernovellette.*

Angeregt auch durch Gespräche mit der schwedischen Sozialpädagogin Ellen Key, der der Bd. gewidmet ist.

Thema der Novv. ist die seelische Not und Gefühlsverwirrung, die die erste Liebe in jungen Menschen hervorruft.

Seit 1926 Bestandteil der Novv.-Reihe *Die Kette*. Weitere Bände: *Amok* (1922), *Verwirrung der Gefühle* (1927).

1911   Christian Morgenstern
(Biogr. S. 493):
Ich und Du

Gedichte.

Entst. zum größten Teil im Herbst 1908 in Meran, nachdem M. seine spätere Frau kennengelernt hatte.

Der erste und dritte Teil je ein Sonettenkranz, der mittlere Teil Ritornelle und Lieder.
Grundstimmung der Slg. ist schwermütiger Ernst, oft durch Lächeln verdeckt. Vielfach winzige Erlebnisse, Natureindrücke, Erinnerungen, die M. fast zum mythischen Symbol wurden. Zucht als innerster Gedanke des Buches, die Form des Sonetts schien M. diesem Gedanken am meisten gemäß.

Fortführung in: *Wir fanden einen Pfad* (1914); Gedichte um den gemeinsamen Weg der theosophisch-anthroposophischen Erkenntnis, Rudolf Steiner gewidmet.

1911   Börries von Münchhausen
(Biogr. S. 493):
Das Herz im Harnisch

Balladen und Lieder. Die Balladen kräftiger, der Volksballade näher
als die der früheren Slgg., die Pagen- und Königinnen-Romantik,
die balladesken Requisiten treten zurück. U. a. *Ballade vom Brennessel-*
busch, Birken-Legendchen, Lederhosen-Saga. Ein Zug zur Verinnerlichung, der sich auch in den Liedern, z. T. rein lyrischen Gedichten,
bemerkbar macht, die den Wechsel der Jahreszeiten, Landschaftlich-
Heimatliches behandeln.

1911   Hugo von Hofmannsthal
(Biogr. S. 492):
Der Rosenkavalier

Kom. für Musik 3. Auff. in der Vertonung durch Richard Strauss am
26. 1. in Dresden, Opernhaus. Buchausg. im gleichen Jahr.

Entst. im Zusammenhang mit H.s Bemühungen um die Tr., als er auch der heiteren
Seite der Konflikte Interesse abgewann und Typen-Komm. schrieb. Theaterprak-
tische Einflüsse von Richard Strauss und Max Reinhardt.

Wiederbelebung der Typen und Themen der Wiener Theatertradi-
tion. Handlung aus dem Wien des 18. Jh. »Die reife Frau und ihr
jugendlicher Schatz; der alte Weiberverschlinger und Mitgiftjäger
mit seiner rührend jungen Braut; Entsagung der Marschallin, Entlarvung des Kammerherrn, Vereinigung der jungen Leute: das
wird genau besehen in drei Einaktern heruntergespielt. Der erste
ist ein Alkovenstück: der junge Liebhaber verkleidet sich in eine
Kammerzofe und rettet die Lage. Der zweite ist ein Degen- und
Mantelstück: der alte Bräutigam wird vor seinen Augen um seine
junge Braut betrogen. Der dritte ist eine parodistische Zauberposse:
der Kammerherr wird beim Stelldichein mit dem als Zofe verklei-
deten jungen Helden entlarvt« (Josef Nadler).

1911   Hugo von Hofmannsthal
(Biogr. S. 492):
Jedermann

»Spiel vom Sterben des reichen Mannes«. Auff. 1. 12. in Berlin,
Zirkus Schumann. Buchausg. im gleichen Jahr.

Geplant 1903, ausgeführt 1911 unter dem Einfluß Max Reinhardts. Quellen: vorwiegend das engl. Dr. *Everyman* (Ende 15.Jh.) unter starker Heranziehung von Hans
Sachs' *Comedi vom reichen sterbenden Menschen* (1549).

H.s auf einer dreigestuften Bühne spielendes Stück wird eingeleitet
durch ein Vorspiel im Himmel, den Dialog zwischen Gott und Tod.
Jedermann, dem genießerischen Typ aus H.s Jugenddrr. verwandt,
ist mehr ein moderner als ein ma. Mensch. Er erkennt keine höhere

Ordnung über dem eigenen Willen an, daher ist er schuldig. Am
Schluß steht die fürbittende Liebe der Mutter, die Hilfe von »Glaube«
und »Werke«. Das Moralisierende des ma. Spiels fehlt.
Starkes Herausarbeiten der optischen Wirkung. Festspielcharakter.
Seit 1920 jährlich vor dem Salzburger Dom aufgeführt.

1912   **Rudolf G. Binding**
       (1867–1938, Basel, Buchschlag, Starnberg):
       Der Opfergang

Nov.
Seelengröße einer Frau, die der erkrankten Geliebten ihres Mannes,
der plötzlich einer Seuche zum Opfer gefallen ist, in seinen Kleidern
und auf seinem Pferde den gewohnten täglichen fernen Gruß bringt.
Die menschliche Größe gab dem Thema von ehelicher Bindung und
Ehebruch eine Wendung ins Ungewöhnliche.

1912   **Rudolf Alexander Schröder**
       (1878–1962, Bremen, Berlin, Bergen/Obb.):
       Gesammelte Gedichte

Die Slg. enthält hauptsächlich die schon vorher einzeln veröffent-
lichten Zyklen: *Bodenseesonette* (1905, Liebesgedichte); *Kreuzlingen*
(1904, Wander- und Liebesgedichte); *Baumblüte in Werder* (1905,
Schilderung der blühenden Gärten in Bremen); *Elysium* (1905, Dar-
stellung der Schatten im Jenseits). Sch. bezeichnete sich selbst als
»Fortsetzer«, nicht als »Neubeginner, Neutöner«. Verwurzelt im
Erbe der Antike und Goethes. Ziel seiner Dg. »Harmonisierung des
Unharmonischen« (Sch.). Bevorzugte Sonett, Elegie, Ode. Sch.s
Frühwerk ist dem Hofmannsthals und Rilkes verwandt.

1912   **Arnold Zweig**
       (Biogr. S. 585):
       Novellen um Claudia

Psychologische Novv., die sich zu einem R. zusammenschließen.
Stationen des Weges zweier Menschen zueinander. Psychologische
Analyse moderner Sensibilitätshemmungen, ihre Überwindung
durch natürliche Triebe.
Zum Teil als Berichte des Erzählers, zum Teil in Ich-Form gefaßt.

1913   **Thomas Mann**
       (Biogr. S. 584):
       Der Tod in Venedig

Nov.
Geplant als Einschub in den unvollendeten R. *Bekenntnisse des Hochstaplers Felix Krull*
(1954). Entst. 1911.

In Gustav Achenbach scheint die Synthese von Bürgerlichkeit und Künstlertum vollzogen. Er ist der Dichter »all der Moralisten der Leistung, die, schmächtig von Wuchs und spröde von Mitteln, durch Willensverzückung und kluge Verwaltung sich wenigstens eine Zeitlang die Wirkung der Größe abgewinnen«. Die Sinnverrückung durch die Schönheit eines Knaben am Strande Venedigs zeigt die Gefährdung dieser scheinbaren inneren Harmonie: Der Ausbruch aus der rein formalen Existenz führt zur Zerstörung der Existenz überhaupt.

Vgl. M.s Äußerung über sich als »den Chronisten und Erläuterer der Dekadence, Liebhaber des Pathologischen und des Todes, einen Ästheten mit der Tendenz zum Abgrund«. Klassizistisch streng in der Form.

Die Problematik der Schriftsteller-Existenz bereits in den Novv. *Tristan* (1903) und *Tonio Kröger* (1903).

1914   **Stefan George**
          (Biogr. S. 492):
          Der Stern des Bundes

Gedichte.

In wenigen Exemplaren bereits 1913 für den engeren Kreis.

Eingeteilt in Eingang, drei Bücher und Schlußchor, die zusammen hundert Gedichte umfassen, von denen jedes zehnte gereimt ist. Ausgehend vom Erlebnis Maximins, der »Herr der Wende« ist, gibt G. im 1. Buch ein Bekenntnis zur Sendung des Dichters, zu seiner eigenen Sendung, als Mittler zwischen Gott und Menschheit zu wirken. Daran schließt sich ein Gericht über die Gegenwart: »Zu spät für stillstand und arznei / Zehntausend muß der heilige wahnsinn schlagen / Zehntausend muß die heilige seuche raffen / Zehntausende der heilige krieg!« Verkündung eines neuen Bundes zwischen Volk und Gott.

1915   **Jakob Wassermann**
          (Biogr. S. 493/494):
          Das Gänsemännchen

R.

Entst. 1911–1913.

»Ein charakteristisches Stück bürgerlicher dt. Gesch., dt. Zustände um 1900« (W.), gezeigt am Schicksal des Musikers Daniel Nothafft, den die Ich-Sucht und der Undank der Zeit vernichten. Schauplätze Nürnberg, die Landschaft um diese Stadt, Bayreuth und die Heimat des Parzival-Dichters, Eschenbach.

Anknüpfung an Jean Paul (Kapiteleingänge) und E. T. A. Hoffmann.
In der Auffassung des Musikers, der in seinen Träumen über sein
Ich hinauswachsen will, spiegelt sich intensive Dostojewskij-Lektüre.
»Viel Schnörkelhaftes, viel Skurriles, Enges, Grelles, Kunterbuntes«
(W.).

W.s größter Erfolg.

1916   Christian Morgenstern
(Biogr. S. 493):
Stufen

»Eine Entwicklung in Aphorismen und Tagebüchern.«
Chronologisch geordnete Tagebuchnotizen und Aphorismen, M.s
hinterlassenen Papieren und Tagebüchern entnommen. Darin das
1906 begonnene *Tagebuch eines Mystikers*, ursprünglich geplant als
Krönung eines autobiographischen R. *Wilhelm Friedemann*, in dem
die Entwicklung eines jungen Mannes zum Mystiker, sein Weg aus
der Zeit in die Ewigkeit, dargestellt werden sollte.
Einfluß Dostojewskijs: Erlebnis der Mitschuld des einzelnen an
allem Elend der Welt.

1916   Walter Flex
(1887–1917, Eisenach, gefallen auf Ösel):
Der Wanderer zwischen beiden Welten

Erinnerungen an einen Kriegskameraden.
Beispielhafte Darstellung der jungen Generation. Die unbedingte
Sittlichkeit, der Glaube an Gotteskindschaft und Menschenbruder-
schaft, die Forderung der Selbstaufopferung für die Idee zeigt Nähe
zum Expressionismus.

1917   Gerhart Hauptmann
(Biogr. S. 466):
Winterballade

Tr. 7, in Versen. Auff. 17. 10. in Berlin, Dt. Theater. Buchausg. im
gleichen Jahr.

Seit 1912 geplant. Quelle: Selma Lagerlöfs Nov. *Herrn Arnes Schatz.*

Ein schottischer Offizier ermordet ein junges Mädchen, dem er sich
von dieser Stunde an innerlich verbunden fühlt. Zum Verhängnis
wird ihm die Ähnlichkeit des Mädchens mit dessen Milchschwester
Elsalil, die seit der Mordnacht in einem Trancezustand ist, ihn wie
ein Vampir an sich zieht und schließlich in Wahnsinn und Tod
treibt.

Aus verdichteter Atmosphäre und Bildwirkung lebendes Werk, in dem die Grenzen zwischen dem Reich des Todes und des Lebens, Bewußtsein und Unterbewußtsein, Spuk und Wirklichkeit verwischt sind.

1917/25 Erwin Guido Kolbenheyer
(Biogr. S. 584):
Paracelsus

R.-Trilogie, bestehend aus *Die Kindheit des Paracelsus* (1917), *Das Gestirn des Paracelsus* (1921), *Das dritte Reich des Paracelsus* (1925).

Entst. 1914–1925.

Durch je ein symbolisches Vorspiel *Einaug und Bettler*, *Das lohende Herz*, *Requiem* eingeleitete Darstellung des Lebens des Arztes, Naturforschers und Begründers der neueren Heilmittellehre (1493–1541), der als »ingenium teutonicum« und dessen Kampf um die Lösung der Medizin aus dogmatischer Gebundenheit von K. als Auseinandersetzung des »deutscheigenen Wesens« mit der »fremden Kirche« unter dem Ziel geistiger Freiheit überhaupt gedeutet wird.

1918   Arthur Schnitzler
(Biogr. S. 493):
Casanovas Heimfahrt

Erz.
Demütigendes Ende des alternden Abenteurers: Casanova darf in seine Vaterstadt Venedig unter der Bedingung zurückkehren, daß er ihr als Spion dient. Er erkauft sich ein letztes erotisches Abenteuer, indem er mit dem in Spielschulden geratenen Liebhaber einer Schönen, den er erpreßt, die Rolle tauscht. Am Entsetzen der erwachenden Frau erkennt er seine Schmach, mehr noch beim Anblick ihres von ihm im Duell getöteten Liebhabers, der eine jugendliche Wiederholung seiner selbst zu sein scheint.
Erneute, schärfere Formulierung des Motivs vom Abenteurer als einer verbrecherischen Lebensform.

1918   Hermann Stehr
(1864–1940, Habelschwerdt, Mittelschreiberhau):
Der Heiligenhof

R.
Entst. 1911–1916.

Der Bauer Sintlinger lernt durch sein blindes Töchterchen die Welt mit den Augen der Seele suchen. Er verliert sein Kind zum erstenmal, als es durch ein Liebeserlebnis sehend und ein Mensch wie alle

anderen wird, zum zweitenmal, als es das Ende seiner Liebe nicht
überleben kann. Nun muß er neu aus der eigenen Seele den Weg zu
Gott finden.
Mystisches Gedankengut, Begriffe wie »Auge der Seele« und »inneres Licht« sind von Jakob Böhme übernommen. »Die Augen sind
nur ein Umweg. Und was wir in der Seele sehen, ist ein anderes als
die Welt in unseren Augen.«

Alle früheren Werke St.s zielten auf den R. hin und erhielten in ihm ihren Gipfel. Das
Thema bereits angeschlagen in *Die drei Nächte* (1909) – der Lebenserzählung des
Lehrers Faber, der nach dem Tode des Lenleins der geistige Berater des Heiligenhof-
bauern wird – und noch einmal mit *Peter Brindeisener* (1924) aufgenommen, als St. die
Welt des *Heiligenhof* aus der Perspektive des ungetreuen Liebhabers schilderte.

1918   Gerhart Hauptmann
          (Biogr. S. 466):
          Der Ketzer von Soana

Erz. In *Die Neue Rundschau*. Buchausg. im gleichen Jahr.

Begonnen 1911 in Italien, beendet 1917 auf Hiddensee.

Ein junger Priester liebt die Tochter eines in Geschwisterehe lebenden Paares, verläßt sein bisheriges Leben und führt mit Agatha im
Hochgebirge ein Hirtendasein. Seine schriftlich niedergelegte Lebensbeschreibung übergibt er einem Reisenden, der sie als »Herausgeber dieser Blätter« veröffentlicht.
Der Eros als das eigentlich Göttliche in Gegensatz zum kirchlichen Christentum gestellt. »Ich weiß selbst nicht, wieso ich das
Griechentum in seiner ganzen Nacktheit so erleben und darstellen
mußte« (H.). Wirkung von Nietzsches Begriff des Dionysischen.
Eindruck der Griechenlandreise von 1907 (vgl. *Griechischer Frühling*,
1908).

1918   Eduard Stucken
          **(1865–1936, Moskau, Dresden, Hamburg, Berlin,
          viele Reisen):**
          Die weißen Götter

R.
Auf jahrelangen hist. Studien beruhende Darstellung der Eroberung
Mexikos durch Cortez sowie der aztekischen Kultur. Ausweitung
ins Mythische angestrebt.
Fülle an Gestalten, weitausgreifende Handlung, detaillierte Schil-
derung.

1919 Rudolf G. Binding
(1867–1938, Basel, Buchschlag, Starnberg):
Keuschheitslegende

Nov.
Die von der Jungfrau Maria verliehene Begnadung eines Mädchens,
die Begehrlichkeit der Männer nicht zu erregen, wird zur Qual dem
Geliebten gegenüber; die Jungfrau Maria nimmt ihr Geschenk zurück.
Höhepunkt der Legendendg. B.s, die den irdischen Dingen ihr
irdisches Recht gibt.

Weitere Legenden: *Coelestina* (1908), *St. Georgs Stellvertreter* (1909), *Weihnachtslegende
vom Peitschchen* (1917).

1919 Hermann Hesse
(Biogr. S. 492):
Demian. Die Geschichte von Emil Sinclairs Jugend

R.

1.–8. Aufl. noch unter dem auf Hölderlins Freund weisenden Pseudonym Emil Sinclair
mit dem Titel *Demian. Die Geschichte einer Jugend.*
Entst. 1917 in völliger Depression, nach psychoanalytischer Behandlung H.s durch
einen Arzt (1916).

Gedacht als Bekenntnis eines schwerverwundeten Soldaten. Sinclair
ist als Knabe von seinem Freunde Demian aus seelischer Not gerettet worden, seitdem trägt er sein Bild als das eines Vorbildes in
sich, und in den entscheidenden Augenblicken taucht Demian auf,
um ihn auf den Weg zu sich selbst zurückzuführen. Demians Mutter
wird ihm Urbild mütterlicher und fraulicher Liebe.
Hoheslied auf die Freundschaft. In dem Freundespaar ist die Polarität von Kunst und Leben verkörpert, ein später durchgehendes
Motiv bei H. Mystisches Verhältnis zur Musik, die das künstlerische
Wunder schlechthin ist.
Entscheidende Wandlung gegenüber H.s früheren Werken, Abkehr
von der lyrisch-romantischen Haltung. Einfluß der Gnostik, Bachofens und von Nietzsches Übermenschen-Vorstellung.

1919 Jakob Wassermann
(Biogr. S. 493/494):
Christian Wahnschaffe

R. 2 Bdd.
Entst. während des Ersten Weltkrieges.

Gesch. eines reichen Jünglings, der sich von seinem Vater, dem
Industriemagnaten, und allem Besitz trennt, um nach dem Vorbild

Buddhas und Tolstojs mit den Armen zu leben und ihnen Hilfe zu bringen.

Absage an die bürgerliche Welt des Vorkriegs, Hoffnung auf eine neue Welt der wahren Nächstenliebe, Bruch mit den Grundsätzen des Besitzes und Erwerbes. Probleme des Expressionismus: »Die Welt der Söhne muß sich gegen die Welt der Väter erheben; anders kann es nicht anders werden.« Auch in der Neigung zu stilistischer Übersteigerung expressionistische Zeitströmung spürbar.

1919   Hugo von Hofmannsthal
(Biogr. S. 492):
Die Frau ohne Schatten

Erz.

Entst. 1911–1919.

Eine Fee ist Gemahlin eines Kaisers geworden, ihrem Mann droht Unheil, wenn sie nicht ganz Mensch wird, d. h. einen Schatten und damit die Fähigkeit erlangt, Kinder zu gebären. Die Frau eines Färbers verkauft ihr gegen die Gabe unzerstörbarer Jugend und Schönheit Schatten und Fruchtbarkeit. Die Kaiserin verzichtet, durch die Erscheinung der ungeborenen Kinder des Färbers bewegt, auf ihr Ziel und erlöst sich und ihren Mann durch dieses Opfer; der Färber und seine Frau finden zueinander in dem Augenblick, in dem sie ihm die Tat beichtet.

Grundgedanke ist die Verstrickung des reinen Menschen durch Bindungen an die Welt und seine Erlösung durch Selbstüberwindung. Einfluß des »magischen Idealismus« der Romantik und des Symbolgehalts von Goethes *Märchen*. »Goethische Atmosphäre« (H.). Auf den Stil wirkten auch die *Märchen aus 1001 Nacht*.

Umarbeitung zu einem Libretto für die gleichnamige Oper von Richard Strauss (1919).

1920   Paul Ernst
(Biogr. S. 492):
Komödianten- und Spitzbubengeschichten

60 Erzz.

Untertitel »Wendunmut« in Anlehnung an Hans Wilhelm Kirchhofs Facetienslg. (1563–1603). Schon vor dem Weltkrieg begonnen.

Huldigung an die Urväter der künstlerischen Lebensform, an die Fahrenden und Komödianten. Die Handlungen der knappen, bildhaften Novv. versinnbildlichen Grundfragen der Weltdeutung.

Verwendung von Typen in der Art der aital. Novv., die E. 1902 in 2 Bdn. herausgegeben hatte. Höhepunkt der novellistischen Kunst E.s, die ihm Vor- und Nebenübung für das Dr. war.

1920   Emil Strauß
(1866–1960, Freiburg, Berlin, Südamerika, Freiburg):
Der Schleier

Nov.

Quelle: Goethe, *Unterhaltungen dt. Ausgewanderten.*

Ehekonflikt, der durch die Kraft des Verständnisses und des Verzeihens gelöst wird. Gegen den »anarchischen Individualismus« (St.). Äußerste Sparsamkeit der Mittel und Verhaltenheit des Gefühls.

Seit 1930 Titelnov. der gleichnamigen Novv.-Slg.

1920   Albrecht Schaeffer
(1885–1950, Elbing, Berlin, Bayern, New York, München):
Helianth

R. 3 Bdd.
»Bilder aus dem Leben zweier Menschen von heute und aus der norddt. Tiefebene, in 9 Büchern dargestellt« (Sch.). Bildungs- und Erziehungs-R., »Sucherroman« idealistischer Grundhaltung (Helianthus – Sonnenblume).

1920   Wilhelm von Scholz
(Biogr. S. 493):
Der Wettlauf mit dem Schatten

Schsp. 3, Prosa. Auff. 27. 11. in Stuttgart und Frankfurt/M.
Ein Dichter, der den Erzz. seiner Frau die Gestalt eines früheren Liebhabers zunächst als Stoff für einen R. entnimmt, schreibt damit dem zurückgekehrten Modell sein Schicksal vor.
Thema der geheimnisvolle Zusammenhang zwischen Dg. und Leben.
Vorgänge aus den Randbezirken des Psychischen.
Sch., der sich als »symbolischen Realisten« bezeichnete, hat die Rolle des Dichters selbst mit starker Wirkung gespielt.

Buchausg. 1921.

1921   Rudolf G. Binding
(1867–1938, Basel, Buchschlag, Starnberg):
Unsterblichkeit

Nov.
Der Flieger vererbt die Macht seiner nie ausgesprochenen Liebe dem Meer, in das er stürzt. Dieses zieht die Frau, die längst mit einem anderen verheiratet ist, mit magischer Gewalt an und nimmt sie schließlich zu dem toten Flieger in die Tiefe.
Die Gestalt des Fliegers angeregt durch das Schicksal Richthofens, das B. aus nächster Nähe miterlebte (vgl. B.s Tagebuchaufzeichnungen *Aus dem Kriege*, 1924).

1921   Hugo von Hofmannsthal
         (Biogr. S. 492):
         Der Schwierige

Lsp. 3, Prosa. Auff. 8. 11. in München, Residenztheater. Buchausg.
im gleichen Jahr.

Entst. in und nach dem Kriege.

Liebesgeschichte des »schwierigen«, durch das Fronterlebnis noch
menschen- und gesellschaftsscheuer gewordenen Grafen Hans Karl
Bühl, der die Überzeugung hat, »daß es unmöglich ist, den Mund
aufzumachen, ohne die heillosesten Verwirrungen anzurichten«.
Von dem tiefen Unglauben an das Verstehen zwischen Menschen
befreit ihn Helene Altenwyl in einer der verhaltensten Liebesszenen
der dram. Lit.
Zusammenhang mit dem sog. *Chandos-Brief* (1901) und der dort ausgesprochenen Krise des Wortes. H. wandte sich in den Lspp. vom
Pathetischen ab und einer schlichten Prosa zu; Verwendung des
Wiener Dialekts. Tradition der Charakterkom. des Wiener Volkstheaters.

1922   Hermann Hesse
         (Biogr. S. 492):
         Siddharta

R.

Entst. 1919–1922.

Weg eines Inders, der das Brahmanenhaus verläßt, da ihn die Lehre
Buddhas nicht erlöst, und sich in die Schule eines Kaufmanns und
einer Kurtisane begibt. Durch Sinnenlust und Lebensüberdruß gelangt er zur Einsicht in die ewige Verwandlung, in der nichts Welt-
liches mehr berührt. Der Weg zum geistigen Dasein, zur Lösung
vom Ich, führt über Meditationsübungen.
Einfluß Nietzsches und Dostojewskijs, vor allem aber Niederschlag
des – lit. und wirklichen – Indienerlebnisses: der indischen Missio-
narstätigkeit von H.s Großvater und H.s Indienreise (1911). Der R.
bemüht sich um Klärung des Verhältnisses zum Vater, während
Demian das zur Mutter behandelt hatte.

1931 mit *Klingsors letzter Sommer, Klein und Wagner* und *Kinderseele* zu dem Sammelbd.
Weg nach Innen vereinigt.

1922   Hugo von Hofmannsthal
         (Biogr. S. 492):
         Das Salzburger große Welttheater

Sp. in Versen. In *Neue dt. Beiträge*. Buchausg. im gleichen Jahr. Auff.
12. 8. in Salzburg, Kollegienkirche.

Vorbild: Calderons *Großes Welttheater*. Entst. aus der Idee der Salzburger Festspiele und der Tradition des österreichischen Barocktheaters.

Die Vertreter der verschiedenen Stände empfangen von Gott ihre Rollen für dieses Leben. Der »Widersacher«, der den Anspruch auf Gleichheit des Schicksals vertritt, will sie gegen ihre Rollen rebellisch machen. Aber auch der Bettler erkennt schließlich die soziale Ordnung als von Gott gegeben an, und Gottes Gericht spricht ihm den ersten Preis in der Bewältigung des Lebens zu, während die Menschen, die ihren Auftrag mangelhaft erfüllten, verdammt werden. Seine Rolle empfängt der Mensch von Gott, in ihrer Ausgestaltung ist er frei.

Auftreten allegorischer Figuren (Schönheit, Weisheit u. a.).

1923   Rainer Maria Rilke
        (Biogr. S. 493):
        Duineser Elegien

10 Elegien.

1912 in Duino begonnen, nach zehnjähriger Schaffenspause 1922 in Muzot vollendet.

Gesänge in freien, reimlosen Rhythmen, an die Engel, die »Verwöhnten der Schöpfung«, gerichtet. Der Dichter zeigt den Engeln seine Welt, die geliebten Dinge, die Symbole »voller Bezug«, in denen sich das Große, Stille, Reine, Wissende in der Welt offenbart. Preisgesang, »Rühmen«, als dichterische Aufgabe. In der letzten Elegie wird die Rühmung der Welt in der Rühmung des Todes als des höchsten Glückes übersteigert.

Überwindung des Impressionismus: »Spanien war der letzte ›Eindruck‹. Seither wird meine Natur von innen getrieben, so stark und beständig, daß sie nicht mehr nur ›eingedrückt‹ werden kann.« R. wollte die Dinge aus seinem Wesen und Herzen verwandeln: »Werk des Gesichts ist getan / tue nun Herzwerk / an den Bildern in dir, jenen gefangenen.«

1923   Rainer Maria Rilke
        (Biogr. S. 493):
        Sonette an Orpheus

2 Teile mit 26 und 29 Sonetten.

Entst. in Muzot: »Der Februar 1922 war meine große Zeit. In einigen von den ungeheuersten Wogen erschütterten Wochen geschah es mir, die großen Gedichte, jene Elegien wieder aufzunehmen und, heil, zu Ende zu führen. Nicht genug, es wurde mir daneben, in einem Ansturm des Geistes, den ich körperlich kaum ertrug, so ungeheuer und unaufhaltsam war er – noch ein ganzes Buch Sonette geschenkt.«

Ergänzung der *Duineser Elegien*. Sie forderten das Rühmen, die *Sonette an Orpheus* vollzogen es. Lobgesänge auf die Gabe des Gesanges, dessen Inbegriff Orpheus ist. »Gesang ist Dasein, für den Gott ein Leichtes« und »Einzig das Lied überm Land heiligt und feiert«. Gesang ist der Auftrag der Erde an den Dichter. Die Dinge sollen gerettet werden vor dem Zeitalter der Maschine. Sie werden durch des Dichters Rühmen und Sagen ins Gültige verwandelt. Die hiesige Welt wird durch den Dichter nicht nur gedeutet, sondern geheilt, in der Verwandlung durch den Dichter erscheint sie nur als andere Seite der jenseitigen, beide sind Ausdruck eines unteilbaren Ganzen.

1925   Hugo von Hofmannsthal
         (Biogr. S. 492):
         Der Turm

Tr. 5, Prosa. Akt 1 und 2 schon 1923 in *Neue dt. Beiträge* veröffentlicht.

Um 1920 begonnen. Grundlage: Calderon, *Das Leben ein Traum*. Ort der Handlung: »Ein Königreich Polen, aber mehr der Sage als der Gesch.« Zeit: »Ein vergangenes Jh., in der Atmosphäre dem 17. ähnlich.«

Ein Königssohn wird von seinem Vater in einem Turm gefangengehalten, weil von ihm prophezeit worden war, er werde den väterlichen Thron rauben. Aus dem Gefängnis befreit, sieht er sich zwischen den vom Machtwahn besessenen Vater, den berechnenden Konterrevolutionär Julian und Olivier, den machtlüsternen Umstürzler von unten, gestellt. Er, der die Welt befreien sollte, geht zwischen ihnen zugrunde, und die Macht geht an den »Kinderkönig« über: »Wir haben Hütten gebaut und halten Feuer auf der Esse und schmieden Schwerter zu Pflugscharen um. Wir haben neue Gesetze gegeben, denn die Gesetze müssen immer von den Jungen kommen.« »Dieser letzte Akt hat etwas von einem über Abgrund gebauten Schloß« (H.).

Für die 1927 erschienene Theaterfassung die beiden letzten Akte geändert; Sigismund wird von Olivier ermordet. Auff. 4. 2. 1928 in Hamburg, Dt. Schsp.-Haus, und in München, Prinzregententheater.

1928   Stefan George
         (Biogr. S. 492):
         Das neue Reich

Gedichte in drei Büchern: 14 Gesänge, dreimal 13 Sprüche, 12 Lieder. Die 14 Gesänge behandeln dt. Probleme des Ersten Weltkrieges und Nachkrieges. Schon früher veröffentlicht waren *Der Krieg* (1917), *An die Toten*, *Der Dichter in Zeiten der Wirren* und *Einem jungen Führer im ersten Weltkrieg* (1921). Die Sprüche umfassen Werte und Personen des George-Kreises, die Lieder haben mit den Themen Natur, Welt, Gott den größten Radius.

1932   Hugo von Hofmannsthal
     (Biogr. S. 492):
     Andreas oder die Vereinigten

Fragmente eines R., postum.

Begonnen 1907 in Venedig, Niederschrift des ausgeführten Teils *Die wunderbare Freundin* Sept. 1912–Aug. 1913. Außerdem erhalten 3 Konvolute mit Skizzen für die Forts.: *Venezianisches Reisetagebuch des Herrn von N.*, *Das venezianische Erlebnis des Herrn von N.*, *Die Dame mit dem Hündchen* und spätere unveröffentlichte Entwürfe.

Entwicklungs-R. Ein junger Adliger aus Wien gewinnt auf einer Reise nach Venedig Selbstgefühl und im Erlebnis der Liebe die rechte Beziehung zur Welt. Aus den Skizzen zur Forts. ist als entscheidender Schritt Andreas' Liebe zu Maria/Mariquita zu erkennen, Spaltungen einer Person, für deren Gestaltung H. ein psychiatrisches Buch benutzte (Richard Alewyn). Andreas' Selbstfindung führt über die durch Liebe erreichte Vereinigung der beiden Hälften ihres Wesens.

Bewußt schlichte, gelassen epische Prosa, traumhafte Stimmung. Zusammenhang mit H.s gleichzeitigen Werken *Ariadne auf Naxos*, *Die Frau ohne Schatten*. Beziehung zu Novalis.

1910–1925 Expressionismus

Der Expressionismus, der sich zu Anfang des zweiten Jahrzehnts des 20. Jh. zu einer verhältnismäßig intensiven, ziemlich klar umreißbaren, aber schnell abklingenden Blütezeit erhob, wurde getragen von der Generation der zwischen 1875 und 1895 Geborenen, als diese die im Weltkriege 1914–1918 zur Auslösung kommende Krise zu spüren begann, sie innerlich verarbeitete und im Sinne der dann 1918 durch die Revolution teilweise vollzogenen politischen Neuordnung zu formulieren suchte.

»Expressionismus« hieß bereits 1901 ein Bilderzyklus des frz. Malers Julien-Auguste Hervé. In Dld. trat expressionistische Malerei ungefähr 1905 in Dresden zuerst an die Öffentlichkeit. 1911 wandte Worringer den Begriff auf Cézanne, Matisse, van Gogh an.

Die Bezeichnung Expressionismus wurde von der bildenden Kunst auf die Lit. übertragen, zuerst durch Kurt Hiller 1911. Sie bürgerte sich während des Weltkrieges ein und wurde oft gleichbedeutend mit »Moderne« verwendet. Die damaligen Autoren haben den Begriff Expressionismus sehr unterschiedlich definiert und oft für sich selbst nicht akzeptiert. Bezeichnungen wie Neopathetiker, Futuristen, Abstrakte setzten sich nicht gleich stark durch.

Die Forschung, die sich nach 1945 dem Expressionismus als der für die Lit. der Gegenwart grundlegenden Epoche in steigendem Maße zuwendete, konnte feststellen, daß ihm die meisten seiner sog. Repräsentanten – von den Frühverstorbenen abgesehen – nur zeitweise und nur in Teilaspekten angehört haben, daß er aber auch auf ältere Autoren (Rilke, Hauptmann, Hesse) einwirkte und auf das Ausland, vor allem die surrealistische Lit., von bedeutendem Einfluß war.

Der Expressionismus entwickelte sich aus einer ästhetisch und philosophisch orientierten Bewegung zu einer politisch betonten. Die Wasserscheide dieser Entwicklung war der Erste Weltkrieg.

Die frühen Expressionisten litten unter der Verlogenheit, der Sinnlosigkeit und dem Chaos des modernen Lebens. Sie setzten Nietzsches Kritik an der europäischen Kultur fort, verwarfen aber mit ihr zugleich auch die Erfolge des 19. Jh., die Naturwissenschaften, das gesamte positivistische Weltbild. Natur im Sinne der Naturalisten, Realismus, Logik, Kausalität und Psychologie wurden abgelehnt. Der Staat, der Bürger, die Technik, manchmal die ganze ältere Generation erschienen als Repräsentanten der gegnerischen Mächte. So gelangte der Expressionismus in seiner Entwicklung zunächst an den Punkt allgemeinen Negierens. Sein Weltgefühl war bestimmt von der Entfesselung des Individuums, der Disharmonie und Anarchie in der Welt und im menschlichen Gefühlsleben, der Vertrautheit mit dem Tode.

An der Weltkrise des Weltkrieges wuchs die Absage der jungen Generation, zugleich entstanden aber unter seinem Eindruck Gedanken an eine grundlegende Besserung. Die Forderung nach menschlicher Wahrhaftigkeit wurde nun mit der des Kampfes gegen den Krieg verknüpft. Der Pazifismus rückte in das Zentrum der expressionistischen Gedankenwelt. Der wahrhaftige Mensch hatte den überkommenen Patriotismus in sich zu überwinden, das Verbrecherische des Krieges zu erkennen und statt national menschheitlich zu denken. Der Weltverbesserungsfanatismus, geboren aus der erhöhten Gefährdung der Menschheit durch den Krieg und der Überzeugung, der Mensch müsse vor sich selbst gerettet werden, lehrte, von dem individuellen, privaten, einmaligen Erleben und Erleiden durchzustoßen zum Leiden der Menschheit; man versuchte die gegenwärtigen Ereignisse ins Mythische zu erweitern. Das Wissen um Not und Leiden der Menschheit, Gegenstand ebenfalls schon der ersten Veröffentlichungen, mündete in sozialistischer Grundhaltung.

Daher wurde der Expressionismus zu einer großen Kampfansage gegen die Mächte, in denen er die an der Versklavung der Welt Schuldigen sah: gegen Mechanisierung und Industrialisierung, Kapitalismus und Militarismus, gegen die Gewalt in jeder Gestalt. Ihnen stellte er seine Leitworte Sozialismus, Kommunismus, Pazifismus, Anarchismus entgegen. Eine Dg. der Weltveränderung. »Neben der Aktivierung der Poeten erfolgte eine Poetisierung der Aktivisten« (Karl Ludwig Schneider).

Trotz extrem revolutionärer Tendenzen stellten die Expressionisten fast durchweg den mitmenschlichen Gedanken über jede Doktrin. Ihre Forderungen waren von Utopismus und Irrationalismus, der bei manchen die Nachbarschaft oder die Gemeinsamkeit mit dem Christentum suchte, gekennzeichnet, und ihre Vorliebe für die Entrechteten hatte auch ästhetische Aspekte. Die Kritik des sozialistischen Realismus

(Georg Lukács u. a.) sieht im Expressionismus eine anarchistische Entartungserscheinung der spätbürgerlichen Gesellschaft, die die gesellschaftliche Realität übersprungen habe. Mit der Konsolidierung des Staates und seiner Wirtschaft um 1924 verlor die Bewegung an Stoßkraft, und mehrere ihrer Vertreter lenkten in ein politisch gemäßigtes und künstlerisch realistischeres Fahrwasser ein.

Auswege aus der Verstrickung und den Irrwegen des modernen Menschen zum Unmittelbaren glaubte man in der Kunst primitiver Völker und der Welt des Kindes zu finden. Außerdem besann man sich zurück auf Zeiten, deren Leiden denen der eigenen verwandt erschienen: auf den Barock mit dem Hintergrunde der Verzweiflungen des Dreißigjährigen Krieges und auf den Transzendentalismus der Gotik. Man versuchte, die Lebensangst und die religiöse Ekstase jener Zeiten wiederzuerleben, während der Impressionismus sich mit einem ästhetischen Vergangenheitsinteresse begnügte.

In der Kritik an der Gegenwartskultur wie in ihren pathetischen Erneuerungshoffnungen und ihrem tatsüchtigen Vitalismus standen die Expressionisten im Gefolge Friedrich Nietzsches, vor allem des von verwandten Tendenzen inspirierten *Also sprach Zarathustra.* »Unser Hintergrund war Nietzsche« (Gottfried Benn). Auch die Auffassung Nietzsches, daß die Welt nur als ästhetisches Phänomen zu rechtfertigen und die Überwindung des Nichts im künstlerischen Akt zu bewältigen sei, hat die artistische Seite des Expressionismus beeinflußt. In dem »Expressiven« überhaupt, bis in Wortstellung und Wortwahl hinein, zeigt sich das Weiterwirken von Nietzsches Sprache (Reinhard Johannes Sorge, Georg Kaiser, Gottfried Benn).

Die Lebensphilosophie des Franzosen Henri Bergson (1859–1941) protestierte gegen die Versachlichung der Welt durch den Intellekt und stellte ihm die Verwandlungskraft des irrationalen, schöpferischen Lebens entgegen. Die kulturpessimistische Konsequenz aus dieser Antithese zog Ludwig Klages (1872–1956), der das »Zeitalter des Untergangs der Seele« angebrochen glaubte. Noch konsequenter wirkte die Untergangsperspektive in Oswald Spenglers *Untergang des Abendlandes* (1918 ff.), der die abendländische Kultur als in ihrer Zivilisations-, d. h. Endphase begriffen erklärte.

Den Weg vom Realismus zur Mystik, vom Zweifel zum Glauben, von der naturalistischen Zustandsschilderung zum ekstatischen Szenar war der jungen Generation der Schwede August Strindberg (1849–1912) vorangegangen. Der Verf. des naturalistischen *Fräulein Julie* (1888) schrieb nach seinem »Inferno«-Erlebnis (1892–1898) Mysterien-Drr., von denen vor allem *Nach Damaskus* (1898–1904), *Ein Traumspiel* (1902) und *Gespenstersonate* (1907) für den expressionistischen Stil vorbildlich wurden. Die einzelnen Personen waren nur mehr Sprecher einer Beichte und Klage des Dichters, die Handlung löste sich in Visionen und Träume des Dichters auf. Die Anrufung einer neuen Menschheit, Schrei und Gebärdensprache waren hier geprägt. Bernhard Diebold bezeichnete *Nach Damaskus* als »Mutterzelle des expressionistischen Dr.«.

Von Dostojewskijs und Tolstojs Werk, das schon den Naturalismus und die Gegenströmungen in immer stärkerem Maße beeinflußt hatte, kamen jetzt besonders die mystischen und sozialanklägerischen Züge zur Geltung.

Für den Charakter der Lyrik wurde der hymnisch verkündete Menschheitsglaube des Amerikaners Walt Whitman (1819–1892) entscheidend, während die frz. Symbolisten von Baudelaire bis Verlaine mit dem schmerzvollen Schauder vor dem Leben fortwirkten, nicht mehr dagegen mit der erlesenen Form, unter deren Eindruck die vorangegangene Epoche gestanden hatte.

Wichtig vor allem für die sprachlichen Neuerungen des Expressionismus wurden die Manifeste und der R. *Mafarka il futurista* (1909) des ital. Futuristen Filippo Tommaso Marinetti (1876–1944), der seit 1909 in Europa Vortrags- und Rezitationsabende abhielt. Seine Forderung nach Konzentration und Vereinfachung der Sprache, Beschränkung auf Substantiv und Infinitiv, nach Analogie-Reihungen, die Kausalität und Psychologie überwinden sollten, ist vom Sprachstil der dt. Expressionisten z. T. erfüllt worden. Herwarth Walden propagierte M.s Ideen im *Sturm*, und auch August Stramm wurde entscheidend von ihm beeinflußt.

Der Expressionismus stellte das innere Erlebnis über das äußere Leben. Seine Dichter sollten »Künder« sein, Menschen mit Gesichten, die sie zum Ausdruck bringen müssen. Das »Sein«, das »Wesen« sollte erfaßt werden, nicht Wirklichkeit, nicht Schein, nicht Stimmung, nicht Gefühl. Kurt Pinthus forderte, »daß in der Kunst der Verwirklichungsprozeß nicht von außen nach innen, sondern von innen nach außen geschieht, daß es gilt, der inneren Wirklichkeit durch die Mittel des Geistes zur Verwirklichung zu helfen«; er erklärte: »Der Geist löst nicht, zerfließend, sich selbst auf, sondern, sich verdichtend, löst er die Welt auf, um sie, erlösend, neu zu schaffen.« Lothar Schreyer stellte fest: »Daher ist alles Wissen und jede Bildung und alles Können belanglos für die Gestaltung des Kunstwerkes.« Nicht in der Gekonntheit oder Schönheit lag der Maßstab für die expressionistische Kunst, sondern in ihrer Ausdrucksstärke. »Der neue Kunstwille erstrebt nicht unterhaltende Schönheit, sondern er will Predigt sein gegen die Materialität« (Bernhard Diebold). Das Wesen des Kunstwerks ist der Rhythmus, rhythmisches Schaffen ist aber verschieden vom logischen, das wahre Kunstwerk ist alogisch: »Die Dg. kann auf die Grammatik grundsätzlich keine Rücksicht nehmen« (Lothar Schreyer).

In der Dichtungspraxis zeigt der Expressionismus einen sehr antithetischen Charakter. Glaubenslose Destruktion und gläubiges Vertrauen in die Zukunft, Abbau der lit. Traditionen bis zum Primitivismus und artistische Strenge, Überschwang und Verknappung kennzeichnen das Doppelgesicht. Gemeinsam war den Expressionisten

die auf das Wesenhafte gerichtete Intensität, die auf hist. und psychologische Einmaligkeit verzichtete, die Gestalten aus solchen Be-
dingtheiten löste und in der ekstatischen wie in der zynischen Dar-
stellung zum Typus, zur Abstraktion und zum Symbol vorstieß. Die
Konzentration auf das Wesentliche ergab eine im Gegensatz zum
Naturalismus aussparende Darstellungsweise, und in zunehmen-
dem Maße wurde das innerlich als entscheidend Erfaßte als
Wirklichkeit gesetzt. Grundsätzlich subjektive Darstellungsweise.
»Verlöschen des Inhalts zugunsten der Expression« (Gottfried
Benn).

Diese Neuorientierung der Dg. führte zu einer Intensivierung des
Fühlens, zu einem Pathos, das den vorausgegangenen Epochen realistischer wie symbolistischer Prägung fremd war. Sie hatten das
Pathos als etwas Epigonenhaftes betrachtet, der Expressionismus sah
in der pathetischen Aussage, in ungebändigter Sprache ein Zeichen
dichterischer Stärke.

Dieses aufwühlende – meist anklägerische – Pathos ging bis zur
Ekstase, bis zu dem vielzitierten expressionistischen »Schrei«. Man
war der Meinung, nur durch ihn könne das Besondere gesagt, die
Aufmerksamkeit der Mitmenschen errungen werden.

Dem Eifer, das Gefühl zu intensivieren, entsprach eine Absage an
die prononcierte Formkunst von George, Rilke, Hofmannsthal und
ein Zweifel am Formalen überhaupt, der zu einer völligen Freiheit
der Formen führte. Gleichzeitig wollte man jedoch durch Intellek-
tualisierung und Abstrahierung zur reinen Form vorstoßen.

Auf der einen Seite wurde die Sprache orgiastisch, barock, bevor-
zugte sie freie Rhythmen (Stadler, Werfel), auf der anderen Seite ent-
kleidete sie sich allen schmückenden und erklärenden Beiwerks bis
auf eine Reihung von Hauptwörtern (Stramm, Trakl, Heym, Kaiser).
Verknüpfung und Auswahl der Worte führten zu einem neuen
Sprachgefüge, das Einflüsse von Arno Holz aufweist, in dessen
Phantasus auch die Häufung des Konkreten ins Abstrakte umschlug.
Da sowohl die historische als auch atmosphärische Wirklichkeit der
Menschen und Geschehnisse entfiel, trat eine Verarmung an Charak-
teren und Stoffen ein. Die Dichter hatten gar nicht den Willen, ihre
Erlebnisse zu objektivieren. Alle Dg.-Gattungen erhielten so stark
monologischen Charakter. Die Ausrichtung auf das »Wesen«, »den
Menschen« führte zur Abstraktion, zur Typisierung und Mythisie-
rung. »Stil umfaßt alle jene Elemente des Kunstwerks, die ihre psy-
chische Erklärung im Abstraktionsbedürfnis des Menschen finden...
Schnelligkeit, Simultanität, höchste Anspannung um die Ineinander-
gehörigkeit des Geschauten ... Eine Vision will sich in letzter
Knappheit im Bezirk verstiegener Vereinfachung kundgeben ...
Farbe ohne Bezeichnung, Zeichnung und kein Erklären, im Rhythmus festgesetztes Hauptwort ohne Attribut ... Alles Erlebte gipfelt

in einem Geistigen. Jedes Geschehen wird sein Typisches« (Theodor
Däubler).

Eine vom weltanschaulichen Programm des Expressionismus unabhängige, in der
Befreiung der Sprache von Grammatik und Syntax sich mit ihm berührende Richtung
war der über das absolut gesetzte Wort hinaus bis zum absolut gesetzten Laut vorstoßende Dadaismus. Dada (in der frz. Kindersprache = Steckenpferdchen) wurde
1916 in Zürich von Richard Huelsenbeck, Hugo Ball, Tristan Tzara, Hans Arp u. a.
gegründet. Hugo Balls *Laut- und Klanggedichte* (1916) bedeuteten ein lit. Gegenstück
zur abstrakten Kunst (Kurt Schwitters gehörte beiden Bewegungen an), eine unge-
genständliche Lyrik, die das Wort in seine Elemente, die Laute, auflöste und aus
ihnen synthetisch neue Gebilde komponierte, die, teils mit, teils ohne lautmalende
Absicht, Assoziationen hervorruft, »Vermehrung der Natur um neue, bisher unbekannte Erscheinungsformen und Geheimnisse« (Hugo Ball).
Die Auflösung der Dialektik jeder inhaltlich fixierten Utopie in diesen un-sinnlichen
Dgg. entfernte den Dadaismus vom Expressionismus. Richard Huelsenbeck sieht ihn
als Überwindung des Expressionismus an und betrachtet ihn als »ein göttliches
Spiel ... mit dem letzten Zweck der Errettung aus dem Nichts«. Der Dadaismus,
von dessen Vertretern nur Hans Arp das Prinzip fortentwickelte, ist in Dld. erst nach
dem Weltkrieg zur Wirkung gekommen, obgleich in Berlin schon 1917 Veranstaltungen der Dadaisten stattfanden. Er trug durch André Breton *(Manifeste du surréalisme*
1924) zur Entstehung des frz. Surrealismus bei und hat in der Lyrik der Gegenwart
verwandte Bestrebungen ausgelöst.

Der Expressionismus entwickelte sich von der Ich-Dg. zur Wir-Dg.
Der grenzenlose Individualismus und Subjektivismus wollte die
übrige Menschheit in den Strom seines radikalisierten Lebensgefühls
mit hineinreißen, wollte Wandlung schaffen.
Im Mittelpunkt stand das Thema vom Untergang und der Wiedergeburt der Zeit, die Not des alten Menschen und die Sehnsucht nach
dem neuen Menschen. Sofern der Dichter die Krisis der Zeit pessimistisch sah, ergab sich die Groteske, wie sie von Wedekind und
Morgenstern vorgebildet und von Sternheim weitergeführt wurde.
Sah er sie potimistisch, so kam er zu visionärer Ekstase im Stil
Strindbergs, wie etwa Werfel, Toller, von Unruh, Johst u. a.
»Eine Zeit ist gekommen, da die Kunst nicht mehr isoliert und ab-
gesprengt von den anderen Ausdrucksmöglichkeiten des menschlichen Geistes verharrt ... es geht ihr nicht um die Kunstfertigkeit –
sondern um den Willen – den Willen der Menschheit. Diese Kunst
wird also allenthalben das Ästhetische zersprengen. Hier mündet die
Kunst ins Ethische, ins Politische, fraglich, ob zum Besten der
Kunst, sicherlich zum Besten der Menschheit« (Kurt Pinthus in *Die
Erhebung*, 1919).
Der Wille, die äußeren Zustände zu ändern, in die Politik überzu-
greifen, die Menschen aufzuklären und zu erziehen, forderte schließlich Einsatz der Ratio, der den ursprünglichen Zielen des Expressionismus zuwiderlief. Die ursprünglich ekstatische Sprache griff nach
leitwortartigen Formulierungen.

Zu Beginn der expressionistischen Lit.-Epoche herrschte die Lyrik vor.
Sie war anklagend, verkündend, aufrufend. Bezeichnend sind die Titel der bekanntesten Anthologien: *Der Kondor* (1912), hgg. Kurt Hiller; *Kameraden der Menschheit, Dichtungen zur Weltrevolution* (1919), hgg. Ludwig Rubiner; *Menschheitsdämmerung, Symphonie jüngster Dg.* (1920), hgg. Kurt Pinthus; *Verkündigung, Anthologie junger Lyrik* (1921), hgg. Rudolf Kaiser. Mit Arno Holz sahen die Expressionisten den Rhythmus als entscheidend an. Dazu trat der Einfluß der freien Rhythmen Walt Whitmans. Die Frühexpressionisten (Heym, Trakl, Stadler, Else Lasker-Schüler) kamen vom Impressionismus her. Die Übergänge vom Impressionismus zum Expressionismus sind fließend. Die expressionistische Lyrik war nicht architektonisch wie die der Symbolisten, sondern rhythmisch bestimmt, ihre Metaphern waren nicht dingbezogen wie die der Impressionisten, sondern ichbezogen. Die Metapher konnte daher Zusammenhänge zwischen Vorstellungen stiften, die außerhalb des jeweiligen Gedichts nicht zusammengehörten. Sie war bewegt, reich an Interjektionen, die Konsonanten dominierten. Sie hatte wieder Mut zum Pathos. Der starke Gefühlsüberschwang lehnte die Kontrolle des Verstandes ab, kürzte den Satz asyntaktisch, steigerte sich zu Assoziationsgebilden aus Ausrufen und Lauten.
Die am Anfang des Jh. vom lit. Kabarett geförderte Song-Ballade wurde mit protestierendem oder revolutionierendem Akzent fortgeführt. Aus dem Kreise des »Neuen Clubs« und seinem »Neopathetischen Cabaret« in Berlin gingen der Totenmonolog Georg Heyms und chansonähnliche Gedichte Alfred Lichtensteins hervor. Während des Weltkriegs begann die Nachwirkung Morgensterns, die auch bei den Dadaisten und ihrem »Cabaret Voltaire« in Zürich (seit 1916) festzustellen ist. Den provokatorischen Charakter der Kabarett-Lyrik führten die Mitwirkenden des 1919 gegründeten Berliner Kabaretts »Schall und Rauch«, Klabund, Joachim Ringelnatz und Walter Mehring, fort, dessen *Conférence provocative* bei der Eröffnungsvorstellung die Richtung wies.
An die beherrschende Stelle trat mit der wachsenden Rationalisierung und Politisierung der Lit. gegen Ende des Weltkrieges das Drama, das in Georg Büchners *Woyzeck* einen frühen Ahnherrn hatte und von Strindberg die mystisch-visionären, von Wedekind die kritisch-exzentrischen Züge übernahm. Bei Strindberg fand das expressionistische Dr. auch die äußere Form der »synthetischen Bilderfolge«, bei Büchner die Fetzentechnik vorgebildet.
Auf der Linie Wedekinds bewegte sich Carl Sternheim, der von den gesellschaftlichen Gegebenheiten ausging und, um den »in seiner Besonderheit bedrohten Menschen« zu stärken, bürgerliche Typen zu extremen, in ihren spezifischen Schwächen und Lastern grotesken

Originalen hochsteilte und damit der moralistisch verbrämenden
»Metapher« entgegentrat. Die an Strindberg anknüpfenden, den
neuen Menschen fordernden und zu ihm hinführenden Wandlungs-
und Erlösungsdramen zeigen den Passionsweg des Helden (Toller,
Barlach, z. T. auch Georg Kaiser). Verwandlung gilt als existentielle Möglichkeit des Menschen, ein Denkprozeß, der sich konkreti-
siert. Die expressionistischen Szenare waren balladenhafte Aneinanderreihung von visionären Bildern und bezeichnet als »Stationen«,
»Ringen eines Menschen«, »Dram. Sendung«. Das expressionistische
Dr. war stark lyrisch-monologisch und hob sich auch hierin von dem
eine breite Personenskala nachbildenden Naturalismus und dem
psychologisch zeichnenden Impressionismus ab. Mehr als Konflikte
wogen ihm Bekenntnisse. Sein Held war meist nur Ebenbild und
Sprachrohr des Dichters. Lyrisch-dram. Mischgattung: Wortorato-
rium; hier auch Einflüsse des antiken Dr.
Als Aufgabe des Dr. wurde damals formuliert: »Statt die Kompli-
ziertheit des allzu Zeitlichen untersuchen und analysieren zu wollen,
sich dessen bewußt zu werden, was unzeitlich in uns ist . . . So ist
hier (im modernen Dr.) der Mensch nichts als Geist und Seele, und
darum haben diese Gestalten etwas von Rasenden an sich. Aus dem
Dickicht alles Irdischen treten sie, ekstatisch und wahnsinnig, hervor, doch sie erst mit den wirklichen Merkmalen des Menschen be-
gabt« (Paul Kornfeld).
Hauptgestalt des expressionistischen Dr. war der »junge Mensch«.
Sein Aufbegehren richtete sich oft weniger gegen einen Gegenspieler,
den häufig der Vater verkörperte, als gegen übermenschliche Kräfte.
Das realistische Detail, die bürgerliche Umwelt interessierte nicht,
Angaben über Namen und Stand fehlen, das Personenverzeichnis
gibt oft nur an: »Der Mann«, »Der Sohn«, »Gelbfigur«. Die Personen
sind Ideenträger: »An Figuren schießt der Gedanke zu höchster
Möglichkeit auf« (Georg Kaiser). Selbst die szenischen Bemerkungen
unterlagen abstrahierender Formulierung: »Aus Erstarrung bricht
angstvoll gespannt, unwirkliche Blüten treibend . . .« Naturgemäß
forderten Drr. dieser Art einen neuen Bühnenstil. Die Grenzen
zwischen den einzelnen Kunstgattungen wurden, wie es schon
Strindberg vorschrieb, aufgehoben, Musik, Geräuschkulisse und
Bühnenbild zum Mitspieler erhoben und die Technik der Bühne in
betonter Nacktheit mitverwendet. Man versuchte die Schranke, mit
der die Illusionsbühne Bühne und Publikum voneinander schied, zu
durchbrechen und bezog so den Zuschauer mit in die Reihen der
angerufenen und zu revolutionierenden Menschheit ein. Das Theater
sollte »nicht mehr Spiegelbild, sondern Ausdruck des zeitgenössischen Lebens sein« (Herbert Jhering).
Hinter Lyrik und Dr. trat der expressionistische Roman zurück.
Die Grundforderungen der expressionistischen Kunst waren den an

ein gewisses Maß von Realismus gebundenen Gestaltungsmitteln entgegengesetzt. Jedoch machten sich schon bei Heinrich Mann die für den expressionistischen Prosastil kennzeichnende Aussparung und Verknappung, die Zuspitzung auf ein Typisches hin bemerkbar, wie sie dann in den experimentierenden erzählerischen Kleinformen von Benn, Döblin, Kafka, Edschmid, Leonhard Frank u. a. in einer vom Realismus weit gelösteren Form hervortritt. (Vgl. Karl Otten: *Ahnung und Aufbruch. Expressionistische Prosa.* 1958.) In der expressionistischen Prosa scheint sich die gegenständliche Welt dem Zugriff entzogen zu haben, an ihre Stelle trat eine aus der Introspektion entstandene, montierte Wirklichkeit. Manche Verff. expressionistischer Rr. und Novv. wandten sich nach einigen Versuchen bald dem in der allgemeinen Lit.-Entwicklung wieder vorherrschend werdenden Realismus zu.

Der revolutionäre Erneuerungswille dokumentierte sich in einer großen Zahl von Programmschriften, deren wichtigste Hermann Bahr: *Expressionismus* (1914), Kasimir Edschmid: *Über den Expressionismus in der Lit. und die neue Dg.* (1918), Bernhard Diebold: *Anarchie im Dr.* (1921) und Paul Kornfeld: *Der beseelte und der psychologische Mensch* (zuerst 1917 als Nachwort zu *Die Verführung*) waren, und in einer Fülle von Zss., deren Ziele sich nicht auf das künstlerische Gebiet beschränkten.

Ein Vortrupp expressionistischer Kreise und Zss. war der 1904 von Otto zur Linde gegründete ›Charon-Kreis‹ mit der vorwiegend Lyrik enthaltenden Monatsschrift *Charon* (1904–1914). Zu ihm gehörten u. a. Rudolf Pannwitz, Rudolf Paulsen, Karl Röttger. Ein erster Sammelpunkt in Berlin war der 1909 von Kurt Hiller und einigen Studenten gegründete ›Neue Club‹, dem die Lyriker Georg Heym, Jakob van Hoddis und Ernst Blaß angehörten.
Die wichtigsten Zss. des Expressionismus waren:
Die Aktion, seit 1911 in Berlin, hgg. Franz Pfemfert. Pfemfert hatte vorher die Freidenker-Zs. *Demokraten* (hgg. Georg Zepler) redigiert, und ein Teil der Mitarbeiter folgte ihm zur *Aktion*, die daher zunächst eine Richtungs-Zs. für die Angehörigen der humanistischen Konfession war.
Der Sturm, seit 1910 in Berlin, hgg. Herwarth Walden.
Die weißen Blätter, seit 1913 in Leipzig, seit 1914 in Zürich, hgg. seit 1915 René Schickele.
Die Weltbühne, Forts. von *Die Schaubühne* (1905–1918), hgg. 1918–1925 Siegfried Jacobsohn, dann von Carl von Ossietzky und Kurt Tucholsky.
Ferner:
Die Revolution und *Die neue Kunst*, beide seit 1913 in München, hgg. Heinrich Bachmair.
Der Brenner, seit 1910 in Innsbruck, hgg. Ludwig von Ficker. Mitarbeiter vor allem Georg Trakl.
Der 1911 von Fritz Engel gestiftete Kleistpreis hat die expressionistische Strömung wesentlich unterstützt; Preisträger: Reinhard Johannes Sorge (1912), Fritz von Unruh (1914), Heinrich Lersch (1916), Walter Hasenclever (1917), Leonhard Frank und Paul Zech (1918), Bert Brecht (1922), Robert Musil (1923), Ernst Barlach (1924), Else Lasker-Schüler (1932) u. a.

Expressionistische Dgg. schrieben u. a.:

Barlach, Ernst, geb. 1870 in Wedel als Sohn eines Arztes. Wurde Bildhauer, Holzbildschnitzer, Graphiker, studierte in Hamburg, Dresden, Paris. 1906 Reise nach Rußland, wo ihm seine eigenen künstlerischen Ziele bewußt wurden. Seit 1912 auch dichterisch tätig. Erhielt 1924 den Kleistpreis. Lebte seit 1910 in Güstrow/ Mecklenburg. Gest. 1938 in Rostock. Sein lit. Nachlaß erschien nach 1945.

Becher, Johannes R., geb. 1891 in München als Sohn eines Amtsrichters. Stud. der Philosophie und Medizin in München, Jena und Berlin. Emigrierte 1933 nach der Tschechoslowakei und nach Frankreich, lebte seit 1935 in der Sowjetunion, wo er Redakteur der *Internationalen Lit./Dt. Blätter* war. Kehrte 1945 nach Berlin(-Ost bzw. DDR) zurück, wo er 1958 starb.

Benn, Gottfried, geb. 1886 in Mansfeld/Westpriegnitz als Sohn eines Pfarrers. Studierte Medizin und wurde Facharzt für Haut- und Geschlechtskrankheiten. War in beiden Weltkriegen Militärarzt. Lebte als Arzt und Schriftsteller in Berlin und starb dort 1956.

Döblin, Alfred, geb. 1878 in Stettin als Sohn eines Kaufmanns. Kam 1888 nach Berlin. Stud. der Medizin, promovierte 1905 in Freiburg/Br. und war von 1911–1933 Facharzt für Nervenkrankheiten in Berlin. Emigrierte 1933 nach Zürich, dann nach Paris und 1940 nach den USA. 1945 kehrte er nach Dld. zurück. Gest. 1957 in Emmendingen.

Kafka, Franz (vgl. S. 584).

Kaiser, Georg, geb. 1878 in Magdeburg als Sohn eines Kaufmanns. Wurde Kaufmann und lebte als solcher drei Jahre in Buenos Aires. Malaria zwang ihn zur Rückkehr, sein Weg ging über Spanien und Italien. K. begann 1905 Drr. zu schreiben, hatte 1914 mit den *Bürgern von Calais* den durchschlagenden Erfolg. Lebte von 1921 bis 1938 in Grünheide bei Berlin, emigrierte 1938 in die Schweiz, lebte in Zürich und St. Moritz. Gest. 1945 in Ascona.

Lasker-Schüler, Else, geb. 1869 in Elberfeld als Tochter eines Bankiers. 1894–1903 verheiratet mit dem Arzt Berthold Lasker, 1903–1912 mit Herwarth Walden. Lebte meist in Berlin; um 1900 Zugehörigkeit zur »Neuen Gemeinschaft« der Brüder Hart, befreundet mit Hille, Däubler, Trakl, Karl Kraus, Schickele, dem Maler Franz Marc u. a. Emigration nach der Schweiz 1933, erste Reise nach Palästina 1934, Übersiedlung dorthin 1937. Gest. 1945 in Jerusalem.

Mann, Heinrich, geb. 1871 in Lübeck als Sohn eines Senators, Bruder von Thomas Mann. Studierte in Berlin. Nach langem Italienaufenthalt in München ansässig. Emigrierte nach der Tschechoslowakei, nach Frankreich und nach Amerika, lebte in Kalifornien. Gest. 1950 ebd.

Sternheim, Carl, geb. 1878 in Leipzig als Sohn eines Bankiers. Schuljahre in Berlin, Theatereindrücke; St. schrieb mit 15 Jahren sein erstes Stück. Stud. der Philosophie, Lit.-Gesch. und Gesch. in München, Leipzig, Göttingen. Lebte seit 1906 als freier Schriftsteller in der Nähe von München. Gab 1908–1910 zus. mit Franz Blei die Zs. *Hyperion* heraus. Gest. 1942 in Brüssel.

Toller, Ernst, geb. 1893 in Samotschin bei Bromberg als Sohn eines Kaufmanns. Stud. in Grenoble, Heidelberg, München. 1918 Vorstandsmitglied des Zentralrates der Arbeiter-, Bauern- und Soldaten-Räte Bayerns. 1919 durch Standgericht zu fünf Jahren Festung verurteilt. Vortragsreisen in Europa und den USA. Emigrierte 1933. Beging 1939 in New York Selbstmord.

Trakl, Georg, geb. 1887 in Salzburg. Studierte nach einer Lehrzeit seit 1908 in Wien Pharmazie, wurde 1910 Militärapotheker, gab dann seinen Beruf auf. Lebte 1912–1914 in Innsbruck: Veröffentlichung von Gedichten in Ludwig von Fickers Zs. *Der Brenner*. 1914 als Sanitätsoffizier eingezogen, machte er angesichts des Grauens der Verbandplätze einen Selbstmordversuch, wurde in das Garnisonshospital in Krakau überwiesen und starb dort am 3. oder 4. 11. 1914 an Kokain.

Unruh, Fritz von, geb. 1885 in Koblenz. Entstammte einer Offiziersfamilie, wurde selbst Offizier. Wandelte sich an der Front des Weltkrieges zum Pazifisten. Lebte nach Kriegsende meist auf dem Familiensitz in Diez an der Lahn oder in der Schweiz. Übersiedelte 1932 nach Italien und Frankreich, floh 1940 nach den USA. Nach 1945 hielt er sich zuerst vorübergehend in der BRD, dann wieder in Diez auf. Starb hier 1970.

Werfel, Franz, geb. 1890 in Prag als Sohn eines Kaufmanns. Stud. in Prag, in freundschaftlichen Beziehungen zu Franz Kafka und Max Brod. Lebte als Schriftsteller in Wien, Hamburg und Leipzig, nach dem Ersten Weltkrieg in Berlin und Wien. Emigrierte 1938 nach Frankreich, 1940 nach den USA. Gest. 1945 in Beverly Hills.

1905 **Heinrich Mann**
(Biogr. S. 542):
Professor Unrat oder Das Ende eines Tyrannen

R. Seit 1945 unter dem Titel *Der blaue Engel*, der zuerst für die von Carl Zuckmayer und Karl Vollmoeller bearbeitete, die Handlung verändernde, von M. legitimierte Filmfassung (1930) geprägt worden war.

Sozialkritische Karikatur eines wilhelminischen Professors, der in später Leidenschaft einer Kleinstadtkurtisane verfällt und aus Rache für seine gesellschaftliche Ächtung seine ehemaligen Mitbürger moralisch und gesellschaftlich ruiniert.

Verzerrende Steigerung des Realitätsbildes. Ansätze zum Expressionismus.

Dramatisiert von Erich Ebermayer 1932.

1906   Robert Musil
(Biogr. S. 584):
Die Verwirrungen des Zöglings Törleß

R.
Geistig-seelische Entwicklung eines sensiblen Knaben in der Gemeinschaft eines vornehmen Internats, in der er eine große Leere und Wortlosigkeit empfindet. Er überwindet sein zunächst kameradschaftliches Verhältnis zu zwei jungen Sadisten, die einen diebischen Mitschüler quälen. Der Weg der Ich-Findung geht über erotische und homoerotische Erlebnisse, ohne daß diese Kern und Ziel der Entwicklung wären. Selbstklärung, auch in den sprachlichen Formulierungen.
Die Möglichkeiten künftiger Entwicklung, die angedeutet werden, weisen bereits auf den *Mann ohne Eigenschaften*.

1907/11   Alfred Mombert
(1872–1942, Karlsruhe, Heidelberg, Winterthur):
Äon

Dram. Trilogie in Versen: *Äon, der Weltgesuchte* (1907), *Äon zwischen den Frauen* (1910), *Äon vor Syrakus* (1911).
Mythische Darstellung von Wesen und Weg des Menschen im Laufe der Entwicklung der Welt. Kein Dr. im üblichen Sinne, sondern eine in Dialogen geschriebene Vision, M.s vorangegangenen lyrisch-epischen »Gedicht-Werken« (*Der Glühende*, 1896, *Die Schöpfung*, 1897, *Der Denker*, 1901) verwandt. Aneinandergereihte Bilder vom Traumreich des »Menschlich-Herrlich-Chaotischen«.
Formal von Dehmel und Spitteler beeinflußt. Strophe und Reim vermieden, der Rhythmus mit jedem Bild und Gedanken wechselnd.

1909   Else Lasker-Schüler
(Biogr. S. 542):
Die Wupper

Schsp. 5, Prosa.
Szenenfolge aus einer Fabrikstadt im Wuppertal, die die Verworrenheit und Sinnlosigkeit des Lebens an einer Reihe von Einzelschicksalen darstellt; der Arme wird aus Liebe zu dem reichen Mädchen zum Erpresser, den Reichen treibt die Liebe zu einem Arbeiterkind in den Tod.
Locker gefügte, bewegte Handlung ohne deutliche Grundidee und Charakterzeichnung. Naturalistische Dialektszenen wechseln mit

Visionärem: drei »Herumtreiber«, die eine Art Chor darstellen, repräsentieren die unerlöste Menschheit.

Auff. 27. 4. 1919 in Berlin, Dt. Theater, durch die Gesellschaft »Das Junge Dld.«.

1909   Heinrich Mann
   (Biogr. S. 542):
   Die kleine Stadt

R.

Geschrieben 1907–1909, zurückgehend auf Erkenntnisse während Italienreisen zwischen 1893 und 1898.

»Entfesselung« des Volkes einer ital. Kleinstadt durch das Auftreten
einer Schauspielertruppe. Ohne eigentlichen Helden und beherrschende Handlung; Buntheit der Episoden und Typen.
»Das durchaus echte Italien vor dem Faschismus« (M.).

1910   Paul Zech
   (1881–1946, Briesen, Bonn, Zürich, viele Reisen,
   Buenos Aires):
   Waldpastelle

Sechs Gedichte.

Entst. um 1904.

Aus dem Haß gegen die Großstadt und der Erinnerung an die auf
dem Lande verlebte Kindheit geborene Gedichte um Land, Wald,
Gartenglück. Klage um das Schicksal des Menschen in einer verirrten und verfluchten Welt.
An George, Rilke, Hofmannsthal geschulte feste Formen, jedoch
urwüchsiger, wuchtiger, »mit der Axt geschrieben«. Noch vorwiegend impressionistisch, aber schon mit Pathos durchsetzt.

1920 erweitert als *Der Wald.*
Durch das Erlebnis des Krieges steigerte sich Z.s Sehnsucht nach einer neuen Welt-
ordnung (*Das schwarze Revier*, 1913, *Golgatha*, 1920).

1910   Theodor Däubler
   (1876–1934, Triest, Berlin):
   Das Nordlicht

Versepos in drei Teilen: *Das Mittelmeer*; *Pan, Orphisches Intermezzo*;
Sahara.

Über 30 000 Verse auf über 1000 Seiten. Entst. 1898–1910. Florentiner Ausg.

Geschichtsphilosophisches lyrisches Epos, dem eine eigene kosmi-
sche Mythologie, »Privatkosmogonie«, zugrunde liegt. Das Leben
als Rückkehr zur Sonne aufgefaßt, das Nordlicht als Symbol des

»Sonnendranges« der Menschheit, der Gewißheit auf Erlösung verheißt. Das Ich des autobiographischen 1. Teiles im 2. Teil zur Gesch.
des Ichs der Menschheit, zum »lyrischen Ich« (D.) erweitert. Die
Polarität von Sonne und Erde als Analogie zur Polarität von Mann
und Frau gesehen. Die Vision einer Krönung der Gesch. in der Versöhnung der Gegensätze verschmilzt eigene Spekulationen mit
christlichen Erlösungsvorstellungen. »Niemand kann freilich im
Ernst abstreiten, daß D.s Sinnen in das Dickicht des Unsinnigen
führt« (Karl Otto Conrady).
Hymnisch, rauschhaft. Viele Ausrufe. Wortneubildungen.

Vollständige Genfer Ausg. 1921–1922, der eine Selbstdeutung vorangestellt wurde.

1911   **Carl Sternheim**
                (Biogr. S. 543):
                Die Hose

»Bürgerliches Lsp.« 4, Prosa. Auff. 15. 2. in Berlin, Kammerspiele
des Dt. Theaters (unter dem Titel *Der Riese*). Buchausg. im gleichen
Jahr (Auslfg. 1910).

Entst. 1909–1910. Erste der vier Komm. und Schspp. *Aus dem bürgerlichen Heldenleben*
bzw. der Maske-Tetralogie.

Die Tatsache, daß Frau Luise Maske angesichts einer königlichen
Parade die Hose verlor, führt ihrem Ehemann so viele Untermieter
zu, daß er sich auf Grund seiner besseren Finanzlage nun den ge-
wünschten Erben leisten kann.
Triebhaftigkeit, Brutalität, Geldsackgesinnung und Strebertum als
einzig echte Züge des Bürgers dargestellt, seine Ideale und seine
romantischen Neigungen als Pose entlarvt. Nicht satirisch gemeint,
sondern als Anerkennung der Individualität, die ihrer eigenen Be-
stimmung lebt und klug genug ist, die Maske des Bürgertums zu
tragen.
1. Forts.: *Der Snob* (1914, Kom. 3, Prosa; Auff. 2. 2. in Berlin, Dt.
Theater). Aufstieg des Sohnes Christian zum Generaldirektor und
Gatten einer Gräfin. Er benutzt die Hosen-Affäre, um sich selbst in
das Licht hoher außerehelicher Abkunft zu rücken.
2. Forts.: *1913* (1915 in *Die weißen Blätter*, Schsp. 3, Prosa, Buchausg. im gleichen Jahr). Freiherr Christian Maske erliegt im Konkurrenzkampf mit seiner noch skrupelloseren ältesten Tochter. Als
sie seinem Qualitätsbegriff den des anpasserischen Massengeschäfts
gegenübersetzt, erkennt er, daß die Welt reif zum Untergang ist.

Auff. 23. 1. 1919 in Frankfurt/M., Schsp.-Haus. Das Stück hatte während des Krieges
nicht gespielt werden dürfen.

3. Forts.: *Das Fossil* (1923 in *Die Aktion*, Dr. 3, Prosa; Auff. 6. 11.
in Hamburg, Kammerspiele; entst. 1921–1922, ursprünglicher Titel:

1921). Stellte sich schon Christian Maske aus einem überholten Individualitätsstandpunkt der Zeit entgegen, so tut dies im Extrem der Schwiegervater seiner Tochter Sophie, das »Fossil« General a. D. Traugott von Beeskow, der, den bourgeoisen Sohn und dessen Frau negierend, die Hoffnung des Geschlechts in seiner Tochter Ursula sieht. Mit ihrer Hilfe will er den zum Kommunisten gewordenen altadligen Ago von Bohna zurückgewinnen. Zwar erreicht es Ursula, daß Ago seine Liebe über seine Mitmenschlichkeit stellt, aber sie unterliegt ihm als Frau. Der General erschießt beide und stellt sich den Gerichten.

Buchausg. 1925.

St. näherte sich dem Ausdrucksstil, blieb in ihm aber kritisch: »aufklärerischer Expressionismus« (Hans Schwerte). Verbindung von Expression und Präzision. »Die äußerste Verknappung seiner Sprache durch Weglassen von Artikel und Attribut, durch ungewöhnliche Umstellung der Satzglieder ... entspringen dem künstlerischen Willen, die einmalige Nuance unmißverständlich sichtbar zu machen« (Wilhelm Emrich).
Fortführung der Gesellschaftskritik Wedekinds und des frühen Strindberg. Die Personen bewußt unpersönlich, marionettenhaft. Die dialektisch funkelnde Sprache alles Ornamentalen entkleidet. Auch in dieser ironischen Form der Zeitkritik die Forderung nach dem neuen Menschen erhoben.

1911   Carl Sternheim
        (Biogr. S. 543):
        Die Kassette

Kom. 5, Prosa. Auff. 24. 11. in Berlin, Dt. Theater.

Entst. 1910.

Der Oberlehrer Krull vergißt über der Möglichkeit einer Erbschaft Eheleben und Familienglück. Seine Opfer sind umsonst: die alte Tante betrog ihn mit einer Fiktion.
Kapitalistische Gesinnung, vor der alles Leben erstirbt. Die Handlung bewußt in die Sphäre des Banalen verlegt, um den Unterschied zwischen Sein und Schein deutlicher zu machen.

Buchausg. 1912.

1911   Fritz von Unruh
        (Biogr. S. 543):
        Offiziere

Dr. 4, Prosa. Auff. 15. 12. in Berlin, Dt. Theater.

Entst. auf Anregung Max Reinhardts.

Spielt zur Zeit des Herero-Aufstandes in Südwestafrika und behandelt den Zwiespalt zwischen dem »zum Gehorchen gedrillten Blut« und dem Gebot der Stunde. Der eigenmächtig handelnde Offizier besiegelt seine freiere, menschlichere Anschauung mit dem Tod. Hastige, knappe, manchmal schon ekstatische Sprache.

Buchausg. 1912.
U. nahm das Thema der Offizierspflicht noch einmal auf in *Prinz Louis Ferdinand* (1913).

1911   Franz Werfel
         (Biogr. S. 543):
         Der Weltfreund

Erste Gedichte.
Kindheit, Rührung und vermischte Gedichte enthalten Erinnerungen; *Bewegungen* umspielen kleine Ereignisse und Gestalten, meist Sonette; *Erweiterung, der Weltfreund* bringt hymnische Gedichte an das Leben. Das für W. grundlegende Motiv der Brüderlichkeit: »Mein einziger Wunsch ist, dir, o Mensch, verwandt zu sein.«

Eine Auswahl aus dieser und den folgenden Slgg. (*Wir sind*, 1913; *Einander*, 1915) in dem Sammelbd. *Gesänge aus den drei Reichen* (1917).

1911   Georg Heym
         (1887–1912, Hirschberg, Berlin):
         Der ewige Tag

Gedichte.
Bringen meist Dämonie und Fluch der Großstadt Berlin zum Ausdruck, bevorzugen das Morbide und Grausige. Tote, Blinde, Irre, Verfluchte, Gefangene, Bilder aus Not, Krieg und Umsturzzeiten als Hauptthemen. Sehnsucht nach einer aus einem inhaltlosen Dasein befreienden Tat, nach dem Ausbruch einer Elementargewalt (Revolutionsmotiv), die den Menschen über sich selbst hinauswachsen läßt.
Einfluß Verhaerens, Rimbauds, Hofmannsthals und Georges, dessen Ästhetizismus H. jedoch ablehnte. Der formale Anschluß (Sonett, Terzine) ist als »Kontrafaktur zu einer Kunst höchstbewußter Sicherheit aus bewußter Ungesichertheit« (Werner Kohlschmidt) zu verstehen. Mischung von naturalistischer Wirklichkeitsaufnahme und impressionistischer Sensibilität gegenüber den Eindrücken, das Visionäre kennzeichnend für die Wendung zum Expressionismus.

Die postume Slg. *Umbra vitae* (1912) verstärkte noch die Totentanzstimmung. In dem Gedicht *Krieg* ist die Weltkatastrophe als mythisches Ungeheuer vorausgesehen. 1960–1964 Gesamtausg. *Dichtungen und Schriften* hgg. Karl Ludwig Schneider.

1912   Hermann Burte
       (d. i. Hermann Strübe, 1879–1960, Karlsruhe, Lörrach i.B.):
       Wiltfeber, der ewige Deutsche

R.

Entst. 1911.

Rückkehr eines Heimatsuchers, der über die politische, sittliche und geistige Situation Vorkriegsdeutschlands den Stab bricht. Als Mann zwischen die geistige und die sinnenhafte Frau gestellt.
Einfluß der Kulturkritik und Sprache Nietzsches. Personen nicht individualisiert, sondern typisiert. Zwischen Jugendstil und früh-expressionistischem Pathos. Einfluß Dehmels und Spittelers.

Erhielt durch Dehmel den Kleistpreis.

1912   Reinhard Johannes Sorge
       (1892–1916, Berlin, Rom, Schweiz):
       Der Bettler

Dr. 5, Prosa und Verse wechselnd.
Gesch. eines Jünglings, der, eine Inkarnation des reinen Gefühls, trotz Elternmord schließlich in den Himmel aufsteigt, nachdem er sich von allen Bindungen, auch der Liebe und des Werks, gelöst hat. Typisches, vom Expressionismus als »gotisch« bezeichnetes Lebensgefühl, das sich lyrisch-monologisch äußert. S. erhielt für sein Dr. den Kleistpreis.

Die Szenenanweisungen schreiben ein Nebeneinander der Spielfelder vor, aus denen jeweils einzelne durch Scheinwerferbeleuchtung herausgehoben werden.
Auff. 23. 12. 1917 in Berlin, Dt. Theater, durch die Gesellschaft »Das Junge Dld.«.

1912   Ernst Barlach
       (Biogr. S. 542):
       Der tote Tag

Dr. 5, Prosa. B.s erstes Werk, entst. 1907.
Eine Mutter vernichtet aus egoistischer Liebe ihren Sohn, den sie nicht von sich lassen will. Der Mensch ist gestellt zwischen die Geist-Welt des Vaters und die erdhafte der Mutter.
Urwüchsige, ich-bezogene, schwerverständliche Dg., in der die Alltagswelt und Spukhaftes nebeneinander stehen. B. wollte grundsätzlich nicht Probleme lösen, sondern den rätselhaften Urgrund des Lebens sichtbar machen. Übertragung des Stils seiner Plastik auf die dichterische Menschengestaltung.

Auff. 22. 11. 1919 in Leipzig, Schsp.-Haus.

1912   Gottfried Benn
        (Biogr. S. 542):
        Morgue

Gedichte aus der Welt der Klinik: ein Rattennest in der Bauchhöhle
eines ertrunkenen Mädchens, die Goldplombe im Munde einer toten
Dirne, ein Besuch in der Krebsbaracke und im »Saal der kreißenden
Frauen« sind die Themen.
Ekel an der Welt, Desillusionierung: »die Krone der Schöpfung,
das Schwein, der Mensch«. Bekenntnis zu einem metaphysischen
Ich, das hinter dem der Erscheinung steht.
»Wandlung der Worte« nach ihrem Urbegriff hin, »Schaffung einer
neuen Syntax«. »Wirklichkeitszertrümmerung«: Öffnung des subjektiven Erlebnishorizonts und des syntaktischen Zusammenhangs,
Zusammenordnung der Einzelmotive aperspektivisch und schok-
kierend. Das Gedicht – noch in der Nachfolge Georges – als »meta-
phorische Überspannung des Seins« (B.).

Die *Gesammelten Schriften* (1922) behandeln in den Zyklen *Nachtcafé* und *Fleisch* ähnliche Themen.

1913   Alfred Döblin
        (Biogr. S. 542):
        Die Ermordung einer Butterblume und
        andere Erzählungen

12 Erzz., die ihre Themen vorwiegend dem modernen Leben ent-
nehmen, nur in wenigen Fällen *(Die Verwandlung, Der Ritter Blaubart)* stofflich der Neuromantik nahestehen. Die Innenwelt des
Menschen häufig zu Vision und Tagtraum gesteigert, Verwischung
der Grenzen zwischen Außenwelt und Innenwelt *(Die Segelfahrt,
Die Ermordung einer Butterblume, Das Stiftsfräulein und der Tod)*. Expressionistisch vor allem im Stil: Raffung und Verkürzung des
Handlungsablaufs, Reihung von Bildern. Verzicht auf logische Verknüpfung.

1913   Franz Kafka
        (Biogr. S. 584):
        Das Urteil

Erz. Im Jahrbuch *Arkadia*.

Entst. 22.–23. September 1912.

Vater-Sohn-Konflikt. Das Bewußtsein der inneren Herzenskälte, die
bis zum Wunsch, den Vater zu ermorden, geht, läßt den Sohn den
Urteilsspruch des Vaters – Tod durch Ertrinken – annehmen und an
sich selbst vollziehen.

Thematisch Zusammenhang mit dem Expressionismus; traumhafte Innenwelt und Außenwelt bereits zu einer neuen Wirklichkeit verschmolzen.

Buchausg. 1916 als Bd. 34 der Bücherei *Der Jüngste Tag.*

1913   Franz Werfel
      (Biogr. S. 543):
      Wir sind

Gedichte.
Glücksgefühl über das Geschenk der menschlichen Existenz. Vom Ich zum Du, zum Wir. U. a. die Zyklen: *Geschwisterliebe war einst* und *Feindschaft ist unzulänglich.* Hymnische Formen unter Einfluß Walt Whitmans.

Fortführung der Motive in *Einander* (1915), Gedichte an den Geist der Brüderlichkeit, der die Menschen aus ihrem Individualismus erlösen soll.
Eine Auswahl aus diesen Slgg. zus. mit ausgewählten Gedichten aus *Der Weltfreund* (1911) in dem Sammelbd. *Gesänge aus den drei Reichen* (1917).

1913   Otto zur Linde
      (1873–1938, Essen, Berlin):
      Charontischer Mythos

Als Bd. 4 der *Gesammelten Werke.*
Mythische Visionen, sog. »Balladen«, u. a. *Urvater, Urgeburt, Ballade vom Tod und der nackten Seele, An den Wurzeln des Raums.* L. erstrebte eine Erneuerung des Lebens, die auf die Philosophie der letzten Jhh. aufbaut. Anknüpfend an Arno Holz schuf sich L. einen »phonetischen Rhythmus«, wollte enthemmte, unverbildete Sprache und Form.

1913   Georg Trakl
      (Biogr. S. 543):
      Gedichte

Grundstimmung: Leiden an der Welt, dunkle, schwermütige Töne (*Allerseelen, Winterdämmerung, In den Nachmittag geflüstert, Die junge Magd*). Häufigkeit der Worte Verwesung, Verfall, Fäulnis, Wahnsinn, Tod, Ratten, Krähen, Leichen sowie der Farben und Kennzeichen des Herbstes. In *Heiterer Frühling* steht die Zeile: »Wie scheint doch alles Werdende so krank.« Entscheidend für Metaphorik und Motivik der Einfluß Rimbauds, auch der Baudelaires und Heyms.
Nach dem durch impressionistische Verfeinerung gekennzeichneten Frühwerk (bis 1909) langsam Verwischung der Grenzen zwischen Innenwelt und Außenwelt. Überspannung der impressionistischen

Nuancen; Neueinordnung der Dinge in einen irrationalen, visionären Zusammenhang. Jedoch bleiben die Bilder isoliert, aus einer
zerfallenen Welt ergibt sich keine Anschauung und Einheit. T. fehlte
»das zuversichtliche Vertrauen in die Kraft der souveränen Imagination . . . er verfügte weniger über sie als sie über ihn« (Walther Killy).
Übergang von den anfänglichen geschlossenen Formen zu freien
und reimlosen Rhythmen.

1938–1949 *Gesammelte Werke.* 3 Bdd. hgg. W. Schneditz.

1913   Alfred Lichtenstein
(1889–1914, Berlin, an der Westfront gefallen):
Die Dämmerung
Gedichte.

Entst. unter dem Einfluß von Jakob van Hoddis' *Weltende* seit 1911, einzeln meist
in der *Aktion* erschienen.

Durch Reihung nicht zusammengehöriger und stimmungsmäßig
nicht harmonierender Fakten wird der Eindruck einer Ganzheit
erreicht: »ideeliche Bilder«. Motive: Großstadtstraßen, Kneipen
und Rummelplätze mit Großstadtmenschen. Im Ton oft der Ka-
barett- oder Café-chantant-Lyrik nahe, andererseits Gefühl der Bedrohung und Angst aussprechend. L. hat den Stil von van Hoddis
»ausgebildet, ihn bereichert und zur Geltung gebracht« (Franz
Pfemfert).

1919 *Gedichte und Geschichten,* mit Verwertung des Nachlasses hgg. Kurt Lubasch;
1962 *Gesammelte Gedichte* hgg. Klaus Kanzog.

1913   Carl Sternheim
(Biogr. S. 543):
Bürger Schippel

Kom. 5, Prosa. Auff. 5. 3. in Berlin, Kammerspiele des Dt. Theaters.
Buchausg. im gleichen Jahr.

Entst. 1911.

Aufstieg eines Proletariers in das Bürgertum. Der Kleinbürger
öffnet ihm sein Haus, weil die Schwester einen Fehltritt tat und einen
Mann braucht, vor allem aber, weil der vierte Mann im Gesangs-
quartett fehlt und der Ruhm des »zweimal ersungenen Kranzes« erhalten bleiben muß. Die volle Ebenbürtigkeit erringt sich Schippel
dann mit einem angstvoll durchstandenen Duell.
Kritik an den bürgerlichen Idealen, vor denen sich hier auch der
Klassenstolz des Proletariers beugt.

Forts.: *Tabula rasa* (1916, Auff. 25. 1. 1919 in Berlin, Kleines Theater); Schippel als
Unternehmer, der jedoch durch seine Anpassungsneigung lediglich Fabrikfunktionär
ist.

1914   Ernst Stadler
(1883–1914, Colmar, Straßburg, Brüssel,
an der Westfront gefallen):
Der Aufbruch

Gedichte.

Entst. nach den im Frühwerk *Präludien* (1904) vereinigten, unter dem Einfluß Hölderlins, Georges und Hofmannsthals stehenden Gedichten, die dem lit. Jugendstil zuzurechnen sind.

Verse, die die Sehnsucht nach Taten ausdrücken. Das Schicksal als
Herausforderung, der Krieg als Rausch empfunden, der Tod als
großes Erlebnis begrüßt. Daneben mystische Lebensschau, die das
Wort Angelus Silesius' in den Mittelpunkt des Dichtens stellt:
»Mensch, werde wesentlich.« Das Ziel ist Ekstase *(Fahrt über die
Kölner Rheinbrücke bei Nacht)*.
Formal und inhaltlich Absage an den Impressionismus: »Form ist
Wollust, Friede himmlisches Genügen, / Doch mich trieb es, Acker-
schollen umzupflügen.« Dennoch kein Bruch mit jeglicher Tradi-
tion.

1954 *Dichtungen*. 2 Bdd. hgg. Karl Ludwig Schneider.

1914   Georg Trakl
(Biogr. S. 543):
Sebastian im Traum

Gedichte. Vorher einzeln in der Zs. *Der Brenner*.
Der Mensch zwischen Reinheit und Sünde, Leid als Folge von
Schuld. Moralisch-religiöse Bezüge. Traumbilder und Wirklich-
keitsbilder vereinigen sich. Die Wirklichkeit ist nicht mehr Thema,
sondern nur noch Material des Gedichts, sie wird spiritualisiert.
Worte und Bilder nicht mehr auf die empirische Wirklichkeit bezogen, sondern nur noch assoziativ im Zusammenhang des Gedichtes gesetzt.
Vorwiegend offene Form, reimlose Langzeilen, Hölderlin nahe. Aus-
gewogener in der Stimmung als die *Gedichte*, schrille Dissonanzen
vermieden.

Zus. mit *Gedichte* (1913) und den nachgelassenen Gedichten und Prosastücken in *Die
Dichtungen* (1917, hgg. Karl Röck).

1914   Georg Kaiser
(Biogr. S. 542):
Die Bürger von Calais

»Bühnensp.« 3, Prosa.

Entst. seit 1912. Quelle: *Froissartsche Chronik* (14. Jh.). Angeregt durch die Plastik von
Rodin.

Der engl. Belagerer verlangt als Friedensbedingung das Leben von
sechs Bürgern der Stadt Calais. Sieben stellen sich zur Verfügung,
der siebente scheidet durch eigene Hand aus dem Leben. Mut sei,
sich einer Sache, die es wert ist, sinnvoll zum Opfer zu bringen,
aber nicht, um der Ehre willen sinnlos kämpfend zu sterben. Eustache de St. Pierre überzeugt seine Landsleute nicht nur vom Sinn des
Opfers, sondern erzieht durch seinen Freitod auch die sechs anderen
Opferwilligen, ihm auf dem Opfergang ohne Rausch und Taumel als
verwandelte Menschen zu folgen.
Streckenweise pathetisch gesteigerte Prosa.
In der Gestalt des Eustache und der Prophezeiung des neuen
Menschen Einfluß von Nietzsche.

Auff. 29. 1. 1917 in Frankfurt/M., Neues Theater.

1914   Walter Hasenclever
        (1890–1940, Aachen, Paris, Berlin, Les Milles):
        Der Sohn

Dr. 5, Prosa, die Monologe und die letzte Szene in Versen.

Entst. 1913.

Der Sohn, der mit 20 Jahren noch die Schulbank drückt, dürstet
nach Freiheit und Selbstbestimmung. Der Vater verweigert sie ihm
und läßt ihn durch Kriminalbeamte gefesselt von unerlaubten Freuden nach Hause bringen. Der Sohn richtet die Pistole auf den Vater,
der aber, vom Schlage getroffen, umsinkt, noch ehe der Schuß los-
geht.
Die lyrische Schlußbetrachtung zeigt H. unter dem Einfluß Hofmannsthals. In der Gestalt des Freundes, der den Sohn in das Leben
führt, wirkte Wedekind fort.
Für den Expressionismus typischer Vater-Sohn-Konflikt, von dem
sich H. später in *Ein besserer Herr* (1927) distanzierte.

Auff. 30. 9. 1916 in Prag, Dt. Landestheater.

1915   August Stramm
        (1874–1915, Eupen, Aachen, Berlin, in Rußland gefallen):
        Du

Gedichte.

Entst. seit Winter 1913/14 bis zum Ausbruch des Krieges, nachdem St. unter dem
Eindruck der Theorien Marinettis alle vorher geschriebenen Gedichte vernichtet
hatte. Einzeln seit April 1914 in der Zs. *Sturm* erschienen, von St. während eines
Urlaubs Januar 1915 ausgesucht, von Herwarth Walden zusammengestellt.

Du ist Gegensatz des Ich: Welt, Gott, der andere Mensch. Vielfach
Erlebnis des Eros behandelnd. Höchstmaß an Subjektivität und Ver-
dichtung der Sprache, das Gedicht wird zum »Psychogramm«.

Die Syntax zertrümmert, die Worte aus ihrem grammatischen Zusammenhang gelöst. Anschwellende Wortreihen und Wortwiederholungen, die sich zum Schrei steigern. Wortneubildungen, Substantivierungen. Bemühen um treffenden, knappsten Ausdruck; häufig Erprobung in mehreren Versionen.

Letzte Gedichte, die das Erlebnis des Krieges festhalten, in der Slg. *Tropfblut* (1916, postum hgg. Herwarth Walden, 2. vermehrte Ausg. 1919); *Das Werk*, hgg. René Radrizzani, 1963.

1915   Gottfried Benn
        (Biogr. S. 542):
        Gehirne und **Die Eroberung**

Novv. In *Die weißen Blätter*.

Zum gleichen Stoff erschienen noch *Die Reise* (1916 in *Die weißen Blätter*), *Der Geburtstag* (1917 in *Der Orkan*), *Alexanderzüge mittels Wallungen* (1924 in *Der Querschnitt*). Die 5 Novv. erschienen erstmals zusammen, wenn auch noch nicht zu einem Komplex vereinigt und in anderer Reihenfolge als in der endgültigen Ausgabe, in *Gesammelte Prosa* (1928). In endgültiger Ordnung und mit dem Datum der Entstehung oder letzten Fassung als *Der Rönne Komplex* in *Frühe Prosa und Reden* (1950): *Die Reise* (1916), *Der Geburtstag* (1916), *Gehirne* (1914), *Die Eroberung* (1917), *Alexanderzüge mittels Wallungen* (1923). – Entst. hauptsächlich 1915/16 während B.s Militärarztzeit in Brüssel.

Innere Erlebnisse des dreißigjährigen Arztes Werff Rönne, der angesichts des Leidens und Sterbens und einer oberflächlich-philiströsen Gesellschaft, zu der er keinen Zugang findet, in Apathie und Entfremdung zur Welt gerät, über die ihn nur der Reiz des Spieles mit Assoziationen, die Halluzinationen des Kokainrausches hinwegtragen. Schließlich erschlägt er mit dem als »Irrweg« empfundenen Gehirn auch sich selbst.
Prosastücke, die sich mit dem herkömmlichen Begriff der Nov. nicht decken; aus der Perspektive Rönnes geschrieben.

1915   Franz Werfel
        (Biogr. S. 543):
        Die Troerinnen

Freie Bearbg. der *Troerinnen* des Euripides, in Versen.
Das Schicksal der gefangenen Königin Hekuba nach dem Fall Trojas modern interpretiert. Hekuba, die Mann, Kinder, Heimat und Thron verlor, endet nicht im Selbstmord, sondern »nimmt ihr Leben an die Brust«.
Gegen die Sinnlosigkeit des animalischen Daseins wird die Idee, die Tugend gestellt, »der Glaube an das Mittlertum der Menschheit, die da ist, ihren Sinn der Welt zu leihen« (W.).

Auff. 22. 4. 1916 in Berlin, Lessingtheater.

1915   Alfred Döblin
(Biogr. S. 542):
Die drei Sprünge des Wang-lun

R.

Entst. 1912–1913. Wang-lun war im 18.Jh. Führer eines Aufstandes in China.

Gesch. von ekstatischen chinesischen Sektierern, die »nicht widerstreben dem Übel«, von Gewaltlosen, die leidend die Welt ändern
wollen und durch einen Staatsumsturz schuldig und blutbefleckt
werden. Der Schluß resignierend: »Stille sein, nicht widerstreben,
kann ich es denn?« Die Titelfigur ein Übermensch, der mehrere
Wandlungen durchmacht. Selbstprojektion des Autors. Ideelle Nähe
zu Tolstojs Lehre von der Gewaltlosigkeit.
Einbeziehung der modernen Trivialsprache. Verwendung des inneren Monologes, der die Grenzen zwischen Innen- und Außenwelt
aufhebt. Massenszenen: Masse als handelnde Einheit erfaßt. Einfluß
der futuristischen Theorien Marinettis.

1915   Franz Kafka
(Biogr. S. 584):
Die Verwandlung

Erz. in *Die weißen Blätter*; Buchausg. im gleichen Jahr als Bd. 22/23
der Reihe *Der Jüngste Tag*.

Entst. November/Dezember 1912.

Der Handelsreisende Gregor Samsa findet sich eines Morgens beim
Erwachen in einen riesigen Käfer verwandelt. Weder er selbst noch
seine Familie wissen mit seiner neuen, »privaten« Existenz etwas anzufangen, nachdem er seine einzige Funktion des Geldverdienens
verloren hat. Er wird in seinem Zimmer-Gefängnis mit immer ab-
nehmender Neigung versorgt, bis er schließlich den Wunsch seiner
Familie, sie von seiner Existenz zu befreien, erfüllt: er verhungert.
Als die Aufwartung den Kadaver beseitigt hat, atmet alles erleichtert
auf.
Unmittelbarer und als selbstverständlich hingenommener Einbruch
des Irrationalen in die Alltagswelt, die Kausalitäten außer Kraft gesetzt. Wirklichkeits-Fiktion. Der Held, aus dessen Blickwinkel erzählt wird, ist seiner Menschenwürde entkleidet und befindet sich in
völliger Isolierung.

1915   Kasimir Edschmid
(1890–1966, Darmstadt, viel auf Reisen):
Die sechs Mündungen

Novv.-Slg.

Entst. 1913/14.

Spannungsgefüllte, farbige Handlungen, die in Verzicht, Tod und
Überdruß enden. Bevorzugung von exotischen Schauplätzen, von
Abenteurern und Gewaltmenschen.
Anknüpfung an den Barock: Fülle, nicht Entstofflichung. Verwen-
dung salopper Alltagssprache, der Sprache des Sports.

1916   René Schickele
(1883–1940, Oberehnheim, Paris, Berlin,
Sanary/Frankreich):
Hans im Schnakenloch

Schsp. 4, Prosa. Auff. 18. 12. in Frankfurt/M., Neues Theater. Buch-
ausg. im gleichen Jahr.
Konflikt des Elsässers zwischen Deutschtum und Franzosentum.
Der Ausgang ist der Schlachtentod des Heimatflüchtigen im frz.
Heere, an dessen Sieg er nicht glaubt. Lösung des Zwiespalts im
Ideal der Gewaltlosigkeit, das zu Pazifismus und Sozialismus führt.
Lose Einzelbilder. Noch stark impressionistisch, erst in späteren
Werken (*Am Glockenturm*, 1920; *Die neuen Kerle*, 1921) ging Sch.
rein expressionistische Wege.

1916   Georg Kaiser
(Biogr. S. 542):
Von morgens bis mitternachts

Stück in zwei Teilen, Prosa.

Entst. 1912.

Ein kleiner Beamter sucht vergebens mit unterschlagenem Geld
einen Ausweg aus der Enge seines Lebens. Er erkennt, daß die
wirklichen Werte nicht für Geld feil sind, und erschießt sich. Das
Schlußbild zeigt ihn als Märtyrer: er sinkt gegen ein Kreuz, sein
letzter Seufzer klingt wie ein Ecce-Homo.

Auff. 28. 4. 1917 in München, Kammerspiele.

1916   Hanns Johst
(geb. 1890, Oschatz, Leipzig, Berlin, Oberallmannshausen):
Der junge Mensch

»Ekstatisches Scenarium«, Prosa.
Sieben lose aneinandergereihte Bilder von Werdegang und Wandlung eines reinen, die Menschheit ändern wollenden Jünglings. Am
Schluß wird der junge Mann begraben, aber als ein Mann entsteigt
er dem Grabe und schwingt sich über die Kirchhofsmauer in ein
neues Leben (vgl. Schlußszene von Wedekinds *Frühlingserwachen*).

Auff. 13. 3. 1919 in Hamburg, Thaliatheater.

Das Problem des unverstandenen Weltverbesserers fortgesetzt in *Der Einsame*; 9 Bilder um Christian Dietrich Grabbe (1917, Auff. 2. 11. 1917 in Düsseldorf) und in *Der König*; ein junger König, der an die Menschen glaubt und sie frei und groß machen will, von seinem Volk aber als überheblicher Bankrotteur verschmäht wird, endet im Selbstmord (1920, Auff. 2. 11. 1920 in Dresden, Schsp.-Haus).

1916   Heinrich Lersch
           (1889–1936, Mönchengladbach, Bodendorf/Ahr):
           Herz, aufglühe dein Blut

Kriegsgedichte eines Arbeiters.
Gemeinsame Leiden als Weg zur Gemeinschaft, zur Bruderschaft des Volkes und zum Friedenswillen.

In der Slg. *Deutschland* (1918) sind Sünde und Wahnsinn des Krieges bewußt geworden, er wird als Gottesgericht dargestellt (»Menschlein, ich rief dich«).

1916   Johannes R. Becher
           (Biogr. S. 542):
           An Europa

Hymnische Gedichte.
Anklagen gegen den Krieg, Gemälde des Verfalls, Rufe zum Aufbruch. Das Ziel ist Frieden, Brüderlichkeit, Völkervereinigung, Europa und »Utopia«.
Ekstatisch gesteigerte Bilder und Formulierungen: »Fanfarensätze müssen hymnisch schwellen.« Der Dichter als »Künder« von »Manifesten«. »Dichter sein soll von jetzt an heißen: nähren, Stoff zuführen, hochtreiben das Volk, lindern dessen Steinwege, seine Armeen organisieren.«

Ausgewählte Strophen dieses Bd. zus. mit Gedichten aus der Vorkriegslyrik *Verfall und Triumph* (1914) und den im Kriege entstandenen Bdd. *Verbrüderung* (1916) und *Päan gegen die Zeit* (1918) zu dem Auslesebd. *Das neue Gedicht* (1918) vereinigt.

1916   Max Brod
           (1884–1968, Prag, Tel Aviv):
           Tycho Brahes Weg zu Gott

Hist. R.
Gesch. des Hofastronomen Kaiser Rudolfs II. Tycho Brahe (gest. 1601) und seines inneren Gegensatzes zu seinem Schüler Johannes Kepler: der leidenschaftliche, sich an Welt und Menschen verlierende Gottsucher und auf der anderen Seite der sachlich sich zum Werk Bekennende, in Gott Ruhende.
Der mit dem Elend der Menschheit beladene Tycho die typische an der Welt leidende und sie befreien wollende Zentralgestalt des Expressionismus.

1917   Else Lasker-Schüler
(Biogr. S. 542):
Die gesammelten Gedichte

Enthält Gedichte aus den Bdd. *Styx* (1902), *Der siebente Tag* (1905), *Meine Wunder* (1911), *Hebräische Balladen* (1913).

Die Verfn. selbst ist zentrales Thema ihrer Dg. Sie verwandelt die Realwelt in eine Märchenwelt, die Realpersonen in poetische Figuren. Selbstmythisierung unter dem ihr von Hille verliehenen Kunstnamen Tino von Bagdad, dann als Prinz Jussuf von Theben oder Joseph von Ägypten. Orient-Motivik der Neuromantik. Stilisierung des dichtenden Ichs als kindhaft, inspiriert, nicht-rational. Nach der Slg. *Styx* im lit. Jugendstil mit *Der siebente Tag* Durchbruch zu eigenen Ausdrucksmitteln *(Mein stilles Lied; Mein Volk)*. Beispielhaft für Verschränkung von Dinglichkeit und Expression: *Ein alter Tibetteppich*. Reimlose, ungleiche Strophen, oft prosanahe Zweizeiler; parataktische Fügung; kleine, kaum aufeinander bezogene Einheiten. Metaphernstil, vielfältig variierte stereotype Motive. Wortneuschöpfungen. Sprachlich durch die Tradition seit Baudelaire und durch die *Bibel* beeinflußt.

1919–1920 Gesamtausg., 10 Bdd.

1917   Ivan Goll
(1891–1950, Metz, Straßburg, Paris, Schweiz, Paris):
Requiem. Für die Gefallenen von Europa

Entst. 1915; die frz. Fassung erschien 1916. »Romain Rolland gewidmet.«

Zyklus von 24 Gedichten; Wechsel von – meist langzeiligen – Rezitativen und in kürzere Verszeilen gefaßten, als »Chor«, »Elegie«, »Litanei«, »Ballade«, »Messe«, »Klage«, »Hymne« bezeichneten Stücken, die verschiedenen Repräsentanten der im Krieg Leid Tragenden in den Mund gelegt sind. Ausdruck des Grauens vor Verwüstung und Tod, des Mitleids und des Glaubens an das Menschliche des Menschen und seine Erneuerung. Eine im Rahmen des Expressionismus gebändigte und unhermetische Sprache.

1917   Georg Kaiser
(Biogr. S. 542):
Die Koralle

Schsp. 5, Prosa. Auff. 27. 10. in Frankfurt/M., Neues Theater. Buchausg. im gleichen Jahr.

Entst. 1916–1917.

Ein Milliardär versucht vergeblich, den Gedanken an seine elende Kindheit in sich zu ersticken, und mordet schließlich seinen Doppelgänger, um sich in den Besitz von dessen glücklichen Erinnerungen zu setzen. Träger der Handlung sind noch individuelle Menschen.

Forts.: *Gas* (Schsp. 5, 1918. Auff. 28. 11. in Frankfurt/M., Neues
Theater, und in Düsseldorf, Schsp.-Haus; entst. 1917–1918).
Der Sohn des Milliardärs ist Sozialrevolutionär und versucht, erst
durch Sozialisierung des Betriebes, dann mit Hilfe eines Siedlungs-
projektes vergeblich seine Arbeiter zu »neuen Menschen« zu erziehen.
Sie wollen lieber die Gefahr der Explosion des nicht funktionieren-
den Werkes auf sich nehmen als Siedler werden; Mechanisierung
zerstört die individuelle Seele. Träger der Handlung nur noch Be-
rufstypen.
Weitere Forts.: *Gas II* (Schsp. 3, 1920. Auff. 29. 10. 1920 in Brünn,
Vereinigte Dt. Theater; entst. 1918–1919).
Der Urenkel des Milliardärs, Arbeiter neben Arbeitern in einem
Staatsbetrieb, will dem Krieg dadurch ein Ende machen, daß er statt
der Idee des Kampfes die des Duldertums aufstellt: »Nicht von
dieser Welt ist das Reich.« Auch er scheitert, denn die Arbeiter wollen lieber mit Giftgas gegen den Feind vorgehen. Der Milliardär-
arbeiter wirft als Rächer des besseren Menschen selbstzerstörerisch
die Gasbombe. Selbstvernichtung der kämpfenden »Blaufiguren«
und »Gelbfiguren«. Sieg des Unmenschlichen trotz verbesserter
menschlicher und sozialer Voraussetzungen.
»Denkspiele« (Bernhard Diebold). Höhepunkt der Entrealisierung
und Abstraktion. Die Figuren typisiert, der Ort der Handlung auf
wenige bezeichnende Symbole reduziert. Verknappung der Sprache
bis zum Telegrammstil. Der aufgezeigte Entwicklungsgang von der
Kulturphilosophie Walther Rathenaus (*Zur Mechanik des Geistes oder
vom Reich der Seele*, 1913) beeinflußt.

1917 **Reinhard Goering**
        (1887–1936, Jena, Berlin, Freiburg/Br.):
        Seeschlacht

Tr. in Versen, ohne Akteinteilung.
Sieben Matrosen fahren im Panzerturm eines Kriegsschiffes in die
Schlacht im Skagerrak, sterben oder werden wahnsinnig, bis eine
letzte Explosion das Ende bringt. Ihre Gespräche zeigen eine Emp-
findungsskala von Gläubigkeit, Menschenliebe, Rausch des Kampfes
und Skepsis. Die Schlacht zwingt alle in ihren Bann, auch der Revolutionär kämpft, statt Revolution zu machen: »Schießen lag uns
wohl näher.«

Auff. 10. 2. 1918 in Dresden, Kgl. Schsp.-Haus.

1917   Walter Hasenclever
(1890–1940, Aachen, Paris, Berlin, Les Milles):
Antigone

Tr. 5, in Versen. Auff. 15. 12. in Leipzig, Stadttheater. Buchausg.
im gleichen Jahr.

Entst. 1916.

Die Idee »Nicht mitzuhassen, mitzulieben bin ich da« zur Verkündung des Pazifismus und der Bruderliebe aller Menschen ausgeweitet. Kreon gesteigert zum Tyrannen, der bereut und abdankt. Das
kriegsmüde Volk ruft am Schluß die Revolution aus.
»Eine brillante Aktualisierung des Sophokles, geboren aus Welt-
kriegsnot und Reinhardts Zirkusphantasie« (Bernhard Diebold).

1917   Fritz von Unruh
(Biogr. S. 543):
Ein Geschlecht

Tr. 1, in Versen.

Entst. Sommer 1915–Herbst 1916.

An einer zu mythischer Größe erhöhten Familie wird das Leid des
Krieges dargestellt, das alle Ordnungen löst und Urleidenschaften
entfesselt. Die Kinder empören sich gegen die Mutter, die sie in
diese untergehende Welt geboren hat. Sie erhofft sterbend ein neues
Geschlecht, die Erlösung der Menschheit in Bruderliebe.

Auff. 16. 6. 1918 in Frankfurt/M., Schsp.-Haus.

Forts.: *Platz*, Spiel in 2 Teilen. Auff. 3. 6. 1920 in Frankfurt/M.,
Schsp.-Haus. Buchausg. im gleichen Jahr.

Entst. 1917–1920.

Der jüngste Sohn, Dietrich, versucht, an die Stelle der alten Staatsgewalt eine neue Form menschlicher Gemeinschaft zu setzen. Da er
nicht glaubt, daß gewaltsamer Umsturz den neuen Menschen her-
beiführe, paktiert er mit den Gewalten der Vergangenheit. Er ver-
schiebt die Revolution um einer Frau willen und verkündet die Liebe
als wichtigste Aufgabe des Menschen.

Das »Spiel« ist als Parodie auf die expressionistische Idee vom neuen Menschen und
die geballte expressionistische Sprache angesehen worden. Es bestehe die Möglichkeit, daß es noch 1917 als trag. Forts. von *Ein Geschlecht* konzipiert, aber bei der
Überarbeitung 1920 mit satirischer Absicht geändert worden sei (Armin Arnold).

Ein geplanter 3. Teil *Dietrich* bisher nicht erschienen.

1918   Heinrich Mann
           (Biogr. S. 542):
           Der Untertan

R. Der Anfang bereits 1914 in der Zs. *Zeit im Bild*.

Erste Notizen 1906, Niederschrift 1912–1914.

Abrechnung mit der bürgerlichen Welt der Wilhelminischen Ära.
Der Chemiker und Fabrikbesitzer Diederich Heßling als Typ des
despotischen Strebers, der sich als feige und erbärmlich erweist. In
der karikierenden Schärfe und aktivierenden Sprachgebung über
den traditionellen Realismus hinaus zum Expressionismus vor-
stoßend.

Fortss.: *Die Armen* (1917, R. um einen Arbeiter des Fabrikanten Heßling) und *Der
Kopf* (1925, begonnen 1918, R. um Wilhelm II.).

1918   Anton Wildgans
           (1881–1932, Wien):
           Dies irae

Tr. 5, Prosa.
Der schwächliche Sohn ist den übergroßen Anforderungen des
Vaters, der das Erbe der Mutter in ihm ersticken will, nicht gewach-
sen und begeht Selbstmord.
Die realistische Prosa geht in der Liebes- und Selbstmordszene in
Verse über und steigert sich am Ende des Actus quintus phantasticus
zu Chören.

Auff. 8. 2. 1919 in Wien, Burgtheater.

1918   Ernst Barlach
           (Biogr. S. 542):
           Der arme Vetter

Dr., 12 Bilder, Prosa.
Angeekelt von den Menschen, begeht Iver Selbstmord und stirbt
unter dem Hohn des Pöbels. Aber seine Sehnsucht nach einem besseren Leben, nach dem Menschenbruder, lebt in zwei Menschen, die
Zeugen seines Todes sind.
Der Titel spielt auf die Armseligkeit der eigentlich zur Brüderlichkeit
verpflichteten Kinder Gottes an, die einander nur wie Vettern behandeln und auch nur Vettern des wahren Menschen sind. Gestalten
und Atmosphäre wachsen aus der niederelbischen Landschaft, in die
die »andere«, die Welt der Geister, verwoben ist.

Auff. 20. 3. 1919 in Hamburg, Kammerspiele.

1918   Jakob van Hoddis
(eigentl. Hans Davidsohn, 1887–1942, Berlin, München, Paris, Heilanstalt Bendorf-Sayn, von dort deportiert):
Weltende

16 in der Zeit 1911–1914 in der *Aktion* erschienene Gedichte des seit 1912 zunehmend kranken Verf., hgg. vom Verlag Die Aktion. Titel nach dem 1911 erschienenen Gedicht *Weltende*.
Die Verse des dem Berliner frühexpressionistischen Kreis um Georg Heym angehörigen Autors entwickelten sich in Richtung auf das Extrem; Neigung zum Sprunghaften, zu paradoxen, bizarren, schockierenden Metaphern. Motive: Großstadt und die – helle – Großstadtnacht, gespenstische, spukhafte und dämonische Phantasien *(Der Teufel spricht*; *Tohub*; *Der Todesengel*; *Indianisch Lied)*. Die Weltentfremdung teils schwermütig-visionär *(Nachtgesicht)*, teils grausig-grotesk *(Weltende*; *Der Visionarr)* zum Ausdruck gebracht.
1958 *Weltende*. Gesammelte Dichtungen.

1918/19   Karl Kraus
(1874–1936, Gitschin/Böhmen, Wien):
Die letzten Tage der Menschheit

Dr. 5 mit Epilog, Prosa, mehrfach, vor allem am Schluß, in Verse übergehend. In Sonderheften der Zs. *Die Fackel*.

Entst. 1915–1917.

Satirische Darstellung Österreichs, in zweiter Linie auch Dld.s, im Ersten Weltkrieg. Vom Sarajewo-Attentat bis zum militärischen Zusammenbruch werden Heimat und Front in über 200 Szenen gespiegelt: die Führung wird als unwissend und verantwortungslos, das Militär als leichtlebig oder vertiert sadistisch, die Heimat als Sammelbecken von Drückebergern, Schiebern, Karrieremachern und Kriegsgewinnlern und Presse und Lit. als feile Sprach- und Sinnverdreher entlarvt. Auftreten von hist. und beispielhaft erfundenen Personen, leitmotivische Wiederholung von Szenen und Figuren. Eine Art Gliederung bilden die Auftritte des »Nörglers«, der, meist im Gespräch mit dem »Optimisten«, Grundsätzliches äußert, den Krieg mit seiner Technisierung, die habsburgische Monarchie und vor allem den kulturellen Anspruch der Deutschen verurteilt. Der Epilog *Die letzte Nacht* bringt schließlich die Kriegsankündigung vom Mars her, Bombardierung der Erde mit Meteoren und als Ende Gottes Stimme: »Ich habe es nicht gewollt.«
Eine Auff. würde »nach irdischem Zeitmaß etwa zehn Abende umfassen« (K.). Nicht nur die Fülle der Szenen und Figuren, sondern auch die technischen Anforderungen würden die Möglichkeit szenischer Darstellung sprengen.

1919 veränderte und vermehrte Buchausg.

1919   Franz Kafka
         (Biogr. S. 584):
         In der Strafkolonie

Erz.

Entst. 1914.

Einem Reisenden wird in der Strafkolonie eine Foltermaschine gezeigt. Der vorführende Offizier, fanatischer Anhänger von Macht und Gesetz und der zu ihrer Aufrechterhaltung erfundenen Maschine, demonstriert hingerissen, wie die Nadeln den Satz »Ehre deinen Vorgesetzten« in den Leib eines aufsässigen Soldaten schreiben. Jedoch ahnt er, daß seine Zeit um ist: der neue Kommandant versagt ihm seine Unterstützung für eine notwendige Reparatur, und der Reisende will gegen das unmenschliche Verfahren protestieren. Der Offizier legt sich nun selbst in die Maschine, die ihn, in Trümmer gehend, tötet.
Wiedergabe phantastischer Vorgänge durch kraß realistische Detailzeichnung. Ohne Urteil des Autors über Ereignisse und Personen, ohne Einfühlung und ohne Versuch, die Figuren menschlich näherzubringen. Apsychologisches Erzählen: die innerseelischen Vorgänge manifestieren sich in Form von Fakten.

1919   Fritz von Unruh
         (Biogr. S. 543):
         Opfergang

Erz.

Das Erscheinen war nach dem 1916 erfolgten Druck verboten worden.

Untergang einer Sturmkompanie vor Verdun. Vier Handlungsabschnitte: *Anmarsch*, *Schützengraben*, *Sturm*, *Opfergang*. In den Soldaten und Offizieren erwacht allmählich das Bewußtsein des Mörderischen, Sinnlosen des Kampfes und die Sehnsucht nach Frieden, Menschheitsverbrüderung.

1919   Leonhard Frank
         (1882–1961, Würzburg, Berlin, USA, München):
         Der Mensch ist gut

Erzz., den »kommenden Generationen« gewidmet.

Entst. 1916–1917; nach Einzelveröffentlichung in *Die weißen Blätter* als Buch in der Schweiz schon 1917.

Menschen erleben durch den Krieg eine Wandlung »ins höhere Menschentum«. Verurteilung der Gegenwart, die egoistisch, machtgierig, ungeistig ist, Verkündung eines kommenden brüderlichen Zeitalters.

1919   Franz Werfel
(Biogr. S. 543):
Der Gerichtstag

Gedichtslg., am Ende des 4. Buches ein Zaubersp.: *Die Mittags-göttin.*
Die Gedichte beschwören die feindlichen Mächte vom Tod und der
Sünde bis zur Trägheit des Herzens und halten Gericht über die
Erde, auch über den Dichter selbst: »Worte verstellen die Dinge.«
Als erlösende Kraft wird die »Hingabe« dargestellt, das Ganze gipfelt
in der »Geburt des Lichts«.

1919   Ernst Toller
(Biogr. S. 543):
Die Wandlung

»Das Ringen eines Menschen«. 6 Stationen in Versen mit einem Vorspiel *Die Totenkaserne.* Auff. 1. 11. in Berlin, Tribüne. Buchausg. im
gleichen Jahr.

Vollendet 1918 im Militärgefängnis.

Ein junger Mensch hofft, im Kriegserlebnis den inneren Anschluß
an das Vaterland zu gewinnen, aber er findet den Weg zur Mensch-
heit, zu einer Bruderliebe, die das gesamte System menschlicher
Ordnung revolutioniert.
Bekenntnishafter ekstatischer Großmonolog. Wirklichkeit und
Traumbilder wechseln einander ab.

1920   Menschheitsdämmerung,
Symphonie jüngster Dichtung

Repräsentative Slg. expressionistischer Lyrik, hgg. Kurt Pinthus.
Vertreten sind u. a.: Franz Werfel, Georg Trakl, Theodor Däubler,
Else Lasker-Schüler, Paul Zech, Walter Hasenclever, Rudolf Leon-
hard, René Schickele, Gottfried Benn, Johannes R. Becher, Georg
Heym, Ernst Stadler, August Stramm.
Eingeteilt in Abschnitte: *Sturz und Schrei, Erweckung des Herzens, Auf-
ruf und Empörung, Liebe den Menschen.*
»Und immer wieder muß gesagt werden, daß die Qualität dieser Dg.
in ihrer Intensität beruht. Niemals in der Weltdg. scholl so laut,
zerreißend und aufrüttelnd der Schrei, Sturz und Sehnsucht einer
Zeit, wie aus dem wilden Zuge dieser Vorläufer und Märtyrer«
(Kurt Pinthus).

1920   Paul Zech
       (1881–1946, Briesen, Bonn, Zürich, viele Reisen,
       Buenos Aires):
       Das Terzett der Sterne

Gedichte. Drei je 12 Sonette umfassende Abschnitte: *Der Sprung aus dem Käfig, Ländliche Inbrunst, Die Erhebung.*
Erniedrigung der Welt im Krieg, ihr Wiedererstehen in der Gegenwart, das Eingehen der Welt in Gott in der Zukunft.

1920   Karl Bröger
       (1886–1944, Nürnberg, Darmstadt, viele Reisen,
       Ruhpolding):
       Flamme

Nachkriegsgedichte, pazifistisch, mit dem »Mut zur Utopie«, einer menschheitumfassenden Gläubigkeit. B. wollte »die Liebe aufrichten aus ihrem tiefsten Fall«.

Vorangegangen waren zwei Slgg. von Kriegsgedichten *Kamerad, als wir marschiert* (1916) und *Soldaten der Erde* (1918), deren stärkster Impuls die Liebe des Arbeiter-Dichters zur heimatlichen Erde war und aus denen auch schon die Sehnsucht nach einer neuen brüderlichen Gemeinschaft der Menschen sprach.

1920   Franz Werfel
       (Biogr. S. 543):
       Nicht der Mörder, der Ermordete ist schuldig

Erz.
Vater-Sohn-Konflikt in einer österreichischen Offiziersfamilie. Beide Generationen sehen sich in ihrer Liebe zueinander enttäuscht. Der aus Angst und Freiheitssehnsucht verübte Mord am tyrannischen Vater wird gerechtfertigt.

1920   Franz Werfel
       (Biogr. S. 543):
       Der Spiegelmensch

»Magische Trilogie«: *Spiegel, Eins ums andere* (8 Akte und ein Zwischensp.), *Fenster* (6 Akte). In Versen.
Problem der Doppelnatur des Menschen: Seins-Ich und Schein-Ich. Das Schein- oder Spiegel-Ich löst sich von der Zentralgestalt des Dr. los, wird ihr Verführer und Mephisto, wächst mit jeder Schuld des Seins-Ich. Durch drei Welten, die Welt des Geistigen, die Welt des Eros und die Welt der Spiegelwerte (Ruhm und Macht), geht der Weg. Der Tod des Spiegel-Ich, das Ende der Selbstbespiegelung, das »aus dir Verschwinden«, ist die Erlösung zum rein geistigen

Menschen. Einfluß von Goethes *Faust*, Ibsens *Peer Gynt*, Strindbergs *Nach Damaskus*.

Auff. 15. 10. 1921 in Leipzig, Altes Theater.

1920   Ernst Toller
(Biogr. S. 543):
Masse Mensch

»Ein Stück aus der sozialen Revolution des 20. Jh.« Sieben Bilder, in Versen. Auff. 15. 11. in Nürnberg, Stadttheater.

Entst. 1919 im Festungsgefängnis Niederschönenfeld.

Konflikt zwischen der Sozialistin und der Masse. Ihrer Absicht, die Masse zu erlösen, setzt diese die Forderung nach Anwendung von Gewalt entgegen und stürzt sie so in Schuld.
Realistische Szenen und Visionen wechseln. Freie Rhythmen gipfeln in großen Massenchören.

Nach der Urauff. wurde das Stück auch für geschlossene Gesellschaften verboten. Buchausg. 1921.

1920   Ernst Barlach
(Biogr. S. 542):
Die echten Sedemunds

Dr., 7 Bilder, Prosa.
Der Weg des Menschen zu seinem echten Selbst führt über das Gute, das er anderen tut. »Geben ist Gnade, sich selbst geben – die größte« ist die Erkenntnis des jungen Sedemund, der den Vater zur Besinnung auf den »echten« Sedemund führt. Er resigniert schließlich vor der Unzulänglichkeit der Welt und geht freiwillig in ein Irrenhaus, der Erfolg des »Echten« ist nur halb.
Zu den unrealistischen Zügen des grotesken, satirisch gefärbten Dr. gehört die Haut eines in der Gefangenschaft verendeten Löwen, die umherspukend und die Menschen ängstigend das menschliche Gewissen symbolisiert.

Auff. 23. 3. 1921 in Hamburg, Kammerspiele.

1920   Arnolt Bronnen
(1895–1959, Wien, Berlin-DDR):
Vatermord

Schsp. 1, Prosa.

Entst. vor 1914.

Vater-Sohn-Konflikt ohne einseitige Parteinahme. Der Mord am Vater geschieht halb aus Selbstwehr, halb in tierischer Exaltiertheit. Der Konflikt wird mitausgelöst durch die Mutter, die den Sohn in

Triebverirrung verwickelt. Neben expressionistischen auch naturalistische Züge: Elemente von Milieueinfluß und Vererbung. Mund-
artlich gefärbte Sprache.

Auff. 24. 4. 1922 in Frankfurt/M., Schsp.-Haus.
In Zusammenhang mit dem schon 1914 entstandenen Dr. in 4 Bildern *Geburt der
Jugend* (1922, Auff. 13. 12. 1925 in Berlin, Dt. Theater), Darstellung der Revolte einer
Primanerklasse gegen Eltern und Lehrer.

1921   Johannes R. Becher
         (Biogr. S. 542):
         Arbeiter, Bauern, Soldaten

»Weg eines Volkes zu Gott«, hymnisches Bekenntnisdr. Als 2. Teil
der Slg. *Um Gott (Gedichte – Arbeiter, Bauern, Soldaten – Klänge im
Vorlaut).*

Entst. 1919.

Eine jüdische Frau, Vertreterin eines heimatlosen Volkes, erzieht
die Menschen vom falschen Heldentum hinweg zu wahrer Menschen-
bruderschaft. Endet mit dem Marsch aller in ein heiliges Land, unter
Anrufung Gottes; der Mensch als Bruder und »Gottes Kind« gesehen.
Visionäre Bilder, symbolische Gestalten. Auch in den szenischen
Anweisungen unnaturalistisch: pathetische, expressionistisch gesteigerte Gebärden und Bewegungen. Sprechchöre.

Das »aus einer Atmosphäre von Gefühlskommunismus und verworrenem ekstatischen Gottsuchertum« (B.) entstandene Dr. 1924 umgearbeitet.

1921   Gerrit Engelke
         (1892–1918, Hannover):
         Rhythmus des neuen Europa

Gedichte, postum hgg. Jakob Kneip.
Natur, Liebe, die Welt der Technik und des Arbeiters *(Stadt, Auf
der Straßenbahn, Ich will heraus aus dieser Stadt)* und vor allem aus dem
Erlebnis des Krieges erwachsene Verkündigungen eines neuen
Menschen.
Hymnen, vom Studium Walt Whitmans zeugend. Barocke Schwel-
lungen und Häufungen: »All-Hirn! Kraft-Stirn! Zorn-Arm! Welt-
Darm!«

1922   Ernst Toller
         (Biogr. S. 543):
         Die Maschinenstürmer

Dr. 5, mit einem Vorspiel. Auff. 30. 6. in Berlin, Großes Schsp.-Haus.
Buchausg. im gleichen Jahr.

Entst. 1920/21 im Festungsgefängnis Niederschönenfeld.

Der Schauplatz ist Nottingham um 1820, zur Zeit der Ludditen-bewegung. Die Arbeiter wollen die Maschinen, die sie brotlos ma-chen, zerstören. Einer von ihnen erkennt, daß es nicht darum geht, die Maschinen zu zerstören, sondern sie sich dienstbar zu machen. Seine vermittelnde Haltung wird verkannt und verdächtigt, er wird erschlagen.
Abkehr vom typischen Szenar, strengere Form. Prosa wechselt mit Verspartien.

1922   Bert Brecht
      (Biogr. S. 583):
      Trommeln in der Nacht

Dr. 5, Prosa. Auff. 23. 9. in München, Kammerspiele. Buchausg. im gleichen Jahr.

Entst. 1919. Ursprünglicher Titel *Spartakus*.

Gesch. des Heimkehrers Kragler, der sich mit den Profitmachern des Nachkrieges und der Untreue der Braut auseinandersetzen muß. Ge-genüberstellung von Kriegsgewinnler und Kriegsopfer. Als die ge-liebte Anna aber ihren neuen Verlobten aufgibt und sich zu Kragler bekennt, sagt dieser sich von der Revolution los und zieht sich in sein privates Glück zurück.
»Ein revolutionäres Stück aus der Schule Georg Kaisers, aber mit mehr Blut« (Alfred Kerr). Die expressionistischen Stilmittel nur äußerlich verwandt, Anbahnung einer volkstümlich realistischen Kunst.

B. hat diesen Schluß später verurteilt und das Stück 1953 in überarbeiteter Fassung als »Kom.« erscheinen lassen.

1922   Josef Winckler
      (1881–1966, Rheine, Moers):
      Der Irrgarten Gottes

Gedichte.
W. hält in dieser »Komödie des Chaos« Gerichtstag über sich selbst, seine Vergottung des Menschen in Kriegsdgg. (*Mitten im Weltkrieg*, 1915; *Ozean*, 1917) und über die ganze überhebliche Menschheit. In über 50 Visionen werden Gestalten des Mythus, der Legende und Gesch. beschworen, um dem Sinn der Welt nachzuspüren. Der Schluß ist pessimistisch: in der *Metaphysischen Burleske als Epilog* wird die Erde zuerst versteigert, dann vernichtet.
Freie Rhythmen unter dem Einfluß Walt Whitmans.

1923   Ernst Toller
       (Biogr. S. 543):
       Hinkemann

Tr. 3, Prosa. Auff. 19. 9. in Leipzig, Altes Theater.

Entst. 1921–1922 im Festungsgefängnis Niederschönenfeld.

Behandelt das Schicksal des entmannten Kriegsinvaliden, den der
Hohn der Menschen und die scheinbare Untreue und Herzlosigkeit
seiner Frau zerbrechen. Einsames Leid des einzelnen, dem »kein
Staat, keine Gesellschaft, keine Gemeinschaft Glück bringen kann«.
Die Hoffnung auf eine vom Geist bestimmte Menschheit wird zer-
stört.
Das Typische der Personen schon in den Namen angedeutet: Groß-
hahn, Immergleich, Singegott u. a.

1924   Ernst Toller
       (Biogr. S. 543):
       Das Schwalbenbuch

Gedichte in freien Rhythmen. Ein nistendes Schwalbenpaar tröstet
einen Sommer lang den im Zuchthaus Gefangenen. Die Schwalben
sind seine einzige Verbindung zum Leben, das er in ihnen sehnsüchtig grüßt.

1924   Alfred Döblin
       (Biogr. S. 542):
       Berge, Meere und Giganten

Entst. 1922/1923.

Technischer Zukunfts-R. über die Enteisung Grönlands, der einen
Zeitraum von mehreren Jhh. umfaßt. Der Mensch wollte sich mit
Hilfe der Technik die Natur unterwerfen, aber er entwickelte die
Technik über das Maß dessen hinaus, was er zu beherrschen vermochte, so daß er sich in ihr eine neue unfaßbare Gegenmacht
schuf. Zwar können die auf einem besonderen Nährboden zu Giganten entwickelten Menschen die in Grönland entstandenen Riesen-
untiere von Europa abhalten, aber die Menschheit ermüdet und
kehrt zur ländlichen Idylle und zur Vormaschinenzeit zurück.
In der Neigung zum Mythisieren und im noch pathetischen Stil
liegen D.s Verbindungen zum Expressionismus, während seine
Bejahung der vom Expressionismus abgelehnten Technik (»Mehr
Naturwissenschaft!«) bereits eine Loslösung von ihm bedeutete; am
Schluß des R. hat sich allerdings D.s Faszination durch die Technik
erschöpft.

Stark veränderte Neufassung als *Giganten, Ein Abenteuerbuch*, 1932.

1925   Heinrich Lersch
          (1889–1936, Mönchengladbach, Bodendorf/Ahr):
          Mensch im Eisen

Lyrische Biographie des als Schmied tätigen L. in strophischen Gedichten, freien Rhythmen und Prosastücken. Alltag des Industrie-
arbeiters, Kampf für die Werktätigen und gegen den Haß der Menschen untereinander, Sehnsucht nach Brüderlichkeit.
Einfluß Walt Whitmans.

1926   Ernst Barlach
          (Biogr. S. 542):
          Der blaue Boll

Dr., 7 Bilder, Prosa. Auff. 13. 10. Stuttgart, Landestheater. Buchausg. im gleichen Jahr.
Des mecklenburgischen Gutsbesitzers Boll Gesicht läuft bei Er-
regungen blau an. Das innere bessere Selbst, in dem sich Gott verbirgt, regt sich: »Boll hat Boll beim Kragen.« Grete, zu der ihn nur
die Sinne ziehen, will ihre Kinder durch den Tod von der Fleisch-
lichkeit erlösen. Boll erkennt, daß nicht der Tod, nur das Über-sich-
hinaus-Wachsen den Menschen erlösen kann. Er führt Grete ihrer
Familie wieder zu, seine Wandlung beginnt.
Thematisch eng verwandt mit den *Echten Sedemunds*. Stärkeres Hervortreten symbolistischer Züge.

**1925–1950 Dichtung der verlorenen und der verbürgten
          Wirklichkeit**

Um die Mitte der zwanziger Jahre hatte sich die Ekstatik des Expressionismus verbraucht, der Glaube an einen neuen Menschen er-
losch, man suchte die Abstraktion erneut einer Realität anzunähern,
das Pathos der Sprache kühlte sich zu betonter Nüchternheit und
Distanzierung ab. Im Gegensatz zu Werken des konsequenten Naturalismus bezeugten viele der nun hervortretenden Dgg. ein skeptisches, selektives oder ideologisch bestimmtes Verhältnis der Autoren zur sogenannten Wirklichkeit. Der neue Ansatz ist etwa gekennzeichnet mit dem Erscheinen der nachgelassenen Rr. Franz Kafkas,
Thomas Manns *Zauberberg*, Alfred Döblins *Berlin Alexanderplatz*,
Bert Brechts *Hauspostille* und *Dreigroschenoper* sowie durch realistisch-
reportagehafte Kriegsbücher (Remarque), die Rückkehr zu historischen Stoffen (Werfel) und das Aufklingen einer neuen Simplizität
in der Behandlung des Themas »Landschaft«.

Die besonders in der bildenden Kunst zu Ende der zwanziger Jahre gebräuchlich gewesene Bezeichnung »Neue Sachlichkeit« unterstrich den Gegensatz zur spekula-
tiven expressionistischen und abstrahierenden Kunst; sie trifft nur einen kleinen und

ephemeren Teil der hier behandelten lit. Richtung. Mit der moderneren Formel
»expressiver Naturalismus« sollte die Verknüpfung der positivistischen Objektivität
mit der durch den Expressionismus gewonnenen Subjektivität zum Ausdruck gebracht werden, und mit der Prägung »magischer Realismus« versuchte man, der Einbeziehung des Über- und Außerwirklichen gerecht zu werden.

Weltanschauliche Zerstrittenheit, ökonomische Not, politische Auseinandersetzungen, schließlich Umsturz, Verfolgung, Krieg schlossen
während des zweiten Vierteljahrhunderts fast im gesamten dt. Sprachgebiet das allgemeine Empfinden für die von der Philosophie seit
Nietzsche immer dringlicher gestellte Seinsfrage auf. Das Sein erscheint der modernen Existentialphilosophie als verschlossen (Mar-
tin Heidegger) oder nur punktuell berührbar und nicht betretbar
(Karl Jaspers). Der Mensch ist vom Sein entfernt, er ist in ein
Nichts hinausgestoßen, den Dingen entfremdet. Hatte er schon im
Laufe des 19. Jh. seine metaphysische Sicherheit, die Bindung an ein
Transzendentales verloren, so verlor er jetzt auch die Sicherheit
seines eben erst gewonnenen realistischen physikalischen Weltbildes.
Einsteins Relativitätstheorie ließ die seit alters sicher scheinenden
Begriffe von Raum und Zeit unfest werden. Quantentheorie und
Atomphysik ließen es unmöglich scheinen, »daß die metaphysisch
reale Welt mit den Anschauungen, die dem bisherigen naiven Weltbild entnommen sind, vollkommen faßbar und verständlich sei«
(Max Planck). Der die positivistische Epoche des späten 19. Jh. be-
stimmende Determinismus wurde überwunden, physikalische Gesetze erschienen nicht mehr als absolut, sondern nur als statistisch
formulierbar, der Gegenstand der naturwissenschaftlichen Forschung
wurde als durch den Zugriff der Methode veränderlich erkannt, »das
naturwissenschaftliche Weltbild hört damit auf, ein eigentlich natur-
wissenschaftliches zu sein« (Werner Heisenberg). Im Bezirk des
Menschlichen war Sigmund Freud (geb. 1856, bis 1938 in Wien,
gest. 1939 in London) mit *Traumdeutung* (1900) und *Psychopathologie
des Alltagslebens* (1901) in die Schichten des Unbewußten vorge-
stoßen, hatte die triebhaften Kräfte unter der moralisch-rationalen
Tünche bloßgelegt und das neue Raum- und Zeitgefühl gestützt.
Seine schon im Expressionismus spürbare, seit den 20er Jahren gesteigerte Wirkung ging nicht nur von Stoff und Problemstellung,
sondern auch von der Darbietungsweise seiner Werke aus. Mit dem
Traum und der assoziativen Wortwahl lieferte seine Methode der
Lit. zwei fruchtbare Mittel der Seelenanalyse.
Die Antwort des seines Haltes beraubten Menschen konnte einerseits in der schon von Nietzsche eingeschlagenen Ästhetisierung des
Lebens, der Anerkennung der Kunst und der schöpferischen Arbeit
als Überwindung des Nichts, liegen. »Auf der einen Seite immer der
tiefe Nihilismus der Werte, aber über ihm die Transzendenz der
schöpferischen Lust« (Gottfried Benn). Wie die besonders von Benn

und Thomas Mann vertretene Einschätzung der Kunst und des Künstlers auf den Impressionismus der Jahrhundertwende zurückgeht, so sind der »Nihilismus der Werte« oder das Schwanken zwischen den Werten, die sog. »Ambivalenz«, in der impressionistischen Lebensform mit ihrer Hingabe an den Augenblick und ihrem Genuß der Verwandlung vorgeprägt. »Wenn aber die Reize sich vervielfältigen und die Seelen sich zerteilen, dann droht die Person sich aufzulösen und die Lebenslinie zu zerbrechen« (Richard Alewyn). Der von Ernst Bleuler 1910 geprägte und von Freud in sein System (*Totem und Tabu*, 1913) übernommene, zur Pathologie gehörige Begriff der Ambivalenz wurde zum Kennzeichen des vorherrschenden Menschentyps. Gottfried Benns Phänotyp »integriert die Ambivalenz, die Verschmelzung eines Jeglichen mit den Gegenbegriffen«, und Thomas Manns Teufel behauptet: »Wahre Leidenschaft gibt es nur im Ambiguosen und als Ironie.« Die Wirklichkeit dieser illusionslosen Sicht auf Welt und Menschen reicht von der Paradoxie und Ironie bis zum Angsttraum und zum Ekel.

Eine andere Antwort war das durch bisherigen Fortschritt begründbare Vertrauen auf die Wirksamkeit von Rationalität, Liberalität, Humanität.

Im Gegensatz dazu stand eine neue Religio, Rückkehr des autonom gewordenen Menschen zu seiner transzendentalen Bindung, Suche nach der verlorenen Mitte (Hans Sedlmayr *Verlust der Mitte*, 1948). Eine der Grundlagen für diese Erneuerung lag in der erst im 20. Jh. vollzogenen Rezeption der Werke Sören Kierkegaards (1813–1855), der durch seine Darstellung der Ausgesetztheit des modernen Menschen auf die Existentialisten und Kafka sowie auf die moderne christliche Theologie und Lit. wirkte. Außerdem war die Überwindung des wissenschaftlichen Positivismus einer Erneuerung des religiösen Bewußtseins günstig, die sich besonders in der internationalen Erstarkung des Katholizismus, dem »Renouveau catholique«, zeigt. Die moderne christliche Lit. will die Wirklichkeit der modernen Welt, die existentielle Not des Menschen nicht negieren oder vertuschen, sondern interpretiert sie als Widerstreit des göttlichen und teuflischen Prinzips und weist, im Gegensatz zu der ambivalenten Haltung, dem Christen seinen festen Platz in diesem Kampf an. Mit solchem Realismus begegnet sie dem Vorwurf, reaktionär oder unzeitgemäß zu sein. Sie lehnt die nur-ästhetische Auffassung der Kunst ab.

Überwindung der individuellen Existenznot versprach schließlich die Besinnung des Menschen auf eine diesseitige Einordnungsmöglichkeit oder die ihm vorbestimmte Gruppenzugehörigkeit. »Gemeinschaft war eines der magischen Worte der Weimarer Zeit«; der Gemeinschaftsgedanke verhieß »Einheit, Stärke, Macht und innere Geschlossenheit . . ., alles Dinge, an denen es der Weimarer Repu-

blik gebrach« (Kurt Sontheimer). Als Leitbilder konkurrierten konservative und konservativ-revolutionäre mit progressiv-revolutio-
nären.

Einige auf die Romantik zurückgehende Vorstellungen von dt. Volkstum, Dg. und
Dichtertum, die Betonung des »Ahnenerbes«, Bäuerlichen und Bodenständigen, die
Überzeugung von der Gültigkeit bestimmter »Ordnungen«, eine heroisierende Auf-
fassung des »Soldatischen« am Beispiel des Ersten Weltkrieges, die biologische Be-
wertbarkeit des Menschen wurden für die Vorläufer der »volkhaften Dg.« mitbe-
stimmend, die sich als Opposition zu ästhetisierender, »dekadenter« und »artfremder«
Lit. verstanden.
Ein vorwiegend aristokratisch-hierarchisches Weltbild bei sonst weit divergierenden
Ansichten charakterisierte sogenannte konservativ-revolutionäre Einzelgänger und
Zusammenschlüsse, Verlage und Zss.
Eine »aktive Lösung« als Antwort »auf die Ausbeutung und auf den Krieg«, nicht
dagegen »Armeleutepoesie oder Mitleidsdg.« (Johannes R. Becher) wollte die »pro-
letarisch-revolutionäre Lit.« sein, die sich 1928 im »Bund proletarisch-revolutionärer
Schriftsteller« mit der Bundeszs. *Die Linkskurve* (1929–32) formierte. Unter diesem Programm vereinigten sich revolutionäre Intellektuelle aus dem Bürgertum, die
meist dem Expressionismus verbunden gewesen waren, und schreibende Arbeiter
(Arbeiterkorrespondenten, Mitarbeiter von Zellenztgg.) unter scharfer Abgrenzung
von linksbürgerlichen Lit.-Strömungen. Der »sozialistische Realismus« fußt auf den
Theorien von Karl Marx, Friedrich Engels und neueren Kunstkritikern, nach denen
die Lit. in den bestimmenden Zusammenhang der kommunistischen Umgestaltung
der Gesellschaft tritt. Nach Lenin darf die Lit. »keine von der allgemeinen Sache des
Proletariats unabhängige, individuelle Angelegenheit« sein; sie muß bewußte »Par-
teilichkeit« üben. Der sozialistische Realismus kritisierte am Expressionismus die
»Ratlosigkeit einer wurzellosen und zersetzten bürgerlichen Existenz« (Georg Lu-
kács) und am Ästhetizismus die untergehende bürgerliche Kultur, die Dekadenz. Als
Hauptvertreter proletarisch-revolutionärer Dg. in Dld. gelten Johannes R. Becher,
Erich Weinert, Willi Bredel, Hans Marchwitza, Adam Scharrer, Ludwig Turek,
Alfred Kurella, Friedrich Wolf, Bert Brecht, Gustav v. Wangenheim, Ernst Toller.

Den politischen Ereignissen des Jahres 1933 (Hitlers Ernennung zum
dt. Reichskanzler am 30. Januar, »Machtergreifung« durch ihn und
die NSDAP, Verbot bzw. Auflösung der sonstigen bisherigen Parteien, Beseitigung der Gewerkschaften, »Gleichschaltung« des gesellschaftlichen Lebens u. a.) folgten Maßnahmen, Verordnungen,
Gesetze, die von der dt.-sprachigen Lit. zunächst die Lit. in Dld.
selbst, außerdem vor allem – seit 1938 – die Lit. in Österreich grundlegend veränderten Bedingungen unterwarfen.

Auf Grund einer »Schwarzen Liste«, die im April erstmals in der Presse erschien und
44 dt.-sprachige Schriftsteller (Brecht, Döblin, Heinrich Mann, Schnitzler, Toller,
Arnold Zweig, Stefan Zweig u. a.) enthielt, begann eine »Säuberung« der Bibliothe-
ken und Buchhandlungen von »unerwünschten« Autoren. Durch das »Reichskultur-
kammergesetz« wurde es als Aufgabe des Staates erklärt, »innerhalb der Kultur
schädliche Kräfte zu bekämpfen und wertvolle zu fördern, und zwar nach dem Maßstab des Verantwortungsbewußtseins für die nationale Gemeinschaft«. In der Reichsschrifttumskammer, einer der für die verschiedenen künstlerischen Berufszweige
gebildeten Unterabteilungen der Reichskulturkammer, wurden sämtliche Personen,

die Herstellung und Verbreitung von Lit. betrieben, zwangsweise zusammengefaßt. Die Mitgliedschaft in der Reichsschrifttumskammer war demnach unerläßlich für alle, die eine schriftstellerische Tätigkeit ständig und mit einem wesentlichen Teil ihrer Arbeitskraft ausübten. Da bei der Aufnahme in die RSK der Nachweis der sogenannten arischen Abstammung verlangt wurde, waren jüdische Schriftsteller grundsätzlich aus der Kammer ausgeschlossen. Als oberster staatlicher »Lenkungsapparat« für Lit. fungierte die Abteilung Schrifttum in dem neugebildeten Reichsministerium für Volksaufklärung und Propaganda. Da parteiamtliche Lenkungsämter, die äußerlich von der Ministerialabteilung getrennt waren, vielfach über ihren Zuständigkeitsbereich hinausstrebten, sind auch innerhalb der NS-Lit.-Politik Machtkämpfe ausgetragen und in Einzelfragen unterschiedliche Standpunkte eingenommen worden. Die Lenkung der Lit. erfolgte mittels der erwähnten Einheits- und Zwangsorganisation, durch Steuerung der Buchproduktion und des Buchhandels, der Volksbüchereien u. ä., durch Werbung in der »Woche des Buches«, durch öffentliche Preisverleihungen, durch Staatszensur und Parteigutachten (Dietrich Strothmann). Die Buchkritik der Publizistik früherer Zeit wurde 1936 verboten und von einer würdigenden Berichterstattung durch die der Reichspressekammer unterstehenden »Kunstschriftleiter« abgelöst.

Die durch den Nationalsozialismus direkt oder indirekt ausgebürgerte dt.-sprachige Lit., die also im Ausland erscheinen mußte und die dem dt. Publikum in der Regel nicht zugänglich war, wird als dt. Lit. im Exil bezeichnet. Zu ihren Autoren gehören Deutsche, Österreicher, dt.-schreibende Tschechoslowaken, Ungarn, Schweizer, Amerikaner sowie einige Autoren, die zwar nicht emigrieren mußten, deren Werke aber nach 1933 bzw. 1938 nur außerhalb ihrer Heimatländer verbreitet werden konnten. Erste Zentren der dt. Lit. im Exil waren Wien (bis 1938), Prag, Amsterdam, Paris, Moskau, die Schweiz, Skandinavien, spätere Palästina, USA, Argentinien, Chile, Brasilien, Mexiko (Hildegard Brenner). Die Situation der Emigranten war gekennzeichnet durch die Verpflanzung in ein fremdes Sprachgebiet und die Unsicherheit des Publikums- und Abnehmerkreises.

Die Begriffe »Innere Emigration« und »Emigration nach Innen« sind hinsichtlich ihrer wissenschaftlichen Brauchbarkeit und Interpretation umstritten. Der Ausdruck »Innere Emigration« wurde wahrscheinlich Ende 1933 durch Frank Thieß in einem Protestbrief gegen die Verbrennung zweier seiner Bücher erstmalig schriftlich fixiert. Thomas Mann unterschied 1938 »die Deutschen der inneren und äußeren Emigration«. »Innere« und »äußere« Emigration standen in den Offenen Briefen zur Erörterung, die 1945 und 1946 in der neuen, von den Militärregierungen geleiteten dt. Presse erschienen. Hauptsprecher waren dabei Walter v. Molo und Frank Thieß einerseits, Thomas Mann andererseits. »Emigration nach innen« wurde nach 1945 auch von Unberechtigten als Alibi in Anspruch genommen. Das »Bemühen, innere Emigration und geistigen Widerstand auf ein und dieselbe Stufe zu stellen, kann nicht unwidersprochen hingenommen werden« (Ernst Loewy). »Innere Emigration« wurde

– unter Begrenzung auf wenige Schriftsteller – definiert als »untrennbare Verbindung von Oppositionsgeist und . . . Distanzierung von der nationalsozialistischen Herrschaft« (Herbert Wiesner).

Als produktive Selbsthilfe, um der sozialen Not der plötzlich arbeitslos gewordenen jüdischen Künstler zu steuern, wurde im Sommer 1933 in Berlin der »Kulturbund Deutscher Juden« gegründet, dessen Vorstand Dr. Kurt Singer, Julius Bab u. a. angehörten. Nach dem Beispiel des staatlich überwachten Berliner Jüdischen Kulturbundes, dessen Veranstaltungen nur Juden gegen Ausweis zugänglich waren, begannen sich Kulturbünde z. B. in Köln, Frankfurt/M., Hamburg zu formen. Der »Reichsverband der Jüdischen Kulturbünde in Dld.« wurde 1935 der allein gestattete organisatorische Zusammenschluß aller jüdischen Kulturorganisationen. Die Kulturbünde der Jahre 1933–38 (in eingeschränktem Maße wirkten sie bis 1941) unterhielten Schauspielensembles, eine Oper, Symphonieorchester, Chöre u. a. und veranstalteten auch Vorträge und Kunstausstellungen. Über 2 000 Künstler und vortragende Dozenten waren zusammengefaßt, und fast 70 000 Menschen in etwa 100 Städten bildeten das Publikum, »der größte freiwillige Zusammenschluß von Juden in Deutschland . . . ein moralisches Reservoir . . . Zentrum des geistigen Widerstandes« (Herbert Freeden). Die Zss. und regionalen Mitteilungsblätter gelten als Lit. der Inneren Emigration (Herbert Wiesner).

Von ausländischer Dg. wurden für die Entwicklung der dt. Lit. besonders zwei umfangreiche R.-Werke entscheidend, die im Original und in Übss. seit der Mitte der zwanziger Jahre wirksam werden konnten, deren Einfluß jedoch innerhalb Dld.s von 1933 bis 1945 unterbunden wurde: Marcel Prousts (1871–1922) *Suche nach der verlorenen Zeit* (entst. seit 1906, ersch. 1913–1927; dt. Übs. seit 1926) und des Iren James Joyce (1882–1941) *Ulysses* (entst. 1914–1921, ersch. 1922; dt. Übs. 1927). Beide sind beeinflußt von dem durch Henri Bergson (1858–1941) im Gegensatz zu den Naturwissenschaften entwickelten Begriff der eigentlichen, der gelebten Zeit, der »durée réelle«. Prousts vielbändiges Romanwerk führte die unerlöst im Menschen verbliebene Vergangenheit durch die Kräfte des Erinnerns wieder zur Belebung. Es zertrümmerte die chronologische Zeitfolge, erreichte Simultaneität des Vergangenen und Gegenwärtigen. Bei Joyce rückt der durch ihn populär gewordene »innere Monolog« mit seiner Assoziationstechnik Gegenwärtiges und Vergangenes in eine Ebene; er dient nicht nur der Darstellung des neuen Zeitbegriffs, sondern auch der Aufdeckung der durch die Psychoanalyse erfaßten Welt des unbewußten Trieblebens. Der Mensch erscheint ohne Mitte, nur als exemplarischer Typ einer modernen Lebenshaltung.

Illusionslose Härte bei der Enthüllung des menschlichen Seelenlebens ist auch bezeichnend für eine Anzahl amerikanischer Schriftsteller, deren Wirkung z. T. schon vor 1933, im wesentlichen aber erst nach 1945 spürbar wurde. Der von Joyce beeinflußte John Dos Passos (1896–1970) gab mit *Manhattan Transfer* (1925; dt. 1929), einem Querschnitt durch New York, ein Vorbild für die Darstellung der modernen Großstadt; in *Manhattan Transfer* und der R.-Trilogie *USA* (1930, 1932, 1936) war mit der Behandlung der Zeit und der Handhabung der Erzählperspektive, mit dem Montagestil unter Einbau von zeitgenössischen Schlagzeilen und Slogans die Technik des neuen R. voll ausgeprägt. Bezeichnend für das »understatement« wurde Ernest Hemingway (1898–1961), vor allem mit dem Weltkriegsroman *A Farewell to Arms* (1929; dt. *In einem anderen Land*, 1930), dem R. aus dem Spanischen Bürgerkrieg *For Whom the Bell Tolls* (1940; dt. *Wem die Stunde schlägt*, 1941) und *The Old Man and the Sea* (1952; dt. 1952, 1958). Auch die Romane des Engländers Joseph Conrad (1857 bis 1924) haben durch ihre die Erzählperspektive wechselnde »Standpunkttechnik« auf die Struktur des R. eingewirkt.

Schonungslosigkeit in der Darstellung menschlicher Schwächen und Laster kennzeichnet auch die neuere religiöse Lit. Unter den Vertretern des Renouveau catholique ist als erster Léon Bloy (1846–1917) vor allem mit *La femme pauvre* (1897; dt. *Die Armut und die Gier*, 1950) zu nennen, dann Paul Claudels (1868–1955) mystische Märtyrerdrr. (*L'Annonce faite à Marie*, 1912; dt. *Verkündigung*, 1912; *Le soulier de satin*, 1929; dt. *Der seidene Schuh*, 1939) und Georges Bernanos' (1888–1948) Priester-Rr. (*Le soleil de Satan*, 1926; dt. *Die Sonne Satans*, 1927; *Journal d'un Curé de campagne*, 1936; dt. *Tagebuch eines Landpfarrers*, 1936). Zu den wirksamsten Vertretern der katholischen Lit. gehört auch der Engländer Graham Greene (geb. 1904), der in seinen Rr. alle Mittel moderner Erzähltechnik einsetzte (*The Power and the Glory*, 1940; dt. *Die Kraft und die Herrlichkeit*, 1948; *The Heart of the Matter*, 1948; dt. *Das Herz aller Dinge*, 1949). Eine dem Renouveau catholique verwandte Wirkung ging von den Vers-Drr. des der engl. Hochkirche angehörenden T. S. Eliot aus (1888–1965), der mit *The Rock* (1934), *Murder in the Cathedral* (1935; dt. 1946) und *Family Reunion* (1939; dt. *Der Familientag*, 1947) eine Erneuerung der Tr. aus dem Geist des Christentums anstrebte.

Die Lit. des dt. sozialistischen Realismus nahm sich die realistische Darstellung des Bauern- und Arbeiterlebens und der sozialistischen Revolution durch sowjetische Schriftsteller zum Vorbild: Aleksandr Serafimowitsch (1863–1949) mit *Der eiserne Strom* (1924), Maxim Gorkij (1868–1936) mit *Nachtasyl* (Dr., 1905) und *Die Mütter* (1907), Aleksej Tolstoj (1883–1945) mit *Der Leidensweg* (1920–1922) und *Das Brot* (1938), Fjodor Gladkow (1883–1958) mit *Zement* (1924), K. A. Fedin (geb. 1892) mit *Die Brüder* (1928), Aleksandr Fadejew (1901–1956) mit *Vernichtung* (1926) und *Die junge Garde* (1949), Michail Scholochow (geb. 1905) mit dem großen R. *Der stille Don* (1925–1935) und in der Lyrik die monumentale Verskunst Wladimir Majakowskijs (1893–1930).

Das Bemühen um die Aneignung und Sichtbarmachung eines neuen Wirklichkeits- und Weltbildes führte zum Zurücktreten der Fabel und der Stimmung hinter der Reflexion. So konnte festgestellt werden, daß die moderne Lit. eine »säkularisierte religiöse Thematik« (Günter Blöcker) habe und daß sie »ganz bewußt einen Teil der metaphysischen Arbeit, die z. B. im 19. Jh. von der philosophischen Systematik geleistet wurde, übernommen hat und in bestimmten Grenzfällen gleichsam als implizite Metaphysik aufgefaßt werden kann« (Max Bense). Als Folge davon verlor die Qualitätsfrage oft an Bedeutung, Klassizität und Vollendung wirkten als Flucht vor der gedanklichen Bewältigung der Zeit- und Seinsfragen. Die denkerische Überwindung des Zerfalls, der sich keine Realität als Stütze bietet, führte zum inhaltlichen wie formalen Experiment, zur Zerstörung und Verzerrung der Sinnenwelt, zur bewußten Zuspitzung von Gestalten und Ereignissen zum Modell, zur Formel, zur Allegorie, zur Erweiterung des Bewußtseins- und Erlebnishorizontes ins Unbewußte und Überwirkliche, zur Gestaltung eines neuen Mythus. Mit dieser aus dem Expressionismus herrührenden Neigung zur Abstraktion trat die moderne Lit. in ein »Zeitalter der Utopie« (Fritz Martini).

Bemerkenswert sind die Gestaltung politischer oder wissenschaftlicher Utopien (Hesse, Werfel, Jünger, Heinrich Mann) und der Rückgriff auf das Mythisch-Archaische (Thomas Mann), im Bereich der christlichen Dichtung als Mythisierung des teuflischen Prinzips (Langgässer). Während hinter dem Bild des zukünftigen Menschen die Geschichte als lit. Thema zurücktrat, wurde sie für den christlichen Autor gerade der Stoff, an dem sich das Wirken Gottes und der Bezug des Menschen auf das Transzendente sichtbar machen ließ (Gertrud von Le Fort, Reinhold Schneider, Jochen Klepper, Edzard Schaper, Werner Bergengruen). Auch die Lit. des sozialistischen Realismus griff mit ihrer Forderung nach einer in der Dg. sichtbar zu machenden »Perspektive« – die Ansicht des Autors über »die zukünftige Entwicklung der in seinem Werk angelegten Wirklichkeit, insbesondere der darin geschilderten Menschen« (Horst Haase) – über den Rahmen des Gegenwärtigen und Gegebenen hinaus, wobei sie sich auf den wissenschaftlichen Charakter des dialektischen Materialismus stützte, der der Zukunft sicher ist, und sich von der idealistischen und utopischen vorsozialistischen Lit. distanzierte. Das »Hinausweisen« über die bestehende Gesellschaft wurde als Kriterium des sozialistischen Realismus bezeichnet (Hans Kaufmann), der seinen Realismus-Begriff nicht als Stilkriterium und seine »Abbild-Theorie« historisch-dialektisch begriffen wissen will.

Der Mensch in der Lit. dieser Epoche wurde Modellfigur, ein exemplarischer Fall, sei es der Ausgesetztheit und Unsicherheit (Thomas Mann, Kafka, Musil, Broch), sei es des kämpferischen Proletariats (Brecht), sei es der Geborgenheit in Gott (Gertrud von Le Fort, Reinhold Schneider). Die Handlung wurde Gleichnis, Parabel.

Die Überzeugung, daß das Wirkliche der Kunst jenseits der dinglichen Erscheinung liege, äußerte sich in dem Bestreben, das Mehrschichtige der Dinge zu treffen, außer der Erscheinung das hinter ihr Verborgene, die Transparenz, sichtbar zu machen, außer dem Augenblicklichen das Vergangene und Zukünftige, außer dem Statischen die Bewegung darzustellen. Der chronologische und psychologische Zusammenhang wurde aufgelöst, eine andersartige Verknüpfung durch Assoziation, Präfiguration und durch Ein- und Überblendung sowie durch Montage hergestellt und so die Simultaneität zeitlich und örtlich auseinanderliegender Geschehnisse erreicht. Die epische wie die dramatische Objektivität wurde zerstört (Döblin, Brecht), die

Scheidung von Subjekt- und Objekt-Sphäre verwischt (Kafka, Broch), das Reale mit dem Irrealen verschmolzen, der innere Monolog, der Traum, die Vision nicht von der Darstellung der sinnlichen Welt abgesetzt. Der Dichter greift einerseits durch Kommentar, Zitat, Verweis, Essay in das Kunstwerk ein, andererseits verbirgt er sich hinter schillernder Ironie (Thomas Mann, Musil) und distanzierenden Erzählerfiguren (Thomas Mann).

In der Sprache machte sich die Schwierigkeit, die Seinsvorstellung und den künstlerischen Ausdruck zur Deckung zu bringen, besonders bemerkbar. Vom Naturalismus wirkte die Neigung zur Präzision und die Verwendung der Alltagssprache nach; die esoterische Haltung der expressiven Sprache hatte die Grenzen des Wortes deutlich gemacht, die in seinem Mitteilungscharakter liegen, es blieb jedoch das Recht auf »Freiheit der Benennung«, das Bewußtsein, daß der Dichter »vom Wort her die Welt neu machen« kann (Max Bense), also die Tendenz zur Stilisierung, Verknappung, Ballung im Sinne von Andeutung, Distanz, Untertreibung (»Understatement«). Die Methode der »Unterkühlung«, des »Verfremdungs-Effekts« (Brecht) oder der »Technik des Entzugs« (Ernst Jünger) läßt den Dichter als einen klugen und gebildeten Artisten, als Essayisten oder als bewußten Vorkämpfer einer Weltanschauung erscheinen. Die Beherrschung des Handwerks gewann höheren Rang als die Inspiration; in der Lit. des sozialistischen Realismus wird die »Spontaneität« und »Mystifizierung« des künstlerischen Schaffens abgelehnt.

Diesem Verhältnis des Schöpfers zu seinem Werk entspricht der sich auf die ästhetischen Prinzipien und die Technik des Gestaltens auswirkende Zug zum Experimentellen. Nach Entleerung und Zertrümmerung der alten Formen entstanden neue, mit denen meist, da die gattungsbegrenzten Ausdrucksmöglichkeiten nicht hinreichten, die Gattungsgrenzen überschritten und verwischt wurden. Zu besonderer Geltung gelangten Essay, Skizze, Tatsachenbericht, Reportage, Brief und Tagebuch, die teils an die Stelle früher bevorzugter Gattungen traten, teils in sie eindrangen. Die Kleinformen erwiesen besonders in engagierter Lit. erneut ihre Zweckmäßigkeit für einprägsame Belehrung. »Alle Gattungen der religiösen, moralischen, aufklärerischen Gesinnungskunst werden heute unverkennbar wieder lebendig« (Walter Muschg). Besondere Bedeutung haben die »operativen, zum direkt Tendenziösen neigenden Genres« (Hans Günther Thalheim) in der Lit. des sozialistischen Realismus, wo sie nicht nur »als Vorarbeiten im Prozeß der künstlerischen Aneignung« (Horst Eckert) der sozialistischen Wirklichkeit und als Vorbereitung zur großen Form angesehen, sondern auch wegen ihrer unmittelbaren Wirkung geschätzt werden. »Die kleine Form gestattet ein direktes Sichengagieren im Kampf« (Brecht).

Die operativen Genres des sozialistischen Realismus beruhen auf einer in das letzte Viertel des 19.Jh. und die Kalendergeschichten und Erlebnisberichte der Unterhaltungsblätter und Parteikalender zurückreichenden Tradition, die Ende der zwanziger Jahre mit dem Reportagestil von Willi Bredel, Hans Marchwitza, Adam Scharrer aufgenommen wurde.

Der R. stieg zur wichtigsten und besonders umstrittenen Lit.-Gattung auf. Soweit er den aus seinem Kontakt mit der Umwelt gelösten, denaturierten, ambivalenten Menschen zeigt, sind die Charaktere auf Typen reduziert, die als »Niemand- oder Jedermann-Gestalten« (Bernhard Rang) erscheinen und der Handlung einen parabolischen Wert geben. Die geistige und soziale Vereinzelung solcher Gestalten äußert sich in ihrem Monologisieren.

Das Bemühen des R.-Autors, diesem Monologischen und den verschiedenen Bewußtseinsschichten gerecht zu werden und zugleich die vieldimensionale Wirklichkeit einzufangen, führte zu einer bewußteren Handhabung der Erzählerperspektive, die daher eine bedeutsame Rolle bei der Strukturanalyse der betreffenden Rr. zu spielen begann. Der im realistischen R. des 19.Jh. vorherrschende allwissende »olympische« Erzähler war weitgehend aufgegeben. Da der Autor der Wahrheit nur in unendlichen Brechungen habhaft zu werden glaubte, wechselte er die Perspektive durch verschiedene erzählende Personen oder brach die Perspektive durch einen zwischengeschobenen Erzähler (Thomas Mann). Entscheidend wurde die Ausschaltung des Erzählers durch den sog. inneren Monolog (Stream of Consciousness) bei Joyce oder die »Einsinnigkeit des Erzählens« (Friedrich Beißner), die Erzählung aus dem Erlebnishorizont des Helden, bei Kafka. Mit der Neuartigkeit der Perspektive ergab sich ein neues Verhältnis der Erzählkategorien (Szene, Bericht, Beschreibung, Kommentar) zueinander. Dem Monologisieren entsprach das Eindringen des Essays und des Tagebuchs in den R., dem Bestreben nach Bewältigung der Realität der dokumentarische Bericht und der Dialog. Die Montage verschiedenartiger Darbietungsweisen löste das gleichmäßig dahinströmende Fabulieren ab.

Weitere charakteristische Strukturelemente zahlreicher Rr. wurden – teilweise unter Einfluß der erwähnten ausländischen – die Behandlung der Zeit, das Spannungsverhältnis zwischen erzählter Zeit und gelebter Zeit, die Aufhebung des raumgebundenen Erlebens und des chronologischen Berichts durch Simultaneität, der Verzicht auf episches Verweilen, die auch bei Film und Rundfunk übliche Technik der Raffung und Ineinanderschiebung von Szenen, die Steigerung bis zu lyrischer Aussage.

Im Gegensatz zum R. trat die Nov., die nicht simultane Wiedergabe eines Weltganzen, sondern Konzentration aus einer überlegenen Sicht erstrebt, zurück. Im Bereich eines geschlossenen Weltbildes wie der christlichen Lit. erlangte die »einmalige Begebenheit«, sonst ein unzeitgemäßes Thema, Sinnbildhaftigkeit; ihr blieb auch der hist. Stoff gemäß (Gertrud von Le Fort, Bergengruen, Andres).

Die Versachlichung, die im zweiten Viertel des 20. Jh. einsetzte, nahm der Lyrik die bevorzugte Stellung, die sie bei der expressionistischen Generation gehabt hatte. Bemerkenswerte Weiterentwicklungen vollzogen sich in der Natur- und Landschaftslyrik (Lehmann, Loerke, Huchel) und der sogenannten Gebrauchslyrik mit ihrer volkstümlich-saloppen, nüchtern-ironischen Sprache (Erich Kästner, 1899–

1974). Vers, Strophe, Reim wurden anerkannt und verwendet. Die Rückgewinnung anspruchsvoller geschlossener Formen (Weinheber, Weiß) ist auch bei Benn feststellbar. Wegen ihrer Eignung als Kommunikationsmittel wurden zu politischem Anruf die kleinen, schlichten Formen verwendet: Bauernspruch und Kalendervers, Song und Shanty, Marschlied, Sprechchor. Die Kabarettballade setzte die auf Wedekind, Morgenstern und den Expressionismus rückleitbare Entwicklung mit verstärkter Zeitnähe und Zeitkritik fort. Durch Walter Mehring (geb. 1896) erhielt die Songballade oder der Balladensong (*Ketzerbrevier*, 1921; *Die Gedichte, Lieder und Chansons*, 1929) besondere Aggressivität, Rhythmik und Aussagekraft des Refrains. Weitere Vertreter der Gattung waren Klabund (1890 bis 1928), Joachim Ringelnatz (1883–1934), Kurt Tucholsky (1890–1935) sowie vor allem Bert Brecht (*Hauspostille*, 1927).

Bis auf die Lyrik gehört die während des Dritten Reiches exemplarisch herausgestellte Lit. ihrer Entstehung nach überwiegend schon dem vorausgegangenen Jahrzehnt an. Dies gilt vor allem für Bücher, in denen die Bewährung im »Feuer und Blut der Materialschlacht«, der »Frontgeist« und die »Kameradschaft« verherrlicht und Gegenentwürfe zu den Werken von Remarque, Renn, Arnold Zweig versucht wurden, und für eine bestimmte Art von Heimat-Dg., deren antiintellektuelles Bekenntnis zum Organisch-Gewachsenen und Elementaren schließlich in »Blut-und-Boden«-Lit. ausartete.

In der NS-Lit. vollzog sich eine Verengung des Motivbestandes »auf eine kleine Zahl immer wiederkehrender Bilder und Symbole, die indessen kompensiert wurde durch die Häufigkeit, mit der man sie verwandte« (Ernst Loewy). Als Vorbild und Wegbereiter galten der NS-Lyrik einerseits Volkslied, Soldatenlied und Spruch, andererseits Hölderlin und Stefan George *(Das Neue Reich)*. Das Vokabular beherrschten germanisierende Wörter, Glut- und Feuermetaphern, Trommeln und Fanfaren, Schwerter, Banner, Fahnen, Erde, Scholle, Art, Stamm und Blut, aus religiösem Bereich bezogene Wörter wie Weihe, Sendung, Heil, Glaube, Dom, Altar sowie schließlich die Wörter Führer, Führertum, das Reich. Soweit diese Lyrik weniger für besinnliche Einzelleser als für gemeinschaftliche Feiern und Aufmärsche gedacht war, hatte sie eine Appellform mit überindividuellem Grundzug (Albrecht Schöne).

Das Dr. verlor die führende Stellung, die es am Anfang der 20er Jahre einnahm. Der Expressionismus, der die Dramaturgie und Inszenierungsweise des Illusionstheaters zerstört hatte, hinterließ die Neigung zur offenen, reihenden Form nach dem Vorbild Shakespeares, des Sturm und Drang, Büchners, und die Erkenntnis, daß das Theater nicht Scheinwirklichkeit, sondern Deutung ist. Ältere Gattungen (Moralität, Parabelspiel, Mysterienspiel, Allegorie) erwiesen sich in diesem Zusammenhang als wiederbelebbar. Die Besinnung auf die Strukturmöglichkeiten des Dr. eröffnete neue Mittel zur Überwindung der Einschichtigkeit des Sinnlich-Faßbaren sowie zur Sichtbarmachung des Gleichzeitigen und Gegensätzlichen. Der im R. weitgehend verbannte »allwissende« Erzähler übernahm im Dr. die Aufgabe, den Dialog nach dem Gedachten und Gefühlten hin zu ergänzen, der Handlung die Breite des Lebensbildes zu geben und die gezeigten Vorgänge in geschichtliche, soziologische und weltanschauliche Zusammenhänge einzuordnen.

Die neue Sachlichkeit nach der expressionistischen Ekstase wirkte sich in der Wahl historischer oder gegenwärtig-volkstümlicher Stoffe aus, und die Konkretisierung der politischen Ideen erfolgte in Theaterstücken mit sozialer, öffentlich-moralischer, revolutionärer Thematik. Bert Brecht, der in *Leben König Eduards* (1924) und in der *Dreigroschenoper* (1928) das Lehrhafte noch im Gewande des von ihm bekämpften »Kulinarischen« geboten hatte, bediente sich in der Periode der *Lehrstücke* (1929–38) der auch von anderen Dramatikern des sozialistischen Realismus benutzten Möglichkeiten des »Agitproptheaters« und stieß schließlich zu Parabelstücken vor, die den exemplarischen Fall ins Überzeitliche erhoben.

Bert Brechts Theorie des epischen Theaters ist in mehreren Schriften niedergelegt: *Anmerkungen zur Dreigroschenoper* (1931) und *Anmerkungen zur Oper Mahagonny* (1931); *Kleines Organon für das Theater* (1948). Der Erzähler, die Rahmenhandlung, Theater auf dem Theater, kommentierende Spruchbänder und andere epische Mittel dienten, genau wie die Einführung von Songs und lyrisch gesteigerten Monologpartien ad spectatores, zur Erreichung des Verfremdungseffektes (V-Effekt). Die Verfremdung, d. h. die Mittelbarkeit zwischen dargestellter Handlung und Publikum – ein in Beziehung zur Hegelschen Ästhetik stehender Begriff (Max Bense), überwindet nach Brecht den Illusionscharakter des Theaters und macht es frei für erzieherische, politische Wirksamkeit. Der Schauspieler verwandelt sich nicht restlos, er »zeigt«, er fordert den Zuschauer zur Kritik auf, bringt ihn zur Aktion.

Das Hörsp. entwickelte sich aus Schauspielen, die seit 1924 im Hörfunk übertragen wurden. Um die fehlende optische Dimension zu ersetzen, versuchte der Autor, den Hörer durch die ausgestrahlte Sprache zum Erlebnis innerer Bilder anzuregen. Die Geräuschkulissen wurden von sparsam verwendeten akustischen Symbolen abgelöst. Als technisches Hilfsmittel zur Überbrückung räumlicher und zeitlicher Entfernungen diente die Blende.

Dt.-sprachige lit. Zss., die außer den in anderen Kapiteln genannten im zweiten Viertel des 20. Jh. – zum Teil als dt. Lit. im Exil – erschienen:

Die Literatur (1898–1923 als *Das lit. Echo*), bis 1933 hgg. Ernst Heilborn, bis 1942 hgg. Wilhelm Emanuel Süskind.

Die schöne Literatur (seit 1931 *Die neue Literatur*) 1923–1943, hgg. Will Vesper.

Die literarische Welt 1925–1934, hgg. Willy Haas; fortgeführt 1934–1941 als *Das dt. Wort*, hgg. Margarete Kurlbaum-Siebert und Hans Bott.

Die Linkskurve 1929–1932, im Auftrage des »Bundes proletarisch-revolutionärer Schriftsteller« hgg. Johannes R. Becher, Andor Gabor, Kurt Kläber, Hans Marchwitza, Erich Weinert u. Ludwig Renn.

Corona 1930–1943, hgg. Martin Bodmer (bis 1943) u. Herbert Steiner (bis 1939), 1943 Alexander von Müller u. Bernt von Heiseler.

Die Neue Rundschau (vgl. das Kap. »Naturalismus«) ersch. bis 1944 in Berlin, 1945 bis 1948 in Stockholm, 1948–1949 in Amsterdam, seit 1950 in Frankfurt/Main, 1950 hgg. Gottfried Bermann Fischer, Peter Suhrkamp, 1951–1962 hgg. Gottfried Bermann Fischer, seit 1963 hgg. Golo Mann, Herbert Heckmann, (bis 1969) Harry Pross, Gottfried Bermann Fischer, Rudolf Hartung und (seit 1970) Peter Härtling.

Die Sammlung 1933–1935 ersch. in Amsterdam, hgg. Klaus Mann.

Neue dt. Blätter 1933–1935 ersch. in Prag, hgg. Oskar Maria Graf, Wieland Herzfelde u. Anna Seghers.

Das Wort 1936–1939 ersch. in Moskau, hgg. Bert Brecht, Lion Feuchtwanger u. Willi Bredel; seit 1939 verbunden mit der dt. Ausg. (seit 1937 mit dem Titel *Dt. Blätter*) der *Internationalen Literatur* (1931–1945 ersch. in Moskau), hgg. Johannes R. Becher u. a.

Maß und Wert 1937–1940 ersch. in Zürich, hgg. Thomas Mann u. Konrad Falke.

Freies Deutschland 1941–1946 ersch. in Mexiko.

Orient 1942–1943 ersch. in Haifa.

Die wichtigsten Autoren:

Benn, Gottfried (vgl. S. 542).

Bergengruen, Werner, geb. 1892 in Riga. Bis 1914 Stud. der Rechte, Gesch. und Lit.-Gesch. in Marburg, München und Berlin. Wurde nach dem Weltkrieg Journalist, lebte seit 1924 als freier Schriftsteller, zunächst in Solln bei München. Seit 1946 in Zürich und seit 1958 in Baden-Baden. Gest. 1964 ebd.

Brecht, Bert(olt), geb. 1898 in Augsburg. Erhielt 1922 für *Trommeln in der Nacht* den Kleistpreis. War Dramaturg an den Münchener Kammerspielen, lebte dann als Schriftsteller in Berlin; 1933 emigrierte B. zuerst nach Österreich, dann nach Dänemark, Schweden, der UdSSR und Kalifornien, wo er in Santa Monica lebte. Ging nach dem Kriege zunächst nach Zürich, kehrte dann nach Berlin(-Ost bzw. DDR) zurück. Gest. 1956 ebd.

Broch, Hermann, geb. 1886 in Wien. Stud. Mathematik und Philosophie, war bis 1928 Direktor eines Industriekonzerns in Wien, 1928–1931 erneutes Studium, 1938 Emigration nach den USA, dort Beschäftigung mit Massenpsychologie. Gest. 1951 in New Haven.

Carossa, Hans, geb. 1878 in Tölz als Sohn eines Arztes. Stud. med. in München, Würzburg und Leipzig. Seit 1903 Arzt in Passau, dann in Nürnberg, München, Seestetten/Donau und zuletzt als freier Schriftsteller in Rittsteig bei Passau. Gest. 1956 ebd.

Doderer, Heimito von, geb. 1896 in Weidlingen/Niederösterreich, wuchs aber später in Wien auf. Als Offizier im Ersten Weltkrieg, 1916 Kriegsgefangener, vier Jahre in Sibirien. Nach der Entlassung Studium der Gesch. und Promotion zum Dr. phil. Teilnahme auch am Zweiten Weltkrieg. Seit 1946 wieder in Wien. Gest. 1966 ebd.

Döblin, Alfred (vgl. S. 542).

Jünger, Ernst, geb. 1895 in Heidelberg als Sohn eines Apothekers. 1914 Kriegsfreiwilliger und bis 1923 Angehöriger der Reichswehr, im Zweiten Weltkrieg wieder Offizier. Lebte in Berlin, Meersburg, Kirchhorst bei Hannover, Ravensburg, jetzt in Wilflingen/Württ.

Kafka, Franz, geb. 1883 in Prag. Studierte 1901–1906 Jura in Prag und München. Begann 1907 mit schriftstellerischen Arbeiten. Wurde 1908 Angestellter der Arbeiter-Unfall-Versicherungsanstalt in Prag. 1909–1914 unternahm er verschiedene Auslandsreisen. Seit 1917 tuberkulosekrank. Zog 1923 nach Berlin. Gest. 1924 im Sanatorium Kierling bei Wien.

Kolbenheyer, Erwin Guido, geb. 1878 in Budapest. Stud. der Naturwissenschaften und Philosophie in Berlin, 1905 Dr. phil. Seit dem R. *Amor Dei* (1908) freier Schriftsteller. Lebte nach dem Ersten Weltkriege in Tübingen, seit 1932 in Solln bei München. Gest. 1962 in Gartenberg bei Wolfratshausen/Oberbayern.

Le Fort, Gertrud von, geb. 1876 in Minden als Tochter eines Offiziers. Stud. Religionsphilosophie und Gesch. in Rom und Heidelberg. 1924 Übertritt zum Katholizismus. Seit 1900 schriftstellerisch tätig. Lebte bis 1939 in Baierbrunn bei München, später in Oberstdorf. Gest. 1971.

Mann, Heinrich (vgl. S. 542).

Mann, Thomas, geb. 1875 in Lübeck als Sohn eines Senators, Bruder von Heinrich Mann. Kam 1893 nach dem Tode des Vaters nach München, wo er zunächst in einer Feuerversicherungsanstalt volontierte, dann lit., hist. und kunsthist. Vorlesungen hörte und vorübergehend Redakteur des *Simplizissimus* war. 1895–1897 in Italien. Dann freier Schriftsteller in München. 1929 Nobelpreis für die *Buddenbrooks*. Emigrierte 1933 in die Schweiz, dann nach den USA. Lebte in Kalifornien. Gest. 1955 in Zürich.

Musil, Robert Edler von, geb. 1880 in Klagenfurt als Sohn eines Beamten. 1898–1901 Stud. Maschinenbau Techn. Hochschule Brünn, 1902–1903 Assistent Techn. Hochschule Stuttgart. 1903–1910 in Berlin, wo M. bis 1908 Philosophie und Psychologie studierte und zum Dr. phil. promovierte. 1911–1914 Bibliothekar in Wien. War im Ersten Weltkrieg Offizier und redigierte eine Soldatenzeitung, bis 1922 Angehöriger des Bundesministeriums für Heerwesen. Lebte dann als Schriftsteller bis 1933 in Berlin, bis 1938 in Wien, dann in der Schweiz. Gest. 1942 in Genf.

Seghers, Anna, geb. 1900 in Mainz. Stud. Kunst- und Kulturgesch., Dr. phil. in Heidelberg. 1925 Ehe mit dem ungar. Schriftsteller Laszlo Radvanyi, seit 1926 schriftstellerische Tätigkeit. 1933 Emigration nach Frankreich, 1941 nach Mexiko. Seit 1947 in Berlin (-Ost bzw. DDR), wo sie Vizepräsidentin des Kulturbundes zur demokratischen Erneuerung Dld.s und 1950 Mitglied des Präsidiums des Dt. Schriftstellerverbandes wurde.

Seidel, Ina, geb. 1885 in Halle als Tochter eines Arztes. Lebte 1897–1907 in München und nach der Verheiratung mit ihrem Vetter Heinrich Wolfgang Seidel in Berlin, Eberswalde, wieder Berlin. Seit 1934 in Starnberg, gest. 1974 in Ebenhausen bei München.

Werfel, Franz (vgl. S. 543).

Wiechert, Ernst, geb. 1887 in Kleinort/Ostpreußen als Sohn eines Försters. Schulbesuch und Studium in Königsberg, dann Studienrat, seit 1930 in Berlin. Lebte seit 1933 als freier Schriftsteller in Ambach am Starnberger See und auf Hof Gagert bei Wolfratshausen. War während des Sommers 1938 im Konzentrationslager Buchenwald inhaftiert. Siedelte 1948 nach Uerikon/Schweiz über, wo er 1950 starb.

Zuckmayer, Carl, geb. 1896 in Nackenheim/Rhein als Sohn eines Weinhändlers. War im Ersten Weltkrieg Offizier, studierte vorübergehend, lebte seit Anfang der zwanziger Jahre als Schriftsteller in Berlin. Emigrierte 1933 nach Österreich, 1938 in die Schweiz, 1939 nach den USA. Seit 1946 wiederholter Aufenthalt in Europa und seit 1958 Wohnsitz in der Schweiz.

Zweig, Arnold, geb. 1887 in Groß-Glogau (Schlesien) als Sohn eines Sattlermeisters. Lebte nach dem Studium als freier Schriftsteller am Starnberger See, seit 1923 in Berlin. Emigrierte 1933 über die Tschechoslowakei, die Schweiz und Frankreich nach Palästina. Seit 1948 in Berlin(-Ost bzw. DDR), wo er 1950–53 Präsident der Dt. Akademie der Künste und 1957 Präsident des Dt. PEN-Zentrums Ost und West wurde. Gest. 1968 ebd.

Zweig, Stefan (vgl. S. 494).

1922 **Hans Carossa**
(Biogr. S. 583):
Eine Kindheit

R. mit stark autobiographischem Gehalt. Fingiert als Herausgabe von Blättern, die dem Autor im Herbst 1915 »ein Kriegsgenosse« übergeben habe.

Die ersten zehn Lebensjahre eines bayerischen Arztsohnes mit lange in ihm nachwirkenden entscheidenden Erlebnissen.

C.s autobiographische Schriften gestalten die Bewältigung des Lebens unter dem Begriff der Verwandlung. Realität und Zeitlichkeit gesehen mit dem Blick auf das Ewig-Zeitlose. Ziel: »anderen ein Licht auf ihre Bahn zu werfen, indem ich die meinige aufzeigte«. An Goethe, Rilke und Hofmannsthal geschulte Prosa. Lockere Reihung von Einzelerlebnissen. Lyrischer Zug, Gelassenheit und Klanglichkeit der Sprache.

Fortss.: *Verwandlungen einer Jugend* (1928, Verpflanzung aus der Familie in das Internatsleben), *Führung und Geleit* (1933, bis zum Ende des Weltkrieges), *Das Jahr der schönen Täuschungen* (1941), *Ungleiche Welten* (1951).

1922   Wolfgang Goetz
         (1885–1955, Berlin):
         Neithardt von Gneisenau

Schsp. 5, Prosa.
Gneisenau als der eigentliche Sieger von Belle-Alliance und Leipzig,
dessen Leistung immer wieder durch den Glanz von »Helden«,
Haudegen und unfähigen Monarchen verdunkelt wird.
Szenenreihe aus allen Lagern und Schichten. Realistisch, in Teilen
karikierend.

Auff. 28. 11. 1925 in Stuttgart, Kleines Haus des Landestheaters.

1923   Max Mell
         (1882–1971, Wien):
         Das Apostelspiel

Volkstümliches Sp. 1, in Versen.
Die einfältige Gläubigkeit eines halbwüchsigen Mädchens bringt
zwei Verbrecher von einem ruchlosen Vorhaben ab.
Anknüpfung an die steiermärkische Volks-Schsp.-Tradition. Betont
christlich.

Auff. 3. 5. 1924 in Prag, Kleine Bühne.
Außerdem: *Schutzengelsp.* (1923), *Nachfolge-Christi-Sp.* (1927).

1924   Franz Werfel
         (Biogr. S. 543):
         Verdi, Roman der Oper

Künstler-R.
Über ein Jahrzehnt geplant, auf W.s Verehrung für Verdi zurückgehend.

Menschlicher und künstlerischer Gegensatz zwischen dem nach *Aida*
unter seiner Unproduktivität leidenden Verdi und Richard Wagner.
Die von Verdi erstrebte lösende Begegnung in Venedig durch
Wagners Tod vereitelt.
Übergang W.s zum hist. Stoff. Auch das frei Erfundene durch minu-
ziöse Realistik historisch wahrscheinlich gemacht.

1924   Thomas Mann
         (Biogr. S. 584):
         Der Zauberberg

R.
Begonnen 1912, veranlaßt durch einen Kuraufenthalt in Davos. Im wesentlichen
nach dem Kriege geschrieben. Uranlage eine Nov., Zusammenhang mit *Bekenntnisse
des Hochstaplers Felix Krull* (1954). M. wollte »eine groteske Gesch.« schreiben, »worin
die Faszination durch den Tod, die das Motiv der venezianischen Nov. gewesen war,
ins Komische gezogen werden sollte. Etwas wie ein Satyrspiel zum *Tod in Venedig*«.

Ein Teil des Weltanschaulichen schon in den eine frühere Entwicklungsstufe M.s repräsentierenden *Betrachtungen eines Unpolitischen* (1918) aufgefangen.

In der außerhalb der bürgerlichen Welt stehenden Atmosphäre des Zauberberges, in einer Schweizer Lungenheilanstalt, entfalten sich die gleichsam beurlaubten Menschen ungehemmt und werden Dinge auf eine letzte Formel gebracht. Hans Castorp verliert sich an diese Atmosphäre, bis ihn der Krieg in das bürgerliche Leben zurückführt. Die zahlreichen Gespräche steckten Zeitfragen ab. Darstellung des Kampfes zwischen Gesundheit und Krankheit im Leben des einzelnen und der Gesellschaft. Für Hans Castorp selbst werden Krankheit und Sanatoriumsaufenthalt Mittel zur »Selbstbereicherung«, zur Vertiefung und Vergeistigung.

Verhältnis zwischen gelebter Zeit und erzählter Zeit. Detaillierte Realistik: »einspinnende« Kraft.

1924   Franz Werfel
(Biogr. S. 543):
Juarez und Maximilian

Dram. Historie in 3 Phasen und 12 Bildern, Prosa.
Maximilian von Habsburg, Kaiser von Mexiko, als das edle Opfer einer Entwicklung, in der die Monarchie durch die Republik abgelöst wird. Er kann nicht hassen und streckt vergebens dem Feind die Hand entgegen. Das Bild des Gegners und endlichen Siegers Juarez, der unsichtbar bleibt, spiegelt sich in der Verehrung seiner Anhänger wie seines Feindes und wird dadurch ins Unheimliche gesteigert.

Auff. 26. 5. 1925 in Wien, Theater in der Josephstadt.

1924   Gertrud von Le Fort
(Biogr. S. 584):
Hymnen an die Kirche

50 Hymnen, gegliedert in *Prolog* und die Zyklen *An die Kirche, Das Jahr der Kirche, Die letzten Dinge.*
Religiöses Bekenntnis im Zusammenhang mit Gertrud von L. F.s Konversion zum Katholizismus: Zwiegespräch der nach Gott verlangenden Seele mit der Kirche, das zur Aufgabe der Ichbefangenheit und zur Hingabe an die übernatürliche Wahrheit führt.
Der Psalmensprache verwandte rhythmische Prosa, die sich im 2. Zyklus bis zu ekstatischen Anrufungen steigert.

1925   Carl Zuckmayer
        (Biogr. S. 585):
        Der fröhliche Weinberg

Lsp. 3, Prosa. Auff. 19. 12. in Berlin, Theater am Schiffbauerdamm.
Rheinische Sinnenfreudigkeit, Triebleben und Bejahung körperlicher
Kraft in einer zu vier Verlobungen führenden volkstümlichen Hand-
lung mit realistischem Rollenbestand.

Erhielt den Kleistpreis 1925.

557

1925   Franz Kafka
        (Biogr. S. 584):
        Der Prozeß

R. Postum hgg. Max Brod entgegen K.s Absichten. Textgestaltung
und Kapitelreihenfolge umstritten.

Begonnen 1914. Die Türhüter-Erz. aus dem Kapitel *Im Dom* erschien unter dem Titel
Vor dem Gesetz im Almanach *Vom Jüngsten Tag* 1916 (Auslfg. 1915), als Buch in der
Slg. kleiner Erzz. *Ein Landarzt* 1919. Eine Beschäftigung K.s mit dem R. nach 1915
ist unsicher.

Der Bankbeamte Josef K. wird im Auftrage eines überrealen Gerichts
verhaftet, von diesem für schuldig befunden und hingerichtet, ohne
daß er den Grund der Anklage, gegen die er sich mit unzulänglichen
und falschen Mitteln verteidigt, je erfährt. Das Wachsen des Schuld-
gefühls und die dadurch ausgelösten Qualen beherrschend im Mittelpunkt. Über dem anonymen, verständnis- und sittenlosen Gericht
steht ein höherer unerreichbarer und unverständlicher Wille. Josef
K. wird im Augenblick der Verhaftung aus dem vertrauten Bezug
zur Welt gerissen, die raumzeitlichen und kausalen Zusammenhänge
sind aufgelöst, Dinge und Menschen feindlich und trügerisch, das
Gericht und sein Gesetz verzerrt sich ihm. Der sich abzeichnende
Selbstrechtfertigungsprozeß eines Menschen und seine Unfähigkeit
zur Erkenntnis sind sowohl als theologische wie als nihilistische und
als moralische Haltung Kafkas gedeutet worden.
Selbstbefreiung des Dichters von einem stark entwickelten Schuld-
gefühl. Verwendung einer sachlich knappen Normalsprache. Verzicht auf Stimmungselemente. Dennoch intensive Wirkung der Situationen. Grenze zwischen Subjekt- und Objektsphäre aufgehoben,
der Erzähler bleibt streng innerhalb des Erlebnishorizontes des Helden. Erzählhaltung der sog. »erlebten Rede«: Synthese aus objektiver Vorgangsschilderung und subjektiver Perspektive. Vielfach als
Beginn der »surrealistischen« Kunst angesehen.

Dramatisiert von André Gide und Jean-Louis Barrault (1947), dt. Übs. Josef Glücks-
mann. Auff. 15.6. 1950 in Berlin-West, Schloßparkth.; dramatisiert von Jan Grossman;
Auff. 11. 1. 1968 in Hamburg, Dt. Schsp.-Haus. – Oper von Gottfried v. Einem,
Textbuch von Boris Blacher und Heinz von Cramer; Auff. 17. 8. 1953 in Salzburg.

1925   Lion Feuchtwanger
(1884–1958, München, Berlin, Frankreich, Moskau,
Kalifornien):
Jud Süß

Hist. R.

Angeregt durch Wilhelm Hauffs gleichnamige Nov. (1827).

Kulturbild des 18. Jh. um die Zentralgestalt des Joseph Süß-Oppen-
heimer, der leitender Staatsmann und Finanzberater des Herzogs
Karl Alexander von Württemberg (1733–1737) war, dessen absolutistische Politik unterstützte und von den ihm feindlichen Land-
ständen nach dem plötzlichen Tode des Herzogs verhaftet und 1738
in einem eisernen Käfig erhängt wurde.

Dram. Fassung des Stoffes bereits 13. 10. 1917 in München, Hoftheater; Buchausg.
1918.

1926   Agnes Miegel
(1879–1964, Königsberg, Bad Nenndorf):
Geschichten aus Altpreußen

Vier Novv., innere Wendepunkte in der Gesch. Preußens darstel-
lend: *Landsleute* (oströmische Kaiserzeit), *Die Fahrt der sieben Ordens-
brüder* (Zeit des Dt. Ordens), *Engelkes Buße* (um 1700), *Der Geburtstag*
(Zeit Napoleons).
Aus persönlicher Kenntnis von Landschaft und Volkscharakter gespeist. In der Erzählkunst und den stilistischen Mitteln M.s Balladen
verwandt.

1926   Franz Kafka
(Biogr. S. 584):
Das Schloß

Autobiographischer R., ursprünglich als Ich-Erz. geplant. Postum
hgg. Max Brod entgegen K.s Absichten. Textgestaltung umstritten,
der Schluß offen.

Vorstudien Spätherbst 1920, Weiterarbeit Januar bis September 1922. Lokales Modell: Schloß und Dorf Woßek, woher die Familie von K.s Vater stammte.

Das Schloß versinnbildlicht das Unbekannte, die unergründliche
höhere Weisheit, das Dorf am Fuße des Schlosses das normale
bürgerliche Leben. Thema ist das Ringen eines Fremden, des Land-
vermessers K., um Einordnung in die dörfliche Gemeinschaft, durch
die er zugleich in nahe und rechtliche Beziehungen zum Schloß zu
kommen sucht. »F. K. ist darin und dadurch religiöser Humorist, daß
er die Inkommensurabilität, das Unverständliche und nach Men-
schenmacht nicht Beurteilbare der Überwelt nicht durch das Mittel

grandioser Steigerung ins überwältigende Erhabene darstellt, sondern als eine weitläufig-kleinliche, zähe, unzugängliche und unbe-
rechenbare Bürokratie und unabsehbare Akten- und Instanzenwirt-
schaft mit einer undeutlichen Beamtenhierarchie von unauffindbarer
Verantwortlichkeit sieht und beschreibt, satirisch also, dabei aber
mit der aufrichtigsten, gläubigsten, nach dem Eindringen in das unverständliche Reich der Gnade unablässig ringenden Unterwürfigkeit« (Thomas Mann). Wie in *Der Prozeß* ein modellhafter Mensch
in der modellhaften Situation, sich nicht behaupten, nicht eindringen,
nicht verstehen zu können.
Nach Angabe Max Brods hat K. geplant, den Landvermesser vor
Entkräftung sterben und den Bescheid aus dem Schloß, daß ihm der
Aufenthalt im Dorf gestattet sei, erst in seiner Todesstunde ein-
treffen zu lassen.

Dramatisiert von Max Brod. Auff. 12. 5. 1953 in Berlin-West, Schloßparktheater.

1926   Werner Bergengruen
          (Biogr. S. 583):
          Das große Alkahest

R. Seit 1938 unter dem Titel *Der Starost.*
Hist. R. aus der Zeit Katharinas II. Ein baltischer Adliger kämpft
vergeblich um die Erhaltung der alten Ordnung: der eigene haltlose
Sohn, der ihm entfremdet und ein Werkzeug der gegnerischen
Politik wird, geht schließlich in der Fremde unter.

1926   Alfred Neumann
          (1895–1952, Berlin, München, Fiesole, Beverly Hills,
          Lugano):
          Der Teufel

Hist. R.
Psychologische Studie Ludwigs XI., des Begründers der unum-
schränkten Monarchie in Frankreich, und seines Ratgebers, des
Ministers Necker. Charaktergemälde der politischen Besessenheit
und des Willens zur Macht.

Erhielt einen Teil des Kleistpreises 1926.

1926   Hans Grimm
          (1875–1959, Aufenthalt in England und Kapland,
          Lippoldsberg/Weser):
          Volk ohne Raum

R.
Lebensgesch. des Auswanderers Cornelius Friebott, dessen menschliche und politische Probleme als für den im Lebensraum beengten

Deutschen typisch dargestellt werden. Friebott gerät in die südafrikanischen Verwicklungen und den Weltkrieg. Nach seiner Rückkehr in die Heimat tötet ihn ein Steinwurf, als er für den kolonialen Gedanken wirbt.
Sachlicher, gefühlsverhaltener Stil, nach dem Vorbild der anord. Saga.

1926   René Schickele
(1883–1940, Oberehnheim, Paris, Berlin, Sanary/Frankreich):
Maria Capponi

R., 1. Teil der Trilogie *Das Erbe am Rhein.*
Politische und menschliche Problematik des Elsässers, dargestellt an der Person Klaus von Breuschheims. Rückblickende Ich-Erz., die mit der Gymnasiastenzeit vor dem Ersten Weltkrieg einsetzt. Schwanken zwischen einer dt. und einer frz. Frau.

Blick auf die Vogesen (1927) machte die Problematik in den Gegensätzen der Brüder und die Spaltung der Familie sichtbar.
Der Wolf in der Hürde (1931): Die Lösung des Konflikts im Völkerbund erhofft.

1926   Hans Friedrich Blunck
(1888–1961, Hamburg, Mölenhoff/Holstein):
Streit mit den Göttern

R. »Die Gesch. Welands des Fliegers«. 1. Teil der Trilogie *Urvätersaga* (so seit 1933).
Versuch, in Wieland dem Schmied den Menschen der Bronzezeit darzustellen.

Die weiteren Teile *Kampf der Gestirne* (1926) und *Gewalt über das Feuer* (1928) setzten die Darstellung germ. Urzeit nach rückwärts fort.

1926   Ferdinand Bruckner
(d. i. Theodor Tagger,
1891–1958, Wien, Berlin, USA, Berlin-West):
Krankheit der Jugend

Dr. 3, Prosa. Auff. 16. 10. in Hamburg, Kammerspiele, und in Breslau, Lobetheater.
Vorwiegend unter jungen Medizinern spielende unverhüllte psychologische Darstellung sexueller Gefährdungen.
Im Zusammenhang mit Wedekind und moderner Individualpsychologie. Einfluß Freuds.

Buchausg. 1928. Zus. mit *Die Verbrecher* (Auff. 1928 in Berlin, Dt. Theater; Buchausg. im gleichen Jahr), *Die Rassen* (Auff. 1933 in Zürich; Buchausg. im gleichen Jahr, Paris) in *Jugend zweier Kriege* (1945, Wien); fortgesetzt mit den in *Drr. unserer Zeit* (1945, Zürich) vereinigten beiden Drr. *Denn seine Zeit ist kurz* (Auff. 1945 in Bern) und *Die Befreiten* (Auff. 1945 in Zürich) sowie mit *Früchte des Nichts* (Auff. 19. 4. 1952 in Mannheim, Nationaltheater).

1927   Hermann Hesse
(Biogr. S. 492):
Der Steppenwolf

R.

Den Hauptteil bilden die hinterlassenen Aufzeichnungen des Künstlers Harry Haller, die eingeleitet sind durch einen Bericht des »Herausgebers« der Aufzeichnungen über Harry Haller; den Anhang bildet *Traktat vom Steppenwolf*.

Der Steppenwolf ist Harry Haller, ein Außenseiter, der an seiner Zeit krankt und doch keinen Weg der Heilung weiß. Er kann den Zwiespalt von wölfischer und menschlicher Seele in sich nicht überwinden. Er flieht aus der bürgerlichen Welt, tötet aber auch hier wieder sein besseres Selbst in der Traumgestalt Hermines. Der wegen Mißbrauch des magischen Theaters angeklagte Haller wird belehrt, daß Wirklichkeit und magisches Spiel voneinander zu trennen sind.
Der R. wollte die Neurose einer Zeit geben, in der Altes stirbt, ohne daß ein Neues geboren ist; er sollte zeigen, daß man das Ewige nicht durch Wut gegen das Zeitliche gewinnen könne. »Der Weg in die Unschuld . . . zu Gott führt nicht zurück, sondern vorwärts, nicht zum Wolf oder Kind, sondern immer weiter in die Schuld, immer tiefer in die Menschwerdung hinein« (H.). H. betonte, daß »das Buch zwar von Leiden und Nöten berichtet, aber keineswegs das Buch eines Verzweifelten ist, sondern das eines Gläubigen«.
Das Leben in der Seele eines Gemütskranken gespiegelt. Träume, Visionen, Wahnvorstellungen zwischen wirklichen Vorgängen. Lit. Umsetzung psychoanalytischer Studien.

Vgl. den Gedichtband *Krisis* (1928).

1927   Stefan Zweig
(Biogr. S. 494):
Sternstunden der Menschheit

Fünf historische Miniaturen: *Die Weltminute von Waterloo, Die Marienbader Elegie, Die Entdeckung Eldorados* (Kalifornien), *Heroischer Augenblick* (Dostojewskij), *Der Kampf um den Südpol*.
Endsieg oder Scheitern eines Lebens, einer Leistung in entscheidenden Augenblicken eingefangen. Die Darstellung der vergeblichen Leistung, die Tragik des im Schatten Stehenden bevorzugt. Die Handlung ohne hist. Detail, ganz aus der Seele des Erlebenden gestaltet, so daß die Sternstunden trotz ihrer Geschichtlichkeit zeitlos werden.

Z.s populärstes Werk, erreichte nach vier Jahren eine Auflage von 300000. 1943 neue, auf zwölf Miniaturen erweiterte Ausg.

1927   Franz Kafka
      (Biogr. S. 584):
      Amerika

R. Postum hgg. Max Brod entgegen K.s Absichten. Fragmente;
zwei große Lücken und fehlender Schluß.

1912 unter dem Titel *Der Verschollene* begonnen. Das 1. Kapitel *Der Heizer* als Erz.
1913 erschienen. Erneute Arbeit Oktober 1914.

Der 16jährige Karl Roßmann wurde von seinen armen Eltern nach
Amerika geschickt, weil ihn ein Dienstmädchen verführt und ein
Kind von ihm bekommen hatte. Die Hilflosigkeit des reinen, uner-
fahrenen Jungen inmitten des gehetzten amerikanischen Lebens wird
dargestellt. Trotz falscher Freunde und boshafter Feinde bewährt er
sich, immer in der Hoffnung, die Eltern zu versöhnen.
Thema wie in K.s übrigen Rr. die Einsamkeit des Menschen, seine
Fremdheit gegenüber Menschen und Wirklichkeit.

1927   Arnold Zweig
      (Biogr. S. 585):
      Der Streit um den Sergeanten Grischa

R.

Nach dem 1921 entstandenen Theaterstück *Spiel um den Sergeanten Grischa*, das am
31. 3. 1930 in Berlin, Theater am Nollendorfplatz, uraufgeführt wurde.

Zuerst erschienener, vierter, Teil eines Zyklus *Der große Krieg der
weißen Männer*, der die »Übergangszeit vom Imperialismus zum sozialistischen Zeitalter« darstellen soll. Ein 1917 aus einem dt. Gefange-
nenlager entflohener russischer Soldat gibt sich, als er wieder ergriffen wird, unter falschem Namen als Überläufer aus, ohne zu
wissen, daß Überläufer gemäß einem Truppenbefehl erschossen
werden. Grischa berichtigt nun zwar seine Angaben, das Todesurteil wird jedoch, obwohl Offiziere versuchen, Grischas Leben zu
retten, auf Weisung des Generals angesichts der Revolution in
Rußland vollstreckt.

Weitere Teile 1. *Die Zeit ist reif* (1958), 2. *Junge Frau von 1914* (1931), 3. *Erziehung vor
Verdun* (1935, Amsterdam), 5. *Die Feuerpause* (1954), 6. *Einsetzung eines Königs* (1937,
Amsterdam).

1927   Leonhard Frank
      (1882–1961, Würzburg, Berlin, USA, München):
      Karl und Anna

Erz.

Angeregt durch eine Zeitungsnotiz.

Ein aus russischer Kriegsgefangenschaft Heimkehrender gibt sich
vor der Frau eines Kameraden, die er aus dessen Erzählungen genau

594   Verlorene und verbürgte Wirklichkeit

kennt, als ihr Mann aus; er bleibt es auch, als ihr wirklicher Mann
zurückkehrt.

Dramatisiert als Schsp. 4, Prosa; Auff. 16. 1. 1929 in Frankfurt/Main und weiteren
Städten. Buchausg. im gleichen Jahr.

1927   Bert Brecht
(Biogr. S. 583):
Die Hauspostille

Gedichte, eingeteilt in 5 Lektionen: *Bittgänge, Exerzitien, Chroniken,
Mahagonnygesänge, Die kleinen Tagzeiten der Abgestorbenen* und den An-
hang *Vom armen B. B.*
Romanzen im Stile Rimbauds, antibürgerlicher Bänkelsang nach Art
Wedekinds, zeitkritisch-agitatorische Balladen in der Nachfolge von
Villon und Kipling, parodistische Gedichte unter Verwendung von
Weisen Goethes und des Kirchenlieds. Kampf für die sozial Recht-
losen, gegen die Besitzenden. Daneben Ich-Bezogenes: Ablehnung
der Städte, Gegensatz von Wald und Asphalt, von Trunkenheit der
Sinne und Nihilismus.
Parodistische Nachahmung eines christlichen Erbauungsbuches.
Klassische Form des Spruchgedichts erneuert. Forts. der polemischen
Song-Balladen des Expressionismus, meist für Vortrag geschaffen.
Von dort erklärt sich die bewußte Lässigkeit der Form, die Simpli-
zität der Verse, die Nüchternheit und Härte des Tons, die Roheit und
das Schockierende der Motive. Auch im Sprachlichen antithetisch:
teils übersteigert, schrill, teils nüchtern, ironisch, unterkühlt.

1928   Gertrud von Le Fort
(Biogr. S. 584):
Der römische Brunnen

1. Bd. des R. *Das Schweißtuch der Veronika.*
Jugend eines Mädchens in Rom auf dem Hintergrund der Zeit-
strömungen: Christentum, heidnischer Humanismus, Nietzschescher
Vitalismus. Im Mittelpunkt die Gestalt der Großmutter, Verkörperung einer heiteren antikischen Diesseitigkeit.

Bd. 2: *Der Kranz der Engel* (1946). Die herangewachsene gläubige junge Frau erlebt
in Heidelberg in der Liebe zu einem Nietzsche-Anhänger die Probleme der glaubens-
losen Nachkriegszeit. Sie glaubt, den Geliebten retten zu können, indem sie ihm in
seine Gottferne folgt, bricht aber darüber zusammen.

Beide engverbundene Rr. sind als Lebensbericht Veronikas in Ich-
Form geschrieben und durch keine Kapiteleinteilung unterbrochen.
Der Titel knüpft symbolisch an die Legende von der heiligen Veronika an: der Gott dargereichten Seele prägt sich das Antlitz Christi
unauslöschlich ein.

1928   **Anna Seghers**
        (Biogr. S. 584):
        Aufstand der Fischer von St. Barbara

Erz. in *Frankfurter Ztg*. Buchausg. im gleichen Jahr.
Durch die brutale Unnachgiebigkeit der Reeder und Händler pro-
vozierte Hungerrevolte auf einer Kanalinsel und das Scheitern dieses
isolierten Aufbegehrens. Die Fischer fahren – verspätet – zu den
alten Bedingungen aus.
Der Inhalt in den Einleitungssätzen gedrängt umschrieben: span-
nungweckender Auftakt. Sachliche Erzählweise mit kurzen, einfachen Sätzen.

Erhielt den Kleistpreis.

1928   **Ernst Glaeser**
        (1902–1963, Darmstadt, Frankfurt/M., Schweiz, Heidelberg):
        Jahrgang 1902

R.
Der Weltkrieg ein Versagen der Vätergeneration. Ein Angehöriger
des gefährdeten Jahrgangs erfährt die Unterhöhlung aller bisher ge-
glaubten Werte.

1928   **Ludwig Renn**
        (d. i. Arnold Vieth von Golssenau,
        geb. 1889, viele Reisen;
        Emigration Schweiz und Mexiko; Dresden):
        Krieg

Tagebuch eines Frontkämpfers. Aus seiner Perspektive gesehene
realistische Darstellung der Zeit vom Auszug bis zum Zusammenbruch.

Forts.: *Nachkrieg* (1930). Rückkehr des geschlagenen Heeres, politische Neuorientierung.

1928   **Bert Brecht**
        (Biogr. S. 583):
        Dreigroschenoper

»Ein Stück mit Musik« (von Kurt Weill, 1900–1950). 3 Akte. Auff.
31. 8. in Berlin, Theater am Schiffbauerdamm.
Modernisierung von *The Beggar's Opera* (1728) des John Gay (1685
bis 1732).
Gespielte Moritat vom Bandenführer MacHeath, der mit dem Poli-
zeichef im Bunde steht, beinah an den Galgen kommt, aber noch gerettet wird. Außenseiter der Gesellschaft als Helden einer realistischen Oper, in der die Formen der großen und romantischen Oper

parodiert werden und soziale Anklage erhoben wird: »Dürftigkeit« zwingt die Kreatur zum Bösen.

Desillusionierende Sichtbarmachung des Wirklichen in grotesker Zuspitzung. »Episches Theater«, das an Stelle der Spannung »anwendbare« Tatsachen setzt. Die einzelnen Szenen steuern auf aggressive, lehrhafte »Songs« oder »Balladen« zu.

Buchausg. in *Versuche* 8–10 (Heft 3) 1932.
Dreigroschenroman (Amsterdam 1934, Ausg. in Dld. 1949).

1929   Alfred Döblin
(Biogr. S. 542):
Berlin Alexanderplatz

R. »Die Gesch. vom Franz Biberkopf.« In *Frankfurter Ztg.* Buchausg. im gleichen Jahr.

Rückweg eines entlassenen Sträflings ins Leben.

Der Transportarbeiter Franz Biberkopf glaubt, sich durch Trotz gegen eine Welt, die ihn seine Ohnmacht fühlen läßt, behaupten zu können. Betrogen und enttäuscht von einem Gefährten, auf dessen Anständigkeit er baute, gerät er in eine Einbrecherbande und in Abhängigkeit von einem Verbrecher, der ihn erst zu beseitigen sucht, dann ihm die Geliebte tötet. Erneute Festnahme unter Mordverdacht, Zusammenbruch, Aufenthalt im Irrenhaus sind die Stationen, die zu Einsicht, Bescheidung und Gnade führen. Biberkopf wird Hilfsportier in einer Fabrik.

Absicht, ein die Vieldimensionalität des Lebens erfassendes Epos zu schaffen, das »entschlossen lyrisch, dramatisch, ja reflexiv« (D.) sein soll. Naturalistisch in der exakten Darstellung der Vorgänge, expressionistisch in der dynamischen und visionären Gestaltung. Montage von verschiedenen Darbietungsweisen und Rohmaterialien (Zeitungsinseraten, Verordnungen, Statistiken); Wechsel der Erzählerperspektive: kommentierender Erzähler und innerer Monolog. Einsatz verschiedener Sprachstile (Jargon, Wissenschaftssprache, pathetisch-lyrische Partien) wie bei Joyce, aber mit der Zielsetzung, das menschliche Chaos deutlich zu machen.

1929   Ernst Jünger
(Biogr. S. 583):
Das abenteuerliche Herz

»Aufzeichnungen bei Tag und Nacht.«
Tagebucheintragungen, die sich mit den geistigen Bewegungen der Nachkriegszeit im Sinne der »heroischen« Lebenshaltung auseinandersetzten, deren Vorstufen J.s Kriegstagebuch *In Stahlgewittern* (1920) und die theoretische Schrift *Der Kampf als inneres Erlebnis* (1922) bilden.

1938 Neufassung im Sinne einer Betonung der Werte abendländischen Geistesguts unter dem Titel *Figuren und Capriccios*.
Fortss.: *Gärten und Straßen* (1942; über den Vormarsch in Frankreich 1939/40); *Strahlungen* [1949; umfaßt *Das erste Pariser Tagebuch* (1941/42), *Kaukasische Aufzeichnungen* (Winter 1942/43), *Das zweite Pariser Tagebuch* (Februar 1943/August 1944), *Kirchhorster Blätter* (Winter 1944/45)]; *Jahre der Okkupation* (1958; über die Zeit von April 1945 bis Dezember 1948).

Analysen des Zeitgeistes, die durch realistische Darstellung der Einzelerscheinungen, Aufdeckung unterbewußter Zusammenhänge und Schaffung einer »neuen Theologie« die »Überwindung der Vernichtungswelt« anstreben.

1929   Erich Maria Remarque
        (d. i. Erich Paul Remark, 1898–1970, Osnabrück, Berlin,
        Schweiz, New York):
        Im Westen nichts Neues

R. In *Vossische Ztg.* Buchausg. im gleichen Jahr.
»Dieses Buch soll weder eine Anklage noch ein Bekenntnis sein. Es soll nur den Versuch machen, über eine Generation zu berichten, die vom Kriege zerstört wurde – auch wenn sie seinen Granaten entkam« (Vorbemerkung).
Schonungslose Wiedergabe realistischer Details.

Buchausg. 1929, Verfilmung 1930.
Forts.: *Der Weg zurück* (1931). Verzweiflung und Hilflosigkeit der im Winter 1918/19 Zurückkehrenden.

1929   Hermann Stehr
        (1864–1940, Habelschwerdt, Oberschreiberhau):
        Nathanael Maechler

R. Erster Teil der R.-Trilogie *Das Geschlecht der Maechler*. Lebenslauf eines Handwerkers, der in seiner Jugend an den süddt. Erhebungen 1848 teilnahm und später Gerbermeister im Riesengebirge wird. In ihm ringen tatkräftige Lebensmeisterung und phantastische, mystische Züge.

1. Forts.: *Die Nachkommen* (1933). In Nathanaels Sohn Jochen sind die ererbten tiefen Kräfte zurückgedrängt, er lebt im Wilhelminischen Zeitalter als »idealistischer Philister« ein in engen Grenzen verlaufendes Leben.
2. Forts.: *Damian oder Das große Schermesser*, hgg. Wilhelm Meridies (1944). Im Enkel Damian, der im Weltkrieg verschüttet wurde und seither von Gesichten geplagt ist, brechen die mystischen Kräfte des Geschlechtes wieder auf.
Gesamtausg. 1944.

1929   Friedrich Wolf
(1888–1953, Stuttgart, Schweiz, Frankreich, USA,
Skandinavien, Rußland, Berlin-Ost bzw. DDR):
Zyankali – § 218

Dr., 8 Bilder, Prosa. Auff. 1. 9. in Berlin, Lessingtheater, durch die
Gruppe junger Schauspieler. Buchausg. im gleichen Jahr.
Am Schicksal des in den Händen eines Pfuschers umkommenden
Proletariermädchens aufgewiesene soziale Ungerechtigkeit des Ab-
treibungsparagraphen.

1929   Hans José Rehfisch
(1891–1960, Berlin, Wien, London, Hamburg) und
Wilhelm Herzog
(1882–1960, Berlin, Basel):
Die Affäre Dreyfus

Schsp. 5, Prosa. Auff. 25. 11. in Berlin, Volksbühne.
Gesch. des berühmten Prozesses gegen den frz. Offizier Alfred Dreyfus, der 1894 wegen angeblichen Landesverrats unschuldig verurteilt
wurde und um dessentwillen Zola seine Schrift *J'accuse* schrieb.

1930   Rudolf Alexander Schröder
(1878–1962, Bremen, Berlin, Bergen/Obb.):
Mitte des Lebens

Geistliche Gedichte. Seit den *Gesammelten Gedichten* (1912) erste
weitere dichterische, durch Krieg und Nachkrieg christlich geprägte
Veröffentlichung.
Bekenntnisse, Bitten, Danksagungen, die sich der Erfahrungen und
der Begriffswelt der christlichen Tradition bedienen. Auf die *Bibel*
hinführend, ohne mystische Elemente. Gedichte für christliche Fest-
tage und Feiern *(Mit dem Kirchenjahr)*.
Betont schlicht. Einwirkung Paul Gerhardts, auch in der Sprach-
gestaltung. Weiterführung des protestantischen Kirchenliedes.

1930   Hermann Hesse
(Biogr. S. 492):
Narziß und Goldmund

Erz.
In der Klosterschule schließen der asketische Mönch Narziß und der
künstlerisch begabte Goldmund Freundschaft. Durch psychoana-
lytische Einwirkung gibt Narziß dem Freunde die Erinnerung an die
vergessene Mutter zurück und öffnet ihm den Weg zu seiner wahren
Natur. Goldmund geht durch unzählige Liebesabenteuer hindurch,
in denen er das Urbild der Mutter, das Weib als Eva und Madonna,

sucht. Jedoch um die Darstellung dieses Bildes ringt er, der verschmäht, aus der Bildhauerkunst einen Broterwerb zu machen, vergeblich. Erst im Tode nimmt ihn die Urmutter zu sich.

Gegenüberstellung der väterlichen Welt des Logos, der Wissenschaft, und der mütterlichen der Kunst in einem Freundespaar, wobei Goldmund im Vordergrund steht. Er bedeutet für Narziß die Liebe, Narziß für ihn das Maß. Problematik von Intellekt und Leben im Gefolge Nietzsches, mit dem H. sich seit *Peter Camenzind* auseinandersetzte.

Nicht mehr autobiographisches Bekenntnis im engeren Sinne, sondern Umsetzung des inneren Erlebens in fest umrissene Gestalten und episches Geschehen. Auch stilistisch gebändigter, realistischer.

1930   Robert Musil
        (Biogr. S. 584):
        Der Mann ohne Eigenschaften

R. 1. Bd.

Keime 1902 und 1903 in den Tagebüchern. Pläne unter verschiedenen Titeln nach dem Weltkrieg. Niederschrift seit etwa 1925. Frühere Werke, vor allem *Die Verwirrungen des Zöglings Törleß* (1906), Vorstufen.

2. Bd. 1933, 3. Bd. 1943 (in Lausanne, unvollendet, postum, hgg. Marthe Musil). Die aus dem Nachlaß vermehrte Gesamtausg. (1952), hgg. Adolf Frisé, ist in bezug auf Einbeziehung und Kombination von Texten, die evtl. nur skizzenhaft oder verworfen waren, umstritten; ohne Anmerkungen und Nachweise.

Der 30jährige Ulrich ist mit dem 1. Versuch, seinem Leben Form zu geben, gescheitert: Er hat seinen Beruf aufgegeben. Der 2. Versuch (1. Buch des R.), in der geistig-politischen Führung Österreichs Fuß zu fassen, scheitert ebenfalls. Dieser Versuch ist eingebettet in die satirische Vordergrundshandlung der »Parallelaktion«, in der die führenden Kreise des Wien von 1913 vergebens nach einer leitenden Idee für das Kaiserjubiläum von 1918 suchen. Mit dem dritten Versuch (2. Buch des R.) glaubt Ulrich, in der Liebe zu seiner Schwester Agathe eine neue Lebensordnung jenseits von Moral und Dogma zu finden. In dem nicht vollendeten Kapitel *Reise ins Paradies* sollte die Abkehr von dem »anderen Zustand«, der erotischen Ekstase, gezeigt werden; die Geschwisterliebe sollte Episode bleiben, durch die Ulrich aus der Ich-Verstrickung gelöst und weitergeführt wird, so daß der Schluß über den Weltkrieg hinausweisen sollte, als dessen Teilnehmer die derzeitige Gesamtausg. Ulrich am Ende zeigt.

Ulrich ist der Typ des »Möglichkeitsmenschen«, der sich für keine der vorhandenen Ordnungen entscheiden kann und die Fähigkeit besitzt, »an jeder Sache zwei Seiten zu entdecken, jene moralische Ambivalenz, die fast alle Zeitgenossen auszeichnete«. Ein tragisch gespaltener Charakter, vom Intellekt her überlegen, vom Unbewußten her gehemmt.

Teilweise Schlüssel-R.: Arnheim = Rathenau, Meingast = Klages, Ulrich = Selbstporträt M.s. Entstehung des R. parallel zur Entwicklung M.s, seine Lösung blieb M. bis zuletzt unbekannt, der R. mußte Fragment bleiben. In zahllosen Einzelteilen entstanden. Lange Monologe mit theoretischen Erörterungen. M. plante Aussonderung des Biographischen aus dem Gegenständlichen, zwei nebeneinander laufende Teile. Problematik und Grenze der R.-Form.

1930 Ina Seidel
(Biogr. S. 584):
Das Wunschkind
R.

Bis 1912 zurückgehendes, vor dem Weltkrieg als *Mutterbuch* geplantes, 1923 auf einer Italienreise endgültig entworfenes Hauptwerk der Verfn.

Zwischen 1793 und 1813 spielende Lebensgesch. des Christoph Echter von Mespelsbrunn und seiner Mutter Cornelie. Der Gedanke, »daß ein herzlich erwünschtes und ersehntes Kind von vornherein mit stärkeren Lebensantrieben und gleichsam schicksalsfähiger in die Welt kommen müßte«.
Dieses Leben bestimmt durch die Spannung zwischen südwestdt. und preußischem Erbe und durch die tiefe Verbindung mit der wesensfremden Kusine (ein »unwillkommenes, mit heimlichem Seufzen begrüßtes« Kind) und im Krieg 1813 endend.

1930 Ernst Penzoldt
(1892–1955, Erlangen, München):
Die Powenzbande

»Zoologie einer Familie, gemeinverständlich dargestellt.« In die Form einer wissenschaftlichen Biographie (mit Anmerkungen) gekleidete Gesch. einer kinderreichen Landstreicherfamilie, die sich durch List und Betrug wider den Willen der ganzen Stadt Mössel an der Maar dort ansiedelt und ein Haus baut. Humoristische Dekuvrierung des menschlichen Egoismus und seiner Tarnungen.

1939 überarbeitete »Jubiläumsausg.«, 1949 »Ausg. letzter Hand« einschließlich »Nachgelassene Dokumente«.

1930 Joseph Roth
(1894–1939, Brody, Wien, Paris):
Hiob

»R. eines einfachen Mannes.«
Der moderne Hiob ist der vor dem Ersten Weltkrieg in Galizien lebende Lehrer Mendel Singer, den auch nach der Auswanderung nach Amerika das Unglück in seinen Kindern so hart trifft, daß er

sich von Gott abwendet. Die wunderbare Heilung des jüngsten Sohnes führt ihn schließlich zu Gott zurück.

Dramatisiert von Viktor Clement, Urlesung 29. 1. 1952 in Berlin-West, Tribüne.

1930   Ferdinand Bruckner
      (d. i. Theodor Tagger,
      1891–1958, Wien, Berlin, USA, Berlin-West):
      Elisabeth von England

Schsp. 5, Prosa. Auff. 1. 11. in Berlin, Dt. Theater. Buchausg. im gleichen Jahr.
Ablösung der Vormachtstellung des ma.-katholischen Spanien durch die des modernen protestantischen England. Die Entwicklung geht über Elisabeths Traum von Frieden und einem »kleinen England« hinweg.
Teilung der Bühne in zwei nebeneinander liegende Schauplätze: London und Madrid; die Gebete beider Parteien um den Sieg klingen ineinander.

1930   Friedrich Wolf
      (1888–1953, Stuttgart, Schweiz, Frankreich, USA,
      Skandinavien, UdSSR, Berlin-Ost bzw. DDR):
      Die Matrosen von Cattaro

Schsp., 6 Bilder, Prosa. Auff. 8. 11. in Berlin, Volksbühne. Buchausg. im gleichen Jahr.
Frauenloses Antikriegsstück. Durch den Bootsmannsmaat Franz Rasch angeführter, auf Frieden und soziale Freiheit tendierender Empörungsversuch in der österreichischen U-Boot-Basis im Frühjahr 1918. Die standrechtliche Erschießung Raschs und dreier Kameraden »nicht das Ende, das ist erst der Anfang«.

Thematisch verwandt mit Ernst Tollers *Feuer aus den Kesseln* (1930) und Theodor Plieviers *Des Kaisers Kulis* (R. 1930, Dr. 1932).

1930   Sigmund Graff
      (geb. 1898, Berlin, Erlangen) und
      Carl Ernst Hintze:
      Die endlose Straße

Front-Stück 4, Prosa. Auff. 19. 11. in Aachen, Stadttheater.
Eine Kompanie wird aus der vordersten Stellung zurückgezogen, um nach einer kurzen enttäuschten Hoffnung auf Ablösung wieder nach vorn zu müssen in den sicheren Tod.

Schon vor der dt. Auff. in der Übs. des Engländers Graham Rawson in London aufgeführt.

1931   Gertrud von Le Fort
         (Biogr. S. 584):
         Die Letzte am Schafott

Nov.
Überwindung der Furcht: Blanche de la Force, von Kindheit an durch krankhafte Ängste geplagt, geht aus Lebensfurcht ins Kloster, entflieht, als die Jakobiner ihre Mitschwestern festnehmen, folgt ihnen dann aber freiwillig in den Tod.
Rahmen-Erz., als brieflicher Bericht eines frz. Adligen an eine Emigrantin gefaßt. Vorbild: die ital. Renaissance-Nov. Überwindung des Realistisch-Historischen zugunsten des Symbolischen. Nähe zur Legende, die die Dichterin mit *Der Papst aus dem Ghetto* (1931), *Das Reich des Kindes* (1935) u. a. bereicherte.

Dramatisiert als *Dialogues des Carmélites* (1949) von Georges Bernanos; dt. Übs. *Die begnadete Angst* (1951).

1931   Franz Kafka
         (Biogr. S. 584):
         Beim Bau der Chinesischen Mauer

Nach 1917 entstandene Erzz. und Prosa, aus dem Nachlaß hgg. Max Brod und Hans Joachim Schoeps. Enthält außer der Titelnov. 18 erzählende Stücke und zwei religiöse Aphorismenreihen.

1931   Hans Carossa
         (Biogr. S. 583):
         Der Arzt Gion

Erz. von Beruf und Berufung des Arztes in der Zeit nach dem Ersten Weltkrieg; Darstellung der eigenen Lebenssphäre: Gion (rätisch) = Hans.

1931   Erich Kästner
         (1899-1974, Dresden, Leipzig, Berlin, München):
         Fabian

R. »Die Gesch. eines Moralisten.«

Ursprünglicher Titelplan: *Der Gang vor die Hunde.*

Der »Nichtschwimmer« Fabian, der auf Anständigkeit hofft, geht im Strudel des zeitgenössischen Berlin unter. Großstadtsatire. »Der Moralist pflegt seiner Epoche keinen Spiegel, sondern einen Zerrspiegel vorzuhalten« (K.).

1931   Carl Zuckmayer
(Biogr. S. 585):
Der Hauptmann von Köpenick

»Dt. Märchen« 3, Prosa. Auff. 5. 3. in Berlin, Dt. Theater. Buchausg.
im gleichen Jahr.
Tragikom. des preußischen Militarismus, anknüpfend an einen Vorgang aus dem Jahre 1906. Paragraphen, die der Ordnung dienen
sollen, verhindern, daß der entlassene Häftling wieder zur Ordnung
zurückfindet. Er greift zur Selbsthilfe und überspielt die Ordnung
mit ihren eigenen Prinzipien. Die Uniform als Symbol einer entleer-
ten Autorität.
Einfluß von Gerhart Hauptmann. Berliner Milieu. Lockerer Bau,
Wirkung der Einzelszene.

1931   Richard Billinger
(1893–1965, Wien, Berlin, München):
Rosse – Rauhnacht

Schsp. 3 und Schsp. 5. Auff. 19. 4. in München, Residenztheater, und
10. 10. in München, Kammerspiele. Gemeinsame Buchausg. im
gleichen Jahr.
Zwei Szenenreihen aus der ursprünglichen, dämonenreichen Welt
bayerischen Bauerntums. In *Rauhnacht* bricht das Heidnische in
einem Inntaler Dorf mit einer Gewalt hervor, die bis zu Blutrausch
und Mord geht. In *Rosse* ersticht der Knecht aus Liebe zu den Pfer-
den den Händler, der die Traktoren bringt.

1931/32 Hermann Broch
(Biogr. S. 583):
Die Schlafwandler

R. in drei Teilen: *1888. Pasenow oder die Romantik*; *1903. Esch oder die
Anarchie*; *1918. Huguenau oder die Sachlichkeit*.

Entst. seit Ende 1928, erste Fassung 1929; mehrfach überarbeitet und erweitert. Der
Essay über den *Zerfall der Werte* ursprünglich geschlossen am Schluß der Trilogie
gedacht.

Darstellung der dt. Entwicklungen und Krisen vom Dreikaiserjahr
1888 über die Blütezeit der Wilhelminischen Ära 1903 bis zu der
Revolution 1918. Der 1. Teil zeigt die Degeneration des preußischen
Adels, der 2. stellt den kleinen Angestellten in das Zentrum, der
zwischen Triebleben und Phrase schwankt, der 3. bringt die Überwindung beider durch den skrupellosen Schieber, den »Henker einer
Welt, die sich selbst gerichtet hat«. Der durch den fortschreitenden
Wertzerfall zur willenlosen Marionette gewordene Mensch befindet
sich in einem Zustand zwischen Noch-nicht-Wissen und Schon-

Wissen: ein Schlafwandler. »Kann aus Schlaf und Traum übelsten
Alltags ein neues Ethos entstehen?« (B.)
Der 1. Teil übernimmt noch die traditionelle realistische Erzählform, der 2. benutzt den inneren Monolog im Stile von Joyce, der
letzte stellt die erzählerischen Partien zu gegenseitiger Erhellung um
einen in 10 Abschnitte geteilten Essay über den »Zerfall der Werte«,
benutzt außerdem auch lyrische, dram., aphoristische Darbietungsweise.

1931/32   Ernst Wiechert
                (Biogr. S. 585):
                Die Magd des Jürgen Doskocil

R. In *Süddt. Monatshefte.*

Entst. 1930/31.

In Ostpreußen spielende Gesch. einer Magd, die, um ihre Ehe mit
dem Fährmann Jürgen zu bewahren, einen Mord begeht und sich in
Buße und Demut ein neues Leben aufbauen will. Zusammenstoß
der naturhaften bäuerlichen Welt mit der Verführung durch einen
Mormonenpriester. »Einfalt« des Fährmanns, die selbst den Pfarrer
belehrt.

Buchausg. 1932.

1932   Gerhart Hauptmann
             (Biogr. S. 466):
             Vor Sonnenuntergang

Schsp. 5, Prosa. Auff. 16. 2. in Berlin, Dt. Theater. Buchausg. im
gleichen Jahr.

Entst. 1928–1931.

Stilistisch auf den Naturalismus der Frühzeit zurückgreifende Darstellung der letzten Leidenschaft eines alten Mannes.

1932   Else Lasker-Schüler
             (Biogr. S. 542):
             Arthur Aronymus und seine Väter

Schsp. in 15 Bildern, Prosa. »Aus meines geliebten Vaters Kinder-
jahren«.

Entst. nach der im gleichen Jahre erschienenen Erz. *Arthur Aronymus. Die Gesch.
meines Vaters*; die Ereignisse sind hier in rückschauender Erz. und weniger detail-
liert wiedergegeben.

Die eigene Familientradition verklärende, weniger auf Wirklichkeit
als auf Dg. beruhende Begebenheit. Von den 23 Kindern des um
1840 in einem westfälischen Dorf ansässigen Moritz Schüler bekommt

eines den Veitstanz und droht im Zuge einer antisemitischen Strömung von den Dörflern als Hexe verbrannt zu werden. Durch die
freundschaftlichen Beziehungen des kleinen Bruders Arthur Aronymus zum Kaplan des Ortes wird die Gefahr mit Hilfe eines Hirtenbrie-
fes des Paderborner Bischofs abgewendet.
Undogmatische Haltung. Die im einzelnen nicht beschönigende, im
ganzen aber erhöhende Zeichnung der Familie, deren Letzter die
Autorin ist, Teil der Selbststilisierung. Impressionistischer Stimmungskunst näher als expressiver oder neusachlicher Aussage.

Auff. 19. 12. 1936 in Zürich, Schsp.-Haus.

1932   Else Lasker-Schüler
   (Biogr. S. 542):
   Konzert

Essays und Gedichte. Reife Prosa der Dichterin. Buntes Poesiespiel
im frommen Anschauen der Welt, vor allem der eigenen Vergangenheit. Gegenwartserlebnisse, Betrachtungen über Liebe, Kunst,
Natur. Die Weltschau von der Kabbala vorgezeichnet.
Kindliches Vertrauen in Gott und wiederum Glaubensverlorenheit
und Vereinsamung des Menschen. Gottessehnsucht und Liebessehn-
sucht. Kunst, Liebe, Frömmigkeit und Spiel als Möglichkeiten zur
Erlösung.

Weitere, zu L.-Sch.s Lebzeiten erschienene Werke: *Das Hebräerland* (1937, Bericht
über die erste Palästinareise 1934); *Mein blaues Klavier* (1943, Gedichte).

1932   Agnes Miegel
   (1879–1964, Königsberg, Bad Nenndorf):
   Herbstgesang

Gedichte.
Meist breit angelegte Erinnerungsbilder aus der älteren und der miterlebten jüngsten Gesch. Ostpreußens.

1932   Joseph Roth
   (1894–1939, Brody, Wien, Paris):
   Radetzky-Marsch

R.
Untergang der Habsburgermonarchie, dargestellt am Schicksal der
Familie von Trotta.

Forts.: *Die Kapuzinergruft* (1938, Amsterdam; Ausg. in Dld. 1950). Ein aus einer
Seitenlinie stammender bürgerlicher Trotta erlebt in der Zeit von 1914 bis 1938 den
Verfall und das Ende des österreichischen Staates.
1956 *Werke*, 3 Bdd.

1932   Hans Fallada
         (d. i. Rudolf Ditzen,
         1893–1947, Greifswald, Berlin):
         Kleiner Mann, was nun?

R.
Arbeitslosennot des kleinen Angestellten und seiner Lebensgefährtin. Trotz kümmerlichen Daseins in einer Laube bleibt das Gefühl
der Zusammengehörigkeit, »das alte Glück, die alte Liebe«.
In der Tradition von Raabe und Fontane stehende realistische Darstellung von Milieu, Alltag, Kleinwelt.

1932   Martin Kessel
         (geb. 1901, Plauen, Berlin):
         Herrn Brechers Fiasko

Satirischer R.
Das »Büro« als geometrischer Ort primitiver Konflikte und Kom-
plikationen. Der Kompromißlose scheitert an der millionenfachen
Übereinkunft.

1933   Thomas Mann
         (Biogr. S. 584):
         Die Geschichten Jaakobs

R. 1. Teil der Tetralogie *Joseph und seine Brüder.*

Entst. seit 1926.
Weitere Teile: *Der junge Joseph* (1934), *Joseph in Ägypten* (1936, Wien), *Joseph der Er-
nährer* (1943, Stockholm).
Angeregt durch das frühe Bildungserlebnis des »Ägyptischen« und in bewußter
Parallelität zu Goethes Kindheitsbekanntschaft mit den Erzvätergeschichten (vgl.
Dichtung und Wahrheit, 4. Buch).

Joseph ist berufen, Mittler zwischen Natur und Geist, Mythos und
geschichtlicher Gegenwart zu sein, die Exklusivität Gottes, die die
Sorge seiner Väter war, wieder mit den Ursprüngen zu verbinden.
Entscheidend das Erlebnis Ägyptens, seines zivilisatorischen Fort-
schritts, aber auch seines wurzellosen Geistes. Zweimal wird der vom
Glück verwöhnte Jüngling in seiner Selbstsicherheit erschüttert;
sieben Gründe verpflichten ihn seinem Gott und bestimmen ihn, die
Liebe Mut-em-enets, der schönen Frau des Eunuchen Potiphar, ab-
zuweisen. Gereift und einsichtig geworden, ist er schließlich fähig,
Retter und Reformer Ägyptens zu werden.
»Fabulierende Ausführung« des legendären Kurzberichtes der *Ge-
nesis* mit dem Blick auf »einen menschlichen und geistlichen Gehalt«
(Thomas Mann). Trotz Verarbeitung von wissenschaftlichem Ma-
terial nicht historische Rekonstruktion, sondern »parodistisch«, das

Überzeitliche und Moderne anstrebend. Ziel, den Mythos durch das Mittel der Psychologie »ins Humane umzufunktionieren« (M.). Weitgespanntes Beziehungssystem von Leitmotiven, Symbolen und mythologischen Anspielungen.

1933/34   Ernst Wiechert
(Biogr. S. 585):
Die Majorin

Erz. In *Westermanns Monatshefte.*

Entst. 1933.

Rettung eines Heimkehrers durch die entsagende Liebe einer Frau.

Buchausg. 1934.

1934   Josef Weinheber
(1892–1945, Wien, Kirchstetten/Niederösterreich):
Adel und Untergang

Gedichte.
Enthält: *Antike Strophen*; *Variationen auf eine hölderlinische Ode*; *Heroische Trilogie*; *Das reine Gedicht*; *Wort und Welt*; *Blumenstrauß*; *Blick auf sich zurück.*
Gedichte von der Berufung, der Einsamkeit und dem Opfer des künstlerischen Menschen, ein Thema, das bereits das expressionistische Frühwerk anschlug (*Der einsame Mensch*, 1920). Von Schopenhauer und Nietzsche beeinflußte Lebensanschauung. Der Dichter als Erfüller eines transzendenten Auftrages. Bewältigungen einer gegebenen Form oder eines Themas, so 10 Variationen auf Hölderlins Ode *An die Parzen.* Architektonisches Gestalten nach fast mathematischem Schema, so *Heroische Trilogie.*

1934   Gertrud Kolmar
(d. i. Gertrud Chodziesner, 1894–?, Berlin):
Preußische Wappen

Gedichte.

Angeregt durch die kleinen bunten Wappen, die bestimmten Kaffeepackungen beigegeben waren und G. K. bei der Arbeit in der Küche des Elternhauses auffielen.

Nicht versifizierte Heraldik, sondern poetisch freie und sehr persönliche Auswertung der in den Wappen verwendeten Elemente. Versmaß und Strophenbau jeweils eingehalten, aber im ganzen Zyklus stark variiert.

Mit *Die Frau und die Tiere* (1938) und den von G. K. bis zu ihrer Verschleppung in ein KZ 1943 geschaffenen übrigen Gedichten in *Das lyrische Werk* (1955 und 1960).

1934   Hans Fallada
     (d. i. Rudolf Ditzen,
     1893–1947, Greifswald, Berlin):
     Wer einmal aus dem Blechnapf frißt

R.
Problem des entlassenen Sträflings, der schließlich wieder im Gefängnis landet.
Der R. hält sich, im Gegensatz zu der Gestaltung des Motivs bei Döblin, ganz im Rahmen des erzählerischen Realismus.

Weitere zeitkritische Rr.: *Wolf unter Wölfen* (1937), *Jeder stirbt für sich allein* (1949).

1934   Annette Kolb
     (1875–1967, München, Badenweiler, Paris):
     Die Schaukel

R.
Vor 1914 in München spielende Gesch. von den Kindern zweier benachbarter gegensätzlicher Familien.

1934   Alexander Lernet-Holenia
     (geb. 1897, Wien, Sankt Wolfgang):
     Die Standarte

R.
Ein Fähnrich rettet unter Einsatz seines Lebens eine Standarte nach Wien, während gerade das alte Österreich zusammenbricht und der Kaiser die Stadt verläßt.
Melancholisch-chevalereske Atmosphäre der österreichischen Offizierswelt; Einfluß von Rilkes *Die Weise von Liebe und Tod des Cornets Christoph Rilke* (1906).

1934   Willi Bredel
     (1901–1964, Hamburg, Tschechoslowakei, Sowjetunion,
     Berlin-Ost bzw. DDR):
     Die Prüfung

»R. aus einem Konzentrationslager«, ersch. in London.

In Gedanken konzipiert 1933–1934 im Konzentrationslager Fuhlsbüttel, niedergeschrieben 1934 in Prag.

Darstellung der Schicksale und Leiden im Konzentrationslager Fuhlsbüttel von 1933 bis März 1934. Skala der verschiedenen politischen Richtungen und menschlichen Verhaltensweisen. Im Vordergrund der ehemalige kommunistische Reichstagsabgeordnete Heinrich Torsten (d. i. Matthias Thesen), der kommunistische Redakteur Walter Kreibel (mit autobiographischen Zügen B.s) sowie der Sozialdemokrat Dr. Fritz Koltwitz.

Realistische Schilderung aus eigenem Erleben. Die Namen der Lagermannschaften und ihrer politischen Auftraggeber sind beibehalten, die der Häftlinge geändert.

Ausg. in Dld. 1946.

1934   Erwin Guido Kolbenheyer
(Biogr. S. 584):
Gregor und Heinrich

Schsp. 5, Prosa. Auff. 18. 10. in Dresden, Staatliches Schauspielhaus.
Buchausg. im gleichen Jahr.
Heinrichs IV. Gang nach Canossa als Höhepunkt der Auseinandersetzung zwischen Reichsidee und Gottesstaatsidee. Gregor VII. und Heinrich IV. sind ebenbürtige, selbstlose, vergeistigte Gegner: Der Papst weiß, daß er verzeihend unterliegen, Heinrich, daß er büßend siegen wird.
Sprachliche Annäherung an älteres Deutsch wie in K.s Rr.

1934   Hans Rehberg
(1901–1963, Posen, Meckerndorf/Mark, Duisburg):
Der Große Kurfürst

Schsp. 3, Prosa. Auff. 30. 11. in Berlin, Staatliches Schsp.-Haus.
Buchausg. im gleichen Jahr.
Erstes Dr. in der Reihe der Preußen-Drr. Shakespearische Stilelemente verwendende Gestaltung der menschlichen und geschichtlichen Problematik der Hohenzollern.

Weitere: *Friedrich I.* (Kom. 3, Auff. 10. 4. 1935 in Leipzig, Altes Theater, Buchausg. im gleichen Jahr); *Friedrich Wilhelm I.* (Schsp. 3, Buchausg. 1935, Auff. 19. 4. 1936 in Berlin, Staatliches Schsp.-Haus); *Kaiser und König* (Schsp. 3, Buchausg. 1936, Auff. 27. 10. 1937 in Hamburg, Staatl. Schsp.-Haus); *Der Siebenjährige Krieg* (Schsp. 3, Buchausg. 1937, Auff. 7. 4. 1938 in Berlin, Staatliches Schsp.-Haus); *Die preußische Komödie* (Kom. in 3 Tagen, Auff. 3. 3. 1940 in Darmstadt, Landestheater, Buchausg. im gleichen Jahr). Gesamtausg. unter dem Titel *Preußendramen* 1942.

1935   Wilhelm Lehmann
(1882–1968, Hamburg, Eckernförde):
Antwort des Schweigens

Erste repräsentative Gedichtslg.: Naturlyrik. Weder Idylle noch Naturmystik, sondern Dg. von den »inneren Anschauungsformen« der Natur, die mit fast wissenschaftlicher Genauigkeit und unter Einschmelzung naturwissenschaftlicher Fachwörter wiedergegeben werden. Gestalten aus Mythus und Dg. beleben die Landschaft.

1957 zus. mit *Der grüne Gott* (1942), *Entzückter Staub* (1946), *Noch nicht genug* (1950), *Überlebender Tag* (1954) und Gedichten aus den Jahren 1955–1957 in dem Sammelbd. *Meine Gedichtbücher.*

1935   Heinrich Mann
         (Biogr. S. 542):
         Die Jugend des Königs Henri Quatre

R. Ersch. in Amsterdam.

Forts.: *Die Vollendung des Königs Henri Quatre* (1938, Amsterdam).
Plan seit 1925; entst. in Frankreich seit 1933. Quellen: Ranke und Voltaire.

Der frz. Volkskönig (1553–1610) als sozialpolitisch vorbildliche Gestalt. Er liebt die Menschen, kennt ihre und seine eigene Gebrech-
lichkeit. Durch ihn siegt die Vernunft über den religiösen Fanatis-
mus. »Weder verklärte Historie noch freundliche Fabel; nur ein
wahres Gleichnis« (M.).
Jedes Kapitel des 1. Bd. durch eine frz. geschriebene »Moralité« zusammengefaßt, am Schluß des Ganzen ein feierlicher Nachruf
»Allocution«.

Gesamtausg. in Dld. 1951.

1935   Ernst Wiechert
         (Biogr. S. 585):
         Hirtennovelle

Nov.
Gesch. eines ostpreußischen Hirtenknaben, Inbegriff des »einfachen«
Menschen, der 1914, nachdem er die Dorfbewohner und seine Herde
vor den Russen verborgen hat, sein Leben läßt, um ein Lamm zu
retten.
Naturfrömmigkeit, konservative Grundhaltung. Anklänge an das
biblische Gleichnis vom guten Hirten.

1935   Werner Bergengruen
         (Biogr. S. 583):
         Der Großtyrann und das Gericht

R.
Beginn der Niederschrift 1929; Hauptarbeit 1933–1934.

In einem ital. Stadtstaat spielende Gesch. von den »Versuchungen
der Mächtigen und der Leichtverführbarkeit der Unmächtigen und
Bedrohten« (B.). Durch das souveräne, aber frevlerische Spiel mit
der Aufdeckung eines Mordes stürzt der Großtyrann die ganze Stadt
in eine Furcht, die alle bösen Kräfte der Menschen frei macht. Erst
der Opferwille des Färbers führt den Tyrannen zur Einsicht seiner
Superbia und zur Ehrfurcht gegenüber der Allmacht Gottes.
Motiv und Technik der Detektiv-Lit., geistig-weltanschaulich überhöht. Nähe zur Nov.-Kunst C. F. Meyers.

Zur Entstehung und Absicht des R. vgl. B.s *Schreibtischerinnerungen* (1961).

1935 **Ludwig Tügel**
(1889–1972, Hamburg, Ludwigsburg):
Pferdemusik

R.
Phantastischer Bericht von der Vereinigung zweier Jugendgespielen
in der noch vom Ersten Weltkrieg überschatteten Zeit.

1935 **Friedrich Bischoff**
(geb. 1896, Neumarkt, Breslau, Berlin, Baden-Baden):
Die goldenen Schlösser

R.
Romantisch-mystische Gesch. des Findelkindes Agnete, das auf seinen Ziehvater, einen schlesischen Dorfgastwirt, einen bessernden
Einfluß ausübt. Als der Pflegevater einer andersgearteten Frau zu-
fällt, entschwindet Agnete ins Unbekannte, aus dem sie gekommen
war.

1935 **Stefan Andres**
(1906–1970, Breitwies b. Trier, Positano, Unkel/Rhein):
El Greco malt den Großinquisitor

Nov.
El Greco kommt seinem Auftrag, den Großinquisitor zu porträtie-
ren, nach, um »das Antlitz dieser Ächter Christi festzuhalten«. Aber
sein Malerauge entdeckt die tiefe Schwermut im Blick des Kirchen-
fürsten, und sein Bild zeigt einen »heiligen Henker«.

1935 **Edzard Schaper**
(geb. 1908, Ostrowo, Hannover, Estland, Zürich):
Die sterbende Kirche

R.
Existenzkampf der russ.-orthodoxen Kirche in Port Juminda in Estland nach der kommunistischen Revolution. Die baufällige Kirche
begräbt schließlich Pater Seraphim und die Gemeinde unter ihren
einstürzenden Mauern. Der Glaube lebt in jungen Menschen weiter.
Realistisches Erfassen östlicher Landschaft und östlicher Menschen.
Einfluß von Dostojewskij und Leskow. Formal an Kleist geschult.

Forts.: *Der letzte Advent* (1950); Märtyrerschicksal des Diakons Sabbas unter der
kommunistischen Herrschaft.

1936   Oskar Loerke
        (1884–1941, Jungen/Westpr., Berlin):
        Der Wald der Welt

Gedichte.

Letzte der 7 motivisch verwandten Gedichtslgg. L.s, nach *Wanderschaft* (1911), *Gedichte* (1916), *Die heimliche Stadt* (1921), *Der längste Tag* (1926), *Atem der Erde* (1930), *Der Silberdistelwald* (1934). Vgl. *Meine sieben Gedichtbücher.*

Abschnitte: *Der Wald der Welt, Die Grundmächte, Unterwelt, Tröstungen, Bemalte Vasen von Atlantis, Das alte Dasein.* Spannung zwischen Gesamt- und Einzelleben. Kleinheit und Vergänglichkeit des Menschen gegenüber der überdauernden Natur. Atlantis als Symbol geistigen Lebens, das untergeht, wenn ein Volk sein Daseinsrecht an böse Dämonen verspielt hat. Die Unterwelt, Spaltung der Eindeutigkeit des Geistes, wird überwältigt werden.
Vorherrschen schlichten Ausdrucks. Neben neueren Formen Strophen des Kirchenlieds, des Volkslieds, der weltlichen Hymne.

1949 *Die Abschiedshand,* aus dem Nachlaß hgg. Hermann Kasack.

1936   Friedrich Bischoff
        (geb. 1896, Neumarkt, Breslau, Berlin, Baden-Baden):
        Schlesischer Psalter

»Ein Dank- und Lobgesang.«
Gedichte um erlebte Landschaft und Kultur und, in dem Epilog *Werkstatt zwischen Himmel und Erde*, um hist. Gestalten.

1936   Frank Thiess
        (geb. 1890, Livland, Berlin, Stuttgart, Wien, Rom, Bremen):
        Tsushima

R. eines Seekrieges.

Bis auf Eindrücke der Kindheit zurückgehender Plan; entst. 1935/36.

Behandelt Fahrt und Vernichtung der russischen Flotte bei Tsushima im russisch-japanischen Kriege 1905. Versuch einer Überwindung des »hist. R.«, »nicht einen Seekriegs-R., sondern den R. eines Seekrieges zu schreiben« (T.).

1936   Hermann Kesten
        (geb. 1900, Nürnberg, große Reisen, Berlin, New York):
        Ferdinand und Isabella

R. Ersch. in Amsterdam.
Auseinandersetzung Heinrichs IV. von Kastilien mit seiner Stiefschwester Isabella, die ihm 1474 in der Regierung folgte und durch

ihre Heirat mit Ferdinand von Aragon den Grund zur span. Weltmacht legte.

Der 1. Teil des R. erschien in Dld. 1952 unter dem Titel *Um die Krone – Der Mohr von Kastilien*, der 2. Teil 1953 unter dem Titel *Sieg der Dämonen – Ferdinand und Isabella*. Forts.: *König Philipp II*. (1938; Ausg. in Dld. 1950 unter dem Titel *Ich, der König – Philipp II*.).

1936   Franz Theodor Csokor
(1885–1969, Wien):
3. November 1918

Dr. 3, Prosa.

Entst. 1935.

»Vom Ende einer traditionsreichen Armee, die aus dem Kriege nicht heimkehrte«, sondern in den neuen Nationalstaaten aufging. Sieben Offiziere, ein Regimentsarzt, zwei Soldaten und eine Krankenschwester sind in einem Genesungsheim in den Kärntner Karawanken durch Schnee von der Außenwelt abgeschlossen und erfahren den Waffenstillstand sowie das Ende des österreichisch-ungarischen Staates erst durch einen aufständischen Matrosen der bei Pola versenkten Flotte. Die verschiedenen Nationalitäten angehörigen Offiziere bekennen sich sofort zu ihren neugeschaffenen Nationalstaaten. Als der Oberst, dem der Zerfall Österreichs und der Armee das Ende einer Welt bedeutet, sich erschießt, empfinden sie jedoch wie er die Entwicklung von der Völkergemeinschaft zur nationalen Aufspaltung als Rückschritt und Gefahr. Schon trennt die Nationalidee den Deutsch-Kärntner von dem ihm bisher befreundeten slowenischen Kärntner; um Mitternacht schickt er aus dem von den Kameraden verlassenen Heim die erste Maschinengewehrgarbe in die slowenische Stellung.

Auff. 10. 3. 1937 in Wien, Burgtheater. C. erhielt für das Dr. den Grillparzerpreis und den Burgtheaterring.

1937   Gertrud von Le Fort
(Biogr. S. 584):
Die Magdeburgische Hochzeit

Erz.
Knüpft an die Zerstörung Magdeburgs durch Tilly 1631 an: die gewaltsame Hochzeit der »Jungfrau Magdeburg« mit dem katholischen Feldherrn, der die Braut »in ihrem Brautbett« erwürgt. Durch das Brennen und Morden bei der Eroberung wird der Sieg des Reiches und des Katholizismus verscherzt, und die Protestanten werden den Schweden in die Arme getrieben. Das politische Thema im privaten Schicksal eines jungen Paares wiederholt.

1937   René Schickele
(1883–1940, Oberehnheim, Paris, Berlin,
Sanary/Frankreich):
Die Flaschenpost

R. Ersch. in Amsterdam.
Tragikom. des Individualisten Wolke, der, erschreckt von der Massenzivilisation, zuletzt im Irrenhaus Zuflucht findet, wo er »endlich allein sein« kann.

Ausg. in Dld. 1950.

1937   Werner Bergengruen
(Biogr. S. 583):
Die drei Falken

Nov.
An der aus den drei kostbaren Vögeln bestehenden Erbschaft wird die Habsucht und die edle menschliche »Sinnesart des Falken« auf die Probe gestellt.

1937   Hans Henny Jahnn
(1894–1959, Stellingen-Altona, Bornholm, Hamburg):
Das Holzschiff

R. 1. Teil der Trilogie *Fluß ohne Ufer*.
Fahrt eines geheimnisvollen Segelschiffes, während der die Tochter des Kapitäns, Braut des jungen Gustav Anias Horn, ermordet wird.

2. Teil *Die Niederschrift des Gustav Anias Horn, nachdem er neunundvierzig Jahre alt geworden war* (1949) gibt den Lebensbericht des ehemaligen Verlobten, den der Mord und das Geständnis des Mörders aus der normalen Lebensbahn geworfen haben: Er mußte dem Mörder verzeihen und ihn lieben lernen, sich ihm auf mystische Art durch Blutmischung verbrüdern.

Grundton: Trauer. Schwere, nüchterne, karge Prosa.

Zur Konzeption vgl. *Über den Anlaß* (1954) und *Briefe um ein Werk* (1959).

1937   Jochen Klepper
(1903–1942, Beuthen, Berlin):
Der Vater

R.
Versuch einer Rechtfertigung Friedrich Wilhelms I. in seinem Verhältnis zu seinem Sohn Friedrich II. von Preußen. Die Gestalt des Königs aus seiner Frömmigkeit und seiner Vorstellung von einem verpflichtenden Gottesgnadentum erklärt.
Wahl des hist. R., weil sich das Walten Gottes am hist. Stoff am besten sichtbar machen lasse (*Der christliche R.*, 1940).

1937   Rudolf Alexander Schröder
       (1878–1962, Bremen, Berlin, Bergen/Obb.):
       Die Ballade vom Wandersmann

Gedichtzyklus.

Entst. 1935 in Italien im Hause Rudolf Borchardts.

Das Ich auf der Wanderung. Zusammenklingen von persönlichem und allgemeinem Leid.

Um zwei früher zurückgehaltene Gedichte erweiterte Ausg. 1947.

1937   Ina Seidel
       (Biogr. S. 584):
       Gesammelte Gedichte

Vorher einzeln bereits: *Gedichte* (1914), *Neben der Trommel her* (1915), *Weltinnigkeit* (1918), *Neue Gedichte* (1927), *Die tröstliche Begegnung* (1934).

Das Geistig-Seelische im Symbol von Natur und Kreatur; sogar Gott erscheint als »schwere Honigblüte«, um die die »Imme«, die Seele, unablässig kreist.

1937   Richard Billinger
       (1893–1965, Wien, Berlin, München):
       Der Gigant

Schsp. 3, Prosa. Auff. 21. 10. in Berlin, Staatliches Schsp.-Haus. Buchausg. im gleichen Jahr.
Der Gigant ist die Stadt, die mit ihren Lockungen dem böhmischen Bauernmädchen zum Schicksal wird.

1938   Erwin Guido Kolbenheyer
       (Biogr. S. 584):
       Das gottgelobte Herz

R. um die ma. Mystikerin Margarete Ebner, die in ihrem Ringen um Gotteskindschaft eigene Wege geht und damit die von der Kirche vorgeschriebenen verläßt. Der Konflikt gipfelt in der Auseinandersetzung Meister Eckharts und des Papstes.
Sprachlich Versuch einer Annäherung an das Mhd.

1938   Ina Seidel
       (Biogr. S. 584):
       Lennacker

R. »Das Buch einer Heimkehr.«
Der letzte Sproß eines alten Geschlechts von Geistlichen erlebt, an den Folgen einer Kriegsverwundung fiebernd, in zwölf Traum-

visionen das Schicksal seiner Vorfahren und die Entwicklung des dt. Protestantismus.

Ergänzung durch den R. *Das unverwesliche Erbe* (1954), der die Gesch. von Lennackers mütterlichen Ahnen, den Widerstreit zwischen Protestantismus und Katholizismus in diesen Familien und die Möglichkeit einer Symbiose zeigt.

1938   Stefan Zweig
           (Biogr. S. 494):
           Ungeduld des Herzens

R. Ersch. in Stockholm und Amsterdam.
Im Sommer 1914 verlobt sich ein junger Offizier aus Mitleid mit einem gelähmten Mädchen. Sein Mitleid ist aber nur »Ungeduld des Herzens . . . instinktive Abwehr des fremden Leidens vor der eigenen Seele«; er leugnet seine Verlobung vor den Kameraden und treibt die so Verschmähte in den Selbstmord.
Rahmen-Erz.: Der Offizier beichtet im Jahre 1938 sein Jugend-erlebnis als das Motiv für sein im Kriege bewiesenes Heldentum.

1938   Kurt Kluge
           (1887–1940, Leipzig, Dresden, Berlin):
           Der Herr Kortüm

R. in fünf Büchern.

Buch 1 *Die silberne Windfahne* in etwas anderer Fassung bereits 1934.
Buch 2 *Das Flügelhaus* ebenso bereits 1937.
Entst. seit 1932, Vorbild der Titelgestalt seit 1934 der Besitzer des »Schöffenhauses« bei Ilmenau.

Leben und Meinungen des sonderbaren Gastwirts und humorvollen Weisen Friedrich Joachim Kortüm auf dem Thüringer Wald. Das Gasthaus »an der Straße von Biscaya nach Taschkent« wird Rast-punkt zahlreicher sich hier kreuzender Schicksale, die alle durch die überströmende Lebenskraft des Hausherrn bereichert werden, der selbst nicht zum Genusse kommt, schließlich auf geheimnisvolle Weise verschwindet und als Stern weiterlebt.
Stilistisch Einfluß von Jean Paul und Raabe.

1938   Meinrad Inglin
           (geb. 1893, Schwyz):
           Schweizerspiegel

R.
Überwindung nationaler und sozialer Krisen in der Schweiz während des Ersten Weltkrieges, dargestellt an einer Zürcher Familie. »Die Schweiz ist ein Land für reife Leute . . . Der rechtzeitige Gefechts-abbruch ist eine unserer wichtigsten und notwendigsten Bewährun-

gen . . . Das geht nicht ohne beständigen Kampf gegen die schwung-
vollen Ansprüche der extremen Lager und der eigenen Heldenbrust.«
Kraftvoller, auf psychologischer Einfühlung und minuziöser Beobachtung beruhender Realismus.

1938   Heimito von Doderer
(Biogr. S. 583):
Ein Mord den jeder begeht

R.
Lebensgesch. eines erfolgreichen jungen Mannes, der auf der Spur
des vermeintlichen Mörders seiner Schwägerin entdeckt, daß er
selbst leichtsinnig zu ihrem Tode beigetragen hat. Das hierdurch
gewonnene Maß an Selbsteinsicht und innerer Freiheit läßt sein
Weiterleben in den bisherigen Bahnen unmöglich scheinen: ein Unglück beendet sein Dasein.
In Thematik, Charakteren, Motiven Vorstufe zu D.s späteren Rr.,
die Darbietungsweise noch in der Art des einsträngigen chronologischen Erzählens.

1938   Reinhold Schneider
(1903–1958, Baden-Baden, zahlreiche Reisen, Potsdam,
Freiburg i. Br.):
Las Casas vor Karl V.

»Szenen aus der Konquistadorenzeit.«
Der Dominikanermissionar Las Casas (1474–1566) erringt in Valla-
dolid in einer großen Disputation vor Karl V. ein Gesetz, das die
Indianer aus der Sklaverei befreit.

1938   Josef Weinheber
(1892–1945, Wien, Kirchstetten/Niederösterreich):
Zwischen Göttern und Dämonen

40 Oden.
Entst. in Kirchstetten Juni 1937 bis Juli 1938.

Zehn Gedichtkreise. »Auseinandersetzung mit Rilke, mit Orpheus«
(W.). Dem »heilen« Dasein von Rilkes Sänger der kämpfende Dichter, Rilkes »Dingen« die Überlegenheit des Menschen gegenübergestellt.

1939   Gerhart Hauptmann
(Biogr. S. 466):
Die Tochter der Kathedrale

Dram. Dg. 5, in Versen und Prosa. Auff. 3. 10. in Berlin, Staatliches
Schsp.-Haus; Buchausg. im gleichen Jahr.
Entst. 1935–1938.

Die »Tochter der Kathedrale« ist eines der beiden Zwillingskinder,
durch deren schließlich zustande kommende Heirat mit zwei Zwil-
lingsbrüdern der Haß zweier ma. Fürstenhäuser beendet wird.

1939   Thomas Mann
         (Biogr. S. 584):
         Lotte in Weimar

R. Ersch. in Stockholm.

Teildrucke in der Zs. *Maß und Wert* 1937 und 1939.
Entst. seit 1936.

Die eingehendste Materialstudien verarbeitende Handlung baut die
späte Wiederbegegnung zwischen dem auf der Höhe seines Daseins
stehenden Goethe und seiner Jugendgeliebten Charlotte Kestner geb.
Buff im Jahre 1816 dichterisch aus. Goethe gesehen als Lebens-
künstler, dem eine Synthese von Künstler und Bürger gelungen ist;
er meidet das Zerstörerische, durch das er sich gefährdet weiß. Die
Personen seiner Umgebung erscheinen als Werkzeuge für die Existenz des Genies, Lotte, die durch ihre Umformung zu einer lit.
Gestalt gleichsam vorzeitig entseelt ist, als Station auf seinem Wege.
»Den Göttern opferte man, und zuletzt war das Opfer der Gott.«
Das Bild Goethes zunächst aus der Perspektive seiner Umwelt entwickelt, bis im 7. Kap. ein innerer Monolog des Dichters sein Wesen
enthüllt. Nachbildung der Goetheschen Alterssprache.

Ausg. in Dld. 1946.

1939   Franz Werfel
         (Biogr. S. 543):
         Der gestohlene Himmel

R., späterer Titel: *Der veruntreute Himmel*.
Die Magd Teta wird durch ihren Neffen um das Geld, womit sie ihn
Priester werden lassen wollte, und damit zugleich um ihr ihm anver-
trautes Seelenheil betrogen. Ihr naives Heilsbedürfnis ist so stark,
daß sie bei einer Romfahrt den Segen des Papstes empfängt und dabei
im Bewußtsein der Gnade stirbt.
W. erreichte mit diesem Werk, nach den zugkräftigen reportage-
haften Rr. seiner mittleren Periode, eine neue lit. Höhe. Rahmenerz.
»Eine Groteske mit einer Legende« verbunden (W.). Teta in *Barbara
oder die Frömmigkeit* (1929) vorgeprägt.

1939   Ernst Wiechert
(Biogr. S. 585):
Das einfache Leben

R. von einem auf einer Insel in Masuren lebenden ehemaligen See-
offizier, der im Erlebnis der Natur und in sinnvoller Arbeit wieder
zu sich selbst findet.
Der Held eine Art Selbstporträt W.s. Titel beispielhaft für das gesamte Werk W.s: »Ich begann mit dem Wald und der *Bibel*, und
damit werde ich wohl auch aufhören.« Musikalität, aber auch bewußte Bedeutsamkeit der Sprache.

1939   Ernst Jünger
(Biogr. S. 583):
Auf den Marmorklippen

In einer zwischen Wirklichkeit und Unwirklichkeit gehaltenen Landschaft angesiedelte symbolhaltige Erz. um das Problem von Macht
und Widerstand. Haltung des adligen Menschen gegenüber der Gewalt. Schließlich Zerstörung der als abendländische Kultur deut-
baren Idylle.
Der Geist der Zeit in eine Allegorie gefaßt. Realismus im Detail,
daneben Darstellung der Traumwelt des Unbewußten, Entwicklung
auf eine neue Wirklichkeit zu. Standpunkt eines »heroischen Realismus« (vgl. J.s Schrift *Über die Linie*, 1950).

1939   Konrad Weiß
(1880–1940, Tübingen, München):
Das Sinnreich der Erde

Gedichte.
Nach den früheren Bdd. *Tantum dic verbo* (1918), *Die cumäische Sibylle* (1921) und *Das
Herz des Wortes* (1929) letzte zu W.s Lebzeiten erschienene Slg. von Gedichten, die
jedoch fast zur Hälfte vor 1921 entstanden waren.
Zentrales Thema: Ringen des lyrischen Ich um Gottes- und Welt-
verständnis. Sehnsucht nach Einkehr in Gott trotz des Wissens um
das »verlorene Paradies«, die scheinbar unüberwindbaren Grenzen
des Irdischen. Natur und Kreatur, unter das Symbol der Tageszeiten (Abschnitt: *Wanderer in Tagen*) und Jahreszeiten (Abschnitt:
Zweige der Jahre) gestellt, haben immer eine irdisch-schuldhafte und
eine Gott sehnsüchtig zugewandte Seite *(Glocke der Nächte; Pfingst-
morgen; Der Sohn; Nec littera nec spiritu)*.
Spannung zwischen Bild und Wort: das eigentlich Wirkliche bleibt
dem Wort unfaßbar, daher Bildersprache. Die Sprache muß die
»Entfernung« nachvollziehen. Trotz formaler Anlehnung an ältere
geistliche Dg. ist W.s Bilderreichtum nicht von kirchlicher Symbolik her erschließbar, sondern bleibt vielfach hermetisch.

1939   Josef Weinheber
        (1892–1945, Wien, Kirchstetten/Niederösterreich):
        Kammermusik

Gedichte.
Lyrische Variationen über Musikinstrumente und musikalische Formen; musikalische Symbolik für Erlebnis und Betrachtung.

1939   Albin Zollinger
        (1895–1941, Rüti, Küßnacht, Oerlikon):
        Stille des Herbstes und **Haus des Lebens**

Gedichte.
Slgg. der reifen Lyrik Z.s. Hauptmotive von *Stille des Herbstes*: Kindheit, Landschaft, Traum. Landschaft ist Hintergrund und Aus-
drucksmedium zugleich. Bloße Darstellung zugunsten symbolhaltiger Bildersprache aufgegeben. Sondergruppen: Porträts mit heroischer und Oden mit kosmischer Thematik. Einfluß von Hölderlin
und Rilke. *Haus des Lebens* Nachlese und letzte Stufe dieser Lyrik.

Die lyrische Grundkomponente macht auch den Reiz der erzählerisch ungenügenden
Rr. Z.s aus, vor allem der idyllischen Partien von *Pfannenstiel* (1940) und *Bohnenblust*
(1942).

1940   Adrien Turel
        (1890–1957, Petersburg, Schweiz, Berlin, Zürich):
        Weltleidenschaft

Gedichte.
Poetische Umschreibungen einer Weltvorstellung unter Einbe-
ziehung der Zeit als vierter Dimension. Formeln für Dialektik und
Polarität der Existenz. Nach T. ist Lyrik dazu »berufen, neben der
Nuklearphysik und mit der modernen Malerei eine neue Welt-
achsen-Struktur der Menschheit auszudrücken«.

1960 Auswahl von 40 Gedichten aus dieser ersten und späteren Slgg. sowie aus unver-
öffentlichten Mss. unter dem Titel *Weltsaite Mensch*.

1940   Georg Kaiser
        (Biogr. S. 542):
        Der Soldat Tanaka

Schsp. 3, Prosa. Auff. 2. 11. in Zürich, Schsp.-Haus. Buchausg. im
gleichen Jahr in Zürich und New York.

Entst. 1939–1940.

Soziale Anklage aus dem Milieu der Reisbauern. Der Soldat Tanaka
muß erkennen, daß seine Landsleute darben und seine Schwester
an ein Geishahaus verkauft wird, damit der Kaiser sich eine teure
Armee halten kann.

Auff. in Dld. 13. 2. 1946 in Berlin, Hebbeltheater.

1940   Werner Bergengruen
(Biogr. S. 583):
Am Himmel wie auf Erden

R.
Gestaltet die Wirkung von Weltuntergangsprophezeiungen in dem
Berlin des Jahres 1524. Aus moralischem Chaos und Todesangst er-
neuern sich die Menschen in Erkenntnis des Bibelwortes »Fürchtet
Euch nicht!«
Thematisch verwandt mit *Der Großtyrann und das Gericht* (1935).

Aufschlußreicher Bericht über Entstehung und Schicksale des R. in *Schreibtischerinnerungen* (1961).

1940   Hans Leip
(geb. 1893, Hamburg, Breitbrunn/Chiemsee, Schweiz):
Das Muschelhorn

R., »Schicksal und Vollendung der Abdenas«.
Schilderung von vier Generationen eines friesischen Geschlechts
von der Zeit der Likedeeler bis zur Reformation. Hauptfigur ist Bojer
Abdenas, ein Schüler Riemenschneiders und zuletzt Leuchtturm-
wächter.

In Stimmung und Thematik an den frühen expressionistischen Vitalienbrüder-R.
Godekes Knecht (1925) anknüpfend.

1940   Horst Lange
(1904–1971, Liegnitz, Berlin, München):
Ulanenpatrouille

R.
Liebe, vergessene Pflicht und Sühne eines jungen Leutnants.

1940   Edzard Schaper
(geb. 1908, Ostrowo, Hannover, Estland, Zürich):
Der Henker

R., seit der 3. Aufl. 1956 unter dem Titel *Sie mähten gewappnet die Saaten.*
Konflikt des Rittmeisters von Ovelacker zwischen den Pflichten
eines kaiserlich russischen Offiziers und eines baltischen Junkers.
Spannungssituation der russ., dt. und estnischen Interessen um 1905.
Lösung in dem Verzicht auf politischen Anspruch und formales
»Recht«, Hinwendung zu den unschuldig Leidenden.

1941   Gerhart Hauptmann
(Biogr. S. 466):
Iphigenie in Delphi

Tr. 3, in Versen. 4. Teil von *Die Atriden-Tetralogie.* Auff. 15. 11. in
Berlin, Staatliches Schsp.-Haus. Buchausg. 1942.

Anregung durch den in der *Italienischen Reise* skizzierten Plan Goethes. Entst. innerhalb von 3 Wochen.

1. Teil *Iphigenie in Aulis*, Tr. 5, in Versen. Auff. 17. 11. 1943 in Wien, Burgtheater. Buchausg. 1944.
2. und 3. Teil *Agamemnons Tod*, Tr. 1, in Versen, *Elektra*, Tr. 1, in Versen. Sendung *Agamemnons Tod* 28. 7. 1946 Drahtfunk des amerikan. Sektors Berlin; Auff. beider Trr. 10. 9. 1947 in Berlin, Kammerspiele. Buchausg. 1948.
Gesamtausg. der Tetralogie 1949.

Im Gegensatz zu der klassisch-humanitären Sicht des 18. Jh. moderne und psychologische Fassung des archaischen Stoffes. Das Atridenhaus wird durch die Forderung der chthonischen Nachtgottheiten nach Opferung Iphigenies in Zwist und Unglück gestürzt, bis Iphigenie sich freiwillig durch den Sturz vom Felsen in Delphi zum Opfer bringt. Ursprung der antiken Tr. das Menschenopfer (vgl. *Griechischer Frühling*, 1908). Die einzelnen Repräsentanten des Atridenhauses müssen ins Übermenschliche wachsen, um die von den Schicksalsmächten geforderten Bluttaten ausführen zu können. Es bleibt die Hoffnung auf eine Wiedergeburt des Menschlichen, nachdem es vernichtet worden ist.
Schwanken zwischen Stilisierung und psychologisierendem Realismus, schlicht volkstümlicher und mythendeutend vielsinniger Sprache.

1941   Bertolt Brecht
           (Biogr. S. 583):
           Mutter Courage und ihre Kinder

»Eine Chronik aus dem Dreißigjährigen Kriege« in zwölf Bildern. Auff. 19. 4. in Zürich, Schsp.-Haus.

Entst. 1938 in Skandinavien.

Unter Anregung durch Grimmelshausens Simpliziaden und unter Weiterbildung seiner Landstörzerin gestaltete Szenenfolge über die Sinnlosigkeit des Krieges. Die Marketenderin Anna Fierling, die sich den Zeiten anpaßt und mit dem Krieg Geschäfte zu machen sucht, verliert durch ihn ihre drei Kinder.
Wiederaufnahme des Motivs von *Trommeln in der Nacht*. Nach der bewußten Reduzierung und Verengung von Handlung und Gestalten in den »Lehrstücken« (seit *Das Badener Lehrstück*, 1929) Beginn von B.s wesentlichem Spätwerk. Den einzelnen Bildern des Dr. im Sinne des »Verfremdungs-Effekts« Vorberichte des Inhalts vorausgestellt, Spruchbänder, die das private Geschehen in den hist. Zusammenhang ordnen.

Auff. in Dld. 31. 5. 1946 in Konstanz, Stadttheater. Buchausg. in *Versuche 20–21* (Heft 9) 1949.

1941   Johannes R. Becher
(Biogr. S. 542):
Abschied

»Einer dt. Tr. erster Teil 1900–1914«. Ersch. in Moskau.
Autobiographischer R. und Auseinandersetzung zwischen der bürgerlichen Vergangenheit und sozialistischem Zukunftswillen.

Ausg. in Dld. 1945.

1941   Frank Thiess
(geb. 1890, Livland, Berlin, Stuttgart, Wien, Rom,
Bremen):
Das Reich der Dämonen

»R. eines Jahrtausends«.

Konzeption Anfang der 30er Jahre, Vorarbeiten 1939, Niederschrift Januar bis
August 1940.

Aus dem ursprünglichen Plan eines Porträts der Kaiserin Theodora
(um 508–548) entstandene, die Gegenwart in der Vergangenheit
deutende Darstellung Griechenlands und des byzantinischen Reiches
bis zum Ende des Kaisers Justinian (527–565). »Beantwortung der
Frage: gibt es geschichtliche Gesetze, deren Übertreten regelmäßig
zu Rückbewegungen und Katastrophen führt?« (T.)

1941   Franz Werfel
(Biogr. S. 543):
Das Lied der Bernadette

R. Ersch. in Stockholm.
Geschichte des Wunders von Lourdes, geschrieben in Erfüllung
eines bei der Flucht aus Frankreich (1940) abgelegten Gelübdes.

In Dld. zunächst in *Der Tagesspiegel* 1945/46, Buchausg. 1948.

1942   Stefan Andres
(1906–1970, Breitwies b. Trier, Positano, Unkel/Rhein):
Wir sind Utopia

Nov. In *Frankfurter Zeitung*.

Entst. 1941.

Ein ehemaliger Mönch, der im span. Bürgerkrieg kämpft, kommt
als Gefangener eines kommunistischen Leutnants in die Klosterzelle
zurück, aus der er vor zwanzig Jahren entwich. Der Leutnant, der
die Mönche des Klosters niedermachen ließ und den sein Gewissen
drückt, erkennt in ihm den Priester und will ihm beichten. Während

dieser Szene erreicht ihn der Befehl, die Gefangenen wegen des na-
henden Feindes umzubringen. In dem Soldaten Paco, der das Messer
in der Tasche hat, mit dem er den Leutnant niederstechen und zwei-
hundert Gefangene befreien kann, siegt das Priesteramt, das er aus
Enttäuschung über das nicht zu verwirklichende Utopia ablegte und
dessen Ruf er sich nicht mehr zu entziehen vermag: er stirbt mit
seinen Migefangenen.

»Wir sind Gottes Utopia, aber eines im Werden« (A.). Utopia nicht
Sache der Außenwelt, sondern der Gesinnung; Paco macht die Idee
durch Selbstüberwindung wahr. Problem der »Verwirklichung
christlicher Existenz in der Welt« (Albrecht Weber).

Buchausg. 1943.
Dramatisiert als *Gottes Utopia*, Tr. 5, Prosa; Auff. 16. 9. 1950 in Düsseldorf.

1942 Anna Seghers
(Biogr. S. 584):
Das siebte Kreuz

R. Ersch. in Mexiko.

Entst. während der Emigration in Frankreich. Die ersten Kapitel veröffentlicht in Zss.
in Moskau.

Spielt im Herbst 1937; Schauplatz ist der Raum um Mainz. Von sieben Häftlingen, die aus dem KZ Westhofen geflohen sind, erreicht
nur einer die rettende holländische Grenze. Das auch ihm zugedacht gewesene Kreuz an einem Baum auf dem Appellplatz des La-
gers bleibt leer und wird den Lagerinsassen zum Symbol des Widerstandes und der Solidarität, mit der sie rechnen können.

Ausg. in Dld. 1946.

1943 Hermann Hesse
(Biogr. S. 492):
Das Glasperlenspiel

Teile schon 1934–1942 in *Die Neue Rundschau*, 1938 in *Corona*.

»Versuch einer Lebensbeschreibung des Magister Ludi Josef Knecht
samt Knechts hinterlassenen Schriften«, 2 Bdd. Ersch. in Zürich.
Bildungs-R.; die Frage nach der Möglichkeit, in einer »pädagogi-
schen Provinz« Kastalien dem Geist an sich zu leben, wird aufgeworfen und verworfen. Symbol und höchste Erfüllung dieser Provinz, das Glasperlenspiel, bedeutet Vereinigung der Künste und
Wissenschaften, musisch-spielerische und zugleich denkerische Ver-
gegenwärtigung aller geistigen Möglichkeiten des Menschen. Josef
Knecht bricht aus dieser Welt aus, der Tod ereilt ihn an der Schwelle

eines neuen Lebens. Kritisiert wird nicht die humanistisch-ästheti-
sche Geistigkeit als solche, sondern ihr Absolutheitsanspruch und
ihre Selbstisolierung.
Zusammenfassung der bisherigen Bemühungen H.s um die Gestaltung des Dualismus Trieb – Geist. Rückbezug auf frühere Werke,
Widmung »Den Morgenlandfahrern« (*Morgenlandfahrt*, 1932), die
also als geistige Vorfahren der Kastalier angesehen werden. Verhältnis des Dichters zur Meditation (seit *Siddharta*, 1925). Motiv des
Spiels als einer geistigen Ordnung (seit *Der Steppenwolf*, 1927). Utopie.
Drei zeitliche Ebenen: die des Biographen, die Knechts und die der
Gegenwart, die für Knecht bereits weit zurückliegende Vergangen-
heit ist; die Zukunft, das Zeitalter Knechts, wird als etwas bereits
Vergangenes dargestellt.

Ausg. in Dld. 1946.

1943   Stefan Zweig
         (Biogr. S. 494):
         Schachnovelle

Ersch. in Stockholm.
An Bord eines Südamerikadampfers spielende Nov., die einen er-
regenden Augenblick aus der überstandenen Haftzeit in einem Konzentrationslager verarbeitet.

Ausg. in Dld. 1951.

1943   Alfred Neumann
         (1895–1952, Berlin, München, Fiesole, Beverly Hills,
         Lugano):
         Es waren ihrer sechs

R. Ersch. in Amsterdam.
Thema ist das Schicksal der Geschwister Scholl und der mit ihnen
im Februar 1943 Hingerichteten.

Ausg. in Dld. 1947.

1943   Willi Bredel
         (1901–1964, Hamburg, Tschechoslowakei, Sowjetunion,
         Berlin-Ost bzw. DDR):
         Die Väter

R. Ersch. in Moskau.
Erster Teil der Gesch. einer Hamburger Arbeiterfamilie als Beispiel
für die Entwicklung der dt. Arbeiterklasse seit 1871. Die Handlung
setzt um die Jahrhundertwende ein und endet 1914. Nach den Ein-

gangskapiteln wird auf das letzte Drittel des 19. Jh. zurückgeblendet.
B.s eigenem Schicksal und dem seiner Vorfahren entnommen.

Teil 2 *Die Söhne* (1949, 2. Fassung 1952, 3. Fassung 1960) behandelt die Periode seit
1915; Teil 3 *Die Enkel* (1953) setzt 1933 ein.

1943   Bertolt Brecht
          (Biogr. S. 583):
          Der gute Mensch von Sezuan

Parabelstück in zehn Bildern und einem Epilog, Prosa, verschiedentlich in freie Rhythmen übergehend; Auff. 4. 2. in Zürich, Schsp.-
Haus.

Entst. 1938/1942.

B. zeigt am Beispiel der von drei Göttern auf der Suche nach guten
Menschen entdeckten Shen Te, daß die Mildtätigkeit, die ihr ein
Geschenk der Götter zu erlauben scheint, unter den bestehenden
Verhältnissen Ruin herbeiführt. Um das unvermeidliche Schlechte
zu tun, nimmt Shen Te mehrmals die Rolle eines ›Vetters‹ an, bis sie
die Doppelexistenz nicht mehr durchhalten kann, sich vor Gericht
den als Richter fungierenden Göttern offenbart, aber von ihnen
ratlos auf dieser Erde zurückgelassen wird. Die ›Lösung‹ im Epilog
den Zuschauern aufgegeben.

Buchausg. 1953 in *Versuche* H. 12, 1957 in *Stücke* Bd. 8.

1943   Fritz Hochwälder
          (geb. 1911, Wien, Zürich):
          Das heilige Experiment

Schsp. 5, Prosa. Auff. 24. 3. in Biel-Solothurn, Städtebundtheater.

Entst. 1942 am Lago Maggiore.

Die sozialen und wirtschaftlichen Erfolge des christlich-kommuni-
stischen Jesuitenstaates in Paraguay sind dem span. Mutterland ein
Ärgernis, es will ihn liquidieren lassen. Die Ordensleitung befiehlt
1767 die Selbstauflösung: »Diese Welt aber ist ungeeignet zur Verwirklichung von Gottes Reich.«

Buchausg. 1947.

1943   Bertolt Brecht
          (Biogr. S. 583):
          Galileo Galilei

Schsp. in 15 Bildern, Prosa. Auff. 9. 9. in Zürich, Schsp.-Haus.

Entst. 1938/39 in Dänemark.

Gewissenskonflikt Galileis, der durch seine Entdeckung, daß die Erde sich um die Sonne dreht, in Gegensatz zur Kirche gerät und unter dem Druck der Inquisition widerruft, weil er in der Wissenschaft geistigen Genuß, nicht Verantwortung sieht. Während Galilei sich als Gefangener der Inquisition selbst überlebt, wirkt seine Lehre in seinen Schülern weiter.

Neue Fassung, entst. 1945/46, Auff. Sommer 1947 in Beverly Hills/USA; 3. Fassung als *Leben des Galilei*, entst. 1955, Auff. 16. 4. 1955 in Köln, Städtische Bühnen. Buchausg. unter dem Titel *Leben des Galilei* 1957 in *Stücke* Bd. 8.

1943   Erwin Jaeckle
          (geb. 1909, Zürich):
          Die Kelter des Herzens

Gedichte in fünf Gruppen: *Die Trilogie Pan*, *In saeliger Gezeit*, *Die dreizehn Elfenlieder für Elfina*, *Auf gespannter Sehne*, *Der singende Ring* (16 Sonette).
Im wesentlichen Naturlyrik, in der die Natur beseelt und mythisiert wird. Natur als Gleichnis, auch Gottes. Seelische und erlebnismäßige Übergangsstimmungen.
Nachwirkungen neuromantischer Stimmungen, auch Stefan Georges.

1944   Ricarda Huch
          (Biogr. S. 493):
          Herbstfeuer

Gedichte.
Herbst der Natur und Herbst des Lebens. »Geh schlafen, mein Herz, es ist Zeit. / Kühl weht die Ewigkeit.«

1944   Anna Seghers
          (Biogr. S. 584):
          Transit

R., ersch. in Mexiko in span. Sprache, in Boston in engl. Sprache.
Ein junger Monteur, in Marseille 1940 verfolgt, übernimmt um eines Transits willen die Existenz eines Verstorbenen, die ihm der Zufall zuspielt.

1945 Ausg. in England, 1948 in Paris in frz. Sprache und in Dld. in dt. Sprache.

1945   Hermann Broch
          (Biogr. S. 583):
          Der Tod des Vergil

R. Ersch. in New York in dt. Sprache, in New York und London in engl. Sprache.

Vorstufe: *Die Heimkehr des Vergil*, Erz., von B. 1935 im Wiener Rundfunk vorgetragen. Entst. 1940–44, gleichzeitig mit der engl. Übs. von Jean S. Untermeyer.

Das Sterben Vergils in Brundisium nach der Rückkehr aus Athen, im wesentlichen dargestellt in einem Realität, Erinnerung und Zukunftsvision mischenden Fiebermonolog des Dichters. Unter den Gestalten seiner Fieberphantasien steht vor allem der Knabe Lysanias, in dem Tod, Transzendenz, Christentum sich dem Sterbenden anzeigen. Der Dichterberuf und die Unvergänglichkeit erscheinen fragwürdig, Vergil will die *Äneis* vernichten: »Ich habe gedichtet, voreilige Worte ... ich dachte, es sei Wirklichkeit, und es war Schönheit.« Er schenkt das Manuskript jedoch unter Verzicht auf Buße seinem Freunde Oktavian und erkennt, daß er seinen Dichterstolz zu hoch geschraubt hat: schon das Streben nach Größe ist Größe. Tod als Vereinigung mit dem Unendlichen und Göttlichen.
Innerer Monolog im Ablauf von 18 Stunden wie in Joyces *Ulysses* (vgl. B.s Essay *James Joyce und die Gegenwart*, 1936); durch wenige Dialoge unterbrochen. Erzählerperspektive hauptsächlich von Vergil aus. Verwischung der Grenze zwischen dem Monolog Vergils und den lehrhaften Kommentaren des Erzählers. Gedankliches mit Emotional-Lyrischem verbunden, Sprache rhythmisch gehoben, wiederholt in Verse übergehend. »Nichts als ein ausgewalztes lyrisches Gedicht« (B.). Ziel: »Der erkenntnistheoretische R. statt des psychologischen« (B.).

1945   Ernst Wiechert
          (Biogr. S. 585):
          Die Jerominkinder

R. 1. Bd.

Entst. 1940–1941.

2. Bd. in *Der Tagesspiegel* unter dem Titel *Jons Ehrenreich Jeromin* 1947; Buchausg. im gleichen Jahr.
Schicksal einer ostpreußischen Bauernfamilie in der Zeit zwischen den Weltkriegen, besonders des späteren Landarztes Jons Ehrenreich Jeromin, der ein Helfer der Bedrängten wird.

1945   Theodor Plievier
          (1892–1955, Berlin, Tschechoslowakei, Frankreich,
          Sowjetunion, Weimar, Wallhausen/Bodensee):
          Stalingrad

R.
Die Schilderung beginnt mit der Einschließung der Stadt und endet mit der Kapitulation des dt. Oberkommandos.

Die Vorgeschichte, den Kriegsausbruch zwischen Deutschland und der UdSSR, gab P. in *Moskau* (1953), die Fortsetzung der kriegerischen Ereignisse in dem 3. Bd.

Berlin (1954), der das Schicksal der dt. Hauptstadt von dem Beginn der Oderschlacht im April 1945 bis zum 17. Juni 1953 darstellt.

Dokumentierte epische Behandlung der Zeitgeschichte.

1945   Johannes R. Becher
      (Biogr. S. 542):
      Ausgewählte Dichtung aus der Zeit der Verbannung 1933–1945

Gedichte, die das Schicksal des Verbannten in schmerzvollen Tönen aussprechen: Heimatsehnsucht, Erinnerungsbilder, Gedenken an dt. Städte und Landschaften, Einsamkeit in der Fremde, das Warten auf die Rückkehr, Mahnungen an Dld., u. a. *Heimkehr, Tränen des Vaterlandes, Anno 1937, Auf der Suche nach Dld., Ihr, die ihr Dld. liebt.* Im 3. Teil auch Gedichte auf die Sowjetunion, im 4. vor allem Bilder von der Sinnlosigkeit des Krieges.
Traditionelle, geschlossene Formen, als »Sinnbild einer Ordnungsmacht« auch häufig Sonette.

1945   Rudolf Henz
      (geb. 1897, Göpfritz a. d. Wild, 1915–1918 Kriegsdienst, Wien):
      Wort in der Zeit

»Gedichte aus zwei Jahrzehnten«, eingeteilt in *Die erlöste Stadt, Strophen zu einem Selbstbildnis, Elegie der Gemeinschaft, Wort in der Zeit, In der Knechtschaft Gottes.*

Die Slg. enthält Gedichte aus den Bdd. *Unter Brüdern und Bäumen* (1929) und *Döblinger Hymnen* (1935) sowie seit 1935 entstandene Gedichte.

Frühe Gedichte geprägt vom Gegensatz zwischen ländlicher Herkunft und Bekenntnis zur Stadt, vom Erlebnis des Krieges und der Frage nach dem Sinn des künstlerischen Berufes. Spätere Gedichte in steigendem Maße Auseinandersetzung des gläubigen Christen mit der sozialen und politischen Zeitlage: »Aber vor den Angstträumen um Europa schützt mich kein Engel.« Einsamkeit des Außenstehenden, der die Vergötzung des Menschen und der Freiheit als Quelle des Übels erkennt und um »die Ketten des Glaubens« fleht. Bedeutsam vier Gedichte im *März 1938* und die neun Gedichte *Bei der Arbeit an den Klosterneuburger Scheiben*, als der »aus der Zeit« Gefallene bei der Restaurierung der alten Kirchenfenster die Geborgenheit in Gottes Ordnung bekennt.
Freirhythmische sowie geschlossenere Formen.

1946   Alfred Döblin
            (Biogr. S. 542):
            Der Oberst und der Dichter oder das menschliche Herz

Erz.

Entst. 1944 in Los Angeles.

In einen Prozeß gekleidete Auseinandersetzung über die Gegensätz-
lichkeit von Macht und Liebe. Am Schluß die Stimme Gottes, der
dem Hilfe verheißt, der ihn fürchtet.

1946   Franz Werfel
            (Biogr. S. 543):
            Stern der Ungeborenen

»Ein Reiseroman.«
Utopische Reise des Dichters »F. W.« als Bote des »primitiven
20. Jh.« in die Zeit nach hunderttausend Jahren. Die Menschen sind
unverändert, ihr zivilisatorischer Fortschritt aber macht sie primitiven Kreaturen unterlegen und droht sie von Gott zu entfernen.
Dennoch: »Wir entfernen uns nicht nur von Gott durch die Zeit,
sondern wir nähern uns auch Gott durch die Zeit, indem wir uns
vom Anfang aller Dinge weg und dem Ende aller Dinge zu bewegen.« Erprobung des christlich-katholischen Dogmas an einer
Zukunftsgesellschaft, in der Übel und Erbsünde erhalten geblieben
sind, und der Versuch, sich von diesem Fluch zu lösen. Theologische Utopie.
Anknüpfen an den Reise-R. und den utopischen R. des Barocks auch
im Stil der Kapitelüberschriften. Unterbrechung der Handlung durch
lehrhafte Ansprachen des Erzählers an den Leser.

1946   Hermann Kasack
            (1896–1966, Potsdam, Berlin, Stuttgart):
            Die Stadt hinter dem Strom

R. in *Der Tagesspiegel*.

Entst. 1942–1944 und 1946. Keimzelle ein schon 1941 aufgezeichneter *Totentraum*.

»Chronik einer Stadt, die dem Totenreich gleichgesetzt wird.«
In der Darstellung der unwirklichen Welt Einfluß Kafkas, der
psychologischen Gespaltenheit Einfluß von Joyce.

Buchausg. 1947.

1946   Erich Maria Remarque
            (d. i. Erich Paul Remark, 1898–1970, Osnabrück, Berlin,
            Schweiz, New York):
            Arc de Triomphe

R. Ersch. in Zürich.

Schicksal eines aus Dld. geflohenen dt. Arztes in Paris bis zum Ausbruch des Zweiten Weltkrieges.

Ausg. in Dld. 1949.

1946   Elisabeth Langgässer
        (1899–1950, Alzey, Darmstadt, Berlin):
        Das unauslöschliche Siegel

R.
Gesch. von einem getauften Juden, dessen durch das Sakrament empfangenes Siegel auch ein Bündnis mit dem Teufel nicht aufzuheben vermag. Das Satanische wird vor allem in der Unzucht gesehen. Weltanschaulich Einfluß des Renouveau catholique, vor allem von Bernanos.
Stilistisch Einfluß von Joyce. Die erzählerische Darstellung ist mit Erinnerungsbildern, Zwischenspielen, Träumen, Gesprächsfetzen, inneren Monologen, Assoziationen durchsetzt. Häufiger Wechsel der Erzählerperspektive. Metaphernreiche Sprache.

1946   Reinhold Schneider
        (1903–1958, Baden-Baden, zahlreiche Reisen, Potsdam,
        Freiburg i. Br.):
        Die neuen Türme

Ausgewählte Sonette.
Ringen eines Christen in dieser Zeit. Nach der Vernichtung des Alten werden »nur die Beter« die neuen Türme bauen.

1946   Albrecht Haushofer
        (1903–1945, München, Berlin):
        Moabiter Sonette

Entst. 1944/45 im Gefängnis und in der Hand des Erschossenen aufgefunden.

Unter der Bedrängnis der Gefangenschaft gezogene Summe des Lebens.

1947   Thomas Mann
        (Biogr. S. 584):
        Doktor Faustus

R. Ersch. in Stockholm. »Das Leben des dt. Tonsetzers Adrian Leverkühn, erzählt von einem Freunde.«

Entst. seit Frühjahr 1943. Verarbeitung des *Volksbuches vom Dr. Faust* und biographischer Einzelheiten aus dem Leben Nietzsches und Hugo Wolfs.

Die aus Schuld und Unvermögen ihrem Verfall zutreibende dt. bürgerliche Gesellschaft vom Ende des 19. Jh. bis in die Gegenwart, beispielhaft gestaltet im Schicksal des hochbegabten Musikers Adrian Leverkühn, der dem Teufel verfällt. Ein ambivalenter Charakter: In ihm liegen geistiger Hochmut und Verschließung gegen das Kreatürliche neben der Neigung zum Archaisch-Dämonischen, zu Gebundenheit und Unfreiheit. Bei der Entscheidung zwischen der Sterilität des Epigonen und der durch teuflische Paralyse möglichen genialen Formkunst wählt er das letztere und entsagt damit der Liebe in jeder Form. Um den Preis einiger Jahre gesteigerten Schaffens nimmt er das Ende im Nichts und ewige Verdammnis in Kauf. Das in M.s Schaffen seit *Buddenbrooks* nachweisbare Motiv von der Musik als Verführung zu Tod und Lebensfeindschaft hier als seelische Komponente des Deutschen – besonders des protestantischen – aufgefaßt.

Das teuflische Geschehen wird durch den philiströsen Erzähler, den Oberlehrer Serenus Zeitblom, distanziert und filtriert. Mehrfache Zeitenschichtung und Zeitverschränkung. Wechsel der Sprachstile: die akademische Sprache Zeitbloms, Lutherdeutsch, im Echo-Kapitel ein mhd. gefärbtes Schwyzerdeutsch.

Ausg. in Dld. 1948.
Die Entstehung des Doktor Faustus, »Roman eines Romans«, 1949.

1947   Hans Carossa
         (Biogr. S. 583):
         Gesammelte Gedichte

Enthält außer den seit 1910 erschienenen erstmalig die von 1940 bis 1945 entstandenen.
Vielfach Naturbilder, häufig als Sinnbilder einer menschlichen Situation oder des menschlichen Lebensweges. Gedanken um Tod und Geburt, in denen sich C.s ärztlicher Beruf bemerkbar macht. Bekenntnis zum Licht, »zu dem wir doch geboren sind«, auch in den »Jahren der Verdunklung« des Krieges. Stark gedanklich orientierte Lyrik, die zu Großformen wie Elegie, Epistel und zu szenisch-dialogisch gegliederten Gedichten führt. In Rhythmus und Sprache von Goethe beeinflußt.

1947   Marie Luise Kaschnitz
         (1901-1974, Karlsruhe, Potsdam, Berlin, Rom, Königsberg, Frankfurt/Main):
         Gedichte

Sechs Abschnitte: *Heimat, Südliche Landschaft, Im Osten, Balladen, Die reichen Jahre, Dunkle Zeit.* Folgen z. T. dem Lebensgang der Autorin; stärkste Akzente in der auf den Krieg bezüglichen letzten Gruppe, die sich trostvoll und leidenschaftlich zu Leben und Liebe bekennt.

Aussage nicht modernistisch, nicht hermetisch. Traditionelle Formen (Hexameter, Sonett), Verwendung von Reim und Strophe.

1957 *Neue Gedichte.*

1948   Ernst Barlach
(Biogr. S. 542):
Der gestohlene Mond

Nachgelassenes R.-Fragment, hgg. Friedrich Droß.

Entst. seit 1936.

Darstellung der in Anziehung und Abstoßung zugleich begründeten Freundschaft zwischen dem gutgläubigen Wau und dem skrupellosen Spekulanten Wahl. In nächtlichen Visionen erscheint Wahl als Inbegriff des Satanischen, Wau hört den Dialog zweier gefallener Engel. Um die beiden Zentralgestalten eine Anzahl zwielichtiger Kleinstadttypen, das Milieu versinnbildlicht in der Erz. vom gestohlenen Mond. Der Mond ist Sinnbild der Sprache, die verschwand, aber noch immer Instrument der Wahrheit sein kann. Nun verdüstert der Schatten der Erde, des Satansreiches, das Universum. Die Finsternis kann nur durch die Menschen, die das Licht gestohlen haben, wieder überwunden werden.
Geschehen und Charaktere gleichnishaft, abstrakt; Unsichtbares und Sichtbares gehen ineinander über.

1948   Georg Kaiser
(Biogr. S. 542):
Das Floß der Medusa

Kinderstück »In sieben Tagen«. In Zs. *Die Wandlung*, Jg. 3 H. 2. Auff. 13. 5. Hamburger Studentenbühne.

Entst. 1940–1943, angeregt durch Zeitungsmeldungen über die Rettung von Überlebenden, z. T. Kindern, eines torpedierten engl. Evakuationsschiffes, die acht Tage in einem Boot auf offener See getrieben waren.

Bei K. besteht die Bootsbesatzung aus 13 Kindern. Entgegen der ursprünglichen Absicht, ein Dr. zur Verurteilung der Erwachsenen zu schreiben, in deren Welt zurückzukehren sich ein Knabe weigert, entstand ein Werk, das die menschliche Brutalität schon im Kinde aufweist. Das Mädchen Ann reizt die Kinder zur Ermordung des 13. Kindes, das Unglück bringe. Allan schützt es, verliebt sich aber in Ann, und während seiner Liebesnacht mit ihr wird es beseitigt. Allan büßt, indem er auf dem Boot zurückbleibt und durch Lichtsignale Jagdflieger anlockt, die ihn erschießen.
K. wiederholt das expressionistische Thema vom neuen Menschen, zu dem Allan sich wandelt; in der Darstellung jedoch realistisch.

1948   Bertolt Brecht
         (Biogr. S. 583):
         Herr Puntila und sein Knecht Matti

Vst. in 12 Bildern, Prosa. Auff. 5. 6. in Zürich, Dt. Schsp.-Haus.

Entst. 1940–1941 in Finnland nach den Erzz. und einem Stückentwurf von Hella Wuolijoki.

Sozialkritische Charakterstudie eines nur im Rausch menschlichen Herrn. Matti verläßt ihn, denn Knechte haben es nur dann erträglich, »wenn sie erst ihre eigenen Herren sind«.
Wiederaufnahme des in *Baal* (1922) expressionistisch übersteigerten Genießertyps, hier so vital gezeichnet, daß die Tendenz gegen den bösen Reichen an Schärfe einbüßt.

Buchausg. in *Versuche 22–24* (Heft 10) 1950.
Oper von Paul Dessau, Textbuch von Peter Palitzsch und Manfred Wekwerth; Auff. 15. 11. 1966 in Berlin-DDR, Dt. Staatsoper.

1948   Bertolt Brecht
         (Biogr. S. 583):
         Der kaukasische Kreidekreis

Dr. in 6 Bildern, Prosa, die verschiedentlich in freie Rhythmen übergeht. Auff. in Northfield/Minnesota, Carlston-College Theater.

Entst. 1944–1945 in der Emigration.

Quelle: Das altchinesische Singsp. vom Kreidekreis, in dem ein Richter den Streit zweier Frauen um ein Kind dadurch entscheidet, daß er das Kind in einen Kreidekreis zwischen die Frauen stellt und es der zusagt, die es auf ihre Seite zu ziehen vermag; er erkennt die leibliche Mutter in der, die verliert, weil sie dem Kind nicht weh tun will.
Umkehrung der ursprünglichen Tendenz: nicht die leibliche Mutter erhält das Kind, sondern das Mädchen Grusche, das die Verantwortung und Sorge übernommen hat. Das Muttertum nicht biologisch, sondern sozial bestimmt.
Grusche-Handlung und Azdak-Handlung (Werdegang eines revolutionären Volksrichters) vereinigen sich in der Urteilsfindung des 5. Bildes. Die Auff. der Gesch. vom Kreidekreis wird durch den Konflikt der Rahmenhandlung ausgelöst: zwei grusinische Kolchosen streiten um den Besitz eines Tales, das derjenigen zugesprochen wird, die es bewässert hat.
»Der Sänger« erzählt und kommentiert (freie Rhythmen) die Handlung zum Zwecke des »Verfremdungs-Effektes«.

Auff. in Dld. 9. 11. 1954 in Berlin-DDR, Theater am Schiffbauerdamm.
Druck 1949 in *Sinn und Form*, Sonderheft Bertolt Brecht; Buchausg. 1957 in *Stücke* Bd. 10.

1948   Gottfried Benn
(Biogr. S. 542):
Statische Gedichte

Entst. 1937–1947.

Nach dem gleichnamigen Schlußgedicht ist Statik, Perspektivismus, das Zeichen des Weisen. Während die Entwicklung dem Verfall zusteuert, vermögen Gedichte die Dinge durch das Wort mystisch zu bannen, unternimmt die Kunst den »artistischen Versuch«, »sich selbst als Inhalt zu erleben«. »Statik« ist nicht stilistisch, sondern existentiell zu verstehen: »Die Statik der Kunstwerke ist der verklärte Gegensatz des sinnlosen Prozesses fortwährender Verwandlung, der Leben und Geschichte heißt« (Dieter Wellershoff). Kunst als »metaphysische Tätigkeit« im Sinne Nietzsches, der im Artistischen das Bleibende des Lebens sah.
Die Bilder sind simultan und statisch nebeneinander gesetzt; anschwellende Reihung von rein assoziativ verbundenen Hauptwörtern, Superlativen, Hyperbeln, die gedankliche und stimmungsmäßige Vorgänge einfangen. In der Nebeneinanderreihung der Dinge wird zugleich ihre Belanglosigkeit sichtbar gemacht.

1951 *Probleme der Lyrik*, Buchausg. des 1951 in Marburg gehaltenen Vortrages.

1948   Peter Huchel
(geb. 1903, Berlin, Frankreich, Berlin, Potsdam, Freiburg/ Breisgau):
Gedichte

Enthält: *Herkunft, Die Sternenreuse, Zwölf Nächte*.

Entst. 1925–1947. Einzelnes bereits in Zss. u. Anthologien.

Naturlyrik in der Nachfolge Wilhelm Lehmanns; hauptsächlich Darstellung der märkischen Landschaft. Im Teil *Zwölf Nächte* auch Zeitgedichte.
Meist geschlossene Form, häufig gereimte Vierzeiler. Sprachlich wuchtig, plastisch; starke Farbwirkungen.

1948/49   Franz Kafka
(Biogr. S. 584):
Tagebücher 1910–1923

2 Bdd., in der Gesamtausg. des Schocken-Verlages, New York, hgg. Max Brod.

Eine Auswahl der Tagebücher und Briefe erschien bereits 1937 in Prag.

»Darstellung meines traumhaften inneren Lebens« (K.). Wichtig für die Erschließung und Deutung von K.s Persönlichkeit und Werk.

Einbändige Ausg. in Dld. 1951.

1949   Gottfried Benn
         (Biogr. S. 542):
         Der Ptolemäer

Enthält außer der am Schluß stehenden »Berliner Nov.« *Der Ptole-
mäer* (entst. 1947) *Weinhaus Wolf* (entst. 1937) und das »Landsberger
Fragment« *Roman des Phänotyp* (entst. 1944, während B.s Militärarzt-
tätigkeit in Landsberg/Warthe).
In eine schmale realistische Handlung oder Zustandsschilderung gekleidete Analyse der geistigen und seelischen Situation der Gegenwart. Den Phänotyp, das für die Epoche charakteristische Individuum, gestaltend und an die Stelle des Werdens das Sein, Ptolemäus,
den antiken Statiker, setzend. Die Titelnov. setzt die Existenz des
Berliners im Winter 1947 als den Modellfall der menschlichen Situation gegenüber dem Nichts. Die Sinnlosigkeit allen Handelns wird
an dem Beruf des monologisierenden Erzählers demonstriert: er ist
Besitzer eines Schönheitssalons. Nur die denkerische Bewältigung
der Lage ist dem Menschen geblieben, die Abwehr des Wirklichen
und Natürlichen, die Verneinung. Bewußte Selbstaufspaltung (vgl.
Doppelleben, 1950): Leben in der Wirklichkeit der »Geschäfte« und
in der »Gegenwelt« der Halluzinationen und der Kunst. Das Leben
ist weder idealistisch als sinnvoll noch materialistisch als zweckvoll,
sondern irrational als chaotisch und unverständlich gesehen. Bekenntnis zum Schicksal der »Verhirnung«; Ende des »homininen«
Zeitalters. Einfluß von Bergson, Spengler, Klages.
»Prosa außerhalb von Raum und Zeit« (B.). Parodistische Beibehal-
tung der Gattungsbezeichnungen R. und Nov. Monologisierende,
hermetische Experimentalformen, dem Zerfall der Realität entsprechend. Nicht logisch, sondern assoziativ gereihte Worte, Bilder,
Wissensfetzen, Notizen in Wiederholungen und Variationen um ein
Zentrum gelegt: »Orangenstil« (vgl. *Ausdruckswelt*, 1949).

1949   Hermann Broch
         (Biogr. S. 583):
         Die Schuldlosen

»R. in elf Erzz.«

Fünf ursprünglich nicht zusammenhängende Erzz., entst. 1917 bis 1934, durch
Umarbg. und Erfindung von sechs neuen Stücken mit den gleichen Personen 1949
zu einem R. in drei Teilen (*Die Vorgeschichten* spielen 1913, *Die Geschichten* 1923, *Die
Nachgeschichten* 1933) zusammengefaßt. In die »Stimmen« wurden Teile älterer Gedichte (*Cantos*, 1913) eingearbeitet.

Die dt. Entwicklung bis 1933 in verschiedenen Schicksalen eingefangen, Sinn- und Stimmungszusammenhang durch das zeittypische
Phänomen der schuldhaften Schuldlosigkeit, der Gleichgültigkeit
gegenüber dem Nächsten, hergestellt. Im Mittelpunkt der hollän-

dische Edelsteinhändler, der in allen Krisen immer nur Geld gemacht hat.
Jeder der drei Teile durch lyrische »Stimmen« eingeleitet. Zu Beginn
die *Parabel von den Stimmen.*

1949   Ernst Jünger
         (Biogr. S. 583):
         Heliopolis

»Rückblick auf eine Stadt.«

Entst. 1947–1949.

Bericht über eine Welt- und Residenzstadt der Zukunft. In Gesprächen, Selbstgesprächen und Tagebüchern werden die Fragen der
modernen menschlichen Existenz erörtert: die Frage der Gewalt,
des Widerstandes, der Freiheit und der Zweckgebundenheit des
Wissens, der Unvereinbarkeit von Macht und Liebe.
Utopie, im Titel an Campanella anklingend. »Zu Utopie ist jeder
Staat verpflichtet, sobald er die Verbindung zum Mythos verloren
hat« (J.). Lucius gerät in den Kampf zweier Parteien, der Maure-
tanier und der Anhänger des Nigromontanus, um die Verwirklichung
der Utopie. Er wird aus dem utopischen Denken zurückgeworfen
auf die Begegnung mit dem Menschen und ist ausersehen, in der
kosmischen Residenz des Weltregenten mitzuarbeiten. Position des
Nonkonformisten in der utopischen Gesellschaft.

1949   Anna Seghers
         (Biogr. S. 584):
         Die Toten bleiben jung

R.

Abschluß der Arbeit 1947 nach der Rückkehr aus der Emigration.

Zwischen dem Ende des Ersten und dem des Zweiten Weltkrieges auf
vielen Schauplätzen spielende Handlung, die Dld.s Entwicklung
zwischen 1918 und 1945 am Verhalten zahlreicher Personen aller
Schichten und Denkweisen veranschaulichen soll. Am Anfang des R.
wird der junge Kommunist Erwin und am Ende Erwins Sohn Hans
wegen seiner politischen Haltung erschossen. Aber die von beiden
vertretene Idee wird auch diesmal überleben.

Fortgeführt mit *Die Entscheidung* (1959), in der Dld.s Entwicklung nach 1945 behandelt ist.

1949   Stefan Andres
         (1906–1970, Breitwies b. Trier, Positano, Unkel/Rhein):
         Das Tier aus der Tiefe

R. 1. Teil der Trilogie *Die Sintflut*.
In einer südital. Stadt gelangt nach der Wegbereitung eines Nietzsche-jüngers eine Gruppe zur Macht, die eine Diesseitsreligion verkündet und einen »genormten« Menschen schaffen will; damit bricht die Herrschaft des Antichrists an.

Teil 2 *Die Arche* (1951) schildert die Schicksale der wenigen Menschen, die in dem Druck des Terrors ihre Menschlichkeit retten wollen.

1950   Gertrud von Le Fort
         (Biogr. S. 584):
         Die Tochter Farinatas

Vier Erzz.: Außer der Titelnov. *Das Gericht des Meeres*, *Die Consolata*, *Plus Ultra*.
Hist. Novv., die den Sieg der Barmherzigkeit, der Liebe und des Opfers versinnbildlichen: die Tochter Farinatas opfert ihr Lebens-glück, um, dem Wunsch des Vaters entsprechend, die Stadt Florenz von der Zwietracht zu erlösen; die Bretonin Anne verzichtet auf die Rache an einem Kinde und gibt sich selbst dem Gericht des Meeres zum Opfer; die Laienbruderschaft der Consolata bezwingt durch Nächstenliebe den Tyrannen von Padua wie den richtenden päpstlichen Legaten; die junge Hofdame Arabella beugt sich ver-zichtend dem Wahlspruch »Plus ultra« des von ihr geliebten Kaisers Karl V.

1950   Kasimir Edschmid
         (geb. 1890, Darmstadt, viel auf Reisen):
         Wenn es Rosen sind, werden sie blühen

R.
Leben und Tod des politischen Flüchtlings Georg Büchner und seines in einem dt. Kerker endenden Freundes Ludwig Weidig. Ich-Berichte der beiden Hauptgestalten und mehrerer Mitlebender.

1950   Edzard Schaper
         (geb. 1908, Ostrowo, Hannover, Estland, Zürich):
         Die Freiheit des Gefangenen

R.
Weg des unschuldig als politischer Verschwörer inhaftierten napo-leonischen Leutnants du Molart von der Auflehnung zur Ergebung in das Schicksal.
Weniger hist. R. als sinnbildliche Gegenüberstellung von macht-politischem und christlichem Denken.

Die gleiche Handlung wird in *Die Macht der Ohnmächtigen* (1952) aus der Perspektive des Kaplans de Chavannes aufgerollt, der dem Leutnant zur Selbstüberwindung verhilft.

Vgl. Sch.s Schrift *Der Mensch in der Zelle* (1951), »Dichtung und Deutung des gefangenen Menschen«.

1950   Reinhold Schneider
(1903–1958, Baden-Baden, zahlreiche Reisen, Potsdam, Freiburg i. Br.):
Der große Verzicht

Dr. 5, Prosa.

Entst. 1949–1950.

Der Eremit Petrus von Murrhone, zum Papst berufen, steht vor der Aufgabe, in den Kampf der Dynastien einzugreifen, und legt sein Amt nieder, weil sich Machtausübung nicht mit der Lehre des Evangeliums verträgt. Die Enttäuschung der in den »Engelpapst« gesetzten Erwartungen öffnet dem politischen und sittlichen Chaos vollends das Tor. Verantwortung der Herrschenden für die Ordnung der Welt. Breit angelegtes, personenreiches Geschichtsbild vom Ende des 13. Jh. Nach Sch. bietet der hist. Stoff Bilder, die den »Gehalt einer Epoche in ihrer Beziehung zur Ewigkeit versinnlichen«.

In einer Reihe von Drr. (entst. 1946–1952) veranschaulicht Sch. am hist. Beispiel den Gegensatz Machthaber – Heiliger (vgl. *Herrscher und Heilige*, 1953).
Auff. 6. 7. 1958 in Bregenz durch das Ensemble des Wiener Burgtheaters.

1950   Stefan Andres
(1906–1970, Breitwies b. Trier, Positano, Unkel/Rhein):
Der Granatapfel

Gedichte, Sonette, Oden.

Einige schon in dem frühen Gedichtbd. *Die Löwenkanzel* (1934) erschienen.

Zeitbedingte und zeitlose Fragen der menschlichen Existenz. Bezeichnend das in der Ode *Der Granatapfel* ausgeführte Gleichnis von den Menschen als Granatapfelkernen, die, der schützenden Frucht entfallen, »verschleppt, verloren« . . . »in der grauen Zerstreuung« liegen »und warten«.

1951   Thomas Mann
(Biogr. S. 584):
Der Erwählte

R.

Herbst 1945 angeregt durch die Lektüre der *Gesta Romanorum* bei den Studien für *Doktor Faustus*; der Stoff dort bereits als Kernstück von Leverkühns Puppentheater-Suite verwendet. Quelle: Hartmann von Aue *Gregorius*.

Aufzeichnung der alten Legende durch einen irischen Mönch im Kloster St. Gallen. Enger Anschluß an den Handlungsaufbau bei Hartmann; von der Gläubigkeit der Quelle durch moderne Psychologie, wissenschaftliche Anverwandlung des Wunderbaren und Ironie distanziert.

Sprachlich eine dem Wechsel der Stimmungen angepaßte Mischung aus Legendendeutsch, Gelehrtensprache, fremdsprachigen Brocken und saloppen Umgangsausdrücken. Der aufzeichnende Mönch bezeichnet sich selbst als »Geist der Erzählung«.

1951   Rudolf Henz
        (geb. 1897, Göpfritz a. d. Wild, 1915–1918 Kriegsdienst, Wien):
        Der Turm der Welt

Epos in Terzinen. 2 Bücher *Die Unterwelt* und *Die Welt* zu je 20 Gesängen in Terzinen.

Entst. 1943–1949.

Ein Steinmetzgeselle durchwandert die dämonischen Reiche der Blinden, der Tauben und der Stummen und erlebt nach seiner Rückkehr in die Welt den Einbruch dieser Dämonen und ihren Kampf mit himmlischen Mächten.

Künstlerische Absicht, das Chaos der Welt durch strengste Form zu bannen.

1951   Werner Bock
        (1893–1962, Gießen, Karlsruhe, München, Buenos Aires, Losone/Schweiz):
        Tröstung

Auswahl der Gedichte aus den Jahren 1909–1950.

Neben der in *Das ewige Du* (1931) veröffentlichten Jugendlyrik vor allem Gedichte um das Schicksal der Emigration und religiöse Gedichte. Tröstliche, versöhnliche Grundhaltung.

Sprachlich traditionsgebunden, an Goethe und George ausgerichtet; geschlossene Formen.

1951   Ernst Barlach
        (Biogr. S. 542):
        Der Graf von Ratzeburg

Tr. in 10 Bildern.

Graf Heinrich von Ratzeburg erfährt im Walde unweit Mölln durch Begegnung mit symbolischen Gestalten eine Erweckung: Er läßt alle »Geltungen« hinter sich und wird zum Wegsucher, der in Selbstlosigkeit und demütiger Erwartung einem unbekannten Ziele nachstrebt und im Opfertod endet. Parallelfigur Offerus-Christopherus, der sich selbst die Richtung setzen will.

Zeit der Handlung das Mittelalter der Kreuzzüge, doch ist durch Einbeziehung von Gestalten des Mythus, der Legende und des Volksbuches sowie durch den parabolischen Charakter erfundener Gestalten eine Simultaneität der Zeiten erreicht, die Transparenz und Symbolcharakter des Ganzen bewirkt.

Auff. 27. 3. 1952 in Nürnberg-Fürth, Städt. Bühnen.

1951   Bertolt Brecht
       (Biogr. S. 583):
       Das Verhör des Lukullus

14 Szenen. Auff. 17. 3. in Berlin-DDR, Staatsoper, Musik von Paul Dessau; neue Fassung unter dem Titel *Die Verurteilung des Lukullus*. Buchausg. in *Versuche 25/26/35* (Heft 11) 1951.

1. Fassung entst. 1939.

Der römische Feldherr wird vor dem Totenrichter »ins Nichts« verstoßen, weil seine Kriege die Menschen ins Unglück gestürzt haben.

1952   Martina Wied
       (1882–1957, Wien):
       Die Geschichte des reichen Jünglings

R.

Entst. 1928–1943.

Entwicklungsgesch. eines jungen bürgerlichen Menschen, eines polnischen Fabrikantensohnes, im Europa der Gegenwart. Er erweist sich in einer angefressenen Welt als Verteidiger sittlicher Werte und jener »Anständigkeit«, die als wesentliche bürgerliche Tugend erkannt wird.

Einfluß von Robert Musil.

1953   Hans Arp
       (1887–1966, Straßburg, Zürich, Meudon bei Paris):
       Wortträume und schwarze Sterne

Auswahl aus den Gedichten der Jahre 1911–1952.

Die Slg. zeigt A.s Weg von den »sinnlosen Späßen« einer denaturalisierten, grotesken Sprache im Zeichen des Dadaismus (vor allem *Die Wolkenpumpe*, 1920) über den Mitte der 20er Jahre erfolgten Anschluß an die surrealistische Bewegung unter Abstreifung der burlesken Lebensinterpretation und mit dem Ziel der Verschmelzung naturhafter, menschlicher und künstlerischer Substanz (*Weißt du schwarzt du*, 1930; *Muscheln und Schirme*, 1939) bis zu den schlichten, menschlich anrührenden Tönen der Spätzeit (*Die ungewisse Welt*, entst. 1939–1945), besonders nach dem Tode der Lebensgefährtin Sophie Taeuber (*Sophie*, Zyklus aus den Jahren 1943–1945; *Der vierblättrige Stern*, entst. 1945–1950). »Den zu Tode Getroffenen beschäftigten die Formprobleme nicht mehr. Er will sich dem unkörperlichen Reiche nähern.«

1954   Thomas Mann
         (Biogr. S. 584):
         Bekenntnisse des Hochstaplers Felix Krull

»Der Memoiren erster Teil.«

<small>Veröffentlichung eines 1911 entst. Fragments (»Buch der Kindheit«) bereits 1922.</small>

Felix, Sohn eines Sektfabrikanten, weiß sich durch Anpassung und Verstellung den Menschen angenehm zu machen. Nach einer »Lehrzeit« in einem Pariser Hotel tauscht er mit einem Adligen Namen und Rolle und geht an seiner Statt auf die Weltreise. Mit der Verführung von Frau und Tochter eines Professors in Lissabon bricht die Autobiographie ab, die Felix nach verbüßter Zuchthausstrafe geschrieben hat.
Erneuerung des Schelmen-R. und Parodie auf den dt. Bildungs-R. M.s Grundthema: Dekadenz und Degeneration liegen nicht nur in der Nachbarschaft des Verbrechens, sondern sind auch Möglichkeiten der Daseinserweiterung. Felix ein pervertierter Künstler. Narzißmus, der keine Verantwortung kennt und der die angemaßte Rolle schließlich nicht mehr spielt, sondern lebt.
Die Relativierung des Weltbildes und die künstlerische Distanzierung werden durch den biedermännischen bis sentimentalen Ton des Autobiographen erreicht. Zu Beginn parodistische Nachahmung des Stils von Goethes *Dichtung und Wahrheit*.

1954   Hermann Broch
         (Biogr. S. 583):
         Der Versucher

R., aus dem Nachlaß hgg. Felix Stössinger.

<small>1. Fassung entst. 1935/36, 2. Fassung 1936 (Fragment), 3. Fassung 1950/51 (Fragment). Plan einer religiösen Trilogie, deren 1. Bd. dieser »Berg-R.« sein sollte.</small>

In einem Tiroler Bergdorf löst der landfremde Fanatiker Marius Ratti einen Massenrausch des Hasses aus, der zur Ermordung eines Mädchens führt. Sein Machtstreben scheitert an der im Gleichgewicht seelischer Kräfte ruhenden Mutter Gisson.
Einbettung der Handlung in den Ablauf der Jahreszeiten, die mütterliche Zeit von neun Monaten. Einbeziehung der Natur. Anschluß

an den klassischen R. des 19. Jh., Einfluß von Stifter. Am Schluß Verlassen der realistischen Ebene, rhythmische, sogar reimmäßige Bindung der Sprache.

1956   Heinrich Mann
            (Biogr. S. 542):
            Empfang bei der Welt

R., postum.

Entst. seit 1944.

Sozialkritisch-satirischer R. Die alte Generation, die Welt der Spekulanten, Schieber und Hochstapler, veranstaltet einen Empfang, vorgeblich im Dienste der Kunst, in Wirklichkeit zur Sanierung eines Bankhauses und eines Opernagenten. Die Meister der bürgerlichen Epoche von Bach bis Wagner begleiten die Transaktionen dieser unwirklich-phantastischen Gesellschaft mit Jazzmusik. Versöhnlicher, märchenhafter Ausklang durch ein junges Paar, das auf einen ererbten Goldschatz »für die bessere Lage aller« verzichtet und seine Aufgabe in »Arbeit und Liebe« sieht. »In welcher Welt geschehen solche Dinge? Es ist dieselbe, die den Empfang bei der Welt veranstaltet.«
Surrealistische Szenerie, seltsam schwebende, unwirkliche Stimmung, »wir sind die ganze Zeit ohne sichere Kenntnis, in welchem Land dies spielt, in wie vielen Sprachen wohl; – und die Absicht?«. Die Wirkung im wesentlichen erreicht durch das von M. bis zu spielerischer Leichtigkeit entwickelte Mittel der sprachlichen Verkürzung.

1956   Alfred Döblin
            (Biogr. S. 542):
            Hamlet oder Die lange Nacht nimmt ein Ende

R.

Entst. 1945–1946 in Hollywood und Baden-Baden.

Der körperlich verletzte und seelisch verstörte Kriegsheimkehrer Edward Allison steigert sich in seinem bohrenden Wahrheitsdrang in die Rolle eines Hamlet hinein, der vergangene Verbrechen seiner Familie aufdecken muß. Die Ehe der Eltern zerbricht, aber die durch Haßliebe Verbundenen finden im Angesicht des Todes wieder zueinander. Der Sohn überwindet den Hamlet-Spuk, »ein neues Leben begann«.
Das Eheproblem der Allisons wird in gleichnishaften Geschichten eingekreist. Situation des Menschen nach zwei Weltkriegen. Einfluß Kierkegaards. Verwischung der Grenzen zwischen realem und unterbewußtem Sein, Vergangenem und Gegenwärtigem.

1957   Bertolt Brecht
(Biogr. S. 583):
Die Gesichte der Simone Machard

Dr. in 4 Bildern, Prosa. Auff. 8. 3. in Frankfurt/Main, Städtische
Bühnen. Buchausg. im gleichen Jahr in *Stücke* Bd. 9.

Entst. 1942 unter Mitarbeit von Lion Feuchtwanger.

Das Schicksal der Jeanne d'Arc wiederholt sich 1940 an einem halbwüchsigen Mädchen, Hilfskraft in der Hostellerie einer kleinen frz.
Stadt. Sie steckt Benzinvorräte in Brand, damit sie den Deutschen
nicht in die Hände fallen, und wird von ihren Landsleuten, die hinter
patriotischen Phrasen ihren Eigennutz verbergen, in eine Schwach-
sinnigenanstalt gebracht.

In jedem der 4 Bilder wird die realistische Handlung durch eine
Vision Simones abgelöst, die sich als Heilige Johanna sieht. Die Verkündigungen des Engels in volkstümlichen, archaisierenden Versen.

Das Johanna-Motiv bereits in *Die Heilige Johanna der Schlachthöfe* (Lehrstück, 1932).

Seit 1945 Faszination durch Abbild, Zerrbild, Vexierbild

Ein Teil der nach 1945 hervorgetretenen dt.-sprachigen Dg., insbesondere mehrere erste Werke der aus Krieg und Gefangenschaft
Heimgekehrten, ist als Trümmerlit. bezeichnet worden. Eine Generation von Schriftstellern beschrieb, was sie hinter sich hatte, und
identifizierte sich mit den Menschen zwischen Ruinen, die sie in der
Heimat vorfand. Der Ausdruck kann sowohl auf den Stoff und die
Motive als auch auf die geistigen und materiellen Voraussetzungen
dieser Autoren bezogen werden. Als die drei Schlagwörter Kriegs-,
Heimkehrer- und Trümmerlit. der jungen Lit. »angehängt« wurden,
um sie damit abzutun, nannte Heinrich Böll die Bezeichnungen »als
solche . . . berechtigt«. Es erschien ihm »allzu grausam«, die Zeitgenossen in die Idylle zu entführen. Die Heimkehrer, ehemalige Soldaten und Gefangene, wollten die Wirklichkeit sehen, wie sie ist,
ohne »rosarote, blaue, schwarze Brillen«. Ihre Lit. sollte daran erinnern, daß der Mensch nicht nur existiere, um verwaltet zu werden,
und daß die »Zerstörungen in unserer Welt« nicht nur äußerer Art
und nicht in wenigen Jahren heilbar waren (Böll: *Bekenntnis zur
Trümmerlit.*, 1952). Für diese Angehörigen der Jahrgänge 1916–25,
deren Werke »ihr Entstehen keinem organischen Wachstum . . .,
sondern einer Katastrophe . . . dem Krieg« verdankten, war zum
»Umblicken . . . Relativieren . . . Vergleiche-Ziehen . . . Verarbei-
ten . . . keine Zeit« (Wolfdietrich Schnurre). Sie schrieben sachlich,
skeptisch, nicht heroisierend oder romantisch verklärend. Ihre autobiographischen Berichte und authentischen Diagnosen standen am

Beginn der neueren realistischen Lit., die sich immer weniger mit dem engagierten Abbilden begnügte und ihre Sozialkritik bis zur Satire und Groteske zuspitzte.

Denn wo die Umwelt in Teilen oder als Ganzes mißgestaltet erschien, gerieten die Abbilder zu Vergrößerungen. In ihnen wurde auffällig, was aus der Sicht der Autoren anders sein sollte. War deren Phantasie durch das Unnormale und Unstimmige besonders stark in Bewegung gesetzt, so wurde das Groteske nicht nur ein Strukturelement, sondern die Grundstruktur der Dg.

Das Groteske prägt bei Dürrenmatt das Gesamtwerk an Theaterstücken, Erzz. und Hörspp. Das Groteske erscheint in Metaphorik, Motivik, Personendarstellung, Namengebung, im Aufbau der Szenenfolgen und in der Anordnung der Erzählkomplexe, in der Stoffwahl und in der Gestaltung der Stoffe (Reinhold Grimm). Als »Virtuose der Unvollkommenheit, des Mißlingens, der menschlichen und künstlerischen Niederlagen« wurde – nach dem Welterfolg Charlie Chaplins im Stummfilm – der Clown eine Hauptfigur der Dramatik und Epik, das »komische Zerrbild des Menschen ohne Weltverbundenheit« (Fritz Usinger).

Während das Zerrbild die gegebene oder gewollte Abweichung vom Abbild ist und Dg., die auf Faszination durch Zerrbilder abzielt, Wirklichkeit noch im Auge hat und aufzeigt, ist surrealistische, absurde und hermetische Dg. die kunstvolle Verschlüsselung von Bewußtseinslagen und Ausdruckszwang; sie ähnelt dem Vexierbild, in dessen Linien eine erratbare Figur versteckt ist.

Die Vielfalt an Richtungen, die nach 1945 in der dt.-sprachigen Lit. auftrat, war weitgehend die Folge eines Generationswechsels, den politische Ereignisse verzögert und tief beeinflußt hatten, der neuen Wirksamkeit von Strömungen, deren Impulse teils im Anfang der 20er Jahre verebbten, teils nach 1933 ausgeschaltet waren, des Einfließens ausländischer Lit., die nicht nur ungekannte Modelle empfahl, sondern auch solche, die bereits für veraltet gehalten worden waren, und der regen Suche nach Poetiken, ohne daß eine bestimmte Lehre allgemeine Verbindlichkeit erlangte.

Nach der bedingungslosen Kapitulation Dld.s am 8. 5. 1945, mit der die völlige Niederlage im Zweiten Weltkrieg besiegelt wurde, führte die Besetzung durch USA, England, Frankreich und Sowjetunion zu Gebietsveränderungen, Bildung von Besatzungszonen, Sonderstellung von Berlin, das in Sektoren aufgeteilt wurde, Verselbständigung Österreichs. Die Unterschiede zwischen den drei westlichen Besatzungszonen und der östlichen, seit 1949 zwischen der Bundesrepublik und der Deutschen Demokratischen Republik, kamen in der dt. Lit. durch Aufspaltung in eine westdt. und eine ostdt. zum Ausdruck. Während einer längeren Periode übten nur wenige Autoren (Brecht, Böll u. a.), die entweder in beiden Bereichen gedruckt wurden oder zur Kenntnis gelangten, eine gewisse Klammerfunktion aus.

Die Lit. der DDR wurde nach 1945 vorwiegend von heimgekehrten Emigranten (Becher, Brecht, Bredel, Renn, Seghers, Uhse, Arnold Zweig u. a.) getragen. Sie setzte die proletarisch-revolutionäre Tradition fort. Auf ihre äußere und innere Entwicklung haben das Zentralkomitee der SED, Parteitage, Konferenzen, das 1955 gegründete Leipziger Lit.-Institut »Johannes R. Becher« sowie Schriften und Aufsätze zum sozialistischen Realismus oder zum Prinzip der Parteilichkeit des dichterischen Schaffens maßgeblichen Einfluß ausgeübt. Beispielhafte ältere und später aufgetretene jüngere Autoren sind durch Preise (Nationalpreis, Lenin-Friedenspreis, Lessingpreis) ausgezeichnet worden.

Österreich vermochte 1955 nach elfjähriger Viermächtebesetzung die Räumung des Landes und einen Staatsvertrag zu erreichen, in dem Österreichs Neutralität garantiert wurde. Ansätze zu einer neuen Lit. kristallisierten sich um die Zs. *Plan*, die Otto Basil seit 1945 herausgab. Ilse Aichingers *Aufruf zum Mißtrauen*, der hier 1946 erschien, gilt als »Ausgangspunkt einer ganzen Schriftstellergeneration« (Herbert Eisenreich). Im *Plan* wurden junge Autoren vorgestellt und zum Beispiel Celans *Todesfuge* sowie Erich Frieds Gedichtzyklus *Die Genügung* veröffentlicht. Auf neue Talente wies auch vor allem Hans Weigel hin, der die Anthologien *Stimmen der Gegenwart* (1951–1954) herausgab und eine Kleinbuchreihe ins Leben rief, in der Bändchen von Ilse Aichinger sowie erste Arbeiten von Eisenreich u. a. erschienen. Die um 1950 sichtbar gewordene Generation, ein »deutliches nicht-epigonales Lebenszeichen der Lit. in Österreich« (Gerhard Fritsch) fand zunächst geringes und zum Teil negatives Echo. Die Mehrzahl ihrer Angehörigen erreichte breitere Wirkung dann durch westdt. Verleger und Rundfunkanstalten (Aichinger, Bachmann, Eisenreich). Von älteren Autoren, die zum Neuen in der Lit. Österreichs beitrugen, zählen besonders Heimito v. Doderer und Albert Paris Gütersloh. 1950 begann das Österreichische Bundesministerium für Unterricht Förderungspreise an jüngere Autoren zu vergeben, und Wien sowie andere Bundesländer sind diesem Beispiel gefolgt. Die 1960 gegründete »Österreichische Gesellschaft für Lit.«, von Wolfgang Kraus als Ort der Begegnungen gedacht und ausgebaut, verhalf zu internationalen Kontakten, Übersichten und Maßstäben. Überregionale Ziele verfolgte auch das Forum Stadtpark in Graz.

Die Schweiz, die ihre demokratische Tradition bewahrt hatte, Emigranten aufnahm und mit dem Schsp.-Haus Zürich ein demonstrativ antitotalitäres Theater schuf, trug nach 1945 vor allem durch Max Frisch und Friedrich Dürrenmatt zur internationalen Geltung moderner dt.-sprachiger Lit. bei. Als positive Konstante der schweizerischen Lit. sind außer der eigenartigen Verbindung des Lokalen mit dem Universalen und der humanistisch europäischen Haltung die ästhetisch getönte Weltläufigkeit, die Lit. der Bildung, die Kunst des Essays, der Kritik, der Übs. sowie die gepflegte Lyrik bezeichnet worden (Max Wehrli). Im »schweizerischen Schrifttum ist, von wenigen Ausnahmen abgesehen, noch ein großer Bestandteil einer Kunstauffassung lebendig, wie sie nur mit hellenistisch-christlicher Tradition vereinbar ist« (E. Max Bräm). Als Mittler zwischen dem Schweizerisch-Regionalen, dem Gesamtdt. und dem Europäischen traten Max Rychner (geb. 1897) und Werner Weber (geb. 1919) hervor. Die allgemeinen Krisenaspekte der modernen Dg., das Abbrechen der Tradition, die Auflösung eines festen Menschenbildes, die Suche nach neuer Ganzheit und Wirklichkeit u. a., sind nach Wehrli auch in der Schweiz aufzuweisen.

Seit Wystan Hugh Auden (1907–1973) seiner weltbekannt gewordenen Dg. den Titel *The Age of Anxiety* (1947; dt. *Das Zeitalter der Angst*, 1952) gab, schien eine Formel für die Gesamtlage des Menschen gefunden. Die äußerste Möglichkeit der technisch herstellbaren Auslöschung von Lebewesen und Landschaften, die Be-

drückung durch Kalten Krieg, die Bedrohung durch offene Konflikte lösten Desillusionierung und Pessimismus aus, wofern Skepsis
und Nihilismus nicht durch religiösen Glauben aufgewogen, durch
romantische Selbsttäuschung zum Schweigen gebracht, durch Zorn
in aggressive Rebellion umgesetzt oder aus politischer Überzeugung
als dekadent zurückgewiesen wurden. In der von Jean-Paul Sartre
(geb. 1905) und Albert Camus (1913–1960) theoretisch und dichterisch
vorgetragenen Philosophie standen die aktuellen Probleme der Hoffnungslosigkeit und der Hoffnung zur Debatte. Fast alle Autoren, die
nach 1945 erstmalig schrieben oder publizierten, empfanden sich als
eine um ihre Jugend betrogene Generation; fast alle hatten gewaltsame Unterbrechungen ihrer persönlichen Entwicklung erlitten, und
viele waren aus alten Familienbindungen, heimatlichen Verwurzelungen, Stellungen, Berufen verdrängt. Nachdem sie meist durch Wehrdienst und Gefangenschaft gegangen waren, brachten sie nicht leicht
den Lebens- und Aufbauwillen des Mr. Antrobus aus Thornton
Wilders Dr. *The Skin of Our Teeth* (1942) auf, das im Nachkriegs-Dld.
unter dem Titel *Wir sind noch einmal davongekommen* allgemeine Resonanz fand. Zwischen ihnen und den schon in den zwanziger Jahren
zur Geltung gelangten Autoren klaffte die Lücke der in zwei Kriegen
verbrauchten Mittelgeneration. Die modernen Vertriebsformen des
Buches – Reihenbücher, Taschenbücher, Buchgemeinschaften u. a. –
sowie die dem Dichter gewogenen Massenmedien, vor allem der
Rundfunk, führten ihm zwar neue Käufer, Leser und Zuhörer zu,
erweiterten aber das Publikum zu einer anonymen Menge von Konsumenten, mit denen fast nur bei Lesungen, Podiumsgesprächen und
Tagungen persönlicher Kontakt eintreten konnte. In den 50er Jahren
begann das öffentliche Engagement einzelner Autoren und Gruppen
sie auch außerhalb von Lit.-Betrieb und Berufssphäre zu profilieren
und bekanntzumachen.
Mit Ausnahme der Vertreter des sozialistischen Realismus, die sowohl durch das von ihnen Abgelehnte wie das von ihnen Erstrebte
eine Einheit bilden, teilte die Mehrzahl der übrigen Autoren zunächst vorwiegend die Ansicht, daß die ästhetischen Grundsätze neu
gesucht und durch Experimente geprüft werden müßten. »Stil ist
heute nicht mehr etwas Allgemeines, sondern etwas Persönliches, ja,
eine Entscheidung von Fall zu Fall geworden. Es gibt keinen Stil
mehr, es gibt nur noch Stile« (Friedrich Dürrenmatt). Mit ihren
theoretischen Essays und Selbstinterpretationen, mit Aussagen bei
Interviews und Diskussionen setzten die dt.-sprachigen Autoren
nach 1945 die poetologischen Überlegungen von Thomas Mann bis
zu Benn und anderen fort. Das lit. Schaffen trug stark experimentellen
Charakter und näherte sich mit solcher Methode der Naturwissenschaft und Technik. Da die Dg. schon mit ihrem Material, der
Sprache, ein ihr gemäßes Verhältnis zu der problematisch gewor

denen Wirklichkeit ausprobt, leistete sie für manche auch Aufgaben außerhalb ihres angestammten Bereiches: sie ist »niemals nur Poesie, sondern immer zugleich Wissenschaft und Philosophie« (Walter Jens). Bei der Erkundung der Umwelt sonderte die Lit. in zunehmendem Maße »normale« Tatbestände, »anständige« Verhaltensarten, »gute« Charaktere, das Alltägliche und das Maßvolle als verdächtig aus. Sie nahm Anstoß an Tabus, drang in sie ein und hob deren durch stillschweigende Übereinkunft entstandene Wortlosigkeit auf. Der Anstoß, den sie ihrerseits bei dem Leser erregte, erfolgte durch das Vokabular – wie bereits seit Expressionismus und Dadaismus –, durch die Thematik und durch die Tendenz (Klaus Günther Just). Der Nonkonformismus wurde, wo er leidenschaftlich empfundener Verantwortung entsprang, zu einer nicht nur ephemere Erscheinungen geißelnden Sozialkritik, sondern zu satirischem Moralismus und provozierender Opposition.

Die Wirklichkeit ist – schrieb Böll 1953 in einem Aufsatz – eine Botschaft, die angenommen sein will; sie sei dem Menschen aufgegeben, eine Aufgabe, die er zu lösen habe. Das Engagement bezeichnete er später als »die Voraussetzung . . . sozusagen die Grundierung«. Seine radikale Zeitkritik hat eine ihrer Wurzeln in dem Mißtrauen gegenüber eilfertiger Beschönigung der Zerstörungen, die das sogenannte Jahr Null charakterisieren. Böll und andere engagierte Schriftsteller haben ihre Auseinandersetzung mit der Gegenwart in den 50er und 60er Jahren gesteigert. Typische Gegensatzfiguren in Werken solcher Autoren sind Nonkonformisten und Konformisten. Bölls Antipathien gelten den Selbstgerechten, Konjunkturrittern und Spießern. Obwohl Katholik, bezog er in seine satirisch gezeichnete Personengalerie auch Geistliche ein. Seine Sympathien liegen bei Menschen, die in Not und Angst sind, unter Druck leiden und in dem Wettlauf um die Restauration unterliegen. Kontrastfigur zu den negativen ist der »hilflos-passive und doch protestierende, der naive und doch unentwegt räsonierende, der wenig begreifende und doch vieles beanstandende Held« (Marcel Reich-Ranicki). Die Kritik an der Gesellschaftsordnung oder deren Teilaspekten kommt vorwiegend durch diese Darstellung menschlicher Verhaltensweisen in »normalen« und extremen Situationen zum Ausdruck. Erlebte und zeitgeschichtliche Realität wurde von Günter Grass nicht nur extensiv gezeigt, sondern unter dem Zwang und mit den Mitteln seiner grotesk-komischen Phantasie zu überdimensionierten Bildern ausgemalt. Bei Gerd Gaiser findet sich die Epoche des sog. westdt. Wirtschaftswunders mit ihren nur materielle Werte zum Maßstab wählenden Geschöpfen auf die »schönen Tage von Neu-Spuhl« fixiert. Individueller Aufstand gegen die »verwaltete Welt«, den Überhang des öffentlichen über das persönliche Leben und die Uniformierung der Verhaltensweisen wurde auch von der Lyrik (Enzensberger u. a.) formuliert. In der dram. Dg. traten neben die auf Allgemeinmenschliches zielende Satire die konkret politisch-ideologische sowie das Theaterstück mit deutlichem Zeitbezug.

Die schon früher beobachtete Erweichung der Grenzen zwischen den traditionellen Lit.-Gattungen trifft auch für die nach 1945 veröffentlichte Dg. zu: im R. dominiert nur noch selten der Erzähler oder das Erzählte gegenüber Monologen, Dialogen, lyrischen Partien oder essayistischen Einschüben, die Lyrik ist gelegentlich nur in

Zeilen aufgeteilte Prosa, im Dr. finden sich epische Komponenten, und die wissenschaftliche Prosa sowie der Essay sind wieder zu Kunstgebilden aufgestiegen. Das Hörsp. dagegen hat mehr und mehr eigenständigen Gattungscharakter entwickelt, der eher dem lyrischen als dem dram. nahesteht.

Ausländische Einflüsse haben der dt.-sprachigen Dg. in einigen Fällen ursprünglich von Dld. ausgegangene, dann in fremden Ländern zu längerer oder stärkerer Wirkung gelangte Impulse erneut zugeführt: Grundgedanken des Marxismus, der Existenzphilosophie, der Psychoanalyse, des Expressionismus und des Surrealismus. Die in vielen Nationen ähnliche Bewußtseinslage begünstigte eine Übereinstimmung der künstlerischen Tendenzen. Dem Autor, dem früher außer hist. künstlerischem Material eines begrenzten Erdausschnittes nur wenige gleichzeitige Produktionen fremder Kulturen zur Verfügung standen, eröffnete sich durch die rasche Erschließung alter und neuer Regionen ein weltweites poetisches Arsenal, das teils als Chance, teils als Beweis für eine Nivellierung gewertet worden ist, deren Monotonie auch auf Übersetzungskonventionalismus zurückgeführt werden könne. Zweifellos wurde die ohnehin problematische Feststellung von Abhängigkeiten noch fragwürdiger. In der Lyrik ist außer schon genannten Ausländern zu denken an Guillaume Apollinaire (1880–1918), Jules Supervielle (1884–1960), Saint-John Perse (geb. 1887), Paul Eluard (1895–1952), Louis Aragon (geb. 1897), Ezra Pound (1885–1972), Federico García Lorca (1898–1936), Wystan Hugh Auden (1907–1973), Dylan Thomas (1914–1953), Giuseppe Ungaretti (1888–1970), Eugenio Montale (geb. 1896), Salvatore Quasimodo (1901–1968), Pablo Neruda (1904–1973), für die Erzählkunst noch an William Faulkner (geb. 1897), Elio Vittorini (geb. 1908), Nathalie Sarraute (geb. 1902), Claude Simon (geb. 1913), Alain Robbe-Grillet (geb. 1922) und Michel Butor (geb. 1926), für das Dr. noch an Eugene Gladstone O'Neill (1888–1953), Maxwell Anderson (1888–1959), Thornton Wilder (geb. 1897), Tennessee Williams (geb. 1914), Arthur Miller (geb. 1915), Jean Giraudoux (1882–1944), Jean-Paul Sartre (geb. 1905), Jean Anouilh (geb. 1910), Albert Camus (1913–1960), Jacques Audiberti (geb. 1899), Samuel Beckett (geb. 1906), Jean Genet (geb. 1910), Eugène Ionesco (geb. 1912), Christopher Fry (geb. 1907) und John Osborne (geb. 1929).

Die Sprache unterliegt in der von der Technik geprägten Gegenwart überall auffallend raschen Veränderungen, die von großer Bedeutung für das gesamte Schrifttum sind. Als Kennzeichen solcher globalen Wandlungen gelten nach Walter Höllerer die kurze Frist zwischen der Entstehung neuer Redensarten und ihrem Verschleiß, die rasche Erstarrung und Entsinnlichung neuer Bezeichnungen, die Formelcharakter annehmen, der die Sprachdürre überwuchernde superlativische Stil und ein sachferner Intellektualismus, dessen Be-

mühung um Individualität oft zu Umständlichkeit und Preziösen-
tum gerät. Die »Sprache in der verwalteten Welt« (Karl Korn) und
des technischen Zeitalters zielt auf Präzision und Abstraktion, führt
dadurch aber leicht zu Sinnentleerung, starrer Substantivierung, ge-
ringer Anschaulichkeit, Gefühlskälte. In der Entfernung der Sprache
vom Konkreten ist ein Verlust an Menschlichkeit befürchtet worden; da die sprachlichen Transformationen aber den soziologischen
entsprechen, wurde die Behauptung eines Verfalles auch als ungenau
und ungerecht bezeichnet. Die Lit., zwischen Breitenkultur und
Spezialistendenken gestellt, muß jedenfalls mit der Manipulation der
Sprache durch die Massenpublikationsorgane Presse, Funk, Film,
Werbung und der zunehmenden Differenzierung in zahllose Unter-
sprachen mit abweichenden Bedeutungen äußerlich gleicher Wörter
rechnen. Der Zwang zu Präzision und Eindeutigkeit kann für sie
ebenso förderlich sein wie die Abwehr oder die künstlerische Verarbeitung von Klischees und Formeln, Lehnübersetzungen, nivel-
lierenden Fremdwörtern.

Ein dt. Sonderproblem bildet die Aufspaltung in zwei von unterschiedlichen Fremdwörtern nebst Lehnübersetzungen, andersartigen politisch-weltanschaulichen Begriffen, zweckhaften Suggestivbildungen, gesonderten Kurzwörtern und möglicher-
weise auch abweichender Bühnenaussprache als Norm für die allgemeine Sprechweise geprägte Landessprachen. Beiden dt. Teilen mehr oder weniger gemeinsam
sind dagegen die nach dem letzten Krieg erfolgte Änderung der Wortgeographie
durch Aussiedlung und Umsiedlung sowie der Abbau älterer horizontaler Schich-
tungen.

Auch für die Epoche nach 1945 gilt, daß die Poesie nur möglich sei
»dank einer fortgesetzten Neuschaffung der Sprache, was einem Zerbrechen des Sprachgefüges, der grammatischen Regeln und der
rednerischen Ordnung gleichkommt« (Louis Aragon). Nach Eliots
Formulierung ist »jeder Versuch . . . ein neuer Anfang, ein Vorstoß
ins Sprachlose«. Da die Welt durch Worte abgestempelt wirkte, die
sich nicht mehr mit der Sache deckten, zielte der Vorstoß auf eine
Durchbrechung dieser Welt und den Aufbau einer eigenen ab, der
weder mit dem Sekundenstil des Naturalismus noch mit den ekstatischen Rufen des Expressionismus erreichbar dünkte und der Ausscheidung des Stimmungshaften und Gefühlsseligen verlangte. Dagegen halfen philosophische oder naturwissenschaftliche Termino-
logien, Neuwörter aus dem kunst- und lit.-kritischen, technischen
und militärischen Bereich, Zeitungs-, Amts- und Umgangssprache
bei der Bewältigung der neuen Wirklichkeiten. Die überkommene
Normalsyntax, auch die individuelle großer dt.-sprachiger Stilisten
des 20. Jh., wurde weitgehend aufgegeben. Eine Zeitlang schien
Ernest Hemingway den kargen, nüchternen Ton zu bieten, nach
dem die neuen Schriftsteller suchten. Der ältere, logisch abgestützte
und durch Interpunktionen gegliederte dt. Satzbau ist dann vielfach

durch ein endloses Band von assoziativ aneinandergereihten ver-
kürzten Hauptsätzen abgelöst worden. Zum Kunstmittel wurden das
aussparende Verschweigen gerade des Wichtigsten, die Wiederholung von Zitaten, Liedanfängen u. ä., die einen ganzen Komplex von
Vorstellungen in einer Formel zusammenfassen und als fertige Ver-
satzstücke aus dem allgemeinen Wissensgut eingebaut werden. Das
scheinbar vertraute Einzelwort und der Wortlaut von Zeilen wurden
in eine ungewohnte geistige Umwelt versetzt, um den absichtsvoll
schockierten Leser zur Prüfung der Wahrhaftigkeit oder Doppel-
züngigkeit des Sinngehaltes zu zwingen. Von Logik und Gegenständlichkeit unbefriedigt, wagten sich nicht nur Lyriker, sondern
auch Dramatiker und Erzähler wieder einmal mit intellektuellem
Bedacht auf das Gelände des »Naiven«, um sprachlichem Unsinn
Faszinationen und Ahnungen eines Tiefsinns zu entlocken.

Für die »Unsinns«-Dg., die als Kinder- und Erwachsenensprechbetätigung eine
eigenständige Urgattung im Bereich der sogenannten einfachen Formen darstellen
dürfte, lassen sich aus der Neuzeit Edward Lear (1812–1888) mit *The Book of Nonsense*
(1846) und *Nonsense Songs, Stories, and Botany* (1870), Lewis Carroll (1832–1898), die
Dadaisten, Christian Morgenstern, der Franzose Max Jacob (1876–1944) und andere
Vorgänger anführen.
Allein »mit Sprache« und nicht mehr mit »Vorstellungen, Bildern, Empfindungen,
Meinungen, Thesen, Streitobjekten« hat es, laut Helmut Heißenbüttel, sogenannte
»konkrete Poesie« zu tun. Mit seinen zuerst Mitte der 50er Jahre veröffentlichten
Texten wollte er versuchen, »sozusagen ins Innere der Sprache einzudringen, sie auf-
zubrechen und in ihren verborgensten Zusammenhängen zu befragen«. Was dabei
herausgekommen sei, könne keine neue Sprache sein. Es handele sich vielmehr um
eine »Rede«, die sich des Kontrasts zur überkommenen Syntax und zum überkommenen Wortgebrauch bediene.

Die Lyrik nach 1945 knüpfte nicht an George und Rilke an, sondern
setzte vorwiegend die vom Expressionismus und Surrealismus, von
Loerke und Lehmann, von Benn und Brecht herkommenden Linien
fort. Krieg und Sterben, Rückzüge und Trecks, zerstörte Menschen
und zerstörtes Land waren teilweise noch in strengen Strophen und
gereimten Zeilen unideologisiert abgezeichnet worden. Nach und
neben der Trümmerlit. im Sinne Heinrich Bölls wurden sowohl der
motivierende »Inhalt« als auch die äußere Form mehr und mehr
reduziert. Die dt.-sprachige Lyrik folgte damit der Tendenz, »Sprache ohne mitteilbaren Gegenstand« (Hugo Friedrich) zu sein. Das Erlebnis als rauschhafter Ursprung eines Gedichtes wurde angezweifelt,
das Sprachlaboratorium des Autors, der nicht den Zufällen von
Stimmung und Sentiment ausgeliefert sein, sondern das objektive
Sein zum Gegenstand nehmen will, dient einer verständigen Herstellung. »Ein Gedicht entsteht überhaupt sehr selten – ein Gedicht
wird gemacht« heißt es bei Benn, dessen Vortrag *Probleme der Lyrik*
(1951) von vielen als maßgebende Ars poetica betrachtet wurde. Die
lyrische Dichtkunst gibt nicht Wirklichkeit wieder, sondern er-

schafft eine neue. Paul Celan hat formuliert, daß Wirklichkeit nicht ist, sondern gesucht und gewonnen sein will. Und Günter Eich sagte, er schreibe Gedichte, um sich »in der Wirklichkeit zu orientieren . . . Erst im Schreiben des Gedichtes erlangen die Dinge für mich Wirklichkeit; sie ist nicht meine Voraussetzung, sondern mein Ziel.«

Der »Kult« mit dem Begriff des »poetischen Ingenieurtums« hat auch Widerspruch erfahren, zum Beispiel durch Wilhelm Lehmann: »Spontaneität wird heute gern als schädlich gescholten . . . Entzücken oder Schmerz als Wurzeln eines Gedichts werden . . . überschlagen.«

Der Autor, seit Benn auf der Flucht in die »Transzendenz der schöpferischen Lust«, machte immer seltener ins Begriffliche übersetzbare Mitteilungen. Er legte nicht als erkennbares Ich klare Informationen, sondern als ein im Hintergrund bleibender Jemand chiffrierte Texte vor. Ihre verfremdete, überfrachtete, wuchernde oder verknappte Sprache soll etwas beschwören, emporrufen, evozieren. Die Evokation hängt davon ab, wie die im einzelnen schwer verständlichen Wörter verknüpft wurden. Die einzelnen Steinchen des Mosaiks besagen für sich genommen nicht sehr viel; wesentlich ist, daß sie faszinierend montiert sind (Reinhold Grimm). Die klassisch gewesenen lyrischen Bilder erschienen nach 1945 im allgemeinen abgenutzt und verbraucht. Das Bild durfte nicht mehr Dekoration sein und sich nicht mit einem »Gemeinten« decken, sondern es mußte durch seine Vieldeutigkeit und Spannweite faszinieren. Die »sachfremde Metaphorik« erprobte »erstaunliche Kombinationen«, die Metapher sollte »nicht-existierende Ähnlichkeiten . . . erfinden«, und »absolute Bereichskontraste« wurden »zur Identität« (Hugo Friedrich). Der Dichter spricht »Exorbitanzerlebnisse in Bildern und Klängen aus, die nicht Symbole, sondern evokative Äquivalente sind« (Heinz Otto Burger). Die Verdünnung des Stofflichen, die geistige Abstraktion und die Montage suggestiver Figuren ist auch in der dt.-sprachigen Lyrik teilweise so weit vorgetrieben worden, daß nichts »verstanden« werden kann und totale Nichtassimilierbarkeit eintritt.

»Erstaunliche Kombinationen« wurden durch die Aufhebung der Orientierung nach Raum und Zeit erleichtert und herausgefordert. Antirealistische Kunst hat von jeher »die fremdesten Dinge durch einen Ort, eine Zeit, eine seltsame Ähnlichkeit« zusammenkommen lassen und dabei »wunderliche Einheiten und eigentümliche Verknüpfungen« (Novalis) entstehen sehen. Die Allgegenwärtigkeit und Gleichzeitigkeit als Prinzip der neueren Dg. geht auf Apollinaire zurück, der auch durch die Bezeichnung seines Bühnenstückes *Les Mamelles de Tirésias* als *Drame surréaliste* (1918) dem Surrealismus den Namen gab.
Als evokatives Äquivalent definierte Burger »die nahezu isolierte gegenständliche Entsprechung, das objektive Korrelat, wie T. S. Eliots . . . Terminus lautet, die Figur, die in ihrer Suggestiv- oder Evokativkraft der inneren Emotion äquivalent ist«. Das

evokative Äquivalent, das sich schon bei Hölderlin findet, ist eine Weiterbildung des »adäquaten Symbols« im klassischen Gedicht.

Hermetismus, ital. Ermetismo, ist eine in Italien aufgekommene Bezeichnung für dunkles Dichten. Sie wurde zunächst in abschätzigem Sinne gebraucht, bald aber auch als Benennung für eine bis ins 19. Jh. zurück verfolgbare poetische Tendenz. Als neuere ital. hermetische Lyriker gelten die unter den ausländischen Vorbildern genannten Giuseppe Ungaretti, Eugenio Montale und Salvatore Quasimodo. Da die Beurteilung hermetischer Kunst schwierig ist und das hermetische Gedicht den Leser in ein Bedeutungsspiel zieht, das durchaus vom Dichter wegführen kann, liegt die Gefahr der Scharlatanerie nahe.

Nach dem »Reim-Raffinement« der ersten Jahrzehnte des 20. Jh. und nach der »Durchsichtigkeit«, der »Transparenz« bei Trakl und dem späten Rilke, zugleich unter dem Eindruck der internationalen Lyrik, wurde der Reim nach 1945 immer mehr aufgegeben, bis er »nahezu ausgestorben« war (Karl Krolow). Die herkömmliche grammatische Ordnung und logische Wortfolge, geregelter Rhythmus und eingängiger Zeilenausklang wurden ersetzt durch neue Syntax-Typen, stockend einsetzendes Sprechen, harte Fügung, Brechung des Reimes, Beziehungen zwischen Bildern, abgewandelte Wiederholungen, Nebenordnung, Paradoxon, durch eine Technik der Anspielung und des Zitierens sowie durch ein Schweigen zwischen den Wörtern, »eine starke Neigung zum Verstummen . . . das Gedicht behauptet sich am Rande seiner selbst, es ruft und holt sich . . . unausgesetzt aus seinem Schon-nicht-mehr in sein Immernoch zurück« (Celan). Von manchen Autoren ist auch eine auffällige graphische Anordnung der Wörter und Wortgruppen als optische Komponente ihres Textes einkalkuliert worden.

Das in mehrfachem Anlauf stockend einsetzende Sprechen ist eines der Stilmerkmale dt.-sprachiger Lyrik, die dem Einfluß Eliots zugeschrieben werden.

Die Technik der Anspielung war bereits von Ezra Pound in seinem Hauptwerk *The Cantos* (seit 1925) hoch ausgebildet. Die Allusionen auf Mythen, historische Figuren, Orte, die Zitate und fremdsprachigen Einsprengsel können nur noch sehr bedingt entschlüsselt werden.

Kritische Einwände gegen die sprachlichen Reduktionsvorgänge in der Lyrik sind von Walter Höllerer 1965 bei seinem Eintreten für »lange Gedichte« angeführt worden. Es habe sich ein »zelebrierendes Darbieten einzelner Worte, ein Kostbarmachen von Bildern, ein Operieren mit leeren Flächen« ergeben. Das Schweigen als Theorie für eine Kunstgattung, deren Medium die Sprache ist, führe »zum Wohlbehagen in Kleinsttätigkeit«.

Das »optische« Gedicht hat Vorläufer: schon im Barock machte man bisweilen seine Verse so, daß an dem Druckbild ein Symbol abzulesen war. Typographisch sind auch Poeme des Amerikaners Edward Estlin Cummings (1894–1962) arrangiert.

Diejenigen Autoren, die durch Gedichte nicht nur etwas aussagen, sondern auch ein breiteres Publikum ansprechen wollten, ordneten neue formale Möglichkeiten dem Sinngehalt unter. Eines der wichtigsten Kennzeichen der engagierten Lyrik ist die Unterkühlung. »Ich rede von dem, was auf den Nägeln ›brennt‹, wie von einem

Beliebigen, das mich nichts anginge. Ein manipulierter Temperatur-
sturz ist die Folge: Ironie, Mehrdeutigkeit, kalter Humor, kontrol-
lierter Unterdruck sind die poetischen Kühlmittel« (Enzensberger).
Während verdächtig gewordene Wörter von dieser Lyrik ausgeklammert oder umfunktioniert werden, nimmt sie Umgangssprach-
liches und Tabuiertes als wirkungsvolle Beimischung auf.
Außer der Not- und Trümmerlyrik der ersten Nachkriegsjahre lassen
sich für die Periode nach 1945 etwa folgende Lyrik-Gruppen unterscheiden: Natur- und Landschaftslyrik, surrealistische Lyrik, Lyrik
als religiöse oder philosophische Aussage, politische Lyrik, Lyrik als
Sprachspiel und Sprachkombination.

Nach Karl Krolow sieht sich das moderne dt.-sprachige Landschaftsgedicht historisch konstituiert, seit das Landschaftliche nicht mehr als Kulisse diente und seit der
Sinn für jenes Detail erwachte, das zu dem »Zauber«, der »sinnenhaften Genauigkeit«
und den »lautlosen Verstrickungen« der Gattung gehöre. Bei Annette v. Droste-
Hülshoff sei erstmalig die Euphorie der Genauigkeit vorhanden gewesen. Seit Däubler und Loerke wurde dann die Individualität vor der Landschaft immer leiser und
erschien immer indirekter, verschränkter, »gespiegelter«. Landschaftslyrik solcher
Art war »mehr der Gesang der Dinge als meine Stimme« (Oskar Loerke). In der weiteren Entwicklung des Landschaftsgedichtes (Wilhelm Lehmann, Elisabeth Langgässer, Gertrud Kolmar, Huchel, Krolow, Eich, Bobrowski, Piontek u. a.) setzte sich
diese Eliminierung des Subjektes zunächst in unterschiedlichem Grade fort; später
erfolgte eine gewisse Rückkehr zu einer auf den Menschen bezogenen Darstellung.
Die politische Lyrik adaptierte Formen und Tendenzen der 20er Jahre (Brecht, Kästner, Mehring, Tucholsky) sowie der Lit. des Widerstandes und der Emigration.
Als »Konkretismus« lassen sich einige, im einzelnen voneinander abweichende Autoren zusammenfassen, die in den 50er Jahren teils in Anlehnung an »konkrete« bildende Kunst, teils in Fortführung älterer Lit.-Strömungen und teils nach linguisti-
schen Theorien mit poetischen Formen zu experimentieren begannen. Eugen Gom-
ringer, 1925 in Bolivien geboren, veröffentlichte in der Schweiz *Konstellationen*. Er
nannte 1960 konkrete Dg. den Überbegriff für Versuche, deren Merkmal »eine bewußte Beobachtung des Materials und seiner Struktur ist«. Konkrete Dg. habe es
weniger mit dem Lit.-Betrieb zu tun als mit führenden Entwicklungen auf dem Gebiete des Bauens, der Malerei und Plastik, der Produktgestaltung und der industriellen
Organisation. Die »Wiener Gruppe« sah in August Stramm und Dada, Schwitters,
Arp und anderen ihre Vorbilder. Ihre Mitglieder schufen, auch in Gemeinschaftsproduktion, vorwiegend Textmontagen, Laut-Dgg., Dialekttexte, Chansons. Von
den fünf durch Gerhard Rühm (geb. 1930) in seiner Dokumentation 1967 vereinigten
Autoren wurden Hans Carl Artmann (geb. 1921) und Konrad Bayer (1932–1964) am
meisten bekannt. Sprachwissenschaftliche, ästhetische und informationstheoretische
Grundsätze sind außer von dem oben erwähnten Helmut Heißenbüttel vor allem von
Max Bense (geb. 1910; *Theorie der Texte*, 1962; *Aesthetica*, 1965) erarbeitet worden.
Nach Heißenbüttel hat sich die Lit. zu einer eigenen Erkenntnisfunktion des Men-
schen gesteigert; für ihr Material, die Sprache, gibt es keine dienende oder expressive
Gegenstandsbeziehung mehr. – Konkrete Poesie betrieb oft in kleinen und kleinsten
Gebilden Erforschung sprachlicher Elemente, und der Sprachkünstler wirkte dabei
als »Verbaltechniker«, der das autonom gemachte Wortmaterial unter Reduktion der
Syntax nach akustischen oder typographischen Gesichtspunkten zu »Sehtexten« kom-

binierte. Konkrete Poesie wurde auch als »linguistische Poesie« und Dg. »von der Sprache« bezeichnet.

Im R.-Schrifttum nach 1945 wurden die wahrnehmbare Wirklichkeit, die existentielle Problematik und die Verschränkung der einen mit der anderen Hauptgegenstände. Neben die Erz. als abbildende Einkreisung individueller Entwicklungen oder kollektiver Schicksale trat die Montage aus disparaten Elementen als faszinierende Umkreisung von Grenzsituationen, ersehnten Möglichkeiten und unauflöslichen Fesselungen. Soweit der Autor ein skeptisches Verhältnis zur Wirklichkeit oder ihrer Darstellbarkeit hatte, entschied er sich zu einer ständig relativierenden Darbietungsweise, die den Leser am Zweifeln, Erwägen, Prüfen teilnehmen läßt. Der nicht mehr seiner selbst und der Sache sichere Erzähler einer noch überschaubaren Handlung mit Intrige und Charakteren wurde Bestandteil des R., übernahm als Ich-Erzähler eine Rolle, hielt die Erzählerperspektive einer seiner Figuren durch oder wechselte in dem experimentierend betretenen Gelände die Standpunkte, ohne Übergänge stets zu kennzeichnen. An seinen Personen fällt ihre Verlorenheit, Brüchigkeit, Indifferenz, Traditionslosigkeit auf. Von ihnen ist nur ein Minimum an Individuellem und nur das mitgeteilt, was ihre Haltung in bestimmten Lagen beleuchtet. Das Milieu ist nicht in herkömmlicher Weise beschrieben, sondern drückt sich durch seine Sprache, leitmotivisch verwendete Formeln, symbolähnliche Chiffren aus. Statt psychologischer Analyse von außen wird Unbewußtes und Unterbewußtes monologisch entschält. Assoziativ gereihte Erinnerungsströme, Rechenschaftsberichte, Vermutungen mehrerer Personen, alogisch und achronologisch montiert, tragen zur Vielschichtigkeit des Erzählten bei. Sie stellen subjektive Aspekte bereit, hinter denen die für fragwürdig gehaltene Wahrheit des objektiven Geschehens aufschimmert. Während auf Spannung durch eine fesselnd zubereitete Fabel verzichtet und die sog. Story verachtet wird, soll das, was dem Autor nach oder hinter der Story als wichtig erscheint, durch Faszination des Lesers zur Wirkung kommen. Die Faszination ergibt sich etwa durch den Reiz, aus den zu einer eigengesetzlichen Struktur mit wechselnden Perspektiven gefügten Erzählfragmenten nach und nach das »Geschehen« zu erfassen, indem der vom Autor verlangte produktive Akt des Zu-Ende-Dichtens durch den Leser vollzogen wird. Diesem Leser, der nicht mehr als ein geneigter, sondern als ein kritischer gedacht wird, ist auch weitgehend die Interpretation der Parabeln, Utopien, Symbole und Zerrbilder überantwortet. Zu der These, daß ein kontinuierlich erzählter R. unmöglich geworden sei, bekannten sich jedoch nicht alle dt.-sprachigen Autoren. Teils hielten sie an der Überzeugung fest, daß die Story als ein Urbedürfnis erwiesen sei, teils gingen sie von Figuren aus, denen sie eine gewisse Handlungsfreiheit überlassen konnten. Dabei wurden weder Zeitnähe oder Sozialkritik noch sämtliche neuen Darbietungstechniken aufgegeben. Das Erzählen im traditionellen Sinne und ohne Perspektive erhielt sich am stärksten in den Heimat-, Familien- und Liebes-Rr., neben denen die ebenfalls durch Zeitung und Illustrierte geförderten Gattungen Tatsachen-R. und Science Fiction den Stoffhunger breiter Schichten befriedigten. Unberührt von modernen Strukturen blieb auch der an seine speziellen Baugesetze gebundene volkstümliche Kriminal-R.

Alfred Andersch erklärte 1961, er denke gar nicht daran, den klassischen Erzähler abdanken zu lassen. Die logische Konsequenz der Leugnung des Erzählers sei die Leugnung des Schriftstellers.
Günter Grass, Fabulierer, von Bildern fasziniert und dem Grotesk-Komischen zugetan, schaltet von der Ich-Form auf die Er-Form um, unterbricht den Bericht durch Assoziationen, Vorgriffe und Korrekturen, wechselt zwischen berichtendem und parabolischem Ton. Aber diese und andere Formmittel überwuchern nicht die »vertrauenerweckend-altmodische Erzählhaltung« in einer das Abstrakte meidenden, lokalisierenden Sprache. »Die Interpretation wird abgewehrt und in die Irre geführt. Der Text ist prinzipiell interpretationsfeindlich . . . Er ist bildlich und präzis« (Klaus Wagenbach).
Bei Grass und Böll erscheint der satirische Schelm des Barocks, der Picaro, als Clown und Intellektueller. Er ist der Hüter des Menschlichen und der Freiheit im Kampf gegen die Normierung.

Die Nov. als abgerundete, erkennbar interpretierende Wiedergabe ungewöhnlicher Handlungen oder bedeutsamer Vorgänge ist nach 1945 besonders von Autoren des sozialistischen Realismus wie Anna Seghers, Stephan Hermlin (geb. 1915), Louis Fürnberg (1909–1957) wiederbelebt worden.

Die Kurzgesch. als skizzenhafte Satire demonstrierte bei Böll Ausschnitte aus dem Leben: hohlen Restaurationswillen, geschäftiges Prosperitätsstreben, manipulierten Kulturbetrieb. Soweit die dt.-sprachige Kurzgesch. nicht bloß unterhaltende, schnell zu bewältigende Lektüre oder Grenzform zur Erz. war, trat sie nach Walter Höllerer auf als Augenblickskurzgesch., die eine bestimmte Situation in einem bestimmten Augenblick fixiert, zwei Momente aufeinander bezieht oder die Augenblickssituation einrahmt; als Arabesken-Kurzgesch., in der sich Handlungs- und Sprachbewegung vermengen, Reflexionen ins Absurde führen und der Desillusionscharakter hervortritt; als Überdrehungs- und Überblendungsgesch., die mit Kompositionseffekten arbeitet, in der Wendungen und Zwischenfälle mit überraschender Wirkung eingestreut, Vorgänge verschiedener Orte ineinander geschoben werden.

Im Bereich des dt.-sprachigen Dr. schien von zeitnahen Werken außer solchen älterer Autoren (Weisenborn, Zuckmayer) das ursprünglich als Hörsp. verfaßte expressive Heimkehrerstück des jungen Wolfgang Borchert (*Draußen vor der Tür*, 1947) mit seiner in einem einzigen großen Monolog dahinfließenden Sprache die verlorene Kommunikation mit dem Mitmenschen besonders repräsentativ auszudrücken. Krieg und Gefangenschaft klangen ein Jahrzehnt lang immer wieder einmal auf: bei Leopold Ahlsen (geb. 1927), Wolfgang Altendorf (geb. 1921), Stefan Barcava (geb. 1911), Rolf Honold (geb. 1919), Claus Hubalek (geb. 1926) u. a. Nachdem Friedrich Wolf in seinem Dorfstück *Bürgermeister Anna* (1950) den Kampf der sozialistischen Kräfte gegen das Großbauerntum behandelt hatte, wurden auch für andere Dramatiker der DDR der sozialistische Aufbau, die Bodenreform, die Bekämpfung von Faschismus und Neofaschismus, von Aufrüstung und Atomtod, die revolutionären Bewegungen oder Gesellschaftskrisen, die Gesch. der Arbeiterbewegung zu zentralen Themen; Hedda Zinner (geb. 1907) schrieb die in einem Dorf der DDR spielende Kom. *Was wäre, wenn . . .?* (1959), Erwin Strittmatter (geb. 1912) die vieraktige Verskom. *Katzgraben* (1953), Alfred Matusche (1909–1973) *Die Dorfstraße* (1955) mit einer an der Neiße-Grenze spielenden Handlung, Helmut Baierl (geb. 1926) das Lehrstück *Die Feststellung* (1958) sowie die Kom. *Frau Flinz* (1961) und Heiner Müller (geb. 1929) zusammen mit seiner Frau Inge Müller (1925–1966) die auch von Laien oft inszenierten Stücke *Der Lohndrücker* (1957), *Die Korrektur* (1958), *Die Umsiedlerin* (1960). Einige dieser Werke gelten als Modellstücke des sozialistischen Realismus und gelungene Beiträge zum Agitprop-Theater. Die Theaterstücke von Hedda Zinner, Strittmatter, Matusche usw. zeigten die Wirklichkeit unter der Perspektive des Endsiegs des Kommunismus und identifizierten sich mit den auf ihn hin arbeitenden Mächten der Gesellschaft. Die Konflikte in diesen und ähnlichen Werken ergeben sich meist zwischen dem neuen Menschen und dem noch in einem überholten Bewußtseinsstand befangenen.

Laut Peter Hacks (geb. 1928), der nach seiner 1955 erfolgten Übersiedlung aus der BRD in die DDR dort Essays über das »Stückeschreiben«, das »realistische Theaterstück« und das »Theaterstück von morgen« veröffentlichte, stellt die Poetik des Aristoteles die Dramaturgie eines »klassenstaaterhaltenden gesellschaftlichen Quietismus« dar; sie sei undialektisch, volksfeindlich. Das fortschrittlich realistische Theaterstück biete veränderbare Wirklichkeit.

Andere dt.-sprachige Dramatiker standen nach 1945 der Veränderbarkeit des Menschen durch Kunst skeptischer gegenüber. Sie sahen die geistige und moralische Entscheidungsfreiheit des einzelnen Ichs für aufgehoben an, da der Kollektivismus zur herrschenden Lebensform geworden sei und Totalitätsansprüche stelle. Individuelle Strebungen seien offensichtlich relativ und belanglos geworden, so daß die Voraussetzungen für echte dram. Konflikte entfielen. Das Dr. könne auch nicht mehr gedeihen, »wo die Erkenntnis von der Uneinsichtigkeit des Seins, vom Irrationalen des Geschehens, von der Unmöglichkeit der Kausalnachweise einsetzt« (Margret Dietrich). Nach Benn wäre »eine Konstruktion nach psychologischen Ge-

sichtspunkten mit dem Ziel von Charakterwandlung, Zusammenprall
aus familiären oder weltanschaulichen Gründen . . . oder nach aristo-
telischen mit Raum und Zeit . . . heute wirklich primitiv«. Max
Frisch erklärte jedoch, »allein dadurch, daß wir ein Stück Leben in
ein Theater-Stück umzubauen versuchen, kommt Veränderung zum
Vorschein, Veränderbares auch in der geschichtlichen Welt«. In
Biedermann und die Brandstifter sowie in *Andorra* stellte er gesellschaftliche Zustände als Parabeln mit Appellcharakter vor die Zuschauer.
Für Dürrenmatt war die Welt zwar »ein Ungeheuer . . . ein Rätsel
an Unheil«, das hingenommen werden müsse, vor dem es jedoch
keine Kapitulation geben dürfe. An dem Zerrbild, als das er den ein-
stigen Kosmos zu betrachten gezwungen war, faszinierte Dürrenmatt, den »Fabulierer« unter den Dramatikern (Elisabeth Brock-
Sulzer), das Groteske, der Zusammenprall äußerster Gegensätze, die
Mischung des Komischen mit dem Tragischen. »In der Wurstelei
unseres Jahrhunderts . . . gibt es keine Schuldigen und auch keine
Verantwortlichen mehr . . . Uns kommt nur noch die Komödie bei«
(Dürrenmatt). Er geht nach eigener Aussage nicht von einer These,
sondern von einer Geschichte aus, und er sieht den Wert eines Stük-
kes in dessen »Problemträchtigkeit, nicht in seiner Eindeutigkeit«.
Während Siegfried Lenz 1961 in *Zeit der Schuldlosen* ein aktuelles
Thema noch denkspielartig spiritualisierte, stellte 1963 Hochhuths
Dr. *Der Stellvertreter*, das nicht nach einem zeitgenössischen Prinzip
angelegt ist, sondern traditionelle Formen mischt, eine Verbindung
zu früheren Theaterstücken her, in denen dokumentierbare Realität
eingebaut oder grundlegend war. Auch Peter Weiss, Kipphardt,
Grass u. a. aktualisierten das dt.-sprachige Dr. in den 6oer Jahren
durch konkrete Stoffe und Figuren von grundsätzlich historisch-
politischem Interesse.

Für Peter Weiss, so erklärte er 1965 angesichts der »oft« dargestellten »Auswegslosig-
keit«, ist das Sinnvolle »die Ergründung jedes Zustands und die darauf folgende Wei-
terbewegung, die zu einer Veränderung des Zustands führt«.

Zwar wurden nach 1945 außer mittelalterlichen Formen auch die
von Ibsen und dem Naturalismus ausgebildeten Dramaturgien ange-
wendet, doch beurteilte man wiederholt den »Illusionismus« (Siegfried Melchinger) des bürgerlichen Zeitalters und jegliches museale,
falsch feierliche Theater als überlebt. Um einer Geruhsamkeit des
Publikums und einem »Genuß« des Theaterabends entgegenzuwir-
ken, zerstörten die Autoren die Illusion durch die Einführung eines
eigenen Erzählers, das Heraustreten einer Figur aus dem Handlungs-
geflecht als Erzähler, Vor-, Rück- und Einblendungen, mit denen
Vorgänge interpretiert und vertieft werden. Da ein nur persönliches
Handeln, Denken und Fühlen des Menschen auf der Bühne eine isolierte Perspektive ausdrücke, die durch viele andere ebenfalls mögliche isolierte Perspektiven wieder aufgehoben werden könnten,

verwandelten sich der Ort des Dr., die Figuren, das Geschehen in Schnittpunkte von Perspektiven.

Die Episierung des Dr. setzte Gustav Freytags Theorie immer mehr außer Kraft. Freytags »Pyramide« hatte bereits von älteren Dramaturgien diejenige Grabbes und Büchners ausgeklammert und galt schon für Maeterlinck, Strindberg, Schnitzler, Brecht nicht mehr. Der Gegensatz zwischen einer gradlinig verlaufenden Handlung im »geschlossenen« Dr. und einer »Dispersion der Handlung« im »offenen« Dr., die durch die Einheit der Person, durch die Bildersprache, durch das Thema koordiniert sein kann (Volker Klotz), ist auch als der Gegensatz von Spannungsstruktur und Kontraststruktur, von aristotelischem und nicht-aristotelischem Dr. sowie von Pyramide und Karussell bezeichnet worden.

Seit Brecht sein episches Theater am »Berliner Ensemble« in Berlin (-Ost bzw. DDR) zu einem Modell für Spielplan, Inszenierung und Darstellung entwickelte und Dürrenmatt wie Frisch eine in der Grundanlage jeweils spezifische Werkfolge schufen, verband sich auch im dt.-sprachigen Raum mit einem Theaterstil wieder stärker der Name von Dramatikern als von Regisseuren. Eine ausländische Entsprechung wäre in gewisser Weise das »Theater« Becketts, Genets, Ionescos u. a., das in den 5oer Jahren die internationale Aufführungspraxis mitbestimmte und dann auch von dt.-sprachigen Autoren (Hildesheimer, Grass) adaptiert wurde.

Das absurde Theater stellt nichts dar, was sich im logischen Ablauf einer Handlung offenbaren könnte; es bietet durch Darstellung bestimmter absurder Zustände, vor allem aber durch sein eigenes absurdes Gebaren, Einzelblicke auf die Situation des Menschen. Während das aristotelische und das epische Theater eine Antwort geben oder zumindest nahelegen, verharrt es in der Frage (Wolfgang Hildesheimer). Urelemente des absurden Theaters sind abstrakte szenische Effekte, wie sie im Zirkus, in der Revue, von Gauklern, Akrobaten und Mimen gezeigt werden, Clowns- und Narrenpossen, Wahnsinnsszenen, verbaler Nonsens, Komiker-Dialoge. Der Mimus, die Commedia dell'arte, Shakespeare, die Hofnarren, Traum- und Phantasie-Lit., später noch manche Stummfilme, können als Entwicklungsstufen zu den Theaterstücken von Alfred Jarry (1873–1907; *Ubu Roi*, 1896) über Ivan Goll (*Methusalem oder Der ewige Bürger*, 1922) zu Beckett (*Warten auf Godot*, 1952; *Endspiel*, 1957), Ionesco (*Die Stühle*, 1952; *Die Nashörner*, 1959) u. a. betrachtet werden. Die Verff. absurder Werke verwenden nicht die Dramaturgie des psychologischen und erzählenden Theaterstücks. Sinnlosigkeit des Daseins und Unzulänglichkeit der Vernunft werden von ihnen nicht mehr diskutiert, sondern in szenischen Bildern vor Augen geführt. Die agierenden Menschen sind kontaktlos, aber aufeinander angewiesen. Ihr Dialog ist oft nur noch ein Aneinander-Vorbeireden und demonstriert die Unmöglichkeit gegenseitiger Verständigung. Was den Zuschauern veranschaulicht werden soll, geht weniger aus den Worten hervor, die der Autor sprechen läßt, als aus dem, was er auf der Bühne geschehen läßt. Eine Interpretation der Drr. kann nicht eindeutig klären, was sie »bedeuten«, und kann keine konventionelle »Handlung« beschreiben, aber Bildreihen und Themenkomplexe herauslösen und die Grundstruktur mit ihren Baumethoden aufweisen (Martin Esslin).

Einen starken Aufschwung nahm seit etwa 1950 das Hörsp. Sein Ordnungsprinzip ist nicht das chronologische Nacheinander; in ihm werden Zeit und Ort nur assoziiert, mehrere Ebenen erscheinen zeitlich und räumlich simultan, innere und äußere Vorgänge sind nicht mehr unterscheidbare Schichten, Sinn, Bedeutung, Bild, Handlung bilden eine Einheit und unauflösliche Ganzheit in der Phantasiewirklichkeit (Heinz Schwitzke). Als Hörsp.-Autoren traten in den 50er und 60er Jahren vor allem hervor: Eich, Dürrenmatt, Böll, Lenz, Peter Hirche, Hildesheimer, Dieter Wellershoff, Wolfgang Weyrauch, Benno Meyer-Wehlack, Ingeborg Bachmann, Ilse Aichinger, Frisch, Eisenreich, Fritz Habeck, Franz Hiesel, Eduard König.

Unter den lit. Kreisen, die sich nach 1945 um Persönlichkeiten, Verlage, Zss. o. ä. bildeten, errang die »Gruppe 47« besondere Bedeutung.

Die »Gruppe 47« ging aus dem kleinen Redaktionsteam der Zs. *Der Ruf* (1946–1947) hervor und setzte sich, wie Hans Werner Richter 1962 formulierte, als Ziele: a) demokratische Elitenbildung auf dem Gebiet der Lit. und der Publizistik; b) die praktisch angewandte Methode der Demokratie in einem Kreis von Individualisten immer wieder zu demonstrieren mit der Hoffnung der Fernwirkung . . .; c) beide Ziele zu erreichen ohne Programm, ohne Verein, ohne Organisation und ohne irgendeinem kollektiven Denken Vorschub zu leisten.

Nach dem Zweiten Weltkrieg wurde eine Anzahl Akademien der Schönen Künste neu gegründet, die sich – meist nur in bestimmtem Umfang – auch lit. Aufgaben stellten.

1948 Bayerische Akademie der Schönen Künste in München
1949 Deutsche Akademie für Sprache und Dg. in Darmstadt
1949 Angliederung einer Lit.-Klasse an die Akademie der Wissenschaften in Mainz
1950 Freie Akademie der Künste in Hamburg
1950 Deutsche Akademie der Künste in Berlin (DDR)
1954 Akademie der Künste in Berlin-West

Zu den Neugründungen an Zss. gehören:

Plan, 1945–1948, hgg. von Otto Basil.
Die Wandlung, 1945–1949, unter Mitwirk. von Karl Jaspers, bis 1948 Werner Kraus, seit 1948 Marie Luise Kaschnitz u. Alfred Weber, hgg. Dolf Sternberger.
Die Fähre, 1946–1947, Schriftl.: Hans Hennecke u. Herbert Burgmüller, 1948–1949 als *Literarische Revue*, Schriftl.: Herbert Schlüter.
Welt und Wort, 1946–1973, hgg. Edmund Banaschewski, seit 1949 Ewald Katzmann u. Karl Ude.
Wort und Wahrheit, 1946–1973, hgg. Otto Mauer, Karl Strobl, seit 1949 Otto Schulmeister, dann auch Anton Böhm u. Karlheinz Schmidthüs.
Das goldene Tor, 1946–1951, hgg. Alfred Döblin.
Theater der Zeit, seit 1946, Chefred. Fritz Erpenbeck, seit 1960 Hans Rainer John, später Manfred Nössig.
Merkur, seit 1947, hgg. Joachim Moras (gest. 1961) u. Hans Paeschke.
Sinn und Form, seit 1949, hgg. Dt. Akademie der Künste, gegr. Johannes R. Becher u. Paul Wiegler, Red. bis 1962 Peter Huchel, 1963 H. 1–4 geleitet von Bodo Uhse (gest. 1963) unter Mitwirkung eines Redaktionsbeirates, ab H. 5 nur von diesem, seit 1965 Chefred. Wilhelm Girnus.

Das literarische Deutschland, 1950–1951 (1952–1953 *Neue literarische Welt*), gegr. Dt. Akademie für Sprache und Dg., hgg. Frank Thiess u. a.

Hortulus, *Zs. für neue Dg*, 1951–1964, hgg. Hans Rudolf Hilty.

Neue deutsche Literatur, seit 1953, hgg. Dt. Schriftstellerverband, Red.: Henryk Keisch, Helmut Hauptmann, Helmut Kaiser, Christa Wolf, Achim Roscher, Beirat: Willi Bredel, Wieland Herzfelde, Wolfgang Joho, Hans Koch, Eva Strittmatter, Max Zimmering, seit 1966 Chefred. Werner Neubert.

Akzente, *Zs. für Dg*., seit 1954, hgg. Walter Höllerer und Hans Bender, seit 1968 als *Zs. für Lit*. hgg. Hans Bender.

Neue dt. Hefte, seit 1954, hgg. Paul Fechter (gest. 1958), Joachim Günther und (1955–1961) Rudolf Hartung.

Forum, 1954–1965, hgg. Friedrich Abendroth, Felix Hubalek, Friedrich Hansen-Loeve, Alexander Lernet-Holenia, Friedrich Torberg.

Texte und Zeichen, 1955–1957, hgg. Alfred Andersch.

Wort in der Zeit, 1955–1967, hgg. bis 1966 Rudolf Henz u. (seit 1960) Gerhard Fritsch, 1967 Humbert Fink.

Die Horen, seit 1955, hgg. Kurt Morawietz.

Streit-Zeit-Schrift, 1956–1969, hgg. u. Red. Horst Bingel.

alternative, *Zs. für Dg. und Diskussion*, 1957–1963, seit 1964 als *Zs. für Lit. und Diskussion*, hgg. Hildegard Brenner.

Theater heute, seit 1960, Red. Henning Rischbieter.

Sprache im technischen Zeitalter, seit 1961, hgg. Walter Höllerer, Red. Norbert Miller.

Manuskripte, *Zs. für Lit. und Kunst*, seit 1961, hgg. Alfred Kolleritsch u. Günter Waldorf.

Kursbuch, *Zs. für Lit. und Politik*, seit 1965, hgg. Hans Magnus Enzensberger.

Kürbiskern, *Zs. für Lit. und Kritik*, seit 1965, hgg. Christian Geißler, Friedrich Hitzer u. a., seit 1972 mit dem Untertitel *Lit., Kritik, Klassenkampf*.

Literatur und Kritik, seit 1967, hgg. Rudolf Henz, Gerhard Fritsch (gest. 1969) und (bis Ende 1967) Paul Kuntorad, später auch Jeannie Ebner.

Die bekanntesten Autoren:

Aichinger, Ilse, geb. 1921 in Wien. Besuchte dort das Gymnasium. Nach dem Kriege einige Semester Studium der Medizin. Erste Publikationen. 1949–1950 im Lektorat des S.-Fischer-Verlages. Vorübergehend an der von Inge Scholl geleiteten Volkshochschule in Ulm. 1953 Verheiratung mit Günter Eich. Lebt in Lenggries/Obb.
Andersch, Alfred, geb. 1914 in München. Gymnasium und Buchhändlerlehre. Industrieangestellter. Wehrdienst und Gefangenschaft. Nach der Rückkehr Zeitschriftenredakteur, Tätigkeit am Rundfunk, freier Schriftsteller. Lebt in Berzona im Tessin/Schweiz.
Artmann, Hans Carl, geb. 1921 in St. Achaz am Walde bei Wien. Mitglied der »Wiener Gruppe«. Nahm nach deren Auflösung seinen Aufenthalt in Malmö/Schweden.
Bachmann, Ingeborg, geb. 1926 in Klagenfurt, verbrachte ihre Jugend im Kärntner Gailtal. Studierte in Graz, Innsbruck und Wien Philosophie, wo sie über Heidegger promovierte. Nach einjährigem Aufenthalt in Paris von 1951–1953 Redakteurin an der Sender-

gruppe Rot-Weiß-Rot in Wien, dann als freie Schriftstellerin. Übersiedlung zuerst nach Rom, später nach München und 1959 nach Zürich, dazwischen Reisen bis nach Amerika. Gastdozentin für Poetik an der Universität Frankfurt/Main 1959. Starb 1973 in Rom.

Bobrowski, Johannes, geb. 1917 in Tilsit. Studium der Kunstgesch. in Berlin. Wehrdienst und Gefangenschaft. Nach Rückkehr Verlagslektor in Berlin(-Ost bzw. DDR). Starb 1965 ebd.

Böll, Heinrich, geb. 1917 in Köln als Sohn eines Bildhauers. Besuchte dort die höhere Schule und wurde nach dem Abitur Lehrling im Buchhandel. 1938–1939 Arbeitsdienst. Begann danach ein Studium, jedoch seit Sommer 1939 Soldat, schließlich Kriegsgefangener in einem amerikanischen Lager in Ostfrankreich. 1945 wieder in Köln. Studium der Germanistik, gleichzeitig Hilfsarbeiter in einer Schreinerei, später Behördenangestellter. Erste Veröffentlichungen 1947. Seit 1951 freier Schriftsteller, auch Übersetzer. Längerer Aufenthalt in Irland. Lebt in Köln.

Borchert, Wolfgang, geb. 1921 in Hamburg. Erlernte den Buchhandel, Schauspieler in Lüneburg. 1941 Soldat, Winter 1941/42 in Rußland verwundet. Auf Grund einer Denunziation Einlieferung in das Nürnberger Untersuchungsgefängnis; zu verschärfter Haft mit anschließender Frontbewährung verurteilt. Erneute Erkrankung, Einweisung in das Lazarett Smolensk, schließlich Rücktransport nach Dld. Während eines Urlaubs Kabarettist in Hamburg mit eigenen Gedichten. Anfang 1944 wieder verhaftet und in Berlin verurteilt. 1945 in Hamburg, Theaterpläne und Mitarbeit am Kabarett »Janmaaten im Hafen«. Schriftstellerisch tätig. 1947 kurzer Kuraufenthalt in der Schweiz; starb in Basel einen Tag vor der Uraufführung seines bis dahin nur als Hörspiel bekannten Werkes *Draußen vor der Tür*.

Celan, Paul, geb. 1920 in Czernowitz als Kind deutschsprachiger Eltern. Studierte in Paris 1938–1939 und danach in Czernowitz. Kam nach dem letzten Kriege über Rumänien nach Wien und kehrte 1948 nach Paris zurück, wo er nach weiterem Studium in den Lehrberuf eintrat und als Schriftsteller lebte. Starb ebd. durch Freitod 1970.

Dürrenmatt, Friedrich, geb. 1921 in Konolfingen, Kanton Bern/Schweiz, als Sohn eines Pfarrers. Gymnasium in Bern, Studium der Lit. und Philosophie in Zürich und Bern. Eine Zeitlang Zeichner und Graphiker sowie Theaterkritiker. 1952 übersiedelte er von Ligerz, einem Dorf am Bieler See, nach Neuchâtel.

Eich, Günter, geb. 1907 in Lebus. Schulbesuch in Finsterwalde, Berlin und Leipzig. Studium der Rechtswissenschaft und orientalischen Sprachen in Leipzig, Paris und Berlin. Seit 1932 Schriftsteller. Wohnte damals in Berlin oder an der Ostsee. Soldat und Kriegsgefangener; 1946 entlassen. Heiratete 1953 Ilse Aichinger. Lebte in Süddeutschland und bei Salzburg. Starb 1972.

Eisenreich, Herbert, geb. 1925 in Linz. Soldat, Verwundung, Gefangenschaft; Rückkehr Ende 1945. Vorübergehendes Studium, daneben Gelegenheitsarbeiter und erste Publikationen. Von 1952 bis 1956 freier Schriftsteller in Hamburg und Stuttgart, bis 1958 wieder in Wien, danach in Sandl bei Freistadt/Oberösterreich.

Enzensberger, Hans Magnus, geb. 1929 in Kaufbeuren/Allgäu. Kam im Winter 1944/1945 zum Volkssturm. Danach Abitur; studierte in Erlangen, Hamburg, Freiburg/Br. und Paris Germanistik, Literaturwissenschaft, Philosophie, Sprachen; 1955 Dr. phil. Bis 1957 Redakteur am Süddeutschen Rundfunk in Stuttgart, vorübergehend Gastdozent an der Ulmer Hochschule für Gestaltung. Nahm 1957 seinen Wohnsitz in Norwegen.

Frisch, Max, geb. 1911 in Zürich als Sohn eines Architekten. Begann sehr früh zu schreiben. Studierte eine Zeitlang Germanistik, wurde mit 22 Jahren Journalist und bereiste als solcher die Tschechoslowakei, Ungarn, den Balkan und die Türkei. Studium an der Eidgenössischen Technischen Hochschule in Zürich und 1944 Gründung eines Architektenbüros ebd. Nach dem Zweiten Weltkrieg auch viel auf Reisen, vorwiegend in die besonders veränderten Länder. 1965 Übersiedlung von Rom nach Berzona im Tessin/Schweiz.

Gaiser, Gerd, geb. 1908 in Oberriexingen/Württemberg. Besuchte das theologische Seminar Schöntal und Urach, studierte Malerei in Stuttgart und Königsberg. Nach ausgedehnten Reisen durch Europa Studium der Kunstgesch. in Tübingen; dort 1934 Dr. phil. 1939–1945 Kriegsdienst und Gefangenschaft. 1949 Studienrat, später Professor in Reutlingen.

Grass, Günter, geb. 1927 in Danzig. Seit 1944 Soldat, bis Mai 1946 in amerikanischer Kriegsgefangenschaft. 1946–1949 Steinmetz- und Steinbildhauerlehre an der Kunstakademie Düsseldorf; seit 1952 Besuch der Kunstakademie Berlin, Schüler Karl Hartungs. Lebte als Bildhauer, Graphiker und Schriftsteller in Paris. Seit 1960 in Berlin-West.

Hacks, Peter, geb. 1928 in Breslau als Sohn eines Rechtsanwalts. Studium der Soziologie, Philosophie, Germanistik und Theaterwissenschaft in München; 1951 Dr. phil. Übersiedelte 1955 nach Berlin (DDR).

Heißenbüttel, Helmut, geb. 1921 in Wilhelmshaven. 1940 Soldat, 1941 schwer verwundet. Studierte 1942–1945 in Dresden und Leipzig, nach dem Krieg in Hamburg. 1955–1957 Verlagsangestellter in Hamburg. Danach Red. am Süddeutschen Rundfunk in Stuttgart.

Hochhuth, Rolf, geb. 1931 in Eschwege/Werra. War eine Zeitlang Verlagslektor. Lebt in Riehen bei Basel.

Jens, Walter, geb. 1923 in Hamburg. Schulbesuch ebd. In Hamburg und Freiburg/Br. Studium der klassischen Philosophie und Germanistik; 1944 Dr. phil. Nach dem Krieg Assistent der Universität Hamburg, seit 1949 der Universität Tübingen. Jetzt dort Professor der klassischen Philologie und Schriftsteller.

Johnson, Uwe, geb. 1934 in Pommern. Studium in Rostock und Leipzig. 1957–1959 in Güstrow, seit 1959 Berlin-West; Studienaufenthalte in USA und Rom.

Krolow, Karl, geb. 1915 in Hannover. Studium der Germanistik, Romanistik, Philosophie und Kunstgesch. in Göttingen und Breslau. Seit 1942 freier Schriftsteller in Göttingen, danach in Hannover und seit 1956 in Darmstadt.

Kunert, Günter, geb. 1929 in Berlin. Studierte nach 1945 an der Hochschule für angewandte Kunst in Berlin-Weißensee. Schrieb seit 1947 satirische Gedichte und Kurzgeschichten. Gefördert von J. R. Becher. Lebt als freier Schriftsteller in Berlin (DDR).

Lenz, Siegfried, geb. 1926 in Lyck/Masuren. Studium der Philosophie, Literatur und Anglistik in Hamburg. Wurde 1950 Feuilleton-Redakteur der Zeitung *Die Welt*, später freier Schriftsteller. Lebt in Hamburg.

Noll, Dieter, geb. 1927 in Riesa/Elbe. Kriegsdienst und Gefangenschaft. Studium der Germanistik, Kunstgesch. und Philosophie in Jena. Wurde 1950 Redakteur und Mitarbeiter an der Zs. *Aufbau*. Lebt als freier Schriftsteller in Berlin (DDR).

Nossack, Hans Erich, geb. 1901 in Hamburg als Sohn eines Importkaufmanns. Humanistisches Gymnasium ebd. Studium der Philosophie und Rechtswissenschaft in Jena, dann Fabrikarbeiter, Reisender, Angestellter und Journalist. 1933 Eintritt in die Firma des Vaters. Seit frühester Jugend schriftstellerisch tätig. Entscheidendes Erlebnis Hamburgs Zerstörung im Juli 1943, bei der fast sämtliche Manuskripte N.s verbrannten. Nach dem Krieg Entscheidung zum freien Schriftsteller. Lebte in Hamburg, in Aystetten über Augsburg und in Frankfurt/M.

Piontek, Heinz, geb. 1925 in Kreuzburg/Oberschlesien. 1943–1945 Kriegsdienst. Studierte danach eine Zeitlang Germanistik und Kunstgesch. Seit 1948 freier Schriftsteller. Lebte nach dem Kriege zuerst in Dillingen/Donau, dann in München.

Sachs, Nelly, geb. 1891 in Berlin. Entkam im Frühjahr 1940 mit ihrer Mutter kurz vor der »Verschickung« über Dänemark und Norwegen nach Schweden; verdankte diese Rettung vor allem Selma Lagerlöf, mit der sie seit dem 15. Lebensjahr im Briefwechsel stand. Tiefe seelische und körperliche Erschütterung durch die Erlebnisse seit 1933. Begann schwedische Literatur ins Deutsche zu übersetzen und selbst zu dichten. Lebte in Stockholm und starb dort 1970.

Schmidt, Arno, geb. 1914 in Hamburg. Seit 1934 kaufmännischer Angestellter. 1940–1945 Kriegsdienst und Gefangenschaft. Lebte 1946–1950 in Cordingen/Lüneburger Heide, danach vor allem in Kastel/Saar und Darmstadt. Jetzt in Bargfeld Krs. Celle ansässig.

Strittmatter, Erwin, geb. 1912 in Spremberg/NL. Erlernte das Bäckerhandwerk, arbeitete als Bäckergeselle und Kellner, später als Tierwärter und Chauffeur, dann als Hilfsarbeiter im Zellwollwerk in Schwarza. Selbststudium. Kriegsdienst. 1947 Amtsvorsteher für sieben Dörfer, später Zeitungsredakteur in Senftenberg, danach freier Schriftsteller. Erhielt 1953 und 1955 einen Nationalpreis der DDR. 1959 Erster Sekretär des Dt. Schriftstellerverbandes. Lebt in Berlin (DDR).

Walser, Martin, geb. 1927 in Wasserburg am Bodensee. Studium der Literaturwissenschaft, Philosophie und Gesch. an der Universität Tübingen; 1951 Dr. phil. Begann 1949 zu publizieren. Führte Regie bei Rundfunk und Fernsehen. Lebt in Friedrichshafen/Bodensee.

Weiss, Peter, geb. 1916 in Nowawes bei Berlin. 1918–1929 in Bremen, 1929–1934 in Berlin. 1934 mit den Eltern nach London emigriert. 1936–1938 Studium an der Kunstakademie in Prag. 1939 Übersiedlung mit den Eltern nach Schweden. Ausstellungen in Schweden, erste Veröffentlichungen in schwedischer Sprache, experimentelle Filmstudien, Dokumentarfilme. Seit 1960 freier Schriftsteller. Lebt in Stockholm.

Wolf, Christa, geb. 1929 in Landsberg/Warthe, lebte seit 1945 an neun verschiedenen Orten der DDR, war Schreibhilfe beim Bürgermeister, beendete die Schule, studierte Germanistik in Jena und Leipzig, war wissenschaftliche Mitarbeiterin im Dt. Schriftstellerverband, arbeitete als Lektorin bei verschiedenen Verlagen und als Redakteurin der Zs. *Neue Dt. Lit.* Aufenthalte in Moskau. Lebt in Kleinmachnow.

1945   Max Frisch
        (Biogr. S. 663):
        Nun singen sie wieder

»Versuch eines Requiems« in 2 Teilen und 7 Bildern, Prosa. Auff. 26. 2. in Zürich, Schsp.-Haus.

Entst. Januar 1945.

In einem als verlassenes Kloster dargestellten Jenseits sind die toten Feinde vereint: die erschossenen Geiseln, die singend in den Tod gingen, ihre soldatischen Henker und die Flieger, die die Bomben warfen. Sie suchen das Leben, das sie zusammen hätten leben können, während die Überlebenden bestrebt sind, das Alte wiederherzustellen.

Teil 1 spielt in der Wirklichkeit, Teil 2 in der Schattenwelt.

Buchausg. 1946.

1945   **Rudolf Hagelstange**
(geb. 1912, Berlin, Nordhausen, Kriegsdienst,
Unteruhldingen/Bodensee):
Venezianisches Credo

Entst. 1944 während des Feldzuges in Oberitalien.

Druck zuerst auf einer Handpresse in Verona in 155 Exemplaren,
Buchausg. in Dld. im gleichen Jahr.
35 Sonette.
Aufrufe zu den Idealen des Geistigen, der Reinheit, gewaltloser
Menschlichkeit. »Ihr müßt euch wandeln!«

1961 *Lied der Jahre. Gesammelte Gedichte 1931–1961.*

1946   **Nelly Sachs**
(Biogr. S. 664):
In den Wohnungen des Todes

Gedichte in den vier Gruppen: *Dein Leib im Rauch durch die Luft,
Gebete für den toten Bräutigam, Grabschriften in die Luft geschrieben,
Chöre nach Mitternacht.*
Vielstimmiges Requiem für die in den Konzentrationslagern umge-
kommenen toten Brüder und Schwestern: »Israels Leid zog aufgelöst in Rauch durch die Luft.« Sprachlich wurzelnd in der Aus-
druckskraft der alttestamentarischen Propheten und der Psalmen.

1961 zus. mit den Zyklen *Sternverdunkelung* (1949), *Und niemand weiß weiter* (1957),
Flucht und Verwandlung (1959), *Fahrt ins Staublose, Noch feiert der Tod das Leben* in dem
Sammelbd. *Fahrt ins Staublose.*

1946   **Ernst Kreuder**
(1903–1972, Zeitz, Offenbach, Frankfurt/Main,
Kriegsdienst, Darmstadt):
Die Gesellschaft vom Dachboden

Erz.
Romantische Gesch. von einer Vereinigung phantasievoller junger
Menschen, denen ursprünglich ein Dachboden als Zufluchtsort dient
und die schließlich gemeinsam eine geheimnisvolle Reise unterneh-
men, um den Zwang des Alltags zu durchbrechen.
Der Erzähler ist eine der Gestalten der Erz., Berthold.

1946   **Günther Weisenborn**
(1902–1969, Bonn, Berlin, Argentinien, New York, Berlin,
Hamburg):
Die Illegalen

Dr. 3, Prosa. Auff. 21. 3. in Berlin, Hebbel-Theater. Buchausg. im
gleichen Jahr.

Widerstandskampf in einer dt. Stadt während des Zweiten Weltkrieges. Der einzelne opfert sich, um die Gruppe und die Untergrund-Bewegung nicht zu gefährden.
Realistisches Zeitstück mit eingelegten Songs.

1946   Max Frisch
(Biogr. S. 663):
Die Chinesische Mauer

»Eine Farce« in einem Vorspiel und 24 Szenen, Prosa mit eingeschalteten Verspartien. Auff. 19. 10. in Zürich, Schsp.-Haus.
Zur Zeit des chinesischen Kaisers Hwang Ti, die zugleich heute ist, wird die Chinesische Mauer gebaut, um die Tyrannei zu befestigen und »die Zukunft zu verhindern«. Gestalten aus Gesch. und Lit., die als Masken auftreten, verdeutlichen das Parabolische der Handlung: Die Tyrannen, die Nutznießer, das Volk, das stumm leidet und dem doch die Willkür der Großen unerläßlich ist, und der ohnmächtige Intellektuelle bleiben immer die gleichen.

Buchausg. 1947.
Neufassung durch Verzicht auf die deutenden Partien 1955. Auff. 28. 10. 1955 in Berlin-West, Theater am Kurfürstendamm. Buchausg. im gleichen Jahr.

1946   Carl Zuckmayer
(Biogr. S. 585):
Des Teufels General

Dr. 3, Prosa. Auff. 14. 12. in Zürich, Schsp.-Haus. Buchausg. im gleichen Jahr in Stockholm.
Nach dem Modell Ernst Udets angelegte Charakterstudie eines dt. Fliegergenerals in Verbindung mit Stoffelementen aus der Widerstandsbewegung. General Harras glaubt, die Diktatur benutzen zu können, um seiner Neigung zur Fliegerei nachzugehen. So unterstützt er einen Krieg, den er moralisch ablehnen muß. Er wird Opfer des Teufelsbundes.

Auff. in Dld. 8. 11. 1947 in Hamburg, Dt. Schsp.-Haus. Buchausg. im gleichen Jahr.

1947   Wolfgang Borchert
(Biogr. S. 662):
Draußen vor der Tür

Hörsp. Sendung 13. 2. NWDR Hamburg. Auff. 21. 11. in Hamburg, Kammerspiele. Buchausg. im gleichen Jahr.

Entst. Januar 1947.
Heimkehrerschicksal eines »von denen, die nach Hause kommen und die dann doch nicht nach Hause kommen, weil für sie kein Zuhause mehr da ist«.

Formal den ma. Moralitäten verwandt, auch an das expressionistische Stationenstück anknüpfend. Der Mensch zwischen übermenschlichen Mächten: die Toten werden lebendig, der Tod, der alte
Mann, den man Gott nennt, der »Andere«, die Elbe, treten auf.

Mit *Die Hundeblume* u. a. in *Das Gesamtwerk* (1949).

1948   Hans Erich Nossack
         (Biogr. S. 664):
         Interview mit dem Tode

»Berichte.«
Neun Erzz. um das Thema der Begegnung mit dem Tode in seinen
verschiedenen Gestalten, so der Bombardierung Hamburgs.
Verwendung einer nüchternen, unverbindlichen Alltagssprache,
durch die hindurch seelische Vorgänge spürbar werden.

1950 unter dem Titel der ersten der Erzz., *Dorothea.*

1948   Hugo Hartung
         (1902–1972, München, Oldenburg, Breslau,
         Kriegsdienst und Gefangenschaft, Berlin):
         Der Deserteur oder Die große belmontische Musik

Erz.
Ein Schriftsteller, der als Soldat wegen scheinbarer Fahnenflucht
erschossen werden soll, geht mit sich und seinem Werk ins Gericht.
Er wandelt sich angesichts des Todes zum Dichter.

1948   Ernst Kreuder
         (1903–1972, Zeitz, Offenbach, Frankfurt/Main,
         Kriegsdienst, Darmstadt):
         Die Unauffindbaren

R.
Entst. 1938–1947. Lit. Anregungen durch Chesterton, Faulkner, Thomas Wolfe,
Joyce.

Gilbert Orlins, ein Immobilienmakler, verläßt urplötzlich Beruf,
Frau und Kinder, um sich einer geheimen Gesellschaft, den Unauf-
findbaren, anzuschließen, die von der Polizei als Anarchisten verfolgt
werden, die aber nur dem geheimen Sinn und der Poesie des menschlichen Daseins jenseits der Alltagswirklichkeit nachspüren. Als neuer
Mensch kehrt er zu seiner Frau zurück.

1948   Fritz Hochwälder
(geb. 1911, Wien, Zürich):
Der öffentliche Ankläger

Schsp. 3, Prosa. Auff. 10. 11. in Stuttgart, Neues Theater.

Entst. Frühjahr 1947.

Tr. aus der Zeit der Frz. Revolution, im Mittelpunkt die Gestalt des öffentlichen Anklägers, der zuletzt wie seine Opfer auf der Guillotine endet, ohne daß damit der Böses zeugende Zwang der Angst aufgehoben wäre.

Buchausg. 1954.

1949   Erhart Kästner
(1904–1974, Augsburg, Dresden, Kriegsdienst und Gefangenschaft, Wolfenbüttel):
Zeltbuch von Tumilad

Bericht über Jahre der Gefangenschaft in der arabischen Wüste. Einsamkeit und Leere des Daseins lassen Erinnerung und Imagination zu beherrschenden Kräften werden; die Bilder der Vergangenheit, der geistige Besitz aus Kunst und Wissenschaft werden lebendig und gegenwärtig. »Jedermann braucht etwas Wüste.«

1949   Arno Schmidt
(Biogr. S. 664):
Leviathan

3 Erzz.: *Gadir oder Erkenne dich selbst, Leviathan oder Die beste der Welten, Enthymesis oder W.I.E.H.*

Entst. 1946.

Autobiographische Aufzeichnungen von den letzten Augenblicken dreier Männer: des griech. Seefahrers Pytheas von Massilia, der 52 Jahre lang gefangengehalten wird und im Fieberwahn glaubt, entflohen zu sein; eines Deutschen an der Ostfront in den Tagen des Zusammenbruchs; eines Schülers des Eratosthenes von Kyrene, der bei Vermessungen in der Wüste verdurstet. Das Fazit: eine vom erbarmungslosen Leviathan beherrschte Welt, ein sinnloses Leben; die Naturwissenschaft als einzig verläßlicher Halt und Gegenstand der Beschäftigung.
Drei innere Monologe, durch »Rastermethode«, eine akzentuierende Abschnittbildung und Ausspartechnik, gegliedert.

1949   Heinrich Böll
          (Biogr. S. 662):
          Der Zug war pünktlich

Erzz.
Ein Fronturlauber glaubt im Augenblick der Abfahrt von der Heimat zu wissen, daß er bald sterben muß, und bleibt dann als einziger seiner Kameraden am Leben.
Einheit von Visionärem und Realem; die Landser- und Kriegsatmosphäre in der Großaufnahme- und Ausspartechnik des amerikan. R.

1950   Heimito von Doderer
          (Biogr. S. 583):
          Die Strudlhofstiege oder Melzer und die Tiefe der Jahre

R.
Darstellung des zeitgenössischen Wien an einer Gruppe von Gestalten und Schicksalen, die alle auf die den Titel gebende Altwiener Treppe zugeführt sind. Im Mittelpunkt einer meist zwiespältigen und morbiden Welt die Gestalt des schlichten ehemaligen Offiziers Melzer, dessen umwegreiches Leben zuletzt in idyllische Heiterkeit einmündet.
Mehrfache Zeitebene: von 1924 her Einbeziehung der Vorkriegszeit und der Kriegsjahre. Barocke, betont österreichische Sprache.

1950   Ernst Wiechert
          (Biogr. S. 585):
          Missa sine nomine

R.
Ein 1945 aus dem KZ auf den Rest seiner Besitzungen zurückkehrender Adliger überwindet seine Haßgefühle und ringt sich zu dem christlichen Grundsatz der Gewaltlosigkeit durch.

1950   Elisabeth Langgässer
          (1899–1950, Alzey, Darmstadt, Berlin):
          Märkische Argonautenfahrt

R. postum.
Sieben Überlebende des Zweiten Weltkrieges pilgern von Berlin nach dem märkischen Kloster Anastasiendorf, sind auf dem Wege zur inneren Läuterung.

1950   Heinz Risse
(geb. 1898, Düsseldorf, 1915–1918 Soldat,
Auslandsaufenthalt, Solingen):
Wenn die Erde bebt

R.
Im Gefängnis geschriebener Lebensbericht eines Mannes, der wegen
Mordes an seiner Frau verurteilt ist, unterbrochen durch Gespräche
mit seinem Arzt.
Spannungsverhältnis zwischen Erde und Gott, zwischen der »so-
genannten Realität« und einer Welt der Gedanken, Träume und
Visionen. Motto von Novalis: »Unser Leben ist kein Traum, aber es
soll und wird vielleicht einer werden.«

1950   Albrecht Goes
(geb. 1908, Langenbeutingen/Wttbg.,
im Krieg Pfarrer an der Ostfront, Gebersheim, Stuttgart):
Unruhige Nacht

Nov.
Bericht eines Militärgeistlichen, der 1942 an der Ostfront einen
wegen Fahnenflucht verurteilten Soldaten auf seinem letzten Gang
begleitet. In einer einzigen Nacht kreuzen sich mehrere Schicksale,
die die verschiedenen Haltungen des Menschen in einer äußersten
Situation kennzeichnen.
Einbeziehung der Soldatensprache. Dialog als Mittel menschlicher
Kontaktfindung.

1950   Gerd Gaiser
(Biogr. S. 663):
Eine Stimme hebt an

R.
Gegen die heile Welt des Schwäbisch-Bodenständigen wird das
Schicksal der Entwurzelten, Heimatlosen, Heimkehrer gestellt. In
ihrem Durchhalten liegen die eigentliche Kraft und das Heldentum.

1950   Luise Rinser
(geb. 1911, Pitzling/Obb., München, Rom):
Mitte des Lebens

R.
Schicksal einer modernen Frau, die durch das Ungestüm ihres Le-
benswillens und die Unerbittlichkeit ihres Wahrheitsverlangens
leidet und leiden macht.

1950   Stephan Hermlin
         (eig. Leder, geb. 1915, Chemnitz, Palästina, Ägypten,
         England, Schweiz, Berlin-Ost bzw. DDR):
         Die Zeit der Gemeinsamkeit

4 Erzz.: *Die Zeit der Einsamkeit*; *Arkadien*; *Die Zeit der Gemeinsamkeit*; *Der Weg der Bolschewiki.*
Gemeinsames Thema sind die Leiden der Emigrationszeit, deren Gewinn jedoch in dem Erlebnis der Kameradschaft und Gemeinsamkeit besteht: unter den kommunistischen Emigranten in Paris, im Maquis, im Getto von Warschau, im KZ.

1950   Walter Jens
         (Biogr. S. 663/664):
         Nein – die Welt des Angeklagten

R.
Darstellung einer totalitär beherrschten Welt, in der es nur noch Angeklagte, Zeugen und Richter gibt. Der Held und Angeklagte kann sich durch eine Schurkerei auf die Zeugenbank retten, lehnt aber, als er zum Richter ernannt werden soll, dies Amt ab und wird erschossen. Exemplarisch in Fabel und Gestalten für die seelen- und glaubenzerstörende Wirkung der Vermassung. Nicht als Utopie, sondern als Darstellung »einer bereits in uns bestehenden Welt« aufgefaßt.

1950   Carl Zuckmayer
         (Biogr. S. 585):
         Der Gesang im Feuerofen

Dr. 3, Prosa. Auff. 3. 11. in Göttingen; Buchausg. im gleichen Jahr.
Angeregt durch eine Zeitungsnotiz über die Verurteilung eines im Dienst des SD tätig gewesenen Franzosen durch das Militärgericht in Lyon.

Louis Creveaux wird vor das Gericht seiner Opfer gerufen: durch seine Schuld sind 36 frz. Angehörige der Widerstandsbewegung unter dem Gesang des Tedeums in einem umstellten und angezündeten Schloß in den Tod gegangen.
Verzicht auf realistische Ausgestaltung, Handlung und Gestalten von mehr symbolischer Bedeutung. Die Haupthandlung in einen surrealistischen Rahmen gestellt.

1951   Hans Werner Richter
         (geb. 1908, Bansin, Berlin, Paris, Berlin,
         Kriegsdienst und Gefangenschaft, München):
         Sie fielen aus Gottes Hand

R.
Die Schicksale von 12 Personen verschiedener Nationen, Stände und Bekenntnisse, die alle in einem dt. KZ enden, das den politischen

Umbruch überdauert hat. Sinnlosigkeit und Ausweglosigkeit des Daseins.
Reportagestil; Wechsel von Kurzszenen.

1951   Nelly Sachs
(Biogr. S. 664):
Eli

»Ein Mysteriensp. vom Leiden Israels«. Erstausg. in Schweden.

Entst. 1943.

Aus 17 Szenenbildern bestehende »Legende aus Wahrheit« (N. S.) von der Zerstörung eines jüdischen Dorfes in Polen und der Tötung des frommen Hirtenknaben Eli durch dt. Besatzungssoldaten, der Suche des Schuhmachers Michael nach dem Täter und dem Zusammenbruch des aufgespürten Mörders unter Angst und Gewissensqual.
Bilderreiches, expressives Szenar, »das Unsägliche auf eine transzendente Ebene zu ziehen« (N. S.).

Auff. 14. 3. 1962 in Dortmund, Städt. Bühnen. Zusammen mit anderen szenischen Dgg. in *Zeichen im Sand* (1962).

1951   Ulrich Becher
(geb. 1910, Berlin, Wien, Schweiz, Rio de Janeiro, New York, Wien, Basel):
Samba

Schsp. 3, Prosa. Auff. 5. 3. in Wien, Theater in der Josefstadt.
Schicksale von dt. Emigranten, deren Wege sich zwischen 1941 und 1943 in dem Hotel einer brasilianischen Kleinstadt treffen; Krankheit, Selbstmord, Rückkehr nach Europa mit einem Todeskommando.
Realistische Darstellung der verschiedenen Repräsentanten des Emigrantentums; Einbeziehung des tropischen Milieus, sinnbildhaft dafür die Rhythmen des Nationaltanzes Samba.

Buchausg. 1957 zus. mit *Feuerwasser* (1952) und *Die Kleinen und die Großen* (1956) als *Spiele der Zeit*.

1951   Günter Eich
(Biogr. S. 662):
Träume

Hörsp. Sendung 19. 4. NWDR Hamburg.
Fünf Träume von fünf verschiedenen Menschen der Zeit. Sie alle beschwören »die Angst, die das Leben meint«, die Gewißheit, daß jedes Glück eines Tages von einem unabwendbaren Feind zerstört wird.

Die einzelnen Traumszenen durch erklärende und überleitende Verspartien verbunden.

Buchausg. 1953 zus. mit *Geh nicht nach El Kehwehd, Der Tiger Jussuf, Sabeth* unter dem
Titel *Träume.*
1958 weitere sieben Hörspp. in *Stimmen.*

1952   Rudolf Hagelstange
          (geb. 1912, Berlin, Nordhausen,
          Kriegsdienst, Unteruhldingen/Bodensee):
          Ballade vom verschütteten Leben

Angeregt durch eine Zeitungsmeldung von 1951 über die Bergung zweier dt. Soldaten, die mit vier Kameraden 1945 in einem Vorratsbunker bei Gdingen von der
Außenwelt abgeschnitten wurden.

Gesch. von sechs Soldaten, die, in einem Vorratsbunker von der
Außenwelt abgeschnitten, ein jahrelanges Schattendasein am Rande
des Wahnsinns führen. Die beiden, die gerettet werden, sind nicht
mehr fähig, das Licht zu ertragen.
Ein Prolog und zehn Abschnitte in freirhythmischen reimlosen
Versen.

1952   Paul Celan
          (Biogr. S. 662):
          Mohn und Gedächtnis

Gedichte.
Enthält: *Der Sand aus den Urnen, Todesfuge, Gegenlicht, Halme der
Nacht.*
Suggestiv wirkende Metaphern, aus rein sprachlichen Beziehungen
und Assoziationen entwickelt, alogisch bis zur Paradoxie. Vom
Symbolismus herkommende Neuschaffung der Welt aus dem Wort,
unter Einfluß der frz. Surrealisten. Wiederkehrende symbolhaltige
Worte wie Herz, Haar, Auge, Krug, Halm, Rose, Tod; romantischer,
nicht modernistischer Wortschatz; Farbsymbolik. Melancholische
Grundstimmung.
Häufig daktylische, antikisch wirkende Rhythmen, seltener Ge-
brauch des Reims.

1952   Werner Bergengruen
          (Biogr. S. 583):
          Der letzte Rittmeister

R. in 3 Teilen: *Der letzte Rittmeister, Die Erzählungen des letzten Rittmeisters, Das Ende des letzten Rittmeisters und aller Rittmeisterschaft.*
In eine Rahmenhandlung gespannter Geschichtenkranz um einen
baltischen Rittmeister, dessen ritterlich nobler, in seinen bizarren

Zügen auch an Don Quijote und Tartarin erinnernder Charakter für Größe und Schwäche einer verklungenen Zeit steht.

Forts. *Die Rittmeisterin* – »Wenn man so will, ein Roman« (1954).

1952 Friedrich Dürrenmatt
(Biogr. S. 662):
Der Richter und sein Henker

Kriminalgesch.
Aufdeckung eines Mordes, der am Ende einer Kette von Verbrechen steht, die vor langen Jahren durch die Wette eines Kriminalisten und eines Abenteurers über die Aufklärbarkeit von Verbrechen ausgelöst wurde.
Repräsentativ für eine Richtung der neueren Kriminalgesch., bei der sich der Detektiv für den Mörder verantwortlich fühlt und dadurch selbst an menschlicher Hintergründigkeit gewinnt.

Hörsp.-Fassung 1957.

1952 Ilse Aichinger
(Biogr. S. 661):
Rede unter dem Galgen

Erzz.
Zehn kleine Erzz. um das Thema der Fesselung des Menschen in Angsttraum, Wahnvorstellung, Fieberphantasie u. a.; sinnbildhaft im Helden der Titelrolle, der es innerhalb der freiwillig beibehaltenen Fesselung zu einer neuen Vollkommenheit der Bewegung bringt. Parabolische Figuren. Einfluß Kafkas.

1953 Neue Ausg. unter dem Titel: *Der Gefesselte*.

1952 Friedrich Dürrenmatt
(Biogr. S. 662):
Die Ehe des Herrn Mississippi

Kom. in 2 Teilen, Prosa. Auff. 26. 3. in München, Kammerspiele. Buchausg. im gleichen Jahr.
Satirisches, bisweilen parodistisches Spiel von der Unveränderlichkeit des Menschen: der immer oben schwimmenden Konjunkturritter, der Ideologen, die um der Gerechtigkeit oder der Freiheit willen morden, der Frau mit den wechselnden Liebhabern und der Donquichotterie des Liebesgläubigen. »Daß aufleuchte Seine Herrlichkeit, genährt durch unsere Ohnmacht.«
Die Mittel des politischen Schauerstücks – Giftmord, Revolution, politischer Mord – parodistisch-surrealistisch eingesetzt.

2. Fassung Auff. 11. 4. 1957 in Zürich, Schsp.-Haus. 1957 zus. mit *Romulus der Große* (1949), *Ein Engel kommt nach Babylon* (1953) und *Der Besuch der alten Dame* (1956) in *Komödien I*.

1953   **Gottfried Benn**
            (Biogr. S. 542):
            Destillationen

»Neue Gedichte 1953«.
Gedichte, gekennzeichnet durch die Technik der intellektuellen Be-
zugsfindung, Umkreisung und Einkreisung von Begriffen, daher
gefiltert, »destilliert«. Begriffsmontagen. Überzeugung von der
Überwindung des Nichts durch die Form; daneben jedoch auch
Resignationen, »Entformungsgefühl«: »Es gibt nur zwei Dinge:
die Leere und das gezeichnete Ich.«
Neben geschlossener Form und strenger Wortwahl locker gereihte
Gedichte, Benutzung salopper Jargonausdrücke. »Aus Empfindlich-
keit gegen den Edelkitsch wird noch der verrottete Wortramsch aus
Wissenschaft, Journalismus und Reklame in die Dg. eingelassen«
(Dieter Wellershoff).

1953   **Urs Martin Strub**
            (geb. 1910, Olten, Zürich):
            Lyrische Texte

Drei Gruppen, deren beide letzte sich experimentierend von der
Tradition lösen.
Betonung der Wirklichkeit und Schönheit des Lebens, Hierarchie
der Dinge, die auf einen Schöpfergott bezogen sind. Besonders deut-
lich an den Zyklen auf verschiedene Sternbilder *(Zodiakus)* und auf
Spielzeuge eines Vergnügungsparks *(Der Lunapark)*: »Und nach
Vollendung ruft die ganze Kreatur.«
Betonte Anwendung des Reims.

1953   **Ingeborg Bachmann**
            (Biogr. S. 661/662):
            Die gestundete Zeit

Gedichte.
Illusionsloser Blick in eine düstere, graue Welt, der die Menschheit
ausgesetzt ist und die sie als Schicksal hinnehmen muß. Auf diesen
Ton gestimmt auch Gedichte über Krieg, Gewalt und Sinnlosigkeit
der geschichtlichen Entwicklung.
Schlichte, nüchterne Sprache mit kühnen, harten Bildern.
Enthält auch: *Ein Monolog des Fürsten Myschkin zu der Ballettpanto-
mime Der Idiot* (nach Dostojewskij; Choreographie Tatjana Gsovsky,
Musik Hans Werner Henze).

1953   Eduard Claudius
(geb. 1911, Gelsenkirchen, Schweiz, Spanien, Vietnam):
Früchte der harten Zeit

Erzz.

Acht Etappen aus der Geschichte des Klassenkampfes von den zwanziger Jahren bis nach dem Zweiten Weltkrieg. Schauplätze: das Ruhrgebiet, der spanische Bürgerkrieg, der frz. Maquis, Oberitalien und Mitteldeutschland bei Kriegsende, eine dt. Fabrik und ein Dorf an der Oder im Wiederaufbau. Als Auftakt eine Dorfszene aus dem 18. Jh. Einarbeitung autobiographischer Elemente; sozialistische Perspektive.

1953   Heinrich Böll
(Biogr. S. 662):
Und sagte kein einziges Wort

R.

Zwei große, sich ergänzende und überschneidende innere Monologe des Kölner Ehepaares Fred und Käte Bogner an einem Wochenende der ersten Nachkriegsperiode. Der haltlos gewordene Mann wird durch die von der Frau herbeigeführte Trennung aus seiner Lethargie geworfen und nach Hause zurückgeführt. Christlich-katholische Auffassung von der Unlöslichkeit der Ehe und der Selbstzerstörung durch Bindungslosigkeit.
Beobachtungsschärfe. Wirkungsvolle Kontrastierung von zeittypischen Motiven des Elends und des restaurativen Aufwands. Sachliche, verknappte Sprache, leitmotivische Wortwiederholung. Einfluß von Joyce und Hemingway.

1953   Wolfgang Koeppen
(geb. 1906, Greifswald, Ostpreußen, Berlin,
Holland, München):
Das Treibhaus

R.

Ein enttäuschter Sozialist kehrt 1945 aus der Emigration zurück, glaubt eine Mission bei der politischen Neuordnung als Gegner der Restauration in Westdeutschland, mit der er doch paktieren muß, zu erfüllen, verliert darüber seine Frau, scheitert dann auch als Politiker und nimmt sich das Leben.
Schonungslos zugreifende, politische Satire.

1953   Fritz Hochwälder
(geb. 1911, Wien, Zürich):
Donadieu

Schsp. 3, Prosa. Auff. 3. 10. in Wien, Burgtheater. Buchausg. im gleichen Jahr.

Entst. 1953. Quelle: C. F. Meyers Ballade *Die Füße im Feuer*.

Das von Meyer gestaltete Einzelschicksal des hugenottischen Edelmannes, der aus Frömmigkeit auf die Rache am Mörder seiner Frau verzichtet, verbunden mit dem gemeinsamen Schicksal der Glaubensgenossen, die durch eine Gewalttat am Boten des Königs erneuter Verfolgung ausgesetzt wären.

1953   Max Frisch
       (Biogr. S. 663):
       Don Juan oder Die Liebe zur Geometrie

Kom. 5, Prosa. Auff. 5. 5. in Zürich, Schsp.-Haus, und Berlin-West, Schillertheater. Buchausg. im gleichen Jahr.

Entst. 1952 in New York und Zürich.

Neuinterpretation des alten Stoffes: Don Juan liebt nicht die Frauen, sondern die Geometrie, und um sich nicht selbst zu verlieren, verläßt er die Frauen. Seine Hybris, ohne ein Du auskommen zu wollen, wird bestraft: um seiner Verführerrolle zu entgehen, inszeniert er selbst die Legende von seiner Höllenfahrt und endet als Gefangener einer Frau, die ihn zum Vater macht.
Der Nihilismus als Herausforderung an eine höhere Ordnung betrachtet, die damit vorausgesetzt wird.

1953   Friedrich Dürrenmatt
       (Biogr. S. 662):
       Ein Engel kommt nach Babylon

»Eine fragmentarische Kom.« 3, Prosa, verschiedentlich in Verse übergehend. Auff. 22. 12. in München, Kammerspiele.

Weit zurückreichender Plan. 1. Fassung entst. 1948–1953.

Ein Engel bringt als Geschenk des Himmels das anmutige Mädchen Kurrubi, das dem Geringsten unter den Menschen gehören soll. Weder der König Nebukadnezar noch das Volk ist bereit, sich um dieser Himmelsgabe willen zur Armut zu bekennen. Nur der Bettler Akki weiß etwas vom Glück der Besitzlosigkeit und entflieht mit der ihm übergebenen Kurrubi, während der König aus Trotz den babylonischen Turm erbauen läßt.

Buchausg. 1954. 1957 zus. mit *Romulus der Große* (1949), *Die Ehe des Herrn Mississippi* (1952) und *Der Besuch der alten Dame* (1956) in *Komödien I*.
2. Fassung 1957. Auff. 6. 4. 1957 in Göttingen, Dt. Theater. Buchausg. 1958.

1953   Erwin Strittmatter
(Biogr. S. 665):
Katzgraben

»Szenen aus dem Bauernleben« 4, in jambischen Fünftaktern. Auff.
23. 5. in Berlin (DDR), Dt. Theater, durch das Berliner Ensemble.

Entst. 1951 als Laienspiel, Umarbg. für das Theater auf Anregung Bert Brechts. Als
Vorlage hat Eichwege im Kreis Spremberg gedient.

Zwischen 1947 und 1949 nach der Bodenreform spielende Auseinandersetzung zwischen dem Großbauer Großmann und den Neu-
bauern um den Bau einer Straße. Die ersten Traktoren, die schließlich einen festlich begrüßten Einzug halten, zeigen die eingetretene
Verschiebung der Kräfteverhältnisse auf dem Lande. Der Epilog
gibt die Perspektive in die Zukunft.
»Geschichte der behebbaren Schwierigkeiten, der korrigierbaren
Ungeschicklichkeiten« (Brecht). Realistische, knappe Sprache, durch
die Rhythmisierung überhöht.

Buchausg. 1954. Um vier Szenen vermehrte und aktualisierte Fassung *Katzgraben*
1958.

1953   Günter Eich
(Biogr. S. 662):
Die Mädchen aus Viterbo

Hörsp. Sendung 10. 3. Gemeinschaftsproduktion Baden-Baden, Bremen, München.

Spiel auf zwei Ebenen, deren Schauplätze sich ablösen: Szenen in
einem Berliner Mietshaus, in dem sich ein jüdischer Mann und seine
Enkelin verborgen halten, und die in der Phantasie dieser beiden
Menschen aufsprießenden Szenen in den römischen Katakomben,
in denen sich eine Mädchenklasse aus Viterbo mit ihrem Lehrer verirrt hat. Künstlerisches Prinzip der kontrapunktisch komponierten
Antithetik und des Parallelismus, durch das Verknüpfung, Über-
schneidung, Kontrastierung erreicht wird: Die Berliner »Gefangenen« hoffen, nicht gefunden zu werden, die römischen sehnen die
Auffindung herbei.

1958 geänderte Fassung zus. mit *Die Andere und Ich, Allah hat hundert Namen, Das Jahr
Lazertis, Zinngeschrei, Festianus Märtyrer, Die Brandung von Setúbal* in dem Sammelbd.
Stimmen; Sendung 8.6.1959 Gemeinschaftsproduktion Frankfurt/M. und Stuttgart.

1954   Karl Krolow
(Biogr. S. 664):
Wind und Zeit

Gedichte 1950–1954.
Enthält: *Wind und Zeit, Schatten in der Luft, Aufschwung, Liebesgedichte, Moralische Gedichte.* Im ersten und dritten Teil bukolische

Gedichte, entsprechend dem vorangestellten Bekenntnis zur »Schönheit der Dinge«. In den übrigen Abschnitten elegische Gedichte in metrisch komplizierteren Formen. Hier bricht die existentielle Unsicherheit durch (»... schon ein paar Schritte weiter ist es ratsam, den Hut ins Gesicht zu ziehen«, »... die Käfige der Vogelfänger stehen weit offen«). Auch die Gestalt der Geliebten bleibt fern und ungreifbar. »Dialektik zwischen Entwirklichung und Verwirklichung« (Hans Egon Holthusen).

1954   **Gertrud von Le Fort**
           (Biogr. S. 584):
           Am Tor des Himmels

Nov.
Aufzeichnungen eines dt. Astronomen, der durch den Widerruf Galileis und das Verfahren der Inquisition seinen Glauben verlor und nur noch der Wissenschaft und der Rettung von Galileis Werk lebt.
Rahmenerz.: das Dokument wird von zwei Nachfahren in einer Bombennacht des Zweiten Weltkrieges, der es dann zum Opfer fällt, gelesen. Das Ende einer Epoche, in der sich die Wissenschaft von Gott löste; die Wissenschaft ist an Grenzen angekommen, an denen Gott vielleicht wiedergefunden werden kann.

1954   **Albrecht Goes**
           (geb. 1908, Langenbeutingen/Wttbg.,
           im Krieg Pfarrer an der Ostfront, Gebersheim, Stuttgart):
           Das Brandopfer

Nov.
Bericht einer Fleischersfrau von ihren Erlebnissen als Inhaberin der »Judenmetzig«, des Ladens, in dem während des Krieges die Juden ihr Fleisch kaufen mußten.
Rahmenerz., Kern- und Rahmenhandlung miteinander verwoben: Der zuhörende Partner der Erz. wird in die Entwirrung des Geschehens einbezogen.

1954   **Max Frisch**
           (Biogr. S. 663):
           Stiller

Als neuartiger Künstler- und Ehe-R. gestaltetes Problem der Identität und der Selbstverwirklichung. Der Schweizer Bildhauer Anatol Stiller vermag nicht, »sich selbst anzunehmen«, und ist aus seiner unbedeutenden Existenz in ein Wunsch-Ich geflohen. Aber das Leben in der modernen Gesellschaft gestattet nur fixierte Rollen, Einordnung in das Klischee und Wiederholungen, auch die von Stillers scheiternden Versuchen, dauerhafte Ehen einzugehen.

Aufspaltung der Hauptfigur mit häufigem, oft sprunghaftem Wechsel der Erzählerperspektive. Verwendung der verschiedensten Darbietungsmittel epischer, dramatischer und essayistischer Art.

1954   Heinrich Böll
        (Biogr. S. 662):
        Haus ohne Hüter

R.
Nachkriegsprobleme der vaterlosen Familie am Beispiel zweier Witwen und ihrer beiden Jungen. Die Erwachsenenwelt aus dem Blickwinkel der Kinder Martin und Heinrich gesehen. Kritik B.s an der Moral und Gesellschaft jener Zeit.
Wechsel der Perspektive. Großgedruckte Plakatworte leitmotivisch eingesetzt.

1954   Johannes Rüber
        (geb. 1928, Braunschweig, München):
        Die Heiligsprechung des Johann Sebastian Bach

»Eine Papst-Legende«.
Ein Papst Gregor, ebenso großer Theologe wie Musiker, faßt im späten 20. Jh. den Plan, den protestantischen Kirchenmusiker Bach heiligzusprechen. Er stirbt jedoch vor Abschluß des Kanonisationsprozesses, so daß die Frage nach Gemäßheit und Möglichkeit einer solchen Aktion offen bleibt.
Die Gestalt Gregors spiegelt Züge Pius' XII., der ein Verehrer Bachs war.

1955   Gottfried Benn
        (Biogr. S. 542):
        Aprèslude

»Gedichte 1955«.
Vom Bewußtsein baldigen Todes gezeichnete Verse. Glaube an das gestaltete Wortkunstwerk als das einzig Sinnvolle. *Gedicht:* »es ist: das Sein.« Daneben Erkenntnis der Sinnlosigkeit des Daseins. Rückblicke auf Elternhaus, Jugend. Das ewige Fließen und Sichfortsetzen des Lebens, von dem es zu scheiden gilt, Abschiedstöne: *Melancholie, Ebereschen, Tristesse, Letzter Frühling.* »Halten, Harren, sich gewähren / Dunkeln, Altern, Aprèslude.«
1956 *Gesammelte Gedichte.*

1955   Günter Eich
(Biogr. S. 662):
Botschaften des Regens

Gedichte.

Entst. seit 1950.

Vorherrschende Stimmung, dem Titel entsprechend, herbstlich,
winterlich. Die Natur scheint erfüllt von klagenden Geräuschen und
rätselhaften Botschaften: Regentrommeln, Taubenflug, die Klapper
des Aussätzigen, der Schrei des Hähers. Der Mensch, diesen Botschaften in Angst, Einsamkeit und Verzweiflung ausgesetzt, spürt
den Anhauch des Irrationalen.
Herbe, fast nüchterne, sehr dingliche Sprache. Der Vers oft nahe an
rhythmischer Prosa, kaum Verwendung des Reims. Für Kleinformen fernöstliche Vorbilder.

1955   Hans Erich Nossack
(Biogr. S. 664):
Spätestens im November

R.

Eine Frau verläßt Mann, Sohn und die großbürgerliche Welt um
des Geliebten willen. Ernüchterung bringt eine Rückkehr in die
alte Existenz, bis im November der Geliebte und der Tod sie fordern: Erfüllung in der Liebe ist nur im Tode.
Surrealistische Komponente besonders durch Ausbrüche aus der
Ich-Erz. des Tagebuchs, das auch Situationen nach dem Tode der
Schreiberin umfaßt.

1955   Heinrich Böll
(Biogr. S. 662):
Das Brot der frühen Jahre

Erz.

Rückblickende Ich-Erz. in vier Kapiteln über die Ereignisse eines
Montags der Nachkriegszeit. Ein junger Mann, Fendrich, wird durch
die Begegnung mit dem Mädchen Hedwig aus der seelischen Verhärtung gelöst und bricht mit seiner Freundin Ulla. Der »Versager«
Fendrich ist zugleich arm und unkonventionell fromm, ein Nonkon-
formist und die Böllsche Variante des Picaro.

1955   Hans Scholz
(geb. 1911, Berlin-West):
Am grünen Strand der Spree

»So gut wie ein Roman«.

Rahmen-Erz. Zur Feier der Heimkehr eines Freundes aus der Kriegsgefangenschaft veranstaltet ein Kreis Gleichaltriger in einem Groß-

berliner Lokal ein Treffen, bei dem Geschichten erzählt werden, die auf verschiedene Kriegsschauplätze, in die Nachkriegsatmosphäre des geteilten Berlin und in die märkische Umgebung führen.
Spezifisch Berlinisches in Milieu, Charakteren und vor allem im »Jargon«.

1955   Walter Jens
     (Biogr. S. 663/664):
     Der Mann, der nicht alt werden wollte

R.
Leben eines jungen Schriftstellers, der seine Erinnerungen abstreifen und aus dem Nacheinander der Zeit ein Nebeneinander machen will, schließlich Selbstmord begeht und sein Werk unvollendet zurückläßt.
Erzählt aus der Perspektive des Literarhistorikers, der des Dichters Leben und Werk rekonstruieren will; eingeschobene Teile aus dem Werk des Dichters. J. läßt das Manuskript noch an einen zweiten Herausgeber und schließlich in die eigenen Hände gelangen. Spannungsverhältnis zwischen Dichter und Wissenschaftler. Hinweise auf lit. Beziehungen: Proust, Rilke, Eliot, Hofmannsthal u. a. Verarbeitung von Autobiographischem in die Kindheitsgeschichte des Dichters.

1955   Heinz Piontek
     (Biogr. S. 664):
     Vor Augen

»Proben und Versuche«.

Entst. 1950–1955, einzeln in Zss., Ztgg., im Rundfunk.

15 kleine Erzz., die den noch von Krieg, Flucht und Heimatlosigkeit überschatteten Menschen der Gegenwart in exemplarischen Situationen zeigen. Untrennbarkeit von Gegenwart und Vergangenheit. Sachliche Prosa, Exaktheit des Ausdrucks und der Bildwahl. In den fünf »Versuchen« noch stärker als in den »Proben« Technik der Aussparung und Filtration; Unterkühlung durch Beschränkung auf das, was »vor Augen« ist.

1955   Siegfried Lenz
     (Biogr. S. 664):
     So zärtlich war Suleyken

»Masurische Geschichten«.
Die Bewohner von Suleyken, einer Art von masurischem Seldwyla, werden in zwanzig Schelmengeschichten – »Kleinen Erkundungen der masurischen Seele« – vorgeführt.

Tonart des seinen Zuhörern unmittelbar gegenüberstehenden Erzählers, der seine Formulierungen scheinbar während des Sprechens
findet.

1955   Alfred Matusche
        (1909–1973, Leipzig, Schlesien,
        Kolberg über Königswusterhausen, Karl-Marx-Stadt):
        Die Dorfstraße

Schsp. in 6 Bildern, Prosa. Auff. 8. 2. in Berlin (DDR), Kammerspiele des Deutschen Theaters. Buchausg. im gleichen Jahr.
Szenen aus dem dt.-polnischen Grenzgebiet um das Kriegsende
1945. Menschen, die alle von Leid gezeichnet sind und von denen
jeder ein Recht zu haben glaubt, das dem des anderen widerstreitet:
polnische Partisanen, dt. Offiziere und Soldaten, Gutsbesitzer,
Flüchtlinge.

1955   Peter Hacks
        (Biogr. S. 663):
        Eröffnung des indischen Zeitalters

Schsp. in 10 Bildern, Prosa. Auff. 17. 3. in München, Kammerspiele.
Kolumbus nicht nur als Entdecker Amerikas, sondern als bewußter
Eröffner eines neuen Zeitalters dargestellt: »Die Weltidee zu
Schiffe«. Er muß erkennen, daß er nicht nur ein Zeitalter des wissen-
schaftlichen Fortschritts, sondern auch der wirtschaftlichen Aus-
beutung einleitet.
Wegen der »Dialektik des Aufbaues«, um eines optimistischen
Schlusses willen, ist die chronologisch letzte Szene (erste Bluttaten
in Amerika) vor die chronologisch vorletzte (Überfahrt) gestellt.

Buchausg. zus. mit *Das Volksbuch vom Herzog Ernst oder Der Held und sein Gefolge* (1955)
und *Die Schlacht bei Lobositz* (1956) in *Theaterstücke* (1957).

1955   Richard Hey
        (geb. 1926, Hamburg-Blankenese):
        Thymian und Drachentod

»Ein Stück in zwei Teilen«, Prosa. Auff. 26. 3. in Stuttgart, Staatstheater.
Schicksal des politischen Flüchtlings, der nicht nur gegen, sondern
auch für etwas kämpfen möchte und auch in seinem Zufluchtsland
vergebens nach Verwirklichung freier Menschlichkeit und einer
neuen, klaren, wahren Idee sucht. In beiden Machtbereichen unbe-
haust, entflieht er und nimmt sich das Leben.
Figuren eines imaginären Reiches mit gleichnishaft stilisierten Figuren: König, Premier u. a.

Buchausg. 1956.

1955   Peter Hirche
(geb. 1923, Görlitz, Kriegsdienst, Berlin-West):
Heimkehr

Hörsp., Prosa. Sendung 7. 4. NWDR Hamburg.

Entst. 1954.

Eine alte Frau, Flüchtling aus Schlesien, durchlebt auf dem Totenbett noch einmal ihr Leben und erfährt im Fiebertraum Heimkehr
in Heimat und Liebe.
Vier Handlungsebenen, die von der realen Vordergrundsschicht bis
zu der irrealen der Fiebervisionen reichen.

1955   Benno Meyer-Wehlack
(geb. 1928, Stettin, Berlin, Kiel, Hiddensee,
Baden-Baden, Berlin-West):
Die Grenze

Hörsp., Prosa. Sendung 30. 11. NDR Hamburg.
Bei der Vermessung eines Schrebergartens wird in der Besitzerin
die Erinnerung an die verstorbene Tochter so stark, daß sie in den
Tod gehen will; das gute Wort eines Vermessungsgehilfen gibt sie
dem Leben wieder.
Technik der sparsamen und aussparenden Wortgebung, die hinter
der Oberfläche die Tiefe der menschlichen Substanz fühlbar macht.
Berliner Dialekt.

Buchausg. 1958 unter dem Titel *Die Versuchung* zus. mit dem gleichnamigen Hörsp.

1956   Karl Krolow
(Biogr. S. 664):
Tage und Nächte

Gedichte.
Enthält: *Im Blau beieinander, Untreue der Minute, Wahrnehmungen.*
Zurücktreten der in K.s früherem Werk vorherrschenden Natur-
lyrik. Wiederkehrendes Thema ist die Einsamkeit des Menschen:
Der Zugang zur Wirklichkeit des anderen ist verschüttet, das Ich
reicht nicht über sich selbst hinaus *(Man sagt zwei . . ., Ziemlich viel
Glück, Tausend Jahre)*. Problem der Zeit und Vergänglichkeit *(Kurze
Nächte, In der Sonne, Jeder Morgen, Die Zeit verändert sich)*.
Im ersten Teil gereimte Vierzeiler, in den beiden weiteren reimlose
offene Form.

1956   Ingeborg Bachmann
(Biogr. S. 661/662):
Anrufung des großen Bären

Gedichte.
Vier Teile. Das Titelgedicht gründet sich auf eine durch die Namensgleichheit hervorgerufene Analogie zwischen dem Sternbild und dem Waldbären und konstituiert eine Verschränkung beider »großen Bären«. Melodischer Rhythmus und die teils durch Logik, teils durch Evokation entstandenen »Bilder« kennzeichnen auch Gedichte aus der Kindheitswelt und aus Italien.

1956   Christine Lavant
(d. i. Christine Habernig, geb. Thonhauser,
1915–1973, Lavanttal/Kärnten, St. Stefan):
Die Bettlerschale

Gedichte.
Enthält: *Die Feuerprobe, Im zornigen Brunnen, Das Auferlegte.*
Aus dem Erlebnis schwerer Krankheit und Vereinsamung entstandenes Gespräch mit sich selbst und mit Gott über den Sinn des Unglücks. Schwanken zwischen Trotz und Ergebung. Angst vor Verhärtung; Bitte, beten zu können.
Unintellektuell, die Bilder bleiben im Bereich des Realen und ordnen sich zu einem erkennbaren Sinnzusammenhang.

1956   Hans Rudolf Hilty
(geb. 1925, St. Gallen/Schweiz):
Eingebrannt in den Schnee

»Lyrische Texte«.

Entst. seit 1953.

Drei Gruppierungen. In der ersten lyrische Impressionen, eingefangen in Momentaufnahmen der Sinne: »Eingesponnen im Goldnetz des Herbstwalds«, »Geschmack des Meers auf der Zunge«. In der zweiten unter anderem neun Liebesgedichte als *Zyklus in Blankversen* und *Zita. Ein Liederkranz*, Verse einer Mutter an ihr werdendes Kind. In der dritten auch Zeitbezügliches: *Abend jenseits des Ärmelkanals*; *Jeder von uns ist Odysseus*. Stimme der jungen, unbehausten Generation: »Viel ist's: einander Nachbar zu sein und sich nickend zu grüßen.«

1956   Günter Grass
    (Biogr. S. 663):
    Die Vorzüge der Windhühner

Gedichte.
Gegenstände und Begebnisse des täglichen Lebens *(Bohnen und Bir-
nen; Die Mückenplage; Messer, Gabel, Scher' und Licht)* werden neu
gesehen, indem die Doppeldeutigkeit der Wörter freigelegt und deren ursprünglichem Sinn nachgeforscht wird. Ähnlichkeit mit dem
von Morgenstern angewandten Verfahren.

1956   Heimito von Doderer
    (Biogr. S. 583):
    Die Dämonen

»Nach der Chronik des Sektionsrates Geyrenhoff.« R.

Entst. seit 1931, Forts. der als »Rampe« zu diesem R. gedachten *Strudlhofstiege*. Titel
in Anlehnung an den gleichnamigen R. Dostojewkijs.

Gesch. des modernen Wien, dargestellt an etwa fünfzig z. T. mit
denen der *Strudlhofstiege* identischen Gestalten aus allen Gesellschaftsschichten, deren Schicksale sich endgültig in dem Finale des
Justizpalast-Brandes treffen. Der »Dämon« ist die Zeit, ihre Be-
wahrung in der Erinnerung wird als Lebensbewältigung gesehen;
Revolution ist Überspringen der Zeit, Dämonie.
Einbeziehung der Vergangenheit in die Gegenwart. Die Handlung
spielt 1926/27, greift aber bis zur Jahrhundertwende zurück. An
den Barock und Jean Paul anknüpfende Sprache.

1956   Hans Erich Nossack
    (Biogr. S. 664):
    Spirale

»R. einer schlaflosen Nacht«.
In fünf »Spiralen«, von denen die beiden ersten nur in thematischem,
nicht in inhaltlichem Zusammenhang mit den folgenden stehen,
wird das Problem des Ausbruchs aus dem Normaldasein in die Welt
des »Nichtversicherbaren« und das Scheitern dieses Schritts behandelt. Beispielhaft die dritte Spirale mit dem Protest gegen die
Bindung der Ehe: Die Frau, die dem Bewußtsein des Mannes ent-
gleitet, ist »im Schneegestöber verschwunden«.

1956   Erhart Kästner
(1904–1974, Augsburg, Dresden, Kriegsdienst und
Gefangenschaft, Wolfenbüttel):
Die Stundentrommel vom heiligen Berg Athos

Erlebnisbericht von der tausendjährigen griech. Mönchsrepublik, in
der Haltung dem *Zeltbuch von Tumilad* (1949) verwandt: Friede des
Herzens und Gelassenheit in Gott den fragwürdigen modernen Werten Wissenschaft, Bildung, Fortschritt gegenübergestellt.

1956   Ernst Schnabel
(geb. 1913, Zittau, Reisen als Marineangehöriger,
Hamburg):
Der sechste Gesang
R.
Moderne Darstellung der im 6. Gesang der *Odyssee* erzählten Begeg-
nung des Odysseus mit Nausikaa. Odysseus befindet sich bereits im
Schatten seines eigenen Mythos, er ist gezwungen, Nausikaa zu ver-
lassen und heimzukehren, damit seine Geschichte ein »ordentliches
Ende« bekommt.
Doppelte Spiegelung von Odysseus' Schicksal und Charakter: Be-
richt wechselt mit Ich-Erz.

1956   Arno Schmidt
(Biogr. S. 664):
Das steinerne Herz

»Hist. R. aus dem Jahre 1954«.
Entst. 1954.

Ausschnitt aus der seelischen und soziologischen Situation unserer
Tage: die westliche Wohnküche, das Ostberliner Laubengrund-
stück, die Autobahn. Antiquarische Sammelwut als einzig echte
Leidenschaft. Das alte R.-Motiv des gefundenen Schatzes als Deus
ex machina.
Erzählt als innerer Monolog des Sammlers Walter. An Joyce und
Döblin geschult; Phonetismus. »Rastertechnik«, die die Handlung
ruckweise vorwärtsführt. Einbeziehung von erlebter und ferner Vergangenheit.

1956   Günther Weisenborn
(geb. 1902, Bonn, Berlin, Argentinien, New York,
Berlin, Hamburg):
Das verlorene Gesicht

»Die Ballade vom lachenden Mann«. Schsp. in 22 Szenen, Prosa.
Auff. 20. 4. in Berlin-West, Schloßparktheater, und Mannheim, Nationaltheater. Buchausg. im gleichen Jahr.

Quelle: Victor Hugos R. *L'homme qui rit.*

Schicksal des als Kind von einem Kinderhändler entstellten Komödianten Lofter, in dem der geraubte Sohn eines Lords wiedererkannt wird. Er klagt seine Standesgenossen an, daß sie das Urgesicht der Menschheit entstellt haben, und kehrt zurück in das Elend der Gesichtslosen.

1956   Friedrich Dürrenmatt
      (Biogr. S. 662):
      Der Besuch der alten Dame

»Eine tragische Kom.« 3, Prosa. Auff. 29. 1. in Zürich, Schsp.-Haus. Buchausg. im gleichen Jahr.

Entst. 1955.

Eine ehemalige Mitbürgerin der Kleinstadt Güllen, die einst hier ins Elend gestoßen wurde, vollendet ihre auf inzwischen erheirateten Reichtum gegründete, seit langem vorbereitete Rache. Sie stellt den Güllenern eine Milliarde als Mörderlohn in Aussicht und beobachtet mit der Gelassenheit einer Menschenverächterin, wie die Gemeinde langsam der Versuchung nachgibt und den treulosen Liebhaber von damals opfert, um sich selbst sanieren zu können.
Groteske Entlarvung von Scheinmoral, Käuflichkeit und Eigennutz. Satirisch-parodistische Nutzung der Disproportion zwischen tragischem Konflikt und spießigem Milieu. Der Epilog das Zerrbild eines antiken dramatischen Chores.

1957 zus. mit *Romulus der Große* (1949), *Die Ehe des Herrn Mississippi* (1952) und *Ein Engel kommt nach Babylon* (1953) in *Komödien I.*
1959 Auff. einer vieraktigen Kammersp.-Fassung D.s in Bern.
Oper von Gottfried v. Einem. Auff. 23. 5. 1971 in Wien, Staatsoper.

1956   Karl Wittlinger
      (geb. 1922, Karlsruhe, Freiburg/Br.,
      Lippertsreute/Bodensee):
      Kennen Sie die Milchstraße?

Kom. 4, Prosa. Auff. 26. 11. in Köln, Städtische Bühnen.
Von dem Patienten eines Nervensanatoriums und einem Psychiater improvisierte Darstellung eines grotesk-utopischen Spiels um den Verlust der Identität in der Nachkriegswelt und die mögliche Freiheit auf einem fernen Stern.

Buchausg. 1961.

1956   Leopold Ahlsen
      (geb. 1927, München):
      Philemon und Baucis

Schsp. 4, Prosa. Auff. 9. 1. in München, Kammerspiele.

Schicksal eines alten griech. Bauernehepaares während der Parti-
sanenkämpfe des Zweiten Weltkrieges. Die beiden büßen die Menschlichkeit, mit der sie den griech. Partisanen wie auch einem dt. Soldaten in der Not beistehen, mit dem Tode.

1956   Peter Hacks
        (Biogr. S. 663):
        Die Schlacht bei Lobositz

Kom. 3, Prosa. Auff. 1. 12. in Berlin (DDR), Dt. Theater.

Quelle: Ulrich Bräker, *Lebensgesch. und Abenteuer des Armen Mannes im Tockenburg*,
1789.

Im Siebenjährigen Kriege spielende Gesch. des Musketiers Braeker,
der den Geist der Subordination besitzt und daher seinen Leutnant
liebt, bis ihm in der Schlacht bei Lobositz klar wird, daß dessen her-
ablassende Freundlichkeit nur ein ausgeklügelter Trick ist, und er
sich lieber wieder in seine Schweizer Heimat begibt.
»Das Stück stellt den Krieg dar als eine Verschwörung der Offiziere
gegen die Menschen . . . Er führt den Soldaten, nachdem der nach-
gedacht hat, zu der Möglichkeit einer Verschwörung der Menschen
gegen die Offiziere« (H.).

1957 zus. mit *Eröffnung des indischen Zeitalters* (1955) und *Das Volksbuch vom Herzog
Ernst* (1955) in *Theaterstücke.*

1957   Heinz Piontek
        (Biogr. S. 664):
        Wassermarken

Gedichte.

Entst. 1954–1957.

Unter der Überschrift *Große Strömung* Naturbilder und Lebenssitua-
tionen, der früheren Lyrik P.s (*Die Furt*, 1952; *Die Rauchfahne*, 1953)
nahe. In *Östliche Romanzen* Szenen aus der oberschlesischen Heimat,
in *Die Verstreuten* Erfahrungen des Krieges und Nachkrieges, in
freien Rhythmen. Der abschließende Zyklus *Erstandene Stimmen* gibt
acht Gedichte um das Thema der Vergänglichkeit des Lebens, das
aus der Geborgenheit in Gott dennoch bejaht wird. Forts. der in *Die
Rauchfahne* angeschlagenen metaphysischen Thematik.
Auf Verstehbarkeit abzielende, klare Sprache; Verzicht auf Moder-
nismus des Vokabulars.

1957   Hans Magnus Enzensberger
(Biogr. S. 663):
Verteidigung der Wölfe

Gedichte.

Entst. 1954–1957.

Einteilung in »freundliche«, »traurige« und »böse« Gedichte. Nicht Gefühlvoll-Stimmungshaftes. Überwiegend Angriff und Ironie: Mißvergnügen an der herrschenden Gesellschaft, Vermassung, Normung, ohne Glauben an die Möglichkeit einer Verbesserung. Einzige Ausflucht die Idylle *(Für Lot, einen makedonischen Hirten)* oder die Utopie.
Sorgfältige formale Durcharbeitung. Intensive Verwendung von Gleichbau, Umfunktionierung des Wortmaterials, parodistischer Einsatz von biblischen, liturgischen und weltlich-poetischen Zitaten, Einbeziehung von Derbem und Tabuiertem.

1957   Max Frisch
(Biogr. S. 663):
Homo faber

»Ein Bericht«.
Der erfolgreiche Ingenieur Walter Faber liebt seine eigene, ihm unbekannte Tochter. Als diese verunglückt, begegnet Faber der Mutter zum ersten Mal wieder. In einem Ich-Bericht, der als Gegenstück zu *Stiller* (1954) und dem dort dargestellten Identitätsproblem betrachtet werden kann, sucht Faber rückblickend und naturwissenschaftlich protokollierend sein Leben, dessen Zufälligkeit und dessen Tragik zu demonstrieren.
Die Struktur des Werkes beruht auf einer spezifischen Montierung aus vielen Einzelteilen sowie der Gegenwart mit der Vergangenheit.

1957   Luise Rinser
(geb. 1911, Pitzling/Obb., München, Rom):
Abenteuer der Tugend

R.
Geschichte einer Frau (der Nina aus *Mitte des Lebens*), die vergebens versucht, den geliebten Mann der Haltlosigkeit zu entreißen. Aus dem Kampf gegen Verzweiflung und Nihilismus findet sie zu Demut und Glauben.
Die Handlung ist ausschließlich in Briefen Ninas an verschiedene Empfänger eingefangen.

1957   Alfred Andersch
         (Biogr. S. 661):
         Sansibar oder Der letzte Grund

R.

Im Ostseehafen Rerik kreuzen sich 1938 die Schicksale von fünf Personen, die alle nach »Sansibar«, dem Land der Freiheit, desertieren, das für die einen die schwedische Küste, für andere der Freitod oder auch nur die Lösung aus politischen Systemen oder aus Ichbefangenheit ist. Alle befreien sich durch eine altruistische Tat, die keinem Befehl und keiner Ideologie entspringt, sondern dem »Versuch, die Tatsache des Nichts, dessen Bestätigung die anderen sind, wenigstens für Augenblicke aufzuheben«.

Dram. Strukturelemente: den Erzählabschnitten sind die Namen der auftretenden Personen vorangestellt; Einheit von Zeit, Ort und Handlung. Die Freiheitsphantasien des Schiffsjungen, der romantischen Gegenfigur, als durchgehende Grundmelodie angelegt.

1958 Hörsp., das »aus einem bestimmten Handlungszug und Motivkreis des Buches ... filtriert« wurde (A.).

1957   Walter Jens
         (Biogr. S. 663/664):
         Das Testament des Odysseus

Erz.

Sendung einer Hörsp.-Fassung *Tafelgespräche* schon 1956 im Bayer. Rdfk.

Fingierte Autobiographie des Odysseus für seinen Enkel. Der »Listenreiche« erscheint in ihr als Freund des Friedens und der Wissenschaft. Er hat weder die ihm zugeschriebenen Abenteuer erlebt, denn er erzählte sie nur dem greisen Priamos nach Trojas Fall zu dessen Zerstreuung, noch hat er bei seiner Rückkehr die Freier getötet; aus Scheu vor neuem Blutvergießen verzichtet er auf Weib und Thron und stirbt unerkannt in der Einsamkeit.

1957   Herbert Eisenreich
         (Biogr. S. 663):
         Böse schöne Welt

Erzz.

Elf sehr entstofflichte Momentbilder, die Erkenntnis- und Wendepunkte des Bewußtseins betreffen: Ein Soldat erkennt, daß durch eine schändliche Tat »mehr als der Krieg« für ihn verloren ist, eine Frau erfährt an der Nichtbewältigung eines Erlebnisses zum ersten Mal Wirklichkeit. Namenlosigkeit der Personen und Schauplätze.

»Der Geschichtenerzähler bedient sich im Hinblick auf seinen Gegenstand der Methode des Lyrikers, indem er die epische Distanz aufgibt zugunsten der Intimität« (E.).

1957   Martin Walser
        (Biogr. S. 665):
        Ehen in Philippsburg
R.
Aus vier Teilen bestehende, durch ihren gemeinsamen Helden verbundene Beschreibung der Erlebnisse des Journalisten Hans Beu-
mann in der fiktiven, aber repräsentativ gemeinten Stadt Philipps-
burg mit ihrer Unmoral, Hemmungslosigkeit, Gewinnsucht und
Zerrüttung der Ehen.
Intensive Ausnutzung sprachlicher Mittel zu sozialkritischer Analyse.

1957   Erwin Strittmatter
        (Biogr. S. 665):
        Der Wundertäter
R.
In der Art des picarischen R. geschriebene Entwicklungsgesch. des
armen, einfältigen, doch bauernschlauen Glasbläsersohnes Stanis-
laus Büdner, den erlebnisreiche Lehr- und Wanderjahre schließlich
auch in den Zweiten Weltkrieg und alle Gegenden Europas führen,
bis er als Soldat auf einer griech. Insel entflieht. Sein Vorsatz, das
Böse in der Welt zu verhindern, reduziert sich auf die Hoffnung,
»ein wenig Glück unter die Menschen streuen« zu können.
Fortgesetzt mit *Der Wundertäter* Bd. 2 (1973).

1958   Hans Carl Artmann
        (Biogr. S. 661):
        med ana schwoazzn dintn
»gedichta r aus bradnsee«.
Mit normalen Schriftzeichen möglichst lautgerecht wiedergegebene,
vorwiegend durch Sprechen und Hören aufzunehmende Wien-
Breitenseer Gedichte. Dem Titel entsprechend weniger freundliche
Motive (wie Kindheit und Heimat) als traurig-makabre, groteske,
böse, abgründige (Enttäuschung, Sterben, Friedhof, Vernichtung):
»reis s ausse dei heazz ... daun eascht schreib dei gedicht.« Orts-
gebundenes, Konkretes mit Surrealistischem, Märchenhaftem zu
einem neuen Bild Wiens verwoben.
Im Anhang »Worterklärungen«.

1958   Bruno Apitz
        (geb. 1900, Leipzig, Berlin-DDR):
        Nackt unter Wölfen
R.
Gesch. des Konzentrationslagers Buchenwald im Frühjahr 1945.
Ein jüdisches Kind, das die Gefangenen unter Einsatz ihres Lebens

verbergen, wird zum Symbol der Menschlichkeit. Sie siegt bei den Häftlingen, die einen Aufstand planen, auch über die Gebote der Vorsicht und Parteidisziplin.

A., der schon 1917 wegen Antikriegspropaganda zu längerer Gefängnisstrafe ver-urteilt wurde, war auch 1933 und 1934–1945 inhaftiert, zuletzt in Buchenwald.

Vielfach als vorbildliches Werk des sozialistischen Realismus be-zeichnet.

1958   Gerd Gaiser
        (Biogr. S. 663):
        Schlußball

»Aus den schönen Tagen der Stadt Neu-Spuhl«, R.
In einer kleinen westdt. Industriestadt tritt die durch den oberfläch-lichen Glanz einer Verbindung von »Perfektion und Unterentwick-lung« nur kaschierte tiefere Lebensschicht aus Anlaß eines Tanz-stundenschlußballs zutage.
Zehn »Stimmen« von Lebenden wie Verstorbenen berichten Jahre später in 30 sich überschneidenden Erinnerungsmonologen über die Ereignisse jener Nacht – einen freiwilligen und einen unfreiwilligen Tod – und ihre Vorgeschichte.

1958   Hans Erich Nossack
        (Biogr. S. 664):
        Der jüngere Bruder

R.
Der Ingenieur Stefan Schneider, der nach längerem Ausbruch aus seiner bürgerlichen Existenz 1949 nach Hamburg zurückkehrt, glaubt nach einem Bericht über einen Studenten, in diesem einen geistigen »jüngeren Bruder« suchen zu müssen. Diese Suche, zu-gleich für ihn Suche nach dem eigenen, später verleugneten jugend-lichen Ich, endet mit Schneiders Tod.
Der Rechenschaftsbericht Schneiders von dieser Suche wird durch einen Schriftsteller zu Ende geführt, herausgegeben und als Auf-trag zu weiterer Suche nach dem »jüngeren Bruder« aufgefaßt.

1958   Wolfdietrich Schnurre
        (geb. 1920, Frankfurt/Main, Berlin, Kriegsdienst,
        Berlin-West):
        Eine Rechnung, die nicht aufgeht

Erzz.
Mit präzisem Realismus und minuziöser Beobachtung des Details und des Atmosphärischen erzählte Begebenheiten. Kindheit, Tier-

leben, Krieg, Trümmerwelt der Nachkriegszeit. Die Szenerie meist Berlin oder ostdt. Landschaft.

Ziel: »So klar, so menschlich, so wahrhaftig wie möglich zu schreiben.«

1958   Heinz von Cramer
(geb. 1924, Stettin, Insel Procida bei Neapel):
Die Kunstfigur

R.

Lebenslauf eines talentierten, aber charakterlosen Opportunisten, der vom Ersten Weltkrieg bis nach dem Zweiten sein Denken und Schreiben jeweils so konform einrichtet, daß er zu einer »Kunstfigur« wird. (Der Begriff knüpft an Brentanos *Gockel, Hinkel, Gackeleja* an.)

Satirisch-polemische Darstellung auch weiterer typisierter Zeitgenossen. Die Lebensgesch. enthüllt sich an der Leiche des Schriftstellers im Gespräch zwischen dessen Sekretär und einem Mann, der die »Kunstfigur« aus Enttäuschung hatte erschießen wollen und seine Rache dann statt an dem bereits Toten an dem Sekretär übt.

1958   Klaus Roehler
(geb. 1929, Königsee/Thür., Erlangen, Schweiz,
Berlin-West):
Die Würde der Nacht

Sieben Erzz.

Die Titel-Erz. bereits 1955 in der Zs. *Texte und Zeichen.*

Realistisch-kritische Ausschnitte aus der zeitgenössischen Umwelt: Leere und Klischeehaftigkeit der »wohlsituierten« Existenz; Macht des Durchschnitts, der bessere Regungen erstickt; Aufbegehren und Trotz der Jugend; Brüchigkeit des Familienlebens.

1958   Max Frisch
(Biogr. S. 663):
Biedermann und die Brandstifter

»Ein Lehrstück ohne Lehre«. Sechs Szenen mit einem Nachspiel. Prosa, Auff. (ohne das Nachspiel) 29. 3. in Zürich, Schsp.-Haus. Buchausg. im gleichen Jahr.

Entst. 1957–1958 aus dem Hörsp. *Herr Biedermann und die Brandstifter* (1953).

Des ängstlichen, um seinen Wohlstand besorgten Spießers Kompromißbereitschaft gegenüber politischen Brandstiftern am Beispiel des reichen Fabrikanten Gottlieb Biedermann, der zwei Männer, die sich bei ihm einquartieren und gefährliche Vorbereitungen treffen, am besten mit Gutmütigkeit behandeln zu können glaubt, sich mit ihnen verbrüdert, ihnen schließlich die »Streichhölzchen« selber in die Hand gibt und so den Untergang der Stadt mitverschuldet. Die Feuerwehrmänner, die das Unglück kommen sehen, kommentieren es nach Art eines antikischen Chores.

Nachspiel in der Hölle, die mit Streik droht, weil der Himmel zu viele uniformierte Verbrecher amnestiert.

1958   Günter Grass
         (Biogr. S. 663):
         Onkel, Onkel

»Spiel« 4, Prosa. Auff. 3. 3. in Köln, Bühnen der Stadt.
Die »Karriere« und das Scheitern des Massenmörders Bollin mit dem hinderlichen Hang zu pedantischer Übertreibung der Mordvorbereitungen: schockierend-makabrer Verweis auf die Verkäuflichkeit und Korrumpierung des Abgründig-Bösen.

Buchausg. 1965.

1958   Peter Hacks
         (Biogr. S. 663):
         Der Müller von Sanssouci

»Ein bürgerliches Lsp.«, 6 Bilder, Prosa. Auff. 5. 3. in Berlin (DDR), Kammerspiele.
Satirisch entheroisierende Interpretation der bekannten Anekdote. Der Müller, der hier keineswegs Männerstolz vor Fürstenthronen, sondern »bürgerliche« Haltungslosigkeit vertritt, wird von dem »despotischen« König geradezu zu seiner aufrechten Haltung gezwungen, da Friedrich II. die Müller-Anekdote zur Stützung seiner Popularität und zum Beweis der Rechtsstaatlichkeit Preußens braucht. »Gegenstand ist die Kleinheit eines Menschen. Die Kleinheit wird ursächlich zurückgeführt auf den Skeptizismus und der Skeptizismus auf eine bestimmte ökonomische Situation« (H.).

1958   Wolfgang Hildesheimer
         (geb. 1916, Hamburg, Palästina, England, Nürnberg,
         Poschiavo/Schweiz):
         Spiele in denen es dunkel wird

Enthält: *Pastorale oder die Zeit für Kakao* (Auff. 14. 11. in München, Kammerspiele), *Landschaft mit Figuren* (Auff. 29. 9. 1959 in Berlin-West, Tribüne), *Die Uhren* (Auff. 18. 4. 1959 in Celle, Schloßtheater).
Gemeinsam ist den drei Spielen die allmähliche Verdüsterung der Szene, während sich nach Art absurden Theaters unter Verwendung von Groteske, Parodie, Wortwitz und Begriffsumkehrung allerlei

Abgründig-Menschliches dekuvriert: die mittägliche Beleuchtung
der Landschaft verwandelt sich in eine abendliche, oder ein Glaser
setzt im Raum allmählich dunkle Scheiben ein.

1958   Alfred Matusche
        (1909–1973, Leipzig, Schlesien, Kolberg über
        Königswusterhausen, Karl-Marx-Stadt):
        Nacktes Gras

Dr., 12 Bilder, Prosa. Auff. 17. 12. in Berlin (DDR), Maxim-Gorki-
Theater.
Kleinbürgerliche Schicksale im Strudel des letzten Krieges; im
Mittelpunkt eine Frau, die durch ihre Liebe zu einem Saboteur in
die Todeszelle gerät. Die meisten desertieren schließlich in die neue
Freiheit aus den gleichen egoistischen Gründen, aus denen sie »mit-
gemacht« haben. Zu der Erkenntnis, daß Menschen nicht wie »nack-
tes Gras« im Winde stehen dürften, sind nur wenige gelangt.
Undoktrinär behutsame Nuancierung der Personen, deren Mensch-
liches das Beispielhafte überwiegt.

Buchausg. 1959.

1958   Ingeborg Bachmann
        (Biogr. S. 661/662):
        Der gute Gott von Manhattan

Hörsp. Auff. 29. 5. Bayer. Rdfk. zus. mit NDR Hamburg; gleichzeitig
eigene Inszenierung des Südwestfunks.
Tragische Gesch. eines Liebespaares, das sich in der Absolutheit
seines Gefühls über das Gesetz des Alltags erhoben hat und dessen
rächender Verkörperung, dem guten Gott von Manhattan, zum
Opfer fällt. Den Rahmen des Spiels bilden Verhör und Freilassung
des übermenschlichen Mörders der Liebe.

1958   Peter Hirche
        (geb. 1923, Görlitz, Kriegsdienst, Berlin-West):
        Nähe des Todes

Hörsp. in 2 Teilen mit Prolog und Vorspiel sowie Epilog und Nach-
spiel, Prosa. Sendung 2. 10. NDR Hamburg. Buchausg. im gleichen
Jahr.
Bericht eines »Erzählers« von der Kindheit in einem protestantischen
Waisenhaus und von den Gefährten, die alle Opfer des Krieges ge-
worden sind. Problem der Überwindung der Zeit, der Vergänglich-
keit, der Sinnlosigkeit. Drei der Szenen dienen dem Beweis »für die
Notwendigkeit Gottes«.
Die Handlung spielt auf den zwei durch das Thema gegebenen
Ebenen der Gegenwart und der Vergangenheit.

1959   Nelly Sachs
         (Biogr. S. 664):
         Flucht und Verwandlung

Gedichte.
Flucht des jüdischen Volkes, Leiden der vielen Namenlosen, für die
die Autorin spricht. Überhöhung des Leids durch Verwandlung,
durch die größere Heimat des Kosmos, wo die Verfolgung nicht
hinreicht, die Ängste verstummen: »An Stelle von Heimat halte ich
die Verwandlungen der Welt.«

1961 zus. mit den Zyklen *In den Wohnungen des Todes* (1946), *Sternverdunkelung* (1949),
Und niemand weiß weiter (1957), *Fahrt ins Staublose* und *Noch feiert der Tod das Leben* in
dem Sammelbd. *Fahrt ins Staublose.*

1959   Rudolf Hartung
         (geb. 1914, München, Berlin-West):
         Vor grünen Kulissen

Gedichte.
Entst. 1950–1958.

Fast immer ausgehend von Konkret-Gegenständlichem, werden
Augenblicke der Erfahrung festgehalten. Natur und Welt als Lebens-
grund, zu denen der Mensch in einem distanziert-gebrochenen Verhältnis steht: »Schön ist diese Welt, die sich versagt.« Genauigkeit
in der Wiedergabe des Unmittelbaren. Metaphorik, die den Augenblick umgreift und Erinnertes ins Bild bringt.
Reimgebundene Verse und freie Rhythmen.

1959   Karl Krolow
         (Biogr. S. 664):
         Fremde Körper

»Neue Gedichte«.
Enthält die Teile *Andere Jahreszeit, Wahrnehmungen* (aus dem schon
1956 erschienenen Bd. *Tage und Nächte*), *Gesang vor der Tür* und *Heute
noch.*
Vorwiegende Motivationen: Landschaft, Natur, Tageszeiten, Jahreszeiten; in *Heute noch* distanzierte Behandlung gegenwartsnäherer
Themen. Das Ich aussparende, allenfalls mit einem Jemand oder Er
verbundene, die konventionelle Sicht meidende, die gefühlsmäßig
bestimmte Beschreibung durch sprachlich-optisches Vortasten er-
setzende Verwandlung scheinbar vertrauter Wirklichkeiten mittels
Kombination von Unähnlichkeiten und Kontraktion von Getrenn-
tem.
Bevorzugung von Nomina, kurzen Sätzen, Reihungen; strophen-
und reimlose, mittellange Texte.

1959   Paul Celan
        (Biogr. S. 662):
        Sprachgitter

Gedichte.
Fünf Gruppen, die auf die größere Komposition *Engführung* hin-
leiten.
Stärker der Welt und dem Konkreten geöffnet als die frühe Slg.
Mohn und Gedächtnis. Dafür sparsamer, kühler, noch hermetischer;
Unterdrückung der Sensibilität, keine Paraphrasen. Erkenntnis der
Aussagegrenzen, notwendiger Einsatz von Chiffren. Die häufige Ver-
wendung der Metapher »Stein« kennzeichnet die Situation des Dich-
ters.
»Gedichte sind . . . die Bemühungen dessen, der, . . . zeltlos . . . und
damit auf das Unheimlichste im Freien, mit seinem Dasein zur
Sprache geht, wirklichkeitswund und Wirklichkeit suchend«
(Celan).

1959   Hans Rudolf Hilty
        (geb. 1925, St. Gallen/Schweiz):
        Daß die Erde uns leicht sei

»Lyrische Suite«.
Fünf Gedichte und das Prosastück *Merkblatt für Weltraumfahrer*,
gruppiert um die zentralen *Variationen über den selbstgewählten Grab-*
spruch der Anna Pawlowa: »Erde, wieg nicht zu schwer auf mir, denn
ich wog auf dir nicht zu schwer.« Überwindung der Erdenschwere
und des Todes im Gedicht: »Spitzentanzen über den Schächten der
Tristesse«.

1959   Anna Seghers
        (Biogr. S. 584):
        Die Entscheidung

R.
Die Jahre 1947 bis 1951 behandelnde, an *Die Toten bleiben jung* anknüpfende, personenreiche Darstellung von Entscheidungen zwischen Sozialismus und Kapitalismus am Beispiel des ostdt. Stahlwer-
kes Kossin und der in diesem arbeitenden Menschen unter Einbeziehung Westdld.s, Berlins, Frankreichs, Mexikos und der USA.

Zeitlich anschließende Forts.: *Das Vertrauen* (1968).

1959   Rudolf Hagelstange
       (geb. 1912, Berlin, Nordhausen, Kriegsdienst,
       Unteruhldingen/Bodensee):
       Spielball der Götter

R.
Mit des Knaben Paris Aussetzung beginnende, den Urteilsspruch
über die drei Göttinnen, vor allem aber den Trojanischen Krieg und
des »Prinzen« Schicksal behandelnde fingierte Memoiren, in denen
Paris als an innerem Zwiespalt leidender, geistvoller Ästhet erscheint und sich im Rückblick auf sein Schicksal als Spielball der
Götter empfindet.

Jugend und Ende des Helden nach Apollodoros (2. Jh. v. Chr.) und Quintus Smyr-
naeus (4. Jh. n. Chr.) erzählt.

1959   Heinrich Böll
       (Biogr. S. 662):
       Billard um halbzehn

R.
Auf einen Tag des Jahres 1958 konzentrierte Ereignisse, berichtet
aus den Perspektiven verschiedener Figuren, deren Rückblicke zugleich die auf eine Abtei symptomatisch bezogene Vergangenheit
einer Architektenfamilie aufdecken. Der Vater, jetzt achtzig Jahre
alt, erbaute die Abtei St. Anton, der Sohn sprengte, einem wahn-
witzigen Befehl folgend, dieses Werk am Ausgang des Zweiten Weltkrieges, der Enkel wird bei dem Wiederaufbau tätig.
Die als zeitgeschichtliche Analyse deutbare Handlung mündet in der
Rückkehr der Eltern, die nur in ihren Erinnerungen lebten, und des
Sohnes, der bei mathematischen Formeln und Billardspiel Zuflucht
fand, zu Zeit und Wirklichkeit. Das politische Geschehen wird mit
dem Gegensatz vom Sakrament des Lammes (Christentum) und des
Büffels (Geist der Gewalt) symbolisch umschrieben.

1959   Wolfdietrich Schnurre
       (geb. 1920, Frankfurt/Main, Berlin, Kriegsdienst,
       Berlin-West):
       Das Los unserer Stadt

»Eine Chronik«.
Darstellung des allmählichen Untergangs einer Stadt; sechs Bücher,
zwischen ihnen als Einschübe des Chronisten *Anfechtungen bei der
Archivarbeit*. Halb Gleichnis der Gegenwart, halb Zukunftsvision
von Katastrophen und Plagen, die an die Bilder von Hieronymus
Bosch erinnern. Die Wirklichkeit ist verfremdet, Unglaubliches erscheint wie im Traum als selbstverständlich.

Eine Chronik ohne chronologischen Aufbau; Augenblicke aus dem Leben der Stadt und des Chronisten sind achronologisch gruppiert und ergeben ein Bild mit eigenem Bezugssystem.

1959   Günter Grass
(Biogr. S. 663):
Die Blechtrommel
R.

Entst. seit 1954.

Entwicklungs- und zugleich Anti-Entwicklungsgesch., die ihr »Held« Oskar Matzerath, nachdem er als Dreijähriger sein Wachstum einstellte und die ihm abnorm gewordene Welt künftig aus abnormer Perspektive betrachtete, in seinem dreißigsten Lebensjahr als Insasse einer Heil- und Pflegeanstalt erzählt. Setzt 1899 bei den Großeltern ein, behandelt die wenig »vorbildlichen« Jugendeindrücke in Danzig, die Verpflanzung nach Westdeutschland 1945, bei der Oskar etwas von seinem Wachstum nachholt, sein Leben als Trommelkünstler bis zur Einlieferung in die Anstalt. Der Einzelgänger, Außenseiter, Picaro als Richter seiner Zeit.
Durch Thema, Motive und Sprachartistik schockierendes, auf kritische Stellungnahme zur Periode der »Fackelzüge und Aufmärsche auf Tribünen« sowie zu Ideologien abzielendes, von Bildern inspiriertes Erzählen. Chronologische, mit ironischen Reflexionen durchsetzte, fabulöse Darbietung, mit der die Tradition des Abenteuer- und Schelmen-R. bis in Einzelheiten, aber unter Beifügung neuer Züge aufgenommen und wieder angeregt wurde.

1959   Otto F. Walter
(geb. 1928, Rickenbach/Schweiz, Zürich, Olten):
Der Stumme
R.

Ringen eines Sohnes um die Liebe des Vaters. Obgleich er selbst als Kind das Opfer der schlimmen Anlagen des Vaters wurde, nimmt »der Stumme« nun dessen Schuld auf sich und findet durch sein Opfer zu sich selbst und zur Sprache zurück.
Durch verschiedene Zeitebenen, Rückblenden, Perspektivenwechsel u. ä. gekennzeichnete äußere Struktur.

1959   Uwe Johnson
(Biogr. S. 664):
Mutmaßungen über Jakob
R.

Entst. seit Frühjahr 1957.

Geschick eines »gerechten« Mannes im geteilten Deutschland. Eisenbahner in der DDR, soll Jakob seine Jugendfreundin, die bei den

Amerikanern arbeitet, für die Tätigkeit des Staatssicherheitsdienstes gewinnen. Er fährt nach Westdeutschland, kann aber dort nicht heimisch werden, kehrt zurück und »verunglückt« beim Überschreiten der Schienen.
Wie sich das wahre Ende nur durch Mutmaßungen ahnen läßt, nähert sich das gesamte, auf drei Ebenen verteilte Erzählgewebe mit seinem ständig relativierenden Stil den wirklichen Vorgängen im wesentlichen durch die in Dialog und Monolog geäußerten Meinungen, Gedanken, Beobachtungen der Figuren.

1959   Dieter Wellershoff
(geb. 1925, Neuß/Rhein, Grevenbroich, Bonn, Köln):
Am ungenauen Ort

Hörsp.

Buchausg. zus. mit dem Hörsp. *Minotaurus* (Sendung 22. 6. 1960, Süddt. Rdfk.), einer psychologischen Studie um einen egoistischen Mann, der die Geliebte zum Arzt schickte, sich das »Unerwünschte« wegbringen zu lassen.

Zwei Männer und zwei Frauen in einer Bar, die sich unterhalten und amüsieren, ohne echten Kontakt zu bekommen. Durch Montage von Konversationsklischees und bekenntnishaften Monologen, Witzen, Chansons entsteht eine von Ironie umspielte unwirkliche Atmosphäre, in der sich die Menschen wie Marionetten bewegen.

Sendung 18. 1. 1961, Süddt. Rdfk.

1960   Hans Magnus Enzensberger
(Biogr. S. 663):
Landessprache

Gedichte.
Thematisch dem Bd. *Verteidigung der Wölfe* verwandt. E.s Abrechnung gilt vor allem Deutschland, dem »unheilig Herz der Völker«, »wo es aufwärts geht, aber nicht vorwärts«, der Gesellschaft überhaupt *(Schaum)*, den Mitmenschen, von denen er sich distanziert und die nicht sehen wollen, daß »Gewimmer ist auf der Erde«. Ausweg ist Kulturflucht: Betrachtung des Firmaments *(Gewimmer und Firmament)*, das Nordlicht, der Fels, der Blitz, die Sellerie, »menschlicher als der Mensch, frißt nicht seinesgleichen«.
Herausfordernd, verdammend, resignierend. Formal streng durchgearbeitet. Reihung von Bildern und Assoziationen.

1960   Alfred Andersch
(Biogr. S. 661):
Die Rote

R.
Zeitnahes Thema der Flucht aus der gewohnten Existenz: Die rothaarige Franziska verläßt ihren Mann und den von diesem geduldeten

ten Geliebten. Der Neuanfang droht an der Unfähigkeit zum Verzicht auf ein elegantes Leben zu scheitern, aber Franziska bekennt sich schließlich zu ihrer auf den verlassenen Mann zurückgehenden Mutterschaft und beginnt als Fabrikarbeiterin und Geliebte eines bescheidenen Mannes ein neues Dasein.

Wechsel von Erzählpartien und innerem Monolog. Psychologische Präzision und spannende Handlung, neoveristisch, gemäßigte Verwendung modernistischer Strukturelemente.

1960   Martin Walser
(Biogr. S. 665):
Halbzeit

R.
Halbzeit im Ablauf des Jahrhunderts, Halbzeit im Werdegang eines Mannes vor dem Hintergrund des sogenannten westdt. Wirtschaftswunders. Zwischen zwei Operationen vollzieht sich der Aufstieg des Vertreters, dann Werbefachmanns Anselm Kristlein. Mit den vielen Menschen, die er durch Freundschaften und Beruf kennenlernte, teilt er Richtungs- und Haltlosigkeit, Hohlheit und Genußsucht.

Umfangreiche Ich-Erz., die mit Rückgriffen, Reflexionen, Assoziationen, sprachlicher Bravour soziologische und psychische Aspekte einzufangen und als symptomatisch festzuhalten sucht.

1960   Dieter Noll
(geb. 1927, Riesa/Sachsen, Kriegsdienst und
Gefangenschaft, Berlin-DDR):
Die Abenteuer des Werner Holt

Teil 1 *Roman einer Jugend.*
Die Entwicklung eines Professorensohnes, der 1933 sechs Jahre alt ist, als symptomatischer Irrweg junger bürgerlicher Menschen, die schließlich in Krieg und Gefangenschaft »auslöffeln«, was »die Alten . . . eingebrockt« haben.

Im 2. Teil, dem *Roman einer Heimkehr* (1963), die anfangs oft noch scheiternden Versuche des Werner Holt, zwischen 1945 und 1947 in der damaligen Ostzone seine »gestörte Beziehung zur Welt« zu bereinigen, Entwurzelung und Bindungslosigkeit zu überwinden, Klarheit über die Vergangenheit zu gewinnen sowie zur Einordnung auf der »richtigen« Seite zu gelangen, die äußerlich mit dem nachgeholten Abitur und der Absicht, zu studieren, enden.

Realistische, chronologische Erzählweise.

1960 **Tankred Dorst**
(geb. 1925, Sonneberg/Thür., Kriegsdienst und
Gefangenschaft, München):
Die Kurve

Farce 1, Prosa. Auff. 26. 3. in Lübeck, Kammerspiele.
Die für Autofahrer todbringende Kurve bietet zwei Brüdern die Ge-
legenheit, ihre Lieblingsbeschäftigung – Autoreparaturen bzw.
Grabreden – zu betreiben, von sozusagen geregeltem Einkommen
zu leben und ihre makabre Existenz mit heuchlerischem Gerede zu
umkleiden.
Die »Logik des Handlungsablaufs . . . in einem grotesken Mißverhältnis zum moralischen Leerlauf der Dialoge« (D.).

Buchausg. 1962.

1960 **Tankred Dorst**
(geb. 1925, Sonneberg/Thür., Kriegsdienst und
Gefangenschaft, München):
Gesellschaft im Herbst

Kom., 7 Bilder, Prosa. Auff. 2. 7. in Mannheim, Nationaltheater.
Bildgewordene Unterminierung einer längst zum Abdanken verurteilten Gesellschaftsschicht. Eine Gräfin läßt die Fundamente ihres
Schlosses aufgraben, um sich durch einen dort in der Frz. Revolution verborgenen Schatz zu sanieren, den aber schon ihr verstorbener Mann dazu verwandte, seine Vergangenheit in Ordnung zu
bringen.
Personen des frz. Gesellschaftsstücks als bewußte Klischees. Gro-
tesk zugespitzte Situationen.

1960 **Peter Hacks**
(Biogr. S. 663):
Die Sorgen und die Macht

Dr. 5, Prosa und Verse. Auff. 15. 5. in Senftenberg, Theater der
Bergarbeiter.

Entst. seit 1958.

1956 und 1957 spielendes Zeit- und Lehrstück. Die minderwertigen,
aber Leistungslohn und Prämien einbringenden Briketts einer Fabrik, durch die nachteilige Folgen für die Produktion einer Glasfabrik entstehen, werden auf Betreiben eines Brikettarbeiters ver-
bessert, der eine in der Glasfabrik beschäftigte Arbeiterin liebt. Verantwortung und Solidarität siegen über Eigennutz und falsches
Machtdenken.

Neufassung 1962. Ausg. in *Fünf Stücke* (1965).

1960   Benno Meyer-Wehlack
(geb. 1928, Stettin, Berlin, Kiel, Hiddensee, Baden-Baden,
Berlin-West):
Die Nachbarskinder

Fernseh-Sp. Sendung 8. 12. Südwestfk.
Die entschlossene Tat eines Mädchens – sie schlägt einen sie über-
fallenden Mann nieder – lenkt die Aufmerksamkeit der Männer auf
sie, auch die ihres gleichgültigen, egoistischen »Freundes«. Sie aber
findet nicht den Mut zur Entscheidung und bleibt einsam. Eine Studie zur Kontaktlosigkeit des zeitgenössischen Menschen.
Bild, Requisit und sparsamer Dialog als gleichrangige Handlungs-
elemente konzipiert.

1960   Dieter Waldmann
(1926–1971, Greifswald, Argentinien, Bühlertal/Baden):
Von Bergamo bis morgen früh

Kom., Prolog und 2 Akte, Prosa. Auff. 22. 12. in Hamburg, Dt.
Schsp.-Haus.
Für die Dauer eines Spiels, »das nötig ist, zu spielen«, wird eine
trostlos-graue Stadt durch Pierrot und Harlekin von Normierung
und Zivilisationsmonotonie erlöst: einige ihrer Bewohner verwandeln sich in die unsterblichen Figuren der Commedia dell'arte und
werden bei deren komödiantischem Treiben dem Menschlichen zu-
rückgegeben.

1961   Erwin Jaeckle
(geb. 1909, Zürich):
Aber von Thymian duftet der Honig

Gedichte.
Ungegenständlicher, intellektueller, schärfer als J.s erste Gedicht-
Slg. Naturelemente noch immer vorwiegend *(Silser Einsamkeiten)*,
aber auch die menschlichen Bereiche erfaßt; Städte wie Venedig und
Rom als Kristallisationspunkte.
J. versteht seine Lyrik als »progressiv«. »Zum echten Gedicht unse-
rer Zeit gehört, daß sich in ihm die zerschiedene Welt allbezüglich
angliedert. Das Gedicht ist der Heilsweg der Heillosen. Es baut aus
Trümmern unser wohnliches Haus.«

1961   Johannes Bobrowski
(Biogr. S. 662):
Sarmatische Zeit

Gedichte.
Die frühesten Gedichte entst. 1941 am Ilmensee.

Erlebnishintergrund ist die »sarmatische« Landschaft der Jugend und der Kriegserlebnisse (»Sarmatien« hieß im Altertum das Land zwischen Weichsel und Wolga, Ostsee und Schwarzem Meer). Melancholische, häufig abendliche Stimmungen der weiten Ebenen, der Ströme, Wälder, Küsten, des Moors, sandiger Wege. Als leise Akzente in diese Landschaftsschau eingebaut Sagen- und Alltagsgestalten des europäischen Ostens. Auch die sieben Widmungen des zweiten Teiles an Villon, Góngora, die Günderode u. a. erwachsen aus Landschaftsvisionen.

1961   **Gertrud von Le Fort**
       (Biogr. S. 584):
       Das fremde Kind

Erz.
Eine in Adelskreisen Nordostdeutschlands spielende Erz., die von der behüteten Zeit vor dem Ersten Weltkrieg zur Verdüsterung und Schuld zweier Kriege und bis in die Gegenwart führt. Im Mittelpunkt eine Frau, deren Integrität auch die Schuld anderer zu tilgen vermag und die für ein jüdisches Kind in den Tod geht.
Ich-Erz. mit bewußter Schlichtheit in den Konturen der Handlung und der Figuren, die Symbolwert erhalten.

1961   **Hans Erich Nossack**
       (Biogr. S. 664):
       Nach dem letzten Aufstand

»Ein Bericht«.
Fingiert als nachgelassene Aufzeichnungen eines unliterarischen Menschen, der ein Bekenntnis zu der Zeit »vor dem letzten Aufstand« ablegt, als er Begleiter eines zum Gott erwählten Jünglings war. Das Bild des Jünglings, der aus dem Glauben an seine Aufgabe wirklich göttliches Wesen erlangte, ersteht aus der Perspektive einer götterlosen, von Aberglauben und Opfergängen freien, aber auch nicht mehr glaubens- und opferfähigen Zeit.

1961   **Ingeborg Bachmann**
       (Biogr. S. 661/662):
       Das dreißigste Jahr

Erzz.
Sieben thematisch verwandte Erzz.: Menschen in einer Krisensituation, in der sie gegen ihr bisheriges, widerspruchsvolles Leben revoltieren und den Blick auf das Vollkommene in der Liebe, Freiheit, Gerechtigkeit, Wahrheitsfindung richten, obwohl stets die Kapitulation vor der gewohnten Welt droht. »Im Widerspiel des Unmög-

lichen mit dem Möglichen erweitern wir unsere Möglichkeiten.« (B.) Meist sehr prägnante Expositionen; einige Fabeln von innen her zu fast philosophischer Durchdringung des Themas aufgesprengt.

1961   Günter Grass
(Biogr. S. 663):
Katz und Maus

»Eine Novelle«.
Von einem ehemaligen Mitschüler erzählte, um den »Großen Mahlke« mit der »Maus«, einem abnorm hervortretenden Adamsapfel, kreisender Bericht über Danziger Gymnasiasten, deren Grunderlebnis der Zweite Weltkrieg wurde. Dem frühreifen Joachim Mahlke, der das Niveau seiner Altersgenossen im sportlichen Spiel zu überragen versuchte und mit einem gestohlenen Ritterkreuz seine, die »Katz« der Umwelt herausfordernde »Maus« zu verdecken trachtete, aber auf eine andere Schule strafversetzt wird, mißlingt der Plan, als Soldat mit rechtmäßig erworbenem Ritterkreuz während eines Urlaubs aufzutrumpfen und sich zu rehabilitieren.
Draufgängertum unter dem Überdruck biologischer, gemütsmäßiger, sozialpsychologischer, neurotischer und moralischer Belastungen. Zeittypisches auch in vielen, teilweise ironisch-grotesk zugespitzten Nebenmotiven.

1961   Uwe Johnson
(Biogr. S. 664):
Das dritte Buch über Achim

R.
Der Hamburger Journalist Karsch versucht, in der DDR ein drittes Buch über den Rennfahrer Achim zu schreiben, das nach zwei bereits bestehenden Büchern über den Sportler nun dessen Menschentum ins Licht rücken soll. Aber sämtliche Bemühungen, das Leben Achims sowohl in die Vergangenheit zurückzuverfolgen wie seine gegenwärtige Arbeit und gesellschaftliche Stellung zu erfassen, scheitern daran, daß Achim und seine Umwelt seinen Werdegang anders sehen wollen, als er sich dem Auge des »Westlers« darstellt, dem der ständige Bezug des Privaten auf das Staatliche fremd bleibt.
Darstellung des Versuchs einer Darstellung, bei der die handelnden Personen sich selbst und die anderen belichten. Häufige Einblendungen von Berichten und Beschreibungen.

1961   Heinrich Böll
(Biogr. S. 662):
Erzählungen, Hörspiele, Aufsätze

Psychologische Genrebilder aus der Nachkriegszeit: Eheprobleme, Jugendprobleme (*Im Tal der donnernden Hufe*, 1957), Intensität des

Atmosphärischen (*Das Abenteuer*, 1950), satirisch zugespitzte, symptomatische Sonderschicksale (*Abenteuer eines Brotbeutels*, 1950; *Der Lacher*, 1952; *Im Lande der Rujuks*, 1953).
Die Hörspiele sind auf den Dialog konzentriert (*Bilanz*, 1957); geringe Einbeziehung räumlicher und akustischer Effekte.
Der theoretische Gehalt der Aufsätze, die sich zur »Trümmerliteratur«, der »Wirklichkeit« unserer Tage und zur rheinischen Heimat bekennen, unterstreicht und erklärt die von B. bevorzugten Gegenstände seiner Kunst.

1961   Max Frisch
        (Biogr. S. 663):
        Andorra

»Stück in zwölf Bildern«, Prosa. Auff. 2. 11. in Zürich, Schsp.-Haus.

Die Fabel des Stückes 1946 erfunden und in *Tagebuch 1946 bis 1949* unter dem Titel *Der andorranische Jude* veröffentlicht; entst. 1958 und 1960 bis 1961.

Der Staat Andorra ist nicht identisch mit dem Pyrenäenstaat, sondern ist Modell für die Charakterlosigkeit und Herzlosigkeit einer Gemeinschaft, die sich von dem Nachbarstaat der »Schwarzen« bedroht und schließlich okkupiert sieht. Angefangen bei dem Vater, der den eigenen Sohn, den er von einer »Schwarzen« hat, für ein gerettetes Judenkind ausgibt, über den Geistlichen, der den jungen Andri zur Annahme seines »Andersseins« überredet, bis zu denen, die ihn verfolgen und ausliefern, sind alle von Feigheit und Vorurteil beherrscht. »Jud« als Modell für ein vorgefaßtes und festgelegtes Bild vom Menschen, das tödlich wirkt. In die Handlung eingeblendete spätere Rechtfertigungsversuche der Mitschuldigen.

1961   Siegfried Lenz
        (Biogr. S. 664):
        Zeit der Schuldlosen

Dr. in zwei Teilen, Prosa. Auff. 19. 9. in Hamburg, Dt. Schsp.-Haus.

Vorstufe: Der erste Teil als gleichnamiges Hörsp.; Sendung 7. 2. 1960 Norddt. Rdfk.

Neun »schuldlose« Bürger werden mit der Aufgabe gefangengesetzt, einen Attentäter zum Verrat oder zum Parteiwechsel zu zwingen. Sie erlangen ihre Freiheit wieder, als einer von ihnen den Standhaften im Dunkeln umbringt. Vier Jahre später, nach dem Sturz der Staatsgewalt, stehen die Schuldlosen wegen Mordes vor dem Richter: Als sie erneut zu ihrer Rettung ein Menschenleben preisgeben wollen, opfert sich der Baron durch Selbstmord; wieder sind sie frei, aber nicht frei von Schuld.

Buchausg. 1962.

1961   Helmut Baierl
(geb. 1926, Kriegsdienst, Berlin-DDR):
Frau Flinz

Kom. 3, mit Epilog, Prosa. Auff. 25./26. 4. in Berlin-DDR, Berliner Ensemble.

Entst. in Zusammenarbeit mit dem Kollektiv des Berliner Ensembles.

Weg einer resoluten Flüchtlingsfrau nach Ende des Zweiten Weltkrieges aus listiger Opposition zur Mitarbeit am Arbeiter-und-Bauern-Staat. Der Weg führt nicht über eine Bekehrung, sondern über die Erkenntnis des für sie und ihre fünf Söhne Nützlichen, das sich schließlich mit dem für die größere Gemeinschaft Nützlichen deckt.

Buchausg. 1962; Filmwerk 1967.

1961   Günter Grass
(Biogr. S. 663):
Die bösen Köche

Dr. 5, Prosa. Auff. 16. 2. in Berlin-West, Schillertheater, Werkstatt. Buchausg. im gleichen Jahr.

Entst. 1956.

Fünf Köche versuchen im Auftrag eines Gastwirts, einem Liebhaber der Kochkunst, dem »Grafen«, das Rezept seiner berühmten grauen Suppe abzufordern, bis er sich und seine Geliebte dem Zugriff durch zwei Pistolenschüsse entzieht.
»Absurdes« Theater; das Grotesk-Ungewöhnliche der Figuren, Sprache und szenischen Einfälle teilweise deutbar als nicht-ungewöhnliche Situationen und Verhaltensweisen: Jagd auf Außenseiter, Suche nach Erfolgsrezepten. Weiß als Grundfarbe skrupelloser Bosheit u. a.

1961   Heinz Piontek
(Biogr. S. 664):
Weißer Panther

Hörsp. Auff. 25. 10. Norddt. Rdfk. und Bayer. Rdfk.
Im Selbstverhör vergegenwärtigt sich eine mit den Schatten der Vergangenheit ringende Frau ihr tragisches Liebeserlebnis mit einem russischen Offizier im Vorfeld des belagerten Breslau. Anklänge an die griech. Sage von Achill und Penthesilea.

1962   Marie Luise Kaschnitz
(1901–1974, Karlsruhe, Potsdam, Berlin, Rom, Königsberg, Frankfurt/Main):
Dein Schweigen – meine Stimme

»Gedichte 1958–1961«.
Beherrschendes Thema: Trauer um den Tod des Mannes, Einsamkeit, Sichfinden in eine neue, reduzierte Art des Lebens. »Reden wir von der Ehe als einer Zeit / Da wir auf Erden zu hause sind / Da unsere Füße in die Schuhe passen / Unser Leib ins Bett / Unsere Hand um den Türgriff.«
Die Sprache ist gegenüber den früheren Gedichten (1947) härter und knapper, sie ist ausgespart und nähert sich der Chiffrenhaftigkeit.

1962   Albert Paris Gütersloh
(1887–1973, Wien):
Sonne und Mond

Entst. seit 1935.

Ein abenteuernder Graf erbt von seinem Onkel ein verfallendes Schloß, setzt aber, weil gerade in eine Liebesaffäre verstrickt, einen jungen Bauern als Verwalter ein. Dieser Till Adelseher wächst in seine Rolle so hinein, daß Graf Lunarin, als er nach Jahresfrist endlich auf seinem Besitz erscheint, diesen dem Verwalter abtritt, ihm aber die Geliebte abspenstig macht.
Verwalter und Graf, »zwei Funktionen einer einzigen Person«, sind »Sonne und Mond«. Das Schloß in gewissem Sinne Österreich; Ablösung der Monarchie durch die Demokratie, die »nur das Erlöschen des Königsgedankens im König anzeigt«. Fülle von Episoden, Exkursen, Abschweifungen und Betrachtungen in eigenwilliger, witziger, pathetischer, barocker Sprache.

1962   Wolfgang Borchert
(Biogr. S. 662):
Die traurigen Geranien

Erzz. Aus dem Nachlaß hgg. Peter Rühmkorf.

Entst. 1946–1947.

Zehn um jeweils sparsame, aber straffe Handlung gebaute Genrebilder aus dem großstädtischen Alltag – das enttäuschte späte Mädchen, das junge Paar im Regen, das Ende eines Amüsierlokalinhabers. Acht weitere Erzz., zusammengefaßt unter dem Titel *Preußens Gloria*, auf dem Hintergrund des Kriegs-, Gefängnis- und Nachkriegserlebnisses.
In diesen Musterstücken der Gattung Kurzgeschichte erscheint B. nicht als Ankläger seiner Zeit, sondern als distanzierter, das Emo-

tionale bewußt untertreibender Beobachter und Schilderer. Anknüpfung an die frühe expressionistische Prosa Georg Heyms und Alfred Döblins.

1962   Max Walter Schulz
     (geb. 1921, Scheibenberg/Erzgebirge, Leipzig):
     Wir sind nicht Staub im Wind

»R. einer unverlorenen Generation«. Erster Teil eines Entwicklungs-R.
Von April bis August 1945 reichende Darstellung der letzten Kriegserlebnisse des Unteroffiziers Rudi Hagedorn, seiner Heimkehr in die sich sozialistisch neuordnende Kleinstadt Reiffenberg, seiner Überwindung enttäuschender Jugenderfahrungen, seines allmählichen Hinfindens zu neuer Liebe, Tätigkeit, Hoffnung. Weitere Zeitschicksale an beispielhaften Nebenfiguren.
Offenbar stark autobiographisch. Durch Rückblenden Einbeziehung der vorangegangenen Jahre, kurzer Ausblick auf die künftigen Wege der Hauptgestalten.

1962   Franz Fühmann
     (geb. 1922, Rochlitz/Riesengebirge, Kriegsdienst, Gefangenschaft, Berlin-DDR):
     Das Judenauto

»Vierzehn Tage aus zwei Jahrzehnten«.
Entst. 1959–1961.

Ich-Berichte über Erlebnisse, Eindrücke, Stellungnahmen in symptomatischen Situationen und an geschichtlich bedeutsamen Wendepunkten seit der Kindheit in den zwanziger Jahren (die Titel-Erz. ist datiert »1929, Weltwirtschaftskrise«), über NS-Zeit, Zweiten Weltkrieg, Gefangenschaft in der Sowjetunion bis zur Rückkehr in die DDR Ende 1949.
Bemühen um genaues Ausloten der Erinnerung. Das »Prinzip der Selbstironie« im letzten Kapitel aufgegeben »zugunsten einer Haltung absoluter Übereinstimmung zwischen dem Individuum und der von ihm zur Lebenssphäre gewählten Gesellschaft« (F.).

1962   Christa Wolf
     (Biogr. S. 665):
     Der geteilte Himmel

Erz. In *Forum*.
Rita Seidel, in der Ausbildung befindliche Lehrerin und zugleich Arbeiterin in einer Waggonfabrik der DDR, erinnert sich während der Genesung nach körperlich-seelischem Zusammenbruch an die

Geschichte ihrer Liebe zu dem Chemiker Manfred, der nach Berlin-
West gegangen ist. Obwohl »Personen und Handlung« laut Vorbemerkung »erfunden« sind, rückt die Darstellung des Alltags einer
Industriestadt, der sie umgebenden Landschaft, der dort lebenden
Arbeiter und Funktionäre in den Monaten vor und nach dem 13. August 1961 offenbar sehr nahe an die Wirklichkeit. Differenzierte Reihe
von redlichen Idealisten, ideologisch Konsequenten, brüchigen
Skeptikern, Dennoch-Sagern.
Kompositionelle Verschränkung der Genesungszeit mit den Ereignissen, die zum Zusammenbruch führten, bis zur Eröffnung einer
neuen Perspektive.

Buchausg. 1963; Filmwerk zus. mit Gerhard Wolf und Konrad Wolf 1964.

1962 **Reinhard Baumgart**
      (geb. 1929, Breslau, Grünwald b. München):
      Hausmusik

»Ein dt. Familienalbum«.
Niederschriften der Nachforschungen eines um Standortfindung bemühten jüngeren Deutschen namens Pohl, der selber Mittelpunkt
der in Frankreich spielenden Rahmenhandlung ist, über das Verhalten seiner Familienangehörigen während des Dritten Reiches.
Satirisch gezeichnete Bilder von damaligen Durchschnittsbürgern
und Vorkommnissen aus der Sicht eines ironisch distanzierten Re-
chercheurs.

1962 **Friedrich Dürrenmatt**
      (Biogr. S. 662):
      Die Physiker

Kom. 2, Prosa. Auff. 21. 2. in Zürich, Schsp.-Haus. Buchausg. im
gleichen Jahr.
Ein genialer Physiker hält sich unter fingiertem Wahnsinn im Schutz
eines Irrenhauses verborgen, um die toll gewordene Welt vor der gefährlichen Nutzung seiner Entdeckungen zu schützen. Zwei weitere
Physiker, Agenten entgegengesetzter politischer Systeme, die sich
als »Irre« seiner versichern wollten, sehen sich gleichfalls gezwungen,
als Simulierende vor der Wirklichkeit zu kapitulieren. Aber die Chef-
ärztin hat längst die Aufzeichnungen des Erfinders photokopiert, und
ein von ihr aufgebauter Trust wird sich alles unterwerfen.
Die Verkettung von Forschung, Wirtschaft, Politik nicht als tragisches Problem, sondern durch Groteske und Paradoxie zu pessimistischer Einsichtigkeit gebracht.

1963   Peter Huchel
(geb 1903, Berlin, Frankreich, Berlin, Potsdam, Freiburg/
Breisgau):
Chausseen Chausseen

Gedichte.
Fünf Gruppen, vorwiegend Landschaftsbilder aus Nordostdeutsch-
land, Griechenland, Italien, Frankreich, dem Balkan. Bestimmt von
Trauer, die keine Idyllik zuläßt: »Ausgedörrt hat alles der Krieg auf
dieser Darre des Todes.« Mündend in Erinnerung an Krieg und Zerstörung, an Chausseen, »Kreuzwege der Flucht«, im Wissen um »ein
Geschlecht, eifrig bemüht, sich zu vernichten«.
Darbietung traumhaft, visionär, doch nicht hermetisch. Herüber-
nahme erprobter Form- und Reimwerte in moderne Aussageweise.

1963   Paul Celan
(Biogr. S. 662):
Die Niemandsrose

Gedichte.
Thematisch stark von dem in der Widmung ausgesprochenen An-
denken an den russischen Dichter Ossip Mandelstam bestimmt, darüber hinaus andere Sach- und Sprachbezirke umgreifend.
Fortführung des »einsamen« Gedichts, das sich, »um bestehen zu
können, unausgesetzt aus einem Schon-nicht-mehr in sein Immernoch« zurückholt und dabei sich selbst zu erkennen sucht. Außer
den Gedichten in sprödem Ton und mit ungewöhnlichen Metaphern
auch solche mit offener Melodik und mit Reimen.

1963   Heimito von Doderer
(Biogr. S. 583):
Roman No 7. I. Teil: Die Wasserfälle von Slunj

Selbständiger, ausgeführter Teil eines R.-Tetralogie-Planes.

Entst. seit 1960.

Kritisches Gesellschaftsbild Wiens und der ehemaligen Donau-
monarchie um 1900. Hauptfiguren die aus England stammenden
Maschinenfabrikanten Clayton Vater und Sohn. Während Robert
Clayton in der nur scheinbar geordneten Umwelt geschäftlich und
persönlich reussiert, treibt der von Geburt an innerlich belastete
Sohn Donald einem vom Fatum vorbestimmten frühen Unglücks-
sturz in die Wasserfälle von Slunj entgegen.
Mehrschichtige Analyse der verschiedenen Bevölkerungselemente,
Klassen und Generationen. Räumlich ausgreifend sowohl in und um
Wien als auch im ganzen alten Österreich, mehrfach hinüberspielend
nach England. H. v. D. zeigt sich dem Leser gelegentlich als Kon-

strukteur der Handlung und Regisseur seiner Figuren. Stetig wachsendes Tempo bis zum doppeldeutigen endlichen Katarakt.

1967 erschien aus dem Nachlaß ein Fragment von *Roman No 7. II. Teil: Der Grenzwald* nebst einem Anhang *Tagebuchaufzeichnungen zu Roman No 7/II.*

1963   Erwin Strittmatter
          (Biogr. S. 665):
          Ole Bienkopp

R.
Gründung einer neuen landwirtschaftlichen Produktionsgenossenschaft durch einen eigensinnigen, aber uneigennützigen »Wegsucher und Spurmacher« in zähem Kampf gegen einzelne Altbauern, Bürgerliche, das Parteidogma anders auslegende Genossen sowie Bürokraten. Die Gemeinschaft »Blühendes Feld« ein »Vorstoß in Zukunft«, der den tragischen Untergang des persönlich wenig glücklichen Bienkopp überglänzt.

1963   Heinrich Böll
          (Biogr. S. 662):
          Ansichten eines Clowns

R.
Von seiner Geliebten aus katholisch-moralischen Skrupeln verlassen und seinen künstlerischen Abstieg erkennend, summiert der 27jährige, in Bonn ansässige Pantomime Hans Schnier aus exponierter Situation, skeptisch gegenüber den gängigen Kompromissen und Konventionen, seine Enttäuschungen zu einer Generalabrechnung mit Familie, Gesellschaft, Kirche, Staat.
Ich-Bericht eines zu Ironie und Provokation aufgelegten modernen Picaro über nur wenige Stunden umspannende Vorgänge, die laufend mit Erinnerungen durchsetzt sind.

1963   Günter Grass
          (Biogr. S. 663):
          Hundejahre

R.
Von der Weichselniederung der Vorkriegszeit über das Berlin des Zusammenbruchs im Jahre 1945, die Anfänge der Bundesrepublik und das gespaltene Berlin bis zum Abstieg in ein symbolvolles Untertagewerk führende dreiteilige Komposition aus realen Landschaften, für zeittypisch angesehenen Menschen, mehrschichtigen Motiven, ins Halbwirkliche transponierten satirischen Episoden, offener, andeutender und verschlüsselter Polemik. Der erste Teil: die in »Frühschichten« gegliederten Erinnerungen des Herrn Brau-

xel; zweiter Teil: »Liebesbriefe« des Harry Liebenau an seine Cousine Tulla über die dreißiger Jahre bis 1945; dritter Teil: die »Materniaden« des Walter Matern über die Nachkriegsepoche.
Der doppeldeutige Titel am konkretesten verbunden mit dem stets wieder auftauchenden und immer surrealistischer werdenden Schäferhunde Prinz aus dem Geschlecht des Wolfshundes Perkun.
Auff. des eingebauten Ballettlibrettos *Die Vogelscheuchen* 1970 in Berlin-West, Dt. Oper.

1963   Jürg Federspiel
        (geb. 1931, Zürich, Davos, Basel):
        Massaker im Mond

R.
Ich-Bericht über Anja, die »weder Heldin noch Opfer« zweier Ehen und menschlicher Beziehungen ist. Besonders während einer lärmenden Party am Schluß des R. dekuvriert sich die Gefühlskälte aller Personen. Anjas verzweifelte Flucht in ihrem Auto endet mit der Zerstörung ihrer Sehnerven.
Verschränkung von Erlebtem und Gehörtem zu einem scheinbar beliebigen Wirklichkeitsausschnitt aus einer Schweizer Stadt.

1963   Günter de Bruyn
        (geb. 1926, Berlin, Kriegsdienst, Gefangenschaft, Berlin-DDR):
        Ein schwarzer abgrundtiefer See

Erzz.

Die Erz. *Hochzeit in Weltzow* und die Erz. *Wiedersehen an der Spree* einzeln bereits 1960 veröffentlicht.

Der Titel, zugleich der einer Erz., Symbol für die »andere Welt« der Vergangenheit. Ihre schicksalhaften Folgen und ihre Überwindung Hauptmotiv der in und bei Berlin sowie in Kattowitz/Katowice spielenden Geschichten.
Berichte eines Ich-Erzählers oder unter Mitverwendung der Perspektiven beteiligter Personen.

2. Aufl. 1966 vermehrt, auch um einige Skizzen aus dem Alltag.

1963   Rolf Hochhuth
        (Biogr. S. 663):
        Der Stellvertreter

Schsp. 5, in Versen. Auff. 20. 2. in Berlin-West, Theater am Kurfürstendamm, in einer durch Erwin Piscator stark gekürzten Fassung. Buchausg. im gleichen Jahr.
Ein junger Jesuitenpater begleitet, nachdem er vergebens versucht hat, Papst Pius XII. zu einem Protest zugunsten der von den Natio-

nalsozialisten deportierten Juden zu bewegen, einen Transport römischer Juden ins Todeslager Auschwitz. Er kommt um, als ein Protestant, der als »Spion Gottes« in die SS eingetreten war, ihn befreien will.
Anklage gegen Würdenträger der katholischen Kirche, vor allem Pius XII., aus Gründen der Diplomatie vor dem Gebot der Menschlichkeit versagt zu haben. Die dt. Machthaber durch untergeordnete Figuren und die zum Symbol des Bösen überhöhte Gestalt des Lagerarztes von Auschwitz repräsentiert.

1963   Martin Walser
        (Biogr. S. 665):
        Überlebensgroß Herr Krott

»Requiem für einen Unsterblichen« in 13 Szenen, Prosa. Auff. 30. 11. in Stuttgart, Württembergisches Staatstheater.
Satirisches Abbild der modernen kapitalistischen Wohlstandsgesellschaft, deren Aufbau zugleich eine anscheinend unsterbliche Naturordnung repräsentiert: der Mann zwischen Ehefrau und Geliebter, der »Unternehmer«, dem Geschäft und Erfolg zu seinem eigenen Überdruß nachlaufen, gegenüber dem ewig Dienenden, der eine eigene Meinung wie jedes Risiko verabscheut, sowie gegenüber dem sich an klischeehaften Empörerphrasen berauschenden Funktionär, der über seinen Auftrag hinaus keine Initiative besitzt und vom Entgegenkommen des Chefs entwaffnet wird.
Buchausg. 1964.

1964   Helmut Heißenbüttel
        (Biogr. S. 663):
        Textbuch 4

Vier Abteilungen sogenannter experimenteller oder konkreter Lyrik: »Rücksprache in gebundener Rede«, »Sprech-Wörter«, »Siebensachen«, »Zusammensetzungen«. Unter Reduzierung des Sinngehaltes, Stofflichen und Emotionellen vorgenommene Kombinationen von Wörtern, Wortgruppen und Zitaten aus Werken anderer Autoren zu skelettartig wirkenden Texten, deren graphische Anordnung meist die verbale Inspiration verdeutlicht.

1964   Max Frisch
        (Biogr. S. 663):
        Mein Name sei Gantenbein

R.
Ich-Erz., in der erdachte Variationen zum Ich (Enderlin, Gantenbein, Svoboda) und vorgestellte Lebensläufe (sich als Blinder aus-

geben, um mehr sehen und hinnehmen zu können) Begebenheiten und Erfahrungen, zum Beispiel die Liebe zu der Schauspielerin Lila, ausloten sollen.

Existenz nur als Existenz in auswechselbaren Rollen. Die Fiktion als Methode der Deutung und Wahrheitsfindung. Fortführung des in *Stiller* (1954) und *Homo Faber* (1957) behandelten Problems der Identifizierung des Ichs mit der ihm aufgezwungenen oder von ihm übernommenen Rolle.

1964   Johannes Bobrowski
(Biogr. S. 662):
Levins Mühle

»34 Sätze über meinen Großvater«. R.
Ich-Erz. von einer in den 70er Jahren des 19. Jh. an einem Nebenfluß der Weichsel spielenden Auseinandersetzung zwischen dem Großvater Johann und Levin als farbenkräftige Veranschaulichung damaliger nationaler und religiöser Spannungen im Grenzgebiet zwischen Dld. und Polen, aber im Blick auf die Folgen für das 20. Jh. »hier unsertwegen erzählt« (B.).
Der fabulierfreudige, bewußt weitschweifige Erzähler im Dialog mit seinen Figuren und dem zum Mitfabulieren aufgeforderten Leser.

1964   Hermann Kant
(geb. 1926, Hamburg, Kriegsdienst, Gefangenschaft, Greifswald, Berlin-DDR):
Die Aula

R. In *Forum*, Zs. der Jugendorganisation FDJ.
Robert Iswall, einer der ersten Studenten der 1949 begründeten Arbeiter- und Bauernfakultät, soll dreizehn Jahre später eine Festrede vorbereiten, als man die ABF nach Erfüllung ihrer Aufgabe zu schließen plant. Während seiner Berufsarbeit als Journalist geht er im Gedanken an seinen – dann nicht zustande kommenden – Auftritt in der Aula der alten pommerschen Hochschule seiner Entwicklung sowie der seiner Studienfreunde prüfend nach und sucht die Rolle jener Fakultät für die DDR der Gegenwart zu bewerten.
Ständige Verschränkung des Aktuellen mit Episoden der vergangenen Zeit.
Buchausg. 1965. Auff. der Bühnenfassung 26. 4. 1968 Halle, Landestheater.

1964   Erik Neutsch
(geb. 1931, Schönebeck/Elbe, Leipzig, Halle):
Spur der Steine

Dreiteiliger R. aus der erfundenen mitteldt. Stadt Schkona und den Schkonawerken mit dem Zimmerer Hannes Balla, seiner Brigade,

den »Ballas«, der jungen Diplomingenieurin Katrin Klee, dem Partei-
sekretär Horrath als Hauptpersonen, mit Konflikten und Lösungen
sowie der Rolle der SED bei der Entwicklung neuer Normen des
Zusammenlebens.
Erzählt, um »die Wirklichkeit weder häßlicher noch schöner . . .,
sondern deutlicher« zu machen (N.).

Filmwerk 1966.

1964   Uwe Johnson
(Biogr. S. 664):
Karsch, und andere Prosa

Fünf Prosastücke.

Jonas zum Beispiel bereits 1962 in der *Frankfurter Allgemeinen Zeitung.*

Das Hauptstück, *Eine Reise wegwohin, 1960,* beschreibt des nun »nahezu vierzig Jahre« alten Journalisten Karsch Eindrücke während
eines Aufenthaltes in der DDR und seinen ergebnislosen Versuch
nach der Rückkehr, seine Erfahrungen zu einem in seinem Sinne
wahren, die Wortformeln neu wägenden und nach beiden Seiten
kritischen Bericht zu gestalten und zu publizieren.
Wie hier Karsch und Achim, auch in weiteren Prosastücken Personen
aus J.s früheren Büchern.

1964   Peter Weiss
(Biogr. S. 665):
**Die Verfolgung und Ermordung Jean Paul Marats, dar-
gestellt durch die Schauspielgruppe des Hospizes zu
Charenton unter Anleitung des Herrn de Sade**

Dr. 2, in verschiedenen Versarten. Auff. 29. 4. in Berlin-West,
Schillertheater. Buchausg. dieser (3.) und einer 4. Fassung im gleichen Jahr.

Entst. seit Herbst 1962; 1. und 2. Fassung 1963.

Der von 1801 bis zu seinem Tode in der Heilanstalt interniert gewesene Marquis de Sade, der mit den Insassen Theateraufführungen
veranstaltete, inszeniert 1808 im Badesaal die Ermordung Marats
durch Charlotte Corday im Jahre 1793 und zeigt, auch selber agie-
rend, bei dieser Darstellung eines damals zeitgeschichtlichen Themas
philosophisch-politische Grundstandpunkte auf.
Spiel und Argumentationen sich gegenseitig motivierend. Das
Geistige und Sinnliche (das Milieu, Pathologisches, Emotionen, ex-
zessive Handlungen) miteinander verfugt. Kommentierend heraus-
tretende Figuren. Pantomimen, Bänkelsang, Moritaten.

5. Fassung 1965.

1964   Heinar Kipphardt
(geb. 1922, Heidersdorf/Schlesien, Kriegsdienst,
Berlin-DDR, Düsseldorf, München):
In der Sache J. Robert Oppenheimer

Schsp. in 9 Szenen, Prosa. Auff. 23. 1. Hessischer Rdfk., Fernsehen;
11. 10. in Berlin-West, Freie Volksbühne, und in München, Kammerspiele, Druck im gleichen Jahr.

Entst. 1962 und 1963.

Dokumente verwendender, »die Worttreue durch Sinntreue« erset-
zender szenischer Bericht über die 1954 erfolgte Untersuchung gegen
den amerikanischen Physiker und Leiter des Atombau-Programms
der USA im Zweiten Weltkrieg im Hinblick auf politische und fach-
lich-moralische Eignung für weitere militärisch wichtige Projekte.
Problem der Unvereinbarkeit von Forscherdrang, Staatstreue und
allgemein-menschlicher Verantwortung.

Buchausg. 1965.

1965   Uwe Johnson
(Biogr. S. 664):
Zwei Ansichten

R.
Die Schwierigkeit gegenseitigen Verstehens und Vertrauens am Bei-
spiel des jungen Pressephotographen B. und der Krankenschwester
D., zweier Durchschnittsmenschen der BRD bzw. DDR, vor dem
Hintergrund des Berliner Mauerbaues 1961.
Die zehn Kapitel abwechselnd aus der Optik der beiden Hauptper-
sonen. Darbietung um neutrale Beschreibung bemüht.

1965   Herbert Eisenreich
(Biogr. S. 663):
Sozusagen Liebesgeschichten

Erzz.
Liebe, Ehe, Ehebruch, Glück und Risiko zwischenmenschlicher Beziehungen als Motive ernster, heiterer, auch ironisch gemeinter Situa-
tionsbilder.
Verwendung der verschiedensten Erzählformen: Beschreibung, innerer Monolog, Ich-Erz., Kurzszene u. a.

1965   **Peter Weiss**
             (Biogr. S. 665):
             Die Ermittlung

»Oratorium in elf Gesängen«, freie Rhythmen. Auff. 19. 10. gleichzeitig an mehreren Bühnen. Buchausg. im gleichen Jahr.

Entst. 1964 bis Sommer 1965.

Szenisch gestaltete Mahnung und politische Lehre auf Grund der
Vernehmung der Angeklagten sowie der Beweisaufnahme im Frankfurter Auschwitz-Prozeß nach eigenen Notizen und Publikationen
anderer über die Gerichtsverhandlungen. Konzentrierung des Stoffes
und Verminderung der Anzahl der Personen. Die dreiteiligen »Gesänge« (»Gesang von der Rampe«, »Gesang von der Möglichkeit
des Überlebens«, »Gesang von der Schwarzen Wand«, »Gesang vom
Zyklon B« u. a.) dokumentieren mit den Ermittlungen in Frankfurt
die Methoden der Vernichtung und den Todesweg der Opfer in
Auschwitz.

1966   **Johannes Bobrowski**
             (Biogr. S. 662):
             Wetterzeichen

Gedichte.
Nach *Sarmatische Zeit* (1961) und *Schattenland Ströme* (1962) dritter,
noch von B. zusammengestellter Lyrikbd. Vereinigt teilweise bereits früher publizierte Gedichte aus des Dichters letzten Lebens-
jahren und schließt mit dem im Juni 1965 entstandenen *Das Wort
Mensch:* ». . . Wo Liebe nicht ist, / sprich das Wort nicht aus.«

1966   **Heinrich Böll**
             (Biogr. S. 662):
             Ende einer Dienstfahrt

Erz.

Zur Entstehung aus einer Kurzgesch. über vier weitere Fassungen bis zur endgültigen
sechsten vgl. »Einführung« in dem Bd. *Aufsätze, Kritiken, Reden* (1967).

Bericht von dem vor einem rheinischen Amtsgericht geführten Prozeß gegen Vater und Sohn Gruhl, zwei selbständige Handwerker,
die einen Jeep der Bundeswehr in Brand steckten.
Scheinbare Kleinstadtidylle vom weitgehenden Einverständnis mit
einer Protesthandlung; ironisch verkleidete Kritik an Praktiken
staatlicher Instanzen.

1966   Dieter Wellershoff
(geb. 1925, Neuß/Rhein, Grevenbroich, Bonn, Köln):
Ein schöner Tag

R.
Beschreibung des durch unterdrückte Individualinteressen, seelische Abnutzung und schwelende Spannungen kontaktlos gewordenen Zusammenlebens des verwitweten, aus Pommern nach Köln verschlagenen alten Lorenz mit seiner Tochter, der Lehrerin Carla, und dem Sohn Günther, endend mit des Vaters Geburtstag, an dem die innere Leere durch routinemäßiges Zeremoniell kaschiert ist.
Stil der möglichst exakten und vollständigen Erfassung eines unter wechselnden Perspektiven beobachteten Raum- und Zeitausschnittes.

1966   Friedrich Dürrenmatt
(Biogr. S. 662):
Der Meteor

Kom. 2, Prosa. Auff. 20. 1. in Zürich, Schsp.-Haus. Buchausg. im gleichen Jahr.

Entst. 1965.

Der bereits amtlich tote weltberühmte Dramatiker Schwitter, der aus der Klinik in das schäbige Atelier seiner künstlerischen Anfänge floh, kann hier zwar mit kraftgenialischen Einfällen seine Umwelt betroffen machen oder tödlich treffen, selber aber nicht sterben. Er »gewinnt nicht das ewige Leben, sondern das ewige Sterben« (D.).
Grotesk-makabres Spiel mit den Konsequenzen aus der paradoxen Prämisse von einem immer wieder lebendig werdenden Literaten.

1966   Günter Grass
(Biogr. S. 663):
Die Plebejer proben den Aufstand

»Ein dt. Trauersp.« 4, in Prosa und Versen. Auff. 15. 1. in Berlin-West, Schiller-Theater. Buchausg. im gleichen Jahr.
In das »Spiel« einer *Coriolan*-Probe in Bert Brechts Theater am Schiffbauerdamm bricht die Wirklichkeit des 17. Juni 1953 ein und stellt den »Chef« genannten Theaterleiter vor das Problem der aktuellen Anwendbarkeit seines politisch-ästhetischen Konzepts sowie das seiner persönlichen Entscheidung.
Verschränkung des Aufstandes der Plebejer gegen Coriolan mit dem der Arbeiter in Berlin-DDR: beide »Proben« mißlingen.

1966   Günter de Bruyn
         (geb. 1926, Berlin, Kriegsdienst, Gefangenschaft,
         Berlin-DDR):
         Maskeraden

Die in neun Kapiteln angeordneten Parodien betreffen Stoffe, Motive, Stile zeitgenössischer dt.-sprachiger Autoren der DDR (Bobrowski, Fühmann, Herbert Nachbar, Neutsch, Noll, M. W. Schulz,
Strittmatter, Christa Wolf u. a.) sowie der BRD (Böll, Grass, Johnson, Martin Walser u. a.). Das *Märchen von einem, der auszog, das Fürch-
ten zu lernen*, in Fassungen von Strittmatter, Fühmann, Bobrowski,
Neutsch »nacherzählt«. Enthält auch eine Selbst-Parodie G. de B.s.

1967   Günter Grass
         (Biogr. S. 663):
         Ausgefragt

»Gedichte und Zeichnungen«.

Entst. vorwiegend im Frühjahr und Sommer 1966.

Von meist erkennbaren Gelegenheiten ausgelöste, einer Gesamt-
konzeption zugehörige, besonders politisch engagierte Texte.

1967   Alfred Andersch
         (Biogr. S. 661):
         Efraim

R.
Der in Berlin geborene, als Kind nach England gebrachte, in das ge-
teilte Berlin zurückgekehrte Journalist George Efraim versucht
einen R. zu schreiben, der aus dem Autobiographischen eine Fixierung der Wirklichkeit herausfiltern soll.
Porträt eines europäischen Intellektuellen. Schauplätze London,
Berlin, Rom. Auseinandersetzung mit persönlichem Schicksal, Zeitgesch., philosophisch-religiösen Standpunkten, Lit. und Kunst.
Innerer Monolog; Wechsel der Zeitebenen und des Ortes.

1967   Gerhard Fritsch
         (1924–1969, Wien, Kriegsdienst, Wien):
         Fasching

R.
Während eines Faschingsballs muß der aus langer sibirischer Gefangenschaft in eine österreichische Kleinstadt zurückgekehrte Felix
Golub als »Faschingsbraut« der inzwischen wieder etablierten Gesellschaft büßen, daß er als Jugendlicher gegen Ende des Zweiten Weltkriegs desertierte, in Frauenkleidern untertauchte und als »Charlotte« den Ortskommandanten zur Übergabe der Stadt zwang.

Tragikomödie um einen anpassungswilligen, aber für die Restauration noch nicht reifen Simplicius und Picaro. Groteske und drastische
Satire unter Verwendung fast aller zeitgenössischer Erzählmittel.

1967   Günter Kunert
         (Biogr. S. 664):
         Im Namen der Hüte

R.
Während der letzten Tage des Zweiten Weltkriegs und der ersten
Nachkriegszeit in Berlin spielende, ein altes Motiv modernisierende
Erz. von dem halbwüchsigen Henry, der unter der Mütze seines damaligen militärischen Vorgesetzten lernt, die Gedanken dessen zu
lesen, dem der »Hut« gehört, und die hellseherische Gabe benutzt,
um in seiner picaresken Art auch weiter zu überleben.
Beschreibung jener chaotischen Periode. Durchwirkt mit Motiven
jüdischen Schicksals im Dritten Reich.

1967   Hans Carl Artmann
         (Biogr. S. 661):
         Fleiß und Industrie

30 Prosastücke.
Je ein bis zwei Druckseiten lange Beschreibungen von Ur-Berufen
wie Schuhmacher, Bäckermeister, Schreiner, Bürstenbinder, Pfarrer,
Lehrer, Metzger u. a.
Altertümliche Schlichtheit imitierender, den Fibelton aber zugleich
ironisch-verfremdender Stil.

1967   Max Frisch
         (Biogr. S. 663):
         Biografie

»Ein Spiel«, 2 Teile, Prosa. Buchausg. im gleichen Jahr.
Veranschaulicht die von F. mehrfach episch dargestellte Frage, ob
das Leben eines Menschen zwangsläufig und sinnvoll oder von Zu-
fällen und Entschlüssen abhängig ist, indem ein »Registrator« dem
Verhaltensforscher Kürmann gestattet, alternative Verläufe seiner
Biographie zu »küren« und durchzuspielen.
Abkehr F.s von der »Dramaturgie der Fügung«, die nur den zwangs-
läufigen Ablauf als glaubhaften Ablauf anbiete.

Auff. 1. 2. 1968 in Zürich, Schsp.-Haus.

1967   Rolf Hochhuth
(Biogr. S. 663):
Soldaten

Tr. 3 mit Vorspiel und Nachspiel, Prosa und Verse. Auff. 9. 10. in
Berlin-West, Freie Volksbühne. Buchausg. im gleichen Jahr.
Der »Nekrolog auf Genf« mahnt mit einer vor die Ruine der Kathedrale von Coventry gelegten Rahmenhandlung um die Verantwortlichkeit von Bomberpiloten und einer auf Churchill, die Bombardierung der dt. Städte und den polnischen General Sikorski konzentrierten geschichtlichen »Spiel«-Handlung die Konvention über den
Schutz der Zivilbevölkerung vor Luftkrieg an.

1968   Günter Eich
(Biogr. S. 662):
Maulwürfe

»Prosa«.
Meist je eine Buchseite lange poetische, bissig-humorige, melancholische »Wühlarbeiten« in Gedankengängen, die mit Wirklichkeits-
details das Bizarre, mit Durchsichtigem das Verschlüsselte, mit Kri-
tischem das Makabre binden und häufig durch verbale Motivationen
wie Wortnebensinn oder Kombinationsträchtigkeit und Entwick-
lungsfähigkeit von Sprachmaterial angereichert sind.

1968   Siegfried Lenz
(Biogr. S. 664):
Deutschstunde

R.
Siggi Jepsen muß auf einem Insel-Institut für schwer erziehbare Ju-
gendliche als Strafarbeit einen Aufsatz über »Die Freuden der
Pflicht« schreiben. Er veranschaulicht sein hintergründig-aggressives
Thema mit der von ihm 1943 miterlebten lautlosen Auseinanderset-
zung, die sein Vater, der nördlichste Polizeiposten Dld.s im Dritten
Reich, mit einem »unerwünschten« Maler austrug.
Problem von Macht bzw. Pflichtauffassung und Kunst.

1968   Günter de Bruyn
(geb. 1926, Berlin, Kriegsdienst, Gefangenschaft, Berlin-
DDR):
Buridans Esel

R.
Buridans Esel, benannt nach dem Scholastiker Buridan (14. Jh.), verhungert, da
keine Ursache vorliegt, daß der zwischen zwei gleichen Heubündeln stehende Esel
eher zu dem einen als zu dem anderen Bündel greift: Unmöglichkeit der Willensfreiheit.

Der vierzigjährige Karl Erp, Ehemann und Vater, glaubt, mit dem jungen Fräulein Broder aus seinem etablierten Leben ausbrechen und unter einfachen Bedingungen neu anfangen zu können. Der Versuch scheitert. Erp kehrt in sein gut ausgestattetes Haus zurück.

Ironisch-distanzierte, mit häufigen Reflexionen durchsetzte Darbietungsweise. Einbeziehung des Alltags in östlichen Stadt- und Randbezirken Berlins sowie des Berufsmilieus von Bibliothekaren, das G. de B. mit Erfahrungen aus früherer Tätigkeit schildert.

1968   Christa Wolf
      (Biogr. S. 665):
      Nachdenken über Christa T.

R.

Biographie einer an Leukämie gestorbenen jungen Frau durch anhaltende Rückbesinnung auf die tote Schul- und Studienfreundin, ihre Gefühlsveranlagung, Anpassungsschwierigkeiten, Skepsis, Neigung zur Idylle, scheiternde Bewältigung der Wirklichkeit seit den dreißiger Jahren mit Flucht bei Kriegsende, Lehrerinberuf, Germanistikstudium in Leipzig, Ehe mit einem Tierarzt im Mecklenburgischen.

Verschmelzung hinterlassener Briefe, Aufzeichnungen, dichterischer Versuche der Christa T., eigener Erinnerungen und imaginierter Szenen zu einer elegischen Reflexionenkette.

1968   Günter Kunert
      (Biogr. S. 664):
      Die Beerdigung findet in aller Stille statt

Erzz.

Es erschienen *Die Waage* in dem Sammelbd. *Porträts* (1967), die *Alltägliche Geschichte einer Berliner Straße* in dem Bd. *Alle diese Straßen* (1965), *Der Hai* in der Zs. *Neue dt. Lit.* (1967), *Fahrt mit der S-Bahn* in dem Bd. *Atlas – zusammengestellt von dt. Autoren* (1965) und *Die Bremse muß nachgestellt werden* in *Erfundene Wahrheit* (1965).

Die Titel-Erz. am ehesten aus der Gattung der unterhaltenden Kurzgesch. mit aufgeschobener Pointe. In einigen der zehn Texte exemplarische Schicksale und Situationen der dt. Zeitgesch. und Gegenwart. Neben den mehr realistischen Stoffen und einer Abenteuer-Gesch. satirische, phantastische, groteske, utopische Erzz.

1969   Günter Grass
      (Biogr. S. 663):
      Davor

Dr., 13 Szenen, Prosa. Auff. 14. 2. in Berlin-West, Schiller-Theater.
Ein 17jähriger Schüler will auf dem Berliner Kurfürstendamm seinen

Dackel verbrennen, um die angesichts von Krieg und Not nur zu
Mitleid oder Protestbekundung bereite Öffentlichkeit aufzurütteln.
Im »Davor« dieser – dann nicht geschehenden – Tat entwickeln sich
Argumentationen und Reaktionen Erwachsener (eines Studienrats,
einer Studienrätin, eines Zahnarztes) und einer Mitschülerin.
Szenen auf gleichbleibendem Totalschauplatz mit gegenseitiger Ver-
schränkung der von den fünf Personen artikulierten Gedanken.
Buchausg. in *Theaterspiele* (1970).
Epische Behandlung des Stoffes in dem R. *Örtlich betäubt* (1969).

1970   Helmut Heißenbüttel
        (Biogr. S. 663):
        D'Alemberts Ende

›Projekt Nr. 1.‹ Dreiteiliger R.
Neun schemenhafte Figuren, vor allem Mitarbeiter von Massenmedien, an zwei Juli-Tagen in Hamburg. Der verbindende Ge-
schehnisablauf betrifft einen homosexuellen Kunstkritiker mit dem
parodistisch gewählten berühmten Nachnamen.
Annäherung an die Wirklichkeit des Gruppenverhaltens im intellektuellen »Überbau« durch spielerische Kombinierung von Sprachmaterial, echten und umgebogenen Zitaten, Wissenschafts- und
Verwaltungstexten, Klischees, Jargon zu Gesprächen und Beschreibungen. Verschobene Benutzung fremder Erzählformen (Goethes
Wahlverwandtschaften). Teile der Collage musikalisch strukturiert.

1970   Thomas Bernhard
        (geb. 1931, Wien, Salzburg, viele Reisen, Ohlsdorf/Ober-
        österreich):
        Das Kalkwerk

R.
Analyse der Motivationen eines vereinsamten Misanthropen, der
alles, besonders seine an den Rollstuhl gefessel gewesene, am späten
Weihnachtsabend von ihm erschossene Frau, der fixen Idee opferte,
eine Studie über »Das Gehör« schreiben zu wollen, die er »im Kopf«
zu haben meinte, aber zu Papier sogar dann nicht bringen konnte,
als er sich in ein entlegenes aufgelassenes Kalkwerk zurückgezogen
hatte.
Gegenseitige Zerfleischung des Ehepaares in der Art Strindbergs.
Rekonstruktion der Vergangenheit aus Berichten und Mutmaßungen
Dritter, die als Personen selber nicht greifbar werden.

1970   Uwe Johnson
(Biogr. S. 664):
Jahrestage – Aus dem Leben von Gesine Cresspahl

R. Erster Teil: ›August 1967–Dezember 1967.‹
Wiederaufnahme des Personenkreises von *Mutmaßungen über Jacob*.
Gesine Cresspahl, Jugendfreundin und Geliebte Jacobs, nunmehr
34 Jahre alt und Dolmetscherin in einer New Yorker Bank, ver-
sucht, sich selbst und ihrer zehnjährigen Tochter Rechenschaft zu
geben über ihr Werden und aus den Erfahrungen hervorgegangenes
Verhalten; die Geschichte ihrer Eltern aus dem Beginn der dreißiger
Jahre rückblendend einbezogen.
Verschränkte zeitliche und geographische Ebenen – Gegenwarts-
New-York und Mecklenburg um 1933 –, vorspannartig genutzte
Meldungen der *New York Times*, eingestreute Selbstgespräche,
Dialoge, Sentenzen und Zitate ergeben ein als Annäherungswert
wirkendes Erzählgewebe, das durch minuziös registriertes Detail
strukturelle Dichte erhält.

Zweiter Teil: »Dezember 1967–April 1968« (1971). In der Rückblende die Kindheit
Gesines bis zum Ende des Zweiten Weltkrieges.
Dritter Teil: »April 1968–Juni 1968« (1973). In der Rückblende die ersten Nachkriegsjahre, der Vater Cresspahl in Bürgermeisterfunktion unter englischer sowie sowjeti-
scher Besatzung und seine Inhaftierung.

1971   Heinrich Böll
(Biogr. S. 662):
Gruppenbild mit Dame

R.
Aus Informationen, die der in die Handlung integrierte »Verf.« bei
verschiedenen Überlebenden erfragt, ergibt sich sowohl deren Vita
als auch das durch diese Personen reflektierte Bild von »Leni, Lev
und Boris«, denen, als seinen Hauptgestalten, der R. gewidmet ist.
Die naiv kenntnislose, aber gefühlssichere Leni hatte mit dem sowjetischen Kriegsgefangenen Boris ein Liebesverhältnis und den
Sohn Lev, den die nach Boris' Tod alleinstehende Arbeiterin Leni
durchbrachte und erzog, eine Außenseiterin ohne jedes Profitdenken
und Inbegriff eines Menschentums, dessen »Kommunalismus« im
Auge seiner Gegner »utopische Idylle und Paradiesismus« fördert.
Kunstvoll facettiertes »Gruppenbild« der Gesellschaft vor, in und
nach dem Zweiten Weltkrieg, vorwiegend ihrer Kleinbürger und
Emporkömmlinge. Motivverwandt mit B.s früherem Werk. Ironisch
gebrochene Darstellung auch positiv gemeinter Figuren. Realistisch
sorgsame Detailzeichnung, daneben symbolistische Züge, funktio-
nale Verwendung von Zitaten aus Texten von Hölderlin, Trakl,
Brecht.

1971   Ingeborg Bachmann
      (Biogr. S. 661/662):
      Malina

R.
Das weibliche Erzähler-Ich, das eine Symbiose mit dem adäquaten,
literarisch tätigen Malina einging, fühlt sich leidenschaftlich liebend
zu dem anders gearteten, robusten Ivan hingezogen, der sich einem
Besitzanspruch immer mehr entzieht. Die endgültige Trennung von
ihm bringt den Untergang des hypersensiblen Ichs durch dessen
Doppelgänger Malina und die Vernichtung aller Spuren der weib-
lichen Existenz: »Es war Mord«. Die Vision von dem Vater als
»Tochtermörder« weist im Mittelteil *Der dritte Mann* auf das Ende
voraus.
Lyrische Grundhaltung in Monologen, Visionen, fiktiven Dialogen
zwischen dem Ich und Malina, fast strophisch strukturierte Telephon-
gespräche mit Ivan.

1971   Peter Weiss
      (Biogr. S. 665):
      Hölderlin

Dr. 2, freie Rhythmen. Auff. 18. 9. in Stuttgart, Staatstheater. Buchausg. im gleichen Jahr.
Die Lebensstationen – Tübinger Stift 1793, Waltershausen, Jena,
Frankfurt/Main, Homburg v. d. H., Tübingen bei Schreiner Zimmer
1843 – in Übereinstimmung mit neueren wissenschaftlichen Thesen
als Wandlung des verhinderten Revolutionärs zum Verkünder verschlüsselter Gestaltungen seiner Erfahrungen. Der unangepaßte
Einzelne im Gegensatz zu den angepaßten Zeitgenossen, Philosophen, Dichtern, Kaufleuten und sein Fluchtweg in geistige Absonderung.
Flächige Überkonturierung, unhistorische Ausweitung (Karl Marx
besucht Hölderlin).
Ein Sänger-Ansager als Kommentator, Sprechchöre, choreogra-
phische Personenregie; formale Ähnlichkeit mit *Die Verfolgung und
Ermordung Jean Paul Marats* (1964).

Neufassung Dezember 1971–April 1972 unter Auswertung von Inszenierungen mit
stärker differenzierten Verhaltensweisen der Gegenfiguren Goethe, Schiller, Hegel,
Schelling, Fichte sowie mit realen Vertretern des vierten Standes.

1972   Peter Huchel
      (geb. 1903, Berlin, Frankreich, Berlin, Potsdam,
      Freiburg/Breisgau):
      Gezählte Tage

Gedichte.
Erste Veröffentlichung der seit 1963 entstandenen Texte. Naturlyrik,
ausgelöst durch nördlich-märkische sowie durch ital. Eindrücke
(Venedig im Regen), bisweilen auch fixiert auf Ansatzpunkte der Lit.
(Macbeth; Undine) und Gesch. *(Vor Nîmes 1452)*. Im Schlußteil
Spiegelungen politischer Bedrängnis *(Hubertusweg; Das Gericht)*.
Reimlose, ungleich gebaute Strophen. Präzise Gegenständlichkeit,
die äußerste Stimmungskonzentration bewirkt.

1972   Günter Eich
   (Biogr. S. 662):
   Nach Seumes Papieren

Gedichte. Verworfene Überschrift für das titelgleiche neunte Gedicht: *Aus Seumes Erinnerungen.*

Johann Gottfried Seume (1763–1810) ist in dem neunten der überwiegend 1971 entstandenen zehn Texte durch »die ehrlichen Huronen«, die edlen Indianer, als viel-
zitierter Sittenrichter über »Europens übertünchte Höflichkeit« (*Der Wilde* Ged.
1793) vertreten und in das späte Hörsp. *Zeit und Kartoffeln* (Sendung 5. 10. 1972 Südwestfk., Hessischer Rdfk. und Nordwestdt. Rdfk.) als antithetisch gedoppelte Kunstfigur eingegangen. Die Spuren verweisen auf seine Bedeutung für E. als ein letzter
geistiger Begleiter.

Kaum noch in Erwartung des Todes, schon »nach dem Ende der
Biographie«, lassen sich Änderungen weder vornehmen noch wenigstens begründen. Auf Skepsis, dann Illusionslosigkeit ist die alters-
bedingte *Optik* gefolgt: genau besehen war alles Täuschung, Enttäuschung.
Der poetische Abstraktionsprozeß, der zum Prosagedicht führte, erlaubt nur noch Artikulation von Verbitterung mittels versteinerter
Chiffren, Kürzel, Seufzern: »nur keine Spuren hinterlassen«.

1973 Gesamtausg. der Werke mit einer Auswahl unveröffentlichter Vorstufen oder
Varianten sowie biographischen und die Entstehung der einzelnen Texte betreffenden Anmerkungen. Bd. IV *Vermischte Schriften* mit editorischen »Überraschungen«,
die den »obscuren« E. bekannt machten.

1972   Dieter Wellershoff
   (geb. 1925, Neuß/Rhein, Grevenbroich, Bonn, Köln):
   Einladung an alle
R.

Angeregt durch die Fahndung nach einem Verbrecher in den Jahren 1965–1967.

Weiterführung des kriminalistischen Themas von W.s früherem R.
Die Schattengrenze (1969), neben der Perspektive des gejagten Täters
nun auch diejenige der verfolgenden Polizei und der Bevölkerung:
das Verhältnis der Gesellschaft zum Außenseiter.
Einbeziehung von Arbeitsmethoden und Materialnutzung bei Sach-
büchern.

1972   Hermann Kant
(geb. 1926, Hamburg, Kriegsdienst, Gefangenschaft,
Greifswald, Berlin-DDR):
Das Impressum
R.

Lesung durch K. während der Fertigstellung 1967. Abgebrochener Vorabdruck in
Forum, Zs. der Jugendorganisation FDJ, 1969.

Der Wirklichkeit entnommene Fiktionen – Chefredakteur einer in
Berlin-DDR vorausgesetzten Illustrierten Wochenzeitung, ein All-
tag in dessen gegenwärtigem Leben mit laufend eingeblendeter Ver-
gangenheit, seine Selbstprüfung angesichts des ihm zugedachten
Ministeramtes – als Elemente eines stilisierten Menschenbildes in der
Umgebung anderer und im Panorama der Zeitgeschichte.
Vieltönige, füllig fabulierende Darbietungsweise, technisch delikate
Aufbereitung, entschärfte Kritik bei ausrichtenden Umdenkanstößen
aus autobiographischer Erfahrung.

1972   Günter Kunert
(Biogr. S. 664):
Tagträume in Berlin und andernorts

»Kleine Prosa, Erzz., Aufsätze«. Neue, nach *Tagträume* (1964) vermehrte Slg.

Tagträume und Merkmale: Pointierte, kluge Gelassenheit vermittelnde
Geschichten, Stimmungsbilder, historische Aperçus, Beschreibungen von Gemälden und Graphik. *Spaziergänge:* Eindrücke aus dem
Berlin nach 1945, kritische Reisenotate. *Ohne Bilanz:* Realistische bis
komparatistisch an Kafka abzumessende Lebensverläufe und Erlebnisse. *Paradoxie als Prinzip:* Kunst- und Künstlerkritik: »Warum
schreiben ... weil der Umwandlungsprozeß, bei dem ich Text
werde, ein dialektischer Regenerationsprozeß ist: ich verliere und
gewinne zugleich.«

1972   Thomas Bernhard
(geb. 1931, Wien, Salzburg, viele Reisen,
Ohlsdorf/Oberösterreich):
Der Ignorant und der Wahnsinnige

Bühnenstück 2, rhythmisierte Prosa. Auff. 29. 7. in Salzburg, Salzburger Festspiele. Buchausg. im gleichen Jahr.
Ein von seinem Handwerk und Vokabular berauschter Anatom,
perfekter Spezialist in geistiger Isolierung, ein der Koloratursopranis-
tin anhangender Vater, stumpfsinniger Eindringling in ihre miß-
verstandene Ausnahmesphäre, eine von der Wiederholung ange-
ekelte, den Leistungsabfall und die Panne fürchtende Primadonna,

automatisierte Gesangskraft unter Erfolgszwang – drei interessen-
mäßig lose verbundene, verfallende Menschen, entseelte Zivilisa-
tionsopfer.
Szenische Selbstdarstellung spontanietätsarmer Individuen, inner-
persönliche Konflikte, monologisches Nebeneinander.

1973   Anna Seghers
        (Biogr. S. 584):
        Sonderbare Begegnungen

Erzz.
Sagen von Unirdischen: Konfrontation zur Erde herabgeflogener Stern-
bewohner mit dem Sonderbaren einer angesichts allgemeiner Fried-
losigkeit zweckfrei scheinenden Kunst. *Der Treffpunkt:* Zwei Ju-
gendgenossen zwischen den Ruinen nach 1945 vor der Widersprüch-
lichkeit, ob des einen Widerstandskämpfers Flucht aus Panik durch
des anderen Rettung aus echter Bedrohung aufzuwiegen sei. *Die
Reisebegegnung:* E. T. A. Hoffmann, Gogol, Kafka in einem Prager
Café der zwanziger Jahre und das Verhältnis des von Dichtern erfundenen Wunderbaren zur irdischen Wirklichkeit.
Begegnung als Dialektik des Realen und des Phantastischen; Aneignung und Veränderung des Gegebenen durch das Eingegebene.

1973   Franz Fühmann
        (geb. 1922, Rochlitz/Riesengebirge, Kriegsdienst,
        Gefangenschaft, Berlin-DDR):
        22 Tage oder die Hälfte des Lebens

Aufzeichnungen während einer Reise nach Budapest – »22 Tage« –
und Selbstbefragung nach der übersehbar gewordenen »Hälfte des
Lebens«.
Die erneuten Eindrücke in Skizzen von der Stadt und ihrer Umgebung sowie vom geistigen Klima und von Menschen festgehalten,
zu Vergleichen anregende Befunde notiert, die eigene Lage durch-
leuchtet: Offenlegung der politischen Wandlung, Bekenntnis zu jet-
zigem Sonderauftrag, Selbstverständnis, Selbstbewußtsein, das
Recht des Ichs.
Große Variationsbreite von Form und Stil; Experimente mit modischen Darbietungsarten, Entwürfe, Einfälle.

1973   Christa Wolf
(Biogr. S. 665) und

Gerhard Wolf
(geb. 1928 Bad Frankenhausen/Kyffh., Kleinmachnow bei
Berlin-DDR)

Till Eulenspiegel

Erz., zur Verwendung bei einem Filmvorhaben geschrieben.
Die Verlegung des Eulenspiegel-Stoffs aus dem 14. in das 16. Jh. ermöglicht eine Verstärkung seiner sozialkritischen Züge und die Verbindung des durch bäuerliche Herkunft empfohlenen Helden mit
den Bauernkriegen.
Die durch das ursprüngliche Projekt bedingte Ausrichtung des Textes auf das Optisch-szenische verlieh ihm eine Sonderform des Epischen. Der »Arbeitscharakter« erlaubt dem Leser, »sich seine Vorstellung zu inszenieren«.

1974   Alfred Andersch
(Biogr. S. 661):

Winterspelt

R.
Als Möglichkeit ausgelotet wird der Plan eines dt. Offiziers an der
Eifelfront im Herbst 1944, sein Bataillon den Amerikanern zu über-
geben. Ein »Sandkastenspiel«, dessen Verwirklichung durch die
Verlegung des Truppenteils durchkreuzt wird und dem ein welt-
fremder Vermittler zwischen den Fronten zum Opfer fällt.
Wechsel zwischen Dokumenten und Fiktion, »Einspielen privater
Vorgänge in einen kriegsgeschichtlichen«.

1974   Heinrich Böll

(Biogr. S. 662):

Die verlorene Ehre der Katharina Blum
oder: Wie Gewalt entstehen und wohin sie führen kann

Erz.
Nicht das uralte, allbekannte Motiv, sondern Verleumdung durch
entartete Publizistik lassen hier eine Frau persönlich Rache nehmen.
Zur Kritik und Selbstkritik gegenüber mitmenschlichem Verhalten
von jeher veranlagt, nach abstoßender Kurzehe noch empfindlicher
und skeptischer, selten bereit zu Vergnügungen, begegnet Katharina
Blum bei familiärer Faschingsfeier dem Mann, dem sie zu gehören
glaubt und nach ein paar glücklichen Stunden den Weg aus ihrer
Wohnung zeigt, auf dem er der Verhaftung wegen des Verdachts

radikalen Rechtsbruchs noch einmal entgeht. Sie selbst mit dem kleinen Kreis ihrer Freunde und Arbeitgeber sieht sich kurz darauf als Freiwild der Hetze eines Journalisten, den sie erschießt.

Diese Parabel von der schicksalhaften Sympathie für einen polizeilich gesuchten Menschen wird durch gesteuerte »Konduktion« der Quellen mittels Vor- und Rückblenden, fortschreitender und verzögerter Mitteilung erzählt.

Die außer der Handlung als »frei erfunden« bezeichneten Personen sind Verwandte der lebensnahen Kunstfiguren, die B. bei Grundkonstellationen seiner Darstellung gesellschaftlicher Konflikte einsetzt. Frühere Angriffsziele sind der »Schilderung gewisser journalistischer Praktiken« neben- oder untergeordnet.

1974 Dieter Wellershoff

(geb. 1925, Neuß/Rhein, Grevenbroich, Bonn, Köln):

Doppelt belichtetes Seestück und andere Texte

Vier Erzz. (1960–1974), zwei Hörsp.-Texte (1971, 1972), das Szenarium für eine Multi-Media-Oper *Hysteria* (1970–1971), Gedichte (1969–1974) und *Ich-sagen mit und ohne Auskunft* (1968, 1972, 1974) als autobiographisches Nachwort.

Erkenntnistheoretischer und poetologischer Zusammenhang: an den Rändern verschwimmende Bilder und in Erinnerungslosigkeit eingeschlossene Inseln ergeben ordnungsloses Autobiographisches, aber ein Vorrat unwillkürlich gewordener Bilder ist das eigentlich produktive Material des Schriftstellers.

Unkontinuierliche Darbietungsart als Folge von einem Neben- und Übereinander untilgbarer alter und unabwendbarer neuer Wahrnehmungen.

1974 Christa Wolf

(Biogr. S. 665):

Unter den Linden

»Drei unwahrscheinliche Geschichten.«

Die Titel-Erz. fügt aus Partikeln verschiedener Zeit- und Bewußtseinsebenen einen Traumspaziergang zusammen, bei dem die Ich-Erzählerin mit dem früheren Erlebnis einer enttäuschten Liebe konfrontiert wird und sich selbst wiederfindet.

Neue Lebensansichten eines Katers, im Stile E. T. A. Hoffmanns gehaltene Aufzeichnungen eines Katers, dessen Besitzer, ein Psychologieprofessor, an einem Projekt »Totales Menschenglück« arbeitet, und *Selbstversuch*, Bericht einer Frau, die sich für das Experiment der Umwandlung in einen Mann zur Verfügung stellte und den Vollzug danach wieder rückgängig machte, wenden sich satirisch gegen inhumane wissenschaftliche Fortschrittsvorstellungen.

1974   Thomas Bernhard
(geb. 1931, Wien, Salzburg, viele Reisen, Ohlsdorf):
Die Macht der Gewohnheit

Kom., 3 Szenen, rhythmisierte Prosa. Auff. 27. 7. in Salzburg, Salzburger Festspiele. Buchausg. im gleichen Jahr.

Zirkusdirektor, dessen seiltanzende Enkelin, Jongleur, Dompteur, Spaßmacher bei dem absurden, seit Jahren täglich erneuerten Versuch, durch Einüben von Kammermusik, sich, ihr Fach, ihr artistisches Kleinunternehmen aufzuwerten. Wohnwagen und Schuberts Forellenquintett, symbolhaltiger unauflöslicher Widerspruch, von Direktor Caribaldi erkannt, aber für ihn und durch ihn nicht zu vermeidende Dauererfahrung des Scheiterns.

Menschen in Verkrüppelung und Erniedrigung, Lebensgrundsätze mit inhumanen Folgen für andere und sich selbst. Bei B. konstante Themen, als Variante in Manegennähe effektiv, anschaulich behandelbar.

Junge Moderne der Gegenwart

1962   Alexander Kluge
(geb. 1932, Halberstadt, München):
Lebensläufe

Erzz.

Neun, zum Teil erfundene Biographien, die Verhaltensweisen während der jüngsten Gesch. Dld.s bzw. der BRD demonstrieren sollen. Verschiedene Erzählmethoden; Verwendung von Jargon, Amtssprache u. ä.

Verfilmung einer der Erzz. als *Abschied von gestern* (1966).

1964   Günter Seuren
(geb. 1932, Wickrath/Rhld., Düsseldorf):
Das Gatter

R.

Versuch eines 28jährigen Journalisten und Schriftstellers, vor Norm, Ehe, Häuslichkeit in einer westdt. Stadt auszuweichen. Aber von der Treibjagd im heimatlichen »Kaff« kehrt er enttäuscht zurück.

Ich-Erz.; Arten des Arrangements mit dem umzäunten Leben auch an anderen Figuren des R. demonstriert.

1964   Günter Herburger
      (geb. 1932, Isny/Allgäu, Stuttgart):
      Eine gleichmäßige Landschaft

Erzz.

Die Erz. *Waldfriedhof* schon 1962 in dem Sammelbd. *Ein Tag in der Stadt.*

In der scheinbar gleichmäßigen Landschaft des durch Normen geordneten Lebens lauern Unbehagen, Reaktionen aus Wunschver-
sagung, verbrecherische Instinkte: die alternde Organistin z. B. (in
Die Wohnung) mordet aus ungestilltem Muttertrieb ein ihr anvertrau-
tes Kind.
Sozialpsychologisch orientierte Kritik am provinziellen Mittelstand.

1964   Peter Härtling
      (geb. 1933, Chemnitz, Berlin-West):
      Niembsch oder Der Stillstand

»Eine Suite«.
Unter Anlehnung an biographische Fakten über Liebesbeziehungen
des Dichters Nikolaus Niembsch Edler von Strehlenau, gen. Lenau,
läßt H. seinen Niembsch den Versuch unternehmen, im Blick auf
Don Juan und dessen Idee der vollkommenen Dauer im Augenblick
den »Stillstand« der Zeit zu erreichen.
Acht musikalische Sätze: Präludium, Rondo usw. Moderne Bau-
formen des Erzählens: Verwendung vieler Stilmittel, Wechsel der
Perspektiven. Musikalität der Prosa.

1964   Peter Bichsel
      (geb. 1935, Luzern, Olten, Zuchwil/Solothurn):
      **Eigentlich möchte Frau Blum den Milchmann
      kennenlernen**

»21 Geschichten«.
Ein bis zwei Seiten lange Miniatur-Erzz., deren Themen ein Etagen-
haus, vage Beziehungen zwischen Menschen, typische Schicksale,
Verhaltensklischees und schematisiertes Leben sind.
Genaues Beschreiben von Einzelheiten, Reduktion des Ganzen auf
Umrisse.

1964   Gisela Elsner
      (geb. 1937, Nürnberg, Wien, London):
      Die Riesenzwerge

»Ein Beitrag«.
Zehn Kapitel über Typen, Lebensformen und Verhaltensweisen von

Spießern, geschildert aus der Perspektive des kleinen Lothar Lenlein und zusammengehalten durch die gleichbleibende erbarmungslose Ablehnung, den unerbittlich um Details und Symptome kreisenden Sprachduktus sowie die Einheitlichkeit der abkonterfeiten grotesken Hauptfiguren.

1965   Wolf Biermann
         (geb. 1936, Hamburg, Berlin-DDR):
         Die Drahtharfe

»Balladen, Gedichte, Lieder«.

Entst. 1960–1965.

Mit Notenbeispielen des Autors versehene Slg., enthaltend die vier Gruppen »Die Buckower Balladen«, »Portraits«, »Berlin«, »Beschwichtigungen und Revisionen«. Neben leiseren Tönen in einigen Großstadtpoemen *(Himmelfahrt in Berlin)* und unterkühlten Liebesgedichten die dreiste, freche Sprache des von Villon *(Ballade auf den Dichter François Villon)*, Brecht u. a. geprägten Balladentyps und politisches Engagement *(Warte nicht auf beßre Zeiten, An die alten Genossen, Rücksichtslose Schimpferei)*.

1965   Hubert Fichte
         (geb. 1935, Perleberg, Hamburg):
         Das Waisenhaus

R.
Während des Zweiten Weltkrieges wird Detlef, unehelich geborenes Kind eines jüdischen Vaters, der fliehen mußte, von seiner protestantischen Mutter in einem katholischen Waisenhaus untergebracht. Zwar lebt der hier versteckte Achtjährige nun sicherer als etwa die Großeltern in Hamburg, aber er erleidet Außenseitertum, Seelennot, beklemmende Ahnungen.
Der Inhalt auf den Augenblick projiziert, als Detlef das Waisenhaus wieder verläßt. Technik der Assoziation, Raffung, Überblendung, Spiegelung.

1966   Peter Handke
         (geb. 1942, Griffen/Kärnten, Düsseldorf, Kronberg/Ts.):
         Publikumsbeschimpfung

»Sprechstück« 1, Prosa. Auff. 8. 6. in Frankfurt/Main, Theater am Turm. Buchausg. im gleichen Jahr.
Im Gegensatz zum Theater der Illusion keine Aufführung einer erdichteten oder dokumentablen Handlung, sondern durch vier Schau-

spieler einzeln, gruppenweise oder gemeinsam sprechbare Provozie-
rung des als Mitspieler oder Stoff aufgefaßten Publikums durch einen
Text, der schablonenhafte Vorstellungen von Bühne und Welt unter
wechselnden Perspektiven artikuliert, in Frage stellt, umkehrt und
eine Art Katharsis des Gehirns bewirken will.

1967   Peter Bichsel
        (geb. 1935, Luzern, Olten, Zuchwil/Solothurn):
        Die Jahreszeiten
R.
Ein Ich-Erzähler will Mitteilungen über ein Mehrfamilienhaus
machen, in dem er wohnt. Er erfindet einen Mieter, probiert an die-
sem Vorgänge und Tatsachen aus, und er relativiert und dementiert,
was er durch Stoff und Dokumentation glaubhaft gemacht hat.
Stärkung der Fiktion durch Infragestellung, Aufbau einer erzählten
Welt durch ständigen Abbau ihrer Elemente.

1967   Renate Rasp
        (geb. 1935, München):
        Ein ungeratener Sohn
R.
Ich-Erz. An dem naiv einwilligenden und mitwirkenden Kuno un-
ternimmt sein Stiefvater ohne entschiedene Widerrede von Kunos
Mutter ein wohlvorbereitetes Umerziehungsexperiment: Kunos all-
mähliche Verwandlung in einen Baum.
Absurd-realistischer »Erziehungs-R.«: Satire auf Pädagogik, die
einen jungen Menschen, im Glauben, etwas für ihn Besonderes und
Nützliches zu erzielen, entindividualisiert und enthumanisiert, sowie
auf unkritisch willfährige Objekte solcher Pädagogik, die – wie
Kuno – als hilflose Monstren enden würden.

1968   Poesiealbum 11
        Reiner Kunze
        (geb. 1933 Oelsnitz/Erzgebirge, Leipzig, Berlin-DDR,
        ČSSR, Greiz/Thür.)
Gedichte, 11. Heft der *Poesiealbum*-Reihe mit einem jeweils anderen
Autor.
Kleine, durch die Publikationsart repräsentative Slg. Drei Abteilungen: 1961, 1966 und 1967 entstandene, zunehmend auf Kürze zu-
rückgeschnittene Texte. Volkstümliche Schlichtheit mit scheinbarer
Simplizität, Reizwörtern und Bildern zur Freisetzung von Assoziationen. Das soziale Engagement und das Leiden am Unvollkomme-
nen als individuelle Erfahrung eines Sensiblen.

1968   Wolf Biermann
(geb. 1936, Hamburg, Berlin-DDR):
Mit Marx- und Engelszungen

»Gedichte, Balladen, Lieder«.

Alle »Lieder« sind mit Noten versehen.

Außer der – dritten – Gruppe (»Von mir und meiner Dicken«) politische Gedichte (z. B. »Hetzlieder gegen den Krieg und Lobpreisung des Friedens«), Balladen und Kampfgedichte, besonders auch zur persönlichen Situation B.s sowie aus aktuellen Anlässen.

1968   Manfred Bieler
(geb. 1934, Zerbst, Berlin-DDR, Prag, München):
Der junge Roth

Erzz.

Von den elf Erzz. die fünf Texte *Drei Bäume, Die Person, Dalja, Reise von der Elefanteninsel nach Finn-Island* sowie *Tot im Kanapu* bereits in B.s *Märchen und Zeitungen* (1966).

Die Titelgesch. handelt von einem Verbrechen, das der von längerer Fahrt und Arbeit auf See zurückkehrende »junge Roth« unter dem Überdruck von enttäuschten Erwartungen und Verlassenheit begeht.
Die verschiedenen Erzz. zeigen auch unterschiedliche Stilmittel: außer realistischen surrealistische, märchenhafte, parodistische, satirische.

1968   Peter O. Chotjewitz
(geb. 1934, Berlin, Berlin-West):
Die Insel

»Erzz. auf dem Bärenauge«.
Ein aus scheinbar simultanen, sich überschneidenden, diffusen Einzelteilen gewinnbares Gesamtbild, besonders von Lebensweise und Lebensansichten des jungen Sebastian Rottenkopf, seiner Bettina, seiner Freunde und Bekannten auf der »Insel« Berlin-West.
Verschränkung eines Rottenkopfs Biographie in ihrem augenblicklichen Verlauf und eines sie rückwärts aufhellenden Erzählstranges. Diese Struktur durchbrochen von Hinwendungen des Autors an die Leser, Tagesnachrichten, einem Briefwechsel, wörtlichen Zitaten, umfunktionierten Texten, Parodien u. a.

1968   Hubert Fichte
(geb. 1935, Perleberg, Hamburg):
Die Palette

R.

Die »Palette« war ein Lokal in der Hamburger Innenstadt.

Jäcki, Stellvertreter des Autors, der sich mit Jäcki immer mehr identifiziert, lernt den Treff- und Mittelpunkt derer kennen, die anders sind und sein wollen als die sogenannte Wohlstandsgesellschaft. Seine Erlebnisse, Beobachtungen, Kenntnisse, als Episoden mitgeteilt, ergeben eine Art aufgesplitterter Beschreibung des Milieus und Verhaltens einer bestimmten sozialen Gruppe.
Die Sondersprache der »Palette«-Besucher als Material verwendet und stellenweise statt Handlung hingestellt oder aufgereiht.

1968   Gisela Elsner
        (geb. 1937, Nürnberg, Wien, London):
        Der Nachwuchs

R.
Ich-Erz. eines unförmigen, häßlichen Halbwüchsigen, dessen Dasein als fortgesetztes Nichtstun und geistlose Selbstbetrachtung dahinkriecht und mit dessen Monstrosität die geistig-seelische Deformierung seiner »Ernährer«, von Nachbarn und anderen in den Gesichtskreis des »Nachwuchses« geratenden Personen korrespondiert.
In penetrant bohrendem Stil durchgeführte, zu bedrückender Groteske tendierende Beschreibung von enthumanisierten Figuren und deren Beziehungen zueinander.

1968   Rolf Dieter Brinkmann
        (geb. 1940, Vechta i. O., Köln):
        Keiner weiß mehr

R.
Die »private anhaltende Misere« eines jungen Mannes, seine Irritation durch die ständige »Anwesenheit von Weib und Kind«, sein Schwanken »zwischen Haß und unverständlich bleibender Zärtlichkeit«, seine brutalen Ausbrüche, um nicht »kaputt« zu gehen.
Versuch, das Lebensgefühl einer von Beat-Musik, Film, Mode, Sex überschwemmten, allen Älteren und deren Moralvorstellungen mißtrauenden Generationsgruppe zum Ausdruck zu bringen.

1968   Wolfgang Bauer
        (geb. 1941, Graz, Berlin-West):
        Magic Afternoon

Dr. 1, Prosa. In der Grazer Zs. *Manuskripte*. Auff. 12. 9. in Hannover, Landestheater.
Denk- und Redeweise, Sex-Verhalten, Hasch-Gebrauch zweier junger schriftstellernder Österreicher und ihrer Partnerinnen. Die durch

Langeweile angereicherten Konflikte der Passivitätsfiguren entladen sich während eines Nachmittags in Aggressivität, Zerstörungswut, Tötung.

Abbildung einer zerfallenden Clique.

Buchausg. zus. mit *Change* und *Party for Six* 1969.

1968   Peter Handke
(geb. 1942, Griffen/Kärnten, Düsseldorf, Kronberg/Ts.):
Kaspar

Sprechstück 2, Prosa. Auff. 11.5. in Oberhausen, Städtische Bühnen, und in Frankfurt/Main, Theater am Turm. Buchausg. im gleichen Jahr.

Der hist. Kaspar Hauser soll als Kind seit 1812 in einem nicht mannshohen, lichtlosen Raum festgehalten gewesen sein und erst spät sprechen gelernt haben.

Keine neue Behandlung des bekannten lit. Stoffes. Das Stück demonstriert an dem Modell Kaspar Hauser, »wie jemand durch Sprechen zum Sprechen gebracht werden kann« und wie die »Einsager« durch »Sprechfolterung« das Bewußtsein des bisher sprachlos gewesenen Kaspar in einer Weise formen, die zerrüttend wirkt.
Realistische Feststellungen, Schablonensätze, Zitate, Phrasen, grammatische Strukturen nebeneinander gereiht und miteinander gekreuzt. Sprache nicht nur als »Ordnung«, sondern auch als Dilemma und Verführung zum Klischeedenken.

1969   Jurek Becker
(geb. 1937 Lodz/Polen, Berlin-DDR):
Jakob der Lügner

R.
Um im Ghetto die Hoffnung aufrechtzuerhalten, die er mit einer von ihm zufällig gehörten Rundfunk-Nachricht über das Nahen der sowjetischen Befreier weckt, erfindet Jakob einen angeblich eigenen – verbotenen – Apparat als Bürgen und dann weitere Botschaften aus dem Äther.
Unpathetische, Menschlichkeit und innere Überlegenheit bekundende Erzählweise. Statt eines unglaubwürdigen, schönfärberischen Schlusses das bittere Ende: der Abtransport in die Vernichtung.

1969   Gert Friedrich Jonke
(geb. 1946, Klagenfurt, Wien, Klagenfurt):
Geometrischer Heimatroman

Die Gattung Heimat-R. parodierende, »erdvermessende« Beobachtung eines Dorfplatzes aus unfreiwilligem Versteck. Zunehmende

Ergänzung des augenscheinlichen Befundes durch Mithören von Reden und durch andere Rückschlüsse. Das dabei entstehende Total-bild gerät zum Konterfei einer rückständigen, behördlich kontrol-lierten, hinterwäldlerischen Gesellschaft vor Industrialisierung und sozialer Umwandlung.

Stilvielfalt: wissenschaftlich, amtlich, zitierend, relativierend, ex-perimentierend.

1969   Wolfgang Bauer
    (geb. 1941, Graz, Berlin-West):
    Change

Dr., 9 Szenen, Prosa. Auff. 26. 9. in Wien, Volkstheater. Druck in *Theater heute* sowie Buchausg. zus. mit *Magic Afternoon* und *Party for Six* im gleichen Jahr.

Manipulierungsversuch eines frustrierten jungen Malers an einem gleichaltrigen Naturtalent, das jedoch diese Aggression und das Verhalten der ihm entgegentretenden Clique, ihre Triebhaftigkeit, Brutalität, Süchte und Tendenz zum »Change« aus verletzter Sen-sibilität übertrumpft.

Wienerisch-Grazer Milieustudie. Auf drastische Effekte und Kurz-schlußhandlungen ausgerichtete Szenen.

1970   Gabriele Wohmann
    (geb. 1932, Darmstadt):
    Ernste Absicht

R.

Protokoll der Tage vor und nach einer Operation im Krankenhaus mit Rückblicken auf Erfahrungen, Versuche, Scheitern, Ehe, Liebe. Die Analyse des Lebens in Todesnähe ergibt einen offensichtlich un-überwindbaren Ekel vor ihm: »Ich sterbe, am Leben, immer weiter.«

1970   Jürgen Becker
    (geb. 1932, Köln):
    Umgebungen

Je einem »Entwurfs-Satz« zugeordnete Prosaabschnitte, in denen die umgebende Wirklichkeit des eigenen Heims, der rheinischen Land-schaft, des Klimas, der Veränderungen, der menschlichen Verhal-tensweisen und der Zivilisationszwänge, spürbarer Vergangenheit und imaginierter Zukunft, des Denkens und der durch Worte aus-gelösten intellektuellen Anstöße wahrgenommen und sprachlich ein-gebracht wird.

Oft humorvolle, aber auch skeptisch-melancholische Distanzierung vom jeweils eingekreisten Befund.

1970   Peter Handke
(geb. 1942, Griffen/Kärnten, Düsseldorf, Kronberg/Ts.):
Die Angst des Tormanns beim Elfmeter

Ein ehemaliger Tormann hat in besonderer Weise Schwierigkeiten, zu verstehen und sich verständlich zu machen. Die Geschichte von seiner Entlassung als Monteur in Wien, mißlingende Kontakte beim Herumlaufen in der Stadt, sein Mord an einer Kinokassiererin nach flüchtigem Zusammensein, seine Fahrt in einen Grenzort, wo er die Tage der bereits angelaufenen Fahndung verbringt, bilden eine Abfolge von unzulänglichen Kommunikationsanläufen.

Das Verhältnis zwischen Tormann und Torschützen beim Elfmeter, ihre gegenseitigen Abschätzungen und möglichen Fehleinschätzungen als Symbol.

1970   Dieter Forte
(geb. 1935, Düsseldorf, Basel):
Martin Luther & Thomas Münzer
oder Die Einführung der Buchhaltung

Dr. in Prosa und Versen. Auff. 4. 12. in Basel, Basler Theater.
Entst. 1966–1970.

Die »gesellschaftlichen Auswirkungen« der Reformation und von Vorgängen zwischen 1514 und 1525, die dem Szenar zugrunde liegen. Triumph des Kapitalisten Fugger und kapitalismushöriger Fürsten über die Bauernrevolution dank einer Theologie mit suspekten Begriffen von Obrigkeit und Freiheit.

Demontage weitgehend fixierter sowie respektierter Sachdarstellungen, Personenbewertungen, Textinterpretationen zu bewußtseinsändernder Ausleuchtung aktueller Konflikte und umstrittener Begriffe.

Buchausg. 1971.

1971   Gabriele Wohmann
(geb. 1932, Darmstadt):
Selbstverteidigung

»Prosa und anderes«.
Meist bereits einzeln oder in Zss. und Sammelpublikationen seit 1960 erschienene Texte.

Auslese verstreut gedruckter Prosagedichte, erneut sowie erstmalig veröffentlichte Erzz., das Hörsp. *Kurerfolg* (Sendung WDR 21. 10. 1970). Herausforderndes Augenmerk auf die vermeintliche Schutzlosigkeit gegenüber der unleidlich bösen Umwelt, Familie, Ehe, bürgerlichen Mittelschicht. Innerhalb des Häßlichkeitsregisters bemerkenswert sympathisches Vater-Porträt.

Verbittert-ironische Einbringung von Autobiographischem.

1971   Franz Xaver Kroetz
    (geb. 1946, München):
    Heimarbeit – Hartnäckig

Zwei Einakter, Prosa. Auff. 3. 4. in München, Werkraumtheater der Kammerspiele. Buchausg. zusammen mit *Männersache*, Stück in 8 Bildern, im gleichen Jahr.

Den Durchbruch K.s bewirkende Beispiele seiner bis dahin verfaßten, zunächst ähnlich fortgesetzten bayerischen Mosaike aus Gebrechen, Unfällen, Brutalitäten, Explosionen unter Benachteiligten und Deformierten mit ihren Sprachzwängen, Artikulationsschwierigkeiten, wortlosen Reaktionen.

Dokumentationsähnliche Beiträge zu einer gezielten Gesellschaftsanalyse.

Auff. von *Männersache* 15. 1. 1972 in Darmstadt, Theater im Schloß.

1972   Reiner Kunze
    (geb. 1933 Oelsnitz/Erzgebirge, Leipzig, Berlin-DDR, ČSSR, Greiz/Thür.):
    Zimmerlautstärke

Gedichte.

Entst. 1968–1971.

Nach *Sensible Wege* (1969), seit 1959 geschriebenen Gedichten, ebenfalls in der BRD veröffentlichte, vierteilige Slg.: *monologe mit der tochter, wie die dinge aus ton, zimmerlautstärke, zuflucht noch hinter der zuflucht;* Seneca-Zitat ». . . bleibe auf deinem Posten . . .« als Motto.

Im Raum erlebter Natur der Heimat und ČSSR sowie eines verengten Daseins errichtete Texte – fast jeder als »orientierungspunkt« und »akt« der Selbsthilfe oder das äußerste eines »möglichen entgegengehens«. Risikobewußte, sehr verdichtete, oft nur andeutende Feststellungen, Monologe, Gedanken, chiffrierte, leise Mitteilungen eines nicht einseitigen Ichs, das auf Einverständnis setzt und Verständnis erhofft.

1972   Peter Handke
    (geb. 1942, Griffen/Kärnten, Düsseldorf, Kronberg/Ts.):
    Der kurze Brief zum langen Abschied

Der Brief der Ehefrau, von einem jungen Schriftsteller zu Beginn einer Reise durch die USA empfangen, ist ein Signal im Wandel ehelicher Liebe zu beiderseitigem Haß, der sich in den USA zur Mordabsicht der Frau steigert, dann zum Entschluß abkühlt, »friedlich auseinanderzugehen«.

Ich-Erz. Bis zu Zwangsneurosen gehende Sensibilität, distanziert durch Reflexionen des Erzähler-Ichs, das zur Kunstfigur wird. Literar- und filmhist. Anspielungen, vor allem auf *Der grüne Heinrich* von Keller.

1972   Peter Handke
        (geb. 1942, Griffen/Kärnten, Düsseldorf, Kronberg/Ts.):
        Wunschloses Unglück

Erz.

Entst. Januar/Februar 1972.

Durch den Selbstmord der Mutter ausgelöstes Nachdenken über den
Lebensablauf: eine in die Traditionen eines Dorfes in Kärnten hin-
eingeborene Frau, ihre Versuche emanzipatorischer Entwicklung der
Individualität und deren Erliegen in der Ehe mit einem von ihr ver-
achteten Mann, ihr Freitod als letztes Aufbegehren.

Bemühungen und Überlegungen über die Möglichkeit, des Themas
durch Schreiben habhaft zu werden: »... meine Mutter wird und
wird nicht ... zu einer ... heiteren Kunstfigur«. Synthese von Persönlichem und Typischem.

1972   Ulrich Plenzdorf
        (geb. 1934, Berlin, Leipzig, Berlin-DDR):
        Die neuen Leiden des jungen W.

Erz. in *Sinn und Form*, Bearbg. für die Bühne Auff. 18. 5. in Halle,
Landestheater.

Ursprünglich ein Filmprojekt.

Ausscheren des Edgar Wibeau aus dem Zuhause bei der Mutter und
aus der Lehre, Selbstverwirklichungsperiode in Wohnlaube, nichts-
tuerisch bei moderner Musik, Begegnung mit einer bereits gebundenen Kindergärtnerin, auf dem Rückzug ins Arbeitsleben, zweck-
volles Experimentieren, dabei tödlicher Stromstoß.

Auf zwei Ebenen doppelte Retrospektive der Hinterlassenen und des
ehemaligen Außenseiters: der sentimentale Trotzkopf, sein un-
verblümter Jargon mit stereotypen Wendungen. Stellen aus Goethes
Werk eingeblendet, der R. *The Catcher in the Rye/Der Fänger im Roggen*
(1951) von J. D. Salinger als Muster.

1973   Renate Rasp
        (geb. 1935, München):
        Chinchilla

»Leitfaden zur praktischen Ausübung.«

Im ersten Satz als »Lehrbuch über Prostitution« bezeichnet und gesammelte Erfahrungen über Voraussetzungen sowie Ausübung nebst
bestmöglicher Ausbeute zu einem eindrucksvollen Kompendium
ordnend.

Die durchgängige zynische Kälte als Garantie für die angestrebte
Verächtlichmachung einer weitgehend zu Liebe überhöhten Partner-
schaft, die sich den Kauf und Verkauf gegenseitig tarnt.

1973   Jurek Becker
(geb. 1937 Lodz/Polen, Berlin/DDR):
Irreführung der Behörden

R.
Fruchtbare Erzählerphantasie scheint zu rechtfertigen, daß das begonnene Jurastudium den Weg des jungen Schriftstellers absichert. Nicht aber gegenüber allem und nicht stets hilft »Irreführung«: bei Gregor Bienek am wenigsten gegenüber Lola nach einigen Jahren der Liebe und Ehe.
Die Darbietungsweise als Korrelat des Themas: füllige Heiterkeit, wachsender Ernst ohne Entsinnlichung des Stoffs an Menschen, Vorgängen, Milieu.

1974   Peter Härtling
(geb. 1933, Chemnitz, Berlin-West):
Eine Frau

R.
Weg einer Frau aus gutbürgerlicher Familie (Dresden 1902–1922) in eine gutbürgerliche Ehe (Prag und Brünn 1923–1945), über wirtschaftliche sowie seelische Tiefen der Flüchtlingszeit bis zum Wiedereinmünden in bürgerliche Existenz (Stuttgart 1946–1970). Ein Leben, weniger nach Plänen angelegt als von Forderungen der Liebe jeweils angestoßen, erst spät bewußt geführt. Sich wiederholende Komponenten: der teilnehmende Blick auf die Besitzlosen, der nicht zur Identifikation mit ihnen genügt, die Selbstbetrachtung im Spiegel, die den eigenen erotischen Standort klärt, der politische Utopismus der Heranwachsenden.
Der epische Verlauf eingefangen in Einzelepisoden mit weit vorgreifenden Ausblicken und stetem Rückblick auf die Glücksinsel der Kindheit.

1974   Adolf Muschg
(geb. 1934, Zürich, Kilchberg):
Albissers Grund

R.
Mutmaßungen über den Grund, aus dem der Gymnasiallehrer Albisser den ihn psychotherapeutisch behandelnden Ausländer Zerutt niederschoß. Die Aussagen des Schwerverletzten und die Recherchen der Justiz lassen in Albisser einen Hypochonder erkennen, der seine Frustrationsgefühle schließlich auf der politischen Bühne kompensierte und bei seinem Therapeuten durch Behandlungskälte

in Reizzustand geriet. Dennoch kommt er frei, während das Opfer
durch den Tod die drohende Ausweisung hinfällig macht.
Artistisch raffinierte Auffädelung der Schicksale durch Wechsel
der Perspektive und durch Zeitüberblendung. Ironische Distanzierung des Autors von seinen Figuren.

1974   Hubert Fichte
        (geb. 1935, Perleberg, Hamburg):
        Versuch über die Pubertät

R.
Homosexuelle Erfahrungen, Ersterfahrungen von Knaben im Komplex der Pubertät als Entwicklungsphase und Lebenserfahrungen
nach Entfaltung bleibender Anlage, vorwiegend dargestellt als Momente der Autobiographie, außerdem Einschübe mit Bekundungen
eines alten Mannes sowie eines anderen Jugendlichen.
Das Material an ungewöhnlichen Begegnungen, Intimitäten und
verbalen Möglichkeiten verschränkt mit allgemeiner Hamburger
Realität nach 1945 und mit vorzivilisatorischen magisch-rituellen
Vollziehungen.

1974   Fritz Rudolf Fries
        (geb. 1935 Bilbao/Spanien, Berlin – DDR):
        Das Luft-Schiff

        **Biografische Nachlässe zu den Fantasien
        meines Großvaters**

R.
Das Leben des Vertreters für deutsche Maschinen in Spanien war
und blieb erfüllt vom Jugendtraum des luftbezwingenden Erfinders,
den Aufschwüngen eines armen verwaisten Jungen folgten Selbsttäuschung und Enttäuschungen des Erwachsenen, aber ohne eigent-
liches Erwachen oder Einsicht in finanzielle Zwänge. Der Großvater
ein moderner Don Quichotte, auch mit entsprechendem Begleiter.
Unter der Regie des Autors, der seine Mutter als Miterzählerin ein-
zusetzen weiß, wird der Stoff als Familiengespräch zur Unterhaltung der Kinder bzw. Enkel bzw. Urenkel arrangiert. Die locker
gereihte Rückentdeckung privater und allgemeiner jüngster Vergangenheit erlaubt, das Skurrile trotz des Katastrophalen angemessen
auszuleuchten.

Register

Bühnenformen – Bühnenräume – Bühnendekorationen

Beiträge zur Entwicklung des Spielorts

Herbert A. Frenzel zum 65. Geburtstag von Freunden und wissenschaftlichen Mitstreitern

Herausgegeben von Rolf Badenhausen und Harald Zielske
217 Seiten, mit 45 Abb. und 17 Tafeln

Jeder Beitrag dieses Bandes, an dem namhafte Fachgelehrte beteiligt sind, gilt einem geschlossenen historischen Komplex und hat einen besonderen, entweder textinterpretatorischen oder architekturhistorischen, kunstgeschichtlichen, schauspielgeschichtlichen oder bühnentechnischen Ansatz. Daraus ergibt sich gleichsam eine europäische Bühnengeschichte vom Mittelalter bis zur Gegenwart; der Band ist zugleich für die Literaturwissenschaft von Interesse, ebenso für die Kulturgeschichte und die Kunst- und Musikgeschichte.

Aus dem Inhalt:

W. F. Michael, Zur Entstehung der Podiumsbühne –
W. Flemming, Shakespeare verläßt die Shakespearebühne –
H. Zielske, Die Anfänge einer Theaterbautheorie in Deutschland im 17. und 18. Jahrhundert – A. M. Nagler, J. N. Servandonis und F. Bouchers Wirken an der Pariser Oper – A. Beijer, Theaterzeichnungen Georg Frömans (1755) – H. de Leeuwe, Amsterdam, 11. Mai 1772: Die Schauburg brennt! – G. Staud, Das hochgräflich Erdödysche Schloßtheater in Preßburg – E. Catholy, Goethes Theaterkonzeption – H. C. Wolff, Das Bühnenbild um die Mitte des 19. Jahrhunderts – I. Krengel-Strudthoff, Das antike Rom auf der Bühne und der Übergang vom gemalten zum plastischen Bühnenbild – G. Schöne, Karl Lautenschläger, ein Reformator der Szene – H. Kindermann, Bühnenbild 1928 – E. Stadler, Bühne und Abstraktion von der Urzeit bis heute.

ERICH SCHMIDT VERLAG

Berlin 30 · Bielefeld · München 60

Neue deutsche Literatur

Elisabeth Opitz: Horch in das Dunkel

Gebunden. 200 Seiten.

Dieses Buch von Elisabeth Opitz gibt Zeugnis von dem einsamen, verzweifelten Kampf eines Menschen, der eines Tages spürt, wie seine Person auseinander bricht. Es ist ein schonungsloses und erschütterndes Dokument, das uns die Geschlossenen Abteilungen der Krankenhäuser ebenso durchdringend zeigt wie die geschlossene Welt der Normalität.

Paul Kersten: Absprung

Roman. Gebunden. 370 Seiten.

Der 35jährige Journalist Rolf Kaus flieht auf eine schwedische Insel, um mit einem Sprung von den Klippen seinem Leben ein Ende zu machen. Als Zufälle sich häufen, die die Durchführung seines Plans aufhalten, wird der Selbstmordkandidat immer tiefer in eine Auseinandersetzung mit seiner Krise getrieben.

Sigrid Brunk: Der Magier

Roman. Gebunden 228 Seiten.

Zwei Menschen treffen aufeinander: ein alternder Schriftsteller, Jude, Emigrant, und eine junge Frau, verheiratet, mit der Ambition, selber Autorin zu werden. Aus ihrer Begegnung entwickelt sich die ganze Spannung zwischen Mann und Frau, zwischen zwei Menschen, die die Prägung durch die Vergangenheit und die Kluft zwischen den Generationen nicht überwinden können.

K&W Verlag Kiepenheuer & Witsch

dtv Wörterbuch

dtv
Wörterbuch
der
deutschen
Sprache

Wahrig

dtv-Wörterbuch
der deutschen Sprache

Herausgegeben von
Gerhard Wahrig
in Zusammenarbeit mit
zahlreichen
Wissenschaftlern und
anderen Fachleuten

943 Seiten mit
ca. 16 000 Stichwörtern

Originalausgabe
3136

Wahrigs dtv-Wörterbuch enthält etwa 16 000
Stichwörter mit
- Beispielen für die Verwendung in Sätzen und
  Wendungen, Redensarten und Sprichwörtern;
- Bedeutungserklärungen mit Verweisen auf
  Wörter gleicher, entgegengesetzter oder
  verwandter Bedeutungen;
- Angaben zu Rechtschreibung, Silbentrennung,
  Aussprache und Grammatik, Stilebenen, Fach-
  sprachen und Mundarten.

Dazu, erstmals in diesem Wörterbuch,
- Hinweise auf Satzmuster für Verben und
  Adjektive.

dtv Atlas

dtv-Atlas zur deutschen Sprache

Tafeln und Texte

Mit Mundartkarten

Werner König:
dtv-Atlas zur deutschen
Sprache
Graphiker: H.-J. Paul
Mit 138 Farbtafeln
Originalausgabe
3025

Aus dem Inhalt:

Einführung: Sprache, Text, Satz, Wort, Laut, Bedeutung, Sprache und Weltbild, Schrift.

Geschichte der deutschen Sprache: Indogermanisch. Alt-, Mittel- und Neuhochdeutsch.

Sprachstatistik. Entwicklungstendenzen. Sprache und Politik. Namenkunde. Sprachsoziologie.

Mundarten: Sprachgeographie, Phonologie, Morphologie.

Wortschatzkarten: Junge, Mädchen, Schnupfen, klein, gestern, warten, Kohl, Mütze, Sahne, Tomate, Stecknadel u. v. a.

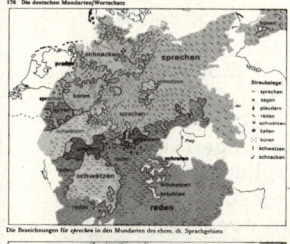

Die Bezeichnungen für *sprechen* in den Mundarten des ehem. dt. Sprachgebiets

Die Bezeichnungen für *sich freuen* in den Mundarten des ehem. dt. Sprachgebiets

Von derselben Autorin

4. Auflage 1976	2. Auflage 1980
XVI, 785 Seiten	XVI, ca. 820 Seiten
Leinen (KTA 300)	Leinen (KTA 301)

Die beiden Bände bilden nun ein Standardwerk, das die in Einzeluntersuchungen verstreuten Ergebnisse des Forschungszweiges der Stoff- und Motivgeschichte zusammenfaßt und viele bisherige Lücken schließt. Während es bei den stoffgeschichtlichen Längsschnitten um die dichterischen Verwirklichungen vorgeprägter Plots geht (Faust, Antigone, Blaubart und 295 andere), handelt es sich bei den motivgeschichtlichen um die variantenreiche Entfaltung von poetischen Keimzellen, wie z. B. dem Freundschaftsbeweis, der verleumdeten Gattin, Inzest, dem Teufelsbündner, etc. Eine Vielzahl von Querverweisen verzahnen die beiden Bände eng miteinander und erleichtern deren wissenschaftliche Benutzung.

 KRÖNERS TASCHENAUSGABE 300 und 301